КНИГА ЗОАР
на пять частей Торы
с комментарием «Сулам»

Глава Ваикра
Глава Цав
Глава Шмини
Глава Тазриа
Глава Мецора

Под редакцией М. Лайтмана,
основателя и главы
Международной академии каббалы

УДК 130.122
ББК 87.3(0)

Все права защищены. Никакая часть данной книги не может быть воспроизведена в какой бы то ни было форме без письменного разрешения владельцев авторских прав.

СЕРИЯ: «ЗОАР ДЛЯ ВСЕХ»

Книга Зоар. Главы Ваикра, Цав, Шмини, Тазриа, Мецора. / Под ред. М. Лайтмана – М.: НФ «Институт перспективных исследований», 2021. – 528 с.

The Book of Zohar. Chapters Vayikra, Tzav, Shemini, Tazria, Metzora / Edited by M. Laitman – M.: NF «Institute of perspective researches», 2021. – 528 pages.

ISBN 978-5-91072-119-1

Книга Зоар, написанная еще в середине II века н.э., – одно из самых таинственных произведений, когда-либо созданных человечеством.

До середины двадцатого века понять или просто прочесть Книгу Зоар могли лишь единицы. И это не случайно – ведь эта древняя книга была изначально предназначена для нашего поколения, и является раскрытием Торы.

В середине прошлого века, величайший каббалист XX столетия Йегуда Ашлаг (Бааль Сулам) проделал колоссальную работу. Он написал комментарий «Сулам» (лестница) и одновременно перевел арамейский язык Зоара на иврит.

Но сегодня наш современник разительно отличается от человека прошлого века. Международная академия каббалы под руководством всемирно известного ученого-исследователя в области классической каббалы М. Лайтмана, желая облегчить восприятие книги современному русскоязычному читателю, провела грандиозную работу – впервые вся Книга Зоар была обработана и переведена на русский язык в соответствии с правилами современной орфографии.

© Laitman Kabbalah Publishers, 2021
ISBN 978-5-91072-119-1   © НФ «Институт перспективных исследований», 2021

Содержание

ГЛАВА ВАИКРА

И воззвал Он к Моше 10
Пришел я в сад мой.. 25
Ешьте, родные! Пейте до упоения, возлюбленные! 28
Ростки показались на земле 31
Почему пришел Я, и не было никого 33
Жертва Творцу 34
Велик Творец 36
Кто не женился – ущербен 38
Если всесожжение жертва его 41
Пала, не встанет вновь.. 43
Голос шофара разносится и усиливается........................... 46
Голос Моше 48
И дочь коэна, если выйдет замуж за постороннего.......... 49
Исраэль дают пропитание Отцу их на небесах 51
Вот как хорошо и как приятно 53
И всякий, кто возьмет сестру свою 56
И явился Всесильный Авимелеху 61
Служите Творцу в радости 63
А я по великой милости Твоей приду в дом Твой 67
Если всесожжение жертва его 68
Благословен Творец от Циона.. 73
Семь небосводов и семь земель 74
Выяснение четырех букв АВАЯ 78
Десять имен 82
Десять, десять – каждая ложка 89
Мирные приношения... 95
Благословите Творца, все служители Творца 99
Вознесите руки ваши к святыне 101
Если душа согрешит..103
И не изменяли союзу Твоему 106
Воды Ноаха 112
Творец выносит приговор, а праведник отменяет его......116
Со стороны Имы выходят клипот, исследующие суд и закон...119
Четыре времени года 122

Наготы матери твоей не открывай..................124
То возвратит награбленное 128
Праведник, как пальма, расцветет..................129
Ропщущий отвергает Властелина 131
Есть места в аду..................134
Река Динур..................136
Шесть сочетаний йуд-хэй-вав..................137
Скажи мне, любовь души моей 139
Если помазанный коэн согрешит..................142
Трубление в шофар 146
Лилит, которая вначале была у Адама 155
Женщина, кормящая своего ребенка..................158
Женщины властвуют в мире 159
Большой Синедрион и малый Синедрион..................163
О грехе моем сообщил я Тебе 165
Рахель оплакивает сыновей своих 167
Вот, спасу Я тебя издалека..................170
Благодарить буду Тебя за мир, что сделал Ты..................172
Всесильный, Творец мой Ты, Тебя ищу 176
Рассветная лань..................177
Страж, что же с ночью?..................180
Когда возликуют вместе утренние звезды 182
Утро света 184
Все время, пока жив Моше 186
Когда правитель согрешит..................188
Пламя под крыльями петуха 190
Тогда сообщи ему о грехе его 193
Клялся Творец десницей Своей 196
Четыре вида (арба минѝм) 203
Если душа поступит неверно 208
Нефеш, руах, нешама 212
Небеса прольют праведность..................216
Сердце мое – законодателям Исраэля 218

ГЛАВА ЦАВ

Вот закон о жертве всесожжения 220
Горлиц или молодых голубей 222

До какого места поднимается слияние желания.............224
Вот закон о жертве всесожжения...........................227
Жертва всесожжения, грехоочистительная и повинная ...233
Огонь постоянный будет гореть на жертвеннике............244
Дым разжигаемого огня 248
Прекращение работы 250
НАРАН будней и НАРАН субботы 252
Огонь Ицхака 258
Два жертвенника 263
Имя Эль..267
Зэ зот...270
Цион и Йерушалаим...272
Действием снизу вызывается действие наверху.............274
Четыре вида растений и Ошана Раба 276
Три ступени над жертвоприношением 285
Прикрывает водами верхние чертоги Свои 287
Огонь жертвенника набрасывается как лев 289
Сжигание жертвы посвящения................................291
Елей воскурения 310
Два огня 312
Вот помазание Аарона......................................315
Ибо с Тобой источник жизни................................317
Всё произошло из праха....................................320
А свод Свой основал на земле 323
И вложил Я слова Мои в уста твои 325
Какая связь между Торой и Пророками 326
Запах 327
Вера ночью 330

ГЛАВА ШМИНИ

Торой создан человек 332
Цион и Йерушалаим...335
Сколько посланцев есть у Творца 337
И было на восьмой день 341
И взял Аарон Элишеву 354
Вина и хмельного не пей 356
И сотворил Всесильный чудовищ 361

Кубки вина и яблоки	363
Хранимое вино	365
А владелец приношений	367
Масло и вино	369
Письменная Тора и устная Тора	370
И утвердится милостью престол его	372
Вот существо живое	374
Ибо будете осквернены из-за них	379
Рыбам и кузнечикам не требуется зарезание	382

ГЛАВА ТАЗРИА

О ложе моем по ночам	386
Жену доблестную кто найдет?	387
Женщина, зачавшая первой, рождает мальчика	389
Полна земля созданиями Твоими	391
Только по образу должен ходить человек	392
И родит мальчика	395
Тридцать три дня пускай остается в крови очищения	397
А если родит девочку	401
Обрезание и крайняя плоть	402
Нет твердыни, как Всесильный наш	404
Одна звезда, трижды ударившая по другой звезде	406
И взял одну из его сторон	409
Грабящий отца и мать	412
Отпусти меня, ибо взошла заря	413
Не смотрите на меня, что я смугла	417
Творцу земли и всё наполняющее ее	419
Страдания любви	421
Бывает, праведник погибает в праведности своей	423
И вдохнул в ноздри его дыхание жизни	425
Язва проказы	428
Поела и обтерла рот свой	430
Есть преимущество у мудрости перед глупостью	437
Человек, муж	444
Свят – чист	451
Красновато-белая язва	460
Будет он приведен к коэну	462

И будете святы 465
Язвы домов 466
Строит дом свой неправедно 468
И разрушат дом 471
Язва и дух скверны, противостоящие друг другу 472
Белый цвет и красный цвет 476
Добывает она шерсть и лён 478
Кто строит дом свой неправедно 479
Скажи же, что ты сестра моя 483

ГЛАВА МЕЦОРА

Дабы знали вы, что есть суд 488
В час, когда стемнеет ночь 490
Суды души и тела 492
Тот, кто злословит 494
Две живые птицы 496
Поддерживающие ее счастливы 498
Помощник царя, помощник царицы 500
Если у женщины кровотечение 502
В день благоволения – радуйся 505
Положи меня как печать на сердце свое 507
Не смогут погасить любовь 510
Тосефта 512
Услышь, Творец, праведность 513
Пребывают два духа 515
И встретили его ангелы Всесильного 517
И вышел первый красный 519
Тосефта 522

Глава Ваикра

ГЛАВА ВАИКРА

И воззвал Он к Моше

1) «Рабби Эльазар провозгласил: "Проси себе знак у Творца Всесильного твоего, из глубины ли преисподней или сверху, из вышины"[1]. Размышлял я о первых поколениях и последних. Что отличает первые поколения от последних? Первые поколения знали и созерцали высшую мудрость, и умели сочетать буквы, которые были даны Моше на Синае. И даже грешники в Исраэле", такие как Ахаз, "разбирались в буквах высшей мудрости"». Ведь сказал ему пророк: «Проси себе знак»[1], и если бы не знал высшей мудрости, содержащейся в буквах, не сказал бы ему этого пророк. «"И знали по высшим буквам", исходящим от Бины, "и по нижним буквам", исходящим от Малхут, "мудрость управления действиями в этом мире"».

2) «"Поскольку каждая буква, переданная Моше, украшалась и поднималась над головами высших святых созданий", т.е. высшей меркавой, и это ХАГТАМ. "И все создания украшались ими", этими буквами, т.е. также и создания нижнего строения (меркава), которое в Малхут. "И они парят в воздухе (авир אויר)" ИШСУТ, "нисходящем от тонкого высшего воздуха, который непознан"», пребывающего в высших Абе ве-Име.

Объяснение. Буквы – это келим и мохин, и они исходят от Бины, т.е. от ИШСУТ, откуда (исходят) все мохин ЗОН и БЕА. И это означает сказанное: «Поскольку каждая буква, переданная Моше», т.е. келим и мохин, переданные Зеир Анпину, называемому Моше, «украшалась и поднималась над головами высших святых созданий», т.е. ХАГТАМ Зеир Анпина от хазе и выше, называемых высшими святыми созданиями. И это высшая меркава, и на них восседает Бина, и эти ХАГТАМ Зеир Анпина получают эти мохин и келим от Бины. «И все создания украшались ими», даже создания нижней меркавы, которая в Малхут. «И они парят в воздухе» – выход мохин считается парением в воздухе, указывающим на йуд (י), которая выходит из воздуха (אויר), и остается свет (ор אור).[2] То есть, это воздух (авир אויר) ИШСУТ, в которых йуд (י) выходит из воздуха (אויר). Однако они происходят от высших Абы ве-Имы, в которых йуд

---

[1] Пророки, Йешаяу, 7:11. «Проси себе знак у Творца Всесильного твоего, из глубины ли преисподней или сверху, из вышины».

[2] См. Зоар, главу Берешит, часть 1, п. 33. «Когда от Арих Анпина есть первая точка, "йуд י", его "свет (ор אור)" раскрывается над ней...»

(י) не выходит из воздуха (авир אויר),³ и Хохма в них непознана. И это смысл сказанного: «И они парят в воздухе (авир אויר), нисходящем от тонкого высшего воздуха, который непознан», то есть воздух (авир אויר) ИШСУТ, который познается в Хохме, нисходит от тонкого воздуха (авир אויר) Абы ве-Имы, которые не познаются в Хохме, потому что в них йуд (י) не выходит из воздуха (авир אויר).

3) «"И поднимаются и опускаются большие буквы и маленькие буквы. Большие буквы опускаются из высшего чертога, укрытого от всего", из Бины. "А маленькие буквы опускались из другого чертога, нижнего", Малхут. "И те, и другие были переданы Моше на Синае"».

4) «"И соединение букв, соединяющихся скрытым образом с каждой буквой, например, с алеф (א), которая является отдельной буквой, соединяются с ней скрытым образом две другие буквы, ламед фэй-софит (לף). То есть, при произнесении. И также с бет (ב), при произнесении соединяются с ней йуд-тав (ית). И так все они были переданы Моше на Синае. И все они в тайне у товарищей. Благословенны они"».

5) «"Проси себе знак (досл. букву)"¹ – то есть "действительно букву, ибо все они несли и давали в виде букв. И также о Рахави что сказано: "И дадите мне верный (досл. истинный) знак"⁴ – это буква вав (ו), называемая знаком истины. И если скажешь: остальные буквы не являются знаками истины?! Это не так, лишь эта буква так называется знаком истины"». А остальные буквы так не называются. Ведь вав (ו) указывает на Зеир Анпин, называемый истиной, как сказано: «Явишь истину Яакову»⁵.

6) «"Из глубины ли преисподней"¹ – это последняя хэй (ה) святого имени" АВАЯ (הויה). "Или сверху, из вышины"¹ – это буква йуд (י), начало (рош) в святом имени" АВАЯ (הויה). "И

---

³ См. Зоар, главу Берешит, часть 1, п. 308. «Теперь выясняется различие между зивугом высшего мира Бины и зивугом нижнего мира Бины. И говорится, что высший мир опускается в нижний мир...»

⁴ Пророки, Йеошуа, 2:12. «Теперь же поклянитесь мне Творцом, что как я оказала вам милость, так и вы окажете милость дому отца моего и дадите мне верный знак».

⁵ Пророки, Миха, 7:20. «Ты явишь истину Яакову, милость Аврааму, о которой клялся Ты отцам нашим с давних времен».

это смысл сказанного: "Проси себе знак у Творца Всесильного твоего"[1] – т.е. "букву от святого имени, что вытекает из сказанного: "(Знак) у Творца (АВАЯ)", и это святое имя, да будет благословенно, одна буква в нем. И Скиния", Малхут, называемая Всесильный, "стоит на этом"», на этой букве. Ибо Малхут получает от Зеир Анпина, АВАЯ (הויה). Поэтому сказано: «У Творца (АВАЯ) Всесильного (Элоким) твоего»[1].

7) «"Смотри, когда поднималось облако над Скинией и пребывало над ней, все эти меркавот и все эти келим высшей Скинии", Малхут, – "все они были внутри этого облака. И поэтому, что написано: "И не мог Моше войти в Шатер собрания, ибо пребывало над ним облако"[6]. Спрашивает: "Но написано: "И вошел Моше в облако... и был Моше на горе сорок дней и сорок ночей"[7], – если Моше не мог войти в Скинию", из-за облака, которое пребывало над ней, "почему он" вошел в облако и "находился на горе все эти сорок дней?"»

8) И отвечает: «"Но было два облака. Одно" облако, "в которое вошел Моше", и находился на горе сорок дней и сорок ночей. И это облако – Малхут. "И другое" облако, "которое пребывало над Скинией", и оно исходило от левой линии Бины, и в него Моше не мог войти. "Смотри, что написано: "И слава Творца наполняла Скинию"[6]. "Наполняла (милá מִלָּא)", с мем (מִ), огласованной хирик, "не написано, а "наполняла (малé מָלֵא)" – с мем (מָ), огласованной камац, и это означает, "что установилось совершенство наверху", в Бине, "и внизу", в Малхут, "со Скинией" с облачением облака в Скинию, "что внизу, потому что скрытое исправление", называемое облаком, "нисходило" от левой линии Бины "вниз" к Шхине, которая называется Скинией и Шатром собрания, "и исправлялась Шхина"».

9) «"Четыре стороны станов" ангелов, которые в Малхут, называемые нижней меркавой, "скрывались" с помощью облака, опускающегося на Скинию, Малхут.[8] "Первое исправление" этого облака происходило "в первую стражу этих четырех станов" Шхины, "до исправления всего. Глава правой стороны –

---

[6] Тора, Шмот, 40:35. «И не мог Моше войти в Шатер собрания, ибо пребывало над ним облако, и слава Творца наполняла Скинию».

[7] Тора, Шмот, 24:18. «И вошел Моше в облако и взошел на гору. И был Моше на горе сорок дней и сорок ночей».

[8] См. выше, п. 7.

это Цадкиэль (צַדְקִיאֵל), высший из правителей, высший над станами, которые под правлением Михаэля, и вместе с ним исправлялись все эти станы, под его властью"».

10) «"И один правитель был поставлен над четырьмя по три", и это "четыре" стороны "внизу", каждая из которых состоит из трех. "И вот все эти высшие станы, когда нисходят вниз, изменяются их имена на другие. А когда они наверху, не меняется" имя их "никогда. И этот правитель, Цадкиэль, стоит над ними внутри. Одна буква искрится над их головами, и это малая алеф (א) – когда эта буква искрится, все двигаются к тому месту, откуда исходит искрение"».

Пояснение сказанного. Зоар выясняет нам здесь, во всей статье, что перед нами, понятие: «И воззвал Он к Моше»[9], поскольку у этого призыва нет, безусловно, никакого сходства с материальным призывом, но «на языке людей говорила Тора»[10]. И поэтому необходимо понять внутренний смысл этого призыва. И это то, что провозгласил рабби Эльазар: «Проси себе знак (досл. букву) у Творца Всесильного твоего»[1]. И он говорит, что это на самом деле означает – букву.[11] То есть, из букв имени АВАЯ (הויה), «из глубины ли преисподней»[1] – это последняя буква хэй (ה) де-АВАЯ (הויה), Малхут. «Или сверху, из вышины»[1] – это буква йуд (י) де-АВАЯ (הויה), свойство Хесед. Таким образом, тайна букв – это келим десяти сфирот, в которых распространяются света. И из этих букв и их сочетаний были созданы тайна речи и высший призыв, подобный материальному призыву, выходящему из сочетаний материальных букв.

И это смысл сказанного: «Когда поднималось облако над Скинией и пребывало над ней, все эти меркавот и все эти келим высшей Скинии, – все они были внутри этого облака. И поэтому, что написано: "И не мог Моше войти в Шатер собрания, ибо пребывало над ним облако"»[8], – т.е. из-за того, что облако покрыло все эти меркавот и все эти келим в Малхут, называемой Шатром собрания, не мог Моше войти в Шатер собрания.

---

[9] Тора, Шмот, 24:16. «И пребывала слава Творца на горе Синай, и покрывало ее облако шесть дней. И воззвал Он к Моше на седьмой день из облака».
[10] Вавилонский Талмуд, трактат Брахот, лист 31:2.
[11] См. выше, п. 5.

И вот это облако, которое покрывало Малхут и все меркавот в ней, это тайна двух букв куф-рейш (קר) в слове «ваикра (וַיִּקְרָא) и воззвал)», как это выяснится далее,[12] так как куф (ק) слова «ваикра (וַיִּקְרָא)» – это Гвура, т.е. суды, исходящие от левой линии, а рейш (ר) слова «ваикра (וַיִּקְרָא)» – это Тиферет, т.е. суды, исходящие от средней линии. И сочетание букв куф-рейш (קר), и это свойство «ужасающий лёд»[13], ибо суды левой (линии) – «лёд»[13], а суды средней линии – «ужасающий»[13]. И эти две буквы куф-рейш (קר) покрыли все хасадим, которые в букве йуд (י) слова «ваикра (וַיִּקְרָא)», являющейся свойством Хесед. И они заморозили все света в букве алеф (א) слова «ваикра (וַיִּקְרָא)», являющейся свойством Малхут. И вследствие этого скрылись все меркавот и келим, содержащиеся в Малхут, и не мог Моше войти в Шатер собрания. И это означает сказанное: «Одна скрывает букву алеф (א), а другая – букву йуд (י)»[12], и нисходит тьма с этим облаком до тех пор, пока не начинает светить буква вав (ו) де-АВАЯ (הויה), т.е. средняя линия, Зеир Анпин, и две линии вместе, Хесед и Гвура, одна в другой. И тогда смягчаются суды, имеющиеся в Гвуре и Тиферет де-Малхут, т.е. в двух буквах куф-рейш (קר), и не скрывают больше света и меркавот, что в Малхут. И поэтому Моше уже может войти тогда в Шатер собрания. И считается, что образовалось сочетание (букв) «ваикра (וַיִּקְרָא) и воззвал)». Ибо четыре буквы йуд-куф-рейш-алеф (יקרא) – это ХУГ ТУМ, что в правой меркаве Малхут, и это – ангел Михаэль. Тогда как прежде, чем они исправились с помощью вав (ו) де-АВАЯ (הויה), буквы куф-рейш (קר) в них скрывали света, содержащиеся в буквах йуд-алеф (יא) в них. И тогда Моше не мог войти в Шатер собрания. А теперь, когда добавилась над ними вав (ו), он уже может войти в Шатер собрания. И поэтому считается суммарное сочетание букв «ваикра (וַיִּקְרָא)» призывом и приглашением Моше войти в Шатер собрания. Как нам еще предстоит выяснить.

И поскольку Зоар хочет разъяснить понятие «облако, покрывшее меркавот, которые в Малхут», – что оно означает, и в каком месте оно властвует, – поэтому приводит Зоар понятие «нижняя меркава (строение)», и это четыре ангела,

---

[12] См. п. 13.
[13] Пророки, Йехезкель, 1:22. «А над головами этого создания – подобие небосвода, словно ужасающий лед, простертый над головами их сверху».

Михаэль-Гавриэль-Уриэль-Рефаэль, каждый из которых состоит из трех линий, т.е. ХАГАТ, и трижды четыре – это двенадцать. И они соответствуют двенадцати сочетаниям АВАЯ (הויה), которые в высшей меркаве (строении). Однако они состоят друг из друга, и поэтому есть двенадцать в каждом из этих четырех ангелов, т.е. в каждом из них есть четыре стороны, ХУГ ТУМ, и в каждой из сторон есть ХАГАТ, и вместе их двенадцать. Таким образом, есть четыре стороны ХУГ ТУМ, и в каждой из них три линии ХАГАТ, – в Михаэле. И в западной стороне, Малхут, есть три ангела, и это ХАГАТ, имеющиеся там, которые называются Михаэль, Цадкиэль, и еще один ангел, имя которого не упоминается. А над ними искрится буква алеф (א). И в восточной стороне, Тиферет, есть три ангела ХАГАТ, и это Михаэль, Разиэль и Румиэль, и над ними искрится буква рейш (ר). И в северной стороне, и это Гвура, есть три ангела – Михаэль, Йофиэль и Хахамиэль, и над ними искрится буква куф (ק). И в южной стороне, и это Хесед, есть три ангела – Михаэль, Кдумиэль и Уриэль, и над ними искрится буква йуд (י). И две стороны, Гвура и Тиферет, т.е. буквы куф-рейш (קר), скрывают две буквы, йуд (י) и алеф (א), как говорилось выше. И тогда Моше не может войти в Шатер собрания, пока не начинает светить над ним вав (ו). А затем разъясняет четыре стороны Гавриэля, которые нам предстоит еще выяснить.

И это означает сказанное: «Четыре стороны станов скрывались»[14], – т.е. четыре стороны Михаэля, в которых прежде, чем они исправились, властвовали две буквы куф-рейш (קר) и скрывали всё, как мы уже отмечали. «Первое исправление – в первую стражу этих четырех станов», – т.е. сторона Малхут в них, «до исправления всего», – прежде чем всё было исправлено в средней линии. «Глава правой стороны – это Цадкиэль (צְדְקִיאֵל), высший из правителей, высший над станами, которые под правлением Михаэля, и вместе с ним исправлялись все эти станы, под его властью». «И один правитель был поставлен над четырьмя по три»[15], – т.е. три ангела, которые со стороны Малхут, четырех сторон Михаэля, «одна буква искрится над их головами, и это малая алеф (א)» слова «ваикра (וַיִּקְרָא)», как уже говорилось. И помни эти вещи на всем протяжении этой статьи.

---

[14] См. выше, п. 9.
[15] См. выше, п. 10.

11) «"Внутрь от них", т.е. внутрь от стороны Малхут, и это Тиферет, – "это Разиэль (רָזִיאֵל), высший правитель, высший над станами, находящийся внутри, под властью Михаэля", Хеседа, "и вместе с ним – все те станы, которые под его правлением. И один правитель стоит над ними во вратах, называемый Румиэль (רוּמִיאֵל), и окружают его двенадцать правителей – четырежды по три", и он сам, т.е. Тиферет со стороны Тиферет, включает двенадцать, поскольку с этой стороны Тиферет есть три ангела, и это: Михаэль – Хесед де-Тиферет, Разиэль – Гвура де-Тиферет, и Румиэль – Тиферет де-Тиферет. Как уже объяснялось в предыдущем пункте. И Тиферет де-Тиферет, сам по себе, включает тоже двенадцать, как совокупность четырех сторон Михаэля. "И Разиэль, высший правитель, стоит над ними всеми, и имя его не меняется. Одна буква искрится над головами всех этих станов – это буква рейш (ר). Когда она искрится, все двигаются в сторону ее искрения. Эта буква стоит для наказания тех, кто раскрывает тайны. И признак тебе, как сказано: "Нищета и посрамление"[16]», где имя «нищета (рейш רֵישׁ)» указывает на суды.

12) «"Внутрь от них", т.е. внутрь от стороны Тиферет, и это Гвура, – "это Йофиэль (יוֹפִיאֵל), высший правитель, поставленный над станами под властью Михаэля, и с ним исправлялись все станы, которые под его правлением. И не раскрылись здесь эти станы при исчислении", так как это свечение Хохмы, происходящее в левой линии, Гвуре,[17] "поскольку они не восполнились здесь, пока не пришли к Обители миров", т.е. к свойству Храм, который построил Шломо, "и там восполнились все они, и выросли эти станы в совершенстве (шлемут). И то, что мы сказали здесь", о Скинии, прежде чем они восполнились, "это потому, что все эти станы, которые под его правлением", Йофиэля, "были отданы ему, чтобы войти с ним. И один правитель стоит над ними, и имя его Хахамиэль (חָכְמִיאֵל). И двенадцать правителей окружает его, в каждой стороне по три, как мы уже сказали". И получается также и в этой стороне, т.е. Гвуре, есть три ангела, и это Михаэль, Йофиэль, Хахамиэль, т.е. ХАГАТ стороны Гвуры. И Хахамиэль, т.е. Тиферет Гвуры, сам по себе включает двенадцать, как и вся общность в целом.

---

[16] Писания, Притчи, 13:18. «Нищета и посрамление отвергающему учение; а кто соблюдает наставление, будет почтен».
[17] См. Зоар, главу Пкудей, п. 28.

Поскольку Тиферет всегда является обобщающим. "И Йофиэль, высший правитель, стоит над всеми, и имя его не меняется"».

13) «"Одна буква искрится над головами всех этих станов, и это буква куф (ק)", потому что эта буква искрится в стороне Гвуры. "И когда она искрится, все они двигаются в сторону этого искрения. Эта буква куф (ק) висит в воздухе, и суды, что в ней, смиряются трижды в день", т.е. благодаря свечению трех высших линий Зеир Анпина, называемого днем. Но прежде, чем она смягчилась, благодаря трем линиям Зеир Анпина, она "поднимается и опускается", то есть Хохма, которая в ней, притягивается, чтобы спуститься вниз, и тогда она – в судах. И тогда "эти две буквы, куф-рейш (קר), т.е. буквы, стоящие посередине"» слова «ваикра (וַיִּקְרָא)», «"одна скрывает букву алеф (א)"» слова «ваикра (וַיִּקְרָא)», «"а другая скрывает букву йуд (י)"» слова «ваикра (וַיִּקְרָא)», «"которая после"» буквы куф (ק), когда начинают с Малхут, т.е. с алеф (א). И все это уже выяснилось выше.[18]

14) «"Внутрь от них", т.е. внутрь от стороны Гвуры, и это Хесед, – "это Кдумиэль (קְדוּמִיאֵל), высший правитель, высший над станами, под властью Михаэля, и с ним исправлялись все станы, которые в его распоряжении. И один правитель стоит над ними во вратах, называемый Уриэль, и двенадцать правителей окружают его – по три в каждой стороне", с четырех сторон. И таким образом, в этой стороне Хеседа есть три ангела, и это: Михаэль – Хесед де-Хесед, Кдумиэль – Гвура де-Хесед, Ариэль – Тиферет де-Хесед. И Ариэль сам по себе содержит двенадцать, как и вся общность. "И этот правитель Кдумиэль стоит над ними, и имя его не меняется никогда. Одна буква стоит над их головами, и это буква йуд (י). Когда она искрится, двигаются все к тому искрению, которым она светится. Буква куф (ק), как мы сказали, скрывает букву йуд (י), а рейш (ר) скрывает алеф (א)"» слова «ваикра (וַיִּקְרָא)».

15) «"Внутри всего, в месте, называемом святостью", т.е. в Бине, "искрится одна буква тайно и скрыто, и это буква вав (ו)", то есть это средняя линия, источник происхождения которой – это тот, кто поднимается и согласовывает между собой две линии Бины, правую и левую. "И эта буква вав (ו) светится в искрении над всеми буквами", – то есть, согласовывает

---

[18] См. п. 10.

между собой правую и левую (линии) всех букв, которые есть в Зеир Анпине и в Малхут. "И голос выходит меж этих букв", – т.е. вав (ו), называемая голосом, который в Бине не слышен, а здесь, в буквах Зеир Анпина и Малхут, выходит голос, который слышен,[19] и тогда он смягчает буквы куф-рейш (קר), и буквы йуд-куф-рейш-алеф (יִקְרָא икра) раскрываются из своего скрытия. "И тогда ударяет искрение вав (ו) по искрению буквы йуд (י), – и это искрение вав (ו), которое вышло из места святости", Бины, "ударяет по искрению", то есть совершает раскрытие "буквы йуд (י)"» из ее скрытия, и та начинает светить.

16) «"И тогда искрение буквы йуд (י) ударяет по искрению буквы куф (ק). И выходит искрение буквы куф (ק) и ударяет по искрению буквы рейш (ר). И выходят все эти искрения и соединяются в искрение буквы алеф (א), которая стоит", и это Малхут, получающая всё, что в йуд-куф-рейш (יקר), т.е. в ХАГАТ. "И голос выходит и ударяет по всем этим искрениям букв вместе", чтобы соединить их в призыв: "искрение буквы вав (ו) с йуд (י), и искрение буквы йуд (י) с куф (ק), искрение куф (ק) с рейш (ר), и искрение рейш (ר) с алеф (א). И соединяются высечения искрений" букв, "а затем выходят" для своего действия, поскольку "после того, как искрения соединяются, выходит голос меж ними, и они соединяются в этой тайне: "И воззвал Он к Моше"[9], и Моше наблюдал все те дни, когда не входил"» в Шатер собрания, то есть Малхут.

Объяснение. После того, как пришло искрение буквы вав (ו), являющейся средней линией от свойства Имы, и соединило две линии букв, правую и левую, т.е. йуд (י) куф (ק), открылись буквы куф-рейш (קר) из своего скрытия, и кроме того, что не мешали больше светам букв йуд (י) и алеф (א),[20] но еще и передали свои света йуд (י) и алеф (א), и все они стали светить вместе в тайне сочетания «ваикра (וַיִּקְרָא и воззвал)», где вав (ו) дала (наполнение) йуд (י), а йуд (י) – куф (ק), а куф (ק) – рейш (ר), а рейш (ר) – алеф (א). И поскольку раскрылись все света, искрящиеся над четырьмя этими буквами, и четыре мерквы правой стороны Малхут, то есть Михаэля, получили свое свечение, – тотчас мог Моше войти в Шатер собрания. И

---

[19] См. Зоар, главу Берешит, часть 2, п. 238. «От Абы ве-Имы, являющихся свойством "громкий голос", выходит Тора, называемая "голос Яакова", т.е. Зеир Анпин. И этот голос, который слышен, исходит от неслышимого голоса, т.е. от Абы ве-Имы...»

[20] См. выше, п. 13.

считается раскрытие светов четырех букв йуд-куф-рейш-алеф (יִקְרָא икра) призывом и приглашением Моше войти в Шатер собрания.²¹ И это смысл сказанного: «И Моше наблюдал все те дни, когда не входил», т.е. он наблюдал за различием. Ведь прежде, чем вав (ו) начала давать (наполнение), была власть судов, имеющаяся в буквах куф-рейш (קר), и они скрывали все света, раскрывающиеся в йуд (י) и алеф (א), не говоря уже о свечении самих букв куф-рейш (קר). И поэтому Моше не мог войти в Шатер собрания, а теперь, после того как стала светить вав (ו), т.е. средняя линия, когда раскрылись все четыре света в буквах йуд-куф-рейш-алеф (יִקְרָא икра), Моше уже может войти в Шатер собрания, – то есть, вследствие наблюдения за этим различием, Моше понял призыв и приглашение войти в Шатер собрания.

17) «"И затем буквы снова совершили свои высечения, в сочетании букв, которые были переданы Адаму Ришону в Эденском саду, чтобы ввести букву алеф (א)", т.е. Малхут, "в скрытие, в место, которое называется святостью", т.е. Иму. "И тогда вышла вав (ו) и дала место" в начале слова "букве алеф (א), и соединилась алеф (א) с буквой вав (ו), после которой (идут) буквы куф-рейш (קר). И йуд (י)", Хесед, "вошла между буквами куф-рейш (קר), и сделалось куф-йуд-рейш (קיר), и они высеклись и искрились, как и в начале, и голос", средняя линия, "вышел меж ними. И соединились искрения букв и вышли наружу, и раскрылись всем станам, которые двигались вместе с этими буквами", – и это станы четырех меркавот (строений) Михаэля, как было сказано выше. "И когда соединяются искрения букв", в виде сочетания, "ударяет голос между ними, и высечения их открываются всем меркавот (строениям)", в сочетании алеф-вав-куф-йуд-рейш (אוֹקִיר окир), "и возвращается от них голос и призывает между меркавот (строениями): "Буду ценить смертного больше, чем чистое золото, человека – больше, чем золото офирское"²²».

Объяснение. После того, как все света де-ХАГАТ, содержащиеся в сочетании «ваикра (וַיִּקְרָא)», дали наполнение малой алеф (א) слова «ваикра (וַיִּקְרָא)», стала алеф (א), т.е. Малхут, наполненной благословениями, и стала светить свечением

---

²¹ См. выше, п. 14.
²² Пророки, Йешаяу, 13:12. «Буду ценить смертного больше, чем чистое золото, человека – больше, чем золото офирское».

Хохмы, которое в ней, и поднялась в Иму. И тогда стала Малхут важнее, чем Зеир Анпин, в скрытом значении сказанного: «Жена доблестная – венец мужу своему»[23]. И получается, что алеф (א), т.е. Хохма, поднялась перед вав (ו), Зеир Анпином, т.е. хасадим, и образовалось сочетание алеф-вав (אוֹ). А также куф (ק), т.е. Гвура и левая линия, начала светить Хохмой, что в ней, и править, и поэтому стала перед йуд (י), Хеседом, т.е. куф-йуд (קִי). И таким образом, превращается сочетание «ваикра (וַיִּקְרָא и воззвал)» в сочетание «окир (אוֹקִיר буду ценить)». Как сказано: «Буду ценить (אוֹקִיר) смертного больше, чем чистое золото»[22]. И это сочетание указывает на власть света Хохмы, как уже выяснилось.

18) «"Благословен удел Моше, видевшего всё это. Но это сочетание алеф-вав-куф-йуд-рейш (אוֹקִיר окир) не предстало перед глазами Моше, а только первое сочетание вав-йуд-куф-рейш-алеф (וַיִּקְרָא ваикра) – это видел Моше. А это второе сочетание не раскрыли ему, поскольку не восхваляют человека в его присутствии. И признак тебе: "Выйдите вы втроем"[24], и написано: "И призвал Аарона и Мирьям"[25], и написано: "Устами к устам говорю Я ему"[26], и написано: "Не так раб Мой, Моше"[26], т.е. сказал всё это только Аарону и Мирьям, но не Моше, так как не восхваляют человека в его присутствии"». Объяснение. Ибо не раскрывает Творец величия ступени постигающему ее, но лишь после того, как прошла эта ступень, и он удостоился новой ступени, тогда раскрывает ему величие и совершенство первой. Поскольку не раскрывает Творец величие ступени перед ней самой – в час ее пребывания.

19) «"Поднялись буквы" таким образом "и вернулись во все эти станы, в сочетании алеф-вав-куф-йуд-рейш (אוֹקִיר окир). Вышел голос и провозгласил, сказав: "Буду ценить смертного

---

[23] Писания, Притчи, 12:4. «Жена доблестная – венец мужу своему, а позорная – как гниль в костях его».
[24] Тора, Бемидбар, 12:4. «И сказал вдруг Творец Моше и Аарону, и Мирьям: "Выйдите вы втроем к Шатру собрания". И вышли они втроем».
[25] Тора, Бемидбар, 12:5. «И низошел Творец в столпе облачном, и стал при входе в шатер, и призвал Аарона и Мирьям, и прошли они оба».
[26] Тора, Бемидбар, 12:6-8. «И сказал Он: "Внемлите же речам Моим. Если есть у вас пророк, то Я, Творец, в видении ему являю Себя, во сне говорю ему. Не так раб Мой, Моше. Во всем доме Моем доверенный он. Устами к устам говорю Я ему, и явственно, а не загадками, и облик Творца он зрит. Почему же не убоялись вы говорить против раба Моего, против Моше?"»

больше, чем чистое золото"²², а затем были притянуты эти буквы и искрились над главами всех этих строений (меркавот), и не успокаивались до тех пор, пока не исправлялись на своем месте"».

20) «"Глава левой стороны", Малхут, "Хизкиэль (חִזְקִיאֵל), высший правитель, высший над станами, всеми теми, кто стоят во вратах Скинии", т.е. Малхут, "под властью Гавриэля". Ибо Михаэль властвует в правой (стороне) Малхут, а Гавриэль – в ее левой (стороне). "И с ним исправляются в этих вратах все те станы, которые находятся в его распоряжении. И один правитель поставлен на вратах снаружи, и имя его Газриэль (גַזְרִיאֵל), и с ним двенадцать правителей, окружающих его, – по три в каждой стороне, в четырех сторонах"».

Объяснение. Нижнее общее строение (меркава), это двенадцать: Михаэль-Гавриэль-Уриэль-Рефаэль, в каждом из которых три линии, ХАГАТ, итого – двенадцать. И в каждом из них отдельно есть двенадцать, и двенадцать Михаэля уже выяснены выше, и над ними искрятся четыре буквы йуд-куф-рейш-алеф (יִקְרָא икра). А здесь он выясняет двенадцать, которые у Гавриэля, т.е. ХУГ ТУМ, в каждом из которых ХАГАТ, как у Михаэля.²⁷ И вначале выясняет Малхут в Гавриэле, в котором три ангела ХАГАТ: Гавриэль, Хизкиэль, Газриэль. И Газриэль отдельно, являющийся Тиферет со стороны Малхут, тоже включает двенадцать. И это означает сказанное: «И с ним двенадцать правителей».

21) «"И это те, у которых "пламя обращающегося меча"²⁸ обращается в руках их.²⁹ И этот правитель Хизкиэль стоит над ними высоко-высоко внутри. Одна буква искрится над их головами, и это – буква алеф (א)", и это сторона Малхут, которая в Гавриэле, "поскольку эти станы не останавливаются и не двигаются иначе, как с алеф (א), и это правая (сторона)", т.е. Малхут, выходящая с хасадим, правой (стороной), "поскольку левая

---

[27] См. выше, п. 10.
[28] Тора, Берешит, 3:24. «И изгнал Адама и поместил к востоку от сада Эденского херувимов и пламя обращающегося меча, чтобы охранять путь к Древу жизни».
[29] См. Зоар, главу Берешит, часть 2, п. 118. «От этого пламенеющего духа исходят два света, представляющие собой свойство четырех вышеуказанных сторон, и эти света изменяют свой вид и называются "пламя обращающегося меча"...»

(сторона)", Гавриэля, "не двигается иначе, как с помощью правой", т.е. с помощью облачения в хасадим. "И правая всегда двигается к левой", т.е. посредством включения левой, "и алеф (א) – это буква, которая искрится и выходит из этой правой", т.е. Малхут со стороны хасадим, что в ней. "Тогда двигаются" все станы "к тому месту, где происходит это искрение"».

22) «"Внутрь" от стороны Малхут, в стороне Тиферет, это правитель "Раатиэль (רְהַטִיאֵל), высший над станами, стоящий внутри, под властью Гавриэля. И вместе с ним – все те станы, которые находятся в его распоряжении. И один правитель стоит над ними во вратах, называемый Кадшиэль (קַדְשִׁיאֵל), и окружают его двенадцать правителей, – четырежды по три. И этот правитель Раатиэль стоит над всеми, чтобы не менялось имя его". И также здесь, со стороны Тиферет, – три ангела ХАГАТ, и это Гавриэль, Раатиэль, Кадшиэль. "Одна буква искрится над главами всех станов. И эта буква – это буква заин (ז)", являющаяся стороной Тиферет, что в Гавриэле. "И она меняется, при установке Скинии, на букву ламед (ל)"», т.е. она подслащается в Бине, и это ламед (ל), то есть «башня, парящая в воздухе». «"И это меняется в скрытом смысле сказанного: "Будет лить воду из вёдер его"³⁰». Ибо Бина – это «вёдра» Тиферет. «"И поменялась заин (ז) при высечениях букв, и называется заменой на ламед (ל), когда эта буква искрится над главами всех этих станов, тогда все они двигаются в сторону этого искрения"».

23) «"Внутрь" от стороны Тиферет, в стороне Гвуры, – это "Кафциэль, высший правитель, высший над станами, под властью Гавриэля. И вместе с ним исправляются все те станы, которые находятся в его власти, – те, которые отданы ему в этот час. И один правитель стоит над ними, и имя его – Азаэль (עֲזָאֵל), и двенадцать правителей окружают его, в каждой стороне по три, как мы объясняли". И есть также здесь, со стороны Гвуры Гавриэля, три ангела ХАГАТ – Гавриэль, Кафциэль, Азаэль. И Азаэль, являющийся свойством Тиферет, сам содержит двенадцать, как уже объяснялось. "А Кафциэль – высший правитель, стоящий над всеми. Одна буква искрится над главами всех этих станов, и это буква далет (ד)", являющаяся стороной Гвуры, которая в Гавриэле. "И все двигаются к искрению этой

---

³⁰ Тора, Бемидбар, 24:7. «Будет лить воду из ведер его, и семя его в обильных водах; царь его превзойдет Агага, и возвысится царство его. Творец вывел его из Египта».

буквы. Эта буква висит в воздухе над двумя другими буквами – алеф-ламед (אל)"».

24) «"Внутрь" от стороны Гвуры, что в Гавриэле, т.е. в стороне его Хеседа, – это "Шамиэль (שָׁמִיאֵל), высший правитель. Этот сменяет четыре имени, поскольку не стоит в высечениях своих, один раз – он на правую сторону, другой раз – он на левую сторону", один раз – на восток, другой раз – на запад, и называется в соответствии с его служением. "И с ним двенадцать правителей, которые окружают его, в каждой стороне – по три, как мы уже объясняли, и Рагшиэль (רַגְשִׁיאֵל) – высший правитель над этими двенадцатью" правителями, "под тем другим правителем", Шамиэлем. И получается также здесь, со стороны Хеседа Гавриэля, три ангела ХАГАТ, и это Гавриэль, Шамиэль, Рагшиэль. И Рагшиэль сам включает двенадцать. "И буква одна искрится над их головами наверху, и буква эта – это буква хэй (ה). И она висит в воздухе над всеми остальными буквами алеф (א) ламед (ל), как мы уже говорили о букве далет (ד). Эти две буквы далет (ד) хэй (ה) поднимаются вверх над всеми остальными другими, поскольку они – Хесед и Гвура, представляющие собой ГАР. И все они двигаются к этому искрению, зависящему от этой буквы хэй (ה)"».

25) «"Глубоко внутри, в месте, называемом святостью", т.е. в Бине, "искрится одна буква, в состоянии скрытия святости, и это – закрытая буква мем (ם)". Поскольку закрытая мем (ם) всегда светит в левой стороне Бины. "Она светится в искрении над всеми буквами – алеф (א) ламед (ל) далет (ד) хэй (ה). И голос выходит меж этих букв. Тогда ударяет искрение этой буквы, закрытой мем (ם), и берет две другие буквы, то есть искрения, висящие в воздухе, и это далет (ד) хэй (ה), и остается алеф-ламед (אל), и они соединяются с теми другими, что с правой стороны", т.е. вав-йуд-куф-рейш-алеф (וַיִּקְרָא ваикра). "И ударяют одни по другим, и двигаются все они, и возвращаются первые" буквы, вав-йуд-куф-рейш-алеф (וַיִּקְרָא ваикра), чтобы искриться, "как раньше, и выходят" из Малхут "наружу", к Моше, – "тогда "И воззвал Он к (וַיִּקְרָא אֶל) Моше"[9]». То есть из этих сочетаний, приведенных выше, вышел призыв и приглашение Моше войти в Шатер собрания, как объяснялось выше.

Объяснение. Буквы далет (ד) хэй (ה) – это Гвура и Хесед, которые в Гавриэле, представляющие собой ГАР левой (линии), а буквы алеф (א) ламед (ל) – это Малхут и Тиферет, которые в Гавриэле, представляющие собой ВАК левой (линии). И известно, что свечение Хохмы, светящее в левой (линии), ни что иное, как ВАК Хохмы, но ГАР Хохмы скрылись и не светят. И это означает сказанное: «Тогда ударяет искрение этой буквы, закрытой мем (ם), и берет две другие буквы, то есть искрения, висящие в воздухе, и это далет (ד) хэй (ה), и остается алеф-ламед (אל)», – потому что буквы далет (ד) хэй (ה) – это ГАР, которые не светят, поэтому закрытая мем (ם) скрывает их, и остается только алеф-ламед (אל), представляющие собой ВАК, как уже выяснилось. И это буквы «ваикра (וַיִּקְרָא) и воззвал)», находящиеся с правой стороны, т.е. Михаэля, и буквы «эль (אל)», которые в левой стороне, т.е. Гавриэля, из которых вышел призыв и приглашение Моше.[31] И то, что Зоар не приводит двух остальных ангелов, Уриэля и Рефаэля, т.е. ТУМ, которые в нижнем строении (меркава), это потому, что две линии, правая и левая, Михаэль и Гавриэль, – они в основном действуют, а ТУМ, Уриэль и Рефаэль, – только получают от них, и нет в них обновления, потому он не приводит их.

---

[31] См. выше, п. 10.

ГЛАВА ВАИКРА

Пришел я в сад мой

26) «"И воззвал к Моше, и сказал Творец ему из Шатра собрания, говоря"[32]. "Пришел я в сад мой, сестра моя, невеста, набрал я мирры с бальзамом моим; отведал я соты мои с медом, пил вино мое с молоком. Ешьте, родные! Пейте до упоения, возлюбленные!"[33] В этом отрывке начало не соответствует концу, а конец началу. Написано: "Отведал я соты мои с медом, пил я вино мое с молоком"[33], а затем написано: "Ешьте, родные!"[33] Тот, кто приглашает другого" есть, – делает это, когда пища стоит перед ним, но после того, как уже поел, как он может пригласить другого" поесть с ним? А здесь написано: «Отведал я соты мои»[33], и также: «Пил молоко свое», – ведь он уже поел?

27) «"Но счастливы Исраэль, поскольку Творец хотел очистить их и избрал из всех остальных народов. А избрав их, хотел отвести их от всех обвинителей в мире. Смотри, в день, когда была возведена Скиния внизу, в этот день была возведена с ней другая Скиния, наверху, как написано: "Была возведена Скиния"[34], без уточнения", поскольку включает также и высшую Скинию, Малхут. "И этот день был радостью Творца"».

28) «"Когда была возведена Скиния, что написано: "И не мог Моше войти в Шатер собрания"[35]. Когда увидел это Творец, сказал: "И что с того, что посредством Моше возведена" Скиния, – ведь сам он снаружи?" Сразу же: "И воззвал к Моше", сказал ему: "Моше, новоселье, в чем оно? – В трапезе. "Если кто-либо из вас будет приносить жертву Творцу"[36], то есть сразу же начал говорить с ним о жертвоприношениях, так как это трапеза благоуханная, огнепалимая жертва Творцу. "Это смысл сказанного: "Пришел я в сад мой, сестра моя, невеста"[33]"». И объяснялось, что это изречение указывает на жертвоприношения.

---

[32] Тора, Ваикра, 1:1. «И воззвал к Моше, и сказал Творец ему из Шатра собрания, говоря».

[33] Писания, Песнь песней, 5:1. «Пришел я в сад мой, сестра моя, невеста, набрал я мирры с бальзамом моим; отведал я соты мои с медом, пил я вино мое с молоком. Ешьте, родные! Пейте до упоения, возлюбленные!»

[34] Тора, Шмот, 40:17. «И было в первом месяце во втором году, в первый (день) месяца была возведена Скиния».

[35] Тора, Шмот, 40:35. «И не мог Моше войти в Шатер собрания, ибо пребывало над ним облако, и слава Творца наполняла Скинию».

[36] Тора, Ваикра, 1:2. «Обратись к сынам Исраэля и скажи им: "Если кто-либо из вас будет приносить жертву Творцу, из скота, из крупного и из мелкого, приносите вашу жертву"».

29) «"Другое объяснение. "Пришел я в сад мой"[33] – высший Эденский сад. "Сестра моя, невеста"[33] – Кнессет Исраэль", Малхут. "Ибо в тот день", когда была возведена Скиния, "совершились зивуги со всеми"» шестью окончаниями Зеир Анпина, и на них указывает сказанное: «Пришел я в сад мой»[33].[37] «"И совершились зивуги в этом" высшем "Эденском саду", Зеир Анпина и Малхут, "поскольку все они благословились от живительной влаги реки", Бины, "и связались каждый с другим. И это смысл сказанного: "Набрал я мирры с бальзамом моим"[33] – все они впитали и наполнились от истока реки"», Есода Бины.

30) «"Ешьте, родные! Пейте до упоения, возлюбленные!"[33], то есть "все те" ступени, "что внизу", в БЕА, "и все ветви, – все они благословляются и питаются, когда эти"», Зеир Анпин и Малхут, на которые указывает изречение: «Пришел я в сад мой»[33], «"благословляются наверху. И благодаря чему благословляются и обретают аромат? – Благодаря благоуханию приносимой жертвы"».

31) «"Смотри, в час, когда низошла Кнессет Исраэль", Малхут, "чтобы пребывать в своей земной обители", т.е. в Скинии, "Творец сказал ей", Малхут, "это изречение: "Пришел Я в сад Мой"[33], – потому что пребывали благословения и радость во всех мирах, и она", Малхут, "обретает аромат, чтобы вышли от нее благословения всему. Ибо когда эти шесть"» окончаний Зеир Анпина, на которые указывает изречение: «Пришел я в сад мой»[33], «"благословляются, все миры благословляются вместе внизу, и благословляются наверху, и Исраэль благословляются от всех". Другое объяснение. "Пришел я в сад мой, сестра моя, невеста"[33]. Рабби Ицхак сказал: "Творец совершает зивуг с Кнессет Исраэль", Малхут, "лишь в то время, когда эти шесть"» окончаний Зеир Анпина, на которые указывает изречение: «Пришел я в сад мой»[33], «"наполняются живительной влагой реки, которая не прекращается"», т.е. Бины.

(Раайа меэмана)

32) «Провозгласил и сказал: "Пришел я в сад мой, сестра моя, невеста"[33] – это Малхут, называемая Адни. "Набрал я мирры"[33] – это Хесед, являющийся ступенью Авраама, о котором

---

[37] См. пп. 32-33.

сказано: "Пойду я на гору мирровую"[38], – т.е. гору Мория. "С бальзамом моим"[33] – это Нецах, являющийся ступенью Аарона, о котором написано: "И ты возьми себе лучших благовоний"[39], и они" – зивуг "правой руки", Хеседа, "и правого бедра", Нецаха. "И тайна этого: "Блаженство в деснице Твоей вовек (нецах)"[40]. И два благословения соответствуют им"» в молитве «Восемнадцать»: «"первое – "хранящий Авраама", т.е. Хесед, "а второе – это работа, и это: "Будет желанием Твоим"», т.е. Нецах.

33) «"Отведал я соты мои"[33] – это Гвура", называемая "трепет Ицхака". "С мёдом"[33] – это Ход, ступень Давида, то есть" зивуг "левой руки", Гвуры, "с левым бедром", Ход. "Пил я вино мое с молоком"[33] – это тело (гуф)", Тиферет, "и союз, Есод. То есть Яаков", Тиферет, "со Шломо", Есодом. "Затем: "Ешьте, родные! Пейте до упоения, возлюбленные!"[33], и это двенадцать колен в двенадцати благословениях"» молитвы «Восемнадцать», «"с добавлением благословения "(об исчезновении) вероотступников"», и оно: «И у доносчиков не будет надежды». «"Кто это ест? Тот, о ком сказано: "Пришел я в сад мой, сестра моя, невеста"[33]».

34) «"И бывает, что делит их", шесть окончаний (ВАК) Зеир Анпина, "в другом виде". "Набрал я мирры с бальзамом моим"[33] – это тело (гуф) и союз (брит)", т.е. Тиферет и Есод. "Соты мои с мёдом"[33] – это правое бедро с левым бедром", т.е. Нецах и Ход. "Вино моё с молоком"[33] – это левая рука с правой", т.е. Хесед и Гвура, "где "вино моё"[33] – это Гвура, а "молоко"[33] – это Хесед"».

(До сих пор Раайа меэмана)

---

[38] Писания, Песнь песней, 4:6. «Пока не повеял день и не побежали тени, пойду я на гору мирровую, на холм благовоний».
[39] Тора, Шмот, 30:23. «И ты возьми себе лучших благовоний: чистой мирры – пятьсот, ароматной корицы – две полупорции, по двести пятьдесят каждая, ароматного тростника – двести пятьдесят».
[40] Писания, Псалмы, 16:11. «Ты укажешь мне путь жизни, полнота радостей пред Тобой, блаженство в деснице Твоей вовек».

ГЛАВА ВАИКРА

Ешьте, родные! Пейте до упоения, возлюбленные!

35) «Рабби Йегуда сказал: "Ешьте, родные! Пейте до упоения, возлюбленные!"[33] – это все плачущие и рыдающие, то есть те, которые исходят от левой линии, и суды левой (линии) пребывают над ними, и поэтому плачут и рыдают всегда. "И все они наполняются благоуханием и благословляются вместе" – в день, когда возводится Скиния. "Ибо от трапезы Царя", то есть средней линии, "все они наслаждаются. И когда все едят? В час, когда Царь является в радости. И поэтому Царь наполнен радостью, и радует вначале Царицу, а затем все едят и радуются"».

36) «Рабби Аба сказал: "Ешьте, родные! Пейте до упоения, возлюбленные!"[33] – это те шесть" окончаний (ВАК) Зеир Анпина, "о которых мы сказали, и это те, о которых написано: "Привел меня царь в покои свои"[41]. "Пейте до упоения" – т.е. "от вина, наполняющего всё", то есть от свечения Хохмы, называемого вином. "Рабби Эльазар говорит: "Все те, кто внизу", т.е. ангелы и души, которые в Брия, "когда эти шесть" окончаний Зеир Анпина "благословляются, – все, что внизу, благословляются"».

37) «Рабби Шимон сказал: "Все правильно, но скрытый смысл этого: "Ешьте, родные!"[33] – наверху; "Пейте до упоения, возлюбленные!"[33] – внизу". Сказал ему рабби Эльазар: "Кто такие наверху и кто такие внизу?" Сказал ему: "Ты хорошо спросил", наверху – "это высшее место, когда они находятся в единстве и радости от того, что не разлучаются друг с другом никогда", т.е. высшие Аба ве-Има, "они называются родными. Это означает сказанное: "И река вытекает из Эдена"[42]. И Эден", т.е. Аба, "и эта река", т.е. Има, "не разлучаются никогда, и всегда они находятся в желании единства и радости. "Пейте до упоения, возлюбленные!"[33] – это те, что внизу, называемые возлюбленными", т.е. ЗОН, которые соединяются "в известное время", в час молитвы, и в субботы и праздники, но не всегда, как высшие Аба ве-Има. "И мы ведь это уже объясняли"».

---

[41] Писания, Песнь песней, 1:4. «Влеки меня, за тобой побежим! Привел меня царь в покои свои, – возликуем и возрадуемся с тобою, вспомним ласки твои, что (лучше) вина! Справедливо любят тебя!»

[42] Тора, Берешит, 2:10. «И река вытекает из Эдена, чтобы орошать сад, и оттуда разделяется и образует четыре главных реки».

38) «"Смотри, об этих высших", Абе ве-Име, "написано о них: "Еда", а не питье. В чем причина? Потому что тот, у кого есть винные меха, нуждается в пище. И поскольку там", в высших Абе ве-Име, "есть выдержанное вино, поэтому написано о них: "Еда". А об этих нижних", ЗОН, "нуждающихся в живительной влаге, написано о них: "Питьё". Поскольку все саженцы", они "должны поливаться от глубокой реки", Бины. "И об этих" написано: "Еда", а о тех: "Питьё". Эти", высшие Аба ве-Има, называются "родные", а эти", ЗОН, называются "возлюбленные"».

Объяснение. Мохин де-хасадим называются едой. И это мохин высших Абы ве-Имы, хасадим без Хохмы, в тайне сказанного: «Ибо склонен к милости (хафец хесед) Он»[43], и они свойство «чистый воздух». А мохин свечения Хохмы символизируются питьем, и это свойство «радующее вино». И это смысл слов: «Об этих высших, написано о них: "Еда", а не питье», потому что в высших Абе ве-Име не принято питье, т.е. свечение Хохмы, так как у них йуд (י) не выходит из «воздуха (авир אויר)»,[44] и есть только «еда», хасадим, поэтому написано о них: «Ешьте, родные!»[33] «Потому что тот, у кого есть винные меха, нуждается в пище», так как высшие Аба ве-Има считаются, словно не выходящими из рош Арих Анпина,[45] и они облачают «моха стимаа (скрытые мохин)», называемые «выдержанное вино». И потому есть у них винные меха, и им не нужно ничего, кроме хасадим. «А об этих нижних», т.е. ЗОН, «нуждающихся в живительной влаге», т.е. они нуждаются в Хохме, и всё время, пока у них нет Хохмы, считаются в них хасадим свойством ВАК без рош. «И написано о них: "Питье"», то есть: «Пейте до упоения, возлюбленные!»[33] И это смысл сказанного: «Поскольку все саженцы должны поливаться от глубокой реки», так как они должны получить Хохму от ИШСУТ, называемого глубокой рекой, а если нет, они ВАК без рош.

39) «Сказал ему рабби Эльазар: "Вроде бы возлюбленные пребывают в любви – почему же они нижние?" Сказал ему: "Те, что стремятся друг к другу, но не находятся постоянно

---

[43] Пророки, Миха, 7:18. «Кто Творец, как Ты, который прощает грех и проявляет снисходительность к вине остатка наследия Своего, не держит вечно гнева Своего, ибо склонен к милости Он».

[44] См. Зоар, главу Берешит, часть 1, п. 308.

[45] См. Зоар, главу Берешит, часть 2, обозрение Сулам статьи «Введение в семь чертогов», п. 6, со слов: «И поэтому считается, что Зеир Анпину необходимо получить два вида мохин...»

вместе, они называются возлюбленными", и это ЗОН, которые ниже Абы ве-Имы. "А те, что находятся всё время" вместе, "и не укрываются и не разлучаются друг с другом", т.е. высшие Аба ве-Има, "называются родными. И потому эти – возлюбленные, а те – родные. Эти", родные, – "они по желанию (находятся) в единстве всегда, а эти", возлюбленные, – "они в стремлении временами", но не всегда. "И эти" еда и питьё, упоминаемые в изречении, "являются совершенством всего, чтобы благословилась Кнессет Исраэль", Малхут, "и тогда есть радость во всех мирах"».

40) «"Рабби Хизкия объясняет это изречение"», «ешьте, родные!»[33], «"жертвоприношениями, поскольку они являются трапезой Царя, чтобы принести жертву пред Ним, и наслаждаются от них тяжущиеся стороны, и все они становятся благоуханными, и радость охватывает всех"».

41) «"Рабби Аха объясняет это изречение"», «ешьте, родные!»[33], – «"в час, когда вошла Шхина в Скинию, когда благословение и радость пребывали во всем, и Шхина вошла" в Скинию, "как невеста под хупу, и тогда восполнились Исраэль внизу, и соединились с Творцом на земле, и это означает: "И построят Мне святилище, и Я буду обитать среди них"[46], и тогда высшие и нижние наполняются ароматом"».

---

[46] Тора, Шмот, 25:8. «И построят Мне святилище, и Я буду обитать среди них».

ГЛАВА ВАИКРА

Ростки показались на земле

42) «Рабби Шимон провозгласил: "Ростки показались на земле... и голос горлицы слышен на земле нашей"[47]. Сказано: "Показались на земле"[47]. Что означает сказанное еще раз: "Слышен на земле нашей"[47], ведь достаточно было один раз сказать "земля"?" И отвечает: "Однако эти ростки – это те саженцы, которые Творец взял с корнем и посадил их в другом месте, и они выросли, как саженцы, которые расцвели"».

Объяснение. Вначале Он создал мир в мере суда – т.е. с Малхут, которая является мерой суда. Увидел Творец, что мир не воплощается, – так как Зеир Анпин и Малхут меры суда непригодны получать никакой свет из-за сокращения, которое пребывает над ними, как мы уже говорили,[48] – совместил с ней Творец меру милосердия, то есть поднял Малхут в Бину, и она подсластилась в мере милосердия, и тогда они становятся пригодными получать мохин от Бины.[48] И это означает: «Ростки – это те саженцы, которые Творец взял с корнем», – Зеир Анпин и Малхут, которые Творец взял с корнем с места Малхут меры суда, «и посадил их в другом месте», – т.е. в месте Бины, и тогда они выросли и произвели плоды, и это означает сказанное: «И они выросли, как саженцы, которые расцвели».

43) «"Показались на земле"[47], так как эта земля", т.е. Малхут, "благословилась от них как подобает", поскольку благословилась от Зеир Анпина и Бины. "И кто она? Это святая земля, высшая земля", т.е. Малхут, "которая, безусловно, является землей. "Время обрезания[49] наступило"[47], – т.е. пришло время устранить власть правителей народов, чтобы не властвовали над Исраэлем. То есть в час, когда возведена Скиния"».

44) «"И голос горлицы слышен на земле нашей"[47] – на земле, которая внизу, которую унаследовали Исраэль, ведомые Йеошуа. Что представляет собой "голос горлицы (тор תור)"? Это великий проводник (тайяр תייר)", т.е. указывающий путь,

---

[47] Писания, Песнь песней, 2:12. «Ростки показались на земле, время обрезания (ветвей) наступило, и голос горлицы слышен на земле нашей».

[48] См. Зоар, главу Берешит, часть 1, п. 3, со слов: «В свойстве суда, т.е. в свойстве Малхут мира АК, прежде чем она подсластилась в Бине, в свойстве милосердия, мир не мог существовать...»

[49] В иврите слово «замир» переводится и как «срезание», и как «воспевание».

Зеир Анпин, называемый Торой, "совершивший зивуг с ней", с Малхут, "когда Шломо выстроил Храм внизу, и тогда Творец увенчался своими украшениями", т.е. мохин де-Гар от Имы, называемыми украшениями, – "как жених невестой. Как сказано: "Выйдите и посмотрите, дочери Циона, на царя Шломо в венце, которым украсила его мать"[50]».

45) «"В книге Агады сказал: "Голос горлицы (тор תור)"[47] – это устная Тора (תורה)", т.е. Малхут, "так как письменная Тора", Зеир Анпин, "называется просто Торой. Устная Тора называется горлицей (тор תור), подобно тому, как ты говоришь: "Ваикар (ויקר и признал)", "ваикра (ויקרא и воззвал)". Это"», «ваикра (ויקרא и воззвал)», – «"совершенство, а это"», «ваикар (ויקר и признал)», – «"нет". Также и Тора (תורה) – это совершенство, т.е. Зеир Анпин, а горлица (тор תור) – это Малхут, которая не так совершенна, как он. "И я объяснил так, как сказал. И это так"».

46) «"Смотри, когда низошла Шхина к Скинии, написано: "Завершил (клот כלת) Моше"[51], без вав (ו),[52] поскольку она, безусловно, невеста (калат כלת) Моше", то есть Малхут, так как Моше – это Зеир Анпин. "И мы это объясняли. Однако тайна этого в том, что невеста (калат כלת) Моше – это Кнессет Исраэль", Малхут, "и всё это является одним словом, и высшему Царю сказано оно"». Иначе говоря, Моше – это свойство «высший Царь», Зеир Анпин. «"Когда была возведена Скиния, Моше стоял снаружи, сказав себе: "Недостоин я войти, но только с разрешения". Тотчас: "И воззвал к Моше"[53]. Кто это – "И воззвал"? Она – та, которой принадлежит дом", то есть "та невеста, в распоряжении которой находится весь дом", Малхут. "И сказал Творец ему"[53] – т.е. тот, кто называется "голос", Зеир Анпин, "тот, в которого включен Моше"», так как Моше является меркавой (строением) для Зеир Анпина.

---

[50] Писания, Песнь песней, 3:11. «Выйдите и посмотрите, дочери Циона, на царя Шломо в венце, которым украсила его мать в день свадьбы его и в день радости сердца его».

[51] Тора, Бемидбар, 7:1. «И было в день, когда завершил Моше возводить Скинию и помазал ее, и освятил ее и все ее принадлежности, и жертвенник и все его принадлежности, и помазал он их, и освятил их».

[52] Видимо, в книге Торы у них было написано «завершил (клот כלת)» без вав (ו).

[53] Тора, Ваикра, 1:1. «И воззвал к Моше, и сказал Творец ему из Шатра собрания, говоря».

ГЛАВА ВАИКРА

Почему пришел Я, и не было никого

47) «Рабби Эльазар провозгласил: "Почему пришел Я, и не было никого, взывал Я, и не отвечал никто? Разве коротка стала рука Моя, чтобы избавлять?"[54] Счастливы Исраэль, ведь в любом месте, где бы они не находились, Творец находится с ними, и Творец находится среди них и прославляется в них, в Исраэле, и это смысл сказанного: "Исраэль, в котором Я прославлюсь"[55]».

48) «"И кроме этого, Исраэль еще восполняют веру", Малхут, "на земле. И Исраэль – они совершенство святого имени. И когда Исраэль восполняются в" благих "деяниях, словно восполняется святое имя. А когда Исраэль не восполняются внизу в своих деяниях, и вынуждены пребывать в изгнании, словно святое имя наверху несовершенно. Ведь мы учили, что одно поднимается, а другое опускается: когда высший Исраэль", Зеир Анпин, "удаляется и поднимается наверх, Кнессет Исраэль", Малхут, "опускается вниз, и отдалились друг от друга, – словно осталось святое имя без совершенства. И всё из-за того, что Кнессет Исраэль находится в изгнании"».

49) «"И хотя Исраэль находятся в изгнании, Творец пребывает среди них, и Он первым является в дом собрания, и призывает, говоря: "Возвратитесь, сыны распутные"[56], Я исцелю распутство ваше". И нет того, в ком пробудился бы дух его. Тогда, сказал Творец: "Почему пришел Я, и не было никого, взывал Я, и не отвечал никто?" – явился Я первым, и не было никого, в ком пробудился бы дух его"».

---

[54] Пророки, Йешаяу, 50:2. «Почему пришел Я, и не было никого, взывал Я, и не отвечал никто? Разве коротка стала рука Моя, чтобы избавлять, или нет во Мне силы, чтобы спасать? Ведь гневом Моим Я иссушаю море, превращаю реки в пустыню, смердят рыбы их от безводья и вымирают от жажды».

[55] Пророки, Йешаяу, 49:3. «И сказал мне: "Ты раб Мой, Исраэль, в котором Я прославлюсь"».

[56] Пророки, Йермияу, 3:14-15. «Возвратитесь, сыны распутные, – сказал Творец, – ибо Я властелин ваш и возьму вас (даже) одного из города, двух из семьи, и приведу вас в Цион, и дам вам пастырей по сердцу Моему, и будут они питать вас познанием и мудростью».

ГЛАВА ВАИКРА

Жертва Творцу

50) «"Смотри, в тот день, когда Храм обрел совершенство, Творец явился первым и пребывал в нем. Сразу: "И воззвал к Моше, и сказал Творец ему из Шатра собрания, говоря"[57]. "Сказал Творец ему"[57] – т.е. известил его, что в будущем Исраэль согрешат пред Ним, и этот Шатер собрания будет взят в залог за их грехи, и не удержится у них в руках. Это означает: "Сказал Творец ему из Шатра собрания, говоря"[57]. Что Он сказал ему? О Шатре собрания, о делах Шатра собрания, – то есть, что ему предстоит быть заложенным из-за грехов Исраэля, и не сможет устоять. Однако, исцеление этого, оно: "Если кто-либо из вас будет приносить жертву Творцу"[58]. Ведь Тебе жертвы, защищающие от всего"».

51) «Рабби Хизкия находился перед рабби Шимоном. Сказал ему: "То, что называется жертвой (корба́н קָרְבָּן), должно было называться приближением (керу́в קֵירוּב) или близостью (криву́т קְרִיבוּת), почему называется жертвой (корба́н קָרְבָּן)?" Сказал ему: "Ведь известно среди товарищей, что жертва" – это сближение "этих святых кетеров", т.е. сфирот ХАГАТ НЕХИМ, "которые все вместе сближаются и связываются друг с другом, пока не становятся все одним целым в полном единстве, чтобы исправилось святое имя как подобает. Это значение слов: "Жертву Творцу"[58], что означает – "жертва", т.е. сближение "этих святых кетеров" ХАГАТ НЕХИМ, – "для АВАЯ это", то есть для свойства милосердия, средней линии, "чтобы исправилось святое имя, и чтобы соединить его как подобает, чтобы милосердие пребывало во всех мирах и святое имя увенчалось его венцами, дабы всё наполнилось благоуханием"».

52) «"И всё это для того, чтобы пробудилось милосердие, и не пробудился суд. И потому для АВАЯ это, а не для Элоким". Поскольку АВАЯ указывает на милосердие, а Элоким указывает на суд. "Ибо милосердие требуется, а не суд". Сказал рабби Хизкия: "Счастлив мой удел за то, что спросил я, и удостоился этих слов". Но ведь написано: "Жертвы Всесильному (Элоким) –

---

[57] Тора, Ваикра, 1:1. «И воззвал к Моше, и сказал Творец ему из Шатра собрания, говоря».
[58] Тора, Ваикра, 1:2. «Обратись к сынам Исраэля и скажи им: "Если кто-либо из вас будет приносить жертву Творцу, из скота, из крупного и из мелкого, приносите вашу жертву"».

дух сокрушенный"⁵⁹. То есть написано: "Жертвы Всесильному (Элоким)", а не "жертвы АВАЯ"».

53) «"Сказал ему" рабби Шимон: "Это, безусловно, так, ведь здесь написано не жертва (корба́н קָרְבָּן) Всесильному (Элоким), а "жертвы (зивхе́й זִבְחֵי) Всесильному (Элоким)", то есть только зарезание жертв называется по имени Элоким, "и потому зарезание их – на северной стороне",⁶⁰ так как север указывает на имя Элоким, являющееся судом, "поскольку зарезание – оно для того имени Элоким, которое является стороной Гвуры, чтобы смягчился и сокрушился дух суда, и ослабится суд, и возобладает милосердие над судом. И поэтому написано: "Жертвы (зивхе́й זִבְחֵי) Всесильному"⁵⁹, – чтобы сокрушить силу и мощь сурового суда, как написано: "Дух сокрушенный"⁵⁹, – чтобы был сокрушен этот сильный дух суда и не возобладал его дух, его сила и мощь. И человек должен тогда стоять над жертвенником с сокрушенным духом, и стыдиться своих дел, чтобы был сокрушен этот мощный дух. Всё это для того, чтобы суд смягчился, и возобладало милосердие над судом"».

54) «"Если кто-либо из вас будет приносить жертву Творцу"⁵⁸. Сказал рабби Эльазар: "Это изречение должно было быть написано так: "Если кто-либо будет приносить жертву Творцу". Что значит "из вас"?" И отвечает: "Но это изречение призвано исключить Адама Ришона, который принес жертву, когда Творец сотворил мир. И он принес в жертву не крупный и мелкий скот, а рогатого быка с одним рогом.⁶¹ И мы это уже объясняли. А здесь у этого человека (адам), то есть: "Если кто-либо (досл. человек) из вас будет приносить", чтобы исключить другого человека (адам)", т.е. Адама Ришона, "который был не из вас". Сказал ему рабби Шимон: "Ты сказал правильно, и это так"».

---

⁵⁹ Писания, Псалмы, 51:19. «Жертвы Всесильному – дух сокрушенный; сердце сокрушенное и удрученное, Всесильный, не отвергай».

⁶⁰ См. Тора, Ваикра, 1:11. «И зарежет ее у жертвенника, с северной стороны, пред Творцом, и окропят сыновья Аарона, коэны, ее кровью жертвенник со всех сторон».

⁶¹ Вавилонский Талмуд, трактат Шаббат, лист 28:2.

Велик Творец

55) «Рабби Аба провозгласил: "Песнь-псалом сыновей Кораха"[62]. Эта песнь – хвала, превосходящая все другие восхваления, которые удостоились вознести Ему сыновья Кораха. Двойное выражение "песнь-псалом" означает хвалу над хвалой, восхваление, которое разделилось на два восхваления"».

56) «"И удостоились сыновья Кораха восхвалить Кнессет (собрание) Исраэль, и произнесли хвалу Исраэлю. И что это? Ведь написано: "Велик Творец и очень прославлен в городе Всесильного нашего горы святости Его"[63]. Что означает: "Когда Творец зовется великим? – в то время, когда Кнессет (собрание) Исраэль", то есть Малхут, "находится с Ним. Это смысл сказанного: "В городе Всесильного нашего"[63] Он велик, что означает – с городом Всесильного нашего", то есть с Малхут, "Он велик"».

Объяснение. Зеир Анпин, называющийся АВАЯ, всегда пребывает в хасадим, укрытых от Хохмы. Хохма – это свойство ГАР, называемое величием. И это означает сказанное: «Когда Творец зовется великим? – в то время, когда Кнессет (собрание) Исраэль находится с Ним», поскольку тогда Он притягивает Хохму для Малхут, называемой собранием Исраэля, и у Него есть ГАР, и Он зовется великим. Однако без Малхут у него нет Хохмы, и Он не великий. Ведь Хохма не раскрывается ни в одной сфире, но только в Малхут.[64]

57) «Сказал ему рабби Йегуда: "Почему здесь нужно было говорить: "Всесильного нашего"[63]?» Ведь достаточно было сказать: «В городе горы святости Его». «Сказал ему: "Это, безусловно, так, потому что этот город", Малхут, "трепет пред Всесильным нашим" называется, "и это хвала Исраэля. Чему нас учит это" изречение? "Оно учит нас тому, что Царь без Царицы – не Царь, и не велик Он и не прославлен". Как уже выяснилось в предыдущем пункте. "И поэтому тот, кто не является захаром и Нуквой, утрачивает всю славу и не относится к свойству "человек (адам)". И мало того, он не достоин благословения"».

---

[62] Писания, Псалмы, 48:1. «Песнь-псалом сыновей Кораха».
[63] Писания, Псалмы, 48:2. «Велик Творец и очень прославлен в городе Всесильного нашего горы святости Его».
[64] См. Зоар, главу Берешит, часть 1, п. 340, со слов: «И, кроме того, так же как высшая Хохма...»

58) «"Написано: "И был человек тот самым великим среди всех сынов востока"[65]. Сказано в книге рава Амнуна Савы, что супруга Иова была подобна ему в трепете пред Творцом, и что со стороны жены он звался великим. Так и здесь: "Велик Творец и очень прославлен"[63], – в чем Он велик? Повторяет и говорит: "В городе Всесильного нашего горы святости Его"[63]». То есть Малхут, и с ее стороны называется Творец великим, потому что Хохма, называемая величием, дается Зеир Анпину только когда он с Нуквой.

59) «"И потому эта хвала была произнесена во второй день"». Поскольку три первых действия начала творения соответствуют трем линиям Зеир Анпина, и второй день – это левая линия, откуда нисходит Хохма к Малхут, в тайне сказанного: «Его левая рука под моей головой»[66]. «"И если скажешь: "Почему тогда не сказано, "что он хорош"[67] о втором дне", если он так важен, – ведь оттуда привлекается Хохма? И отвечает: "Потому что им предстоит расстаться". Иначе говоря, пока не расставались друг с другом Зеир Анпин и Малхут, пока Малхут, в которой находится Хохма, была слита с Зеир Анпином, и оба были одним парцуфом – не было хорошо. "И скрытый смысл этого: "Нехорошо человеку быть одному"[68]. Ибо в то время, когда он один", и Нуква еще не взята от него, "написано: "Нехорошо"[68]. И потому не написано: "Что он хорош"[67] о втором дне"».

60) «"Велик Творец и очень прославлен"[63] означает, – "как мы уже сказали", т.е. велик только когда Он с Малхут. "Прекрасное место, отрада всей земли"[69] – это хвала их объединению, потому что "прекрасное место"[69] – это Творец, и это праведник", т.е. Есод Зеир Анпина. "Отрада всей земли"[69] – ибо тогда возникает всеобщая радость, и Кнессет Исраэль", Малхут, "благословляется"».

---

[65] Писания, Иов, 1:3. «И было скота у него: семь тысяч мелкого скота, и три тысячи верблюдов, и пятьсот пар волов, и пятьсот ослиц, и прислуги весьма много; и был человек тот самым богатым (досл. великим) среди всех сынов востока».

[66] Писания, Песнь песней, 2:6. «Его левая рука под моей головой, а правая обнимает меня».

[67] Тора, Берешит, 1:4. «И увидел Всесильный свет, что он хорош; и отделил Всесильный свет от тьмы».

[68] Тора, Берешит, 2:18. «Нехорошо человеку быть одному, сделаю ему подмогу соразмерно ему».

[69] Писания, Псалмы, 48:3. «Прекрасное место, отрада всей земли, гора Цион на северном краю города Царя великого».

Кто не женился – ущербен

61) «"Всесильный во дворцах его признан оплотом, ибо вот цари сошлись, прошли вместе"[70], – это Нецах и Ход", называемые дворцами, "откуда собрание всех благословений, собрание радостей, исходящих оттуда посредством этой ступени, называемой праведником", т.е. Есод, "и там", в Есоде, "собираются благословения, чтобы наполнить благоуханием этот святой город", то есть Малхут, "дабы он благословился оттуда. "Ибо вот цари сошлись"[70] – это все сфирот Царя", Зеир Анпина, "в единой общности"», под именем Царя. И также Малхут называется царем, и о них обоих сказано: «Цари». «"И эти вещи восходят к другому понятию"».[71]

62) «"Смотри, когда человек исправляет свои деяния посредством жертвы, всё наполняется благоуханием, сближается и связывается друг с другом в совершенном единстве. И это смысл сказанного: "Если кто-либо из вас будет приносить жертву"[72], – ибо принесет жертву, чтобы связать эти вещи как подобает"».

63) «"Смотри: "Если кто-либо из вас будет приносить жертву"[72], – это для того, чтобы исключить того, кто не женат. Ибо жертва его – не жертва, и благословений нет у него, ни наверху, ни внизу. От смысла сказанного: "Если кто-либо (досл. человек) из вас будет приносить жертву"[72], он отличается тем, что он не "человек", и не относится к свойству "человек (адам)", и Шхина не пребывает над ним, потому что он ущербен. И зовется он увечным, а увечный отдаляется от всего, и тем более, от принесения жертв на жертвеннике"».

64) «"И Надав и Авиу являются подтверждением этого, как написано: "И вышел огонь от Творца"[73], – т.е. это потому, что они не были женаты. "И потому написано: "Если кто-либо (досл. человек) из вас будет приносить жертву"[72]. "Человек",

---

[70] Писания, Псалмы, 48:4-5. «Всесильный во дворцах его признан оплотом, ибо вот цари сошлись, прошли вместе».
[71] См. Зоар, главу Ваигаш, пп. 28-30.
[72] Тора, Ваикра, 1:2. «Обратись к сынам Исраэля и скажи им: "Если кто-либо из вас будет приносить жертву Творцу, из скота, из крупного и из мелкого, приносите вашу жертву"».
[73] Тора, Ваикра, 10:2. «И вышел огонь от Творца и пожрал их, и умерли они пред Творцом».

представляющий собой мужское и женское начало, – он достоин принести эту жертву, но не другой"».

65) «Сказал рабби Аба: "Хотя мы объясняли с Надавом и Авиу иначе, это, безусловно, так", – т.е. потому, что они не были женаты, "но воскурение является высшей из всех жертв в мире, благодаря которой благословляются высшие и нижние. И эту жертву, которая выше всех жертв, они не были достойны принести, поскольку не были женаты. Поэтому они не были достойны жертвоприношения, и тем более, высших вещей", подобных воскурению, то есть не были достойны того, "чтобы ими благословился мир"».

66) «"И если скажешь: "И вышел огонь от Творца и пожрал их"[73]. Почему" они были наказаны столь сурово? И отвечает: "Вот притча о человеке, пришедшем к царице и сообщившем ей, что царь направляется к ней в дом и останется у нее", у "царицы, дабы радоваться с ней. Пришел этот человек к царю, увидел царь, что этот человек увечен. И сказал царь: "Это не делает мне чести, что через этого ущербного приду я к царице". А тем временем царица приготовила дом для царя. Когда узнала она, что царь был готов прийти к ней, но этот человек стал причиной того, что удалился царь от нее, то велела царица убить этого человека"».

67) «"Так и в то время, когда вошли Надав и Авиу, и воскурение в руках их, обрадовалась царица", то есть Малхут, "и приготовилась к приему царя", Зеир Анпина. "Когда увидел царь, что эти люди ущербны, увечны, не пожелал царь через них прийти" к царице, "чтобы пребывать с нею, и удалился царь от нее. Когда увидела царица, что из-за них удалился от нее царь, тотчас "вышел огонь от Творца и пожрал их"[73]».

68) «"И всё это потому, что тот, кто не женат, ущербен, он увечен пред Творцом, и святость Царя уходит от него и не пребывает в ущербности. И об этом написано: "Если кто-либо (досл. человек) из вас будет приносить жертву"[72], – тот, кто зовется человеком, тот принесет, а тот, кто не зовется человеком", то есть неженатый, "тот не принесет"».

69) «"Из скота, из крупного и из мелкого, приносите вашу жертву"[72]. "Из скота"[72] – это общее, включающее все виды

скота, нечистого и чистого. "Из крупного и из мелкого"[72] – это "частное, следующее после" общего, и в общем есть лишь то, что есть в частном, то есть именно "эти пригодные в пищу. А тех, что непригодны в пищу, нельзя приносить в жертву. И в другом месте они были выяснены: эти животные – пригодны (в пищу), а эти – непригодны"», какой смысл заключен в них.

ГЛАВА ВАИКРА

Если всесожжение жертва его

70) «"Если всесожжение жертва его"[74]. Рабби Хия провозгласил: "Ибо мысли Мои – не ваши мысли, и не ваши пути – пути Мои"[75]. "Ибо мысли Мои – не ваши мысли"[75]. "Мысли Мои (махшевотай (מַחְשְׁבֹתַי)"[75] написано без вав (ו). Мысль Творца", и это сфира Хохма, "является высшей и (является) началом всего". Поскольку парцуф Зеир Анпин начинается с Хохмы, и его Кетер – он от Имы. "И от этой мысли распространились пути и тропы, чтобы пребывало святое имя, и чтобы установить его в исправлениях его как подобает. Из этой мысли проистекает и исходит живительная влага Эденского сада, чтобы орошать всё, и от этой мысли существуют высшие и нижние, и от этой мысли возникла", т.е. была создана ею, "письменная Тора", Зеир Анпин, "и устная Тора"», Малхут.

71) «"Мысль человека – это начало всего, и от этой мысли распространяются пути и тропы, чтобы извращать пути его в этом мире и в мире будущем. И из этой мысли проистекает и исходит скверна злого начала, чтобы делать зло ему и всем. И от этой мысли происходят нарушения, грехи и злоумышления, идолопоклонство, кровосмешение и кровопролитие. И об этом" говорит Писание: "Ибо мысли Мои – не ваши мысли"[75]».

72) «"И поэтому", поскольку мысль – это начало всего, "написано в начале всего: "Если всесожжение жертва его"[74], так как это всесожжение искупает мысль. "Из крупного скота"[74], – но не" весь "крупный скот. И кто это? Только бычок из скота, самец"», а не корова, самка. «Рабби Ицхак сказал: "Из крупного скота"[74] указывает "просто" как на самца, так и на самку. "И Писание возвращается (к этому) и поясняет: "Самца без порока, пусть принесет ее"[74] – самца (захара), а не самку (некеву)". Поскольку "захар считается, что он выше" некевы, "а некева считается, что она ниже" захара. "И также из мелкого скота: "Из баранов и из козлов"[76]», но не самку.

---

[74] Тора, Ваикра, 1:3. «Если всесожжение жертва его, из крупного скота, самца без порока, пусть приносит ее; ко входу в Шатер собрания приведет его, по своей воле пред Творцом».

[75] Пророки, Йешаяу, 55:8. «Ибо мысли Мои – не ваши мысли, и не ваши пути – пути Мои, – слово Творца».

[76] Тора, Шмот, 12:5. «Агнец без порока, самец однолетний должен быть у вас; из баранов и из козлов возьмите его».

73) «"Каждый, кто приносится в жертву всесожжения, – все они захар, а не некева, потому что жертва всесожжения (олá עוֹלָה) возносится (олá עוֹלָה) над сердцем, – над сердцем, конечно", т.е. к мысли, которая выше сердца. "И известно кто это, стоящий над сердцем"», т.е. мысль, так как мысль, а это Хохма, считается захаром, а сердце – некевой, т.е. Бина, в тайне «сердце понимает», когда она получает от Хохмы. «"Поэтому" жертва всесожжения "возносится наверх, и все они захары. И потому Писание сначала провозглашает о жертве всесожжения более, чем обо всех остальных жертвах, потому что мысль – это начало всего"».

74) «Сказал рабби Йегуда: "В таком случае, в месте высшей мысли следовало приносить жертву" всесожжения, т.е. сфире Хохма. "Почему же приносят жертву ниже?"» – т.е. Есоду. «Не нашелся» рабби Хия, что ответить ему. «Подошел к рабби Шимону. Сказал ему: "Начало всего – это мысль", т.е. сфира Хохма, являющаяся началом Зеир Анпина, "а завершение этой мысли – это место, называемое утром. И что оно собой представляет? Это завершение тела, наполняющее благоуханием Нукву", – т.е. Есод, являющийся завершением Зеир Анпина, называемого телом. "Так мысль человека является началом всего. Завершение этой мысли – оно, когда выполнено действие", которое задумал, тогда завершается мысль. "Когда" это происходит? – "Утром. Это смысл сказанного: "О, помышляющие о несправедливости и совершающие злое"[77]. Когда? "На ложах своих в свете утра делают они это"[77], где свет утра указывает на Есод, который так называется. "И поэтому мысль", которая в жертвоприношении, "поднимается в место мысли", т.е. Хохму, "а действие" жертвоприношения, "приближается к завершению мысли, разумеется"», т.е. к Есоду.

---

[77] Пророки, Миха, 2:1. «О, помышляющие о несправедливости и совершающие злое, на ложах своих в свете утра делают они это, потому что сила есть в руке их».

ГЛАВА ВАИКРА

Пала, не встанет вновь

75) «Рабби Хия находился в пути, и был вместе с ним рабби Йегуда. Пока они шли, сказал рабби Йегуда: "То, что мы изучали: "Дева Исраэля"[78] означает – дева, благословившаяся от семи" сфирот ХАГАТ НЕХИМ Зеир Анпина, "которая зовется Бат Шева (дочь семерых)", т.е. Малхут. "И мы объясняли это в разных местах. А дева внизу наследует семь благословений благодаря ей. И то, что написано: "Ты же, человек, подними плач по деве Исраэля", конечно же, о ней сказано, о Кнессет Исраэль", Малхут. И потому "это труднее всего – понять сказанное: "Пала, не встанет вновь дева Исраэля"[78]. И то, что сказали все товарищи об этом", то есть: "Пала, больше не упадет, встань дева Исраэля"[79], это верно, однако, если бы в этой главе говорилось об утешении, мы бы так и сказали, но" в этой главе "речь идет о плаче, и это изречение доказывает это"», как вытекает из простого смысла, – что это плач.

76) «Сказал ему: "Безусловно, это так", – что это плач, "и это для меня труднее всего. И пришел я к рабби Шимону с мрачным лицом. Сказал он мне: "По твоему лицу видно, что у тебя на сердце". Сказал я ему: "Конечно, что у меня на устах, то и на сердце". Сказал мне: "Скажи мне, что ты хотел сказать". Сказал я ему: "Написано: "Пала, не встанет вновь дева Исраэля"[78]. Если человек прогневался на жену, и она ушла от него и не вернется к нему никогда, – горе тогда сыновьям, изгнанным с нею". Сказал мне: "Разве тебе недостаточно того, что об этом сказали товарищи?". Сказал я: "Я ведь слышал их речи, и они приятны, но они не принимаются сердцем"».

77) «"Сказал: "Всё, что сказали товарищи, хорошо и прекрасно, но горе поколению, в котором нет пастырей, и стадо блуждает все время, и не знают, в какое место идут, ни вправо, ни влево. Разумеется, они должны знать это изречение, и всё раскрыто тем, кто видит на пути Торы, на пути истины"».

78) «"Смотри, всем изгнаниям, в которые уходили Исраэль, Он устанавливал срок и предел, и во всех Исраэль возвращались к Творцу, и дева Исраэля", Малхут, "возвращалась на

---

[78] Пророки, Амос, 5:2. «Пала, не встанет вновь дева Исраэля; повержена она на землю свою, некому поднять ее».
[79] Вавилонский Талмуд, трактат Брахот, лист 4:2.

свое место в то время, которое Он определял ей. Но теперь, в последнем изгнании, это не так. Ибо она не вернется так, как во времена других изгнаний, и этому учит это изречение, как написано: "Пала, не встанет вновь дева Исраэля"[78]. Но не сказано: "Пала, не подниму ее вновь"».

79) «"Притча о царе, который гневался на царицу и отсылал ее из своего дворца на известное время. Когда наступало это время, сразу же приходила царица и возвращалась к царю. Так было один раз и два, и три. В последний раз удалилась она из царского дворца, и отослал ее царь из своего дворца на долгое время. Сказал царь: "Этот раз отличается от других, чтобы она так же пришла ко мне, – но я пойду со всеми царедворцами и попрошу ее"».

80) «"Когда пришел к ней, увидел он, что она лежит во прахе. Видели бы вы величие царицы в то время, и просьбы царя пред ней, пока не взял ее царь на руки и не поднял ее. И привел он ее в свой дворец и поклялся ей, что не расстанется с ней больше никогда, и не удалится от нее"».

81) «"Так и Творец: каждый раз, когда Кнессет Исраэль была в изгнании, когда наступало время, она снова возвращалась к Царю. Теперь же, в этом изгнании, это не так, но Творец возьмет ее за руки, и поднимет ее, и помирится с ней, и вернет ее в Свой чертог. И убедись, что так это, ведь написано: "Пала, не встанет вновь"[78] сама. "И потому написано: "В тот день подниму Я падающий шатер Давида"[80]. Не он встанет вновь, как в другие времена, но Я подниму его", а сам он не встанет. "И поэтому написано: "В тот день подниму Я падающий шатер Давида"[80]. Я подниму шатер Давида. Что же представляет собой шатер Давида? Это дева Исраэля. "Падающий"[80], то есть, как написано: "Пала"[78]. И это – величие девы Исраэля и слава ее", ибо не сама она встанет вновь, а Творец поднимет ее. "И этому я научился в тот час"».

82) «Сказал рабби Йегуда: "Несомненно, ты говорил моему сердцу, и все стало понятным. И это является разъяснением сказанного. И это согласуется с одной вещью, которую я

---

[80] Пророки, Амос, 9:11. «В тот день подниму Я падающий шатер Давида, и заделаю щели его, и восстановлю разрушенное, и отстрою его, как во дни древности».

слышал, но забыл о ней, а теперь вернул ее сторицей". "Мы учили, – сказал рабби Йоси, – в будущем Творец провозгласит над Кнессет Исраэль и скажет: "Отряхнись от праха, встань, воссядь, Йерушалаим"[81]. Подобно тому, кто держит товарища за руку и говорит: "Отряхнись, встань", – так и Творец будет держать ее и скажет: "Отряхнись, встань"».

83) «Сказал рабби Аха: "И так же все эти царедворцы начинают" говорить с ней "тем же языком: "Восстань, свети, ибо пришел свет твой"[82], – ведь царь здесь. И тогда, конечно, когда царь примиряется с ней, – это величие ее и радость всего. Каждый раз она является пред царем и встает перед ним. Это означает сказанное: "И вошла она к царю, и стала пред царем"[83]. Но на этот раз это не так, а наоборот, царь придет к ней, и примирится с нею, и вернет ее в свой дворец. Это смысл сказанного: "Вот царь твой придет к тебе"[84] – конечно же, а не ты к Нему. ""Придет к тебе"[84], – чтобы поднять тебя. "Придет к тебе"[84], – чтобы восполнить тебя во всем. "Придет к тебе"[84], – чтобы поднять тебя в свой дворец и соединиться с тобой" постоянным "единением навсегда. Сказано об этом: "Обручу тебя Мне верою"[85]».

---

[81] Пророки, Йешаяу, 52:2. «Отряхнись от праха, встань, воссядь, Йерушалаим, развяжи узы на шее твоей, пленная дочь Циона».

[82] Пророки, Йешаяу, 60:1. «Восстань, свети, ибо пришел свет твой, и слава Творца над тобой воссияла».

[83] Пророки, Мелахим 1, 1:28. «И отвечал царь Давид, и сказал: "Позовите ко мне Бат-Шеву". И вошла она к царю, и стала пред царем».

[84] Пророки, Зехария, 9:9. «Возликуй, дом Циона, кричи от радости, дочь Йерушалаима: вот царь твой придет к тебе, праведник и спасенный он, беден и восседает на осле и на осленке, сыне ослиц».

[85] Пророки, Ошеа, 2:22. «И обручу тебя Мне верою, и познаешь ты Творца».

ГЛАВА ВАИКРА

Голос шофара разносится и усиливается

84) «Пока они шли, встретил их рабби Аба. Сказали: "Вот идет обладающий мудростью, встретим лик Шхины". Когда приблизились к нему, он вылез из седла и спустился к ним».

85) «Провозгласил и сказал: "И было – голос шофара разносится и усиливается очень"[86]. "И было – голос шофара"[86], здесь есть расхождение во мнениях в книгах основоположников, и все они упираются в одно. Есть такие, кто говорит, что "голос шофара"[86] – это два: "голос" – это одно, а "шофар" – два", т.е. Тиферет и Бина. "И уточняет это из того, что не написано: "И было – шофар разносится и усиливается очень", но (написано): "Голос шофара"[86]. И это значит – голос, исходящий из шофара", где голос – это Зеир Анпин, исходящий из шофара, то есть Бины, "ибо, несомненно", что Бина "называется шофаром, как сказано: "Вострубят в великий шофар"[87]. И она", Бина, – "это великий шофар, и благодаря ей рабы выходят на свободу навсегда". Ибо пятидесятый год – это Бина, которая светит и выводит рабов на свободу, когда все порабощающие клипот устраняются из ее светов. "И мы это уже объясняли"».

86) «"А есть те, кто учит, и уточняет, что всё это одно целое, поскольку написано: "Голос шофара"[86], – то есть голос, называющийся шофаром", и это Бина. "И откуда нам известно, что" Бина "называется голосом? Это из того, что написано: "Громким голосом, и более не продолжал"[88]. И этот громкий голос", то есть Бина, "называется шофаром. И поэтому: "Голос шофара разносится (досл. идет)"[86] написано. Куда он идет? Если скажешь, что к горе Синай или к Исраэлю, то следовало бы сказать: "Нисходит". Однако же Тора выходит отсюда"», из Бины, и слово «идет» сказано о Торе. «"Поскольку из этого места",

---

[86] Тора, Шмот, 19:19. «И было – голос шофара разносится и усиливается очень. Моше говорил, а Всесильный отвечал ему голосом».
[87] Пророки, Йешаяу, 27:13. «И будет в тот день: вострубят в великий шофар, и придут пропавшие в земле ашшурской и заброшенные в землю египетскую, и будут они поклоняться Творцу на горе святой в Йерушалаиме».
[88] Тора, Дварим, 5:19. «Слова эти изрек Творец всему собранию вашему с горы, из огня, облака и мглы, громким голосом, и более не продолжал, и написал их на двух скрижалях каменных, и дал их мне».

Бины, "которое является совокупностью всех голосов, была дана" Тора. "И когда вдумываешься в эти вещи, всё это – одно целое"», т.е. нет расхождения в двух этих объяснениях.

87) «"И поэтому", поскольку Тора вышла из Бины, "первые скрижали были написаны из этого места", из Бины. "И это тайна того, что написано: "Начертано (хару́т חָרוּת) на скрижалях"[89], читай не "начертано (хару́т חָרוּת)", с хэт (חָ), огласованной камацем, "а "свобода (херу́т חֵרוּת)", с хэт (חֵ), огласованной цейре, – это "настоящая свобода", поскольку она – "то место, от которого зависит вся свобода". Ибо нет свободы от всех клипот, иначе как с помощью светов Бины. "И смотри, нет у тебя слова в Торе", относительно которого есть спорные мнения, "когда товарищи говорят: "Это – так, а это – так", чтобы не сводилось всё к одному месту", т.е. Малхут, "и не сходилось к одному источнику"», т.е. Есоду.

88) «"(И было – голос шофара) идет" – это" означает, "как сказано: "Все реки текут (досл. идут) в море"[90], – то есть в Малхут, называемую морем. "И написано: "Всё идет в одно место"[91]. "И усиливается очень"[86] – это как мы учили", что Бина – это "кли, удерживающее сорок сеа", поскольку это закрытая мем (ם).[92] "И усиливается очень"[86] – указывает, "что нет ни одного слова в Торе, которое было бы слабым или разбитым, и когда ты изучишь и познаешь его, обнаружишь, что оно как молот, разбивающий скалу. А если слабо оно – от тебя это. Как мы уже объясняли сказанное: "Ибо это не пустое слово для вас"[93]. А если пустое оно – от вас это. И потому говорит Писание: "И усиливается очень"[86]».

---

[89] Тора, Шмот, 32:16. «А скрижали – деяние Всесильного они, и письмо – письмо Всесильного оно, начертано на скрижалях».
[90] Писания, Коэлет, 1:7. «Все реки текут в море, но море не переполняется; к месту, куда реки текут, туда вновь приходят они».
[91] Писания, Коэлет, 3:20. «Все идет в одно место; все произошло из праха, и все возвратится в прах».
[92] См. Тикуней Зоар, исправление (тикун) 19, лист 39:1.
[93] Тора, Дварим, 32:45-47. «И окончил Моше произносить все эти слова всему Исраэлю и сказал им: "Обратите внимание ваше на все слова, которыми я свидетельствую о вас сегодня, и которые вы заповедуйте сынам вашим, чтобы строго исполнять все слова учения этого. Ибо это не пустое слово для вас, но это жизнь ваша, и благодаря этому продлятся дни ваши на земле, в которую вы переходите через Ярден, чтобы овладеть ею"».

ГЛАВА ВАИКРА

Голос Моше

89) «"Написано: "Моше говорил, а Всесильный отвечал ему голосом"[86]. В этом месте включены высшие вещи", т.е. высшие тайны. "Мы ведь учили: "А Всесильный отвечал ему голосом"[86] означает – "голосом Моше, тем голосом, за который держался Моше", т.е. Зеир Анпин, зовущийся голосом. "И здесь следует рассмотреть внимательно, ведь было наоборот, так как написано: "И говорил Всесильный"[94], а здесь написано: "Моше говорил"[86]».

90) «"Однако, есть те, что сказали: "Потому что написано: "И сказали Моше: "Говори ты с нами, и мы будем слушать, и пусть не говорит с нами Всесильный"[95]. Поэтому "Моше говорил, а Всесильный отвечал ему"[86]» – чего не было ранее, когда написано: «И говорил Всесильный»[94]. «"Ибо нет в Торе ни слова, исходящего из уст одного только Моше, и это то, что мы уже объясняли: проклятия в книге Второзакония Торы[96] Моше произнес собственными устами. Мы не учили, что говорил от себя, а собственными устами" – это значит, что "эти" проклятия, которые в Учении коэнов[97], "были произнесены устами Гвуры", то есть Малхут. "А эти", что в книге Второзакония Торы, "были произнесены его собственными устами, устами голоса, за который он держался", – Зеир Анпина, "называемого так. И это очень подробно объяснено"».

91) «"И в книге Агады, что в доме учения, сказали: "Хотя вся Тора была произнесена устами Гвуры", то есть Малхут, "устами самого Моше", Зеир Анпина, "тоже была произнесена. И что это? Как, например, проклятия, которые в книге Второзакония Торы. А затем они включились в (исходящее) из уст Гвуры. И это то, что написано: "Моше говорил, а Всесильный отвечал ему голосом"[86]. "Моше говорил"[86] – это голос Моше", т.е. Зеир Анпина. "А Всесильный отвечал ему голосом"[86] – это Гвура", т.е. Малхут, "которая признавала тот голос. Это означает: "Отвечал ему голосом"[86], – т.е. тем самым голосом Моше. А теперь тот, кто начал с речений Торы, пусть провозгласит и скажет". Сели».

---

[94] Тора, Шмот, 20:1. «И говорил Всесильный все эти слова, сказав».
[95] Тора, Шмот, 20:16. «И сказали Моше: "Говори ты с нами, и мы будем слушать, и пусть не говорит с нами Всесильный, чтобы не умереть нам"».
[96] Второзаконие – Мишне Тора – пятая книга Торы, Дварим.
[97] Учение коэнов – Торат коаним – третья книга Торы, Ваикра.

ГЛАВА ВАИКРА

И дочь коэна, если выйдет замуж за постороннего

92) «Провозгласил рабби Аба и сказал: "Но дочь коэна, если станет вдовою или разведенною, и детей нет у нее"[98]. Счастлив удел Исраэля по сравнению со всеми народами-идолопоклонниками, ведь когда Творец сотворил мир, Он сотворил его лишь для Исраэля, чтобы они получили Тору на горе Синай, и очистились полностью, и стали праведниками пред Ним"».

93) «"Смотри, когда восполнился этот мир в Исраэле, как наверху", т.е. подобно высшим ЗОН, "и человек тот был всажен в землю, и ростом достиг высоты небес, пожелал Творец восполнить святую душу сверху вниз, чтобы они объединились и связались друг с другом", душа с телом и тело с душой. "И это смысл сказанного: "И создал Творец Всесильный человека из праха земного, и вдохнул в ноздри его душу жизни",[99] – чтобы они были связаны друг с другом, и будет он совершенен по высшему подобию, и исправит себя таким образом"».

94) «"И потому сотворил его захаром и некевой, чтобы был совершенен. И когда человек называется совершенным по высшему подобию? В час, когда соединяется со своей супругой в единстве, радости и по желанию, и произойдут от него и жены его сын и дочь. И тогда он человек совершенный, по высшему подобию, и он восполняет внизу подобно высшему святому имени". Ибо йуд-хэй (י"ה) – это Аба ве-Има, вав-хэй (ו"ה) – сын и дочь. "И тогда называется высшим святым именем над ним"».

95) «"А человек, который не хочет восполнить святое имя внизу", т.е. породить сына и дочь, как было сказано в предыдущем пункте, "лучше бы ему не быть сотворенным, ведь у него вовсе нет доли в святом имени, и когда душа выходит из него,

---

[98] Тора, Ваикра, 22:12-13. «И дочь коэна, если выйдет замуж за постороннего, из святого возношения не должна она есть. Но дочь коэна, если станет вдовою или разведенною, и детей нет у нее, и возвратится она в дом отца ее, как в юности своей, от хлеба отца своего может есть. Никакому же постороннему нельзя есть его».

[99] Тора, Берешит, 2:7. «И создал Творец Всесильный человека из праха земного, и вдохнул в ноздри его дыхание (досл. душу) жизни, и стал человек существом живым».

она вовсе не соединяется с ним", со святым именем, "так как уменьшил подобие своего Господина", т.е. не поставил за ним Его форму, и это образ Всесильного. "Пока (душа) полностью не связывается и не исправляется"».

96) «"И это означает: "Но дочь коэна, если станет вдовою или разведенною, и детей нет у нее, и возвратится она в дом отца ее, как в юности своей, от хлеба отца своего может есть. Никакому же постороннему нельзя есть его"[98]. "Но дочь коэна"[98] – это святая душа, называемая царской дочерью, поскольку мы объясняли, что святая душа происходит от зивуга Царя и Царицы", то есть Зеир Анпина и Малхут. "И потому, так же как тело внизу является захаром и некевой, так же душа наверху", с телом они являются захаром и некевой, где душа – это некева, а тело – захар. И это означает сказанное: "Если станет вдовою"[98], – то есть если душа станет вдовою "того тела, с которым соединилась, так как оно умерло. "Или разведенною"[98], – т.е. она была отлучена от той части святого имени. И почему до такой степени? Потому что "детей нет у нее"[98], чтобы она с помощью этого нашла возможность связаться по высшему подобию со святым именем". Как выяснилось в предыдущем пункте. Поэтому: "И возвратится она в дом отца ее"[98]. Что значит "и возвратится"[98]? – То есть "и возвратится"[98] просто", означает, "что исправит" себя, "как была прежде", чем спустилась в тело, "и тогда: "И возвратится она в дом отца ее"[98], – это Творец. "Как в юности своей"[98], – т.е. как вначале", после того как исправилась, как уже было сказано, "от хлеба отца своего может есть"[98], – т.е. будет наслаждаться усладами царскими"».

97) «"С этих пор и впредь: "И никто посторонний не должен есть святыни"[100]. Кто такой "посторонний"? – Тот, кто не возвел святое имя внизу", то есть не породил сына и дочь, "и нет у него доли в нем. "Не должен есть святыни"[100], нет у него доли от высшей услады, в которой есть" понятие "вкушение", как написано: "Ешьте, родные"[101] – это вкушение наверху, являющееся наслаждением Творца. И услада эта пребывает в месте, где пребывает" наслаждение, "когда поднималось благовоние жертвоприношения"».

---

[100] Тора, Ваикра, 22:10. «И никто посторонний не должен есть святыни; жилец коэна и наемник не должен есть святыни».

[101] Писания, Песнь песней, 5:1. «Пришел я в сад мой, сестра моя, невеста, набрал я мирры с бальзамом моим; отведал я соты мои с медом, пил я вино мое с молоком. Ешьте, родные! Пейте до упоения, возлюбленные!»

ГЛАВА ВАИКРА

Исраэль дают пропитание Отцу их на небесах

98) "Смотри, в час, когда есть пропитание внизу, есть пропитание и наверху. Подобно царю, который приготовил свою трапезу и не подготовил трапезу для своих подданных. После того, как готовит для своих подданных, он приступает к своей трапезе. Это означает сказанное: "Отведал я соты мои с медом"[101] – это трапеза царя. "Ешьте, родные! Пейте до упоения, возлюбленные"[101] – это их трапеза", его подданных, и трапеза эта – "от благоухания жертвоприношения, когда поднималось благоухание жертвы. И поэтому называется "благоухание, приятное Творцу". "Благоухание", то есть свечение Хохмы от левой линии, это – "для подданных Его. "Приятное", то есть свечение хасадим от правой линии, это – "Творцу. И потому задержалась трапеза Царя из-за трапезы Его подданных. И поэтому мы учили, что Исраэль дают пропитание Отцу их на небесах, ибо не ест Он, пока не подготовит трапезу для своих подданных. А от Царской трапезы кто вкушает? Только души праведников"».

Объяснение. Зеир Анпин всегда пребывает в состоянии: «Ибо склонен к милости (хафец хесед) Он»[102], – то есть желает хасадим, а не Хохму. А Хохму он получает только затем, чтобы отдавать Малхут и своим подданным, которые являются строением (меркава) для Малхут. И известно, что хасадим без Хохмы недостает совершенства, так как они являются свойством ВАК без рош. И потому Зеир Анпин не получает свое свечение хасадим прежде, чем даст свечение Хохмы своим подданным, зависящим от Малхут, ибо тогда его хасадим включают в себя Хохму, становясь свойством рош и ГАР. И это означает сказанное: «Благоухание для подданных Его», – т.е. свечение Хохмы, называемое благоуханием. «Приятное Творцу», – т.е. хасадим, называемые приятным. И это означает сказанное: «И потому задержалась трапеза Царя из-за трапезы Его подданных». Ведь если бы Он получил хасадим, то есть свою трапезу, прежде чем приготовил трапезу свечения Хохмы своим подданным, то хасадим Его были бы совсем без Хохмы, и были бы свойством

---

[102] Пророки, Миха, 7:18. «Кто Творец, как Ты, который прощает грех и проявляет снисходительность к вине остатка наследия Своего, не держит вечно гнева Своего, ибо склонен к милости Он».

ВАК без рош. И поэтому Он ждет, чтобы подготовить и привлечь сначала трапезу свечения Хохмы для своих подданных, – и тогда посредством этого Его трапеза хасадим включает в себя свечение Хохмы, которое Он привлек для своих подданных, и хасадим становятся свойством ГАР. И получается, «что Исраэль», то есть Его подданные, «дают пропитание Отцу их на небесах», поскольку благодаря им Его трапеза восполнилась свойством ГАР. Но, безусловно, что и Его собственная трапеза, то есть свечение хасадим, не для Него самого, а для того чтобы передавать нижним. И это то, что он спрашивает: «А от Царской трапезы кто вкушает?» – Если ты говоришь, что Его подданные получают свойство «благоухание», то есть свечение Хохмы, кто же, в таком случае, получает хасадим от Царской трапезы? И отвечает: «Только души праведников», исходящие от Зеир Анпина, они получают хасадим от Зеир Анпина. Но просто Исраэль получают от свечения Хохмы, включенного в хасадим, в свойстве «благоухание», поскольку зависят от Малхут.

ГЛАВА ВАИКРА

Вот как хорошо и как приятно

99) «Еще провозгласил и сказал: "Вот как хорошо и как приятно сидеть братьям также вместе!"[103] Счастливы Исраэль, которых Творец не отдал правителю или посланнику, но Исраэль держатся за Него, а Он держится за них. Благодаря их любви назвал их Творец рабами, как сказано: "Ибо Мне сыны Исраэля рабы. Мои рабы они"[104]. Затем назвал Он их сыновьями, как сказано: "Сыны вы Творцу Всесильному вашему"[105]. Затем назвал Он их братьями, как сказано: "Ради братьев Моих и ближних Моих"[106]. И поскольку назвал их братьями, пожелал поместить в них свою Шхину, и не оставит их. Тогда написано: "Вот как хорошо и как приятно сидеть братьям также вместе"[103]».

100/1) «"А праведный светоч сказал так: "Вот как хорошо и как приятно сидеть братьям также вместе"[103] – это как ты говоришь: "И всякий, кто возьмет сестру свою... и увидит наготу ее, и она увидит наготу его – это срам (хесед חֶסֶד)"[107]. "И всякий"[107] – это Творец. "Кто возьмет сестру свою"[107] – Кнессет Исраэль. И почему в такой степени? "Это хесед (милость)"[107], – конечно же, это милость. И мы это уже объясняли. И поэтому: "Вот как хорошо и как приятно сидеть братьям также вместе"[103] – то есть Творцу и Кнессет (собранию) Исраэль. "Также"[103] – включает Исраэль внизу. Как мы говорили, что в час, когда собрание Исраэля находится в единстве", т.е. в зивуге паним бе-паним с Творцом, "Исраэль, что внизу, они также с радостью пребывают в Творце. И потому написано: "Также вместе"[103]. И в книге рава Амнуна Савы говорит: "Также вместе"[103] призвано включить праведника", то есть Есод, "в нее, в Кнессет Исраэль, поскольку они – единый зивуг"», и потому говорит: «Также вместе»[103], потому что «вместе (яхад – יחד)» означает «едины (эха́д – אחד)». «И все это – одно целое"».

---

[103] Писания, Псалмы, 133:1. «Песнь ступеней Давида. Вот как хорошо и как приятно сидеть братьям также вместе!»

[104] Тора, Ваикра, 25:55. «Ибо Мне сыны Исраэля рабы. Мои рабы они, которых Я вывел из земли Египта. Я – Творец Всесильный ваш».

[105] Тора, Дварим, 14:1. «Сыны вы Творцу Всесильному вашему. Не делайте на себе надрезов и не делайте плеши меж ваших глаз по умершему».

[106] Писания, Псалмы, 122:8. «Ради братьев моих и ближних моих прошу мира тебе».

[107] Тора, Ваикра, 20:17. «И всякий, кто возьмет сестру свою, дочь отца своего или дочь матери своей, и увидит наготу ее, и она увидит наготу его, – это срам; да будут они истреблены пред глазами сынов народа их. Наготу сестры своей он открыл: грех свой понесет он».

Пояснение сказанного. Известно, что есть два состояния в Малхут.

Первое состояние – это когда Зеир Анпин поднимает ее от своего хазе и выше, и она облачает левую линию Бины и притягивает Хохму. А сам Зеир Анпин облачает правую линию Бины и притягивает хасадим. И в этом состоянии Малхут находилась в четвертый день начала творения. И тогда Зеир Анпин и Малхут назывались двумя великими светилами, поскольку она была такой же большой, как Зеир Анпин. И они также считаются братом и сестрой, так как оба на одной ступени, один – правая (сторона), другой – левая. И в этом отношении они считаются также слитыми друг с другом, так как все свойства, находящиеся на одной ступени, определяются как слитые между собой, где слияние означает – подобие. Однако Малхут пребывала тогда в состоянии тьмы и обратной стороны (ахораим), потому что левая (сторона) без правой наполняет Хохмой без хасадим, а без хасадим Хохма не может светить.

Второе состояние – оно потому, что первое состояние продолжалось, пока Творец, то есть средняя линия, не сказал ей: «Иди и уменьши себя»[108], то есть, чтобы Зеир Анпин, являющийся средней линией, пробудил зивуг света хасадим на свой экран де-хирик, уменьшающий левую линию,[109] и Малхут больше не за что было держаться, и она спустилась оттуда, и опять выстроилась заново с помощью Абы ве-Имы и Зеир Анпина в свойстве от хазе и ниже, пока не стала достойной второго состояния, то есть зивуга Зеир Анпина и Малхут паним бе-паним. И это нисхождение Малхут из состояния от хазе и выше, то есть со ступени Зеир Анпина, в состояние Нуквы, отделенной от него, в место ниже хазе, называется отделением (несира́), так как слияние, которое было у Малхут в Зеир Анпине, поскольку они были на одной ступени, уже было прервано, так как она отделилась от Зеир Анпина, став отдельной ступенью самой по себе.

И в первом состоянии есть большее преимущество, чем во втором, так как в первом состоянии (Малхут) получала Хохму

---

[108] Вавилонский Талмуд, трактат Хулин, лист 60:2.
[109] См. Зоар, главу Лех леха, п. 22, со слов: «Экран де-хирик, на который выходит средняя линия, происходит от свойства суда, имеющегося в Малхут, которое не подслащается милосердием Бины и называется "манула"...»

от левой линии Бины, несмотря на то, что Хохма не светила в ней из-за недостатка хасадим, – все равно это очень высокая ступень. И есть преимущество во втором состоянии – ведь хотя (Малхут) уменьшилась и больше не может получать Хохму от левой линии Бины, а получает ВАК Хохмы, облаченные в хасадим, от Зеир Анпина, но они светят в ней паним бе-паним, тогда как в первом состоянии она пребывала во тьме, потому что большой Хохме в ней недоставало хасадим и она не могла светить, как уже объяснялось.[110] И все это сказано только о свечении Малхут нижним, но вовсе не относительно ее самой.

---

[110] См. Зоар, главу Берешит, часть 1, п. 113, со слов: «В состоянии "два великих светила", то есть в то время, когда Нуква была на равной ступени с Зеир Анпином...»

И всякий, кто возьмет сестру свою

100/2) А духовная нагота – это суды, и есть два вида судов. Ибо есть суды захара, и это суды, исходящие от левой линии, когда она без правой, и они определяются как нагота захара. И есть суды Нуквы, и это суды, которые раскрываются при сокращении и экране, образовавшемся в Малхут, и они называются наготой Нуквы.

И это означает сказанное им: «"И всякий"[107] – это Творец. "Кто возьмет сестру свою"[107] – Кнессет Исраэль», т.е. Творец, Зеир Анпин, возьмет Малхут и поднимет ее в свойство своей сестры, и это первое состояние, о котором говорилось выше, и это состояние является обратной стороной и тьмой для Нуквы. И определяется, что Зеир Анпин и Малхут слиты друг с другом, поскольку, находясь на одной ступени, считаются слитыми между собой, как уже говорилось. И это состояние продолжается до тех пор, когда «и увидит наготу ее»[107], – то есть он привлекает экран де-хирик, чтобы совершить на него зивуг и уменьшить левую линию, и эти суды экрана де-хирик называются наготой Нуквы, т.е. судами Нуквы. И притягивание этих судов называется видением. И потому говорит: «И он»[107], то есть Зеир Анпин, «увидит»[107], то есть привлечет, «наготу ее»[107], суды Нуквы, которые он пробуждает в ней посредством привлечения экрана. «И она»[107], то есть Малхут, «увидит наготу его»[107], то есть она увидит суды захара, называющиеся его наготой, в которых она не может выстоять, и из-за этого в ней пробуждается желание расстаться с ним и отделиться от него.

Таким образом, есть две причины отделения Малхут от Зеир Анпина:

Первая причина – привлечение экрана де-хирик с целью уменьшить левую линию. Это действие Зеир Анпина подразумевается в словах: «И он увидит наготу ее»[107].

И вторая причина отделения Малхут от Зеир Анпина в том, что всё то время, пока (Малхут) облачает левую линию Имы без правой, она пребывает в судах захара, приходящих из левой линии, которые она не может вынести. И она хочет отделиться и расстаться с ним, и это смысл сказанного: «И она увидит наготу его»[107].

И это означает сказанное: «И почему в такой степени?», т.е. почему осуществляются эти два действия? Потому что «"это хесед (милость)"[107] – конечно же, это милость», поскольку эти действия приводят к тому, что происходит привлечение хасадим на экран де-хирик. И это третье действие, и тогда: «Да будут они истреблены»[107], т.е. разделяются и расстаются друг с другом, чтобы отстроиться заново в зивуге паним бе-паним и совершать отдачу «на глазах у сыновей народа своего»[107], – т.е. на глазах Исраэля, поскольку это главным образом делается для них, чтобы они получили от них мохин, называемые глазами.

Но благодаря этому было сделано удивительное исправление, когда эти суды Нуквы, которые Зеир Анпин пробудил своим экраном де-хирик, из-за которых уменьшилась левая линия, прилепились не к Малхут, а к Зеир Анпину. И остались в Малхут лишь суды захара. А суды Нуквы прилепились к Зеир Анпину. И благодаря удалению судов Нуквы из Малхут, она может передавать Хохму и хасадим Исраэлю.

И это то, чем завершает это изречение: «Наготу сестры своей он открыл, грех свой понесет он»[107], т.е. объясняет, зачем было сделано это исправление, о котором говорилось, – чтобы суды Нуквы прилепились к Зеир Анпину. И говорит, что из-за того, что Зеир Анпин раскрыл наготу своей сестры посредством экрана де-хирик, который привлек, потому: «Грех свой понесет он»[107], – он несет суды и порчу, вызванную этим привлечением, а не Малхут.

И это означает сказанное: «И поэтому: "Вот как хорошо и как приятно сидеть братьям также вместе"[103] – то есть Творцу и Кнессет (собранию) Исраэль. "Также"[103] – включает Исраэль внизу». Объяснение. Поскольку выяснилось, что есть большое преимущество в первом состоянии, где Малхут облачала Иму, так как была тогда свойством сестры Зеир Анпина, и такой же большой как он, тогда как во втором состоянии она утратила всё это. Но там был недостаток, что Хохма была тьмой и не могла светить Исраэлю из-за недостатка хасадим, и поэтому (Малхут) уменьшилась и опустилась со своей ступени, чтобы светить Исраэлю, как мы уже говорили.

Вот почему царь Давид, который был строением (меркава) для Малхут, тосковал по первому состоянию, в котором Малхут была сестрой Зеир Анпину, на одной ступени, и сказал: «Вот как хорошо и как приятно сидеть братьям»[107], – то есть когда Малхут и Зеир Анпин были братьями друг другу на одной ступени. Однако: «Также вместе»[107], – что было там также преимущество второго состояния, когда она будет наполнена светами, чтобы передавать Исраэлю. И по соединению двух этих состояний он тосковал. И это означает: «"Также"[103] – включает Исраэль внизу», – то есть, чтобы она также могла совершать отдачу Исраэлю внизу, как во втором состоянии, «что в час, когда собрание Исраэля находится в единстве", т.е. когда они в зивуге паним бе-паним как один, во втором состоянии, "Исраэль, что внизу, они также с радостью пребывают в Творце», и они тоже получают тогда света́ от Малхут. И по соединению двух этих состояний тосковал (Давид), как мы уже говорили, и сказал: «Вот как хорошо и как приятно»[103]. И это означает: «И потому написано: "Также вместе"[103]».

И это смысл сказанного: «"Также вместе"[103] призвано включить праведника в нее, в Кнессет Исраэль, поскольку они – единый зивуг"», – т.е. рав Амнуна Сава объяснил, что слово «также» включает сюда также и Есод Зеир Анпина, зовущийся праведником, чтобы он отдавал в ней, – чтобы Есод и Малхут находились в едином зивуге, как это происходит во втором состоянии. И два этих объяснения являются одним целым.

101) И он выясняет, как слово «единый» указывает на совершенный зивуг, и говорит: «"И мы учили в отрывке: "Слушай, Исраэль! Творец – Всесильный наш, Творец един"[111]. Что значит "един"? Это Кнессет Исраэль, соединяющаяся с Творцом, т.е. Зеир Анпином, о чем сказал рабби Шимон, что зивуг захара и нуквы называется единым, поскольку в месте, где пребывает нуква, он называется единым. Ведь мужчина (захар) без женщины (некева) называется половиной тела (гуф), а половина – это не целое. Когда же объединяются друг с другом две половины тела, они становятся одним телом, и тогда называются единым"».

---

[111] Тора, Дварим, 6:4. «Слушай, Исраэль! Творец – Всесильный наш, Творец един».

102) «"Но теперь, в изгнании, Творец не называется единым. И дело в том, что Кнессет Исраэль", т.е. Малхут, "находится в изгнании, и Творец", т.е. Зеир Анпин, "поднимается высоко-высоко, и разлучается зивуг" Зеир Анпина с Малхут, "и святое имя не является цельным и не называется единым. И когда оно называется единым? Когда Царица находится с Царем, и соединяются вместе. Это смысл сказанного: "И будет Творцу царство"[112]. Что такое "царство"? Это Кнессет Исраэль, когда Малхут связалась с ней, и тогда: "В тот день будет Творец един и имя Его – едино"[113]. И поэтому" говорит Писание: "Вот как хорошо и как приятно сидеть братьям также вместе"[103]», где «вместе»[103] указывает на большой зивуг, называемый единым, происходящий во втором состоянии, как уже говорилось.

103) «"Подобно доброму елею на голове"[114]. Спрашивает: "Что такое "добрый елей"[114]?" И отвечает: "Это "елей священного помазания"[115], происходящий и вытекающий из святого Атика", то есть Кетера, и этот елей, то есть света́ Атика, "находится он в той высшей реке", Бине, "которая питает сыновей", то есть ЗОН, "чтобы зажигать свечи" – сфирот Зеир Анпина и Нуквы. "И этот елей", которым ЗОН питаются от Бины, "стекает на голову Царя", ГАР Зеир Анпина, "а с головы – к величию Его бороды,[116] и оттуда стекает на все одеяния славы, в которые облачается Царь", то есть ко всем сфирот Зеир Анпина. И это означает сказанное: "Стекающему на край одежды Его"[114], именно "соответственно мерам Его"[117], и это венцы (кетеры) Царя", т.е. сфирот, называемые мерами, "в которых пребывает Его святое имя"».

104) «"Смотри, всё нисхождение и вся радость в мирах спускаются, чтобы благословить" мир, "только с помощью этих святых венцов (кетеров)", – т.е. сфирот Зеир Анпина, "являющихся

---

[112] Пророки, Овадия, 1:21. «И взойдут спасители на гору Цион, чтобы судить гору Эсава; и будет Творцу царство».

[113] Пророки, Зехария, 14:9. «И будет Творец Царем на всей земле, в тот день будет Творец един, и имя Его – едино».

[114] Писания, Псалмы, 133:2. «Подобно доброму елею на голове, стекающему на бороду, бороду Аарона, стекающему на край одежды его».

[115] Тора, Шмот, 30:25. «И сделай его елеем священного помазания, состава смешанного, работы мирровара; елеем священного помазания будет это».

[116] См. Зоар, главу Трума, Сифра ди-цниута, п. 33.

[117] Слова «на край одежды его (аль пи мидотав עַל פִּי מִדּוֹתָיו)» переводятся также – «соответственно мерам его».

именем святого Царя", т.е. АВАЯ, представляющего собой ХУБ ТУМ. "И поэтому говорит Писание: "Стекающему соответственно мерам его"¹¹⁷, – конечно, "соответственно мерам его"¹¹⁷, как ты говоришь: "Соответственно¹¹⁸ Аарону и сыновьям его будет"¹¹⁹, – так соответственно мерам его нисходит и привлекается изобилие ко всем мирам, и есть благословения во всем. И смотри, этот добрый елей не пребывает до того времени работы внизу, которая поднималась, и они встречались друг с другом. Это смысл сказанного: "Елей и воскурение радуют сердце"¹²⁰. Елей – это" изобилие "наверху, а воскурение" – это работа "внизу", когда они встречаются друг с другом, "и тогда это радость всего". Вознесли руки рабби Аха и рабби Йегуда и поблагодарили рабби Абу».

---

[118] Сочетание «по слову (аль пи עַל פִּי)», приводимое в следующей ссылке, переводится также – «соответственно».

[119] Тора, Бемидбар, 4:27. «По слову Аарона и сыновей его будет производиться вся служба сынов Гершона при всяком их ношении и при всей их работе, и возлагайте на них хранение всего, что они носят».

[120] Писания, Притчи, 27:9. «Елей и воскурение радуют сердце, но сладость друга – в душевном совете».

ГЛАВА ВАИКРА

И явился Всесильный Авимелеху

105) «Провозгласил рабби Аха: "И явился Всесильный Авимелеху во сне ночью"[121]. И написано: "И сказал ему Всесильный во сне: "Я тоже знал, что ты сделал это в простоте сердца твоего"[122]. Это", что написано: "И явился Всесильный Авимелеху"[121], – в чем различие, что о народах мира написано: "И явился Всесильный"[121], а что касается Исраэля, не сказано: "И явился Всесильный"[121]?" И отвечает: "Но так мы учили, каждый "Всесильный" здесь – это та сила, правитель, назначенный над ними. Подобно этому: "И явился Всесильный Биламу ночью"[123] – и это тоже та сила, которая назначена над ним"».

106) «"И если скажешь: "И сказал ему Всесильный во сне: "Я тоже знал, что ты сделал это в простоте сердца твоего, и удержал также Я тебя от согрешения предо Мною"[122]», – ведь из слов «от согрешения предо Мною»[122] неизбежно следует, что это Творец? И отвечает: «"Конечно же, это так", что он лишь Его правитель, и объясняет сказанное: "Я тоже знал"[122], почему здесь написано: "Тоже"? Но это призвано добавить – несмотря на то, что выше меня это известно, я тоже это знал. "И удержал также Я тебя"[122], слово "также", чтобы добавить" – несмотря на то, что воспрепятствовали тебе свыше, я также воспрепятствовал тебе. "Тебя от согрешения предо Мною"[122]. "От согрешения (мехто מֵחֲטוֹ)" написано без алеф (א)". Следовало бы написать: "От согрешения (мехто מֵחֲטוֹא)" с алеф (א). И спрашивает: "Что это значит? Ведь грех не по отношению к правителю?"», а пред Творцом. Почему же он сказал: «От согрешения предо Мною»[122]?

107) И отвечает: «"Но мы так учили: из-за прегрешений народа внизу, наносится ущерб и наверху. Из-за прегрешений народа внизу, отстраняется их правитель наверху от своего правления. Это означает: "И удержал также Я тебя"[122], хотя

---

[121] Тора, Берешит, 20:3. «И явился Всесильный Авимелеху во сне ночью и сказал ему: "Вот ты умираешь за женщину, которую взял, ибо она замужняя"».

[122] Тора, Берешит, 20:6. «И сказал ему Всесильный во сне: "Я тоже знал, что ты сделал это в простоте сердца твоего, и удержал также Я тебя от согрешения предо Мною, и потому не дал тебе прикоснуться к ней"».

[123] Тора, Бемидбар, 22:20. «И явился Всесильный Биламу ночью, и сказал ему: "Если звать тебя пришли люди эти, встань, иди с ними, но только то, что Я говорить буду тебе, то делай"».

это зависит от того, что выше меня. "Также Я"[122] – добавить его самого", что также он воспрепятствовал ему. "От согрешения предо Мною"[122] – чтобы твои прегрешения не оказались во мне, подобно той игле, что вогнана в плоть, чтобы ты своими прегрешениями не привел к тому, что меня отстранят от моего правления и возгнушаются мною, как той иглой, что вогнана в плоть. Чтобы ты не привел к этому, как сказано: "И возгнушался Я ими"[124], как этими иглами, вонзенными в плоть. Чему это нас учит? Учит нас тому, что прегрешения людей наносят вред наверху. Что он собой представляет?" – этот вред. Он, "это как ты говоришь: "И за преступления ваши изгнана была мать ваша"[125]». Так и грехи народов вредят их правителю, который отстраняется от своего правления.

108) «"И поэтому", поскольку грехи нижних причиняют вред наверху, "они приносят жертву. Что такое жертва? Это то, что мы сказали, как написано: "И за преступления ваши изгнана была мать ваша"[125]. Ведь грех приводит к разобщению" между Зеир Анпином и Малхут "своим ущербом", так как Малхут изгнана из-за греха. "А жертва", которую они приносят, "приближает высший мир", Зеир Анпина, "к нижнему миру", Малхут, "и становится всё единым". Подошли рабби Аба и рабби Йегуда и поблагодарили его – рабби Аху"».

---

[124] Тора, Ваикра, 20:23. «И не ходите по законам народа, которого Я изгоняю пред вами, ибо все это они делали, и возгнушался Я ими».
[125] Пророки, Йешаяу, 50:1. «Так сказал Творец: "Где разводное письмо матери вашей, которым Я прогнал ее? Или кто тот из заимодавцев Моих, которому Я продал вас? Ведь за грехи ваши проданы были вы, и за преступления ваши изгнана была мать ваша"».

ГЛАВА ВАИКРА

Служите Творцу в радости

109) «Провозгласил рабби Йегуда: "Служите Творцу в радости, предстаньте пред Ним с воспеванием"[126]. "Служите Творцу в радости"[126] – всякая работа, посредством которой человек хочет служить Творцу, должна быть в радости, по желанию сердца, чтобы служение его было в совершенстве. И если скажешь, что работа жертвоприношения в таком виде невыполнима, поскольку этот человек нарушил заповедь своего Владыки, заповедь Торы, и раскаивается пред своим Владыкой, – с каким лицом он будет стоять пред Ним? Конечно же, в душевном сокрушении, в душевной печали. Где же тут радость, где воспевание?"»

110) И отвечает: «"Однако мы учили там: человек, который согрешил пред своим Владыкой и нарушил Его заповеди, и явился, чтобы принести жертву и исправить себя, должен быть в душевном сокрушении, в душевной печали, и если он плачет, это лучше всего. И этой радости и этого воспевания тут нет. Каким же образом они устанавливаются? С помощью тех коэнов и левитов, которые восполняют радость и воспевание за него. Радость воплощается с помощью коэна, потому что он всегда далек от суда, и коэн всегда должен быть с более светлым и радостным ликом, чем весь народ, так как венец его священства приводит к этому. А воспевание пребывает среди левитов, и это так, потому что левиты всегда отвечают за песнь, как мы уже объясняли"».

111) «"И эти коэны и левиты стоят над ним, и с их помощью служение Творцу обретает совершенство. Коэн стоит над ним и направляет слова в радости и в желании, чтобы соединить святое имя как подобает. А левиты – в воспевании. Тогда написано: "Узнайте, что Творец (АВАЯ) – Он Всесильный (Элоким)"[127]. Это и есть жертвоприношение, приближающее милосердие к суду, и всё наполняется благоуханием"». Ибо АВАЯ – это милосердие, а Элоким – суд, и они вместе наполняются благоуханием как одно целое.

---

[126] Писания, Псалмы, 100:2. «Служите Творцу в радости, предстаньте пред Ним с воспеванием».
[127] Писания, Псалмы, 100:3. «Узнайте, что Творец – Он Всесильный, Он сотворил нас, и мы – Его, народ Его и паства Его».

112) «"Теперь, когда нет жертвоприношений, тот, кто согрешил пред своим Владыкой и возвращается к Нему, конечно же, он удручен, печален и сокрушен духом. Как же ему предстать в радости и с воспеванием, если их нет в нем. Ведь мы учили, что хвала, которой он восславляет своего Владыку, и радость Торы и воспевание Торы, – это радость и воспевание. И также учили, что "ни в печали"[128], т.е. не должен представать человек пред своим Владыкой в печали. Но он ведь не может (по другому)", ибо его сердце разбито в нем из-за его грехов, "в чем же его исправление?"»

113) И отвечает: «"Но смысл этого, как мы учили: "Всегда должен войти человек через меру двух входов... а затем молиться",[129] это смысл сказанного: "На страже у косяков входов моих"[130], – т.е. чтобы вошел через два входа. "Разве может прийти в голову, что это два входа" на самом деле? "Но скажи: "Мера двух входов", – здесь он намекнул на то, что сказал Давид: "Вознесите, врата, главы ваши"[131]. Это – обитель и основа, находящиеся в самой глубине, в начале ступеней, называемых милость (хесед) и страх", т.е. Гвура, "и они являются "входами вечными"[131]. И потому намерение человека в молитве должно быть направлено на святая святых, то есть на святое имя, и тогда пусть возносит молитву, и они являются этими двумя входами, двумя кетерами"», – т.е. две сфиры: Хесед и Гвура Зеир Анпина.

Объяснение. Рош Царя, то есть ГАР Зеир Анпина, устанавливается в Хеседе и Гвуре,[132] что означает, что Хесед и Гвура Зеир Анпина поднимаются и становятся его Хохмой и Биной. И это означает сказанное: «В начале ступеней, называемых

---

[128] См. Вавилонский Талмуд, трактат Брахот, лист 31:1. «Нельзя приступать к молитве ни в печали, и ни в ленности, ни в насмешке, ни в беседе, ни в легкомыслии, ни в мелочах, но только в радости заповеди».

[129] См. Вавилонский Талмуд, трактат Брахот, лист 8:1. «Сказал рав Хисда: "Всегда должен войти человек через два входа в дом собрания ("два входа" – разве такое придет в голову, но скажи: "меру двух входов"), а затем молиться"».

[130] Писания, Притчи, 8:34. «Счастлив человек, слушающий меня, бодрствуя каждый день у ворот моих и стоя на страже у косяков входов моих».

[131] Писания, Псалмы, 24:7. «Вознесите, врата, главы ваши, и возвысьтесь, входы вечные. И войдет Царь славы».

[132] См. Зоар, главу Мишпатим, п. 520. «Мы учили тайну тайн: рош Царя устанавливается в Хеседе и Гвуре...»

милость (хесед) и страх», которые являются началом ступени Зеир Анпина, начинающегося с Хохмы. И это смысл сказанного: «Намерение человека в молитве должно быть направлено на святая святых... и они являются этими двумя входами», т.е. он должен направить молитву на то, чтобы два входа, Хесед и Гвура Зеир Анпина, поднялись на уровень Хохмы и Бины, называемых святая святых.

114) «"А есть еще те, кто учит так. Радость эта – это Кнессет Исраэль", т.е. Малхут, "называемая радостью. И мы ведь учили, что радость, это как написано: "Ибо в радости выйдете"[133], – это означает, "что Исраэлю предстоит выйти из изгнания в этой радости. И что она собой представляет? Это Кнессет (собрание) Исраэль", Малхут. "И об этом говорит Писание: "Служите Творцу в радости"[134], – то есть в свойстве Малхут, "как написано: "С этим (бе-зот באת) должен входить Аарон в Святилище"[135]», что означает – со свойством Малхут, называемой «зот (זאת эта)». Так же и здесь: «Служите Творцу»[134] означает – в свойстве Малхут, которая называется радостью. «И все это – одно целое», – т.е. Малхут, которая называется «зот (זאת эта)», и она же называется радостью.

115) «"Предстаньте пред Ним с воспеванием"[134] – это ее совершенство. Ибо радость – она в сердце, а воспевание – в устах, и" в устах – "это большее совершенство. И совершенство этой радости – оно ведь познается и известно", что это такое, – "и это исправление человека", который должен исправиться "пред своим Владыкой", удостоиться этого, и когда он удостаивается этого, "тогда: "Узнайте, что Творец (АВАЯ) – Он Всесильный (Элоким)"[127], – т.е. он создает это единство АВАЯ Элоким. "И все", т.е. два этих объяснения "сводятся к одному, – что нужно затем объединить святое имя как подобает, и связать одно с другим, чтобы всё стало единым. И это – работа Творца". Сказали ему рабби Аха и рабби Аба: "Несомненно, что это так. Счастлив удел праведников, занимающихся Торой и знающих пути Творца". Встали и пошли за рабби Абой три мили».

---

[133] Пророки, Йешаяу, 55:12. «Ибо в радости выйдете и с миром водимы будете; горы и холмы разразятся пред вами песней, и все деревья в поле рукоплескать будут».

[134] Писания, Псалмы, 100:2. «Служите Творцу в радости, предстаньте пред Ним с воспеванием».

[135] Тора, Ваикра, 16:3. «С этим должен входить Аарон в Святилище: с молодым тельцом в очистительную жертву и с овном во всесожжение».

Объяснение. Совершенство Малхут – в раскрытии свечения Хохмы, потому что нет этого раскрытия ни в одной сфире, кроме нее. И есть в этом две ступени: радость и пение. Когда это раскрытие еще не завершено во всем совершенстве, Малхут называется радостью, и это указывает на раскрытие в свойстве сердца, а в устах нет раскрытия, так как радость присутствует только в сердце, внутри, но еще не в устах, снаружи. Однако, когда это раскрытие в полном совершенстве, Малхут называется пением, так как пение – оно в устах, и указывает на то, что сердце раскрывается устам.

И это означает сказанное: «"Предстаньте пред Ним с воспеванием"[134] – это ее совершенство. Ибо радость – она в сердце», и сердце не раскрывает устам, «а пение – в устах», – когда от сердца раскрывается устам. И это смысл сказанного: «И совершенство этой радости – оно ведь познается и известно», – т.е. известно, что она является совершенством раскрытия Хохмы в ней, «и это исправление человека пред своим Владыкой», – чтобы удостоиться этого. «Тогда: "Узнайте, что Творец (АВАЯ) – Он Всесильный (Элоким)"[127]» – тогда он может выстроить это великое единство.

ГЛАВА ВАИКРА

А я по великой милости Твоей приду в дом Твой

116) «Провозгласил рабби Аба и сказал: "А я, по великой милости Твоей, приду в дом Твой"[136]. Мы так объясняли, что нехорошо человеку приходить в дом собрания, если он не посоветовался сначала с Авраамом, Ицхаком и Яаковом, ибо они установили молитву пред Творцом.[137] Это означает сказанное: "А я, по великой милости Твоей, приду в дом Твой"[136]. "Приду в дом Твой"[136] – это Авраам. "Поклонюсь святому Храму Твоему"[136] – это Ицхак. "В трепете пред Тобой"[136] – это Яаков.[137] Сначала нужно приобщить их – и тогда войдет человек в дом собрания и вознесет свою молитву. Тогда написано: "Ты раб Мой, Исраэль, в котором Я прославлюсь"[138]».

---

[136] Писания, Псалмы, 5:8. «А я, по великой милости Твоей, приду в дом Твой, поклонюсь святому Храму Твоему в трепете пред Тобой».

[137] См. «Предисловие книги Зоар», п. 183, со слов: «Ведь молитва возносится за общность Исраэля, и всё, что есть в святой Шхине, есть у всего Исраэля, и всё, что ей недостает, недостает всему Исраэлю...»

[138] Пророки, Йешаяу, 49:3. «И сказал мне: "Ты раб Мой, Исраэль, в котором Я прославлюсь"».

Если всесожжение жертва его

117) «"Если всесожжение жертва его, из крупного скота"[139]. Сказал рабби Йоси: "В чем различие": принесет ли он "жертву всесожжения из крупного скота, из мелкого скота, или из птицы? И зачем они отличаются друг от друга, ведь из всего этого делается одно?" – т.е. всесожжение. И отвечает: "Но тот, кто в состоянии", приносит жертву "из крупного скота, а если не может", приносит "из мелкого, а если и этого не может", приносит "из птицы. Ибо сказано: "Если беден он, и состояние его недостаточно"[140] – поскольку Творец не обременяет человека чрезмерно тем, на что он неспособен"».

118) «Сказал рабби Эльазар: "Каким был грех, такую жертву он и приносил. Богатый, чье сердце иногда заносчиво, приносил быка, потому что сердце его более склонно грешить пред его Владыкой. Средний приносил из мелкого скота, потому что его дух не столь заносчив, чтобы грешить. Бедный же, чье сердце незаносчиво, а дух смиреннее, чем у всех, приносил самую легкую жертву среди всех" – из птицы. "И известны были жертвы их всех, каждого в отдельности, и Творец вершил суд каждого напрямую по тяжести его"».

119) «Рабби Эльазар спросил своего отца, рабби Шимона, сказал ему: "Мы ведь учили, что за три прегрешения мира наступает голод в мире", – пожертвование (трума́), десятина (маасэ́р) и приношение коэну (хала́), которые не выделяют. "И все эти грехи присущи именно богатым, потому что их сердце заносчиво, и не присущи бедным. Что же это за суд, когда Творец умерщвляет бедных и оставляет богатых?" Ибо только бедные умирают от голода, а не богатые, "ведь теперь" богатые "продолжат грешить пред Ним?"» – поскольку не пострадали. «Сказал ему: "Ты правильно спросил. И уже объясняли товарищи, и сказали: "Когда желает Творец воздать нечестивцам и истребить их из мира, тогда Он дает им мир" в этом мире, "и наполняет их всем"».

---

[139] Тора, Ваикра, 1:3. «Если всесожжение жертва его, из крупного скота, самца без порока, пусть приносит ее; ко входу в Шатер собрания приведет его, по своей воле пред Творцом».

[140] Тора, Ваикра, 14:21. «Если же беден он, и состояние его недостаточно, то пусть возьмет одного агнца в жертву повинности для вздымания, чтобы искупить себя, и одну десятую часть эйфы тонкой пшеничной муки, смешанной с елеем, в приношение хлебное, и лог елея».

120) «"Но обрати внимание, что все жители мира не близки к высшему Царю, как те келим, которыми Он пользуется. И кто они? Они – "сердце сокрушенное и удрученное"[141], "кто угнетен и смирен духом"[142]. Это и есть келим Царя. Когда наступает в мире засуха и голод, и усиливается суд над бедными, тогда они плачут и кричат пред Царем, и Творец приближает их более всякого человека. Сказано об этом: "Ибо не презрел Он и не отверг молитву бедного"[143]. Тогда Творец наказывает за то, что пришел голод в мир. Горе тем нечестивцам, которые вызвали это"».

121) «"Когда пробуждается Царь, чтобы присматривать за миром, на голос" крика "бедняков, да спасет нас Милосердный от них и их обид, тогда написано: "Слушая, услышу Я крик его"[144]. "Слушая, услышу"[144] – сказано дважды. Первый раз – чтобы присмотреть за их голосом. Второй раз – чтобы воздать тем, кто навлек на них это. И это означает сказанное: "Я услышу, ибо Я милостив"[145], "И воспылает Мой гнев"[146]. И потому в час, когда наступает голод в мире, горе тем богатым нечестивцам из-за голоса" крика "бедняков пред Творцом"».

122) «"Смотри, эта жертва бедняка – легче всех, потому что сердце его разбито. И хотя помышляет согрешить, отстраняется от него грех, так как достаточно ему собственного страдания и страдания его домочадцев. Поэтому каждая жертва – сама по себе, все они известны коэну"».

---

[141] Писания, Псалмы, 51:19. «Жертвы Всесильному – дух сокрушенный; сердце сокрушенное и удрученное, Всесильный, не отвергай».

[142] Пророки, Йешаяу, 57:15. «Ибо так говорит Возвышенный и Превознесенный, Существующий вечно и Святой – имя Его: (в месте) высоком и священном обитаю Я, но с тем, кто сокрушен и смирен духом, чтобы оживлять дух смиренных и оживлять сердце сокрушенных».

[143] Писания, Псалмы, 22:25. «Ибо не презрел Он и не отверг молитву бедного, и не скрыл лица Своего от него, и когда он воззвал к Нему – услышал».

[144] Тора, Шмот, 22:22. «Если кого-либо из них ты будешь притеснять, то когда он будет криком кричать ко Мне, слушая, услышу Я крик его».

[145] Тора, Шмот, 22:25-26. «Если возьмешь в залог одежду ближнего твоего, до захода солнца возврати ее ему. Ведь это его облачение единственное, это одежда его на теле его. В чем ляжет? И будет, если воззовет ко Мне, то Я услышу, ибо Я милостив».

[146] Тора, Шмот, 22:23. «И воспылает Мой гнев, и поражу вас мечом, и будут ваши жены вдовами, а ваши дети сиротами».

123) «"Было дело с тем богачом, который принес в жертву перед коэном двух голубей. Когда увидел ее коэн, сказал ему: "Эта жертва не твоя". Пришел он домой опечаленный. Сказали ему братья его: "Почему ты печален?" Сказал им: "Коэн не вознес мою жертву". Сказали ему: "А что это за жертва?" Сказал им: "Два голубя". Сказали ему: "Но ведь это – от бедного, а не твое. Ведь написано: "Если же беден он, и состояние его недостаточно"[140], но ты принеси свою жертву". Сказал им: "И что это?" Сказали ему: "Одного быка"».

124) «Сказал им: "Почему настолько важна мысль о прегрешении?" – что за нее нужно принести одного быка в жертву для всесожжения. "Я клянусь, что не возникнет больше в моем сердце помысла прегрешения". Отныне и впредь что он делал? Весь день занимался торговлей, а ночью спал, и когда пробуждался ото сна, звал своих братьев, и они учили его речениям Торы. И он учился, пока не восходил свет дня, и знал, как учить Тору. И звали его другой Йегуда. Однажды встретил его рабби Йеса Сава, и он раздавал свое достояние, половину – бедным, а половину для торговли на море людьми, уходящими в море. И садился и занимался Торой"».

125) «Провозгласил и сказал: "И сказал Шауль Кейнийцу: "Уйдите, выйдите прочь из среды амалекитян"[147]. Кто такой Кейниец? Это сыновья Итро, тестя Моше, которые устроили гнездо (кен) в пустыне, подобно той ласточке, о которой сказано: "И ласточка – гнездо себе"[148], чтобы заниматься Торой. Ибо для Торы не нужны ни наслаждения, ни торговля, а нужно трудиться в ней денно и нощно. И потому они ушли в пустыню от наслаждения, которое было в Йерихо. Сказано об этом: "И сыны Кейнийца... поднялись из Города Пальм..."[149]».

126) «"А ты поступил милостиво со всеми сынами Исраэля"[147], – потому что (Итро) услаждал Моше в своем доме, а Моше был

---

[147] Пророки, Шмуэль 1, 15:6. «И сказал Шауль Кейнийцу: "Уйдите, выйдите прочь из среды амалекитян, чтобы мне не погубить вас вместе с ними; а ты поступил милостиво со всеми сынами Исраэля при выходе их из Египта". И ушел Кейниец из среды Амалека».

[148] Писания, Псалмы, 84:4. «И птица находит дом, и ласточка – гнездо себе, куда кладет птенцов своих возле жертвенников Твоих, Властелин воинств, Царь и Всесильный мой».

[149] Пророки, Шофтим, 1:16. «И сыны Кэйнийца, тестя Моше, поднялись из Города Пальм с сынами Йегуды в пустыню Иудейскую, которая на юге от Арада, и пошли, и поселились среди народа».

общностью всего Исраэля. А также потому, что добавил еще одну, дополнительную главу в Тору и тем самым оказал милость всему Исраэлю"».

127) «"Почему это пришло в войне с Амалеком?" И отвечает: "Но сказал Шауль: "Когда Исраэль вышли из Египта, ни один из народов мира не сошелся с Исраэлем и не обвинил их, кроме Амалека. Он причинял зло Исраэлю и вел с ними войну. Ты же", Кейниец, "приветствовал их миром и поступил милостиво со всеми, и потому не подобает тебе соединяться с ними"» – с Амалеком.

128) «"Более того, что сказано об Итро: "Взял Итро, тесть Моше, всесожжение и жертвы Всесильному"[150]. То есть он принес жертву Творцу и пришел к обращению в вере. Чему нас учит" Писание? Тому, "что его жертва была важна пред Творцом. И поскольку он принес жертву пред Творцом, "пришел Аарон и все старейшины Исраэля есть хлеб с тестем Моше пред Всесильным"[150]. "Пред Всесильным"[150] – именно так. Отсюда следует, что каждый, кто приносит жертву по желанию сердца, – Творец появляется напротив нее"».

129) «"Смотри, жертва бедняка важна пред Творцом, так как он приносит пред Ним две жертвы. Одна – это ее тук и кровь, а другая – это сама жертва, ведь ему нечего есть, а он приносит жертву", – поэтому уменьшились его тук и кровь. "Жертва бедняка легче всех – две горлицы или два молодых голубя.[151] А если нет – он приносит немного муки и искупается ею. В тот час провозглашают и говорят: "Не презрел Он и не отверг молитву бедного"[152]. Почему в такой мере? Это потому, что жертва бедняка превыше всех. И ведь она", жертва бедного, которую я хотел принести,[153] "привела меня к тому, чтобы быть в уделе Творца, она привела меня к тому, чтобы быть в уделе Торы,

---

[150] Тора, Шмот, 18:12. «Взял Итро, тесть Моше, всесожжение и жертвы Всесильному, и пришел Аарон и все старейшины Исраэля есть хлеб с тестем Моше пред Всесильным».

[151] См. Тора, Ваикра, 5:7. «А если не хватает его достатка на агнца, то принесет (в) повинную жертву свою за то, что согрешил, двух горлиц или двух молодых голубей Творцу, одну (птицу) – в очистительную жертву и одну – в жертву всесожжения».

[152] Писания, Псалмы, 22:25. «Ибо не презрел Он и не отверг мольбу бедняка, и не скрыл лица Своего от него, и когда он воззвал к Нему – услышал».

[153] См. выше, п. 123.

поэтому я раздал все свое достояние бедным, потому что они", т.е. их жертва, "привели меня к такому"».

130) «"Подобно тому, как бедняк кипятит свои тук и кровь, так и муку, которую он принес, кипятят в добром масле. И здесь мы учили, что даже каждый человек может принести этот хлебный дар на сковороде или в горшке. Ибо так же как грех кипятит его тук и кровь в огне злого начала, и все органы его кипят в огне, так же в точности и эта жертва, поскольку главное в жертве – подобие греху. И (следует) приносить в жертву пред Творцом желание сердца, дух и душу – это дорого Ему более всего"».

131) «"Счастлив удел праведников, которые каждый день приносят эту жертву пред Творцом. И что она собой представляет? То есть приносят пред Ним в жертву себя и свою душу. И я хочу принести эту жертву, ибо этого желает Творец от человека в этом мире. И вместе с тем, жертва (эта) действительно самая возвышенная, так как благодаря ей благословляются все миры"».

ГЛАВА ВАИКРА

Благословен Творец от Циона

132) «Еще провозгласил и сказал: "Благословен Творец от Циона, обитающий в Йерушалаиме. Алелуйа"[154]. Спрашивает: "Разве от Циона"[154], т.е. Малхут, "благословен Он", Зеир Анпин, называемый АВАЯ, "разве не благословен Он от глубокой высшей реки?"», то есть от Бины. Почему же сказано: «Благословен Творец от Циона»[154]? И отвечает: «"Однако, "благословен Творец"[154] указывает на Малхут – "когда луна", то есть Малхут, "светит от света солнца", Зеир Анпина, "и они сближаются друг с другом и не отводят свой свет друг от друга"». И то, что говорит: «Благословен Творец (АВАЯ)»[154], – потому что «"иногда луна", то есть Малхут, "называется именем Царя", Зеир Анпина, – "так же как он зовется АВАЯ, так и она зовется АВАЯ. Как сказано: "И Творец (АВАЯ) обрушил на Сдом и на Амору потоки серы и огня от Творца (АВАЯ) с небес"[155]. И первое ве-АВАЯ (и Творец) – это Малхут, а второе АВАЯ (Творец) – это Зеир Анпин. "Более того, даже посланец", ангел, "зовется по имени Царя"» – АВАЯ.

133) «"Другое объяснение "благословен Творец"[154]. От какого места известно, что Творец благословен? Он уточняет: "От Циона"[154] – от места, которое называется Цион", т.е. Есода Малхут, "известно, что Он благословен. И почему? Потому что написано: "Ибо там заповедал Творец благословение"[156]. И поскольку в Ционе Он дает благословение, известно оттуда, что Он благословен, ибо Благословенный дает благословение". Сказал ему рабби Йеса: "Счастлив твой удел, поскольку ты удостоился всего этого. Счастливы те, кто занимается Торой, ведь каждый, кто занимается Торой, он словно держится за Творца. И это означает: "А вы, прилепившиеся к Творцу Всесильному вашему, – живы все вы ныне"[157]».

---

[154] Писания, Псалмы, 135:21. «Благословен Творец от Циона, обитающий в Йерушалаиме. Алелуйа».

[155] Тора, Берешит, 19:24. «И Творец обрушил на Сдом и на Амору потоки серы и огня от Творца с небес».

[156] Писания, Псалмы, 133:3. «Как роса Хермона, стекающая на горы Циона. Ибо там заповедал Творец благословение, жизнь навеки».

[157] Тора, Дварим, 4:4. «А вы, прилепившиеся к Творцу Всесильному вашему, – живы все вы ныне».

ГЛАВА ВАИКРА

Семь небосводов и семь земель

134) «"А если жертва мирная жертва его"[158]. Рабби Йегуда провозгласил: "И сказал Всесильный: "Да будет небосвод посреди вод"[159]. Смотри, в час, когда Творец создавал мир, Он создал семь небосводов наверху, создал семь земель внизу, семь морей, семь рек, семь дней, семь недель, семь лет, семь стезей, семь тысяч лет, на которых стоит мир", т.е. существует шесть тысяч лет, а тысячу лет – разрушен. "И Творец пребывает в седьмом от всего"», перечисленного выше, т.е. в седьмом тысячелетии и в седьмом году и т.д.

135) «"Семь небосводов наверху, и в каждом из них звезды и созвездия, и служители, служащие на каждом небосводе. И на каждом из этих" небосводов "есть строения (меркавот), одни над другими, чтобы принять на себя бремя правления Господина своего. И на всех небосводах есть строения (меркавот) и служители, отличающиеся друг от друга, одни над другими, одни из них – шестикрылые, другие – четырехкрылые. Одни – четырехликие, другие – двуликие, еще одни – одноликие. Одни – пылающий огонь, другие – вода, третьи – ветер. Это означает сказанное: "Делает Он ветры посланниками Своими, служителями Своими – огонь пылающий"[160]».

136) «"И все небосводы – они одни над другими, как слои луковой шелухи, облачающиеся друг на друга, одни – внизу, другие – наверху". И внутренние считаются, что они – внизу, а внешние – наверху. "И каждый небосвод всё время с шумом сотрясается от страха пред своим Господином. По нему движутся и на нем стоят. А выше всех них – Творец, несущий всё Своей силой и могуществом. Подобно этому семь земель внизу, и все заселены, только одни – высшие, а другие – нижние. И земля Исраэля находится выше всех, а Йерушалаим является высшим из всех поселений"».

---

[158] Тора, Ваикра, 3:1. «А если жертва мирная жертва его, если из крупного скота он приносит, самца или самку, без порока принесет он это пред Творцом».
[159] Тора, Берешит, 1:6. «И сказал Всесильный: "Да будет небосвод посреди вод, и будет он отделять воды от вод"».
[160] Писания, Псалмы, 104:4. «Делает Он ветры посланниками Своими, служителями Своими – огонь пылающий».

137) «"И наши товарищи, поселенцы юга, видели в книгах основоположников и в книге Адама, который делит все эти земли так, что все они находятся внизу, подобно небосводам наверху, то есть одни над другими, одни над другими, а между всеми землями есть небосвод, отделяющий одну от другой. Поэтому все земли определены именами, и между ними – райский сад и ад. И есть среди них существа, отличающиеся одни от других, подобно тем, что наверху", на небосводах, "часть из них – двуликие, часть – четырехликие, а часть – одноликие. И вид одних не такой, как" вид "других"».

138) «"И если скажешь, что ведь все обитатели мира произошли от Адама, – разве Адам Ришон спускался во все эти земли и породил потомство, и сколько же жен у него было?" И отвечает: "Но Адам находится только лишь в этом мире, самом высшем из всех, называемом Тевель (земной мир),[161] как сказано: "И определит для земного мира (Тевель) землю его". Эта земля включена в небосвод, который наверху, и относится к высшему имени, как сказано: "И Он будет судить землю в праведности"[162]. "В праведности"[162], конечно", и это Малхут, называемая праведностью. "Потому сыновья Адама находятся в этой высшей земле, называемой Тевель, и они – высшие над всеми, по высшему подобию"», где высший Адам – высший над всеми. Как нам еще предстоит выяснить.

139) «"Что это значит?", что человек внизу, он по подобию того, что наверху. "Это значит, что так же, как наверху всех небосводов есть небосвод, высший над всеми, и на нём находится престол Творца, как сказано: "Словно образ сапфирового камня, в виде престола, и над образом престола – образ, подобный человеку, на нем сверху"[163], – то есть АВАЯ де-МА, в гематрии Адам (45), "так же и здесь, в этом земном мире

---

[161] См. Зоар, главу Берешит, часть 2, п. 36. «"И (ве-эт) землю" указывает на включение нижней земли, которая стала подобной высшей (земле) в этих пределах, как сказано: "Земля же была пустынна и хаотична, и тьма и дух…" Это пределы земли, называемые Эрец (поверхность земли), Адама (почва), Гай (долина), Нешия (могильная земля), Ция (сушь), Арка (пропасть), Тевель (земной мир). И самая большая из всех земель – это Тевель (земной мир)…»

[162] Писания, Псалмы, 9:9. «И Он будет судить землю в праведности, совершит суд над народами в истине».

[163] Пророки, Йехезкель, 1:26. «Над сводом же, который над головами их, словно образ сапфирового камня, в виде престола, и над образом престола – образ, подобный человеку, на нем сверху».

(Тевель), пребывает царь всех их. И кто он? Это Адам, который не находится во всех нижних"».

140) Спрашивает: «"А эти нижние откуда произошли?" И отвечает: "От испарений земли. И с помощью небосвода наверху выходят существа, отличающиеся одни от других, часть из них – в облачениях, часть – в клипот, как те черви, что обитают в земле, часть – в красных клипот, в черных, в белых, а часть – от всех цветов. Так все существа подобны этим. И живут они всего лишь десять лет"».

141) «"А в книге рава Амнуна Савы, он объясняет еще больше. Каждое поселение крутится в сфере, подобной шару, одни – внизу, а другие – наверху". Иначе говоря, существа, находящиеся на шаре вокруг, находятся одни против других. И семь частей, что в шаре, – это семь земель. "И все существа", что в шести землях, "отличаются по своему виду сообразно изменениям в воздухе, имеющемся в каждом месте. И ведут они образ жизни как остальные люди"».

142) «"И поэтому есть место в поселении, что когда светит свет этим", которые с этой стороны шара, – "это тьма для тех", которые с другой стороны шара. И получается, что "у этих – день, а у тех – ночь. А есть место в поселении, которое полностью день, и ночь в нем бывает лишь на один короткий час. И это то, что сказал в книгах основоположников и в книге Адама Ришона", что семь земель находятся одна под другой, и небосвод отделяет каждую землю,[164] – "так это". То есть, он не делит их, и все они – один шар, разделяющийся на семь частей, как говорилось в предыдущем пункте. "Ибо так написано: "Славлю Тебя, потому что удивительно устроен я, чудесны деяния Твои"[165]. И написано: "Как велики деяния Твои, Творец"[166]. И потому – всё хорошо"». «Ибо и те, и другие – деяния Творца живого»[167]. И как может быть такое, чтобы были

---

[164] См. выше, п. 137.
[165] Писания, Псалмы, 139:14. «Славлю Тебя, потому что удивительно устроен я, чудесны деяния Твои, душа моя знает (это) вполне».
[166] Писания, Псалмы, 104:24-26. «Как велики деяния Твои, Творец! Все мудростью сотворил Ты, полна земля созданиями Твоими. Вот море, великое и необъятное, там существа, которым нет числа, животные малые и большие, там корабли плывут, левиатан, которого сотворил Ты, чтобы он резвился в нем».
[167] Вавилонский Талмуд, трактат Ирувин, лист 13:2.

справедливы оба высказывания, ведь они противоречат друг другу. «"Однако тайна эта передана владеющим мудростью, а не определяющим" естественные "границы, ибо это глубочайшая тайна Торы"».

143) «"Подобно этому – есть в море множество созданий, отличающихся друг от друга. Как сказано: "Вот море, великое и необъятное, там существа, которым нет числа, животные малые и большие"[166]. И все они зависят друг от друга, и все они – по высшему подобию. И во всех этих мирах не правит никто, кроме человека, а Творец – над ним"».

144) «"Рабби Неорай Сава отправился в плавание по великому морю, и разбушевалось море, и исчезли все те, кто был на корабле. И случилось с ним чудо, и он спустился по известным тропинкам в самое сердце моря, и вышел под морем в одно поселение. И увидел он создания, из тех, у которых все маленькие, и они молились, сами не зная, что говорят в молитве. Случилось с ним чудо, и он поднялся, сказал: "Счастливы праведники, усердствующие в Торе и знающие скрытое в высших тайнах. Горе тем, кто не согласен с их речениями и не верит"».

145) «"С этого дня", и далее, "когда приходил он в дом учения, и" мудрецы "произносили речения Торы, он плакал. Говорили ему: "Почему ты плачешь?" Говорил им: "Потому что нарушил я веру в речения мудрецов", т.е. не верил, что есть семь земель, в которых есть различные создания, пока не увидел их, "и я боюсь суда, который в том мире"».

ГЛАВА ВАИКРА

Выяснение четырех букв АВАЯ

146) «"И сказал Всесильный: "Да будет небосвод посреди вод, и будет он отделять воды от вод"[168]. Сказал рабби Йегуда: "Если бы не этот небосвод, который отделил высшие воды от нижних", и это правая и левая (стороны), находящиеся в разногласии,[169] "было бы из-за них разделение в мире.[170] "Но этот небосвод", являющийся средней линией, "привел к миру между ними. И мир не может существовать иначе как на основе мира. Смотри, Творец называется миром (шалом), Он – мир, и имя Его – мир, и всё соединилось в мире"». Объяснение. «Он – мир», то есть Зеир Анпин. «И имя Его – мир», то есть Малхут, которая называется «имя». «И всё соединилось в мире», то есть в Есоде, связывающем всё. «Рабби Аба сказал: "Вижу я, что это высшее святое имя – оно полностью мир", т.е. все ступени его, "и всё оно – едино, а пути его расходятся в эту сторону и в эту сторону"», т.е. в правую и в левую.

147) «"Йуд святого имени соединятся тремя связями. Поэтому есть у этой йуд (י) один кончик наверху и один кончик внизу, и один – посередине. Поскольку три связи распространились в ней:

Один кончик, который наверху, – это высший Кетер, и он выше всех высших, рош всех рош, и он стоит над всеми"».

148) «"Один кончик, который в середине йуд (י), – это другой рош. Поскольку три рош в йуд (י), и каждый из них – рош сам по себе. Поэтому кончик, находящийся в середине, – это другой рош, который выходит из кончика, который наверху, и тот – рош всем остальным рош, чтобы выстраивалось из него святое имя. И рош этот скрыт от всего"». И он называется Хохмой, создаваемой из первого рош, высшего Кетера.

---

[168] Тора, Берешит, 1:6. «И сказал Всесильный: "Да будет небосвод посреди вод, и будет он отделять воды от вод"».

[169] См. Зоар, главу Берешит, часть 1, п. 44. «И сказал Всесильный: "Да будет свод посреди вод, и будет он отделять воды от вод". Это частное исправление, чтобы отделить высшие воды от нижних с помощью левой линии...»

[170] См. Зоар, главу Берешит, часть 1, п. 44, со слов: «А правая линия является совершенством всего, потому что все сфирот получают от нее жизненные силы...»

149) Нижний кончик – это «"другой, нижний рош йуд (י)", т.е. Бина, – "это рош, "чтобы орошать сад"¹⁷¹, Малхут, "и это источник воды, и все саженцы орошаются им", так как все мохин ЗОН и БЕА исходят от Бины. "И это тайна йуд (י), в которой есть три связи", т.е. КАХАБ (Кетер, Хохма, Бина). "И поэтому она называется цепочкой, поскольку она как цепочка", состоящая из трех звеньев, "связанных друг с другом. И все это – одно целое"».

150) «"Мы учили в книге Ханоха: "В час, когда показали ему мудрость высших тайн, и он увидел дерево Эденского сада", т.е. Зеир Анпин, Древо жизни внутри этого сада, "показали ему мудрость (хохма)", т.е. нижнюю Хохму, которой является Малхут, "в высшем свойстве", – в единстве Зеир Анпина, являющегося высшим по отношению к ней. "И увидел он, что все миры связаны друг с другом. Спросил их, на чем они стоят. Сказали ему, что все они стоят на йуд (י)", т.е. Хохме, "и от нее они были выстроены и распространились. Как написано: "Все мудростью сотворил Ты"¹⁷². И увидел, что все они сотрясаются от страха пред Господином своим. И по имени Его все они называются"».

151) «"А в книге царя Шломо сказал: "Распространение йуд (י) происходит по цепочке трех" звеньев, "включенных в связи гуфа (тела). Одна – это страх всего", т.е. Кетер, и все сотрясаются в страхе пред ним, как уже говорилось, "другая – это скрытие тропок", т.е. скрытая Хохма, "и третья – это одна глубокая река"», т.е. Бина.

152) «"Затем он детально разъяснил буквы" имени АВАЯ. "Дом в довершенном его виде – это первая йуд (יו"ד)" хэй (ה"א)». То есть, как написано: «Мудростью устраивается дом»¹⁷³, – «"это построение всего". И он поясняет: "Совершенство святого имени – это йуд (י)", эта йуд (י) "начало всего, родитель для всего", т.е. Хохма. "Вав (ו)" наполнения йуд (יו"ד) – "это сын, которого он породил, и он вышел из него",

---

¹⁷¹ Тора, Берешит, 2:10. «И река вытекает из Эдена, чтобы орошать сад, и оттуда разделяется и образует четыре главных реки».
¹⁷² Писания, Псалмы, 104:24. «Как велики деяния Твои, Творец! Все мудростью сотворил Ты, полна земля созданиями Твоими».
¹⁷³ Писания, Притчи, 24:3-4. «Мудростью устраивается дом и разумом утверждается, и знанием покои наполняются, всяким достоянием, драгоценным и приятным».

т.е. Зеир Анпин, "и от него существует далет (ד) наполнения йуд (י״ד), и она – дочь и госпожа (матронита)", т.е. Малхут, "в руках которой находятся все суды". И это – ЗОН, которые в Хохме. "И они пребывают в скрытии во всех мирах, и высшие", т.е. ЗОН Ацилута, "выходят из него, и высшие и нижние" вместе "питаются от них". Ибо эти ЗОН Хохмы – это ИШСУТ, то есть Бина, от которой происходят и питаются все миры, высшие – ЗОН Ацилута, и нижние – три мира БЕА. "Таким образом, йуд (י) – это совершенство всего. И святое имя АВАЯ (הויה) довершилось в ней и скрыто внутри нее"».

153) «"Затем эта йуд (י) произвела всё и передала всё по цепочке в единой связи одного с другим. Ведь объяснял великий светоч: йуд (י)", Хохма, "вывела из себя эту реку", Бину, потому что ЗОН Хохмы стали Биной, как объяснялось в предыдущем пункте, "о которой написано: "И река вытекает из Эдена, чтобы орошать сад"[171], и это" первая "хэй (ה)" де-АВАЯ (הויה), поскольку вав-далет (ו״ד) наполнения йуд (י״ד), то есть ЗОН Хохмы, приобрели форму хэй (ה), а это форма далет (ד) над вав (ו), "то есть Бина. И это – высшая Има"», т.е. ИШСУТ.

154) «"И эта река", т.е. Бина, "произвела двух детей, как мы учили", Зеир Анпина и Малхут, "и от нее они питаются. А затем выходят двое детей", Зеир Анпин и Малхут, "и дочь питается от сына", т.е. от вав (ו). "Этот сын – это Царь, и мир (шалом) полностью его, и это свойство Тиферет", т.е. Зеир Анпин. "А затем располагается хэй (ה)", то есть дочь, Малхут, "которая питается от вав (ו). И мы это уже объясняли. Таким образом, йуд (י) является основой и корнем, и совершенством всего. Это означает сказанное: "Мудростью устраивается дом"[173]».

Объяснение. Поскольку есть два состояния в Малхут. Первое – когда она была создана из Бины, в состоянии «два великих светила», и была большой, как Зеир Анпин, и Зеир Анпин облачал правую линию Бины, а Малхут – левую линию Бины. И тогда Малхут получала питание от Бины, как и Зеир Анпин, и не должна была получать от Зеир Анпина. И об этом состоянии говорит: «И эта река произвела двух детей, и от нее они питаются» – то есть оба они питались от Бины. А затем Малхут уменьшилась до состояния точки под Есодом, и снова поднялась в Бину, и была выстроена снова, в свойстве: «И отстроил

Творец Всесильный ту сторону»[174]. И она приходит ко второму состоянию, когда она становится ступенью ниже Зеир Анпина и не питается больше от Бины, а от Зеир Анпина. И об этом говорит: «И затем выходят двое детей, и дочь питается от сына» – то есть не питается больше от Бины, но от сына (Бины), Зеир Анпина, ибо уменьшилась и встала под ступенью Зеир Анпина.

155) «"Мы учили, что десять имен завершились и вышли из этой йуд (י). Йуд (י), которая является десятой" буквой "в буквах алфавита. И все их" эта йуд "ввела в святую реку", Бину, "когда забеременела ими. И все десять имен скрыты в одном" высшем имени. "И все они скрыты в йуд (י). Йуд (י) включает их, йуд (י) выводит их, она – родитель всего, родитель праотцев"», то есть ХАГАТ.

156) «"Из нее", из йуд (יו״ד), "выходят вав-далет (ו״ד)", являющиеся ее наполнением. "Намек на то, что они в числовом значении – десять", как йуд (י). "Буквы йуд (יו״ד) включают в себя вав-далет (ו״ד), являющиеся совершенством всего. Вав-далет (ו״ד) – это захар и нуква", где Зеир Анпин – это вав (ו), а Малхут – далет (ד), и они – ЗОН Хохмы.[175] "Ду (далет-вав דו)" называют их", что означает – "двое. И поэтому Адам был создан двухпарцуфным, и эти парцуфы были захаром и некевой, по высшему подобию. Вав-далет (ו״ד) они называются сверху вниз", когда вначале них вав (ו), Зеир Анпин, а за ним далет (ד), Малхут. "Далет-вав (ו״ד ду) они называются снизу вверх", когда Малхут вначале, а за ней – Зеир Анпин. "И всё это – единое целое. Тринадцать свойств милосердия зависят от нее", от йуд (י), то есть от верхнего кончика йуд (י), Кетера, в котором находятся тринадцать исправлений дикны. "И поэтому йуд (יו״ד) включает вав-далет (ו״ד)", чтобы указать на ЗОН внутри нее, из которых образовались ИШСУТ, т.е. свойство Бины, которая снова стала Хохмой, и оттуда выходят все мохин, и они – совершенство всего, и это смысл того, что наполнение вав-далет (ו״ד) в гематрии йуд (י) – то есть важны, как она сама. "Как мы уже учили и объясняли это"».

---

[174] Тора, Берешит, 2:22. «И отстроил Творец Всесильный ту сторону, которую взял у человека, чтобы быть ему женой, и привел ее к человеку».
[175] См. выше, п. 152.

ГЛАВА ВАИКРА

Десять имен

157) «"И посмотри, десять имен соответствуют десяти буквам", то есть соответствуют йуд (י), которая является десятой в буквах алфавита,[176] и потому включает десять букв. "И в книге рава Амнуна Савы сказал: "Их восемь" имен, т.е. от Бины и ниже, "и две ступени", Кетер и Хохма, "которые соответствуют двум небосводам"», то есть они скрыты и не называются по имени. Потому что имя означает – раскрытие, ибо: «Всё, что не постигнуто, невозможно назвать по имени»[177]. «"И количество имен изменяется: на десять" – когда отсчет начинается с Кетера; "и девять" – когда начинается с Хохмы; "и восемь" – когда начинается с Бины; "и семь"» – когда начинается с Хеседа.

158) И начинает отсчет с Хохмы. «"Первое" имя – "это Ко (йуд-хэй יה)", Хохма. "Поскольку йуд (י)", Хохма, "содержит в себе хэй (ה)", то есть, что наполнение йуд (יו״ד) – это вав-далет (ו״ד), представляющие собой форму хэй (ה), "и хэй (ה)" де-АВАЯ (הויה) "выходит из йуд (י)", ибо она те самые вав-далет (ו״ד) наполнения йуд (יו״ד), которая вышла из йуд (יו״ד) Хохмы и стала Биной.[178] Таким образом, две буквы йуд-хэй (יה) включены в йуд (יו״ד), Хохму, "и потому называется Хохма йуд-хэй (יה)"».

159) «"Второе" имя – "это АВАЯ (הויה), называемое Элоким (אלהים)", т.е. АВАЯ (הויה) с огласовкой Элоким (אֱלֹהִים), и это Бина. "Ибо та река", Бина, – "это милосердие. А поскольку от нее пробуждаются суды", вследствие подъема Малхут в Бину, но не из-за нее самой, "поэтому пишется" имя ее "буквами милосердия", и это АВАЯ (הויה) "с огласовкой Элоким (אֱלֹהִים)", т.е. с хатаф-сэгол (э), с холам (о), и с хирик (и), "но не пишется" буквами "Элоким (אלהים), означающими суд"».

160) «"Третье" имя – "это Эль (אל), и это величие", т.е. Хесед, "и оно называется "Великий Творец (Эль гадоль)". Четвертое" имя – "это Элоким (אלהים), в котором пробуждаются суды, и это суровый суд", сфира Гвура. "Пятое" имя – "это АВАЯ (הויה), которое является совокупностью всего совершенства веры. И это милосердие в совершенстве, и это" сфира "Тиферет. Шестое и седьмое" имя, и это Нецах и Ход, "называются Цваот (צְבָאוֹת воинства)"».

---

[176] См. выше, п. 155.
[177] См. «Введение в книгу Зоар», п.23.
[178] См. выше, п. 156.

161) «"Восьмое" имя – "это Эль хай (אֵל חַי Творец живой), как сказано: "Ибо там заповедал Творец благословение, жизнь навеки"[179]. И это праведник", Есод, "и вся жизнь исходит оттуда. И называется АВАЯ (הויה), как сказано: "Творец испытывает праведника"[180] и это – малая вав (ו) святого имени. И поэтому в вав (וָו)" святого имени есть "две вав (ו)"», где первая вав (ו) – это Тиферет, а вторая вав (ו) – это Есод.

162) «"Девятое" имя – "это Адни (אֲדֹנָי), и это святая Малхут, откуда исходят суды в мир. И это – последний Кетер", т.е. последняя сфира, "всех имен. А имя ЭКЕ (אֶהְיֶה) – это совокупность и это скрытие, которое в первой" сфире, "то есть в высшем Кетере, рош всех рош. Имя его скрыто и не раскрывается", ибо ЭКЕ (אֶהְיֶה досл. Я буду) означает, что Я раскроюсь в будущем, но сейчас Я еще не раскрыт, "и это уже выяснялось. А в книге Агады" написаны "десять имен в другом виде. И я так не учил"».

163) «Рабби Аба провозгласил: "Пробудись, север, и приди, юг, повей на мой сад"[181]. "Пробудись, север"[181] – те жертвы всесожжения, которых зарезали на севере (цафо́н צָפוֹן), ибо они приносятся за мысли, находящиеся в скрытии (бицфуни́ בִּצְפוּנֵי) сердца и в месте суда", поскольку северная сторона – это левая и суд, "и это потому, что мысли появляются ночью, в то время, когда пребывает суд. Северный ветер веет в полночь, когда люди просыпаются ото сна, и кинор Давида", то есть Малхут, играющая Творцу, "играет тогда сам, и мысли людей пробуждаются"».

164) «"И приди, юг"[181] – это мирные жертвы, зарезаемые на юге", являющемся стороной Хеседа, правой, "поскольку они являются миром всего, миром высших и нижних. То есть приношение мирных жертв притягивает мир и совершенство". И приношение мирных жертв (шлами́м שְׁלָמִים) происходят от слов мир (шало́м שָׁלוֹם) и совершенство (шлему́т שְׁלֵמוּת). "И они являются совершенством сторон света, совершенством всего

---

[179] Писания, Псалмы, 133:3. «Как роса Хермона, стекающая на горы Циона. Ибо там заповедал Творец благословение, жизнь навеки».
[180] Писания, Псалмы, 11:5. «Творец испытывает праведника, а нечестивого и любящего насилие ненавидит душа Его».
[181] Писания, Песнь песней, 4:16. «Пробудись, север, и приди, юг, повей на мой сад. Пусть разольются ароматы его! Пусть войдет мой друг в свой сад и пусть ест его плоды драгоценные!»

со стороны веры", Малхут. "И мирные жертвы, поскольку они являются миром всего, – хозяева едят от них и наслаждаются от них. Ибо мир, он для него и для всего мира – на одной ступени. А грехоочистительные и повинные жертвы едятся" только "коэнами", а не хозяевами, "ибо коэны должны искупить их и устранить их грехи. И никакие из всех жертв не милы так Творцу, как мирные жертвы, потому что они делают мир среди высших и нижних"».

165) «"И выше всех жертвоприношений – это воскурение, которое полностью совершенно, и приносится не за грех, не за провинность, не за проступок, а за радость. Как сказано: "Елей и воскурение радуют сердце"[182]. И мы это уже объясняли. И поэтому воскурение совершается лишь в то время, когда приносится елей, это смысл слов: "И воскурит на нем Аарон курение благовонное; по утрам, направляя лампады, воскурять будет его"[183]. И написано: "И когда возжигает Аарон лампады, в межвечерье воскурять его будет"[184], – чтобы находились елей и воскурение вместе". Ибо елей символизирует Хохму, а воскурение – Бину, а ХУБ (Хохма и Бина) – они всегда вместе. "Смотри, мирные жертвы делают мир во всем, и разлад и обвинения не пробуждаются в мире. Однако воскурение связывает узами веры"», т.е. притягивает мохин в Малхут, называемую верой.

166) «Сказал рабби Эльазар: "Все десять имен написаны" в Торе. "И мы учили", что "первое имя – это "ЭКЕ (אֶהְיֶה Я буду)"[185], высшее скрытие, подобно тому, кто сказал: "Я – тот, кто я есть", но неизвестно, кто он. И это – Кетер. А затем написано: "Таким, как Я буду"[185] – то есть Хохма, и это означает: "Я в будущем раскроюсь в этих" остальных "Кетерах, ибо вначале Он скрыт", т.е. в Кетере, "а затем начинает раскрываться", т.е. в Хохме и в Бине, "пока не достигает раскрытия святого имени"», в Тиферет.

---

[182] Писания, Притчи, 27:9. «Елей и воскурение радуют сердце, но сладость друга – в душевном совете».

[183] Тора, Шмот, 30:7. «И воскурит на нем Аарон курение благовонное; по утрам, направляя лампады, воскурять будет его».

[184] Тора, Шмот, 30:8. «И когда возжигает Аарон лампады, в межвечерье воскурять его будет: воскурение постоянное пред Творцом для поколений ваших».

[185] Тора, Шмот, 3:14. «И сказал Всесильный Моше: "Я буду таким, как Я буду". И сказал Он: "Так скажи сынам Исраэля: "Я буду" послал меня к вам"».

167) «"И так написано о Моше: "Я буду (אֶהְיֶה ЭКЕ)"[185] вначале, где Он скрыт от всего" – то есть Кетер, что означает: "Я – тот, кто Я есть". Затем: "Таким, как Я буду (אֶהְיֶה ЭКЕ)"[185], и это Хохма, что означает: "Я в будущем раскроюсь". Затем последний ЭКЕ"», то есть «Я буду (אֶהְיֶה ЭКЕ)" послал меня к вам»[185], и это Бина. «И это, когда Има беременеет" ЗОН (Зеир Анпином и Нуквой), "и пока еще это имя скрыто. Когда раскрывается это имя? В то время, о котором написано: "Пойди, собери старейшин Исраэля и скажи им: "Творец Всесильный (АВАЯ Элоким) отцов ваших"[186] – это имя "является совершенством всего, и здесь это раскрытие и единство святого имени"», т.е. Тиферет.

168) «"Поэтому первое" имя "всего – это ЭКЕ (אֶהְיֶה)"», Кетер. "Второе – Ко (йуд-хэй יה)", Хохма. "Поскольку Хохма", йуд (י), "вывела хэй (ה)", Бину,[187] "и она скрыта в нем и не отделяется от него", от йуд (י), "никогда". И это Бина, содержащаяся в Хохме, и они называются высшие Аба ве-Има. И поэтому Хохма называется именем Ко (йуд-хэй יה). "И мы уже объясняли, что изречение: "Река вытекает из Эдена"[188], означающее, что Бина, называемая рекой, вытекает из Эдена, Хохмы, что эта Бина – это Исраэль Саба и Твуна (ИШСУТ), т.е. нижние Хохма и Бина, и они "в виде – ה, хэй (ה)"», то есть когда угол в правой стороне буквы хэй (ה) – это йуд (י), т.е. Хохма, называемая нижний Аба, и называемая Исраэль Саба, и буква хэй (ה), Бина, называемая нижняя Има, и называемая Твуна, исходит из него.

169) «"И так я учил у своего отца. Йуд (י) – как мы уже сказали", что это Хохма. "А затем йуд-хэй (יה)", – то есть Хохма, произвела внутри себя Бину, в свойстве вав-далет (ו"ד) наполнения йуд (יו"ד),[187] и это высшие Аба ве-Има, "которые не расстаются друг с другом никогда". А затем "йуд (י) произвела хэй (ה) в таком виде – ה", где есть запись формы йуд (י), в углу этой хэй (ה). "Таким образом, есть здесь йуд (י)", и это Исраэль Саба, "и та река, которая вытекает из него"», то есть Твуна, которая является сутью буквы хэй (ה), распространяющейся из йуд (י), что в углу ее, и они – первая хэй (ה) имени АВАЯ (הויה).

---

[186] Тора, Шмот, 3:16. «Пойди, собери старейшин Исраэля и скажи им: "Творец Всесильный отцов ваших, явился мне, Всесильный Авраама, Ицхака и Яакова, говоря: "Вспоминая, вспомнил Я о вас и о том, что делается с вами в Египте"».
[187] См. выше, п. 158.
[188] Тора, Берешит, 2:10. «И река вытекает из Эдена, чтобы орошать сад, и оттуда разделяется и образует четыре главных реки».

170) «"И нисходит от него и вниз", т.е. от хэй (ה), о котором говорилось выше, и это ИШСУТ, "двое детей, выходящие от них; со стороны" нижнего "Абы, т.е. йуд (י)", в углу этой хэй (ה), "выходит сын", т.е. Зеир Анпин, "который включен в йуд (י)", и это Исраэль Саба, который называется Аба (отец), "и включен в эту реку", т.е. в Твуну, называемую Има (мать), которая является сутью хэй (ה), распространяющейся из йуд (י). "А со стороны Имы", сути хэй (ה), "выходит дочь", Малхут, "и это нижняя река. А этот сын", Зеир Анпин, "происходит затем, и выходит из них", от Исраэля Сабы и Твуны, "и это вав (ו)" де-АВАЯ (הויה), "и он наследует Абе ве-Име (отцу и матери)", которыми являются ИШСУТ, то есть получает их мохин, несмотря на то, что те не являются его собственными (мохин), однако наследует их.[189] "И завязывается в нем вера всего", Малхут. "И от него питается дочь, от того наследства, которое он унаследовал"» от ИШСУТ, то есть светит ей от тех же мохин.

171) «"И поэтому святое имя надо писать: йуд (י) вначале, и" надо написать "один кончик наверху", над йуд (י), "и один кончик в середине" йуд (י), "и один кончик внизу", в нижней части йуд (י). И это КАХАБ, на которые указывает йуд (י). "И мы это уже учили.[190] А затем" надо написать "йуд-хэй (יה)", которые не отделяются друг от друга, в таком виде – יה, вначале написать йуд (י), которая в углу, затем вывести из нее две линии, одну – наверху, в верхней части (буквы), и одну – внизу, в правой ножке, а прерывающуюся линию – в левой ножке. "Для того чтобы оба они пребывали во всем совершенстве – отец и мать", содержащиеся в йуд (י), т.е. высшие Аба ве-Има. А затем йуд (י) вывела из себя наполнение вав-далет (ו"ד), и образовалась из нее буква хэй (ה) в виде – יה, и это - "сын и дочь" этой йуд (י). Ибо вав-далет (ו"ד) наполнения йуд (י) – это Зеир Анпин и Малхут, включенные в Хохму,[191] которые называются сын и дочь. "Подобно этому" пишется "йуд-хэй (יה)". И вот перед нами всё совершенство веры"», т.е. Бины.

172) «"А затем распространилась вера", Бина, "и выходят из нее двое детей, из одной общности", и расходятся "по путям

---

[189] См. Зоар, главу Берешит, часть 1, п. 3, со слов: «В свойстве суда, т.е. в свойстве Малхут мира АК, прежде чем она подсластилась в Бине, в свойстве милосердия, мир не мог существовать...»
[190] См. выше, пп. 147-149.
[191] См. выше, п. 156.

своим. Сын", Зеир Анпин, "выходит из них обоих", из ИШСУТ, "и это вав (ו) святого имени" АВАЯ (הויה). "Дочь", Малхут, "выходит со стороны Имы", то есть Твуны, "и это последняя хэй (ה) святого имени" АВАЯ (הויה). "И она восполняется только с вав (ו)", потому что Малхут восполняется только с помощью Зеир Анпина, "поскольку питается от него. И поэтому нужно писать" форму хэй (ה), чтобы было в ней "вав (ו) вначале, а затем хэй (ה), в таком виде – וה", и это Зеир Анпин и Малхут, включенные в Малхут. "Таким образом, вав (ו) вместе с распространением, которое выходит из него, восполняющим форму хэй (ה)", они "как та река", Твуна, "вытекающая из йуд (י)", т.е. Исраэля Сабы, как уже выяснилось выше в форме первой хэй (ה) де-АВАЯ (הויה), в предыдущем пункте. "Поскольку от него", от йуд (י), "питается" хэй (ה), Бина, так же и здесь, в последней хэй (ה) нужно писать сначала вав (ו), а затем вывести из нее форму хэй (ה), так как эта хэй (ה) питается от вав (ו). Эта "вав (ו)", что в начале формы хэй (ה) – "это ведь сын, исходящий от него", от вав (ו) де-АВАЯ (הויה), "внизу"», в последней хэй (ה). Иначе говоря, это Зеир Анпин, который в Малхут.

173) «"И вот эти вещи объяснил мне мой отец, и они были произнесены. А я, когда подхожу к этим вещам, я говорю о них так, поскольку они являются вкладом моего отца". То есть, так они были переданы мне. "И так человек должен быть осторожен со святым именем, чтобы писать святое имя таким образом. И это – как полагается. А если нет", не таким образом, "не называется святым именем, а называется ущербным. А тот, кто наносит ущерб святому имени, лучше бы ему не быть сотворенным"».

174) После того, как выяснил два первых имени, ЭКЕ (אֶהְיֶה) и Ко (йуд-хэй יה) т.е. Кетер и Хохму,[192] выясняет «"третье имя, и это АВАЯ (הויה), называемое Элоким (אלהים)", т.е. Бина. "Как мы учили", что Бина по сути – "она милосердие, однако выходит из нее суд". И поэтому пишется АВАЯ (הויה), милосердие, а читается Элоким (אלהים), суд, поскольку огласована огласовкой Элоким (אלהים). "И это та река, которая вытекает из Эдена", Бина. "Четвертое" имя – "это Великий Творец (Эль гадоль), и мы учили, что это величие", т.е. сфира "Хесед. Пятое" имя – "это Элоким (אלהים), и в любом месте это Гвура. Шестое" имя – "это АВАЯ (הויה), милосердие, совершенство всего, основа

---

[192] См. выше, п. 168.

всего, связь веры, держащая все окончания", т.е. включающая все шесть окончаний ХАГАТ НЕХИ. "И это – Тиферет (великолепие) Исраэля"».

175) «"Седьмое и восьмое" имя "называются вместе Цваот (воинства)", и это Нецах и Ход. "И поэтому имя АВАЯ (הויה)", Тиферет, "близко ко всему, содержится во всех окончаниях. Ведь иногда написано: "Творец Всесильный (АВАЯ Элоким)", и это" указывает, "что Тиферет близка к Гвуре, а иногда написано: "Творец Воинств (АВАЯ Цваот)", и это" указывает, "что Тиферет близка к Нецах и Ход, называемым Цваот (воинства). И мы ведь учили, что известны речения пророков, достоверно переданные их устами, когда они говорили: "Так сказал Творец Всесильный (АВАЯ Элоким)", и когда говорили: "Так сказал Творец Воинств (АВАЯ Цваот)", поскольку они знали, из какого места исходят слова"» пророчества.

176) «"Девятое" имя – "это Шадай (שדי)", т.е. Есод, "который сказал миру: "Достаточно (дай די)", ибо "достаточно (дай די)" означает – обеспечение" всем необходимым, "и это обеспечение поступает в мир только от праведника, Есода (основы) мира, который сказал миру: "Достаточно (дай די)", то есть, что хватает ему необходимого для него. "Десятое" имя – "это Адни", и это Малхут, "потому что суд Малхут – это, безусловно, суд". А Адни (אדני) – это буквы суд (דין). "И это, чтобы вести войны Царя", Зеир Анпина, "в мире. И она" называется "нижняя Гвура, и она" называется "праведность"».

177) «"И это десять имен, которыми называется Творец, связанные между собой в полном единстве. И эти" десять имен – "это святые сфирот Царя", т.е. КАХАБ ХАГАТ НЕХИМ, "в которых познается Он, и они – имя Его, и Он – они. И когда связываются все, как одно целое, с помощью благовония курений, тогда называются "кторет (воскурение)", что на арамейском означает – связь, и это "связь" ступеней, "соединенных вместе. Благословен удел праведников, знающих пути Торы, и знающих, как постичь славу Господина своего. О них написано: "И придут, и увидят славу Мою"[193]».

---

[193] Пророки, Йешаяу, 66:18. «А Я (знаю) деяния их и мысли их, приходит (время) собрать все народы и языки, и придут они, и увидят славу Мою».

ГЛАВА ВАИКРА

Десять, десять – каждая ложка

178) «"А если жертва мирная жертва его"[194]. Рабби Шимон сказал: "Написано: "Десять, десять – каждая ложка, в шекелях священных"[195]. Спрашивает: "Десять, десять"[195] – дважды, "для чего они приводятся?" И отвечает: "Однако это десять, которые в действии начала творения, и десять – дарования Торы". Ибо есть "десять речений в действии начала творения", т.е. десять раз – "и сказал", и сам отрывок "Берешит (вначале)" тоже считается речением, "и десять речений", т.е. десять заповедей, "при даровании Торы". Спрашивает: "Чему нас учит этим?" И отвечает: "Поскольку мир не создан ни для чего иного, но лишь для Торы. И всё время, пока Исраэль занимаются Торой, мир существует, а всё то время, когда Исраэль отстраняется от Торы, что сказано: "Если бы не Мой союз днем и ночью, законов неба и земли не установил бы Я"[196]». То есть, если бы не Тора, о которой сказано: «И размышляй о ней днем и ночью»[197], «законов неба и земли не установил бы Я»[196]. Ибо ложка (каф) – это Малхут, включающая эти два «десять»[195] – создания мира и дарования Торы, зависящих друг от друга.

179) «"Смотри, десять речений в действии начала творения – это как мы учили, что десятью речениями создан мир. Десять речений в даровании Торы – это десять заповедей". И одни соответствуют другим, ведь если бы не те, что в даровании Торы, не существовали бы те, что в действии начала творения, как мы уже сказали. "Написано: "Я – Творец Всесильный твой"[198] при даровании Торы. "И написано в действии начала творения: "Да будет свет!" И был свет"[199]. Ибо вера Творца", т.е. Малхут, свойство Я (анохи), "называется светом, как

---

[194] Тора, Ваикра, 3:1. «А если жертва мирная жертва его, если из крупного скота он приносит, самца или самку, без порока принесет он это пред Творцом».

[195] Тора, Бемидбар, 7:86. «Золотых ложек двенадцать, полных курениями, по десять (досл. десять, десять) каждая ложка, в шекелях священных. Всё золото ложек – сто двадцать (шекелей)».

[196] Пророки, Йермияу, 33:25. «Так сказал Творец: "Если бы не Мой союз днем и ночью, законов неба и земли не установил бы Я"».

[197] Пророки, Йеошуа, 1:8. «Да не отходит эта книга Торы от уст твоих, и размышляй о ней днем и ночью, чтобы в точности исполнять все написанное в ней, ибо тогда удачлив будешь на пути твоем и преуспеешь».

[198] Тора, Шмот, 20:2. «Я – Творец Всесильный твой, который вывел тебя из земли египетской, из дома рабства».

[199] Тора, Берешит, 1:3. «И сказал Всесильный: "Да будет свет!" И был свет».

написано: "Творец – свет мой и спасение мое"²⁰⁰. Таким образом, они являются одним целым"».

180) «"Написано: "Да не будет у тебя иных богов пред ликом Моим"²⁰¹, и это подобно тому, что написано: "Да будет небосвод посреди вод"²⁰². Ибо: "Да будет небосвод"²⁰² означает, что Исраэль, являющиеся уделом Творца, объединятся в том месте, которое называется небесами", Зеир Анпине. "И это тайна, о которой однажды спросил рабби Йеса Сава у рабби Элая: "Ведь остальные народы Творец отдал правителям, поставленным у власти, а Исраэль, в какое место Он поместил их?" Ответил ему: "И поместил их Всесильный на своде небесном"²⁰³. И правильно ответил ему"», так как Исраэль объединяются в небесах, т.е. Зеир Анпине.

181) «"Посреди вод"²⁰² – посреди речений Торы", потому что Тора называется водами. "И будет он отделять воды от вод"²⁰², т.е. (разделять) между Творцом, который называется колодцем живой воды, и идолопоклонством, называемым "водоемы пробитые, которые не держат воды"²⁰⁴. И это – горькая вода, мутная вода, застоявшаяся, зловонная и зараженная. И поэтому праведные Исраэль отделяют воды от вод"» – (разделяют) между Творцом и идолопоклонством. И это подобно изречению: «Да не будет у тебя иных богов пред ликом Моим»²⁰¹.

182) «"Написано: "Не произноси имени Творца Всесильного твоего напрасно"²⁰⁵. И написано в действии начала творения: "Да соберутся воды под небесами в одно место"²⁰⁶. Смотри, каждый, клянущийся именем Творца ложно, словно отделяет Иму", Малхут, "от ее места наверху, и святые сфирот не находятся на

---

²⁰⁰ Писания, Псалмы, 27:1. «Давиду. Творец – свет мой и спасение мое! Кого бояться мне?! Творец – опора жизни моей! Кого мне опасаться?!»
²⁰¹ Тора, Шмот, 20:3. «Да не будет у тебя иных богов пред ликом Моим».
²⁰² Тора, Берешит, 1:6. «И сказал Всесильный: "Да будет небосвод посреди вод, и будет он отделять воды от вод"».
²⁰³ Тора, Берешит, 1:17. «И поместил их Всесильный на своде небесном, чтобы светить на землю».
²⁰⁴ Пророки, Йермияу, 2:13. «Ибо два зла совершил народ Мой: Меня, источник живой воды, оставили они и высекли себе водоемы, водоемы пробитые, которые не держат воды».
²⁰⁵ Тора, Шмот, 20:7. «Не произноси имени Творца Всесильного твоего напрасно, ибо не простит Творец тому, кто произносит имя Его напрасно».
²⁰⁶ Тора, Берешит, 1:9. «И сказал Всесильный: "Да соберутся воды под небесами в одно место, и покажется суша". И было так».

своих местах, как сказано: "А ропщущий отвергает Властелина"²⁰⁷. "Властелин"²⁰⁷ – это Творец. И написано: "Да соберутся воды под небесами в одно место"²⁰⁶, что означает – не делай разделения" между ступенями, называемыми водами, "из-за ложной клятвы. Но: "В одно место"²⁰⁶, как подобает, – в место истины, а не" распространятся "в место лжи – когда воды уходят в другое место", являющееся обманом. Это когда воды уходят в другое место", в ситру ахра, "не принадлежащее Ему"», Творцу. Таким образом, эти изречения похожи друг на друга.

183) «"Написано: "Помни день субботний, чтобы освящать его"²⁰⁸. И написано, в действии начала творения: "Да произрастит земля поросль, траву..."²⁰⁹ Когда раскрылась земля святости", Малхут, "и увенчалась своими украшениями? Ведь говорит, что в день субботний, ибо тогда соединилась невеста", Малхут, "с Царем", Зеир Анпином, "чтобы произвести поросль и благословения в мире"». Таким образом, эти изречения похожи друг на друга.

184) «"Написано: "Почитай отца своего и мать свою"²¹⁰. И написано, в действии начала творения: "Да будут светила на своде небесном"²¹¹. Чему это нас учит? Однако эти светила – это отец и мать твои, отец твой – это солнце", Зеир Анпин, "а мать твоя – это луна", Малхут. "И нет солнца, кроме Творца, как написано: "Ибо солнце и щит – Творец Всесильный"²¹². И нет луны, кроме Кнессет Исраэль", Малхут, "как написано: "И луна твоя не скроется"²¹³. И поэтому" оба изречения – "они одно целое"».

---

²⁰⁷ Писания, Притчи, 16:28. «Человек коварный сеет раздор, а ропщущий отвергает Властелина».
²⁰⁸ Тора, Шмот, 20:8. «Помни день субботний, чтобы освящать его».
²⁰⁹ Тора, Берешит, 1:11. «И сказал Всесильный: "Да произрастит земля поросль, траву семяносную, плодовое дерево, производящее плод по виду его, семя которого в нем, на земле". И было так».
²¹⁰ Тора, Шмот, 20:12. «Почитай отца своего и мать свою, чтобы продлились дни твои на земле, которую Творец Всесильный твой дает тебе».
²¹¹ Тора, Берешит, 1:14. «И сказал Всесильный: "Да будут светила на своде небесном, чтобы отделять день от ночи; и будут они для знамений, и для времен (назначенных), и для дней и лет"».
²¹² Писания, Псалмы, 84:12. «Ибо солнце и щит – Творец Всесильный, милость и славу дает Творец, не лишает блага ходящих в непорочности».
²¹³ Пророки, Йешаяу, 60:20. «Не зайдет уже солнце твое, и луна твоя не скроется, ибо Творец будет для тебя светом вечным, и окончатся дни скорби твоей».

185) «"Написано: "Не убивай"[214]. И написано в действии начала творения: "Да воскишат воды кишением существа живого"[215]. Это нас учит тому, "чтобы ты не убил человека, который так называется", существом живым. "Как написано: "И стал человек существом живым"[216]. И не будьте подобны рыбам, у которых большие проглатывают маленьких"». Таким образом, оба изречения являются одним целым.

186) «"Написано: "Не прелюбодействуй"[214]. И написано в действии начала творения: "Да произведет земля существо живое по виду его"[217]. Отсюда мы учили, что не должен человек изменять с другой женщиной, не являющейся его супругой. И поэтому написано: "Да произведет земля существо живое по виду его"[217], – то есть, чтобы женщина порождала только "по виду его"[217]. А кто является видом его? Это супруг ее"».

187) «"Написано: "Не укради"[214]. И написано, в действии начала творения: "И сказал Всесильный: "Вот Я дал вам всякую траву семяносную"[218]. Иначе говоря, "то, что Я дал вам, и то, что Я поручил вам, вашим будет, и не украдите ничего у другого"».

188) «"Написано: "Не отзывайся о ближнем твоем свидетельством ложным"[214]. И написано в действии начала творения: "И сказал Всесильный: "Создадим человека в образе Нашем"[219]. Иначе говоря, "тот, кто в образе Царя, – не отзывайся о нем

---

[214] Тора, Шмот, 20:13. «Не убивай. Не прелюбодействуй. Не укради. Не отзывайся о ближнем твоем свидетельством ложным».

[215] Тора, Берешит, 1:20. «И сказал Всесильный: "Да воскишат воды кишением существа живого, и птица будет летать над землею по своду небесному"».

[216] Тора, Берешит, 2:7. «И создал Творец Всесильный человека – прах от земли, и вдохнул в ноздри его дыхание жизни, и стал человек существом живым».

[217] Тора, Берешит, 1:24. «И сказал Всесильный: "Да произведет земля существо живое по виду его: скот и ползучее, и животное земное по виду его". И было так».

[218] Тора, Берешит, 1:29. «И сказал Всесильный: "Вот Я дал вам всякую траву семяносную, которая на всей земле, и всякое дерево, на котором плод дерева, семяносный, вам это будет в пищу"».

[219] Тора, Берешит, 1:26. «И сказал Всесильный: "Создадим человека в образе Нашем, по подобию Нашему! И властвовать будут они над рыбой морской и над птицей небесной, и над скотом, и над всею землей, и над всем ползучим, что ползает по земле"».

ложно. И тот, кто свидетельствует ложно о товарище своем, – словно свидетельствует ложно о высшем"».

189) «"Написано: "Не возжелай жены ближнего своего"[220]. И написано, в действии начала творения: "Нехорошо человеку быть одному"[221] – ведь супруга твоя соответствует тебе". То есть, дана ему супруга его – Хава. "И поэтому: "Не возжелай жены ближнего своего"[220]».

190) «"Иначе говоря", то, о чем мы говорили:[222] "Десять речений в действии начала творения и десять речений при даровании Торы, то есть, как написано: "Десять, десять – каждая ложка, в шекелях священных"[223]». Когда эти два «десять»[223] «"взвешивались как одно целое на одних весах. И потому мир стоит и в нем пребывает мир. Поэтому: "А если жертва мирная – жертва его"[224] – это для того, чтобы поддерживать мир в мире. И, кроме того, она еще искупает за исполнительные заповеди и запретительные заповеди, чтобы установить мир над всем"».

191) «"Написано: "Держава и страх при Нем, Он творит мир в высях Своих"[225]. Это изречение объясняли товарищи. Но "держава"[225] – это Авраам, о котором написано: "Избранник Всесильного ты среди нас"[226], как написано: "И благословлю Я тебя и возвеличу имя твоё"[227]. "И страх"[225] – это Ицхак, как сказано:

---

[220] Тора, Шмот, 20:14. «Не возжелай дома ближнего своего; не возжелай жены ближнего своего, ни раба его, ни рабыни его, ни быка его, ни осла его, ничего, что у ближнего твоего».

[221] Тора, Берешит, 2:18. «И сказал Творец Всесильный: "Нехорошо человеку быть одному, сделаю ему помощь, соразмерно ему"».

[222] См. выше, п. 178.

[223] Тора, Бемидбар, 7:86. «Золотых ложек двенадцать, полных курениями, по десять (досл. десять, десять) каждая ложка, в шекелях священных. Всё золото ложек – сто двадцать (шекелей)».

[224] Тора, Ваикра, 3:1. «А если жертва мирная жертва его, если из крупного скота он приносит, самца или самку, без порока принесет он это пред Творцом».

[225] Писания, Иов, 25:2. «Держава и страх при Нем, Он творит мир в высях Своих».

[226] Тора, Берешит, 23:5-6. «И отвечали хетты Аврааму, говоря ему: "Выслушай нас, господин мой! Избранник Всесильного ты среди нас, в лучшей из гробниц наших похорони умершую твою! Никто из нас не откажет тебе в своей гробнице для погребения умершей твоей"».

[227] Тора, Берешит, 12:2. «И сделаю Я тебя великим народом и благословлю тебя, и возвеличу имя твое, и будешь благословением».

"И Страх Ицхака был за меня"[228]. "Он творит мир в высях Своих"[225] – это Яаков, как написано: "Ты явишь истину Яакову"[229], и написано: "И истину и мир любите"[230], поскольку истина и мир", то есть Тиферет и Есод, "связаны между собой, и поэтому Яаков – это совершенство всего"». Объяснение: Авраам и Ицхак – это две линии, правая и левая, а Яаков – это средняя линия, согласующая и объединяющая их, и устанавливающая мир между ними.

---

[228] Тора, Берешит, 31:41-42. «Вот, двадцать лет я в доме твоем: служил я тебе четырнадцать лет за двух дочерей твоих и шесть лет за скот твой, но ты переменял мою плату десятки раз. Если бы не Всесильный отца моего, Всесильный Авраама и Страх Ицхака был за меня, то теперь отправил бы ты меня ни с чем; горе мое и труд рук моих увидел Всесильный и рассудил вчера».

[229] Пророки, Миха, 7:20. «Ты явишь истину Яакову, милость Аврааму, о которой клялся Ты отцам нашим с давних времен».

[230] Пророки, Зехария, 8:19. «Так сказал Творец Воинств: "Пост четвертого (месяца) и пост пятого, и пост седьмого, и пост десятого – будет для дома Йегуды радостью, и весельем, и праздниками хорошими; и истину и мир любите"».

ГЛАВА ВАИКРА

Мирные приношения

192) «"А мирные приношения – это совершенство, и мир всего. И тот, кто совершает мирные приношения, умножает мир в мире". Ибо мирные приношения – это средняя линия, как Яаков. "Яаков, он устанавливает мир, как мы уже сказали, так как включен в то и в другое", т.е. объединяются в нем правая линия и левая линия, Авраам и Ицхак. "И мирные приношения включены в исполнительные заповеди", правую линию, "и в запретительные заповеди", левую линию, "то есть в одну и в другую стороны", как Яаков, поскольку тоже являются средней линией, "и поэтому называются мирными приношениями. Как написано: "А Яаков – человек непорочный"[231], то есть "человек совершенный", так как всё совершенство находится в средней линии, "который совершенен наверху", в Зеир Анпине, "и совершенен внизу"», в Малхут.

193) «Рабби Аха сказал: "Написано: "Если в благодарность приносит ее, то должен принести сверх жертвы благодарности..."[232]. Спрашивает: "Что он говорит?" Почему сверх нее нужно принести "хлебы пресные"[232]? И отвечает: "Это, как сказано: "И признается, что грешил над ней"[233]. "Над ней"[233] – именно так"», то есть за то, что согрешил и причинил ущерб Малхут. Также и здесь, жертва приносится за то, что причинил ущерб Малхут. Поскольку жертва благодарности приносится за избавление от страданий, то есть те четыре (случая), в которых нужно благодарить,[234] – и нет страданий без вины. Таким образом, любая благодарность приходит за вину. Но эта вина приносит ущерб только Малхут, как (в случае) с повинной жертвой, где написано: «Над ней»[233], как мы уже сказали. «И поэтому необходимо приносить "хлебы пресные"[232], а "хлебы пресные"[232], мы ведь объясняли", что они собой представляют, и "за что они приносятся"». Что «хлебы пресные»[232] – это свойства Малхут,

---

[231] Тора, Берешит, 25:27. «И выросли отроки, и стал Эсав человеком, сведущим в охоте, человеком поля; а Яаков – человек непорочный, живущий в шатрах».

[232] Тора, Ваикра, 7:11-12. «И вот закон о жертве мирной, которую приносит Творцу. Если в благодарность приносит ее, то должен принести сверх жертвы благодарности хлебы пресные, смешанные с елеем, и лепешки пресные, помазанные елеем, и из тонкой пшеничной муки сдобные хлебы, смешанные с елеем».

[233] Тора, Ваикра, 5:5. «И будет, если провинится в одном из этих, и признается, что грешил над ней».

[234] См. Тора, Ваикра, 5:1-4.

и они приносятся за ущерб Малхут. «"Пресные (мацот מַצֹּת) и хлебы (халот חַלֹּת) пишутся без вав (ו). И это потому, что грешил над ней"[233]», над Малхут, и поэтому вав (ו), Тиферет, не светит в ней.

194) «"Учит рабби Хия: "Написано: "К благодарению мирными жертвами своими"[235] – это совершенство всего. "Мирными жертвами своими"[235] – то есть двумя. "Благодарение"[235] – известно"», что это. «Сказал рабби Йегуда: "Благодарение"[235] известно", что это Малхут, но "мирными жертвами своими"[235], – что значит двумя?"», как ты говоришь. «Сказал ему: "Что это – два вав (ו"ו)", и это Тиферет и Есод, "то есть мирные жертвы, что указывает на мир всего"».

195) «Сказал рабби Ицхак: "Благодарению мирными жертвами своими"[235] – означает, что "привносит мир во всё и пробуждает милосердие во всех мирах". "Благодарению мирными жертвами своими"[235], рабби Йоси говорит: "То, что сказал рабби Хия, это правильно, так как Кнессет Исраэль", Малхут, "благословляется от этих двух", и это Тиферет и Есод, "являющихся миром всего". Рабби Йоси говорит: "Квасной хлеб – ведь известно", что он указывает на удержание внешних. "И мы учили, что так же как был совершен грех", то есть своим грехом он дал возможность удержания внешним, "так же он приносит жертву, именно в том же виде"». И поэтому приносит квасной хлеб.

196) «"Смотри, "хлебы пресные (халот мацот חַלֹּת מַצֹּת)"[232] без вав (ו), как мы учили. "Смешанные с елеем, и лепешки пресные, помазанные елеем"[232], – на что это указывает?" Сказал рабби Шимон: "Они – это" подслащение на "пламя обращающегося меча"[236]. Поскольку все они"», являясь свойством «пламя обращающегося меча»[236], «"поставлены на путях людей, – над теми, кто нарушает заповеди Торы. И потому всё это – пшеничная мука, смешанная с елеем,[232] чтобы притянуть елей помазания из высшего места", от высшего Абы, "вниз, и благословятся все вместе от святого елея помазания"», то есть наполнения от Абы.

---

[235] Тора, Ваикра, 7:13. «С хлебами квасного хлеба принесет он жертву свою к благодарению мирными жертвами своими».

[236] Тора, Берешит, 3:24. «И изгнал Адама и поместил к востоку от сада Эденского херувимов и пламя обращающегося меча, чтобы охранять путь к Древу жизни».

197) «"И это – "вино для возлияния"[237], которое приносит, и оно нисходит от Имы. "И мы ведь объясняли, что это "четверть ина"[237], т.е. в мере Малхут, которая называется четвертью ина. "И одно место", т.е. Малхут, называемая жертвенником, – "полное вина и елея, и воды для возлияния. И мы уже объясняли это, что воды" – это хасадим, которые исходят от реки, т.е. Бины, "для того чтобы орошать сад", Малхут. "И все они – саженцы", т.е. все ее ступени, "и поэтому есть воды" святые "и есть воды" пагубные, ситры ахра, и также "вино – есть место, где оно хорошее, а есть место, где" вино "предназначено для наказания, и оно – суд"».

198) «"Поэтому тот, кто видел вино во сне своем, – есть тот, для кого оно хорошо, а есть – для кого оно суд. Если он ученик мудреца, написано: "И вино, радующее сердце человека"[238]. И написано: "Ибо ласки твои лучше вина"[239]. И это вино выдержанное, радующее всех. А если он не" ученик мудреца, сказано о нем: "Хмелем опоите погибающего, и вином – огорченных душою"[240]. Поскольку есть другое вино, являющееся судом.[241] И поэтому хорошо приносить именно это в жертву, чтобы отвести суд и пробудить милосердие, – отводит вино" ситры ахра, являющееся судом, "и приносит вино" святости, являющееся милосердием. И так – во всем"», нужно отвести суд и пробудить милосердие.

199) «"И недостатка елея не будет испытывать никогда при жертвоприношении своем, кроме жертвоприношения за ревность, как написано: "Не возливает на нее елея"[242]. Ибо здесь ей не нужно милосердие, поскольку вся она – суд, как написано:

---

[237] Тора, Бемидбар, 15:5. «И вина для возлияния четверть ина приготовь при всесожжении или жертве; (так) на одного агнца».

[238] Писания, Псалмы, 104:15. «И вино, радующее сердце человека, для просветления лика от елея, и хлеб, укрепляющий сердце человека».

[239] Писания, Песнь песней, 1:2. «Пусть он целует меня поцелуями уст своих, ибо ласки твои лучше вина».

[240] Писания, Притчи, 31:6. «Хмелем опоите погибающего, и вином – огорченных душою».

[241] См. Зоар, главу Пкудей, п. 480. «Чертоги скверны, все они лишают чистоты того, кто соединен с ними...»

[242] Тора, Бемидбар, 5:15. «Пусть приведет муж жену свою к коэну и принесет в жертву за нее десятую часть эфы ячменной муки, не возливает на нее елея и не кладет на нее левоны, ибо это дар ревности, дар памяти, напоминающий о вине».

"И вздуется чрево ее, и опадет ее бедро"[243]. И написано: "Сделает Творец тебя предметом проклятия"[244]. И об этом сказано: "И вот закон о жертве мирной"[232], "если в благодарность приносит ее"[232]».

---

[243] Тора, Бемидбар, 5:27. «И даст ей выпить воды, и будет, если она осквернилась и нарушила верность мужу своему, то войдет вода, проклятие наводящая, горечью, и вздуется чрево ее, и опадет ее бедро, и станет жена проклятием в среде своего народа».

[244] Тора, Бемидбар, 5:21. «И заклянет коэн женщину строгим заклятием, и скажет коэн женщине: "Сделает Творец тебя предметом проклятия в среде народа твоего тем, что сделает Творец бедро твое опавшим и живот твой опухшим"».

ГЛАВА ВАИКРА

Благословите Творца, все служители Творца

200) «Рабби Хия сидел перед рабби Ицхаком, встали они в полночь, чтобы заниматься Торой. Провозгласил рабби Ицхак и сказал: "Вот, благословите Творца, все служители Творца"[245]. Ведь это изречение объясняли товарищи, и мы учили. Но это прославление – оно для всех этих сыновей веры. И кто они – сыновья веры? Это те, кто занимается Торой и умеют соединять святое имя как подобает. И прославление этих сыновей веры – оно, когда они встают в полночь для занятий Торой, и прилепляются к Кнессет Исраэль", Малхут, "чтобы восславлять Творца речениями Торы"».

201) «"Смотри, в час, когда человек встает в полночь для занятий Торой, и северный ветер", т.е. свечение левой (стороны), "пробуждается в полночь, эта лань", Малхут, "стоит и восславляет Творца", Зеир Анпина. "И в час, когда она стоит, сколько тысяч и сколько десятков тысяч стоят с ней в становлении своем, и все начинают восславлять святого Царя"».

202) «"Тот, кто удостоился и встал в полночь заниматься Торой, – Творец внемлет ему. Как сказано: "Обитающая в садах, товарищи внемлют голосу твоему! Дай мне услышать его!"[246] И все те множества, что наверху, и все, владеющие восхвалениями, воспевающие Господина своего, все они молчат, ради восхвалений тех, что занимаются Торой, и провозглашают и говорят: "Благословите Творца, все служители Творца"[245]. Вы", занимающиеся Торой, "благословляйте Творца! Вы благословляйте святого Царя! Вы венчайте украшениями Царя!"»

203) «"И эта лань", т.е. Малхут, "украшается в этом человеке, и встает пред Царем и говорит: "Смотри, в каком сыне пришла я к Тебе, в каком сыне я пробудилась к Тебе". И кто они – те, всё прославление которых пред Царем?" Сказал снова: "Стоящие в доме Творца по ночам"[245], – они те, кто называются служителями Творца, они те, кто достоин благословлять

---

[245] Писания, Псалмы, 134:1. «Песнь ступеней. Вот, благословите Творца, все служители Творца, стоящие в доме Творца по ночам».
[246] Писания, Песнь песней, 8:13. «Обитающая в садах, товарищи внемлют голосу твоему! Дай мне услышать его!»

Царя, и благословение их – это благословение. Это означает: "Вознесите руки ваши к святыне и благословите Творца"[247]. Вы достойны того, чтобы святой Царь был благословен вами, и благословение, исходящее от вас, – это благословение"».

---

[247] Писания, Псалмы, 134:2. «Вознесите руки ваши к святыне и благословите Творца».

ГЛАВА ВАИКРА

Вознесите руки ваши к святыне

204) «"Вознесите руки ваши к святыне"[247]. Спрашивает: "Что такое "святыня"?" И говорит: "Это высшее место", Хохма, "и источник глубокой реки", Бина, "выходит из него. Как сказано: "И река вытекает из Эдена, чтобы орошать"[248], где река – это Бина, "а Эден – это тот, что называется высшей святыней. И поэтому: "Вознесите руки ваши к святыне"[247], т.е. чтобы поднял руки свои к Хохме, и получил оттуда наполнение святости. "И о человеке, который, поступает так, и удостаивается этого, что провозглашают: "Благословит тебя Творец с Циона"[249] – т.е. ты будешь благословлять Творца из того места, которое называется высшей святостью, а Он благословит тебя из того места, которое называется Цион. То есть ты и Царица благословитесь вместе"».

205) «"Так же как соединение ваше", человека и Малхут, "должно быть вместе, чтобы возвеличить Царя, так же из того места, в котором благословляется Кнессет Исраэль", то есть из Циона, являющегося ее Есодом (основой), – "из этого места Он пошлет тебе благословения, и это смысл сказанного: "Благословит тебя Творец с Циона, и увидишь благополучие Йерушалаима"[250]. Что значит "благополучие Йерушалаима"[250]? Это те благословения, которые исходят к ней", к Малхут, "от Царя, благодаря ступени святости праведника", т.е. Есода Зеир Анпина. "И поэтому" говорит Писание: "Благословит тебя Творец с Циона, и увидишь благополучие Йерушалаима"[250]».

206) «"И увидишь сыновей у сыновей своих. Мир над Исраэлем"[251]. Спрашивает: "И увидишь сыновей у сыновей своих"[251] – это хорошо, что значит: "Мир над Исраэлем"[251]? Что он здесь хочет", говоря: "Над Исраэлем"[251]?" И отвечает: "Потому что" этот человек "умножает мир наверху, – вследствие того, что удостаивается столь многого, умножает мир наверху и внизу. "Мир над Исраэлем"[251], – просто, (без уточнения, над каким)",

---

[248] Тора, Берешит, 2:10. «И река вытекает из Эдена, чтобы орошать сад, и оттуда разделяется и образует четыре главных реки».
[249] Писания, Псалмы, 134:3. «Благословит тебя Творец с Циона, созидающий небо и землю».
[250] Писания, Псалмы, 128:5. «Благословит тебя Творец с Циона, и увидишь благополучие Йерушалаима во все дни жизни твоей».
[251] Писания, Псалмы, 128:6. «И увидишь сыновей у сыновей своих. Мир над Исраэлем».

т.е. над Исраэлем, что внизу. "А "мир"[251] – это прославление высших и нижних, прославление всех миров. И речения Торы умножают мир в мире, как написано: "Творец даст силу народу Своему, Творец благословит народ Свой миром"[252]».

---

[252] Писания, Псалмы, 29:11. «Творец даст силу народу Своему, Творец благословит народ Свой миром».

ГЛАВА ВАИКРА

Если душа согрешит

207) «"Если душа (нефеш) согрешит"[253]. Провозгласил рабби Йоси: "Пока не занялся день, и не убежали тени"[254]. Насколько люди должны остерегаться грехов, чтобы не грешить пред Господином своим. Ибо изо дня в день выходит призыв, обращенный к людям: "Пробудите сердца ваши пред святым Царем! Пробудитесь, чтобы остерегаться грехов! Пробудите святую душу (нешама), которую вложил Он в вас из места высшей святости"».

208) «"Как мы учили, что в час, когда Творец выводит душу, чтобы опустить ее людям, Он предостерегает ее многими обещаниями и многими наказаниями, чтобы она соблюдала заповеди Его. И, кроме того, Он проводит ее через тысячу восемь миров, чтобы развлечься и показать в них славу занимающихся Торой. И стоит она перед Царем в дорогом облачении, по образу этого мира. В дорогом высшем облачении она созерцает славу Царя каждый день, а Он венчает ее множеством украшений"».

209) «"В час, когда приходит время спуститься в мир, она поселяется в земном Эденском саду на тридцать дней, чтобы увидеть у праведников заветное Господина их, а затем поднимается на свое место наверху. А после этого спускается в мир. И святой Царь венчает ее семью украшениями, пока она, достигнув тела человека, не входит в него. И когда она, находясь в теле человека, грешит в этом мире и занята тьмой, Тора поражается ей, вопрошая: "Что же это: всей славой и всем совершенством наполнил высший Царь эту душу, а она грешит пред Ним; "если душа согрешит"[253], что это, – чтобы согрешила?"»

210) «Сказал рабби Йоси: "Если душа согрешит"[253]. Вернемся к изречению: "Пока не занялся день"[254]. Совет этой душе, чтобы она остерегалась греха, и обратилась к очищению; "пока не занялся день"[254] – пока еще не занялся день этого мира, и не настал тот суровый день, когда Царь потребует суда, чтобы

---

[253] Тора, Ваикра, 4:1-2. «И сказал Творец Моше, говоря: "Скажи сынам Исраэля так: если кто-нибудь (досл. душа) согрешит по ошибке, нарушив какую-либо из запрещающих заповедей Творца, и сделает что-либо наперекор одной из них..."»

[254] Писания, Песнь песней, 2:17. «Пока не занялся день, и не убежали тени. Обернись, будь подобен оленю, возлюбленный мой, на горах разделения!»

вывести ее из этого мира. "И не убежали тени"[254] – это тайна среди товарищей, которые говорят, что в час, когда настает время человека уйти из мира, удаляется от него образ человека, это смысл сказанного: "Пока не занялся день"[254] – пока не займется день, выводящий из этого мира, "и не убежали тени"[254], и не удалился этот образ, должен вернуться к Господину своему"».

211) «Рабби Эльазар сказал: "Два образа есть у человека при жизни его: один – большой, а другой – малый. Как написано: "Тени"[254] – во множественном числе, а это – по меньшей мере "две, и когда они находятся вместе, человек живет. И поэтому сказано: "И не убежали тени"[254]. И тогда человек должен вглядеться в свои деяния и исправить их пред Господином своим, и исповедаться в них. Ибо Творец зовется милосердным и прощающим, и принимающим обратившихся к Нему"».

212) «"И это означает: "Пока не занялся день, и не убежали тени"[254]. Ибо, поскольку эти тени удалились от него, и он заключен в оковы", т.е. собирается умереть, если совершает тогда обращение, "это – обращение, но не настолько хорошее, как обращение, которое совершает еще при жизни. И царь Шломо провозглашает, говоря: "И помни о своем Создателе с юных дней, пока не пришли дни бедствия"[255]».

213) «"И поэтому: "Пока не занялся день"[254], должен человек исправить свои деяния, ибо, когда подходят его дни, чтобы уйти из мира, Творец сомневается в нем, говоря: "А если душа согрешит и услышит голос заклинания"[256], – Я ведь взял с нее клятву именем Моим, что она не изменит Мне, и предостерегал ее, когда она спускалась в мир. "А он – свидетель"[256] того, сколько раз предостерегал Я ее соблюдать заповеди Мои, и поэтому, поскольку этот человек – свидетель, то в час, когда совершит обращение пред Царем, "видел ли, знал ли"[256], "видел ли"[256] эти прегрешения, которые делал, и всматривался в них, "знал ли"[256] предельно ясно, что преступил заповеди Господина своего, "если не сообщит"[256], если не исповедается

---

[255] Писания, Коэлет, 12:1. «И помни о своем Создателе с юных дней, пока не пришли дни бедствия, и не наступили годы, о которых скажешь: "Нет мне в них проку"».

[256] Тора, Ваикра, 5:1. «А если кто-нибудь (досл. душа) согрешит и услышит голос заклинания, а он – свидетель, видел ли, знал ли, если не сообщит, то понесет свою вину».

в них пред Господином своим, когда уйдет из мира, "то понесет свою вину"²⁵⁶. И когда понесет свою вину, как отворят ему вход, и как он предстанет пред Господином своим? И поэтому написано: "А если душа согрешит"²⁵⁶».

214) «"Если душа согрешит"²⁵³. Провозгласил рабби Аба: "Все это пришло к нам (досл. вся эта пришла к нам), но мы не забывали Тебя и не изменяли союзу Твоему"²⁵⁷. "Вся эта пришла к нам"²⁵⁷. Спрашивает: "Все эти пришли к нам" – надо было сказать?"», – а не «пришла к нам», в женском роде? «"Но все суды, что наверху", включенные в зот (эту), "пришли к нам"», то есть, что говорит: «Вся эта (зот)»²⁵⁷, поскольку «зот» – это Малхут, включающая в себя все суды свыше, и поэтому говорит: «Постигла нас»²⁵⁷, в женском роде. «"Но мы не забывали Тебя"²⁵⁷, т.е. "но мы не забывали речений Торы Твоей. Отсюда мы учили, что каждый, кто забывает речения Торы и не желает заниматься ею, словно забывает Творца, ибо вся Тора – это имя Творца"».

---

²⁵⁷ Писания, Псалмы, 44:18. «Все это пришло к нам, но мы не забывали Тебя и не изменяли союзу Твоему».

И не изменяли союзу Твоему

215) «"И не изменяли союзу Твоему"[257]. Ибо каждый, кто изменяет этому знаку святого союза, который запечатлен на нем, он словно изменяет имени Царя, ведь имя Царя запечатлено в человеке", в союзе обрезания. "И другое изречение указывает на это изречение, как написано: "Если бы мы забыли имя Всесильного нашего и простерли руки наши к божеству чужому"[258]. "Если бы мы забыли имя Всесильного нашего"[258] – это как сказано: "Но мы не забывали Тебя"[257]. А изречение: "И простерли руки наши к божеству чужому"[258] – это как сказано: "И не изменяли союзу Твоему"[257]. И всё это – одно целое, и в чем здесь заключается измена? В том, что простирает руки к чужому божеству, и неверен знаку союза. И поэтому Тора содержится в этом", в союзе, "и каждый, кто оберегает этот союз, словно оберегает всю Тору. А тот, кто предает это, словно предает всю Тору"».

216) «"Смотри, прежде чем Авраам совершил обрезание, не говорится о нем, как о соблюдающем Тору, когда совершил обрезание, что написано: "За то, что слушал Авраам голоса Моего, и соблюдал предостережение Мое, заповеди Мои, законы Мои и учения Мои"[259]. И все потому, что совершил обрезание, остался в нем отпечаток святости, который оберегал его надлежащим образом, поднимая над собой так, словно соблюдал полностью всю Тору. Об Ицхаке тоже сказано: "Союз Мой установлю с Ицхаком"[260]. И поэтому Тора называется союзом"».

217) «"Смотри, Йосеф, благодаря тому, что соблюдал этот союз и не желал изменять ему, удостоился славы в этом мире и славы в мире будущем. И кроме этого, Творец еще поместил Свое имя в нем, как сказано: "Свидетельством в Йосефе (בִּיהוֹסֵף) поставил Он его"[261], – т.е. имя йуд-хэй-вав (יהו) добавилось в

---

[258] Писания, Псалмы, 44:21-22. «Если бы мы забыли имя Всесильного нашего и простерли руки наши к божеству чужому, – разве Всесильный не разведал бы этого, ибо знает Он тайны сердца?»
[259] Тора, Берешит, 26:5. «За то, что слушал Авраам голоса Моего, и соблюдал предостережение Мое, заповеди Мои, законы Мои и учения Мои».
[260] Тора, Берешит, 17:21. «Союз Мой установлю с Ицхаком, которого родит тебе Сара к этому сроку в будущем году».
[261] Писания, Псалмы, 81:6. «Свидетельством в Йосефе поставил Он его, когда вышел тот в землю египетскую. Язык, которого не знал, услышал я».

Йосефе. "И он удостоился благословений в этом мире и благословений в мире будущем"».

218) «Сказал рабби Ицхак: "Первенец быков его – великолепие его"[262]. Йосеф, поскольку он соблюдал этот союз, удостоился "быка", который является первым из жертвоприношений". Сказал ему рабби Йегуда: "Почему же он был благословлен тем, что является левой (стороной)", указывающей на суд, – "правой должен был благословиться? Ведь написано: "И лик быка – слева"[263]. Сказал ему: "Для того, чтобы он был защищен от греха Яровама"». И грех Яровама заключался в том, что тот упрочил левую (сторону) над правой в служении своем чужим богам.

219) «Сказал ему: "Учил я тайну в этом изречении: "Поскольку Йосеф соблюдал этот союз, а этот союз включен в две ступени", Есод и Малхут, и обе они называются союзом, "и эти две ступени наверху называются именами, и мы учили в главе о красной корове, что эта корова", т.е. Малхут, "является одной ступенью из этих двух высших ступеней", что в союзе. "А парой корове называется бык". Иначе говоря, поскольку Малхут союза называется коровой, называется Есод, соединенный с ней, быком. "И это означает" сказанное: "Первенец его быков – великолепие его, а рога дикого буйвола – рога его"[262]. "Великолепие его"[262], конечно", так как от свечения левой линии, называемой быком, исходит красота и великолепие. И не простой это" бык, "как быки всего мира, но "рога дикого буйвола – рога его"[262], так как рог его выше всех остальных. И поэтому: "Ими будет бодать он все народы вместе, до края земли"[262]».

Объяснение. С помощью «прия (подворачивания)» в союзе обрезания притягиваются мохин свечения Хохмы с левой стороны Зеир Анпина, называемые «лик быка». Как сказано далее: «Место, где совершается "прия", это "бык", являющийся формой левой (стороны)»[264]. И также свойство Малхут, которая в союзе, получающая от него, называется «корова». И

---

[262] Тора, Дварим, 33:17. «Первенец быков его – великолепие его, а рога дикого буйвола – рога его; ими будет бодать он все народы вместе, до края земли – это десятки тысяч Эфраима, и это тысячи Менаше».

[263] Пророки, Йехезкель, 1:10. «И образ их ликов – лик человека, и лик льва – справа у (каждого из) четырех, и лик быка – слева у (каждого из) четырех, и лик орла у (каждого из) четырех».

[264] См. Зоар, главу Шлах леха, п. 118. «Как он сделал подворачивание и очистился от всей этой нечистоты...»

это две ступени, что в союзе, о которых он говорит здесь. И в отношении этого свойства Моше благословляет его (Йосефа): «Первенец его быков – великолепие его»²⁶². Однако, чтобы вызволить его из свойства левой (стороны), которая в клипот, говорит: «А рога дикого буйвола – рога его»²⁶². И это означает: «Рог (керен קֶרֶן) его выше всех остальных», потому что рога означают свечение, так же как: «Стало лучезарным (каран קָרַן) его лицо»²⁶⁵. А все быки, не относящиеся к высшей меркаве святости, притягивают свечение левой (стороны) вниз. Тогда как рога Йосефа являются высшим свечением (керен קֶרֶן), которое он притягивает снизу вверх.

220) «Сказал рабби Аба: "Отсюда следует, что каждый, кто оберегает знак этого запечатления святости, – соединяются в нем эти две высшие ступени, чтобы оберегать его во всем, и украсить его высшей славой. И поэтому удостоился" Йосеф "двух царствований, одно – свое, а другое – сына (потомка) его", т.е. Яровама. "Поскольку царь Шломо сочетался браком с женщинами-чужестранками, царство было отдано Яроваму. И поэтому этот союз дороже всего остального"».

221) «"Поэтому, – сказал рабби Шимон, – человек, который рождает сына, соединяется со Шхиной, поскольку это вход, ведущий ко всем высшим входам, вход, который соединен со святым именем" АВАЯ (הויה) так, что каждая сфира является входом в более высокую (сфиру). "И та кровь, что выходит у ребенка" при совершении обрезания, "хранится пред Творцом, и в час, когда пробуждаются суды в мире, смотрит Творец на эту кровь и спасает мир. И поэтому сказано: "Восьми дней от роду будет обрезан у вас каждый мужчина"²⁶⁶. Ибо восьмой день указывает на Бину, которая является восьмой снизу вверх. И от нее исходит свечение лика быка, т.е. от левой линии Бины. И поэтому нужно дождаться восьмого дня. "И написано: "А если

---

²⁶⁵ Тора, Шмот, 34:29-30. «И было, когда спускался Моше с горы Синай, и две скрижали свидетельства в руке Моше, когда он спускался с горы, – и Моше не знал, что стало лучезарным его лицо, когда Он говорил с ним. И увидел Аарон и все сыны Исраэля Моше, и вот, стало лучезарным его лицо, и боялись они подступить к нему».

²⁶⁶ Тора, Берешит, 17:12. «Восьми дней от роду будет обрезан у вас каждый мужчина во всех ваших поколениях – как рожденный в доме, так и купленный за деньги из иноплеменников, который не из твоего потомства».

в силах – восемьдесят лет"²⁶⁷, то есть продолжает свою жизнь от Бины, которая является восьмой сфирой.²⁶⁸ "И все это восходит в едином значении"».

222) «"И мы учили, что благодаря этой крови" обрезания, мир удостаивается подсластиться милостью (хесед), и существуют все миры, как сказано: "Если бы не Мой союз днем и ночью, законов неба и земли не установил бы Я"²⁶⁹. "Если бы не Мой союз"²⁶⁹ – это хорошо", но "днем и ночью"²⁶⁹ – зачем"» нужно писать?

223) «Сказал рабби Шимон: "Мы учили, что две сфиры соединяются вместе", Зеир Анпин и Малхут, "и они являются входом всех остальных сфирот. И мы учили, что одно – суд", т.е. Малхут, "а другое – милосердие", Зеир Анпин. "И подслащаются друг в друге захар и некева. Со стороны захара", Зеир Анпина, "пребывает хесед. Со стороны некевы", Малхут, "пребывает суд. Одно – белое, а другое – красное. И для того, чтобы подсластиться друг в друге, соединяются между собой, и этот союз пребывает в них днем и ночью", т.е. "в суде и в милости (хесед)", в Малхут и в Зеир Анпине. "Сначала в суде"», как написано: «Его левая рука под моей головой»²⁷⁰, "а затем воцаряется в нем милость (хесед) и подслащается во всем", как в Хохме, так и в хасадим. "И это – союз, называемый "днем и ночью"», т.е. в изречении: «Если бы не Мой союз днем и ночью»²⁶⁹, – «"который содержится в обоих"», в Зеир Анпине, называемом «днем»²⁶⁹, и в Малхут, называемой «ночью»²⁶⁹.

224) «"И тот, кто удостоился соблюдать этот союз надлежащим образом, и не грешил, соблюдая его все дни свои", он является меркавой (строением) для Есода, и "он включен в эти "днем и ночью"²⁶⁹, т.е. ЗОН, также как и Есод, и удостаивается двух миров – этого мира и мира будущего. И поэтому

---

²⁶⁷ Писания, Псалмы, 90:10. «Дни лет наших – семьдесят лет, а если в силах – восемьдесят лет, но превосходство их – суета и ложь, ибо промелькнут они и исчезнут бесследно».

²⁶⁸ См. Зоар, главу Ваехи, п. 139, со слов: «Объяснение. Душа человека родилась от ЗОН, представляющих собой семь сфирот ХАГАТ НЕХИМ, каждая из которых состоит из десяти, – и всего их семьдесят. И поэтому число этих семидесяти сфирот – это дни лет его жизни...»

²⁶⁹ Пророки, Йермияу, 33:25. «Так сказал Творец: "Если бы не Мой союз днем и ночью, законов неба и земли не установил бы Я"».

²⁷⁰ Писания, Песнь песней, 2:6. «Его левая рука под моей головой, а правая обнимает меня».

называется Авраам совершенным, как сказано: "Ходи предо Мною и будь непорочен"²⁷¹. И когда называется непорочным?", то есть совершенным. "Когда удостаивается этих двух, "днем"²⁶⁹ и "ночью"²⁶⁹. Как написано: "Днем явит Творец милость свою, а ночью – песнь Его со мной"²⁷². И обоих удостоился Авраам, и не установилась в нем милость (хесед) в полную силу, пока не совершил обрезания. А когда совершил обрезание, проявилась в нем" милость, "и удостоился их обоих, и называется совершенным"».

225) «"Как мы учили сказанное: "А он сидит у входа в шатер в разгаре дня"²⁷³. "Вход в шатер"²⁷³ – десятая сфира Царя", то есть Малхут, "являющаяся входом в любую Скинию святости остальных сфирот. И царь Давид называл ее входом, как написано: "Откройте мне врата праведности"²⁷⁴, Малхут. "И сказано: "Это врата к Творцу"²⁷⁵. "В разгаре дня"²⁷³, – т.е. "когда светит свет Хесед" Зеир Анпина, "который является уделом наследия его", Авраама. "И так же как сидит в одном"», «у входа в шатер»²⁷³, и это Малхут, «"так же сидит и в этом"», Зеир Анпине, в его Хеседе, называемом «в разгар дня»²⁷³. «"И когда воплотились в нем" оба? "Когда совершил обрезание, и поэтому называется "союз днем и ночью"²⁶⁹. Мы учили, написано: "И пройдет Творец мимо входа"²⁷⁶ – то есть пребывает над этим входом", Малхут, "милость (хесед), чтобы получил подслащение" этот вход, "и поэтому: "И не даст губителю войти"²⁷⁶».

226) «Сказал рабби Эльазар: "Мы ведь учили, что пришелец (гер), когда он совершает обрезание и вступает под сень Шхины, называется праведным пришельцем, но не более. Праведный пришелец (гер цедек), конечно, поскольку удостоился войти

---

²⁷¹ Тора, Берешит, 17:1. «И было Авраму девяносто лет и девять лет, и явил Себя Творец Авраму, и сказал Он ему: "Я Творец Всемогущий. Ходи предо Мною и будь непорочен"».

²⁷² Писания, Псалмы, 42:9. «Днем явит Творец милость Свою, а ночью – песнь Его со мною, молитва к Создателю жизни моей».

²⁷³ Тора, Берешит, 18:1. «И явился ему Творец в Элоней Мамрэ, а он сидит у входа в шатер в разгаре дня».

²⁷⁴ Писания, Псалмы, 118:19. «Откройте мне врата праведности, я войду в них, возблагодарю Творца».

²⁷⁵ Писания, Псалмы, 118:20. «Это врата к Творцу, праведники войдут в них».

²⁷⁶ Тора, Шмот, 12:23. «И пройдет Творец для поражения египтян, и увидит кровь на притолоке и на обоих косяках, и пройдет Творец мимо входа, и не даст губителю войти в дома ваши для поражения».

в эту сферу", которая называется "праведность (цедек)", т.е. Малхут. "А ты говоришь "днем и ночью"[269], что" совершивший обрезание "удостаивается их обоих", также и Зеир Анпина.

227) «Ответил ему рабби Шимон: "Эльазар, сын мой, не подобен тот, кто происходит из корня святости и из истинной родословной, тому, кто происходит из плохой родословной и из отвратительно плохого твердого корня. Об Исраэле, написано о них: "Я насадил тебя, благородную лозу, всецело семя истинное"[277]. О народах-идолопоклонниках написано: "Чья плоть – плоть ослиная, и семя жеребцов – семя их"[278]».

228) «"И поэтому Исраэль – они святы, "семя истинное"[277], потомство, получившее подслащение на горе Синай и освободившееся от скверны, и поэтому все они получают подслащение, и все они приходят к знаку святости этих "днем и ночью"[269], чтобы быть совершенными во всем. Но в народах-идолопоклонниках трудно устранить скверну, даже через три поколения. И поэтому" называется "праведный пришелец, безусловно"», поскольку входит только в сферу Малхут, называемую праведностью, а не в Зеир Анпин.

229) «"Как сказал рабби Амнуна Сава: "Народы-идолопоклонники, прежде чем совершили обрезание, находятся в нижних кетерах, не являющихся святыми, и дух скверны пребывает над ними. Когда обратились к праведности и совершили обрезание, то пребывают в кетере святости, находящемся над остальными нижними кетерами", – в Малхут, "и дух святости пребывает над ними. Но Исраэль святы в поколения свои по родословной и корню, и они получили подслащение на горе Синай, и вошли в полную святую веру, – в час, когда они совершают обрезание, пребывают во всем"», т.е. в Зеир Анпине и в Малхут, называемыми «днем и ночью»[269]. «"Как написано: "А вы, прилепившиеся к Творцу Всесильному вашему, – живы все вы ныне"[279]».

---

[277] Пророки, Йермияу, 2:21. «Я насадил тебя, благородную лозу, всецело семя истинное; как же превратилась ты у Меня в одичавшую чужую лозу?»

[278] Пророки, Йехезкель, 23:20. «И больше наложниц их осквернялась она с теми, чья плоть – плоть ослиная, и семя жеребцов – семя их».

[279] Тора, Дварим, 4:4. «А вы, прилепившиеся к Творцу Всесильному вашему, – живы все вы ныне».

Воды Ноаха

230) «"И будет, если согрешил и виновен, то возвратит награбленное"[280]. Рабби Йоси говорит: "Ибо воды Ноаха это (досл. эта) у Меня: как клялся Я, что не пройдут более воды Ноаха по земле"[281]. Это изречение непонятно, так как написано: "Воды потопа были на земле"[282]. И написано: "И не будет истреблена всякая плоть более водами потопа"[283]. Ведь написано: "Воды потопа", а не "воды Ноаха". А здесь написано: "Ибо воды Ноаха"[281]. Кроме того, сказано: "Эта (зот) у Меня"[281], надо было сказать: "Эти у Меня"».

231) «"Но мы так учили, что когда многочисленны праведники в мире, Творец радуется и восславляется ими. Как мы учили, что когда праведник появляется в мире, и пребывает в нем, он словно несет мир миру", то есть Малхут, "и весь мир благословляется благодаря ему, и он приносит мир в высшее единение. Откуда нам это известно? Поскольку написано: "Или же будет держаться он твердыни Моей, сделает мир для Меня, мир сделает для Меня"[284]. Два мира, почему написано здесь? Но "сделает мир для Меня"[284], – т.е. "когда водворяет захара и нукву", Зеир Анпина и Малхут. "Мир сделает для Меня"[284] – когда благословляются праотцы"», т.е. ХАГАТ Зеир Анпина.

232) «"В чем различие между ними?"» – между «мир сделает для Меня»[284] и «сделает мир для Меня»[284]. «Сказал рабби Йоси: "Когда благословляются праотцы", т.е. ХАГАТ, говорится: "Мир сделает для Меня"[284], поскольку мир ставит прежде всего", то есть он важней всего, "и поэтому мир" написан "вначале"», то есть: «Мир установит для Меня»[284]. «"Установит мир для Меня"[284] – почему он здесь не поставил прежде мир? Но

---

[280] Тора, Ваикра, 5:23. «И будет, если согрешил и виновен, то возвратит награбленное, которым он завладел, или присвоенное, которое он выдает за свое, или вклад, который был ему доверен, или пропажу, которую нашел».

[281] Пророки, Йешаяу, 54:9. «Ибо воды Ноаха это у Меня: как клялся Я, что не пройдут более воды Ноаха по земле, так поклялся Я не гневаться на тебя и не упрекать тебя».

[282] Тора, Берешит, 7:10. «И было спустя семь дней: воды потопа были на земле».

[283] Тора, Берешит, 9:11. «И заключу союз Мой с вами, и не будет истреблена всякая плоть более водами потопа, и не будет более потопа, чтобы губить землю».

[284] Пророки, Йешаяу, 27:5. «Или же будет держаться он твердыни (Торы) Моей, установит мир для Меня, мир установит для Меня».

это потому, что сначала надо устранить змея, пребывающего в Нукве", Малхут, "а затем придет захар", Зеир Анпин, "чтобы пребывать вместо него" с Малхут. "И поэтому поставил прежде "установит"²⁸⁴ – чтобы сделал исправление по устранению змея, "а затем "мир"²⁸⁴» между Зеир Анпином и Малхут.

233) «"Мы учили, что в то время, когда праведник находится в мире, суды не пробуждаются и не властвуют в мире, поскольку этот человек-праведник является знаком в мире", т.е. он в свойстве Есод, который называется знаком, "и Творец желает славы его, и мир существует благодаря ему"».

234) «"Мы учили, – сказал рабби Йоси, – что в то время, когда сыновья Исраэля виновны пред Творцом, тот праведник, который находится в мире, – Творец говорит с ним, чтобы тот попросил проявить милосердие к миру, и Он примирится с ними. Что делает Творец? Говорит с ним об этих грешниках мира, и предлагает доставить благо только ему одному, а всех уничтожить. Как поступает этот праведный человек? Свое оставляет и становится на защиту всего мира, чтобы Творец примирился с ними"».

235) «"Откуда у нас это? От Моше, которому сказал Творец: "Согрешили Исраэль, "сделали себе литого тельца и поклонились ему"²⁸⁵. Еще сказал ему: "Отступи от Меня, и Я уничтожу их"²⁸⁶. В тот час сказал Моше: "Если из-за славы моей Исраэль будут истреблены из мира, лучше мне умереть, тогда не скажут, что оставил я это всего мира из-за славы своей". Сразу же: "И стал умолять Моше Творца Всесильного своего"²⁸⁷, и готов был пойти на смерть несколько раз ради Исраэля. Как написано:

---

[285] Тора, Шмот, 32:8. «Быстро сошли они с пути, который Я заповедал вам, – сделали себе литого тельца и поклонились ему, и принесли ему жертвы, и сказали: "Вот божество твое, Исраэль, которое вывело тебя из земли египетской"».

[286] Тора, Дварим, 9:14. «Отступи от Меня, и Я уничтожу их и сотру их имя из поднебесной, и сделаю тебя народом, сильнее и многочисленнее их».

[287] Тора, Шмот, 32:11-13. «И стал умолять Моше Творца Всесильного своего, и сказал: "Зачем, Творец, гневаться Тебе на народ Твой, который Ты вывел из земли египетской силою великой и рукою могучей? Зачем допускать, чтобы египтяне говорили: "На беду Он их вывел – чтобы убить их в горах и стереть их с лица земли!" Отступись от гнева Твоего и передумай – не губи народ Свой! Вспомни Авраама, Ицхака и Яакова, рабов Твоих, которым Ты поклялся самим Собою и говорил им: "Умножу потомство ваше, сделав его многочисленным, подобно звездам небесным, и всю ту землю, о которой Я говорил, отдам вашим потомкам, и будут они владеть ею вечно"».

"И потому, простишь ли Ты их грех? И если нет, прошу, сотри меня из книги Твоей!"[288] И мы учили, что Моше не отступился от этого, пока Творец не простил Исраэлю. Это означает: "И передумал Творец о зле, которое грозился сделать народу Своему"[289]. И написано: "Простил Я, по слову твоему"[290]».

236) «"А о Ноахе сказано: "И сказал Всесильный Ноаху: "Конец всякой плоти пришел предо Мной"[291]. Сказал Ему Ноах: "А мне что Ты сделаешь?" Ответил ему: "А с тобой Я установлю Мой союз"[292], "сделай себе ковчег из дерева гофер"[293]. И он не просил смилостивиться над миром; и опустились воды и уничтожили населяющих землю. И поэтому написано: "Воды Ноаха"[281], ибо от него они зависели", из-за того, "что не просил смилостивиться над миром"».

237) «"Отсюда, – сказал рабби Йоси, – "(вытекает) то, что написано: "И начал Ноах, хозяин земли"[294]. "И начал (ваяхель וַיָּחֶל)"[294] означает, "как сказано: "Не нарушит (яхель יַחֵל) слова своего"[295], ибо настали будни (холь חֹל). "Хозяин земли"[294], – потому что из-за него были уничтожены все жители мира, так как он не просил милосердия к ним. Другое объяснение. "Хозяин земли"[294] – потому что благодаря ему выжила" земля, "после того как его предшественники развратили ее, как написано: "Не буду более проклинать землю за человека"[296]».

---

[288] Тора, Шмот, 32:32. «И потому, простишь ли Ты их грех? И если нет, прошу, сотри меня из книги Твоей, которую Ты написал!»

[289] Тора, Шмот, 32:14. «И передумал Творец о зле, которое грозился сделать народу Своему».

[290] Тора, Бемидбар, 14:20. «И сказал Творец: "Простил Я по слову твоему"».

[291] Тора, Берешит, 6:13. «И сказал Всесильный Ноаху: "Конец всякой плоти пришел предо Мною, ибо земля наполнилась злодеянием из-за них. И вот, Я истреблю их с землею"».

[292] Тора, Берешит, 6:18. «А с тобой Я установлю Мой союз, и войдешь в ковчег ты и сыновья твои, и жена твоя, и жены сынов твоих с тобою».

[293] Тора, Берешит, 6:14. «Сделай себе ковчег из дерева гофер; с отделениями сделай ковчег и просмоли его изнутри и снаружи».

[294] Тора, Берешит, 9:20. «И начал Ноах, хозяин земли, и насадил виноградник».

[295] Тора, Бемидбар, 30:3. «Если человек даст обет Творцу или поклянется клятвой, приняв запрет на себя, не нарушит слова своего, все, что сказал, должен он исполнить».

[296] Тора, Берешит, 8:21. «И обонял Творец благоухание приятное, и сказал Творец в сердце своем: "Не буду более проклинать землю за человека, ибо помысел сердца человека зол от молодости его, и не буду более поражать все живущее, как Я сделал"».

238) «"Мы учили, что называются они водами Ноаха, так как он привел к тому, чтобы они назывались по имени его", то есть за то, что не молился за них, как мы уже сказали, однако, "что означает: "Эта (зот) у Меня"[281]?" Но сказал Творец: "Воды Ноаха были у Меня причиной того, что раскрылась зот в мире", то есть Малхут, называемая зот, которая раскрывается в свойстве радуги (кешет), призванной защитить мир, "как написано: "И Я, вот союз Мой с ними"[297]. И написано: "Эта (зот) знак союза"[298], "Радугу Мою поместил Я в облаке"[299], – чтобы защитить мир. "Иначе говоря", радуга указывает, что "некому наблюдать" за миром и молиться за него, "но" Я это делаю "ради имени Моего, на которое указывает зот. И кто стал у Меня причиной этому? Воды Ноаха"», который не молился за мир и не защитил его.

239) «"Отсюда признак преданного праведника, в дни которого не раскрылась радуга, и в его дни мир не нуждался в этом знаке", потому что он защищал мир молитвой своей. "И кто же он – тот, кто просит явить милосердие миру и достойный защищать его? То есть, как рабби Шимон, в дни которого мир не нуждался в этом знаке. Ибо знак этот является признаком в том мире"», что нет защитника, кроме Творца, как уже говорилось.

---

[297] Пророки, Йешаяу, 59:21. «И Я, вот союз Мой с ними, – сказал Творец, – дух Мой, который на тебе, и слова Мои, которые вложил Я в уста твои, не отступят от уст твоих, и от уст потомков твоих, и от уст потомков потомков твоих, – сказал Творец, – отныне и вовеки».

[298] Тора, Берешит, 9:17. «И сказал Всесильный Ноаху: "Это (досл. эта) знак союза, который Я установил между мною и между всякой плотью, которая на земле"».

[299] Тора, Берешит, 9:13. «Радугу Мою поместил Я в облаке, и будет она знаком союза между Мною и землею».

ГЛАВА ВАИКРА

Творец выносит приговор, а праведник отменяет его

240) «"И не было приговора, вынесенного миру свыше, который бы" рабби Шимон "не отменил. И это как написано: "Управляет человеком"[300]», то есть изречение: «Твердыня Исраэля управляет человеком, праведник управляет страхом Всесильного»[300]. «Творец "управляет человеком"[300], а кто управляет Творцом? Якобы, праведник" управляет – "то есть Творец выносит приговор, а он отменяет"».

241) «"Как, например, рабби Шимон бен Йохай, который в один из дней сидел на входе во врата Лода. Вознес глаза свои и увидел светящее солнце. И перекрыл свет его трижды. Тем временем померк свет, и появилось на солнце черное с зеленым. Сказал рабби Эльазару, сыну своему: "Иди за мной, сын мой, и посмотрим. Ибо, несомненно, вынесен приговор свыше, и Творец хочет известить меня об этом". Действительно, тридцать дней удерживается наверху вынесенный приговор, и Творец не вершит его прежде, чем извещает о нем праведников. Как сказано: "Ведь Всемогущий Творец не делает ничего, не открыв тайны служителям Своим, пророкам"[301]».

242) «"Пока они еще шли по тому винограднику, увидели одного змея, который приближался, разинув пасть, извергая огонь в прах земной. Выдержал напор рабби Шимон, и руки его ударили по голове змея. Притих змей и закрыл свою пасть. И увидел" рабби Шимон "его трепещущий язык. Сказал ему: "Змей, змей! Иди и расскажи тому высшему змею", искусителю и обвинителю, "что рабби Шимон бен Йохай находится в мире". Засунул" змей "свою голову в отверстие одно в прахе. Сказал" рабби Шимон: "Постановляю я: так же, как нижний змей вернулся в отверстие в прахе, так и высший змей вернется в отверстие великой бездны"».

243) «Произнес рабби Шимон шепотом молитву. Пока они еще молились, услышали голос один, говорящий: "Вынесите

---

[300] Пророки, Шмуэль 2, 23:3. «Сказал Всесильный Исраэля, мне говорил: "Твердыня Исраэля управляет человеком, праведник управляет страхом Всесильного"».
[301] Пророки, Амос, 3:7. «Ведь Всемогущий Творец не делает ничего, не открыв тайны служителям Своим, пророкам».

приговоры, войдите на место свое. Казни губителей не царят в мире, потому что рабби Шимон бен Йохай отменил их. Счастлив ты, рабби Шимон, что Господин твой желает славы твоей более, чем всех живущих в мире. О Моше сказано: "И стал умолять Моше"[287], и это значит, что был охвачен недугом, а ты, рабби Шимон, постановляешь, и Творец выполняет. Он выносит приговор, а ты отменяешь"».

244) «Между тем, увидел, что начало светить солнце, и исчезло это черное. Сказал рабби Шимон: "Конечно, потому что мир получил подслащение". Вошел в свой дом и истолковал: "Ибо праведен Творец, праведность любит Он, прямо взирают их лики"[302]. Что такое "их лики"[302]? Что означает: "Ибо праведен Творец, праведность любит Он"[302]? Так как "прямо взирают их лики"[302]. То есть высшие лики населяющих мир, потому что они должны просить милосердия у Творца во всем, что им нужно"».

245) «Сказал ему рабби Эльазар, сын его: "Если так, нужно было сказать: "Прямо взирает их лики", или: "Прямые взирают", что означает: "Прямо взирают"?" Сказал ему: "Это высшая тайна, ибо эти древние дни", т.е. сфирот, "Атика Кадиша, самого скрытого из всего скрытого", т.е. Кетера, "а дни мира, Зеир Анпина, они называются "их лики", видят" друг друга "напрямую, – то, что нужно видеть"». То есть лики Зеир Анпина видят лики Атика, и также лики Атика видят лики Зеир Анпина, «прямо»[302] – без отклонения вправо и влево. И это смысл сказанного: «Прямо взирают их лики»[302].

246) «"Как мы учили: в час, когда Творец управляет миром и видит действия сынов человеческих внизу, что они правильны, раскрывается Атика Кадиша", то есть Кетер, "в Зеир Анпине", то есть в Тиферет, "и смотрят все эти лики" Зеир Анпина "в скрытые лики" Атика, "и благословляются все. Что значит "благословляются"? Это потому, что смотрят друг на друга прямо", т.е. в свойстве средней линии, "которая не уклоняется ни вправо, ни влево. Это означает: "Прямо взирают их лики"[302], т.е. лики Атика и Зеир Анпина смотрят друг на друга прямо, в средней линии. "И тогда благословляются все, и поят друг друга, пока

---

[302] Писания, Псалмы, 11:7. «Ибо праведен Творец, праведность любит Он, прямо взирают их лики».

не благословляются все миры, и становятся все миры как один, и тогда называется: "Творец един и имя Его едино"[303]».

247) «"А когда умножаются прегрешения мира, закрывается Атика Кадиша, и не смотрят лики на лики (паним бе-паним). И тогда суды пробуждаются в мире, и престолы покинуты, и Атик, Кетер, закрыт и не раскрывается. Это смысл сказанного: "Видел я в ночном видении..."[304], и до: "Пока не были сброшены престолы. И сидел старец в годах (Атик Йомин)..."[305]. "Пока не были сброшены престолы"[305] означает – "те высшие Кетеры, которые поят всех остальных, поддерживая их существование. И кто они? Это праотцы", т.е. ХАГАТ Зеир Анпина. "И сидел Атик Йомин"[305] – то есть не раскрывался". И поэтому называется сидящим, потому что сидящий уменьшает свою ступень. "И тогда обращают грешники мира милосердие в суд"».

---

[303] Пророки, Зехария, 14:9. «И будет Творец Царем на всей земле, в этот день будет Творец един, и имя Его – едино».
[304] Писания, Даниэль, 7:2. «Заговорил Даниэль и сказал: "Видел я в ночном видении, как четыре ветра небесных дуют (в сторону) моря великого"».
[305] Писания, Даниэль, 7:9. «И смотрел я, пока не были сброшены престолы. И сидел старец в годах, одежда его бела как снег, а волосы на голове его как чистая шерсть; престол его – искры огненные, колеса – пылающий огонь».

ГЛАВА ВАИКРА

Со стороны Имы выходят клипот, исследующие суд и закон

248) «"Мы учили, что со стороны Имы выходят клипот, исследующие суд и закон, и удерживаются в печатях Гвуры", т.е. в левой линии, являющейся судом, "и властвуют над милосердием. Как сказано: "Собравшиеся против Творца"[306], именно "против Творца"[306], – т.е. Бины, которая находится над Зеир Анпином, называемым АВАЯ. "И тогда миры ущербны, то есть несовершенны, и разногласие пробуждается во всех них"».

249) «"А когда жители мира улучшают свои деяния внизу, смягчаются суды и исчезают, и пробуждается милосердие и властвует над тем злом, которое пробудилось из-за сурового суда. И когда пробуждается милосердие, наступает радость и утешение, поскольку оно властвует над этим злом, и это означает: "И передумал Творец о зле"[307]. "И передумал"[307] – потому что утих суровый суд, и властвует милосердие"».

250) «"Мы учили, что в час, когда смягчаются суды, и властвует милосердие, каждая сфира возвращается к существованию, и все они вместе благословляются. И когда возвращается каждая на свое место, и благословляются все вместе, и Има смягчается в соединении печатей, которые вернулись к ее свойству, тогда возвращение называется полным, и происходит искупление мира. Потому что Има восседает в совершенной радости, как сказано: "Мать (има), радующаяся сыновьям"[308]. И называется она тогда Днем искупления, о котором написано: "Чтобы очистить вас от всех ваших грехов"[309]. И раскрываются пятьдесят врат сторон этих печатей"».

Объяснение. В час, когда грешат жители мира, они приводят к подъему Малхут в Бину. И тогда уменьшается Бина с ГАР, потому что три ее сфиры, Бина и ТУМ, падают на ступень под

---

[306] Тора, Бемидбар, 16:11. «Потому ты и вся твоя община – собравшиеся против Творца! А Аарон, что он, чтобы вам поднимать на него ропот?»
[307] Тора, Шмот, 32:14. «И передумал Творец о зле, которое грозился сделать народу Своему».
[308] Писания, Псалмы, 113:9. «Превращает хозяйку дома в мать, радующуюся сыновьям. Алелуйа».
[309] Тора, Ваикра, 16:30. «Ибо в этот день совершит искупление над вами, чтобы очистить вас от всех ваших грехов – пред Творцом очиститесь».

ней, и она становится ВАК без рош. И тогда пребывают все миры в судах и катнуте (малом состоянии). И это означает: «Со стороны Имы выходят клипот... и властвуют над милосердием»[310]. А когда жители мира улучшают свои деяния и поднимают МАН, тогда происходит зивуг АБ-САГ де-АК, и свечение этого зивуга приходит к Име и опускает Малхут из нее, возвращая ее на свое место. И тогда снова поднимаются к ней три сфиры Бина и ТУМ, которые упали у нее, соединяясь с ее ступенью, и восполняются ее ГАР. И так происходит на всех ступенях, сократившихся вследствие уменьшения Бины, ибо Бина и ТУМ возвращаются к ним и достигают ГАР. И это означает: «В час, когда смягчаются суды и властвует милосердие, каждая сфира возвращается к существованию» – то есть Бина и ТУМ, упавшие со ступени, возвращаются к существованию на своих ступенях. «И Има смягчается в соединении печатей» – то есть Бина и ТУМ, которые отпечатались и упали у нее, снова соединились с Имой, «которые вернулись к ее свойству», – т.е. вернулись к свойству Имы. Поскольку до этого они упали на ступень Зеир Анпина, а сейчас вернулись к свойству Имы.

251) «"Мы учили, написано: "И будет, если согрешил и виновен"[311]. Что значит", что вначале говорит: "Если согрешил"[311], а в конце" говорит: "И виновен"[311]?" И отвечает: "Но мы так учили. "Если согрешил"[311] – теми нарушениями, которые называются грехом. Как написано: "Из всех грехов человеческих"[312]. "И виновен"[311] – это как ты говоришь: "Повинное, возвращаемое Творцу"[313], то есть: "И виновен"[311] означает – "и исправит". Другими словами"», «и будет, если согрешил»[311], – «"если исправит свои действия, "то возвратит награбленное, которым он завладел"[311]. Сказал рабби Йоси: "Это смысл того, что написано: "То возвратит"[311], – это означает, что возвращает

---

[310] См. выше, п. 248.
[311] Тора, Ваикра, 5:23. «И будет, если согрешил и виновен, то возвратит награбленное, которым он завладел, или присвоенное, которое он выдает за свое, или вклад, который был ему доверен, или пропажу, которую нашел».
[312] Тора, Бемидбар, 5:6-7. «Говори сынам Исраэля: "Если мужчина или женщина совершат (что-либо) из всех грехов человеческих, являя неверность Творцу, и провинится та душа, то пусть признают грех свой, который совершили, и возвратит он то, чем провинился, сполна и пятую часть прибавит к нему, и отдаст тому, пред кем провинился"».
[313] Тора, Бемидбар, 5:8. «А если нет у того человека родственника, чтобы вернуть повинное, то повинное, возвращаемое Творцу, (будет) коэну, сверх овна искупления, которым искупит его».

сам, то есть желает исправить свои действия, "потому что "должен возвратить", в повелительной форме, "не написано, а (написано): "То возвратит"[311]; "то возвратит"[311] – именно так"», т.е. от себя.

ГЛАВА ВАИКРА

Четыре времени года

252) «"Мы учили, что в четыре времени года прекращается голос, и пробуждаются суды,[314] и возвращение зависит (от него), пока он не исправится. И когда пробуждаются суды, выходит голос. И четыре угла мира поднимаются и опускаются. Раздается воззвание, но нет того, кто бы внял и пробудился. А Творец готов: если возвратятся они, вернет" суды на свое место, "а если нет, голос прекратится, и суды свершатся. И тогда называется: "И печалится", "и печалится во внешних жилищах"».

Объяснение: Год – это Малхут, в которой четыре сфиры, ХУГ ТУМ, в каждой из которых три линии, и это – двенадцать. И если левая линия одна властвует в каждой из четырех сфирот ХУГ ТУМ, тогда они называются четырьмя временами, из-за силы судов, исходящих от власти левой (линии). И это смысл слов: «В четыре времени года прекращается голос», потому что голос – это средняя линия, соединяющая две линии, правую и левую, в одну. И поскольку голос прекратился, вернулась власть к левой линии, без правой, ибо нет того, кто бы соединил ее с правой. И потому: «И пробуждаются суды» – т.е. все суровые суды, происходящие от власти левой (линии), пробуждаются в мире. И если совершают возвращение, возвращение зависит (от голоса) и не принимается, пока не исправится голос, снова соединив две линии, правую и левую, вместе. И это означает сказанное: «И возвращение зависит (от него), пока он не исправится» – и поэтому это исправление предваряет возвращение. И свойственно судам левой линии, что в конце их пробуждаются суды нуквы, как сказано: «У входа грех лежит»[315], – т.е. вследствие этих судов исправился экран де-хирик средней линии, называемый голос, и снова соединяет две линии. И это означает: «И когда пробуждаются суды, выходит голос» – то есть в конце их раскрывается экран де-хирик, из которого выходит голос, снова соединяющий две линии. «И четыре угла мира» – ХУГ ТУМ де-Малхут, «поднимаются и опускаются» –

---

[314] См. Зоар, главу Итро, п. 291, со слов: «Объяснение. В четыре времени года пробуждается власть левой линии, и тогда сразу же прекращается голос, т.е. ступень хасадим, и суды властвуют в мире...»

[315] Тора, Берешит, 4:6-7. «И сказал Творец Каину: "Отчего досадно тебе, и отчего поникло лицо твое? Ведь если станешь лучше, то будешь достоин. А если не станешь лучше, то у входа грех лежит, и к тебе его влечение, – ты же властвуй над ним!"»

светят свечением Хохмы снизу вверх и свечением хасадим сверху вниз, по закону средней линии.[316] И тогда «раздается воззвание» – т.е. выходит воззвание под напором судов, что в левой линии, и предостерегает прилепиться к средней линии. И если «нет того, кто бы внял и пробудился» – т.е. нет того, кто бы пробудился, чтобы соединиться в средней линии, «а Творец готов», Творец ждет и готов принять возвращение их, «если возвратятся они, вернет» – т.е. принимает их и светит им милосердием от средней линии. «А если нет» – т.е. не совершают возвращение, «голос прекратится», голос, являющийся средней линией, снова прерывается, и левая возвращается к своей власти, «и суды свершатся», и суды происходят в мире. И как бы «печалится во внешних жилищах» о судах, происходящих в мире.

253) «Сказал рабби Йегуда: "Мы учили, что со дня разрушения Храма нет дня, в который не проявился бы злобный гнев. И в чем причина? Это поскольку мы учили, что сказал рабби Йудай, сказал рабби Йеса: "Поклялся Творец, что не войдет в высший Йерушалаим", Малхут, "пока Исраэль не войдут в нижний Йерушалаим. И поэтому гнев пребывает в мире"». И клятва была дана о постоянстве, ибо для того, что не в постоянстве, есть зивуг Зеир Анпина и Малхут также и в дни изгнания – в час молитвы, в субботы и праздники.

---

[316] См. Зоар, главу Берешит, часть 1, п. 50. «Разногласие, которое было исправлено согласно высшему подобию...»

Наготы матери твоей не открывай

254) «Сказал рабби Йоси: "Написано: "Наготы отца твоего и наготы матери твоей не открывай. Она мать твоя, не открывай наготы ее"[317]. И мы учили, что "она мать твоя"[317], конечно", т.е. Малхут, являющаяся матерью Исраэля. "А если открыл человек наготу ее, то почему должен вернуть ее?" – в тайне возвращения. "Это обязательно, для того чтобы исправить то, что открыл", как мы еще выясним.

255) «"Как мы учили, что когда усиливается в человеке злое начало, оно усиливается не иначе, как в наготе. Все прегрешения удерживаются в этой наготе. И написано: "Не открывай"[317]. Когда же человек подвергается исправлению, исправляется в соответствии с тем, что открыл, и это называется возвращением"».

256) «Сказал рабби Ицхак: "Все прегрешения мира удерживаются в этом", в раскрытии наготы, "пока мать", т.е. Малхут, "открывается из-за грехов", т.е. открывается ее нагота. "И когда она открывается, все эти сыновья открываются", т.е. Исраэль внизу, являющиеся сыновьями Малхут. "И написано: "Не бери матери над детьми"[318]. И когда исправляется мир внизу, исправляется всё, пока не поднимается исправление к святой матери", т.е. Малхут. "И она исправляется и укрывается от того, что открылось. И поэтому сказано: "Счастлив тот, чье преступление прощено, и чей грех покрыт"[319]. И тогда она называется возвращением, – разумеется, возвращением. И называется тогда Днем искупления, как сказано: "От всех ваших грехов – пред Творцом очиститесь"[320]».

Объяснение. Две точки имеются в Малхут:

1. Ее собственная точка меры суда, которая не подсластилась в Бине. В этом свойстве над ней (пребывает) сила

---

[317] Тора, Ваикра, 18:7. «Наготы отца твоего и наготы матери твоей не открывай. Она мать твоя, не открывай наготы ее».
[318] Тора, Дварим, 22:6. «Если попадется тебе птичье гнездо на дороге, на каком-либо дереве или на земле, с птенцами или с яйцами, и мать сидит на птенцах или на яйцах, то не бери матери, (которая) над детьми».
[319] Писания, Псалмы, 32:1. «Счастлив тот, чье преступление прощено, и чей грех покрыт».
[320] Тора, Ваикра, 16:30. «Ибо в этот день совершит искупление над вами, чтобы очистить вас от всех ваших грехов – пред Творцом очиститесь».

сокращения и экрана, чтобы она не могла получать высший свет.

2. Та, что подслащена в мере милосердия, т.е. в Бине, и в этом свойстве она достойна получать все света́, которые (есть) в Бине. И тогда она дает также мирам БЕА и Исраэлю от своих больших светов.[321] И тема этих двух точек уже разъяснялась.[322]

И потому Малхут использует только вторую точку, меры милосердия, и эта точка раскрыта в ней. Однако точка Малхут меры суда сокрыта в ней и не раскрывается. А если раскрывается, то сразу же уходит от нее высший свет из-за сокращения и экрана, имеющихся в ней, как уже объяснялось.

И это то, что говорит там: «Это Древо познания добра и зла, если удостоился человек – стало добром, а если не удостоился – то злом»[323]. Если человек удостаивается, находится в сокрытии точка меры суда в Малхут, а раскрыта только точка меры милосердия, и тогда Малхут дает ему всё благо, которое получает от Бины. А если человек не удостаивается, а грешит, тогда раскрывается точка меры суда, что в Малхут, и сразу все света воспаряют от нее, а суды удерживаются в ней, и пребывает тогда человек во всем зле.

И это означает сказанное здесь: «"Она мать твоя"[317], конечно. А если открыл человек наготу ее, то почему должен вернуть ее? Это обязательно, для того чтобы исправить то, что открыл»[324]. То есть, если он пришел к прегрешению, и тогда раскрывается в Малхут первая точка, меры суда, которая называется наготой, поскольку вызывает уход из нее всех светов, тогда говорит Писание: «Она мать твоя»[317], ведь Малхут – это твоя мать, «не открывай наготы ее»[317]. И это означает сказанное: «"Она мать твоя"[317], конечно». И если он согрешил и открыл ее наготу, разумеется, должен исправить то, что открыл. То есть, ту точку меры суда, которую он открыл, нужно снова укрыть ее, и дать власть точке меры милосердия, и тогда она снова будет получать света от Бины.

---

[321] См. Зоар, главу Берешит, часть 1, п. 3, со слов: «В свойстве суда, т.е. в свойстве Малхут мира АК, прежде чем она подсластилась в Бине, в свойстве милосердия, мир не мог существовать...»
[322] См. «Предисловие книги Зоар», пп. 122-123, в комментарии Сулам.
[323] См. «Предисловие книги Зоар», п. 123.
[324] См. выше, п. 254.

Все грехи, совершаемые человеком, основываются на открытии этой наготы и приводят к тому, что раскрывается в Малхут точка меры суда, изгоняющая из нее света́ и называющаяся наготой. О ней-то и предупреждает Писание: «Не открывай»[317]. Когда человек исправляет свой грех, он должен произвести исправление сообразно с тем, что повредил этим открытием, т.е. снова укрыть ее. Это и называется возвращением, так как посредством укрывания он возвращает Малхут назад – к получению светов от Бины.

И на это намекает: «Не бери матери над детьми»[318]. Ибо, открыв наготу матери, он наносит вред и ей, поскольку от нее уходят света, и ее сыновьям, т.е. Исраэлю, так как им нечего получать от нее. И это означает: «И когда исправляется мир внизу, исправляется всё, пока не поднимается исправление к святой матери». То есть, когда человек совершает возвращение внизу, исправляется открытие наготы, совершенное им в Малхут, «и укрывается от того, что открылось» – когда нагота, являющаяся точкой меры суда, снова укрывается, то есть снова сокрыта, а точка меры милосердия властвует. И поэтому написано: «Счастлив тот, чье преступление прощено, и чей грех покрыт»[319], т.е. от греха, которым является открывшаяся нагота, она снова укрылась. «И тогда она называется возвращением, – разумеется, возвращением», – потому что возвращается в Бину. «И называется тогда Днем искупления», ибо когда Малхут возвращается в Бину, она называется Днем искупления.

257) «Сказал рабби Йегуда: "Когда называется" Малхут "возвращением? Это когда мать", то есть Малхут, "укрывается", иначе говоря, когда снова укрывается точка меры суда, называемая наготой, "и стоит в радости над сыновьями", т.е. дает им всё благо. "Как написано: "Мать, радующаяся сыновьям"[325]. И возвращается она к существованию", к тому, какой она была, прежде чем нанесли ей ущерб. "И тот, кто был" до этого, "закрыт и упрятан", т.е. точка меры суда, которая раньше была закрыта и упрятана, "вернулся на свое место", – т.е. вернулась в место своего укрытия. "И все ступени возвращаются одна к другой", т.е. каждая нижняя ступень поднимается к верхней, "и каждая из них благословляется. И тогда называется

---

[325] Писания, Псалмы, 113:9. «Превращает хозяйку дома в мать, радующуюся сыновьям. Алелуйа».

возвращением, просто возвращением, – чтобы включить всё"», когда все ступени снова исправились.

258) «Сказал рабби Ицхак: "Когда мир", т.е. Малхут, "исправляется, весь он исправляется вместе, сразу". Поскольку "написано: "Ибо велика, выше небес, милость Твоя"[326]. "Выше небес"[326] – то есть Малхут "поднимается выше места, которое называется небесами. И кто она? Это Има", то есть Бина. Ибо Зеир Анпин называется небесами, а над Зеир Анпином – Бина. Когда Малхут поднимается туда, она исправляется сразу, как Има, "и называется возвращением"», так как возвращается к Бине.

259) «Рабби Йегуда сказал: "Ведь написано точно: "Выше небес"[326]. Если бы было написано: "Над небесами", это означало бы то место, что стоит над небесами", Бину, "и не более. Если сказал: "Выше небес"[326], это означает то место, что стоит над небесами высоко-высоко"», – т.е. Атика Кадиша, как мы еще выясним.

260) «"Мы ведь учили, что в то время, когда действия внизу исправлены, и мать пребывает в радости, раскрывается Атика Кадиша", т.е. Кетер, "и свет возвращается к Зеир Анпину. И тогда все в радости, и все в совершенстве, и благословения пребывают во всем. И милосердие готово, и все миры в радости. Это означает: "Он вернется, смилуется над нами, скроет провинности наши"[327]. Кто "вернется"[327]? То есть Атика Кадиша вернется, чтобы раскрыться в Зеир Анпине, так как вернется к раскрытию из того, что было скрыто сначала, и всё это называется возвращением"» – благодаря Атике Кадиша, который возвращается к раскрытию.

261) «Сказал рабби Йегуда: "Всё это в целом вернется", подобно Атике Кадиша, "просто всё", без различия. "И написано: "Дабы возвратился Творец от ярости гнева Своего и оказал тебе милость"[328]. Сказал рабби Ицхак: "Всё это, конечно", в полном возвращении. "И так мы объяснили эти вещи перед рабби Шимоном"».

---

[326] Писания, Псалмы, 108:5. «Ибо велика, выше небес, милость Твоя, и до облаков – истина Твоя».

[327] Пророки, Миха, 7:19. «Он вернется, смилуется над нами, скроет провинности наши. И Ты ввергнешь в глубины моря все грехи их».

[328] Тора, Дварим, 13:18. «И да не прилипнет к твоей руке ничего из уничтожаемого, дабы возвратился Творец от ярости гнева Своего и оказал тебе милость, и помиловал тебя и размножил, как поклялся Он твоим отцам».

То возвратит награбленное

262) «Там спросили товарищи: "Почему о награбленном написано: "То возвратит награбленное"[329], и не более", а о воре сказано, чтобы заплатил вдвое, вчетверо и в пять раз больше? И отвечает: "Однако, мы объясняли так: "Этот", грабитель, "приравнял высший страх к низшему", – к страху перед человеком, т.е. он не страшится ни Творца, ни людей. "А тот, что украл, поставил перед собой низший страх" перед людьми, "а не высший страх"». И получается, что для него важнее страх перед человеком, чем страх пред Творцом.

263) «"Что написано выше: "Если душа (нефеш) согрешит"[330]. И это, как мы сказали, что Тора и Творец поражаются ей и говорят: "Если душа (нефеш) согрешит"[330].[331] И написано: "Если душа (нефеш) поступит неверно"[332], "Или душа (нефеш) поклянется"[333]. Сказал рабби Ицхак: "Нефеш написано" во всех них, "а не руах или нешама", поскольку руах и нешама не грешат, а получают ущерб из-за нефеш, которая согрешила. А здесь", с награбленным, "гуф и нефеш. Как написано: "Если согрешил и виновен, то возвратит награбленное"[329]. О том, кто начинает исправлять свои действия"», написано: «То возвратит»[329], «"как мы сказали.[334] "То возвратит"[329], что возвратит? Но это как тот, кто исправляет свои действия, чтобы вернулись источники воды", т.е. высшее изобилие, "на свое место и орошали насаждения", т.е. сфирот. "Ведь это он своими грехами привел их к лишению изобилия. И об этом" сказано: "То возвратит награбленное"[329], как мы уже говорили"».

---

[329] Тора, Ваикра, 5:23. «И будет, если согрешил и виновен, то возвратит награбленное, которым он завладел, или присвоенное, которое он выдает за свое, или вклад, который был ему доверен, или пропажу, которую нашел».

[330] Тора, Ваикра, 4:1-2. «И сказал Творец Моше, говоря: "Скажи сынам Исраэля так: если кто-нибудь (досл. душа) согрешит по ошибке, нарушив какую-либо из запрещающих заповедей Творца, и сделает что-либо наперекор одной из них..."»

[331] См. выше, п. 209.

[332] Тора, Ваикра, 5:15. «Если кто-либо (досл. душа) поступит неверно и согрешит неумышленно, (взяв) от святынь Творца, то принесет свою повинную жертву Творцу: овна без порока, из мелкого скота, по оценке твоей серебряными шекелями по шекелю священному, в повинную жертву».

[333] Тора, Ваикра, 5:4-5. «Или кто-нибудь (досл. душа) поклянется устами своими во вред себе или на пользу, или о том, о чем человек обычно клянется, и забыл об этом, а затем узнал, что виновен, то в любом из этих случаев, если виновен он, пусть исповедуется в грехе, который совершил».

[334] См. выше, п. 251.

ГЛАВА ВАИКРА

Праведник, как пальма, расцветет

264) «Рабби Аба сидел перед рабби Шимоном. Вошел рабби Эльазар, сын его. Сказал рабби Шимон: "Написано: "Праведник, как пальма, расцветет"[335]. Что значит: "Как пальма"[335]?" И отвечает: "Ибо из всех деревьев мира ни одно не задерживается с цветением так, как пальма, которая вырастает к семидесяти годам. Но почему" праведника уподобляют "пальме? И хотя Писание свидетельствует об этом, товарищи не хотят раскрывать этого"».

265) «Но "праведник как пальма расцветет"[335] сказано о вавилонском изгнании, что Шхина вернулась на свое место лишь по окончании семидесяти лет. Это смысл сказанного: "Когда исполнится семьдесят лет Вавилону, вспомню Я о вас"[336]. И потому "праведник как пальма расцветет"[335], – когда достигнут захар и некева семидесяти лет. "Праведник"[335] – это Творец", который вернулся в Вавилон после семидесяти лет, и это означает: "Ибо праведен Творец, праведность любит Он"[337]. И написано: "Творец праведен"[338]. И написано: "Прославляйте праведника за добро"[339]». Таким образом, Творец зовется праведником.

266) «"Как кедр в Леваноне возвысится"[335]. Что значит "кедр"[335]?" И отвечает: "Это Творец. Ибо написано: "Юноша, как кедры"[340]. "В Леваноне возвысится"[335], – конечно, в Леваноне, и это Эден, который наверху", т.е. Хохма, "о котором сказано:

---

[335] Писания, Псалмы, 92:13. «Праведник как пальма расцветет, как кедр в Леваноне возвысится».

[336] Пророки, Йермияу, 29:10. «Ибо так сказал Творец: "Когда исполнится семьдесят лет Вавилону, вспомню Я о вас и исполню для вас доброе слово Мое о возвращении вас на это место"».

[337] Писания, Псалмы, 11:7. «Ибо праведен Творец, праведность любит Он, к честным обращен лик Его».

[338] Тора, Шмот, 9:27. «И послал Фараон, и призвал Моше и Аарона, и сказал им: "Согрешил я на сей раз, Творец праведен, я же и мой народ виновны"».

[339] Пророки, Йешаяу, 3:10. «Прославляйте праведника за добро, ибо плоды деяний своих они вкушают».

[340] Писания, Песнь песней, 5:15. «Голени его – столбы мраморные, поставленные на золотых подножиях, вид его – как Леванон, юноша, как кедры».

"Глаз, который не видел иных божеств, но лишь Тебя"³⁴¹. И этот кедр", т.е. Зеир Анпин, "возвысится в том высшем месте"», т.е. когда поднимется туда.

267) «"И это в последнем изгнании", Творец – "Он как этот кедр, который задерживается" с цветением и "ростом. И с того часа, как вырастает, и пока не утвердится", т.е. пока не наступит избавление, – "это день", т.е. день Творца, составляющий тысячу лет, "и начало второго дня, пока он не создаст тень в свете дня", т.е. после полудня, когда солнце начинает садиться, и это в дне Творца по прошествии пятисот лет. А после тысячи пятисот лет наступит избавление. "И кедр вырастает только при напоении водой, как написано: "Как кедры при водах"³⁴². Так "кедр в Леваноне возвысится"³³⁵, поскольку оттуда", из Леванона, т.е. Хохмы, "проистекает водный источник и река", т.е. Бина, "чтобы орошать" кедр. "А кедр – это Творец", т.е. Зеир Анпин, получающий орошение, "как написано: "Юноша, как кедры"³⁴⁰».

268) «"Насажденные в доме Творца"³⁴³ – это "ко времени царя Машиаха. "Во дворах Всесильного нашего расцветут они"³⁴³ – это "при возрождении мертвых. "Еще и в старости расти будут"³⁴³ – это "в день, когда мир будет разрушен", т.е. в седьмое тысячелетие. "Станут тучны и сочны"³⁴³ – это "затем", когда мир отстроится заново, "как написано: "Небеса новые и земля новая"³⁴⁴. И тогда: "Радоваться будет Творец делам Своим"³⁴⁵ написано. И почему до такой степени?" – Это, "чтобы возвещать, что справедлив Творец, крепость моя, и нет в Нем несправедливости"³⁴⁶».

---

³⁴¹ Пророки, Йешаяу, 64:3. «И никогда не слышали, не внимали; глаз, который не видел иных божеств, но лишь Тебя, даст Он уповающему на Него».

³⁴² Тора, Бемидбар, 24:5-6. «Как прекрасны шатры твои, Яаков, жилища твои, Исраэль! Как ручьи извиваются они, как сады при реке, как алоэ, посаженное Творцом, как кедры при водах».

³⁴³ Писания, Псалмы, 92:14-15. «Насажденные в доме Творца, во дворах Всесильного нашего расцветут они. Еще и в старости расти будут, станут тучны и сочны».

³⁴⁴ Пророки, Йешаяу, 66:22. «Ибо как небеса новые и земля новая, которые создаю Я, упрочены будут предо Мной, – слово Творца, – так упрочено будет семя ваше и имя ваше».

³⁴⁵ Писания, Псалмы, 104:31. «Пребудет слава Творца вовеки, радоваться будет Творец делам Своим».

³⁴⁶ Писания, Псалмы, 92:16. «Чтобы возвещать, что справедлив Творец, крепость моя, и нет в Нем несправедливости».

ГЛАВА ВАИКРА

Ропщущий отвергает Властелина

269) «Еще провозгласил и сказал: "Человек коварный распространяет раздор, а ропщущий отвергает Властелина"[347]. "Человек коварный распространяет раздор"[347] – это, "как мы сказали, что грешники причиняют ущерб наверху". Поскольку раздор означает – ущерб. "А ропщущий отвергает Властелина"[347] – т.е. он отвергает Властелина мира, а это Творец"».

270) «Другое объяснение. "Человек коварный распространяет раздор"[347]. Что значит "распространяет"[347]?" – т.е. распространяет в этих насаждениях", т.е. ЗОН, "раздор", т.е. приводит их к тому, "чтобы питались от стороны суда", левой линии Бины, являющейся судом. И раздор означает – суд. "А ропщущий отвергает Властелина"[347] – это как мы сказали, что грешники причиняют ущерб наверху. "Отвергает"[347] – т.е. нет единства", между Зеир Анпином и Нуквой (ЗОН), "так как он отделяет Царицу от Царя, и Царя от Царицы. И потому Он не зовется единым, потому что единым Он зовется только когда" Зеир Анпин и Малхут, "они в полном единстве. Горе тем грешникам, которые вызывают разъединение наверху. Счастливы праведники, которые воплощают высшее существование", т.е. единство ЗОН. "И счастливы совершившие возвращение, которые возвращают всё на свое место"».

271) «"И поэтому мы учили, что в том месте, где пребывают совершившие возвращение, не пребывают завершенные праведники. В чем причина?" И отвечает: "Ведь они", совершившие возвращение, "исправились в высшем месте, в месте, где находится живительная влага сада", т.е. в Бине, которая орошает сад, Малхут. "И это возвращение", как объяснялось выше, что возвращает Малхут к Бине. "Поэтому они называются совершившими возвращение. А эти", завершенные праведники, "исправились в другом месте, которое зовется праведником"», т.е. в Есоде Зеир Анпина.

272) «"И потому эти", совершившие возвращение, "пребывают в высшем месте", т.е. в Бине, "а эти", завершенные праведники, "пребывают в малом месте", т.е. в Есоде Зеир Анпина. "И в чем причина? В том, что эти"», совершившие возвращение,

---

[347] Писания, Притчи, 16:28. «Человек коварный распространяет раздор, а ропщущий отвергает Властелина».

"возвращают воды", т.е. изобилие, "на свое место, – из высшего места глубокой реки", Бины, "до того места, которое называется праведником", т.е. Есода Зеир Анпина. "А завершенные праведники притягивают изобилие из того места, где они находятся", т.е. из Есода Зеир Анпина, "в этот мир. И потому эти", совершившие возвращение, "являются высшими, а эти", завершенные праведники, "являются нижними. Счастлив удел совершивших возвращение", которые привлекают изобилие из Бины в Есод Зеир Анпина. "И счастлив удел праведников, благодаря которым существует мир"», и они привлекают изобилие из Есода Зеир Анпина в этот мир.

273) «"И это то, что написано: "И будет, если согрешил и виновен"[348]. Что написано выше: "Или нашел пропажу и отрицал это"[349]. Ибо" согрешивший делает ущерб наверху, и "поэтому уходит Творец из всего. Творец как будто не существует, потому что Кнессет Исраэль", т.е. Малхут, "отделилась от своего места, и это означает: "Утрачена вера"[350]. Что такое вера? Это Кнессет Исраэль, как сказано: "И веру Твою – по ночам"[351], и ночь – это Малхут. "Утрачена (авдá אָבְדָה) вера"[350] – это как сказано: "За что пропала (авдá אָבְדָה) земля"[352]. И всё это – одно целое", так как Малхут называется верой и называется землей. "И мы ведь объясняли, что написано: "Пропала"[352], и это значит, что Малхут утратила супруга своего, т.е. Есод. "И не написано: потерялась или потеряна", – это означало бы, что она сама потерялась. Подобно этому сказано: "Праведник пропал"[353]. Не потерян или потерялся, а пропал, так как он утратил свою супругу – Малхут. "И это означает: "Утрачена

---

[348] Тора, Ваикра, 5:23. «И будет, если согрешил и виновен, то возвратит награбленное, которым он завладел, или присвоенное, которое он выдает за свое, или вклад, который был ему доверен, или пропажу, которую нашел».

[349] Тора, Ваикра, 5:22. «Или нашел пропажу и отрицал это, и клялся ложно об одном из всего, что делает человек, греша этим».

[350] Пророки, Йермияу, 7:28. «Поэтому скажи им: "Это народ, который не внимал голосу Творца Всесильного своего, и не принимал наставления! Утрачена вера, и исчезла она с уст их"».

[351] Писания, Псалмы, 92:3. «Возвещать утром милость Твою, и веру Твою – по ночам».

[352] Пророки, Йермияу, 9:11. «Есть ли такой мудрец, который понял бы это и с кем говорил бы Творец, – пусть объяснит он, за что пропала земля, опустошена, как пустыня, которую не пройти».

[353] Пророки, Йешаяу, 57:1. «Праведник пропал, и нет человека, принимающего к сердцу, и мужи благочестия погибают, и никто не понимает, что от зла погиб праведник».

вера"³⁵⁰. Поэтому сказано: "То возвратит награбленное... или пропажу"³⁴⁸». Потому что Малхут, потерпевшая ущерб из-за его греха, называется пропажей, и нужно вернуть эту пропажу праведнику, т.е. Есоду, который утратил ее.

Есть места в аду
(Раайа меэмана)

274) «"Сказал верный пастырь", т.е. Моше: "В аду есть места, записанные за публичными осквернителями субботы, которые не совершили возвращения из этого осквернения. И есть над ними правители. А также есть в аду места для тех, кто открывает наготу, и для тех, кто открывает лик в Торе не должным образом, и для тех, кто проливает чистую кровь, и для тех, кто дает ложную клятву, и для тех, кто лежит с нечистой (нида́), или с дочерью чужого бога, или с блудницей, или с рабыней, и даже для тех, кто нарушает триста шестьдесят пять запретительных заповедей"».

275) «"Для каждого греха есть место в аду, и есть правитель над ним. А Сатан, являющийся злым началом его, управляет всеми грехами и местами, и правителями, которые над ними. И если совершил возвращение, что написано: "Я стер, как туман, преступления твои"[354] – т.е. стираются записи о каждом грехе грешников из их мест в аду"».

276) «"А есть грехи, записанные наверху, а не внизу", в этом мире. "А есть те, что записаны внизу, а не наверху. А есть такие, что записаны внизу и наверху". Если грехи "стираются внизу", в этом мире, когда совершает возвращение, "стираются наверху, когда совершает возвращение. И еще объяснили авторы Мишны. У грешника прегрешения его высечены у него на костях, у праведника заслуги его высечены у него на костях. Почему? Это, чтобы были они записаны среди нарушителей для опознания в них. И раздается над ним голос: "Это грешник, да сгорят его кости в аду"».

277) «"И мы объясняли, что души грешников, они и являются вредителями в мире. И приговор им установили авторы Мишны, – что душа их сгорает и становится прахом под ногами праведников. И в чем они сгорают? В огне престола", т.е. Малхут, "о котором сказано: "Престол его – искры огненные,

---

[354] Пророки, Йешаяу, 44:22. «Я стер, как туман, преступления твои и, как облако, грехи твои; обратись ко Мне, ибо Я избавил тебя».

колеса – пылающий огонь"[355]. Иными словами, в огне четырех огненных созданий, вращающих престол суда, и это Адни, на который указывает изречение: "Суд правления (малхут) – это суд"[356]».

---

[355] Писания, Даниэль, 7:9. «И смотрел я, пока не были сброшены престолы. И сидел старец в годах, одежда его бела как снег, а волосы на голове его как чистая шерсть; престол его – искры огненные, колеса – пылающий огонь».

[356] Вавилонский Талмуд, трактат Бава кама, лист 113:1.

ГЛАВА ВАИКРА

Река Динур

278) «"И та река, о которой сказано: "Река Динур (огненная река), исходит и протекает перед ним"[357]. Души праведников окунаются и очищаются в ней, а души грешников приговариваются в ней и сгорают перед ней, как солома перед огнем. И это огонь, пожирающий огонь. АВАЯ (הויה) с огласовкой Элоким (אלהים)", т.е. Бина, – "это солнце. Его укрытие – это Адни (אדני). И это тайна, которую объяснили, что в грядущем будущем Творец извлечет солнце из укрытия", т.е. имя Адни (אדני), а это Малхут, не будет покрывать имя АВАЯ (הויה) с огласовкой Элоким (אלהים), т.е. Бину, и тогда раскрывается огонь суда, что в левой линии Бины, без укрытия Малхут. "Праведники исцеляются им, а нечестивцы приговариваются им"».

279) «"И от" огня "созданий престола суда спускался огненный лев, чтобы пожрать и сжечь жертвы и правителей. Ибо на каждый орган, которым прегрешил, есть один губитель-обвинитель", назначенный над ним, "как мы уже объясняли. Совершил одно прегрешение – приобрел себе одного обвинителя. И тотчас спускался огонь свыше, сжигая органы, сальники и эмурим[358] быков, баранов, козлов и коз. И это" тайна "АВАЯ, когда нисходит как огненный лев, чтобы сжечь их, – сгорают их органы, и сгорают губители, назначенные над согрешившими органами, и искупаются грехи Исраэля, которые являются органами Шхины"».

280) «"В это время приближаются создания, назначенные над заслугами, которые от престола милосердия, и это возвращение", то есть "высшая мать (Има илаа́)", Бина. "И с помощью чего они приближаются? – С помощью имени АВАЯ (הויה), которое входит в них. И потому это "жертва Творцу (АВАЯ)", ибо нет того, кто смог бы приблизить создания и основы, и водворить мир между ними, кроме этого имени" АВАЯ, т.е. Зеир Анпина, средней линии, "когда с помощью имени Его" АВАЯ "приближается вода к огню", т.е. правая линия к левой линии, "и они не гасят друг друга. А дух", т.е. средняя линия, "приближается к праху", Малхут, "и нет разделяющего их"».

---

[357] Писания, Даниэль, 7:10. «Огненная река исходит и протекает перед ним, тысячи тысяч служат ему, и десять тысяч десятков тысяч стоят перед ним; суд сел, и книги открылись».

[358] Части жертв, которые сжигались на жертвеннике: две почки, перепонка с печени и курдюк.

ГЛАВА ВАИКРА

Шесть сочетаний йуд-хэй-вав

281) «"В то время эти создания и основы, о которых говорилось выше, совершенны и называются святыми, так как нет среди них нечистых. И еще, совершенны – это последняя хэй (ה)" имени АВАЯ (הויה), т.е. Малхут, "которая является совершенством среднего столпа", Зеир Анпина, "во всех АВАЯ, включенных" в Зеир Анпине "во все его шесть окончаний, и это шесть сфирот"» ХАГАТ НЕХИ. Ибо сам Зеир Анпин – это йуд-хэй-вав (יה"ו) де-АВАЯ (הויה), в которых шесть сочетаний, как мы еще выясним, а последняя хэй (ה) восполняет его в каждом сочетании.

282) «"И смысл сказанного", как говорит в книге Ецира[359]: "Запечатал высь и обратился наверх, в йуд-хэй-вав (יה"ו) с правой стороны, и это Хесед", первое сочетание. "В хэй-вав-йуд (הו"י) с левой стороны, и это Гвура", второе сочетание. "Вав-хэй-йуд (וה"י) в среднем столпе", и это Тиферет, третье сочетание. "Йуд-вав-хэй (יו"ה) в Нецахе", и это четвертое сочетание. "Хэй-йуд-вав (הי"ו) в Ходе", и это пятое сочетание. "Вав-йуд-хэй (וי"ה) в Есоде", и это шестое сочетание. "А дерево, которое содержит их все, – это Тиферет", потому что Тиферет содержит весь ВАК. "И это дерево, дающее плод. А потому место подножия дерева – имя йуд-хэй-вав (יה"ו)". Намекает этим, что Тиферет называется только тремя буквами йуд-хэй-вав (יה"ו), а последняя хэй (ה) – это Малхут, соединяющаяся с ним. И потому его ВАК определяются шестью сочетаниями йуд-хэй-вав (יה"ו). "Точно так же в каждой АВАЯ (הויה)" из ВАК есть "последняя хэй (ה), восполняющие АВАЯ (הויה)", т.е. последняя хэй (ה) восполняет АВАЯ (הויה), "и все АВАЯ (הויה)", что в ВАК, "которые содержатся в ней. Подобно этому, йуд-хэй-вав (יה"ו) с хэй (ה) – это йуд-хэй вав-хэй (יה"ה וה"י), хэй-вав-йуд (הו"י) с хэй (ה) – это АВАЯ (הויה"ה), а вав-хэй-йуд (וה"י) с хэй (ה) – это вав-хэй-йуд-хэй (והיה). И точно так же – остальные АВАЯ"».

283) «"И" эти шесть сочетаний йуд-хэй-вав (יה"ו) – "это восемнадцать (хай – ח"י) букв шести окончаний" ХАГАТ НЕХИ, "включенных в праведника, оживляющего (хай חי) миры", т.е. Есод Зеир Анпина. "И с хэй (ה)", т.е. Малхут, "становится хая (חיה). И внутренний смысл этого – это хэй (ה) наподобие ковчега Ноаха", т.е. Малхут, "в котором собралось от каждого вида

---

[359] См. Сефер Ецира, 1:13.

пара-пара, семь-семь для жертвы. Пара-пара – это четыре, а семь-семь – это четырнадцать", и вместе – "это восемнадцать (йуд-хэт יח)". А сам ковчег, в нем хэй (ה)", поскольку это Малхут. "И восполняется" слово "хая (חיה)"».

284) «"И в праведника", Есод, "включены шесть ступеней", т.е. шесть окончаний. "И поэтому установили истолковывать сон к добру с помощью трех упоминаний о мире", – т.е. трех изречений, в которых упомянут мир, "с помощью трех упоминаний о выкупе", – трех изречений, в которых упомянут выкуп,[360] ибо Есод – "это вав (ו), и они" вместе "в числовом значении – шесть", соответственно шести ступеням Есода. Ибо истолкование сна к добру осуществляется с помощью Есода. "И это – лестница, которая во сне Яакова, состоящая из шести сфирот. "Поставлена на землю"[361] – это "нижняя Шхина", т.е. Малхут, называемая землею, "и это последняя хэй (ה). "А вершина ее"[361] – это йуд (י), и в ней праведник", Есод, "седьмой". Объяснение. Ибо йуд (י) – это Хохма, которая в Име, и когда начинают считать от Бины, то есть Имы, Есод будет седьмым. "Достигает небес"[361] – это высшая Има, и это верхняя хэй (ה)", т.е. Бина, которая в Бине, "и со стороны сна", являющегося свойством левой линии,[362] "хэй (ה) властвует над йуд (י), которая является вершиной лестницы", и это скрытый смысл "хэй-йуд (הי)" от Элоким (אלהים). И поэтому: "И вот, ангелы Всесильного (Элоким) восходят и нисходят по ней"[361], а не ангелы АВАЯ (הויה)"».

285) «"Эти буквы в их (обычной) последовательности", то есть йуд-хэй (יה) вав-хэй (וה), "поднимаются в точке холам, являющейся Кетером, над четырьмя буквами, которые распространяются от Хохмы до святой Малхут, так как Хохма – это йуд (י), Бина – это хэй (ה), шесть сфирот" ХАГАТ НЕХИ – "это вав (ו), Малхут – это последняя хэй (ה), холам – это Кетер над всеми буквами"».

(До сих пор Раайа меэмана)

---

[360] См. Вавилонский Талмуд, трактат Брахот, лист 55:2.
[361] Тора, Берешит, 28:12. «И снилось ему: вот лестница поставлена на землю, а вершина ее достигает небес; и вот ангелы Всесильного восходят и нисходят по ней».
[362] См. Зоар, главу Ваеце, п. 45. «Чем отличается пророчество от сновидения...»

ГЛАВА ВАИКРА

Скажи мне, любовь души моей

286) «"Если помазанный коэн согрешит в вину народу"[363]. Рабби Аба провозгласил: "Скажи мне, любовь души моей, где пасёшь ты?"[364] "Если ты не знаешь, прекраснейшая из женщин, то пойди по следам овец, и паси козлят своих у шатров пастушьих"[365]. Эти изречения объяснили товарищи о Моше в час, когда он ушел из мира. Когда сказал: "Да назначит Творец, Всесильный духа всякой плоти, мужа над этой общиной, который бы выходил перед ними"[366]». И сказал тогда Творцу: «Скажи мне, любовь души моей, где пасёшь Ты?»[364] – кого Ты назначаешь пасти Исраэль. «"И мы учили, что говорится об изгнании"».

287) «"И смотри, эти изречения – Кнессет Исраэль", Малхут, "сказала их святому Царю", Зеир Анпину. "Скажи мне, любовь души моей"[364]». «Любовь души моей»[364] не означает, что моя душа любит, а – любящий мою душу, «"как сказано: "Любовь души моей не видали ли вы?"[367] Святому Царю было сказано: "Ты, любовь души моей, где пасёшь?"»

288) «"В книге рава Амнуна Савы сказал: "Всё время, пока Кнессет Исраэль находится с Творцом, как бы Творец пребывает в совершенстве и кормит этим желанием Себя и других. Себя" – это значит, "что Он питает Себя вскармливанием от молока высшей Имы", т.е. получает наполнение Бины. "И тем питанием, которым вскармливался, Он насыщает всех остальных и вскармливает их. И мы учили, что сказал рабби Шимон: "Всё время, пока Кнессет Исраэль находится с Творцом, Творец в совершенстве и радости, и пребывают с Ним благословения,

---

[363] Тора, Ваикра, 4:3. «Если помазанный коэн согрешит в вину народу, то принесет он за свой грех, который он совершил, молодого тельца, без порока, Творцу в очистительную жертву».

[364] Писания, Песнь песней, 1:7. «Скажи мне, любовь души моей, где пасёшь ты, где делаешь привал (со стадом своим) в полдень? Зачем (укрываться) мне под покрывалом возле стад товарищей твоих?»

[365] Писания, Песнь песней, 1:8. «Если ты не знаешь, прекраснейшая из женщин, пойди по следам овец, и паси козлят своих у шатров пастушьих».

[366] Тора, Бемидбар, 27:15-17. «И сказал Моше Творцу, говоря: "Да назначит Творец, Всесильный духа всякой плоти, мужа над этой общиной, который бы выходил перед ними и который входил перед ними; и который бы выводил их и который приводил их, чтоб не была община Творца, как овцы, у которых нет пастыря"».

[367] Писания, Песнь песней, 3:3. «Повстречали меня стражи, обходящие город: "Любовь души моей не видали ли вы?"»

и исходят от Него ко всем остальным", т.е. во все миры. "А всё время, пока Кнессет Исраэль не находится с Творцом, как бы прекращаются благословения у Него и у всех остальных"».

289) «"И скрытый смысл этого: в любом месте, в котором не находятся захар и нуква, благословения не пребывают над ним. И потому Творец плачет и рыдает, как сказано: "Громко взывает Он над обителью Своей"[368]. И что Он говорит: "Горе, ибо разрушил Я дом свой и сжег чертог свой"[369]».

290) «"И в час, когда Кнессет Исраэль уходила в изгнание, сказала пред Ним: "Скажи мне, любовь души моей"[364]. Ты – любовь души моей, Ты, в Ком вся любовь души моей, как будешь Ты кормить Себя от глубины реки, изобилие которой не иссякает?", т.е. от Бины.[370] "Как будешь Ты кормить себя от свечения высшего блаженства?", т.е. от Хохмы. "Где сделаешь привал в полдень?"[364] Как Ты будешь питать всех остальных, которые насыщаются влагой от Тебя всегда?"»[370]

291) «"А я питалась от Тебя каждый день и насыщалась влагой, и я насыщала влагой все нижние" миры, "и Исраэль питались от меня. А теперь, "зачем (укрываться) мне под покрывалом?"[364], – как я буду укрываться без благословений? И когда понадобятся эти благословения, не найдут их в руке моей. "Возле стад (досл. над стадами) товарищей Твоих"[364], – как я буду стоять над ними, не пася и не питая их? "Стада товарищей Твоих"[364] – это Исраэль, сыновья отцов", Авраама, Ицхака и Яакова, "являющих собой высшее святое строение"», ХАГАТ Зеир Анпина. И потому она называет их «товарищи Твои»[364].

292) «"Сказал ей Творец", Кнессет Исраэль: "Оставь Мое" – то есть, чтобы не говорила, чего недостает Зеир Анпину. "Ибо Мое – это то, что утаено от познания. Но "если ты не знаешь"[365] того, что касается "тебя самой, то вот тебе совет, "прекраснейшая из женщин"[365], – это как сказано: "Как прекрасна ты,

---

[368] Пророки, Йермияу, 25:30. «А ты пророчествуй о них все слова эти и скажи им: "Творец из высей возгремит, из святого жилища Своего вознесет голос Свой, громко взывает Он над обителью Своей; и, как топчущие (виноград) в давильне, громко призовет Он всех жителей земли"».

[369] См. Вавилонский Талмуд, трактат Брахот, 3:1. «Горе сыновьям, за грехи которых разрушил Я дом свой и сжег чертог свой, и изгнал их в среду народов мира».

[370] См. выше, п. 288.

подруга моя"³⁷¹, – т.е. это имя Кнессет Исраэль. "Пойди по следам овец"³⁶⁵, – это праведники, попираемые меж пят", то есть все попирают их ногами, "и ради них будет дана тебе сила существовать. "И паси козлят своих у шатров пастушьих"³⁶⁵ – это обучающиеся у мудрецов, ради которых существует мир и которые дают силы Кнессет Исраэль в изгнании. "Шатры пастушьи" – это школы мудрецов, места́ обучения, в которых всегда присутствует Тора"».

293) «"Другое объяснение. "Если ты не знаешь, прекраснейшая из женщин"³⁶⁵. Смотри, в час, когда праведники находятся в мире, и есть эти обучающиеся у мудрецов, и занимаются Торой, тогда может Кнессет Исраэль существовать с ними в изгнании. А если нет", если их нет в достаточной мере, как бы "она и они не могут существовать в мире. И если есть праведники – они уличаются первыми" и умирают, чтобы искупить людей своего поколения. "Если же нет, то эти козлята, ради которых существует мир, уличаются первыми, и Творец забирает их из мира, хотя нет в них греха. И мало того, Он удаляет от Себя Кнессет Исраэль, и она уходит в изгнание"».

---

[371] Писания, Песнь песней, 1:15. «Как прекрасна ты, подруга моя, как ты прекрасна! Глаза твои – голуби».

Если помазанный коэн согрешит

294) «"Это означает: "Если помазанный коэн согрешит в вину народу"[363]». «Помазанный коэн»[363] – это Творец. «"И почему согрешит? Из-за вины народа, из-за прегрешений мира, которые привели Его к этому. Конечно же, "в вину народу"[363], а не по Своей вине. "Согрешит"[363] – означает, что "заберет Свое благо, и судит всех судом. Как сказано: "То стану я и сын мой Шломо согрешившими"[372]. Другое объяснение. "Если помазанный коэн"[363] – это Творец, как мы уже сказали, "согрешит"[363] – означает, что "заберет у Кнессет Исраэль и у мира, т.е. не дает им благословений согласно их нужде. И почему это? Это "в вину народу"[363], конечно, – из-за прегрешений народа это"». И эти два объяснения близки одно к другому. И второе объяснение дополняет то, чего не хватает в первом.

295) «Провозгласил рабби Ицхак: "Вспомни Авраама, Ицхака и Исраэля, рабов Твоих"[373]. Это изречение непонятно, нужно было написать так: "Вспомни Авраама и Ицхака (וּלְיִצְחָק), и Исраэля". Почему написано: "Ицхака (לְיִצְחָק)"[373]?" без вав (ו). И отвечает: "Но мы так учили, что в любом месте левая (линия) включается в правую, и она в совокупности правой, ибо эта правая (линия) устанавливается всегда, чтобы включить в себя левую. И поэтому не разделяет"», написав: «И Ицхака (וּלְיִצְחָק)», так как вав (ו) отделяла бы Авраама от Ицхака, «"чтобы включить" Ицхака, являющегося левой (линией), "в Авраама", правую. "И поэтому написано: "Авраама, Ицхака"[373] – это одна общность". А затем: "И Исраэля"[373], – вторая общность, "потому что обоих он держит своими крыльями"». Иначе говоря, посредством сокрытия, называемого «крылья», которые происходят от экрана де-хирик в средней линии, называемой «Исраэль», он объединяет две линии, правую и левую, Авраама и Ицхака, и включает их вместе.[374] «"И он совершенен во всем"».

---

[372] Пророки, Мелахим 1, 1:21. «И может случиться, что когда почиет господин мой царь с отцами своими, то стану я и сын мой Шломо согрешившими».

[373] Тора, Шмот, 32:13. «Вспомни Авраама, Ицхака и Исраэля, рабов Твоих, которым клялся Ты Собою и говорил Ты им: "Умножу потомство ваше, как звезды небесные, и всю землю эту, как Я сказал, дам Я потомству вашему, и будут владеть вечно"».

[374] См. Зоар, главу Лех леха, п. 22, со слов: «Экран де-хирик, на который выходит средняя линия, происходит от свойства суда, имеющегося в Малхут, которое не подслащается милосердием Бины и называется "манула"...»

296) «"Которым клялся Ты Собою"³⁷³. Клятвою заклял Творец праотцев, высшими праотцами", т.е. ХАГАТ Зеир Анпина. "Это означает написанное: "Которым клялся Ты Собою"³⁷³, "Собою"³⁷³ – то есть "теми, кто наверху, теми, кто пребывает в Тебе". То есть Он поклялся Своими ХАГАТ. "И говорил Ты им: "Умножу потомство ваше… как Я сказал"³⁷³. Спрашивает: "Как Я сказал"³⁷³, "как Ты сказал" следовало сказать?"» Ибо нельзя утверждать, что Творец сказал: «Как Я сказал»³⁷³, поскольку теперь Он тот, кто поклялся и сказал им это. Но, несомненно, Моше сказал это, и следовало ему сказать: «Как Ты сказал». И отвечает: «"Однако же Творец сказал это праотцам и единожды и дважды"», и возможно, чтобы сказал им: «Как Я сказал»³⁷³, то есть, что уже говорил им. И еще, «как Я сказал»³⁷³ означает – "как Я хотел по желанию души Моей", и не должен говорить, что Он уже сказал им, "поскольку высказывание" означает – "желание, и это смысл слов: "Творец сказал, что будет обитать во мгле"³⁷⁵, и еще: "Что душа твоя ни скажет, сделаю я для тебя"³⁷⁶».

297) «"И будут владеть вечно"³⁷³. Спрашивает: "Что значит "вечно (ле-олáм לְעוֹלָם)"³⁷³?" И отвечает: "Это высший мир (олáм עוֹלָם)", т.е. Зеир Анпин, "и эта земля", т.е. Малхут, "включена в него и питается от него. А если эта земля отсылается" в изгнание, и не включена в Зеир Анпин, "почему она? "В вину народу"³⁶³ это"». И поэтому написано: «И будут владеть вечно»³⁷³, – т.е. Малхут объединится с Зеир Анпином навечно и не уйдет в изгнание. И тем самым разъяснил изречение: «Если помазанный коэн»³⁷³, т.е. Зеир Анпин, «согрешит»³⁷³, т.е. лишит единства Малхут, которая уйдет в изгнание, «в вину народу»³⁶³ это.

298) «Рабби Ицхак сказал: "Если помазанный коэн согрешит"³⁶³ – это коэн, который внизу, который поставлен для служения" в Храме, "и найден в нем грех, "в вину народу"³⁶³ это, конечно", и народ будет обвинен за это, ибо "горе тем, кто полагается на его служение. Так же и посланник общества, в котором найден грех, – горе тем, кто полагается на него". Сказал рабби Йегуда: "И тем более, коэн, – ведь весь

---

³⁷⁵ Пророки, Мелахим 1, 8:12. «Тогда сказал Шломо: "Творец сказал, что будет обитать во мгле"».
³⁷⁶ Пророки, Шмуэль 1, 20:4. «И сказал Йонатан Давиду: "Что душа твоя ни скажет, сделаю я для тебя"».

Исраэль, и высшие и нижние, все ждут и надеются благословиться посредством него"».

299) «"Ибо мы учили, что в час, когда коэн начинает возносить намерения и приносить высшую жертву", т.е. приближать единство Малхут с Зеир Анпином, – "все пребывают в благословении и радости. Правая (сторона)", т.е. Хесед, "начинает пробуждаться, а левая", суд, "включается в правую, и всё включается и связывается друг с другом, и благословляются все вместе. Таким образом, благодаря коэну благословляются высшие и нижние. И мы это уже объясняли. И потому", если согрешил, "надо принести за него жертву, чтобы искупился его грех"».

300) «Сказал рабби Йоси: "Мы ведь учили, что с помощью коэна искупается грех человека, когда он приносит за него жертву". Спрашивает: "Теперь, когда согрешил, кто принесет за него жертву и кто искупит его? Если скажешь, что он сам приносит за себя жертву, ведь он испорчен и недостоин того, чтобы благословлялись высшие и нижние. Ведь если нижние не благословляются посредством него,[377] то тем более высшие". Сказал рабби Йегуда: "Но нет, ведь сказано: "И совершит искупление за себя, и за свой дом"[378]. Зачем же нужен другой, чтобы искупить его за прегрешение, если он сам может совершить искупление за себя, как написано: "И совершит искупление за себя"[378]?"»

301) «Сказал рабби Хия: "Ведь известно, с каким местом связан великий коэн", т.е. с Хохмой, "и с каким местом связан другой коэн, и тот, кто зовется заместителем, известно", т.е. с Хеседом. "И поэтому другой коэн приносит жертву его", великого коэна, который называется помазанным коэном, "вначале, и поднимает ее до того места, с которым связан", т.е. до Хеседа Зеир Анпина. "А после того как коэн поднял ее", жертву, "до этого места", до Хеседа, "не препятствуют ему", великому коэну, "подняться на свое место", т.е. в Хохму, "чтобы искупился его грех. И поэтому другой коэн приносит за него его жертву. И поскольку приносит ее другой, и не очень-то

---

[377] См. выше, п. 298.
[378] Тора, Ваикра, 16:17. «И никого не будет в Шатре собрания, когда входит он, чтобы искупить в Святилище, пока он не выйдет; и совершит искупление за себя, и за свой дом, и за все общество Исраэля».

удовлетворяются посредством его", так как он может поднять ее только до Хеседа, а свойство великого коэна достигает Хохмы, то "затем он", сам великий коэн, "приносит жертву. И эти высшие присоединяются все, чтобы искупить его грех. И святой Царь соглашается с ними. Подобно этому, если молящийся ошибается, должен встать другой за него"».

Трубление в шофар

302) «Рабби Эльазар и рабби Аба сидели. Сказал рабби Эльазар: "Я видел, что мой отец в День рош а-шана и День искупления не хотел слышать молитву от кого бы то ни было, но только если он стоял над ним за три дня до этого, чтобы очистить его. И рабби Шимон говорил так: "Молитвой этого человека, которого я очищаю, искупается мир". И, тем более, что касается трубления в шофар, он не принимал трубления человека, который не был мудр, чтобы трубить с намерением в действии трубления"».

303) «"Как мы учили, что рабби Йеса Сава сказал: "Эти трубления – согласно их порядку. Первый" порядок "состоит из всех". Иначе говоря, состоит из шварим[379] и труа́[380], и порядок такой: ткиа́[381], шварим-труа, ткиа. "Второй" порядок: "одна" ткиа "по порядку" вначале, "и одна" ткиа "по порядку" в конце, и "большая Гвура", т.е. шварим, "между ними". И порядок такой: ткиа, шварим, ткиа. "Третий" порядок: "одна" ткиа "отсюда" в начале, "и одна" ткиа "отсюда" в конце, и просто "Гвура", т.е. труа, "между ними. Шварим поднимается" к Гвуре, "труа опускается" к Малхут. "Один – суровый" суд, т.е. шварим, "а другой – мягкий" суд, т.е. труа. "И это ведь уже объяснялось. И это десять звуков", т.е. ткиа-шварим-труа-ткиа ткиа-шварим-ткиа ткиа-труа-ткиа. "И это девять звуков", так как "один", который в середине первого порядка, т.е. шварим-труа не является двумя звуками, это "включение всего"», – иначе говоря, (является) одним звуком, включающим два. И поэтому нет более девяти звуков.

Объяснение. Это две Гвуры, одна – это левая линия Зеир Анпина, которая называется Ицхак, а вторая – это Малхут, которая выстраивается из левой линии. И она также Гвура, и поэтому Гвура Зеир Анпина называется большой Гвурой, а Малхут называется просто Гвурой. И трубления, в целом, они соответствуют трем линиям, т.е. (призваны) исправить левую линию, являющуюся судом, с помощью двух линий, правой и средней, называемых Авраам и Яаков, и это милость и милосердие. И это внутренний смысл двух ткиот, одна – в начале порядка, соответствующая Аврааму, другая – в конце порядка,

---

[379] Шварим – три звука средней протяженности.
[380] Труа – девять коротких звуков.
[381] Ткиа – длинный звук.

соответствующая Яакову. А между ними смягчается и подслащается Ицхак, являющийся левой линией.

Однако, есть два свойства левой линии, и это Гвура Зеир Анпина, называемая Ицхак, и просто Гвура, т.е. Малхут, как мы уже сказали. И обе их надо подсластить. Поэтому и нужны три порядка. Ибо шварим соответствует большой Гвуре, а труа соответствует просто Гвуре. И потому в первом порядке мы включаем две Гвуры вместе. И это означает сказанное: «Первый включает всё», и потому мы трубим: ткиа, шварим-труа, ткиа.

А во втором порядке мы подслащаем двумя ткиот только большую Гвуру, и это шварим. И поэтому говорит: «Второй (порядок): одна (ткиа) по порядку (в начале), одна (ткиа) по порядку (в конце), и большая Гвура между ними», – т.е. трубят так: ткиа, шварим, ткиа.

А в третьем порядке мы подслащаем двумя ткиот только простую Гвуру. И это означает сказанное: «Третий: одна – отсюда, и одна – отсюда, и Гвура между ними». Не говорит здесь: большая Гвура, а просто Гвура, т.е. Малхут, и это труа. И мы трубим здесь: ткиа, труа, ткиа.

Шварим означает, что звук прерывистый. Труа звучит как упрек и раздражение. И потому сказано: «Шварим поднимается», – т.е. шварим поднимается к Гвуре Зеир Анпина, «труа опускается» – т.е. труа опускается к Малхут. «Один – суровый», т.е. шварим, являющийся суровым судом, «один – мягкий», т.е. труа, являющийся мягким судом.

304) «"В этот день увенчивается Ицхак", Гвура и левая линия, "и он – глава праотцев. В этот день, написано: "Устрашились на Ционе грешники"[382]. В этот день был связан Ицхак, и связал всё, и Сара рыдает, и глас шофара очень громок. Счастлив удел того, кто прошел меж ними и спасся от них". Сказал рабби Аба: "Вот почему в этот день мы читаем главу" о связывании "Ицхака – ибо в этот день был связан Ицхак внизу и связался с тем, который наверху. Когда связался? В час, о котором сказано: "И связал Ицхака, сына своего"[383]».

---

[382] Пророки, Йешаяу, 33:14. «Устрашились на Ционе грешники, трепет объял лицемерных: "Кто из нас жить может? Огонь пожирающий! Кто из нас жить может?"»

[383] Тора, Берешит, 22:9. «И пришли на место, о котором сказал ему Всесильный. И построил там Авраам жертвенник, и разложил он дрова, и связал Ицхака, сына своего, и положил его на жертвенник, поверх дров».

Объяснение. В Рош а-шана возвращаются миры к первоначальному состоянию, то есть к тому, какой была Малхут в четвертый день действия начала творения, когда она облачала левую линию Бины, а Зеир Анпин – правую линию Бины, и тогда еще не соединились правая и левая линии вместе, и Хохма была без хасадим и не могла светить. Потому что Хохма не светит без хасадим. И это суть – суды и жалоба луны. И в качестве средства от этого Творец дал трубление в шофар, когда посредством гласа, исходящего из шофара, мы пробуждаем силу экрана де-хирик в Зеир Анпине, который является средней линией. И с помощью экрана де-хирик он уменьшает левую линию на ее ГАР, и тогда левая линия подчиняется правой и соединяется с ней,[384] и ВАК Хохмы, оставшиеся в левой линии, облачаются в хасадим, и тогда они светят. Как мы уже выяснили все это.[385] Таким образом, в День рош а-шана, посредством трубления в шофар, исправляется левая линия, чтобы она могла светить благодаря облачению в Хесед правой линии.

И это то, что он говорит: «В этот день увенчивается Ицхак», т.е. Ицхак, левая линия, увенчивается посредством облачения в хасадим и светит в свойстве ВАК де-ГАР, которое называется венцом (атара́). «И он – глава праотцев», так как свойство рош, т.е. ГАР, которые есть в ХАГАТ Зеир Анпина, зовущихся праотцами, они от Ицхака, поскольку его ВАК Хохмы – это свойство ГАР и рош. Однако правая линия, Авраам, – это свойство хасадим, которым недостает ГАР, так как ГАР бывает только от Хохмы. «В этот день, написано: "Устрашились на Ционе грешники"[382]», – так как грешники, желающие прилепиться к ГАР левой линии, которые пробуждают суд в мире, пребывают теперь в страхе, потому что экран де-хирик, пробудившийся от гласа шофара, уменьшил эти ГАР. И знай, что трубление в шофар и связывание Ицхака – это одно понятие. Ибо связывание Ицхака означает, что Авраам пробудил экран де-хирик, который в средней линии наверху, и посредством этой силы: «И связал Ицхака, сына своего»[383] – уменьшил ГАР Хохмы, что в левой линии, которые являются свойством Ицхака. И благодаря этому уменьшению включилась левая линия в правую,

---

[384] См. Зоар, главу Лех леха, п. 22, со слов: «Экран де-хирик, на который выходит средняя линия, происходит от свойства суда, имеющегося в Малхут, которое не подслащается милосердием Бины и называется "манула"...»

[385] См. Зоар, главу Ваера, п. 381, в комментарии Сулам.

являющуюся свойством Авраама наверху. А также Ицхак внизу включился в Авраама, благодаря чему оба они восполнились.

И это смысл сказанного: «В этот день был связан Ицхак», потому что глас шофара уменьшает левую линию на ее ГАР, и это называется связыванием Ицхака. «И связал всё» – т.е. все свойства левой линии наверху были связаны, и даже левая линия Бины. «И Сара рыдает» – т.е. Бина, называемая Сара, плакала, что означает уменьшение, поскольку уменьшилась ее левая линия. И объясняет, почему всё это произошло, и говорит, что это из-за того, что «глас шофара очень громок», – т.е. громкий глас шофара вызвал всё это сокращение, как мы уже говорили. И это означает: «Был связан Ицхак внизу и связался с тем, который наверху», – т.е. связался вследствие связывания с единством правой и левой линий наверху и удостоился того, что его ВАК Хохмы облачились в хасадим, что является свойством ГАР его и остальных ступеней.

305) «Сказал рабби Эльазар: "В этот день", связывания Ицхака, "увенчал Ицхак Авраама"» мохин де-ГАР, которые называются венцом (атара́), в тайне сказанного: «В венце, которым украсила его мать»[386]. «"Как написано: "И Всесильный испытал Авраама"[387]. Что значит "испытал (ниса́ נָסָה)"? Это как сказано: "И перед народами вознесу чудо Мое (ниси́ נִסִּי)"[388], "И нарек ему имя "Творец – чудо мое (ниси́ נִסִּי)"[389], что означает подъем и возвышение. Испытал (ниса́ נָסָה) – это как вознес (наса́ נָשָׂא), и происходит не от слова испытание (нисайо́н נִסָּיוֹן). Ибо посредством связывания Ицхака возвеличил и вознес Авраама. Спрашивает: "Чему это нас учит?" И отвечает: "Учит нас тому, что улучшилась правая линия и восполнилась благодаря связыванию левой. Ведь пока правая линия, Авраам, не включена в левую, Ицхака, у правой есть только ВАК без ГАР, а после того как она включается в левую, у нее есть ГАР,

---

[386] Писания, Песнь песней, 3:11. «Выйдите и посмотрите, дочери Циона, на царя Шломо в венце, которым украсила его мать в день свадьбы его и в день радости сердца его».

[387] Тора, Берешит, 22:1. «И было после этих речей, и Всесильный испытал Авраама, и сказал ему: "Авраам!" И сказал он: "Вот я"».

[388] Пророки, Йешаяу, 49:22. «Так сказал Владыка Творец: "Вот Я простру к народам руку Мою, и перед народами вознесу чудо Мое, и они принесут сыновей твоих в поле́ (одежды), и дочери твои несомы будут на плечах"».

[389] Тора, Шмот, 17:15. «И построил Моше жертвенник, и нарек ему имя "Творец – чудо мое"».

как у левой. Как мы уже объясняли в предыдущем пункте. И это включение пришло к нему благодаря связыванию Ицхака, и получается, что правая линия улучшилась и восполнилась благодаря этому связыванию. Это означает сказанное: "И Всесильный испытал Авраама"[387] – т.е. возвеличил его этими ГАР. "И Всесильный (Элоким)"[387] – именно так, поскольку это "Страх Ицхака"[390]», т.е. свойство Гвуры, левая линия, и это свойство возвеличило его этими ГАР, благодаря тому, что включился в него посредством связывания Ицхака.

306) «Рабби Аба сказал: "Написано: "Ибо Всесильный – судья, этого унижает, а того возвышает"[391]. "Ибо Всесильный – судья"[391], Всесильный (Элоким) – это Гвура, а судья – это Тиферет, называемый судом. И объяснение следующее: "Если бы не прошел суд Ицхака", являющийся Гвурой и левой линией, "в том месте, где пребывает Яаков", т.е. Тиферет и средняя линия, "и не смягчился бы там, горе миру, который встретился бы с его судом". Ибо Яаков, свойство средней линии, уменьшает левую линию посредством экрана де-хирик, благодаря чему объединяется левая линия с правой, и смягчаются суровые суды в левой линии. Как мы уже объясняли. И скрытый смысл этого: "Ибо с огнем Творец судится"[392] – т.е. огонь в левой линии судится Творцом (АВАЯ), т.е. средней линией, которая объединяет ее с правой. "И это – смягчение мира"».

307) «"И когда Ицхак", левая линия, "вступил в место Яакова", средней линии, "и Яаков удержал его", – т.е. силой экрана де-хирик, что в нем,[384] "тогда унялся огонь, и остыли его угли", т.е. суды левой линии. Подобно тому, "как человек, который был разгневан, и препоясался и вооружился, и вышел в гневе своем, чтобы убить людей. Один мудрец стоял на входе его и держал его", и не отпускал, чтобы выйти наружу. "Сказал" ему тот разгневанный: "Если бы ты не держал меня и не напал на меня, свершилось бы убийство в мире". Ибо пока они нападали

---

[390] Тора, Берешит, 31:41-42. «Вот, двадцать лет я в доме твоем: служил я тебе четырнадцать лет за двух дочерей твоих и шесть лет за скот твой, но ты переменял мою плату десятки раз. Не будь за меня Всесильный отца моего, Всесильный Авраама и Страх Ицхака, то теперь отправил бы ты меня ни с чем; горе мое и труд рук моих увидел Всесильный и рассудил вчера».

[391] Писания, Псалмы, 75:8. «Ибо Всесильный – судья, этого унижает, а того возвышает».

[392] Пророки, Йешаяу, 66:16. «Ибо с огнем Творец судится и мечом Своим со всякой плотью, и многие поражены будут Творцом».

друг на друга и схватились друг с другом, остыл его гнев, из-за которого он вышел убивать. Вышел" тот мудрец "и доказал: кто вытерпел гнев и силу суда того человека? – Говорит ведь: тот, кто стоял на входе"», препятствуя ему выйти.

308) «"Так сказал Творец", т.е. средняя линия, "Исраэлю: "Сыновья Мои, не бойтесь" судов левой линии, "ибо Я стою на входе", препятствуя этим судам выйти наружу. "Однако пробудитесь в этот день и дайте Мне силу. И с помощью чего? С помощью шофара". Поскольку благодаря гласу шофара средняя линия пробуждает экран де-хирик,[393] в котором вся ее сила, чтобы уменьшить левую линию и подсластить ее правой, и кроме него, нет другой силы, которая смогла бы объединить левую линию с правой.[384] "Если глас шофара звучит как подобает, и его направляют внизу, этот голос поднимается" и пробуждает экран де-хирик в средней линии, и объединяет правую и левую линии, "и им увенчиваются праотцы", так как благодаря включению в правую и левую линии они обретают мохин де-ГАР, посредством чего увенчивается Ицхак[393] и увенчивается Авраам[394], и поскольку всё это вызвал Яаков, увенчивается также и он, так как всех мохин, которые нижний вызвал в высшем, удостаивается также и нижний. И получается, что у праотцев, Авраам и Ицхак "стоят в шатре Яакова", так как он – создающий всё это единство. "И потому надо быть осторожными с шофаром, и знать тот голос, и направлять его"».

309) «"И нет гласа у шофара, который не поднялся бы на первый небосвод, и все множество, что на этом небосводе, предоставляет место этому голосу. И что они говорят: "Творец подал голос Свой пред воинством Своим"[395]. И голос этот стоит на том небосводе, пока не приходит другой голос, и они сходятся вместе и поднимаются на другой небосвод. И поэтому мы учили, что есть голос, поднимающий голос. И что он собой представляет? Это тот глас трубления Исраэля внизу"».

Объяснение. Ты уже узнал, что глас шофара поднимается наверх и пробуждает экран де-хирик, имеющийся в средней

---

[393] См. выше, п. 304.
[394] См. выше, п. 305.
[395] Пророки, Йоэль, 2:11. «Творец подал голос Свой пред воинством Своим, ибо велик весьма стан Его, ибо могуч исполняющий слово Его, ибо велик день Творца и весьма страшен, и кто сможет выдержать его?»

линии, чтобы уменьшить ГАР левой линии и соединить ее с правой.[393] Но есть два вида действий в этом экране де-хирик, пока не уменьшат и не соединят левую линию с правой:

Первое (действие). Оно заключается в том, что он раскрывает экран первого сокращения, не подслащенный в Бине, называемый манула. Отсюда он получает основную силу, чтобы уменьшить левую линию.

Второе. Оно заключается в том, что он раскрывает экран Малхут, подслащенной в Бине, называемый мифтеха. И отсюда у него есть также келим для получения мохин ВАК де-ГАР.[384]

И поэтому различаются два вида голосов, пробуждающих экран де-хирик:

Первый голос пробуждает экран де-хирик, относящийся к Малхут первого сокращения, не подслащенной в Бине.

Второй голос пробуждает экран де-хирик, относящийся к Малхут, подслащенной в Бине.[385] И второй голос является желаемой основой при трублении в шофар.

И эти два действия, имеющиеся в экране де-хирик, называются здесь в Зоаре двумя небосводами.

И это смысл сказанного: «И нет гласа у шофара, который не поднялся бы на первый небосвод», – т.е. даже голос от свойства экрана неподслащенной Малхут, выходящий из шофара, у него тоже есть один небосвод, в котором он совершает свое действие по уменьшению ГАР левой линии. И это означает сказанное: «И все множество, что на этом небосводе, предоставляет место этому голосу», – т.е. принимают этот голос и действуют с помощью него. И они говорят: «Творец подал голос Свой пред воинством Своим, ибо велик весьма стан Его, ибо могуч исполняющий слово Его»[395]. Потому что этот голос, исходящий от неподслащенной Малхут меры суда, велик и могуч, и никто не может выстоять пред ним, и поэтому есть у него сила уменьшить левую линию. И поэтому они произносят это изречение в момент их действия. Но если бы этот голос меры суда остался, они не были бы достойны получать больше никакие мохин и даже ВАК де-ГАР. И поэтому им нужен второй голос, – голос экрана Малхут, подслащенной в Бине. Тогда оба они соединяются между собой, но первый голос остается в скрытии и не действует, а второй голос, он тот, что действует, и потому они достойны получения мохин.

И это означает сказанное: «И голос этот стоит на том небосводе, пока не приходит другой голос», – т.е. пока не приходит голос экрана Малхут, подслащенной в Бине, «и они сходятся вместе и поднимаются на другой небосвод», – т.е. эти два голоса вместе совершают зивуг и поднимаются на второй небосвод, где действует только экран Малхут, послащенной в Бине, а неподслащенный экран соединен с ним в скрытии, чтобы давать ему силы. И это означает: «И потому мы учили, что есть голос, поднимающий голос», – потому что первый голос, который не подслащен, поднимает и дает силы второму голосу, подслащенному в Бине, чтобы он мог удерживать левую линию в ВАК де-ГАР, и поэтому требуется соединение их обоих. «И это глас трубления Исраэля внизу».

310) "И когда соединяются все эти голоса, что внизу, и поднимаются на высший небосвод, на котором пребывает святой Царь", т.е. средняя линия, "все они украшаются пред Царем. И тогда устраняются престолы" суда, "и возводится другой престол, Яакова", т.е. средней линии, "и устанавливается"».

311) «"Поэтому я нашел в книге рава Амнуна Савы, в этих молитвах Рош а-шана, где он говорил, что молитва и глас шофара, который извлекает праведник посредством этого шофара, исходящий от его духа (руах) и души (нефеш), – голос этот поднимается наверх. В этот день предстают и присутствуют обвинители наверху, и когда поднимается этот глас шофара, все они отступают пред ним и не могут существовать. Благословен удел праведников, которые умеют направлять желание пред Господином их, и умеют исправлять мир в этот день гласом шофара. И поэтому написано: "Счастлив народ, умеющий трубить"[396], – умеющий, а не трубящий"».

312) «"В этот день народ должен проследить, чтобы человек, совершенный во всем, знающий пути святого Царя и знающий величие Царя, вознес за них молитву в этот день и вызвал глас шофара во всех мирах намерением сердца, мудростью, желанием, совершенством, чтобы благодаря ему ушел суд из мира.

---

[396] Писания, Псалмы, 89:16. «Счастлив народ, умеющий трубить. Творец, в свете лика Твоего ходят они».

Горе тем, чей посланник не такой, как подобает, ибо грехи мира придут, чтобы напомнить из-за него. Это означает: "Если помазанный коэн согрешит"[397], и он посланник всего Исраэля, – это "в вину народу"[397], потому что суд пребывает над народом"».

313) «"А когда посланник общества является достойным, как подобает, счастлив народ, так как все суды уходят от них благодаря ему. И тем более, коэн, благодаря которому благословляются высшие и нижние. Поэтому коэн и левит, прежде чем поднимается к служению, проверяют его, прослеживая его пути и дела. А если нет – он не поднимается к служению. И также в Синедрионе, чтобы вершить суд"», не принимают человека в Синедрион, но только после проверки, достоин ли он этого.

314) «"И если" коэн или левит "является достойным, дают ему принадлежности Святилища, а если нет – не поднимается к служению. Это то, что написано: "О Леви сказал: "Твои тумим и Твои урим мужу, приверженному Тебе"[398]. Почему он удостоился урим и тумим, чтобы совершать служение? Говорит ведь: "Которого Ты испытал"[398], – испытал его ранее и увидел, что он подходит для этого, "который говорит об отце своем и о матери своей: "Не видел его"[398]. И поскольку находится на этих ступенях, то: "Учат Твоим законам Яакова... возлагают курение Тебе"[398] – т.е. приносят в жертву воскурение, чтобы умерить гнев и призвать мир. "И всесожжение на жертвенник Твой"[398] – чтобы смягчилось всё и благословения пребывали во всех мирах. Тогда: "Благослови, Творец, мощь его"[399]».

---

[397] Тора, Ваикра, 4:3. «Если помазанный коэн согрешит в вину народу, то принесет он за свой грех, который он совершил, молодого тельца, без порока, Творцу в очистительную жертву».

[398] Тора, Дварим, 33:8-10. «А о Леви сказал: "Твои тумим и Твои урим мужу, приверженному Тебе, которого Ты испытал при Масе, в споре при водах раздора, который говорит об отце своем и о матери своей: "Не видел его", и братьев своих не признавал, и детей своих не знал; ибо они соблюдали Твое речение и Твой завет хранили. Учат законам Твоим Яакова, учению Твоему Исраэля, возлагают курение Тебе и всесожжение на жертвенник Твой"».

[399] Тора, Дварим, 33:11. «Благослови, Творец, мощь его и к делу рук его благоволи. Порази чресла восстающих на него, и ненавистники его да не восстанут».

ГЛАВА ВАИКРА

Лилит, которая вначале была у Адама

315) «"А если вся община Исраэля совершит ошибку"[400]. Провозгласил рабби Шимон: "Женщины беззаботные, встаньте, послушайте голоса моего"[401]. Насколько нужно человеку всматриваться в величие Господина его, чтобы быть совершенным созданием пред Творцом. Ведь когда сотворил Творец человека, Он сотворил его совершенным, как сказано: "Что сотворил Всесильный человека прямым"[402]. "Человека (эт а-адам אֶת הָאָדָם)"[402] – указывает на то, что они были "захар и нуква, и нуква" была "включена в захар, тогда "прямым"[402] написано, и затем: "А они впали в различные домыслы"[402]».

316) «"Смотри, из отверстия высшей великой бездны происходит одна женщина, дух над всеми духами, и мы объясняли, что имя ее Лилит. Вначале она находилась у Адама", т.е. была его нуквой. "И в час, когда был сотворен Адам, и восполнилось его тело, собрались над этим телом тысяча духов с левой стороны. Этот хотел войти в него, и этот хотел войти в него, и не могли – пока не пригрозил им Творец. А Адам лежал, тело без духа, и с виду оно было зеленым. И все эти духи окружали его"».

317) «"В тот час спустилось одно облако и отогнало всех этих духов", которые окружали Адама. "И в этот час написано: "И сказал Всесильный: "Да извлечет земля существо живое"[403], и мы ведь объясняли, что нуква", т.е. Малхут, "зачала от захара", т.е. Зеир Анпина, "эту живую душу Адама" Ришона. "И она", Малхут, "произвела тот дух, чтобы вдохнуть его в Адама,

---

[400] Тора, Ваикра, 4:13-14. «А если вся община Исраэля совершит ошибку, и это было скрыто от глаз общества, а они выполнили одну из всех заповедей Творца, как ее делать не должно, и провинились, и станет известен грех, которым согрешили относительно нее, то принесет общество молодого тельца в жертву очистительную, и приведут его пред Шатер собрания».

[401] Пророки, Йешаяу, 32:9. «Женщины беззаботные, встаньте, послушайте голоса моего! Дочери беспечные, внимайте речи моей!»

[402] Писания, Коэлет, 7:29. «Только вот что я нашел: что Всесильный сотворил Адама (человека) прямым, а они впали в различные домыслы».

[403] Тора, Берешит, 1:24. «И сказал Всесильный: "Да извлечет земля существо живое по виду его: скот, и ползучее, и животное земное по виду его". И было так».

состоящего из двух сторон", из захара и из нуквы, "как подобает. Это смысл сказанного: "И вдохнул в ноздри его душу жизни, и стал человек существом живым"[404]. Именно "существом живым"[404], т.е. состоящим из захара и из некевы. И тот, кто удовлетворен этим, потому что не знает, является ли это существо нижним существом", т.е. Малхут, "или существом, имя которого Исраэль", т.е. Зеир Анпин, "от захара или от нуквы", пусть уточнит, "ведь не написано: "Существом этим живым", что означало бы – известное существо, но написано: "Существом живым"[404], просто, что означает – все"». Иначе говоря, это живое существо, оно состоит из всех.

318) «"И когда Адам поднялся", после того, как получил это существо живое, "его нуква находилась в боку его, а святая душа в нем распространялась в эту сторону", захара, "и в эту сторону", нуквы, "и ее хватало тому и другому", захару и нукве, "поскольку она так состояла", из захара и нуквы. "Затем Творец разделил Адама и исправил его нукву. Это означает: "И отстроил Творец Всесильный ту сторону (досл. ребро)"[405]. "Ребро"[405] – мы ведь объясняли", что это означает – сторона, "как сказано: "И для стороны Скинии"[406]. "И привел ее к Адаму"[405] – т.е. привел ее "исправлениями ее, как невесту к хупе"».

319) «"Когда увидела это Лилит, сбежала, и она (обитает) в больших средиземноморских городах. И до сих пор она готова вредить жителям мира. Когда же в будущем Творец разрушит нечестивый Рим, чтобы он был разрушен навечно, поднимется эта Лилит из моря, и поселит Он ее в этих руинах" Рима, "ибо она – разорение мира. Это смысл сказанного: "Там отдыхать будет Лилит и покой находить себе"[407]».

320) «"А в книгах древних мудрецов говорится, что" Лилит "сбежала от Адама до этого", т.е. еще прежде, чем была установлена Хава. "Но мы так не учили, поскольку эта нуква",

---

[404] Тора, Берешит, 2:7. «И создал Творец Всесильный человека из праха земного, и вдохнул в ноздри его дыхание (досл. душу) жизни, и стал человек существом живым».

[405] Тора, Берешит, 2:22. «И отстроил Творец Всесильный ту сторону, которую взял у Адама, чтобы быть ему женой, и привел ее к Адаму».

[406] Тора, Шмот, 26:20. «И для другой стороны Скинии, к стороне северной – двадцать брусьев».

[407] Пророки, Йешаяу, 34:14. «И будут встречаться (там) степные звери с дикими кошками, и козел будет перекликаться с другим; там отдыхать будет Лилит и покой находить себе».

Лилит, "находилась с ним. Но всё время, пока не была установлена эта нуква", Хава, "с Адамом", Лилит "совершала с ним зивуг, а когда эта", Хава, "была установлена с ним, она", Лилит, "сбежала в море, и в будущем станет вредить миру"».

321) «"Исцеление этому", чтобы Лилит не смогла вредить, "в том, что в час, когда человек соединяется со своей женой", чтобы породить (потомство), "пускай устремит сердце на святость своего Владыки и скажет так: "Облаченная в накидку", т.е. Лилит, которая всегда облачена и стенает, так как имя Лилит (לִילִית) происходит от слова стенание (йелала́ יְלָלָה), "явилась. Прочь, прочь, не входи и не выходи. Не твое это, и не от доли твоей. Возвращайся, возвращайся, море бушует, волны его зовут тебя. За святую часть я держусь, в святость Царя облекся"».

322) «"И пусть покроет свою голову и голову жены на время до одного часа. И также в любое время" пусть соединяется, "до трех дней для принятия" семени, "так как всякое семя, которое" женщина "не принимает до трех дней, снова она не принимает. И в книге, которую Ашмадай оставил царю Шломо, сказал", что до срока "тридцать дней. И сказал, что после того, как закончил действие, должен чистой водой полить вокруг своей постели. И это – предохранение от всего"».

ГЛАВА ВАИКРА

Женщина, кормящая своего ребенка

323) «"Та, что кормит (грудью) своего ребенка, пусть совершает соитие (зивуг) с мужем только лишь в час, когда ребенок спит. А затем пусть не кормит его до истечения одного часа", соответствующего прохождению двух милей[408], "или до времени прохождения одного миля, если она не может" ждать "из-за страданий ребенка, в то время, когда ребенок плачет. И благодаря этому не будет бояться ее", т.е. Лилит, "никогда"».

324) «"Счастливы праведники, которых Творец обучает глубоким тайнам того, что наверху и внизу. И всё это – во имя Торы, ведь каждый, кто занимается Торой, украшается венцами Его святого имени. Ибо Тора – это святое имя, и тот, кто занимается ею, отмечается и венчается святым именем, и знает тогда скрытые пути и глубокие тайны того, что наверху и внизу, и не страшится никогда"».

---

[408] Миль (от лат. «милле», «тысяча») – мера длины, равная 2000 локтей. В частности, миль является в Галахе расстоянием тхум-шаббат, на которое в субботу разрешается удаляться от населенного пункта.

ГЛАВА ВАИКРА

Женщины властвуют в мире

325) «"Смотри, в тот день", когда родился Адам, "было заповедано им об одном дереве", т.е. Древе познания, "и они преступили заповедь своего Господина. И поскольку женщина согрешила первой, и пришел к ней тот самый змей, написано: "И он будет властвовать над тобою"[409]. С тех пор и далее, каждый раз, когда мужчины оказываются виновны пред Творцом, мы ведь объясняли, что эти женщины, которые со стороны сурового суда, будут властвовать над ними. Это смысл сказанного: "Народ Мой! Притеснители его – юнцы, и женщины властвуют над ним"[410]. "Женщины властвуют над ним"[410], конечно"».

326) «"И эти" женщины "зовутся "пламя обращающегося меча"[411]. И не то, чтобы они сами были "обращающимся мечом"[410], но они только пламя от этого меча, называемого "меч, мстящий за нарушение союза"[412], "меч Творца полон крови"[413], и пламя этого обращающегося меча, иногда – это мужчины, а иногда – женщины. И мы это уже объясняли"».[414]

327) «"Горе миру, когда женщины властвуют в мире. Когда пророк Исраэля увидел, что Исраэль извращают свой путь и пребывают в грехах пред своим Господином, он сказал: "Женщины беззаботные, как вы можете молчать, как вы можете сидеть, не пробуждаясь в мире? Поднимитесь" и властвуйте над мужчинами. "А в другом месте мы объясняли это изречение. И объяснили его товарищи"».

---

[409] Тора, Берешит, 3:16. «Жене сказал Он: "Премного отягощу Я скорбь твою и беременность твою, в скорби будешь рожать сыновей, и к мужу твоему влечение твое, и он будет властвовать над тобою"».

[410] Пророки, Йешаяу, 3:12. «Народ Мой! Притеснители его – юнцы, и женщины властвуют над ним. Народ Мой, вожди твои вводят тебя в заблуждение и извращают тропу пути твоего».

[411] Тора, Берешит, 3:24. «И изгнал Адама и поместил к востоку от сада Эденского херувимов и пламя обращающегося меча, чтобы охранять путь к Древу жизни».

[412] Тора, Ваикра, 26:25. «И наведу на вас меч, мстящий за нарушение союза, и будете собираться в города ваши, но наведу Я на вас язву, и будете преданы в руки врага».

[413] Пророки, Йешаяу, 34:6. «Меч Творца полон крови, тучнеет от тука, от крови баранов и козлов, от тука с почек баранов, ибо резня у Творца в Боцре, и заклание великое в земле Эдома».

[414] См. Зоар, главу Берешит, часть 2, п. 119, в комментарии Сулам.

328) «"Однако не сказали, а как мы находим у Дворы. Как написано: "Она судила Исраэль в то время"[415]. И потому мы учили: горе человеку, жена которого совершает за него благословения за его столом", т.е. выручает своего мужа с благословением на еду, потому что он не умеет благословлять. "Так и Двора, она судила Исраэль в то время, – горе поколению, в котором не найдется тот, кто будет судить народ, а только одна женщина"».

329) «"Смотри, две женщины находились в мире и воздавали хвалу Творцу так, как не воздавали все мужчины мира. И кто они? Это Двора и Хана. Хана сказала: "Нет святого, как Творец, ибо нет никого, кроме Тебя"[416], а также всё, что написано" далее. "Она открыла исток веры в мире такими словами, как: "Поднимает из праха бедняка, из грязи возвышает нищего"[417], что является истоком веры"», т.е. Малхут, которая в момент, когда поколение виновно, называется бедняком и нищим. И когда они совершают возвращение, сказано о ней: «Поднимает из праха бедняка, из грязи возвышает нищего, чтобы посадить со знатными; и престолом славы наделяет их»[417]. «"Чтобы посадить со знатными"[417] – это высшая вера", т.е. Малхут, которая поднимается выше хазе Зеир Анпина, "в место, где пребывают праотцы", – ХАГАТ Зеир Анпина. "Кто такие "знатные"? Это праотцы, как написано: "Знатные народов собрались, народ Всесильного Авраама"[418]». Таким образом, по праотцам, именуются знатными.

330) «"Другое объяснение. "Чтобы посадить со знатными"[417]. Она пророчествовала о Шмуэле, которому предстоит сравняться с Моше и Аароном, как написано: "Моше и Аарон – коэны Его, а Шмуэль – среди взывающих к имени Его"[419]. "И престолом

---

[415] Пророки, Шофтим, 4:4. «А Двора, пророчица, жена Лапидота, – она судила Исраэль в то время».
[416] Пророки, Шмуэль 1, 2:1-2. «И молилась Хана, и сказала: "Возрадовалось сердце мое в Творце, вознесен рог мой (слава моя) Творцом; широко разверзлись уста мои на врагов моих, ибо я радуюсь помощи Твоей. Нет святого, как Творец, ибо нет никого, кроме Тебя, и нет твердыни, как Всесильный наш"».
[417] Пророки, Шмуэль 1, 2:8. «Поднимает из праха бедняка, из грязи возвышает нищего, чтобы посадить со знатными; и престолом славы наделяет их, ибо у Творца устои земли, и Он утвердил на них вселенную».
[418] Писания, Псалмы, 47:10. «Знатные народов собрались, народ Всесильного Авраама, ибо Всесильному – щиты земли, весьма возвышен Он».
[419] Писания, Псалмы, 99:6. «Моше и Аарон – коэны Его, а Шмуэль – среди призывающих имя Его; взывали они к Творцу, и Он ответил им».

славы наделяет их"⁴¹⁷. Что значит: "Наделяет их"⁴¹⁷? Это Шмуэль, наделивший славой Малхут двух царей", Шауля и Давида. "Другое объяснение: "И престолом славы наделяет их"⁴¹⁷, – Творец наделяет Своим престолом тех, кто служит Ему. Это смысл сказанного: "И престолом славы наделяет их"⁴¹⁷».

331) «"Творец, сокрушены будут враги Его"⁴²⁰. "Враги Его (мерива́в (מְרִיבָו)"⁴²⁰ написано без йуд (י)", означающей множество. "Чему это нас учит?" И отвечает: "Но "враги Его (мерива́в (מְרִיבָו)"⁴²⁰, мы учили", что это буквы "враг вав (מריב ו)", а это святой Царь", т.е. Зеир Анпин, который называется вав (ו) де-АВАЯ (הויה), являющийся средней линией. "В час, когда пробуждаются суды, и правители" со стороны суда "властвуют над милосердием", т.е. средней линией, "милосердие склоняется" пред этими правителями суда. "А в час, когда Творец благословляется от родника реки", Бины, "тогда усиливается милосердие", т.е. средняя линия, и склоняются суды", исходящие от левой линии. "Это означает: "Творец, сокрушены будут враги Его (мерива́в (מְרִיבָו)"⁴²⁰, "враг вав (מריב ו)"», т.е. суды, являющиеся врагом вав (ו), врагом средней линии, будут сокрушены силой свечения Бины.

332) «"На него с небес возгремит"⁴²⁰. Спрашивает: "На него"⁴²⁰ – на кого это "на него"⁴²⁰?" И отвечает: "В час, когда роса", т.е. благо Атика Кадиша", Кетера, "пребывает над ним и наполняет его голову (рош)", т.е. ГАР, называемые рош, "в том месте, что называется небесами", т.е. в Зеир Анпине, "тогда "возгремит"⁴²⁰, – сокрушится сила и мощь суровых судов. "И даст силу царю Своему"⁴²⁰ – это Творец, т.е. Зеир Анпин, "и вознесет рог помазанника Своего"⁴²⁰ – это Кнессет Исраэль", т.е. Малхут, "называемая юбилейным рогом, как мы уже объясняли. "Помазанника Своего"⁴²⁰ – это как сказано: "Помазанника Всесильного Яакова"⁴²¹, т.е. сказано о Давиде, являющемся свойством Малхут. "Поэтому говорит: "Рог помазанника Своего"⁴²⁰, и это уже выяснялось"».

---

⁴²⁰ Пророки, Шмуэль 1, 2:10. «Творец, сокрушены будут враги Его, на него с небес возгремит. Творец судить будет концы земли и даст силу царю Своему, и вознесет рог помазанника Своего».

⁴²¹ Пророки, Шмуэль 2, 23:1. «И вот последующие (пророческие) слова Давида – речение Давида, сына Ишая, речение мужа, вознесенного высоко, помазанника Всесильного Яакова и сладкозвучного певца Исраэля».

333) «"Двора, которая пришла вознести хвалу святому Царю, сказала: "Творец, когда выходил Ты от Сеира, когда шествовал Ты с поля Эдома"[422]. Это означает, что Творец призывал все остальные народы получить Тору, но они не пожелали". Спрашивает: "Разве не было открыто Ему, что они не захотят?" Зачем же призывал их? И отвечает: "Для того чтобы не было у них предлога сказать, что если бы Творец дал им Тору, они бы соблюдали ее". И потому призывал их. "А все изречения, которые сказала Двора, – всё было с мудростью, до тех пор пока не восхвалила себя: "Пока не встала я, Двора, пока не встала я, мать в Исраэле"[423]. И мы объясняли, что тогда ушел от нее дух пророчества, и потому" сказала: "Воспрянь, воспрянь, Двора. Воспрянь, воспрянь, воспой песнь"[424]». То есть, ей нужно было снова пробудить дух пророчества.

334) «"И всё это было, когда пребывали мужчины в грехе и не были достойны того, чтобы пребывал над ними дух святости. Конечно: "А если вся община Исраэля совершит ошибку, и это было скрыто от глаз общества"[425], как мы объясняли, что ошиблись в указании.[426] Но говорит: "Если вся община Исраэля совершит ошибку"[425], а следовало бы сказать: "Если весь Исраэль совершит ошибку", что значит "вся община Исраэля"[425]?" Слово община – оно лишнее. И отвечает: "Однако", это указывает "на тех, кто находится в Йерушалаиме, откуда исходит Тора ко всему народу, и если те, кто были там, совершали ошибку, то и весь Исраэль совершали ошибку. Ведь мы учили, что когда там", в Йерушалаиме, "ошибались, весь народ ошибался, потому что все следуют за ними. "И это было скрыто от глаз общества"[425]. "Глаза общества"[425] – это Синедрион, те, кто назначен над Исраэлем"».

---

[422] Пророки, Шофтим, 5:4. «Творец, когда выходил Ты от Сеира, когда шествовал Ты с поля Эдома, земля тряслась, и небо капало, и облака сочились водою».

[423] Пророки, Шофтим, 5:7. «Не стало открытых городов в Исраэле, не стало их, пока не встала я, Двора, пока не встала я, мать в Исраэле».

[424] Пророки, Шофтим, 5:12. «Воспрянь, воспрянь, Двора, воспрянь, воспрянь, воспой песнь. Встань, Барак, и бери в плен пленников твоих, сын Авиноама».

[425] Тора, Ваикра, 4:13-14. «А если вся община Исраэля совершит ошибку, и это было скрыто от глаз общества, а они выполнили одну из всех заповедей Творца, как ее делать не должно, и провинились, и станет известен грех, которым согрешили относительно нее, то принесет общество молодого тельца в жертву очистительную, и приведут его к Шатру собрания».

[426] Вавилонский Талмуд, трактат Орайот, лист 5:1.

ГЛАВА ВАИКРА

Большой Синедрион и малый Синедрион

(Раайа меэмана)

335) «"Эта заповедь – приносить жертву за большой Синедрион, который совершил ошибку. Танаим и амораим" слышали, что "из семидесяти состоял большой Синедрион, и Моше над ними, и из семидесяти состоял малый Синедрион, и Аарон над ними". Объяснение. Когда над ними был Моше, они считались большим Синедрионом, а когда над ними был Аарон, они считались малым Синедрионом. "И поэтому сказали авторы Мишны, что Моше был доверенным Царя, и это Тиферет", – т.е. он притягивал Тиферет, чтобы соединиться с Малхут. "И оттуда происходит большой Синедрион", и они представляют собой свойство Тиферет. "Аарон был доверенным Царицы, и это Малхут. И мы называем ее малой хэй (ה), как например: "Буду служить тебе семь лет за Рахель, дочь твою младшую"[427]. И Рахель – это Малхут, и называется младшей (досл. малой). "И по ее имени Синедрион называется малым"». И потому, когда над Синедрионом был Аарон, доверенный Малхут, поднимающий ее к Зеир Анпину, они назывались малым Синедрионом.

336) «"И оттуда знали члены Синедриона семьдесят языков, представляющих собой семьдесят ликов Торы. Ибо есть семьдесят языков со стороны нечестивой Малхут, и все они – в разделении. И это смысл сказанного: "От них отделились острова народов в землях их, каждый по языку своему"[428]. То есть все семьдесят языков отделены друг от друга"».

337) «"Но в Торе, есть семьдесят ликов на одном языке", представляющем собой язык святости, "и это Есод", включающий семь сфирот Зеир Анпина, каждая из которых состоит из десяти, итого – семьдесят. Буква "йуд (י)" Есода (יסוד) – "это одно установление, представляющее собой малую Хохму", т.е. Малхут, "в которой семьдесят языков, согласно числовому

---

[427] Тора, Берешит, 29:18. «И полюбил Яаков Рахель, и сказал: "Буду служить тебе семь лет за Рахель, дочь твою младшую"».
[428] Тора, Берешит, 10:5. «И от них отделились острова народов в землях их, каждый по языку своему, по семьям своим, в народах своих».

значению букв сод (סוד)⁴²⁹ от слова Есод (יסוד). И Есод – это язык святости, тайна строения (меркавы) в семидесяти престолах. О них мы учили, что каждый, кто отвечает: "Амен, да будет великое имя Его благословенно", в полную силу, тому разрывают его приговор в семьдесят лет. Один язык", т.е. Есод, – "это семьдесят языков в малой мере, малой Хохмы, и это малая йуд (י)". И на нее указывает буква йуд (י) Есода (יסוד), а гематрия Есода (יסוד) – это свойство семидесяти языков, которые светят на йуд (י). И вместе – это буквы слова Есод (יסוד). "Бет (ב)", т.е. Моше и Аарон, которые над Синедрионом, как мы уже объясняли, и это "две губы", т.е. Нецах и Ход. И это – относительно сфирот, и относительно мохин. "В них Даат и Твуна", т.е. Моше – это свойство Даат, а Аарон – свойство Твуна. "И ими восполняются" Синедрион "до семидесяти двух"». То есть соответственно семидесятидвухбуквенному имени.

(До сих пор Раайа меэмана)

---

⁴²⁹ Буквы самех (ס), вав (ו) и далет (ד) в гематрии составляют 70.

ГЛАВА ВАИКРА

О грехе моем сообщил я Тебе

338) «Рабби Хия и рабби Йоси шли по дороге. Пока они еще шли, сказал рабби Йоси рабби Хие: "Давай заниматься Торой, речениями Атика Йомина". Провозгласил рабби Хия и сказал: "О грехе моем сообщил я Тебе и вины моей не скрыл; сказал я: "Признаюсь в проступках моих Творцу"[430]. Всякому человеку, скрывающему свои грехи и не признающему их пред святым Царем, чтобы просить на них милосердия, не дают ему открыть вход возвращения, так как он скрыт от него. А если он раскрывает их пред Творцом, Творец жалеет его, и преобладает милосердие над судом"».

339) «"И тем более, если он плачет, ибо все закрытые входы он раскрывает, и молитва его принимается. И поэтому признание в грехах – это слава Царя, чтобы усилить милосердие над судом. И поэтому написано: "Приносящий жертву благодарности, прославит Меня"[431]. Что значит "прославит Меня (ехабданéни יְכַבְּדָנְנִי)"[431]?» И не написано «ехабдéни יְכַבְּדֵנִי», «"потому что это две славы, одна – наверху, и одна – внизу", то есть "одна – в этом мире, и одна – в мире будущем"».

340) «"Это изречение полностью непонятно, поскольку приумножает слова, ведь достаточно сказать: "Признаюсь в проступках моих"[430]. Почему же он говорит: "О грехе моем сообщил я Тебе и вины моей не скрыл"[430], а потом добавляет: "Признаюсь в проступках моих Творцу"[430], "Тебе" следовало сказать?"» Как говорит до этого: «"О грехе моем сообщил я Тебе»[430], а не говорит: «Творцу».

341) И отвечает: «"Однако, Давид все свои слова произносил, (пребывая) в духе святости. И небесной Малхут он сказал, потому что она – посланец", т.е. посредник, "снизу вверх", т.е. вход в высшие сфирот, и человек должен войти сначала в нее, "и сверху вниз", т.е. наполнение от высших сфирот, которое она получает и передает вниз. "И тот, кому нужно к Царю, сообщает сначала ей. И поэтому: "О грехе моем сообщил я Тебе"[430], – это он сказал "небесной Малхут. "И вины моей не скрыл"[430] – от

---

[430] Писания, Псалмы, 32:5. «О грехе моем сообщил я Тебе и вины моей не скрыл; сказал я: "Признаюсь в проступках моих Творцу". И снял Ты вину греха моего. Сэла!»

[431] Писания, Псалмы, 50:23. «Приносящий жертву благодарности, прославит Меня, а прокладывающему путь, покажу спасение Всесильного».

праведника мира", т.е. Есода Зеир Анпина. "Сказал я: "Признаюсь в проступках моих Творцу"[430] – это святой Царь", т.е. Зеир Анпин, "которому принадлежит всё согласие (досл. мир). И мир (шалом), который человек должен принести пред Ним, – он в признании", т.е. он должен признаться в грехах своих, "потому что мирные жертвы (шламим) так приносятся, в признании. Как написано: "Сверх благодарственной мирной жертвы своей"[432]. "И снял Ты вину греха моего. Сэла!"[430], – это высоко наверху", в высших Абе ве-Име, и они "то место, в котором пребывает Атика Кадиша", т.е. Кетер. "И поэтому это изречение связано со всеми"», т.е. с Малхут, и с Есодом, и с Тиферет, и с высшими Аба ве-Има, в которых пребывает Кетер.

342) «"Подобно этому, тот, кто обращается с просьбой к Царю, должен соединить святое имя в своем желании, снизу вверх", от Малхут до Кетера, "и сверху вниз", от Кетера до Малхут, "и связать всё в полном единстве", в Бесконечности, "и в это единство должен включить свою просьбу. Кто в мудрости обращения с просьбой может сравниться с царем Давидом, который охранял вход к Царю"», т.е. был носителем (меркавой) Малхут, называемой входом к Царю. «Сказал рабби Хия: "Это, безусловно, так. И поэтому Тора обучает нас путям святого Царя, чтобы мы знали, как идти за Ним. Как сказано: "За Творцом Всесильным вашим идите"[433]».

---

[432] Тора, Ваикра, 7:13. «С квасными хлебами принесет он жертву свою, сверх благодарственной мирной жертвы своей».
[433] Тора, Дварим, 13:5. «За Творцом Всесильным вашим идите, и Его бойтесь, и заповеди Его соблюдайте, и Его голоса слушайтесь, и Ему служите, и слейтесь с Ним».

ГЛАВА ВАИКРА

Рахель оплакивает сыновей своих

343) «Рабби Йоси провозгласил и сказал: "Так сказал Творец: "Слышен голос в Раме, вопль, горькое рыдание: Рахель оплакивает сыновей своих; не хочет она утешиться из-за сыновей своих, ибо нет их"[434]. "Так сказал Творец (АВАЯ)"[434] – уже ведь объяснялось, что в любом месте, когда пророк начинает говорить, его слова узнаются по имени, которое он упоминает в начале, – то ли это имя, которое указывает на суд, или же на милосердие, или на Зеир Анпин, или на Малхут, и тому подобное. А здесь: "Так сказал АВАЯ"[434], – это Творец, т.е. Зеир Анпин. И что Он сказал: "Слышен голос в Раме"[434]», – т.е. (голос) Малхут, как мы выясним далее.

344) «"Мы так учили, что в день, когда был разрушен Храм внизу, и Исраэль ушли в изгнание, жернова на их шее и руки их связаны сзади, а Кнессет Исраэль", т.е. Шхина, "была изгнана из Царского дома, чтобы идти" в изгнание "вслед за ними", то "в час, когда спустилась" Шхина, "она сказала: "Сначала я буду оплакивать свое жилище", – т.е. Храм; "своих сыновей", – т.е. Исраэль; "и мужа своего", – т.е. Зеир Анпина, который удалился от нее. "Когда спустилась, увидела – место ее разрушено, и много крови праведников пролито в нем, а святой чертог и Храм сгорел в огне"».

345) «"Тогда возвысила голос свой" в плаче, "и взволновались нижние и высшие, и голос дошел до верха, до того места, где пребывает Царь", т.е. Зеир Анпин. "И хотел Царь вернуть мир в пустоту и хаос. Пока множество ратей и множество станов" ангелов "не спустились, чтобы утешить ее, но не приняла она утешения от них. Как сказано: "Слышен голос в Раме, вопль, горькое рыдание: Рахель оплакивает сыновей своих; не хочет она утешиться из-за детей своих, ибо нет их (досл. Его)"[434], – поскольку не приняла она утешения от них. "Ибо нет Его"[434], – это потому, что святой Царь поднялся наверх и не пребывает в ней. Это означает: "Ибо нет Его"[434], и не написано: "Ибо нет их"». Потому что это указывает на святого Царя.

---

[434] Пророки, Йермияу, 31:14. «Так сказал Творец: "Слышен голос в Раме, вопль, горькое рыдание: Рахель оплакивает сыновей своих; не хочет она утешиться из-за сыновей своих, ибо нет их"».

346) «Сказал ему рабби Хия: "Что значит "Рахель оплакивает сыновей своих"⁴³⁴?» Ведь следовало сказать: «Шхина оплакивает сыновей своих». «Сказал ему: "Мы учили, что" Рахель – "это Кнессет Исраэль", т.е. Шхина, "и она, конечно же, жена Яакова", жена Зеир Анпина, который называется Яаковом, "как написано: "И полюбил Яаков Рахель"⁴³⁵. И сказано: "А Рахель бесплодна"⁴³⁶. И написано там: "Превращает хозяйку дома в мать, радующуюся сыновьям"⁴³⁷». И все эти изречения указывают на Шхину.

347) «"Другое объяснение: "Ибо нет Его"⁴³⁴, – это как сказано: "Нет никого в этом доме больше меня"⁴³⁸». Где «нет никого»⁴³⁸ означает – нет, т.е. нет большего в этом доме, чем я. Также и здесь: «Ибо нет Его»⁴³⁴ означает, что нет, просто, поскольку это включает много вещей. Во-первых, «"ибо нет Его"⁴³⁴, – потому что" Творец "удалился наверх и отдалился от всего". Во-вторых, "нет Его"⁴³⁴, – так как Он не пребывает в зивуге с ней". В-третьих, "нет Его"⁴³⁴, – что имя Его, т.е. Шхина, "не является Его великим именем"», но она в изгнании.

348) «Сказал рабби Хия: "Из какого места Шхина начала изгоняться?" Сказал ему: "Из Храма, где она пребывала. А потом она обошла всю землю Исраэля. А затем, когда она вышла из страны, она встала посреди пустыни и пребывала там три дня. И повела она народ, и станы, и жителей из дома Царя", из Йерушалаима, "и возгласила о нем: "Как сидит она одиноко"⁴³⁹. Заплакали рабби Хия и рабби Йоси».

349) «Сказал рабби Йоси: "Исраэль не были изгнаны из страны, и Храм не был разрушен, пока весь Исраэль не стали виновны пред Царем, и пока вожди мира не стали виновны в первую очередь. Как сказано: "Народ Мой, вожди твои вводят тебя в

---

⁴³⁵ Тора, Берешит, 29:18. «И полюбил Яаков Рахель, и сказал он: "Буду служить тебе семь лет за Рахель, твою дочь младшую"».

⁴³⁶ Тора, Берешит, 29:31. «И увидел Творец, что нелюбима Лея, и отверз утробу ее, а Рахель бесплодна».

⁴³⁷ Писания, Псалмы, 113:9. «Превращает хозяйку дома в мать, радующуюся сыновьям. Алелуйа».

⁴³⁸ Тора, Берешит, 39:9. «Нет никого в этом доме больше меня, и не отстранил он меня ни от чего, разве только от тебя, ибо ты жена его. Как же сделаю я это великое зло, и провинюсь пред Всесильным?»

⁴³⁹ Писания, Мегилат Эйха, 1:1. «Как же сидит она одиноко, – столица многолюдная, стала она как вдова; великая меж народов, вельможная меж стран, стала она данницей».

заблуждение и извращают тропу пути твоего"[440]. И поскольку вожди народа пошли путем греха, весь народ последовал за ними. Рабби Хия сказал: "Отсюда: "А если вся община Исраэля совершит ошибку"[441]. В результате чего это произошло? Потому что: "И это было скрыто от глаз общества"[441]. Поскольку глаза народа – это их главы, так как весь народ тянется за ними"».

---

[440] Пророки, Йешаяу, 3:12. «Народ Мой! Притеснители его – юнцы, и женщины властвуют над ним. Народ Мой, вожди твои вводят тебя в заблуждение и извращают тропу пути твоего».

[441] Тора, Ваикра, 4:13-14. «А если вся община Исраэля совершит ошибку, и это было скрыто от глаз общества, а они выполнили одну из всех заповедей Творца, как ее делать не должно, и провинились, и станет известен грех, которым согрешили относительно нее, то принесет общество молодого тельца в жертву очистительную, и приведут его к Шатру собрания».

Вот, спасу Я тебя издалека

350) «Пошли они. Пока шли, увидели одно тучное место среди трав, и водная река протекала в нем. Сели, пока сидели, вспорхнула одна птица и пролетела перед ними. Сказал рабби Хия: "Пойдем отсюда, потому что дикие петухи", то есть разбойники, "обитают здесь". Встали и пошли. Не успели повернуть назад головы, увидели, что разбойники их преследуют. Произошло с ними чудо: нашли они перед собой одну скалу, в которой была одна пещера. Вошли туда, и сидели там весь этот день и всю ночь».

351) «Провозгласил рабби Хия и сказал: "И ты не бойся, раб Мой Яаков, ...ибо вот, спасу Я тебя издалека"[442]. Спрашивает: "Издалека"[442], следовало сказать: "Вблизи"?" И мы уже объясняли это изречение, что "издалека" – это как говорят: "И вернулись из далекой страны", то есть, что это указывает на место. "Однако "издалека"[442] означает как в сказанном: "Издалека Творец являлся мне"[443]. И написано: "Издалека приносит хлеб свой"[444]. И это глубина реки"», т.е. Хохма, которая называется «далеко», как сказано: «Думал я: "Стану мудрым", но мудрость далека от меня"[445]. Это место, из которого исходит и вытекает эта река"», т.е. Бина.

352) Спрашивает: «"После того, как уже сказано: "Не бойся, раб Мой Яаков"[442], что значит: "И возвратится Яаков, и (будет) спокоен и безмятежен, и нет тревоги"[442]?" – что является повторением того же смысла другими словами. И отвечает: "Творец", т.е. Зеир Анпин, "поднимается высоко-высоко", т.е. в Хохму, "как сказано: "Почему, Творец, стоишь вдали?"[446], и это Хохма, как мы уже сказали. И из этого далекого места "вот, спасу Я тебя"[442], – т.е. даст наполнение Хохмы. "И возвратится

---

[442] Пророки, Йермияу, 30:10. «И ты не бойся, раб Мой Яаков, – сказал Творец, – и не страшись, Исраэль. Ибо вот, спасу Я тебя издалека и потомство твое – из страны пленения их. И возвратится Яаков, и (будет) спокоен и безмятежен, и нет тревоги».

[443] Пророки, Йермияу, 31:2. «Издалека Творец являлся мне: "Любовью вечной возлюбил Я тебя, и потому привлек Я тебя милостью!"»

[444] Писания, Притчи, 31:14. «Она подобна кораблям купеческим – издалека приносит хлеб свой».

[445] Писания, Коэлет, 7:23. «Всё это испытал я в мудрости. Думал я: "Стану мудрым", но мудрость далека от меня».

[446] Писания, Псалмы, 10:1. «Почему, Творец, стоишь вдали, скрываешься во времена бедствия?»

Яаков"[442], – т.е. Зеир Анпин возвратится из Хохмы и спустится "на свое место, чтобы совершать зивуг с Кнессет Исраэль", Малхут. "И (будет) спокоен"[442] – это Есод. "И безмятежен"[442], означает, что он безмятежен, чтобы поместить в ней", в Малхут, "свое жилище. "И нет тревоги"[442] – от Ицхака, т.е. левой линии и судов. Как сказано: "И вострепетал Ицхак трепетом великим"[447]. И поэтому написано: "И Страх Ицхака"[448], т.е. левая линия, и когда пробудился этот страх, удалился Есод на другое место", и не передает (наполнение) Малхут. "Это означает: "Устрашились на Ционе грешники"[449], – т.е. они устрашатся судов левой линии, называемой страхом, которая изгоняет Есод, чтобы не передавать (наполнение) Малхут. "На Ционе"[449] – именно так", потому что Цион это Есод де-Малхут, так как Есод Зеир Анпина удаляется от нее из-за судов левой линии. "И поэтому говорит: "И нет тревоги"[442]. А сейчас Творец спас нас издалека и скрыл нас в этом месте", в пещере, "в спокойствии и безмятежности, "и нет тревоги"[442] ни от чего, ведь когда Творец совершает чудо, Он во всём его делает"».

---

[447] Тора, Берешит, 27:33. «И вострепетал Ицхак трепетом чрезвычайно великим, и сказал: "Кто же он и где тот, который наловил добычи и принес мне?! И я ел от всего, прежде чем ты пришел; и благословил я его – пусть тоже благословен будет!"»

[448] Тора, Берешит, 31:41-42. «Вот, двадцать лет я в доме твоем: служил я тебе четырнадцать лет за двух дочерей твоих и шесть лет за скот твой, но ты переменял мою плату десятки раз. Не будь за меня Всесильный отца моего, Всесильный Авраама и Страх Ицхака, то теперь отправил бы ты меня ни с чем; горе мое и труд рук моих увидел Всесильный и рассудил вчера».

[449] Пророки, Йешаяу, 33:14. «Устрашились на Ционе грешники, трепет объял лицемерных: "Кто из нас жить может? Огонь пожирающий! Кто из нас жить может?"»

ГЛАВА ВАИКРА

Благодарить буду Тебя за мир, что сделал Ты

353) «Рабби Йоси провозгласил: "И сказал ей Барак: "Если ты пойдешь со мною, то я пойду"[450]. Спрашивает: "Как это понимать?" И отвечает: "Но подумал Барак: "Поскольку над ней пребывает дух святости, я спасусь благодаря ей, и не будет надо мною вреда". И если Барак положился на женщину, что он спасется благодаря ей, то мы, поскольку с нами Тора, являющаяся именем святого Царя, тем более"».

354) «Просидели в пещере весь тот день. Когда наступила ночь, луна стала светить в пещеру. Прошли два торговца, и ослы их были навьючены вином и провизией для себя. Отдохнули над поклажей. Сказали друг другу: "Заночуем здесь. Дадим пищу и питье ослам, а мы войдем в эту пещеру". Сказал ему: "Прежде, чем зайдем, объясни мне изречение, которое мне непонятно"».

355) «Спросил у него: "Какое?" Сказал ему: "Одно слово, как написано: "Благодарить буду Тебя вечно, что сделал Ты"[451]. Что означает: "Что сделал Ты"[451], и не написано, что" сделал? "И написано: "Ибо благ для приверженцев Твоих", – а разве для других Он не благ?" Ведь Творец благ для всех. "Не было у того" ответа. "Сказал: "Горе нашему товару, потому что из-за него мы оставили Творца". Рабби Хия и рабби Йоси, сидевшие в пещере" и слышавшие эти слова, "обрадовались. Сказал рабби Хия рабби Йоси: "Разве я не сказал тебе, что когда Творец делает чудо, Он делает его во всем!" Вышли"» из пещеры к торговцам.

356) «Когда вышли, поспешил рабби Хия провозгласить: "Мир, мир далекому и близкому"[452]. Два раза "мир" тут: один – далекому, а другой – близкому. И всё это – одно целое, т.е. далекому, ставшему близким, поскольку это совершающий возвращение, который до этого был далеким, а теперь он близкий.

---

[450] Пророки, Шофтим, 4:8. «И сказал ей Барак: "Если ты пойдешь со мною, то я пойду, а если не пойдешь со мною, я не пойду"».

[451] Писания, Псалмы, 52:11. «Благодарить буду Тебя вечно, что сделал Ты, и надеяться на имя Твое, ибо благ для приверженцев Твоих».

[452] Пророки, Йешаяу, 57:19. «Сотворю речение уст: "Мир, мир далекому и близкому, – сказал Творец, – и исцелю его"».

Кроме этого, "далекий" означает, "когда человек отдаляется от Торы, он далек от Творца. А того, кто близок к Торе, Творец приближает к Себе". И сказал торговцам: "А теперь присоединяйтесь к нам, и пойдем в пещеру". Вошли эти торговцы и присоединились к ним. Сняли поклажу с ослов и дали им поесть, и все вышли к входу в пещеру».

357) «Сказал один из торговцев: "Скажите нам, постигшие Тору, изречение это: "Благодарить буду Тебя вечно (ле-олам לְעוֹלָם), что сделал Ты, и надеяться на имя Твое"[451]. "Что сделал Ты"[451], – что означает: "Что сделал Ты"[451], ведь не сказано что? И написано: "Ибо благ для приверженцев Твоих"[451], – а разве для других не благ?"»

358) «Сказал рабби Хия: "Что сделал Ты"[451], разумеется. А что сделал? Мир (олам עוֹלָם). Иначе говоря, объяснение этого изречения: благодарить буду Тебя за тот мир, что сделал Ты. Ибо за этот мир, который сделал Творец и установил его, человек благодарит Творца каждый день. "И надеяться на имя Твое, ибо благ для приверженцев Твоих"[451]. Это так, безусловно, поскольку для праведников имя Творца является благом. Но не для грешников, которые позорят его каждый день, так как не занимаются Торой". Сказал ему" этот торговец: "Это правильно. Но слышал я слово за стеной, и я боюсь открыть". Сказали ему рабби Хия и рабби Йоси: "Скажи слово свое. Ибо Тора не является наследием в одном месте"».

359) «Сказал им: "Однажды я отправился в Луд, вошел в город и прислонился к одной стене с обратной ее стороны. И рабби Шимон бен Йохай был в этом доме. И услышал я из его уст это изречение: "Благодарить буду Тебя за мир, что сделал Ты"[451]. "Благодарить буду Тебя"[451] – царь Давид сказал это об этом последнем мире", т.е. Малхут, "который Он сделал, и царь Давид связан с ним, с этим миром, и в нем он унаследовал малхут (царство). "И надеяться на имя Твое, ибо благ"[451] – это Творец в единении этого мира, которое называется благом", т.е. Есод. И объясняет изречение: "Когда называется благом? "Для приверженцев Твоих"[451]. Спрашивает: "Кто такие "приверженцы Твои"[451]?"»

360) «"Но есть милость, и есть милость (хесед)", т.е. высшая милость, Хесед Зеир Анпина, и нижняя милость, Хесед,

облачающийся в Малхут через Нецах и Ход.⁴⁵³ "И эти", что в Нецах и Ход, "называются "неизменные милости Давиду"⁴⁵⁴.⁴⁵⁵ И когда эти милости Давиду", т.е. Нецах и Ход, "наполняются тем благом, что исходит от Атика Кадиша", т.е. Кетера, "Есод называется благом, и тогда находится благо для них", "для приверженцев Твоих"⁴⁵¹, Нецаха и Хода. "И как мы находим, что он", Есод, "в нем", во благе, "так же он подслащает этот последний мир", Малхут, "и всё пребывает в благословении. И поэтому Давид ждал этой ступени", – то есть Есода, называемого благом, "который светит тому миру, в который он включен"», т.е. Малхут.

361) «"Эти слова я так услышал, но я не знаю, что они означают". Подошли рабби Хия и рабби Йоси и поцеловали его в голову. Сказал рабби Хия: "Кто может покрыть глаза твои прахом, рабби Шимон, если ты пребываешь на месте своем, и ты сотрясаешь высшие горы, и даже птицы небесные рады твоему слову. Горе миру в тот час, когда ты уйдешь из него!"»

362) «И еще провозгласил и сказал тот человек (торговец): "Вот, я слышал от него другое слово в этот час, об изречении, как написано: "И ныне, внемли, Всесильный наш, молитве раба Твоего и мольбам его, и освети ликом Твоим опустевший храм Твой – ради Господина моего (Адни)!"⁴⁵⁶. И он сказал так: "Если бы это имя" Адни "было важнее всех других имен, было бы правильно"», что сказал: «Ради Господина моего (Адни)»⁴⁵⁶, «"потому что" люди "так и говорят: "Сделай ради царя!" Однако это имя", Адни, "ведь известно, что это место нахождения суда", т.е. Малхут, "из которого суды выходят в мир. Где это видано, чтобы царю говорили: "Сделай ради раба своего, или ради чего-то, что меньше тебя?"»

363) И отвечает: «"Однако" именно "так и надо сказать", как было сказано, "ведь это имя", Адни, "устроило дом для Царя, и Храм внизу, и один включен в другой", поскольку имя

---

⁴⁵³ См. Зоар, главу Ваехи, п. 176.
⁴⁵⁴ Пророки, Йешаяу, 55:3. «Преклоните ухо ваше и идите ко Мне, слушайте, и жива будет душа ваша, и Я заключу с вами союз вечный – неизменные милости Давиду».
⁴⁵⁵ См. Зоар, главу Трума, п. 685.
⁴⁵⁶ Писания, Даниэль, 9:17. «И ныне, внемли, Всесильный наш, молитве раба Твоего и мольбам его, и освети ликом Твоим опустевший храм Твой – ради Господина моего!»

Адни, или Шхина, включено в Храм, так как там – место ее пребывания, "ибо они связались друг с другом. И когда внизу существует Храм, это имя", Адни, "существует наверху. И это" подобно тому, "как кто-то сказал царю: "Построй этот Храм и этот чертог, чтобы не жила царица вне своего чертога". Так же и здесь: "И освети ликом Твоим опустевший Храм Твой – ради Господина моего (Адни)!"[456] означает "какова причина", что прошу я для Твоего опустевшего Храма? Это "ради Господина моего (Адни)"[456], чтобы не пребывало" имя Адни, т.е. Малхут, "вне своего жилища"», т.е. Храма.

Всесильный, Творец мой Ты, Тебя ищу

364) «Удивлялись рабби Хия и рабби Йоси и радовались в эту ночь. После того, как поели, заговорил торговец, друг его, и сказал: "Расскажу я вам одну вещь, которой я занимался в этот день, – это изречение, в котором написано: "Псалом Давиду, – когда был он в пустыне Иудейской"[457], что Давид произнес эту песнь, когда сбежал от своего тестя", и был в пустыне. Спрашивает: "Почему сказал: "Всесильный (Элоким), Творец мой Ты, Тебя ищу ... в земле пустынной"[457]? "Всесильный (Элоким), Творец мой Ты"[457] означает, что с именем Элоким, являющимся Гвурой, я связан постоянно", – пока он пребывает пустыне. "Тебя ищу"[457] – непонятно, "неужели Давид мог искать Творца в далекой земле, он же был изгнан из земли, в которой пребывает Шхина?"», – т.е. из Йерушалаима.

365) И отвечает: «"Но, несмотря на то, что" Давид "был изгнан оттуда, он не оставил своего – искать Творца. "Тебя ищу"[457] означает "подобно тому, кто говорит: "Хочу предстать пред Тобой, но только не могу". Так же: "Тебя ищу"[457], но я вне места, в котором пребывает Шхина, и не могу искать Тебя. "Жаждет Тебя душа моя"[457], – потому что душа моя и тело мое стремятся к Тебе, чтобы предстать пред Тобой. Но не могу, поскольку я "в земле пустынной и усталой, безводной"[457], – так как вне места, где пребывает Шхина, называется земля "пустынной и усталой"[457], ибо нет тут живой воды. И что такое живая вода? Это Шхина, о которой сказано: "Колодец живой воды"[458]. И поэтому написано: "Земля пустынная и усталая, безводная"[457]».

---

[457] Писания, Псалмы, 63:1-2. «Псалом Давиду, когда был он в пустыне Иудейской. Всесильный, Творец мой Ты, Тебя ищу, жаждет Тебя душа моя, стремится к Тебе плоть моя в земле пустынной и усталой, безводной».

[458] Тора, Берешит, 26:19. «И копали рабы Ицхака в долине, и нашли там колодец живой воды».

Рассветная лань

366) «"Сказали рабби Хия и рабби Йоси: "Конечно, путь проложен перед нами". Вошли в пещеру, и заснули. В полночь услышали голос рычащих животных пустыни. Проснулись. Сказал рабби Хия: "Вот время помочь Кнессет Исраэль", Малхут, "которая прославляет Царя"», Зеир Анпина. «Сказали: "Каждый скажет слово из того, что слышал и знает в Торе". Все сели"».

367) «Провозгласил рабби Хия и сказал: "Руководителю: на "аелет а-шахар (рассветную лань)". Псалом Давида"[459]. Кто такая "рассветная лань"? Это Кнессет Исраэль, которая называется "любимая лань и прекрасная серна"[460]. Спрашивает: "Но разве лань", Малхут, "она на рассвете, а не весь день?" И отвечает: "Однако" значение "лань" – из того места, которое называется "любимая лань и прекрасная серна"[460], и она приходит из места, которое называется "рассвет", как сказано: "Как рассвет, верен исход его"[461], и это Хесед. "И царь Давид сказал это о Кнессет Исраэль, и это следует из сказанного о рассветной лани"», т.е. о Малхут во время ее облачения в Хесед.

368) «"Смотри, в час, когда наступила ночь, входы высших и нижних закрыты. И все эти далекие", т.е. внешние, "пробуждаются и бродят по всему миру, и кружат вокруг тел людей, и окружают их места и их ложа, и видят образ святого Царя", который охраняет их, "и боятся" вредить, "ибо" люди "укрепляются на своих ложах речами святого Царя" и оберегаются. "И души людей возносятся – каждая, как ей подобает. Счастлив удел праведников, душа которых поднимается вверх во время их сна, и они не задерживаются там, где не нужно"».

369) «"Когда разделяется ночь, встает вестник и возглашает, и входы открывают. Тогда пробуждается один ветер северной стороны", т.е. свечение Хохмы, что в левой линии, "и ударяет в

---

[459] Писания, Псалмы, 22:1. «Руководителю: на "аелет а-шахар". Псалом Давида».

[460] Писания, Притчи, 5:18-19. «Да будет источник твой благословен, и получай радость от жены юности твоей, любимой лани и прекрасной серны; пусть груди ее напоят тебя во всякое время; ее любви отдавайся постоянно».

[461] Пророки, Ошеа, 6:3. «И научимся мы стремиться к познанию Творца, как рассвет, верен исход его, и придет Он к нам, как дождь, как поздний дождь, орошающий землю».

кинор Давида", т.е. Малхут, "и он играет сам собой и воспевает Царя", т.е. Зеир Анпин. "И Творец веселится с праведниками в Эденском саду"».[462]

370) "Счастлив удел того, кто просыпается ото сна в это время и занимается Торой, и всякий, кто встает в это время и усердствует в Торе, называется товарищем Творца и Кнессет Исраэль. И мало того, они называются братьями и ближними Его, как сказано: "Ради братьев моих и ближних моих прошу мира тебе"[463]. И называются товарищами с высшими ангелами и высшими станами, как сказано: "Товарищи внемлют голосу твоему"[464]».

371) «"Когда приходит день, встает вестник и возглашает, и открываются входы южной стороны, и пробуждаются звезды и созвездия, и открываются входы милосердия, и Царь сидит и принимает прославления" от товарищей, которые встали ночью. Тогда Кнессет Исраэль берет эти прославления и поднимается" к Царю, т.е. Зеир Анпину. "И все эти товарищи", которые встали ночью, "поддерживаются крыльями" Малхут, "и слова их прославления входят и пребывают в лоне Царя. Тогда велит Царь записать все эти слова"».

372) «"И в книге записаны все эти сыны чертога Его", встающие ночью, "и нить милости протягивается к ним" днем, "и от этой нити милости человек увенчивается царской короной", т.е. свойством ГАР, "и страшатся его как высшие, так и нижние, он вхож в любые царские врата, и нет того, кто бы воспрепятствовал ему. И даже в то время, когда вершащие суд готовы судить мир, они не привлекают его к суду, так как он занесен в царский список, т.е. известно, что он из царского чертога, и поэтому они не привлекают его к суду. Счастлив удел праведников, занимающихся Торой, и тем более в то время, когда Творец жаждет речений Торы"», т.е. в полночь.[462]

---

[462] См. Зоар, главу Лех леха, п. 131, со слов: «Объяснение. Высший мир – это Нуква, зовущаяся "ночь". Ее совершенство со стороны левой линии раскрывается от полуночи и далее...»
[463] Писания, Псалмы, 122:8. «Ради братьев моих и ближних моих прошу мира тебе».
[464] Писания, Песнь песней, 8:13. «Обитающая в садах, товарищи внемлют голосу твоему! Дай мне услышать его!»

373) «"Смотри, тайна этого в том, что Кнессет Исраэль предстает пред Царем", Зеир Анпином, "только благодаря Торе. И все время, пока Исраэль на земле занимаются Торой, Кнессет Исраэль пребывает с ними. Если они отстраняются от речений Торы, Кнессет Исраэль не может находиться с ними даже одного часа. Поэтому в час, когда Кнессет Исраэль пробуждается к Царю благодаря Торе" нижних, "возрастает сила ее, и святой Царь рад принять ее"».

374) «"И всякий раз, когда Кнессет Исраэль является пред Царем, но Торы нет с ней, сила ее истощается. Горе тем, кто ослабляет высшую силу! Поэтому счастливы те, кто занимается Торой, тем более в час, когда нужно соединиться с Кнессет Исраэль", т.е. в полночь.[462] "Тогда Творец призывает его: "И сказал мне: "Ты раб Мой, Исраэль, в котором Я прославлюсь"[465]».

---

[465] Пророки, Йешаяу, 49:3. «И сказал мне: "Ты раб Мой, Исраэль, в котором Я прославлюсь"».

Страж, что же с ночью?

375) «Рабби Йоси провозгласил и сказал: "Пророчество о Думе. Ко мне взывает из Сеира: "Страж, что же с ночью? Страж, что же с ночью?"[466] Это изречение товарищи объясняли в разных местах. Но "пророчество о Думе"[466] означает, что "всё время, пока Исраэль находятся в изгнании, известен их срок и конец, и срок и конец того изгнания. Однако эдомское изгнание – это "пророчество о Думе"[466], конец которого не раскрыт и не известен, как тех других"».

376) «"Творец сказал: "Ко Мне взывает из Сеира"[466], что означает: "Слышал Я голос в сеирском изгнании от тех, кто был подавлен среди них, от тех, которые лежат во прахе. И что они говорят: "Страж, что же с ночью? Страж, что же с ночью?"[466] То есть они просят у Меня за Царицу"» Мою, называемую «ночь», и говорят: «"Что сделал Ты с Царицей" Моей?"»

377) «"Тогда Творец собрал свою свиту", т.е. близких к Себе высших ангелов, "и сказал: "Взгляните на Моих возлюбленных сынов, которых подавляют в изгнании, а они оставляют свое страдание и просят за Царицу, и говорят Мне: "Страж! Ты, кого называют Стражем, где же охрана Твоя? Где охрана Твоего дома? "Что же с ночью (лайла לַיְלָה)?"[466] Что Ты сделал с ночью", т.е. с Малхут, "называемой "ночь"? Так-то Ты сторожил ее? "Что же с ночью (лейль לֵיל)?", и это тоже Малхут, "потому что иногда называется "ночь (лайла)", а иногда называется "ночь (лейль)"». До того как соединилась с Зеир Анпином, называется «ночь (лейль לֵיל)», а после того как соединилась – «ночь (лайла לַיְלָה)».[467] «И это означает: "Это – ночь (лейль) хранимых"[468], и написано: "Это – та самая ночь (лайла)"[468]».

378) «"Тогда Творец ответил им", Исраэлю: "Вот ведь Моя охрана! Поскольку в будущем Я приму ее и буду пребывать с ней". Это означает: "Сказал страж"[469], – это тот, кто охраняет

---

[466] Пророки, Йешаяу, 21:11. «Пророчество о Думе. Ко мне взывает из Сеира: "Страж, что же с ночью? Страж, что же с ночью?"»
[467] См. Зоар, главу Бо, п. 131.
[468] Тора, Шмот, 12:42. «Это – ночь (лейль) хранимых для Творца, чтобы вывести их из земли египетской. Это – та самая ночь (лайла) для Творца хранимых, для всех сынов Исраэля в поколения».
[469] Пророки, Йешаяу, 21:12. «Сказал страж: "Пришло утро, и также ночь. Если хотите спросить, спрашивайте; возвращайтесь, приходите"».

дом", т.е. Творец, – "пришло утро, и также ночь"[469], поскольку Творец сначала удалился высоко-высоко и поднял с Собой это утро", т.е. Есод, "которое постоянно находится с Ним. А теперь "пришло утро"[469], т.е. оно готово соединиться с ночью", Малхут, "и также ночь"[469] готова к соединению" с Есодом, "но из-за вас они задерживаются. А если вы желаете этого, почему же вы медлите? "Возвращайтесь"[469], – возвратитесь к ответу, тогда: "Приходите"[469], – приходите ко Мне, и мы все будем в едином месте, и все вернемся в свои места. Это означает: "И возвращает Творец Всесильный твой пленников твоих"[470]. "И вернет (ве-ешив וְהֵשִׁיב)" не сказано, а "и возвращает (ве-шав וְשָׁב)"[470]," поскольку "и возвращает"[470] тут сказано два раза: один – для Кнессет Исраэль", чтобы вернулась к Творцу, "и один – для Творца", чтобы вернулся к Кнессет Исраэль. "Это означает: "И возвращает Творец Всесильный твой пленников твоих, и возвращает и соберет Он тебя от всех народов"[470]».

---

[470] Тора, Дварим, 30:3. «И возвращает Творец Всесильный твой пленников твоих, и умилосердится Он над тобою, и возвращает и соберет Он тебя от всех народов, где рассеял тебя Творец Всесильный твой».

ГЛАВА ВАИКРА

Когда возликуют вместе утренние звезды

379) «Провозгласил тот торговец и сказал: "Когда возликуют вместе утренние звезды, и возгласят приветствия все сыны Всесильного"[471]. Смотри, когда Творец приходит, чтобы радоваться с праведниками в Эдэнском саду, все речения", т.е. ступени, "что в нижнем мире", Малхут, "и все высшие и нижние пробуждаются пред Ним, и все деревья", т.е. ступени, "что в Эдэнском саду, начинают воздавать Ему хвалу. Это означает: "Тогда запоют все деревья лесные пред Творцом, ибо пришел Он"[472]. И даже все птицы на земле возносят хвалу Ему. Тогда выходит пламя и ударяет по крыльям петуха, и он призывает и восхваляет святого Царя и призывает людей быть усердными в Торе и в восхвалении своего Господина, и служении Ему. Благословенна доля тех, кто встает с ложа своего, чтобы заниматься Торой"».

380) «"Когда наступает утро, открываются входы, которые в южной стороне", Хеседе, и врата исцеления выходят в мир, и пробуждается восточный ветер", т.е. Зеир Анпин, "и пребывает милосердие, и все те звезды и созвездия", т.е. ступени, "которые подчиняются власти этого утра", т.е. Есода, светящего светом хасадим, "начинают восславлять и воспевать высшего Царя. Это означает: "Когда возликуют вместе утренние звезды, и возгласят приветствия все сыны Всесильного"[471]. Спрашивает: "Чего желают сыны Всесильного", являющиеся судом, "которые вызывают возглашение приветствия (труа́ תְּרוּעָה) в это утро", т.е. во время Хеседа, "ведь все суды исчезают в то время, когда Хесед пробуждается в мире?" И отвечает: "Но "и возгласят приветствия все сыны Всесильного"[471] означает, "что разбивается напор суровых судов, и разбивается их сила"», потому что «и возгласят приветствия (ва-яри́у וַיָּרִיעוּ)» означает, что они разбились, «"как сказано: "Будет сокрушена (итроеа́ הִתְרֹעָה) земля"[473]».

---

[471] Писания, Иов, 38:7. «Когда возликуют вместе утренние звезды, и возгласят приветствия все сыны Всесильного».
[472] Писания, Диврей а-ямим 1, 16:33. «Тогда запоют все деревья лесные пред Творцом, ибо пришел Он судить землю».
[473] Пророки, Йешаяу, 24:19. «Будет сокрушена земля, разбита будет земля вдребезги, содрогнется земля».

381) «"И настолько" было, что сокрушены были суровые суды, "благодаря тому, что это утро пробудилось в мире", т.е. Есод, "и Авраам", т.е. Хесед, "пробудился и собрался посадить тамариск в Беэр-Шеве". И тамариск – это Зеир Анпин, а Беэр-Шева – это Малхут. "И это слово я так услышал – в Беэр-Шеве, безусловно", т.е. в Малхут. "И написано: "И возгласил он там имя Творца (АВАЯ), Владыки вселенной"[474]». То есть единство Зеир Анпина и Малхут, ибо АВАЯ – это Зеир Анпин, а Владыка вселенной – это Малхут.

---

[474] Тора, Берешит, 21:33. «И посадил он тамариск в Беэр-Шеве, и возгласил он там имя Творца, Владыки вселенной».

ГЛАВА ВАИКРА

Утро света

382) «Провозгласил товарищ его, торговец и сказал: "Утром на рассвете эти люди были отосланы, они и ослы их"[475]. Что значит: "Утром на рассвете"?" И отвечает: "Я так учил, что такое "утро (бо́кер בֹּקֶר)", т.е. "в то время, когда наступает утро, и суды исчезают, и милость (хесед) собирается пробудиться, – все те, кто приходит с этой стороны", со стороны Хеседа, "навещают (мевакри́м מבקרים) свое место", т.е. Хесед, "чтобы открыть благословения миру. И это "утром на рассвете"[475], – когда в мире устанавливается милосердие (рахамим), и милость (хесед) пребывает на своем месте, тогда это "утром на рассвете (досл. утро света)"[475]. И написано: "И увидел Всесильный свет, что хорош"[476]». Где «свет»[476] – это Хесед, «хорош»[476] – это Есод, который называется «хорош» и называется «утро». То есть Хесед пробудился благодаря утру, Есоду. И это «утро света»[475].

383) «"Смотри, всё это – на известных ступенях. "Ночь" – ведь известно", что это Малхут. "Утро света" – ведь известно, что это высшая ступень", Есод, которая находится в ней всегда", в Малхут, в то время, когда она светит. "Когда находится в ней?", в Малхут. "Когда светит солнце. "Солнце" – известно, что это высшая ступень, которая подслащает всё и светит всем", т.е. Тиферет, "как сказано: "Ибо солнце и щит – Творец Всесильный"[477]. И это "утро света"[475], т.е. Есод, "светит от солнца", Тиферет, "и он", Есод, "светит ночи", т.е. Малхут. "Поэтому всё связано друг с другом. И когда пробуждается это "утро света"[475], все живущие в мире", т.е. все уровни Малхут, называемой миром, "соединяются радостно в единстве и пребывают в мире. А теперь, ведь начал светить день, – это время благоволения, чтобы отправиться в путь"».

384) «Благословили их рабби Хия и рабби Йоси, и поцеловали их в голову, и отправили их. Сказал рабби Хия рабби Йоси: "Благословен Милосердный, что установил путь перед нами, – разумеется, Творец послал их нам. Счастливы занимающиеся Торой и не оставляющие ее ни на час". Вышли рабби Хия и

---

[475] Тора, Берешит, 44:3. «Утром на рассвете эти люди были отосланы, они и ослы их».
[476] Тора, Берешит, 1:4. «И увидел Всесильный свет, что хорош, и разделил Всесильный между светом и тьмой».
[477] Писания, Псалмы, 84:12. «Ибо солнце и щит – Творец Всесильный, милость и славу дает Творец, не лишает блага ходящих в непорочности».

рабби Йоси" из пещеры "и направились своим путем. Сказал рабби Йоси: "Несомненно, любовь моего сердца связана с этими торговцами". Сказал рабби Хия: "Я не удивляюсь этому, так как в дни рабби Шимона даже птицы небесные вещают мудрость, потому что речи его слышны наверху и внизу"».

ГЛАВА ВАИКРА

Все время, пока жив Моше

385) «Провозгласил рабби Хия и сказал: "И Творец сказал Моше: "Вот ты ложишься рядом с твоими отцами"[478]. Смотри, все то время, пока Моше был жив в мире, он противостоял Исраэлю, чтобы им не пребывать в грехе пред Творцом. И поскольку среди них находился Моше, подобного поколения не будет до поколения, когда придет царь Машиах, и они увидят славу Творца подобно им, – постигшим то, чего не постигли другие поколения"».

386) «"Мы учили, что рабыня видела на море то, чего не видел глаз пророка Йехезкеля. И если они", рабыни, "так много постигли, жены Исраэля – тем более, и сыновья его – тем более, и мужи – тем более, и Синедрион – тем более, и председатели – тем более, и тем более, высший верный пророк Моше, который выше всех. А теперь эти торговцы в пустыне изрекли такую мудрость, и тем более, мудрецы поколения. И тем более, находящиеся пред рабби Шимоном и учащиеся у него каждый день. И уж тем более, сам рабби Шимон, который является высшим над всеми"».

387) «"После того как умер Моше, сказано: "И встанет этот народ и будет блудить"[478]. Так же горе для мира, когда покинет его рабби Шимон, ибо источники мудрости перекроются в мире, и будет искать человек слово мудрости и не найдет, кто бы сказал его. И будет весь мир совершать ошибки в Торе и не найдет, кто бы пробудил его в мудрости. О том времени сказано: "А если вся община Исраэля совершит ошибку"[479] – то есть, "а если они совершат ошибку в Торе, не зная путей ее, в чем они, поскольку: "И это было скрыто от глаз общества"[479], т.е. не будет того, кто умел бы раскрыть глубины Торы и пути ее. Горе тем поколениям, которые будут тогда в мире!"»

---

[478] Тора, Дварим, 31:16. «И Творец сказал Моше: "Вот ты ложишься рядом с твоими отцами, и встанет этот народ и будет блудить, следуя за божествами племен земли, в среду которых он входит, и он оставит Меня и нарушит Мой союз, который Я заключил с ним"».

[479] Тора, Ваикра, 4:13-14. «А если вся община Исраэля совершит ошибку, и это было скрыто от глаз общества, а они выполнили одну из всех заповедей Творца, как ее делать не должно, и провинились, и станет известен грех, которым согрешили относительно нее, то принесет общество молодого тельца в жертву очистительную, и приведут его пред Шатер собрания».

388) «Сказал рабби Йегуда: "Творец будет раскрывать глубокие тайны Торы во времена царя Машиаха, "ибо наполнится земля знанием Творца, как полно море водами"[480]. И сказано: "И не будет больше каждый учить ближнего своего и каждый – брата своего, говоря: "Познайте Творца", ибо все они будут знать Меня, от мала до велика"[481]. Амен. Да будет на то воля Творца"».

---

[480] Пророки, Йешаяу, 11:9. «Не будут делать зла и не будут губить на всей Моей святой горе, ибо наполнится земля знанием Творца, как полно море водами».

[481] Пророки, Йермияу, 31:33. «И не будет больше каждый учить ближнего своего и каждый – брата своего, говоря: "Познайте Творца", ибо все они будут знать Меня, от мала до велика, – сказал Творец, – потому что прощу Я вину их, и греха их не буду больше помнить».

Когда правитель согрешит

389) «"Когда правитель согрешит"[482]. Учил рабби Ицхак: "В чем разница, что всюду сказано "а если", как сказано: "Если помазанный коэн согрешит"[483]; "А если вся община Исраэля совершит ошибку"[479], а здесь" написано: "Когда правитель согрешит"[482], и не написано: "А если правитель согрешит"? Чему нас это учит?"»

390) И отвечает: «"Однако эти коэны не до такой степени пребывают в грехе, потому что коэн оберегает себя всегда, ведь на нем каждый день ноша Господина его и ноша всего Исраэля вместе взятых, и ноша каждого в отдельности. И потому удивительно, если он согрешит, и поэтому написано: "А если". И также: "А если вся община Исраэля совершит ошибку"[479], ибо удивительно, что все будут пребывать в одном грехе, – ведь если одни грешат, другие не грешат, и поэтому написано: "А если". Но здесь: "Когда правитель согрешит"[482], – конечно, согрешит, потому что сердце его возгордилось в нем, так как за ним идет народ и ему подчиняется. И поэтому говорит: "Когда правитель согрешит"[482], – т.е. он преступил запретительную заповедь и совершил одну из них, и потому не написано о нем: "А если", – ибо дела его" грешные "не ставятся под сомнение"».

391) «Рабби Йегуда провозгласил: "А правители принесли камни ониксовые и камни оправные для эфода и для наперсника"[484]. Спрашивает: "В чем заключается эта перемена, что вещи эти жертвовали правители, а не другой человек? Ведь написано: "Каждый, побужденный сердцем своим, пусть принесет его, возношение Творцу"[485]. И написано: "Камни ониксовые и камни оправные для эфода и для наперсника"[484]», – ведь это является заповедью для каждого человека.

---

[482] Тора, Ваикра, 4:22-23. «Когда правитель согрешит и совершит в одной из всех заповедей Творца Всесильного его, чего делать не должно, неумышленно, и провинится, тогда сообщи ему о грехе его, которым он согрешил, и пусть принесет свою жертву – козла без порока».

[483] Тора, Ваикра, 4:3. «Если помазанный коэн согрешит в вину народу, то принесет он за свой грех, который он совершил, молодого тельца, без порока, Творцу в очистительную жертву».

[484] Тора, Шмот, 35:27. «А правители принесли камни ониксовые и камни оправные для эфода и для наперсника».

[485] Тора, Шмот, 35:5. «Возьмите от вас возношение Творцу; каждый, побужденный сердцем своим, пусть принесет его, возношение Творцу: золото и серебро, и медь».

392) И отвечает: «"Однако Творец сказал: "Несмотря на то, что это пожертвование зависит от всех, пусть эти камни принесут правители". И какова причина? Это потому, что" камни "находятся на сердце коэна. Сказал Творец: "Пусть придут правители, сердце которых гордится ими, и принесут эти камни, которые находятся на сердце коэна, и искупятся они от своей сердечной гордыни". И написано: "И будут они на сердце Аарона, когда он предстанет пред Творцом"[486]. И поэтому: "А правители принесли камни ониксовые"[484], – чтобы искупить себя"».

393) «"И поэтому: "Когда правитель согрешит и совершит в одной из всех заповедей Творца Всесильного его, чего делать не должно"[482], – это как мы уже объясняли, что преступил запретительную заповедь. "Тогда сообщи ему о грехе его"[482], – ведь из-за того, что сердце его гордится ими, он не замечает греха своего, и лишь после этого "сообщи ему"[482], и он совершит возвращение за него"».

---

[486] Тора, Шмот, 28:30. «И вложи в судный наперсник урим и тумим, и будут они на сердце Аарона, когда он предстанет пред Творцом; и будет носить Аарон суд сынов Исраэля на своем сердце пред Творцом всегда».

ГЛАВА ВАИКРА

Пламя под крыльями петуха

394) «Рабби Йегуда и рабби Йоси сидели однажды ночью и занимались Торой. Сказал рабби Йегуда рабби Йоси: "Я вижу, что Тора, которую учат ночью, чище, чем" Тора, которую учат "днем. Почему это?" Сказал ему: "Потому что чистота письменной Торы – она в устной Торе", то есть в свойстве Малхут, называемой ночью, и называемой устной Торой, "и устная Тора", т.е. Малхут, "господствует ночью и пробуждается больше, чем днем. И в то время, когда она", Малхут, "господствует, – тогда это чистота Торы"».

395) «Провозгласил рабби Йоси и сказал: "Но не сказал: "Где Творец, создающий меня, дающий воспевания в ночи"[487]. Смотри, в час, когда пробуждается северный ветер и разделяется ночь, мы уже объясняли,[488] что выходит пламя и бьет под крылья петуха, и он ударяет своими крыльями и призывает. А когда это пламя доходит до него и вспыхивает перед ним, он глядит на него и содрогается, и призывает. Т.е. он глядит и всматривается ради славы Господина своего, чтобы выполнить Его волю, и призывает людей"» встать и служить Творцу.[489]

396) «"И поэтому он называется "сехви́ (שְׂכְוִי петух)", от слова "наблюдение". И называется "ге́вер (גֶּבֶר мужчина)", поскольку он пробуждается в пламени Гвуры и на стороне Гвуры является, чтобы пробуждать в мире. Тогда эти сыны веры встают и дают мужество (гвура) и силу Кнессет Исраэль", Малхут. "И это называется ликованием Торы. И за это", что вставал в полночь, "удостоился Давид царства (малхут), он и сыновья его, навеки и от поколения к поколениям"».

397) «"И когда петух призывает, а люди продолжают спать в своих постелях и не просыпаются, призывает затем петух, произнеся то, что произнес, и мы уже объясняли,[490] а затем ударяет своими крыльями и возглашает: "Горе такому-то, обиженному

---

[487] Писания, Иов, 35:9-10. «От многих насилий стонут (люди), вопиют от руки сильных, но не сказал: "Где Творец, создающий меня, дающий воспевания в ночи"».
[488] См. Зоар, главу Ваякель, п. 21.
[489] См. «Предисловие книги Зоар», п. 171, со слов: «И сказано в Зоаре: "Когда наступает полночь, из столпа Ицхака выходит пламя..."»
[490] См. Зоар, главу Шлах леха, п. 268. «"В час, когда он призывает", т.е. Гавриэль, "призывают все петухи этого мира"...»

Господином своим, покинутому Господином своим, ибо не пробудился дух его, и не взирал он на славу Царя!"»

398) «"Когда начал светить день, вестник провозглашает о нем, говоря: "Но не сказал: "Где Творец, создающий меня (досл. создающие меня), дающий воспевания в ночи"[487], чтобы "помочь ему этими прославлениями, дабы все было в единой помощи". Объяснение. Малхут возносит песнь в ночи, Зеир Анпину, с целью помочь человеку, чтобы он тоже пробудился с помощью этих прославлений. И когда этот человек воздает хвалу и занимается Торой, она поднимает МАН, и он помогает Малхут, и они оба пребывают в единой помощи. Спрашивает: "Создающие меня (осай עוֹשָׂי)"[487], следовало сказать: "Создающий меня (осáни עוֹשֵׂנִי), что значит "создающие меня (осай עוֹשָׂי)"[487]?" И отвечает: "Но в час, когда человек встает в полночь, и занимается воспеванием Торы, поскольку воспевание Торы произносится только ночью, когда он находится в занятии Торой, – с наступлением света дня Творец и Кнессет Исраэль исправляют его с помощью спасающей от всего нити милости, чтобы светить ею как высшим, так и нижним"».

399) «Рабби Йегуда сказал: "Я слышал, что сказал рабби Аба это изречение, в котором говорит: "Где Творец, создающие меня"[487], следовало сказать: "Создающий для меня", что значит "создающие меня"[487]?" И отвечает: "Но как мы уже сказали, что в час, когда он встает в полночь и занимается Торой, когда начинает светить день, пробуждается Авраам с его нитью" милости. "Как написано о нем: "Что от нитки до ремешка от обуви не возьму"[491]. И тогда Творец и Кнессет Исраэль исправляют его, делая его каждый день новым созданием. Это означает: "Творец (Элóа אֱלוֹהַ), создающие меня"[487]».

400) «"И мы ведь уже объясняли, что" Творец (Элоа אֱלוֹהַ) – "это буквы алеф-ламед (א״ל Эль) вав-хэй (ו״ה). Эль (אל) – это Авраам, о котором сказано: "Творец (Эль) великий"[492]. Вав (ו)

---

[491] Тора, Берешит, 14:21-23. «И сказал царь Сдома Авраму: "Отдай мне души, а имущество возьми себе". И сказал Аврам царю Сдома: "Поднимаю руку мою к Творцу, Владыке Всевышнему, Создателю неба и земли, что от нитки до ремешка от обуви не возьму из всего твоего, чтобы ты не сказал: "Я обогатил Аврама"».

[492] Тора, Дварим, 10:17. «Ибо Творец Всесильный ваш – Он Всесильный всесильных и Владыка владык, Творец (Эль) великий, сильный и страшный, который не лицеприятствует и мзды не берет».

– это Творец", т.е. Зеир Анпин. "Хэй (ה) – это Кнессет Исраэль", Малхут. "И это Элоа (אֱלוֹהַ)", который указывает на Хесед и на Зеир Анпин, и на Малхут. "И они создают человека и исправляют его каждый день. И поэтому написано: "Создающие меня"[487], так же как: "Возрадуется Исраэль создающим его (осáв עֹשָׂיו)"[493], что указывает на Творца". Сказал рабби Йоси: "Безусловно, это так. И все это – одно целое"».

---

[493] Писания, Псалмы, 149:2. «Возрадуется Исраэль Создателю своему (досл. создающим его), сыновья Циона возликуют о Царе своем».

ГЛАВА ВАИКРА

Тогда сообщи ему о грехе его

401) «Рабби Йегуда провозгласил и сказал: "Тогда сообщи ему о грехе его"[494]. Спрашивает: "Сообщи ему"[494], – с чьей стороны?" Кто сообщает ему? "Тогда узнает о грехе его", – следовало сказать, а что значит: "Сообщи ему"[494]?" И отвечает: "Но Творец повелел Кнессет Исраэль, чтобы сообщила человеку о грехе, который он совершил. И как она сообщает об этом? – Своими судами. Как сказано: "Раскроют небеса прегрешение его, и земля восстанет на него"[495]. "Сообщи ему"[494], означает – как тот, кто повелевает другому, чтобы сообщил ему"». Где «сообщи» – повелительное наклонение, то есть Он повелевает Малхут, чтобы она сообщила ему.

402) «"Ведь мы учили, что в час, когда человек согрешил пред Творцом и не замечает своего греха, чтобы совершить возвращение пред Творцом, и сбрасывает его с плеч своих, душа в самом деле возносится и свидетельствует пред Творцом. Тогда Царь повелевает Кнессет Исраэль, говоря: "Тогда сообщи ему о грехе его, которым он согрешил"[494], – т.е. простри на него суды, и сообщи ему о его грехе. Как сказано: "Сообщи Йерушалаиму о гнусностях его"[496]», где «сообщи» – это повелительное наклонение.

403) «"После того как дошел до него суд, тогда пробуждается дух его, чтобы совершить возвращение пред Господином своим, и он покоряется, чтобы принести жертву. Ибо тот, чье сердце возгордилось, он грешит и забывает о своем грехе, и не замечает его. И поэтому Творец наготове относительно него и повелевает сообщить ему о грехе его, чтобы он не забывал о нем"».

404) «Сказал рабби Йоси: "Безусловно, это так. И то же мы находим у Давида, когда он совершил известное дело с Бат-Шевой, то не обращал на это внимания. Сказал ему Творец:

---

[494] Тора, Ваикра, 4:22-23. «Когда правитель согрешит и совершит в одной из всех заповедей Творца Всесильного его, чего делать не должно, неумышленно, и провинится, тогда сообщи ему о грехе его, которым он согрешил, и пусть принесет свою жертву – козла без порока».

[495] Писания, Иов, 20:27. «Раскроют небеса прегрешение его, и земля восстанет на него».

[496] Пророки, Йехезкель, 16:1-2. «И было слово Творца ко мне сказано: "Сын человеческий! Сообщи Йерушалаиму о гнусностях его"».

"Ты позабыл о нем, Я напомню тебе". Сразу же, что сказано: "Ты – тот человек! Так сказал Творец"[497], – ты тот человек, который не помнил греха, ты тот человек, который забыл о нем. И как сообщил ему? – Судом"».

405) «"Так же и здесь, Творец сказал: "Сообщи ему о грехе его, которым он согрешил"[494]. И это правильно, и так это, потому что не написано: "Тогда известно будет ему", как сказано: "А если известно, что бык бодливый он"[498]. А тот, кто встает ночью заниматься Торой, Тора сообщает ему о грехе его, и не через суд, а как мать, сообщающая сыну своему мягкими словами, и он не забывает и совершает возвращение пред Господином своим"».

406) «"А если скажешь: "Давид, встававший в полночь, – почему пробудились против него, чтобы напомнить о грехе его, судом?" И отвечает: "Давид – это другое, ибо он согрешил в том, с чем был связан", т.е. в Малхут, "и нуждается в суде, и в том, в чем он согрешил, судят его. Ибо он согрешил относительно святой Малхут", с которой был связан, поскольку он был опорой (меркава) для нее, "и относительно святого Йерушалаима", который соответствует Малхут. "И поэтому он был изгнан из Йерушалаима, и у него было отнято царство (малхут), до тех пор, пока он не исправился" и не совершил возвращение, "как подобает"».

407) «Сказал рабби Йегуда: "Что значит, что Творец наказал Давида через его сына, как сказано: "Вот, Я наведу на тебя зло из дома твоего"[499]?" Сказал рабби Йоси: "Мы ведь объясняли, – это потому, что если восстанет на него другой человек, не пожалеет он его". Сказал ему: "Но ведь Авшалом хотел убить своего отца во многих злоумышлениях против него, более чем другой человек?" Сказал ему: "Я не слышал"».

---

[497] Пророки, Шмуэль 2, 12:7. «И сказал Натан Давиду: "Ты – тот человек! Так сказал Творец, Всесильный Исраэля: "Я помазал тебя на царство в Исраэле, и Я избавил тебя от руки Шауля"».

[498] Тора, Шмот, 21:36. «А если известно, что бык бодливый он был и вчера, и третьего дня, а хозяин не стерег его, то должен он заплатить полную стоимость убитого быка, а туша будет принадлежать ему».

[499] Пророки, Шмуэль 2, 12:11. «Так сказал Творец: "Вот, Я наведу на тебя зло из дома твоего, и возьму жен твоих на глазах у тебя, и отдам ближнему твоему; и будет он спать с женами твоими пред этим солнцем (открыто)"».

408) «Сказал ему: "Я слышал. Давид согрешил с Бат-Шевой, – без уточнения с какой", и это Малхут. "Сказал Творец: "Пусть явится сын чужестранки (досл. дочери чужого бога) и свершит возмездие". И это Авшалом, который был сыном красавицы, взятой в плен на войне. Отсюда мы учили, что у того, кто берет жену на войне и желает ее, в итоге рождается от нее упрямый и строптивый сын. В чем причина? Это потому, что до сих пор еще не прекратилась у него скверна. И мы уже объясняли это"».

ГЛАВА ВАИКРА

Клялся Творец десницей Своей

409) «Рабби Йоси провозгласил и сказал: "Клялся Творец десницей Своей и мышцей силы Своей"[500]. Все время, пока человек грешит пред Творцом, наверху есть известная ступень против этого греха, чтобы судить человека и наблюдать за ним. Если он совершает полное возвращение пред Господином своим, грех устраняется, и суд не властен над ним и не приходит к нему. А если он не возвратился, этот грех записывается на этой ступени. А если он продолжает грешить, то для него готова другая ступень, и она прибавляется к суду первой ступени, и тогда он нуждается в большем возвращении. А если он продолжает грешить, он прибавляет ступень к ступени, пока не достигает пяти ступеней"».

410) «"Когда правая (линия) установилась напротив" человека, "и согласилась на него", т.е. на суд, "левая тоже готова согласиться с правой и включиться в нее. Когда левая согласилась с правой, тогда он уже не зависит от возвращения. И тогда все согласились с судом над ним", над человеком, "и суд пребывает над ним"».

411) «"А когда суд довершается и пребывает над человеком, тогда он заканчивается, и устанавливаются "пальцы", пять против пяти, правая в левой, показывая, что все согласились с этим судом над ним, и руки его выпрямляются", – т.е. пальцы переплетаются друг с другом, – "чтобы показать то, что без намерения человека, что он не имел в виду. И поэтому написано: "Твоя десница, Творец, величественна в силе, Твоя десница, Творец, крушит врага"[501], то есть "левая включается в правую, и завершается суд. И тогда это осуществление всего. И поэтому, когда Творец желает осуществить всё, написано: "Клялся Творец десницей Своей и мышцей силы Своей: "Не дам Я зерно твое в пищу врагам твоим"[500]».

Пояснение статьи. Эта статья призвана объяснить нам понятие «клятва Творца», как она происходит. Ведь Тора, безусловно, говорит на языке людей, но что представляет собой

---

[500] Пророки, Йешаяу, 62:8. «Клялся Творец десницей Своей и мышцей силы Своей: "Не дам Я зерно твое в пищу врагам твоим, и не будут пить чужеземцы вино твое, над которым трудился ты"».
[501] Тора, Шмот, 15:6. «Твоя десница, Творец, величественна в силе, Твоя десница, Творец, крушит врага».

внутренняя суть вещей? И мы уже выяснили это в другом месте,[502] что все раскрытия Творца нижним, определяемые как призыв и речь, и передаваемое в ней, – они только благодаря действиям с Его стороны. И поэтому клятва – это тоже раскрытие такого действия, которое в своей обязательной надежности определяется как «клятва», которую больше нельзя изменить. И для этого он разъясняет нам две вещи:

1. Что есть граница у грехов и судов, и после того как грешник достигает этой границы, он больше не может грешить, и поэтому нет больше судов.

2. Что относительно мира в целом эта граница определяется как «клятва», из-за того, что грешники словно умерли, поскольку не могут более грешить, и нет больше судов на земле. И это смысл сказанного: «Клялся Творец десницей Своей и мышцей силы Своей: "Не дам Я зерно твое в пищу врагам твоим"[500]». И это будет до завершения исправления.

И вот, корень всех грехов в мире – это усиление левой (линии) над правой, ибо у каждого человека есть свой корень наверху, а человек, который грешит, усиливает левую (линию) и отделяет ее от правой, и вызывает спор между левой (линией) и правой, как был между ними спор до того, как средняя линия включила их в себя.[503] И всё это делает грешник в корне своей души наверху. И суды, исходящие от этого спора, являются его наказаниями. И если он продолжает грешить и не совершает возвращения, то над ним раскрывается мера сурового суда от свойства Малхут первого сокращения, не подслащенной Биной. И тогда все света уходят из его корня наверху, и он умирает.

Однако эта мера суда, которая раскрывается над ним, не завершается за один раз,[504] а посредством умножения грехов связывается с каждой ступенью из пяти ступеней ХАГАТ Нецах Ход, и когда она достигает рош сфирот, т.е. Хеседа, ее форма завершается в полной мере, и нет более судов. И нужно, чтобы

---

[502] См. выше, п. 10.

[503] См. Зоар, главу Берешит, часть 1, п. 44, со слов: «А правая линия является совершенством всего, потому что все сфирот получают от нее жизненные силы...»

[504] См. Зоар, главу Ваеце, п. 27, со слов: «И мы должны знать, что у Малхут свойства суда нет достаточной силы, чтобы умерщвлять людей в начале своего раскрытия, и она должна много раз раскрываться над человеком, пока их соединение вместе не соберется в меру достаточную, чтобы умертвить человека...»

ты знал, – то, что мы говорим, что мера сурового суда Малхут первого сокращения, чего бы она ни коснулась, прогоняет оттуда света, это только относительно левой линии, из которой нисходит Хохма, тогда как правой линии, откуда притягиваются хасадим, мера суда не наносит никакого вреда, поскольку на свет хасадим никогда не было сокращения, но только на свет Хохмы, как известно. И вместе с тем пойми, что после того как мера сурового суда удерживается во всех пяти ступенях ХАГАТ Нецах Ход, уходят тогда лишь только все света ХАГАТ Нецах Ход левой линии, а правая линия не только не несет ущерба, но еще и укрепляется от этого, поскольку она побеждает в споре, ведь левая линия отменилась и обязана теперь включиться в правую. Однако грешник, который уже соединился с левой линией из-за своих грехов, не может получить ничего от правой линии, и поэтому он умирает.

И ты уже узнал, что в свойстве Малхут первого сокращения, т.е. Малхут меры суда, мир существовать не может, потому что ее келим не способны получить свет жизни, и это смысл того, что мир сначала был создан в мере суда – увидел Он, что мир не может существовать, и соединил с ним меру милосердия, т.е. поднял Малхут в Бину, которая является мерой милосердия, и она подсластилась там. И тогда жители мира, которые происходят от Малхут, – их келим способны получить свет жизни и все мохин, и они могут существовать.[505] И поэтому Малхут установилась из этих двух точек. И точка меры суда в ней – она в скрытии и неизвестна. А точка, подслащенная милосердием Бины, – она в раскрытии, для того чтобы происходящие от нее были способны получать света и мохин. И из-за этих двух точек она называется Древом познания добра и зла. Ведь если люди удостоились, мера суда находится в скрытии, и они способны получать от нее добро. А если не удостоились, раскрывается над ними мера суда, заключенная в ней, и все, исходящие от нее, – становятся ущербными их келим, и они не способны получить свет, и она – зло для них.[506]

А человек, который грешит, – все время, пока не раскрылась над ним точка свойства суда, возвращение помогает, поскольку

---

[505] См. Зоар, главу Берешит, часть 1, п. 3, со слов: «В свойстве суда, т.е. в свойстве Малхут мира АК, прежде чем она подсластилась в Бине, в свойстве милосердия, мир не мог существовать...»

[506] См. «Предисловие книги Зоар», п. 123.

его келим еще способны получить свет. Тогда как после того, как раскрывается над ним точка суда, возвращение не помогает ему. Ибо келим его более не способны получать никакой свет.

Ты также узнал, что нет у тебя ничего, в чем не было бы десяти сфирот, т.е. пяти свойств КАХАБ ТУМ, поскольку Тиферет сам включает шесть сфирот, итого – десять. А в отношении семи нижних – они называются ХАГАТ Нецах Ход, где ХАГАТ – это КАХАБ, а Нецах Ход – это ТУМ. И грешник, над которым раскрылась точка меры суда, постепенно делает ущербными все десять сфирот корня своей души. Сначала Ход, а затем Нецах, пока не делает ущербным Хесед, и тогда завершается раскрытие точки меры суда, и возвращение больше не помогает ему.

И это он сказал: «Все время, пока человек грешит пред Творцом, наверху есть известная ступень против этого греха, чтобы судить человека»[507], – потому что своим грехом он причиняет ущерб ступени наверху, в корне своей души, так что возникает спор между двумя линиями, левой и правой, что приводит к раскрытию меры суда, ибо эта ступень, получившая ущерб, опускает на него суды, «и наблюдать за ним: если он совершает полное возвращение пред Господином своим, грех устраняется, и суд не властен над ним и не приходит к нему», – так как все время, пока он не сделал ущербными все свои десять сфирот до Хеседа, он еще не испортил свои келим и способен совершить возвращение. Но по той же причине, он также может еще грешить, т.е. притягивать от левой линии вниз. «А если он продолжает грешить, то для него готова другая ступень, и она прибавляется к суду первой ступени, и тогда он нуждается в большем возвращении», – так как нанес ущерб более высокой ступени в корне своей души. «А если он продолжает грешить, он прибавляет ступень к ступени, пока не достигает пяти ступеней», которые являются всеми десятью сфирот корня его души, и тогда левая линия наверху опустошается от всего света, и больше он уже не может грешить, потому что ему больше нечем питаться от левой линии, и прекращается спор между левой и правой, ведь после того как раскрылась мера суда в сфире Хесед корня его души, левая линия больше не способна получать свет, а правая линия устанавливается и укрепляется, поскольку победила в споре, как уже говорилось выше.

---

[507] См. п. 409.

И это смысл сказанного: «Когда правая (линия) установилась напротив»[508], – т.е. она победила в споре и установилась, «и согласилась на него», и согласилась на суды, которые раскрылись в левой линии, и в человеке, который грешит, «левая тоже готова согласиться с правой и включиться в нее», – ибо из-за того, что она опустошилась от своих светов, и прекратился ее спор с правой, и она целиком готова включиться в правую, и наслаждаться светами правой. «Когда левая согласилась с правой, тогда он уже не зависит от возвращения», – так как левая не согласна включиться в правую, но только после того, как раскрылась Малхут меры суда на всех ступенях до Хеседа. И тогда уже не помогает возвращение, поскольку его келим испорчены, и он уже не способен получить свет, даже если совершит возвращение, как уже говорилось.

И это смысл сказанного: «А когда суд довершается»[509], – т.е. мера суда раскрылась на всех ступенях, и больше ему нечему нанести ущерб, «тогда он заканчивается», т.е. завершился спор между правой (линией) и левой, и больше нет судов, потому что не может больше грешить, и левая (линия) подчиняется и целиком включается в правую. «И устанавливаются "пальцы", пять против пяти, правая в левой», – т.е. все пять свойств левой входят внутрь пяти правой. «И руки его выпрямляются, чтобы показать то, что без намерения человека», – что после того, как суд над ним довершается и заканчивается, грешник сплетает пальцы своих рук друг с другом, без намерения сделать это, и это показывает, что пять пальцев, т.е. десять сфирот левой (линии) корня его души наверху, переплелись и включились в правую, и грешник, который ничего не может получить от правой, приговаривается к смерти. А его действия внизу, несмотря на то, что он делает их без всякого намерения, – они свидетельствуют о его приговоре наверху.

И до сих пор говорилось о грешнике с частной точки зрения. Однако, в общности Исраэля, есть праведники, держащиеся правой, а есть грешники, своими грехами усиливающие левую линию. Весь Исраэль судится по большинству, и если большинство – грешники, левая линия пересиливает и желает отменить правую линию, и тогда народы, исходящие от левой линии, получают силу притеснять Исраэль и преследовать их,

---

[508] См. п. 410.
[509] См. п. 411.

так как они от правой линии. И это – все изгнания, и это – египетское изгнание.

Однако после того как грешники увеличили свои грехи до такой степени, что раскрыли меру суда на всех пяти ступенях вплоть до Хеседа, тогда левая линия опустошается, и у нее нет силы установиться самостоятельно, и она включается в правую линию. И поскольку отменилась левая линия, отменяются и наказания, и отменяется сила египтян, (позволяющая) притеснять Исраэль. И это означает: «И поэтому написано: "Твоя десница, Творец, величественна в силе, Твоя десница, Творец, крушит врага"[501], то есть левая включается в правую, и завершается суд». Ибо после того как раскрывается мера суда, и сила левой (линии) отменяется и включается в правую, тогда отменяется сила грешников и сила египтян, держащихся за левую (линию), и правая усиливается, так как победила в споре, и тогда говорится: «Твоя десница, Творец, величественна в силе»[501], потому что победила левую, и поэтому: «Твоя десница, Творец, крушит врага»[501], т.е. египтян, которые исходят от левой.

И как было в египетском изгнании, так же будет и в будущем, когда Он спасет нас от всех народов, что в мире, и тогда это тоже произойдет через действие раскрытия Малхут меры суда на всех ступенях, отменяющее силу левой (линии), чтобы она больше никогда не могла пересилить правую. И действие это определяется как клятва в том, что никакой народ в мире больше не поработит Исраэль, исходящих от правой (линии).

И это смысл сказанного: «И поэтому, когда Творец желает осуществить всё», т.е. всё осуществить таким образом, чтобы никакие народ и нация не могли более поработить Исраэль. Написано: «Клялся Творец десницей Своей и мышцей силы Своей»[500], – т.е. с помощью действия по раскрытию Малхут меры суда на всех ступенях миров, называемого клятвой и обещанием, когда левая линия больше никогда не сможет пересилить правую. И поэтому: «Клялся Творец десницей Своей»[500], – т.е. увеличением силы правой (линии), которая победила в споре, «и мышцей силы Своей»[500], – т.е. левой, которая уже включилась в правую, что «не дам Я зерно твое в пищу врагам твоим, и не будут пить чужеземцы вино твое, над которым трудился ты»[500].

И выяснилось здесь три вида в отношении раскрытия Малхут меры суда на всех ступенях, заставляющего левую линию включиться в правую так, чтобы она больше никогда не могла пересилить правую:

1. Раскрытие меры суда в корне грешащего человека, в частном случае, когда уже нет у него никакой надежды, и он больше не может грешить, и также не может уже совершить возвращение.

2. Раскрытие меры суда в частном корне одного народа, как это было в Египте, как сказано: «Твоя десница, Творец, величественна в силе»[501], когда действие по раскрытию меры суда над египтянами подобно клятве в том, что египтяне больше никогда не смогут поработить Исраэль. И это смысл сказанного: «Ибо египтян, которых вы видите сегодня, не увидите более вовеки»[510].

3. Действие раскрытия Малхут меры суда во всем мире в целом, что наносит ущерб всем семидесяти народам. И тогда клянется Творец в общем, что левая линия больше не пересилит правую во всем мире в целом, что и означает: «Клялся Творец десницей Своей»[500].

---

[510] Тора, Шмот, 14:13. «И сказал Моше народу: "Не бойтесь, стойте и смотрите на спасение, которое Творец совершит для вас ныне! Ибо египтян, которых вы видите сегодня, не увидите более вовеки"».

ГЛАВА ВАИКРА

Четыре вида (арба миним)

412) «Рабби Йегуда провозгласил: "Написано: "И возьмите себе в первый день плод дерева великолепного, ветви пальмовые"[511]. "Плод дерева великолепного"[511] что собой представляет? – Это этрог (цитрон)". Спрашивает: "Но разве этрог с "дерева великолепного"[511]? Ведь множество колючек есть на цитроновом дереве вокруг него, отсюда и отсюда, а ты говоришь: "Плод дерева великолепного"[511]?" И отвечает: "Но скрытый смысл, – это как написано: "И отстроил Творец Всесильный ту сторону, которую взял у Адама, чтобы быть ему женой, и привел ее к Адаму"[512]. И сказано: "Кость от костей моих и плоть от плоти моей"[513]. И это "плод дерева великолепного"[511]. Откуда нам известно, что человек называется деревом. Поскольку написано: "Разве человек – дерево полевое?"[514]»

Объяснение. Внутренний смысл слов: «И отстроил Творец Всесильный ту сторону, которую взял у Адама, чтобы быть ему женой»[512], указывает на Зеир Анпин и Малхут, которые были созданы двойным парцуфом. А потом Творец отделил их друг от друга, и получается, что Малхут является стороной Зеир Анпина. И Зеир Анпин называется Древом жизни, а Малхут является плодом этого Древа. И говорит, что это этрог, который указывает на Малхут. И потому Тора называет его «плод дерева великолепного»[511], потому что он является плодом Древа великолепия, т.е. Зеир Анпина.

413) «"Ветви пальмовые"[511]. Пальма "цветет к семидесяти годам", что указывает на Есод Зеир Анпина, "и в ней довершаются семьдесят высших лет", т.е. семь сфирот ХАГАТ НЕХИМ, каждая из которых включает в себя десять, итого – семьдесят. "И это связано (нихпат נִכְפָּה)", т.е. "соединяется, сверху" –

---

[511] Тора, Ваикра, 23:40. «И возьмите себе в первый день плод дерева великолепного, ветви пальмовые, и ветвь дерева густолиственного, и ив речных, и веселитесь пред Творцом Всесильным вашим семь дней».

[512] Тора, Берешит, 2:22. «И отстроил Творец Всесильный ту сторону, которую взял у Адама, чтобы быть ему женой, и привел ее к Адаму».

[513] Тора, Берешит, 2:23. «И сказал Адам: "Эта на сей раз – кость от костей моих и плоть от плоти моей. Эта наречена будет женой (иша), ибо от мужа (иш) взята она"».

[514] Тора, Дварим, 20:19. «Когда осаждать будешь город многие дни, чтобы, ведя с ним войну, захватить его, не губи деревьев его, занося над ними топор; ибо от них будешь есть, и их не руби. Разве человек – дерево полевое, чтобы уйти от тебя в осаду?»

с Зеир Анпином, "и снизу" – с Малхут. "И поэтому называется "ветви (капо́т כַּפֹּת)", как ты говоришь: "Связались (кфи́ту כְּפִיתוּ)", что означает – соединились, потому что Есод "поднимается сюда и сюда", в Зеир Анпин и в Малхут. "Это означает: "Ибо всё на небе и на земле"[515], именно так"». Объяснение. Есод называется «всё», и он связан с «небом», т.е. Зеир Анпином, и «землей», т.е. Малхут.

414) «Рабби Йоси сказал: "Плод дерева великолепного"[511] – это жертвенник", т.е. Малхут, "который приносит плоды и извлекает плоды во всех сторонах. Какова причина?"» – того, что называется «плод дерева великолепного»[511]. «"Потому что все семьдесят лет", т.е. семь сфирот ХАГАТ НЕХИМ Зеир Анпина, каждая из которых состоит из десяти, итого – семьдесят, "дают ей часть, и" она, Малхут, "благословляется от всех них". А Зеир Анпин называется деревом великолепным. "Чему это нас учит? Что тот, кто грешит и наносит ущерб жертвеннику", т.е. Малхут, "грешит и наносит ущерб всем" семи сфирот Зеир Анпина, "ибо" Малхут "связана с тем, который связан" и соединен "наверху", т.е. с Есодом Зеир Анпина, "и поэтому связались друг с другом", Малхут с семью сфирот Зеир Анпина. "И поэтому написано: "Плод дерева великолепного, ветви пальмовые (капо́т тмари́м כַּפֹּת תְּמָרִים)"[511], чтобы показать, что они связаны (кфути́м כְּפוּתִים) друг с другом, "но не написано: "И ветви пальмовые (ве-капот тмарим וְכַפֹּת תְּמָרִים)"», потому что вав (ו) разделяла бы между «плодом дерева великолепного», то есть Малхут, и «пальмовыми», которые являются Есодом. И рабби Йоси не противоречит рабби Йегуде, но порядок выяснения этих изречений есть между ними.

415) «"Написано: "Вот помазание Аарона и помазание сынов его"[516]. Чему это нас учит? Однако, "вот (зот)" – это жертвенник", т.е. Малхут, "который был помазан Аароном", т.е. Хеседом Зеир Анпина, "как написано: "И помажь жертвенник всесожжения и все его принадлежности"[517]. "И помазание сынов его"[516] – это остальные сфирот Зеир Анпина, нисходящие от Хеседа,

---

[515] Писания, Диврей а-ямим 1, 29:11. «Тебе, Творец, величие и могущество, и великолепие, и вечность, и красота, ибо всё на небе и на земле – Тебе! Тебе царство, и превознесен Ты над всеми!»

[516] Тора, Ваикра, 7:35. «Вот помазание Аарона и помазание сынов его от огнепалимых жертв Творцу, в день, когда приблизил их к служению Творцу».

[517] Тора, Шмот 40:10. «И помажь жертвенник всесожжения и все его принадлежности, и освяти жертвенник, и будет жертвенник святыней великой».

"поскольку" жертвенник, т.е. Малхут, "помазывается всеми, и возвеличивается, и благословляется, и очищается"».

416) «"Смотри, в праздник" Суккот "обходят жертвенник по одному разу каждый день, а в конце – семь раз.⁵¹⁸ Чему это нас учит? Это как царь, который пригласил гостей и занят ими. И была у царя единственная дочь, сказала она ему: "Господин мой царь, из-за приема гостей ты не смотришь на меня!" Сказал ей: "Клянусь, дочь моя, каждый день я буду преподносить тебе один дар, который будет стоить всего"».

417) «"Так в каждый день праздника Исраэль совершали приношение соответственно народам мира". И это семьдесят быков соответственно семидесяти народам мира. "Сказал жертвенник", т.е. Малхут, "святому Царю", т.е. Зеир Анпину: "Для всех есть доли и части", т.е. для всех народов, "а что Ты даешь мне?" Сказал ей: "Каждый день будут окружать тебя семь высших дней", т.е. семь сфирот Зеир Анпина, потому что каждый состоит из всех, "чтобы благословлять тебя, и будут давать тебе семьдесят частей каждый день", – поскольку каждая состоит из десяти, "соответственно семидесяти быкам, приносимым в праздник"» соответственно семидесяти народам. Получается, что в каждый из дней Исраэль приносят жертву соответственно всем народам мира.

418) «Рабби Йегуда сказал: "Семь" частей "каждый день", хотя и совершают только один обход, "это потому, что" в каждый из дней "благословляется" Малхут "от всех", так как семь сфирот состоят друг из друга, и частная сфира каждого дня состоит из всех семи, и они не являются семидесятью частями соответственно семидесяти народам. "А в конце семи дней", т.е. в Ошана Раба, "благословляется" Малхут "от того места, где есть елей помазания", т.е. от Бины, где есть изобилие Хохмы, называемой елеем. И поэтому обходят "семь раз, соответственно всем этим семи дням", т.е. семи сфирот Зеир Анпина, "чтобы" притянуть и "осуществить для нее благословения от истока реки, которая течет постоянно, не прекращаясь", т.е. Бины. "Таким образом, то, что она благословляется в каждый день" из семи дней Суккот, "до семи дней, она благословляется от истока реки", т.е. Есода Зеир Анпина, который не течет постоянно, а прерывается, и он не светит в совершенстве, но

---

⁵¹⁸ Вавилонский Талмуд, трактат Сукка, лист 45:1.

лишь в часы молитвы и по субботам, и праздникам. "И так же в другой раз", т.е. в Ошана Раба, "когда жертвенник обходят семь раз, она благословляется семь раз вместе, и осуществляются в ней затем благословения от высшего места, где исток вытекает и не прекращается", т.е. от Бины, "как мы уже сказали"».

419) «"В каждый день", из дней праздника, "провозглашают о ней и говорят: "Даже бесплодная родит семерых, а многодетная несчастна"[519]. "Даже бесплодная родит семерых"[519] – это Кнессет Исраэль, которая благословляется от семи" сфирот Зеир Анпина, "в каждый из дней и" в итоге "поднимается к высшему счету", т.е. в Бине. "А многодетная несчастна"[519] – это народы-идолопоклонники, которые достигают в первый день большого счета", т.е. тринадцати быков, "а потом постепенно уменьшаются с каждым днем" до семи быков. "И поэтому жертвенник искупает грехи Исраэля, жертвенник очищает их и передает им благословения сверху вниз"».

420) «"И ветвь дерева густолиственного"[511] – это святой Царь", т.е. Тиферет, "включенный в две стороны", Хесед и Гвуру, потому что Тиферет является средней линией, включающей в себя две линии. "И поэтому мирта" берут "три" ветви. "И ветвь дерева густолиственного"[511] означает – "ветвь, которая сделает ветвь дерева густолиственного, т.е. что включится в каждую сторону", правую и левую. "И ив речных"[511] – это два столпа", т.е. Нецах и Ход, "от которых благо переходит к "ветвям пальмовым"[511], т.е. Есоду, "ветви пальмовые"[511] включено наверху" в Зеир Анпин, "и включено внизу" – в Малхут. "И мы уже сказали,[520] что этрог", т.е. Малхут, "выходит из колючек на дереве", т.е. из судов, называемых колючками, которые в Зеир Анпине, называемом деревом, потому что она выстраивается из судов Зеир Анпина. "И таковы эти "ветви пальмовые"[511], являющиеся Есодом, который тоже включен в них", в колючки дерева, являющиеся судами Зеир Анпина, поскольку Есод склоняется к левой (стороне) Зеир Анпина, где пребывают суды. "Безусловно, всё, что выходит в мир, выходит отсюда, и отсюда они приходят"», т.е. из четырех видов, которые выяснились выше.

---

[519] Пророки, Шмуэль 1, 2:5. «Сытые за хлеб нанимаются, а голодные перестали (голодать); даже бесплодная родит семерых, а многодетная несчастна».
[520] См. выше, п. 412.

421) «Рабби Йоси провозгласил: "И приду я к жертвеннику Всесильного"[521]. Что представляет собой "жертвенник Всесильного"[521]? Это высший жертвенник", т.е. Малхут, и она "жертвенник Всесильного (Элоким)"[521], конечно", так как он указывает на суд. "И это колодец Ицхака", т.е. Малхут, которая называется колодцем, и строится из Гвуры, и это свойство Элоким, называемое Ицхак. "А иногда она называется "жертвенник Творца (АВАЯ)", что является именем милосердия, "как сказано: "Поднялся он от жертвенника Творца (АВАЯ)"[522]. И поэтому миры наследуют отсюда", от Малхут, "суд и милосердие, поскольку она питается от этой стороны и от этой стороны", т.е. от стороны суда и от стороны милосердия, "и это уже объяснялось"».

---

[521] Писания, Псалмы, 43:4. «И приду я к жертвеннику Всесильного, к Творцу радости, веселья моего, и на киноре буду славить Тебя, Всесильный, Всесильный мой!»

[522] Пророки, Мелахим 1, 8:54. «И было, когда закончил Шломо молиться Творцу, вознеся всю эту молитву и мольбу, поднялся он от жертвенника Творца, встав с колен, с руками, простертыми к небу».

ГЛАВА ВАИКРА

Если душа поступит неверно

422) «"Если душа (нефеш) поступит неверно"⁵²³. Рабби Ицхак сказал: "Мы ведь объясняли, душа (нефеш), конечно", а не нешама и руах, которые не грешат, а удаляются до греха. "Написано: "Да будет душа (нефеш) господина моего завязана в узле жизни Творца Всесильного твоего"⁵²⁴. И сказано: "А душу (нефеш) врагов твоих выбросит Он, как из пращи"⁵²⁴». Таким образом, награда и наказание полагаются главным образом душе (нефеш).

423) «"Счастливы праведники, у которых есть высшая доля в Творце, в этой святой доле, в святынях Царя, ибо они освящают себя святынями своего Господина. И каждого, кто освящает себя, Творец освящает его, как написано: "И освятите себя и будете святы"⁵²⁵. Человек освящает себя снизу, – освящают его сверху. А когда человек освящается святостью Господина своего, в него облачают святую душу (нешама), которая является наследием Творца и Кнессет Исраэль", потому что нешама – это порождение ЗОН. "И тогда он наследует всё. И это те, которые называются сынами Творцу, как сказано: "Сыны вы Творцу Всесильному вашему"⁵²⁶. И мы это уже объясняли"».

424) «"Смотри, написано: "Да извлечет земля существо живое"⁵²⁷. И мы объясняли – "существо живое"⁵²⁷, просто.⁵²⁸ И от этой части унаследовал царь Давид и соединился высшей связью, и унаследовал царство (малхут), как мы учили. И поэтому: "Да будет душа (нефеш) господина моего завязана в узле

---

⁵²³ Тора, Ваикра, 5:15. «Если кто-либо (досл. душа) поступит неверно и согрешит неумышленно, (взяв) от святынь Творца, то принесет свою повинную жертву Творцу: овна без порока, из мелкого скота, по оценке твоей серебряными шекелями по шекелю священному, в повинную жертву».

⁵²⁴ Пророки, Шмуэль 1, 25:29. «И если поднимется человек преследовать тебя и искать души твоей, да будет душа господина моего завязана в узле жизни Творца Всесильного твоего, а душу врагов твоих выбросит Он, как из пращи».

⁵²⁵ Тора, Ваикра, 20:7. «И освятите себя и будете святы, ибо Я – Творец Всесильный ваш».

⁵²⁶ Тора, Дварим, 14:1. «Сыны вы Творцу Всесильному вашему, не делайте на себе надрезов и не делайте плеши между глазами вашими по умершему».

⁵²⁷ Тора, Берешит, 1:24. «И сказал Всесильный: "Да извлечет земля существо живое по виду его: скот и ползучее, и животное земное по виду его". И было так».

⁵²⁸ См. выше, п. 317.

жизни"⁵²⁴, и мы объясняли, что нефеш связывается с руахом, а руах – с нешамой, а нешама – с Творцом", и поэтому они называются узлом жизни. "Счастлива доля того, кто наследует это высшее наследие"».

425) «"Горе тем грешникам, души (нефеш) которых не удостаиваются этого мира и тем более будущего. О них написано: "А душу (нефеш) врагов твоих выбросит Он, как из пращи"⁵²⁴, то есть они непрестанно кружат по миру, и не находят места отдыха, чтобы связаться с ним. И они оскверняются в нечистой стороне. И вестник возглашает, говоря: "Если душа (нефеш) поступит неверно"⁵²³ в отношении Творца, "Святилище Творца осквернил он"⁵²⁹, – т.е. свою душу (нефеш). И не следует говорить на самом деле "Святилище Творца", ведь он не входил в Святыню и не был включен в нее", как же он может осквернить ее? "И они являются вредителями мира", т.е. души грешников, "ибо прилепляются" к ситре ахра "и оскверняются"».

426) «Рабби Ицхак сказал: "Мы ведь объясняли: душа (нефеш), когда увенчивается Кнессет Исраэль", т.е. Малхут, "увенчивается святым Царем", т.е. Зеир Анпином, "и называется" Малхут "узлом жизни, ибо в ней связывается всё"». Нефеш связывается с ней снизу, а Зеир Анпин – сверху. «Рабби Эльазар сказал: "Когда двигается Шхина", т.е. Малхут, "она двигается с праотцами", т.е. ХАГАТ Зеир Анпина. "Это означает сказанное: "И двинулся ангел Всесильного, шедший перед станом Исраэля"⁵³⁰». И это три изречения: «И двинулся»⁵³⁰, «И вошел»⁵³¹, «И простер»⁵³², указывающие на три линии ХАГАТ Зеир Анпина, от которых Шхина получает, и с которыми она двигается.⁵³³ И поэтому Шхина называется узлом жизни, ведь три линии ХАГАТ связаны в ней.

---

⁵²⁹ Тора, Бемидбар, 19:20. «А человек, который будет нечист и не очистит себя, отторгнута будет душа та из собрания, ибо Святилище Творца осквернил он; очистительной водой не был он окроплен – нечист он».

⁵³⁰ Тора, Шмот, 14:19. «И двинулся ангел Всесильного, шедший перед станом Исраэля, и пошел позади них. И двинулся облачный столп, (шедший) перед ними, и встал позади них».

⁵³¹ Тора, Шмот, 14:20. «И вошел он между станом Египта и станом Исраэля, и было облако и мрак, и осветил ночь, и не приближался один к другому всю ночь».

⁵³² Тора, Шмот, 14:21. «И простер Моше руку свою на море, и гнал Творец море сильным восточным ветром всю ночь, и сделал море сушею, и расступились воды».

⁵³³ См. Зоар, главу Бешалах, пп. 173-175.

427) «Рабби Аба сказал: "Все", три линии ХАГАТ и Шхина, "превращаются в один венец, для того чтобы увенчаться вместе. И святое имя", т.е. имя аин-бет (ע"ב 72),⁵³³ "видно внутри них. В это время" Зеир Анпин "называется: "Как яблоня меж лесных деревьев, так любимый мой среди юношей"⁵³⁴. Ибо три линии ХАГАТ – это три цвета, белый-красный-зеленый, которые видны в яблоне. И видели тогда Исраэль", на море, "высшее драгоценное свечение, которое двигалось перед ними. И это то, что мы учили: "И вывел тебя пред Собою великой силой Своей из Египта"⁵³⁵ – это праотцы"», ХАГАТ, т.е. три линии – «И двинулся»⁵³⁰, «И вошел»⁵³¹, «И простер»⁵³². «"И потому это имя", т.е. Малхут, "разбивает горы и сокрушает скалы, и есть в нем и хорошее и плохое. Счастлив удел Исраэля"».

(Раайа меэмана)

428) «"Эта заповедь – злоупотребивший святостью, должен принести основную часть (керен) и пятую долю. Об этом написано: "И пятую часть его прибавит к нему"⁵³⁶. "Керен" – это "вав (ו)" де-АВАЯ (הויה), т.е. Зеир Анпин. "Пятая доля его" – это "хэй (ה)", т.е. Малхут, потому что пять свойств КАХАБ ТУМ есть в Зеир Анпине, а Малхут – пятая в нем. "И это керен а-йовель", т.е. керен, Зеир Анпин, который получает от йовель, Бины. И это "рог (керен), который был во лбу того быка, которого принес в жертву Адам Ришон"⁵³⁷, и этот рог указывает на Зеир Анпина, ибо через эту жертву он приблизил Малхут к Зеир Анпину, "и это", т.е. приношение в жертву пятой доли вдобавок к основной части, "является главным во всех жертвах". И это означает: "Награда (керен)", – т.е. Зеир Анпин, – "существует для него в мире будущем"⁵³⁸, – в Бине, т.е. он получает от Бины, "а плоды его – в этом мире", в Малхут, которая получает от Зеир

---

⁵³⁴ Писания, Песнь песней, 2:3. «Как яблоня меж лесных деревьев, так любимый мой среди юношей! Сидя под сенью его, наслаждалась я, и плод его сладок был нёбу моему».

⁵³⁵ Тора, Дварим, 4:37. И (все) за то, что любил Он твоих отцов, и избрал их потомство после них, и вывел тебя пред Собою великой силой Своей из Египта».

⁵³⁶ Тора, Ваикра, 5:16. «И то, чем он согрешил (воспользовался) от святыни, оплатит и пятую часть его прибавит к нему, и даст это коэну; и коэн искупит его овном повинной жертвы, и простится ему».

⁵³⁷ См. Вавилонский Талмуд, трактат Шаббат, лист 28:2.

⁵³⁸ Мишна, раздел Зраим, трактат Пеа, часть 1, мишна (закон) 1. «Вот заповеди, плоды которых человек пожинает в этом мире, а награда сохраняется (досл. существует) для него в мире будущем».

Анпина. "И это хэй (ה) хэй (ה)"». То есть первая хэй (ה) имени АВАЯ (הויה), и это Бина, и последняя хэй (ה) имени АВАЯ, и это Малхут, а вав (ו), т.е. Зеир Анпин, стоит между ними и получает от первой хэй (ה), и это награда, которая существует для него в будущем мире, и он передает последней хэй (ה), и это – плоды, которые в этом мире.

(До сих пор Раайа меэмана)

429) «"Смотри, коза для жертвы,[539] почему? Ведь сказал рабби Шимон: "Коза, имя ее является причиной того, чтобы учиться от имени ее, что это дурная сторона и дурной вид", – потому что коза (эз עֵז) указывает на сильные (азим עִזִים) и суровые суды. А в таком случае, почему же ее приносят в жертву? "Но так сказал рабби Шимон: "Нужно принести в жертву именно ее, ведь если над человеком прошел дух скверны, или он занимался им, жертвой его является именно эта коза", т.е. "в том же виде, в каком согрешил"».

---

[539] Тора, Ваикра, 22:27. «Когда родится бык, или овца, или коза, то семь дней должно пробыть животное под матерью своей, а от восьмого дня и далее будет пригодно для огнепалимой жертвы Творцу».

ГЛАВА ВАИКРА

Нефеш, руах, нешама

430) «И сказал рабби Шимон: "Мы ведь учили. Есть такие, кто удостоился нешама. А есть такие, кто удостоился пробуждения руах. А есть такие, кто удостоился только нефеш. Тот, кто удостоился только нефеш и не поднимается выше", чтобы удостоиться руаха или нешамы, "прилепляется тогда к этой нечистой стороне.[540] И когда он спит, эти дурные стороны приходят и прилепляются к нему, и сообщают ему во сне о событиях в мире, часть из них – ложь, а часть – правда. А иногда они насмехаются над ним и показывают ему лживые вещи, и мучают его во сне. И поэтому народы-идолопоклонники, – из тех, кто видит во сне истинные вещи, благодаря той стороне, к которой они прилепились", так как она сообщает им их. И всё это – события, которые произойдут в скором времени"».

431) «"Смотри, есть три ступени в этих дурных видах, одни над другими. Высшая ступень в них – это те, кто подвешен в воздухе", и они слышат приговор, вынесенный свыше, но они не приходят в этот мир. "Нижняя ступень – это те, кто насмехается над людьми и мучает их во сне, поскольку все они наглые, как собаки. И есть над ними верхняя ступень", т.е. средняя, "и они – из верхних и нижних", и они слышат вещи от верхних, т.е. от тех, кто подвешен в воздухе, "и они сообщают эти вещи человеку" во сне,[541] "часть из них – ложь, а часть – правда. И эти истинные вещи – это то, что произойдет в скором времени"».

432) «"И эта ступень – тех, что подвешены в воздухе, так как они более высокие. И вот тот, который удостоился только нефеш, и эта нефеш желает исправиться, чтобы получить руах, но до того как она удостоилась" руаха, ночью, во время сна, "выходит то, что выходит из этой нефеш, и распространяется по миру"». Другими словами, не вся нефеш выходит из человека во время сна, а только ее часть, ибо остается от нее свойство «киста де-хаюта (минимальная жизненная сила)», «"и она хочет и не хочет подняться" наверх, между ангелами, "пока она не встречается с теми" клипот, "что в воздухе", как уже говорилось выше, "и они сообщают ей вещи, часть из которых" произойдет "в ближайшем" времени, "а часть – в более

---

[540] См. далее, п. 439.
[541] См. Зоар, главу Ахарей мот, п. 368.

позднем. И с этой ступенью" подвешенных в воздухе "он всё время соединяется во сне, пока не обретает руах"».

433) «"Когда он обрел руах, этот руах (ветер) выходит и сокрушает горы и скалы", то есть внешние силы. "И он поднимается и простирается, и входит между высших святых ангелов", поскольку руах нисходит от мира Ецира, где пребывают ангелы, "и там он узнаёт, что узнаёт, и учится у них (разным) вещам и возвращается на свое место. Тогда это связь человека со святостью, пока он не удостаивается нешамы и не обретает ее"».

434) «"Когда он обретает нешаму, она поднимается высоко наверх", т.е. в мир Брия, откуда нисходит нешама, "и стражники входов не задерживают ее, и она непрерывно простирается и поднимается" всё выше, "между теми праведниками, которые завязаны в узле жизни", т.е. в Малхут мира Ацилут, "и там видит царское наслаждение и наслаждается высшим свечением"».

435) «"А когда пробуждается святая лань", т.е. Малхут, "под воздействием северного ветра", т.е. в полночь, "она спускается, и тот праведник, который обрел нешаму, встает и укрепляется как могучий лев, в Торе, пока не воссияет утро, и тогда он идет с этой святой ланью, чтобы предстать пред Царем и получить от Него одну нить милости (хесед). И что она такое? Это нить Авраама", т.е. свет Хесед, "которую он обрел, как написано: "Что от нитки до ремешка от обуви"[542]. Он не наслаждается от иного вовсе, и сказал: "Что от нитки до ремешка от обуви не возьму"[542], – поэтому "удостоился этой нити", т.е. света Хесед. "И это называется нитью Авраама"».

436) «"И когда этот праведник приходит с этой ланью", т.е. с Малхут, "он увенчивается с ней пред Царем, и Давид произносит: "Руководителю: на "аелет а-шахар (рассветную лань)"[543], и это Кнессет Исраэль", Малхут. "Аелет а-шахар" – это песнь Кнессет Исраэль, которую произносят в изгнании: "Всевышний

---

[542] Тора, Берешит, 14:21-23. «И сказал царь Сдома Авраму: "Отдай мне души, а имущество возьми себе". И сказал Аврам царю Сдома: "Поднимаю руку мою к Творцу, Владыке Всевышнему, Создателю неба и земли, что от нитки до ремешка от обуви не возьму из всего твоего, чтобы ты не сказал: "Я обогатил Аврама"».

[543] Писания, Псалмы, 22:1. «Руководителю: на "аелет а-шахар". Псалом Давида».

мой! Всевышний мой! Зачем Ты оставил меня, далек от спасения моего, крика молитвы моей?!"[544]»

437) «Сказал рабби Шимон: "Счастливы обретшие душу (нешама), обретшие Тору, служащие святому Царю. Горе тем грешникам, которые не удостоились соединиться со своим Господином и не удостоились Торы. Ибо всякий не удостоившийся Торы, не удостаивается ни руаха, ни нешамы, и слияние его с той стороной дурных видов, и у такого нет доли в святом Царе, нет у него доли в святости. Горе ему, когда уйдет он из этого мира, ведь известно, что он у этих дурных видов, обладающих безудержной как у собаки наглостью, посланцев огня преисподней, которые не жалеют его"».

438) «"Смотри, что отличает Исраэль от народов-идолопоклонников. Исраэль, несмотря на то, что человек из Исраэля удостоился только нефеш, над ним пребывает высшая ступень, ибо если он желает обрести руах, и если желает обрести нешаму, он обретает и удостаивается ее. Но народы-идолопоклонники никогда не обретут" больше, чем свою нечистую нефеш, "но только если он произведет обрезание, при котором обретает нефеш от другого места"», от святости.

439) «"А Исраэль, стоящие на нижней ступени де-нефеш, – если он не желает удостоиться большего, наказание его велико.[545] Горе тому грешнику, который забывает заповеди Торы, т.е. не занимается Торой и забывает своего Господина. О нем написано: "Пусть грешники исчезнут с земли!"[546]»

440) «"Смотри, есть люди, которые прилепляются к этой стороне", скверны, – "из-за этой нефеш, более которой они не удостоились. И когда прошел над ними дух этой скверны, он пребывает над ними, и они прилепляются к нему. Тогда тот грех, который совершил этот человек, он на этой нечистой стороне, и его жертва – это одна коза, поскольку это животное, исходящее от той же стороны,[547] чтобы искупить грех его"».

---

[544] Писания, Псалмы, 22:2 «Всевышний мой! Всевышний мой! Зачем Ты оставил меня, далек от спасения моего, крика молитвы моей?!»
[545] См. выше, п. 430.
[546] Писания, Псалмы, 104:35. «Пусть грешники исчезнут с земли, и нечестивых не будет больше! Благослови, душа моя, Творца! Алелуйа (хвалите Творца)!»
[547] См. выше, п. 429.

441) «Сказал ему рабби Эльазар, сын его: "Но ведь написано: "Не оставляй на ночь труп его на дереве... и не оскверни земли твоей"[548]. Ибо земля – это святость, и дух скверны не должен обрести место в святой земле и пребывать над ней. В таком случае, если над этим животным", козой, "пребывает дух скверны, и исходит с его стороны, почему же его приносят в жертву святой стороне?" Сказал ему: "Хороший вопрос"».

442) «"Но смотри, сын мой, написано: "Ибо Творец Всесильный твой – огонь пожирающий Он"[549]. Есть огонь, пожирающий огонь, – огонь Творца пожирает другой огонь, ситры ахра. И смотри, есть ангелы, произносящие песнь пред Творцом, и когда заканчивают пение, они исчезают в искре пожирающего огня", который сжигает их. "А внизу Творец устроил огонь жертвенника", и это огонь Малхут от судов ее, "и этот огонь пожирает и уничтожает всю ту нечистую сторону. И исчезает та сторона в пламени этого огня, и ничего не остается от нее в мире. И тот человек, который приносит свою жертву, стоит над ней, и с тем духом, который поднимается от жертвы, уходит от него сторона духа скверны, пребывающего над ним, и он искупается. И поэтому всё исчезает и уничтожается, и нет того, кто бы устоял перед этим огнем"» жертвенника.

---

[548] Тора, Дварим, 21:22-23. «И если будет на ком-либо грех, (требующий) суда смертного, и умерщвлен будет он, и повесишь его на дереве; не оставляй на ночь труп его на дереве, но погреби его в тот же день; ибо поругание Всесильному повешенный, и не оскверни земли твоей, которую Творец Всесильный твой дает тебе в уделе».

[549] Тора, Дварим, 4:24. «Ибо Творец Всесильный твой – огонь пожирающий Он, Владыка ревностный».

Небеса прольют праведность

443) «Рабби Аха находился в пути, и встретился с рабби Хия и рабби Йоси вместе. Сказал рабби Аха: "Конечно, мы втроем должны будем принять лик Шхины". Соединились вместе и пошли. Сказал рабби Аха: "Каждый пусть скажет слово в связи с Торой, и пойдем"».

444) «Провозгласил рабби Хия и сказал: "Излейте, небеса, сверху"[550]. Это изречение является тайной мудрости, которой я учился от великого светоча. "Излейте, небеса, сверху"[550], что значит "излейте"[550]? Это как ты говоришь: "Изольется, как дождь, мое наставление"[551]. И о дожде, который является пропитанием для всех, он говорит это. И поэтому все глаза мира ждут Творца для пропитания, потому что Он дает пропитание всем и кормит всех, как сказано: "Глаза всех к Тебе устремлены, и Ты даешь им пищу в свое время"[552]».

445) «"А если скажешь, что это зависит от места, которое называется небесами", т.е. от Зеир Анпина, "то мы учили, что пропитание не зависит от заслуги. А заслуга, мы же объясняли, что это благополучие (цдака)", т.е. Зеир Анпин, "потому что перевод слова "благополучие (цдака)" – это заслуга, а заслуга и небеса – это одно и то же", таким образом, оно (пропитание) не зависит от небес, т.е. Зеир Анпина. "А здесь написано: "Излейте, небеса"[550]?". И отвечает: "Написано: "Сверху"[550], т.е. сверху с небес, конечно, сверху, так как это исходит от Атика Кадиша (святого Атика)", т.е. от Арих Анпина, поскольку оттуда нисходит пропитание, "а не от места, называемого небесами, и называемого заслугой, но именно – "сверху"[550]».

446) «"И тучи прольют праведность"[550]. Ибо, когда небеса (шамаим)", т.е. Зеир Анпин, "получает пропитание свыше, от того высшего места, которое пребывает над ним"», т.е. от Арих Анпина, от свойства «дикна», которая называется «мазаль»,

---

[550] Пророки, Йешаяу, 45:8. «Излейте, небеса, сверху, и тучи прольют праведность, раскроется земля, и принесут спасение, и благополучие произрастет разом. Я, Творец, сотворил это».

[551] Тора, Дварим, 32:2. «Изольется, как дождь, мое наставление, иссочится, как роса, моя речь, как дождевой ветер на поросль и как дождь на траву».

[552] Писания, Псалмы, 145:15. «Глаза всех к Тебе устремлены, и Ты даешь им пищу в свое время».

«"тогда "тучи (шхаким) прольют праведность"⁵⁵⁰. Что такое "тучи (шхаким)"? Это место, где перемалывают ман для праведников. И кто они? Это Нецах и Ход, которые, безусловно, перемалывают этот ман для праведников. Для кого? – Для того места, которое называется "праведник", т.е. Есод, "так как они перемалывают тот ман, что приходит свыше", от Арих Анпина, "и всё это благо собирается в них, чтобы передать этой ступени", называемой "праведник", т.е. Есоду, "чтобы благословилась праведность", т.е. Малхут, "от этого изливания их. И поэтому они перемалывают ман для праведников. И кто это праведники? Это праведник и праведность, – Йосеф и Рахель", то есть Есод и Малхут. "И когда они совершают друг с другом зивуг, они называются "праведники"».

447) «"И они", Нецах и Ход, "перемалывают ман, конечно же, для праведников", т.е. праведника и праведности, "и поэтому" говорит Писание: "И тучи"⁵⁵⁰, – Нецах и Ход, – "прольют праведность"⁵⁵⁰. Тогда "раскроется земля"⁵⁵⁰ внизу, "и принесут спасение"⁵⁵⁰ – т.е. населяющие мир. "И благополучие (цдака) произрастет разом"⁵⁵⁰ – т.е. всё милосердие и всё благо в мире преумножится, и будет в мире пропитание для людей. Тогда одна радость прибавится к другой, и все миры благословятся". Сказал рабби Аха: "Если бы я пришел услышать только это, – этого достаточно!"»

ГЛАВА ВАИКРА

Сердце мое – законодателям Исраэля

448) «Провозгласил рабби Йоси и сказал: "Сердце мое – законодателям Исраэля, благодетелям в народе. Славьте Творца!"[553] Смотри, всё желание и всё сердце, с помощью которых человек должен привлечь благословения сверху вниз, чтобы объединить святое имя, он должен привлечь в молитве к Творцу, в желании и в намерениях сердца, из той глубокой реки", т.е. Бины, "как написано: "Из глубин я воззвал к Тебе, Творец"[554]. Потому что там глубина всего – в высших глубинах, так как они являются высшим началом, в котором производят зивуг (соединение) Аба ве-Има", т.е. Хохма и Бина, что в Бине. "Так же и здесь: "Сердце мое – законодателям Исраэля"[553], – кто они, "законодатели Исраэля"[553]? Это потому, что "не написано: "Законодатели Исраэля", а "законодателям Исраэля"[553], и это Аба ве-Има, являющиеся законодателями", т.е. передающими мохин, "святому Исраэлю", Зеир Анпину, "происходящему от них"».

449) «"Благодетелям (митнадвим מִתְנַדְּבִים) в народе"[553] – это праотцы", т.е. ХАГАТ Зеир Анпина, которые называются знатными (недивим נְדִיבִים), как сказано: "Знатные народов собрались, народ Всесильного Авраама"[555] – т.е. праотцы, которые происходят от Авраама, Хеседа Зеир Анпина, называются знатными народов. "Тогда: "Славьте Творца!"[553] – притягивать от Него благословения вниз, и благословения будут пребывать во всем мире. Ведь когда находятся здесь", в этом мире, внизу, благословения "сверху, всё пребывает в радости, всё – в совершенстве", поскольку любой свет достигает совершенства, только когда он нисходит в этот мир. "Счастлив удел Исраэля, ибо Творец посылает им благословения и внимает их молитвам. И о них написано: "Обратился Он к молитве одинокого и не презрел молитвы их"[556]».

---

[553] Пророки, Шофтим, 5:9. «Сердце мое – законодателям Исраэля, благодетелям в народе. Славьте Творца!»

[554] Писания, Псалмы, 130:1. «Песнь ступеней. Из глубин я воззвал к Тебе, Творец».

[555] Писания, Псалмы, 47:10. «Знатные народов собрались, народ Всесильного Авраама, ибо Всесильному – щиты земли, весьма возвышен Он».

[556] Писания, Псалмы, 102:18. «Обратился Он к молитве одинокого и не презрел молитвы их».

Глава Цав

Вот закон о жертве всесожжения

1) «"Вот закон о жертве всесожжения"[1]. Рабби Шимон провозгласил и сказал: "Справедливость Твоя как высочайшие горы; правосудие Твое – бездна великая!"[2] Это изречение, – мы его объясняли, и учили. Смотри, эта жертва всесожжения, она поднимает и связывает Кнессет Исраэль наверху, и слияние ее с будущим миром", Биной, "чтобы всё стало единым, в единой связи, в радости. И поскольку она поднимается высоко-высоко", в Бину, "написано: "Вот (зот) закон (торат)"[1], т.е. захар и нуква вместе", Зеир Анпин и Малхут, "и это письменная Тора и устная Тора, чтобы подняться в любви", к Бине. Ибо «вот (зот)»[1] – это Малхут, устная Тора, а «закон (торат)»[1] – это Зеир Анпин, письменная Тора.

2) «"Когда пробудилась северная сторона", Гвура Зеир Анпина, левая линия, "как мы объясняли сказанное: "Его левая рука под моей головой"[3], – то есть, что Малхут получает от левой линии Зеир Анпина. "Тогда она", Малхут, "восходит в любви, и украшается в правой" Зеир Анпина, т.е. в Хеседе, "и соединяется посередине", т.е. в средней линии Зеир Анпина, в Тиферет Зеир Анпина, "и всё светит от свойства "святая святых", т.е. Бины. "И это из свойства человека: в желании коэнов" – правой линии, "в молитве" Исраэля – средней линии, "и в воспевании"» левитов – левой линии.

3) «"И мы ведь объясняли, что жертва всесожжения – это святая святых, в свойстве высшего духа (руах)", Бины. "Ибо три руаха связаны вместе" в жертве всесожжения:

1. "Нижний руах, называемый руахом (духом) святости", т.е. Малхут.

2. "Руах, который посередине, называемый руахом (духом) Хохмы и Бины", – т.е. Зеир Анпин, сын Хохмы и Бины. И он также называется нижним руахом", поскольку относительно

---

[1] Тора, Ваикра, 6:2. «Повели Аарону и его сыновьям, говоря: "Вот закон о жертве всесожжения. Это всесожжение на огне, на жертвеннике всю ночь до утра, и огонь жертвенника будет гореть в нем"».

[2] Писания, Псалмы, 36:7. «Справедливость Твоя как высочайшие горы; правосудие Твое – бездна великая! Человека и скотину спасаешь Ты, Творец!»

[3] Писания, Песнь песней, 2:6. «Его левая рука под моей головой, а правая обнимает меня».

Бины является нижним. "Но этот руах (дух) выходит из шофара, состоящего из огня и воды".[4]

3. "Высший руах, скрываемый в тайне", т.е. Бина, "благодаря которому существуют все святые руахи (духи), и все лики светят" от него, "и поэтому возвращается жертва всесожжения к подлинному руаху (духу)"».

4) «"И затем, в свойстве животного", приносимого в жертву, "насыщаются и питаются" внешние, "чтобы связался со святостью иной руах (дух), находящийся в них, внутри скверны, с помощью сальника и жира, возлагаемых на жертвенник, как мы учили. Поэтому жертва всесожжения – это святая святых. Остальные жертвоприношения – они, чтобы установить мир во всем мире с разных сторон, а обвинителей в мире устранить, и светить, исходя из желания подсластиться. И называются они легкой святостью, поскольку не украшаются высоко-высоко, в святая святых", т.е. в Бине. "И потому они являются легкой святостью, и заклание их позволено в любом месте. Однако жертва всесожжения, являющаяся свойством святая святых, не такая, как остальные жертвы, ибо все действие по приношению ее – святость"».

5) «"Смотри, что написано: "И наденет коэн облачение из льняной ткани"[5] – это особые одежды для святости". Слово "бад (льняная ткань)", как – "бадад (отделенное)", т.е. обособленное для святости. И сказано: "Это священные одежды; пусть омоет тело свое в воде и облачится в них"[6]. Что значит, что они священные? Но скрытый смысл этого, как мы сказали, что она – святая святых, когда все поднимается и украшается в святая святых", т.е. в Бине, "единой связью. А затем удаляется и устраняется дух (руах) нечистоты, оскверняющий все, и не властвует, и не приближается к Святилищу. И устраняется из всех сторон святости, и всё остается святым, – в одной лишь святости"».

---

[4] См. «Предисловие книги Зоар», п. 239, со слов: «"Чтобы услышать в нем голос, выходящий из шофара" – т.е. породить Зеир Анпин с мохин гадлута, называемый голосом...»

[5] Тора, Ваикра, 6:3. «И наденет коэн облачение из льняной ткани, штаны из льняной ткани наденет на свое тело, поднимет пепел, в который превратил огонь жертву восхождения на жертвеннике, и положит его возле жертвенника».

[6] Тора, Ваикра, 16:4. «Хитон льняной, священный, пусть наденет, и льняные штаны пусть будут на теле его, и поясом льняным пусть опояшется, и тюрбан льняной пусть наденет – это священные одежды; пусть омоет тело свое в воде и облачится в них».

Горлиц или молодых голубей

6) «И сказал рабби Шимон: "Мы ведь учили изречение: "Человека и скотину спасаешь Ты, Творец"[7]. И так поднимается свойство "человек" со стороны человека" – с помощью желания и молитвы, "а свойство "скотина" – со стороны скота" – тем, что возлагается на жертвенник. "И поэтому сказано: "Если кто-либо (досл. человек) из вас будет приносить жертву"[8]. Человек, разумеется, и это является его жертвоприношением", исходящим из желания и молитвы "наверх, чтобы создать связь"» со свойством «человек». «"А затем сказано: "Из скота"[8]. И всё это – в изречении: "Человека и скотину спасаешь Ты, Творец"[7]. И это скрытый смысл того, что требуется жертвоприношение человека и скотины, как он сказал. Смотри, когда Творец создавал мир, Он так сделал – человека и скотину"».

7) «"И если скажешь, что ведь написано: "И птица будет летать над землей"[9] – то есть из них приносят жертвы и даже жертву всесожжения, как сказано: "А если из птиц всесожжение, жертва его Творцу, пусть приносит из горлиц или из молодых голубей жертву свою"[10]. То есть скотина – это не точно, чтобы истолковывать, как сказано выше. И отвечает: "Смотри, из всех птиц приносят в жертву только горлиц и молодых голубей. Однако то, что пригодно в одном, непригодно в другом". Краснота пригодна у горлиц и непригодна у молодых голубей.[11] И это "потому, что одно", молодые голуби, – "это правая, а другое", горлицы, – "это левая", поэтому краснота у них считается пригодной, так как она указывает на левую (сторону). "И все это – одно целое"».

8) «"И птица будет летать над землей"[9], – мы ведь объясняли, что это тайна строения (меркавы)", которой являются ангелы

---

[7] Писания, Псалмы, 36:7. «Справедливость Твоя как высочайшие горы; правосудие Твое – бездна великая! Человека и скотину спасаешь Ты, Творец!»

[8] Тора, Ваикра, 1:2. «Обратись к сынам Исраэля и скажи им: "Если кто-либо из вас будет приносить жертву Творцу, из скота, из крупного и из мелкого, приносите вашу жертву"».

[9] Тора, Берешит, 1:20. «И сказал Всесильный: "Да воскишат воды кишением существа живого, и птица будет летать над землей по своду небесному"».

[10] Тора, Ваикра, 1:14. «А если из птиц всесожжение, жертва его Творцу, то принесет он из горлиц или из молодых голубей жертву свою».

[11] См. Вавилонский Талмуд, трактат Хулин, лист 22:2.

Михаэль и Гавриэль, называемые птицей, "и ими возносится дух святости", т.е. Малхут, "чтобы подняться наверх", к Зеир Анпину, для зивуга. "И их двое – один справа, другой слева. "Птица"[9] – в правой стороне, и это Михаэль, "будет летать"[9] – в левой стороне, и это Гавриэль"».

9) «"И поэтому приносят в жертву два этих (вида)", горлиц и молодых голубей, и это Михаэль и Гавриэль, "чтобы поднять дух святости", т.е. Малхут, к Зеир Анпину. "И левая (сторона)" Зеир Анпина "украшает и питает внизу левую" сторону Малхут, "а правая – правую, и соединяется жена с мужем своим", т.е. Малхут с Зеир Анпином, "чтобы быть одним целым. И всё возвышается и соединяется вместе, наверху и внизу, и возвышается и возносится только один Творец"».

10) «"И в книгах основоположников" сказано: "Бедный", приносящий в жертву горлиц и молодых голубей, "не выделяет части для питания" миров, "а только для соединения наверху, но все, наверху и внизу, – каждый соединяется со своей стороной как подобает. И мы это уже объясняли"».

До какого места поднимается слияние желания

11) «Рабби Эльазар спросил рабби Шимона, отца своего, сказав: "Связь всего создается в святая святых, чтобы светить", т.е. в Бине. "Слияние желания коэнов, левитов и Исраэль, до какого места поднимается?"»

12) «Сказал ему: "Мы ведь объясняли", что их слияние поднимается "до Бесконечности, ибо вся связь, единство и совершенство, – чтобы скрыть в этом сокровении, которое непостигаемо и неизвестно, в котором желание всех желаний. Бесконечность не должна быть познанной и образовывать конец (соф), и образовывать начало (рош). И (она) не как "неведомый (айн)", т.е. Кетер, называемый неведомым, "первый, который образовал начало (рош) и конец (соф). Что такое "начало (рош)"? – Это высшая точка, являющаяся началом всего скрытого, находящаяся внутри замысла"», т.е. Хохма, называемая началом, и эта Хохма была создана Кетером, называемым «неведомый (айн)», и это смысл изречения: «И мудрость из неведомого пребывает»[12]. «"И он образовал конец (соф)", т.е. Малхут, "называемую "конец всего". Но там", в Бесконечности, "нет конца"».

13) «"Нет желаний, и нет светов, и нет свечей в Бесконечности. Все эти света и свечи", что в Ацилуте, "зависят" от Бесконечности, "чтобы существовали благодаря им, но они не поддаются постижению. Тот, кто известен и неизвестен, то есть можно говорить о нем со стороны знания, он не что иное, как высшее желание, скрытое более всего скрытого", называемое "неведомый (айн)"», Кетер. Но к Бесконечности знание вообще не относится.

14) «"И когда высшая точка", Хохма, "и будущий мир", Бина, "приподнимаются в свечении своем, они познают не более чем реах (запах)", т.е. свойство ВАК Хохмы, называемое запахом, а не ГАР Хохмы, "подобно тому, кто обоняет запах и наполняется ароматом. И это не является" тем "наслаждением", которое называется благоуханием, "ведь написано: "И не стану

---

[12] Писания. Иов, 28:12. «И мудрость откуда (досл. из неведомого) пребывает, и где место разума?»

обонять запах благоухания жертв ваших"¹³. Ведь запах и благоухание – это две вещи. "Ибо запах благоухания" означает "запах желания, т.е. все эти желания молитвы, желание воспевания, желание коэна, – все они являются свойством "человек (адам)".¹⁴ Тогда становятся все они единым желанием, и оно называется благоуханием, т.е. благоволением согласно переводу. Тогда всё соединяется и светит вместе подобающим образом, как мы учили"».

15) «"И поэтому передана эта другая сторона в руки коэна, как сказано: "Повели Аарону и его сыновьям, говоря: "Вот закон о жертве всесожжения"¹⁵. И есть тут тайна, мы ведь объясняли, что нет иного повеления, кроме повеления не поклоняться идолам", т.е. ситре ахра. "И здесь дано ему (повеление) сжечь эту дурную мысль, и устранить ее из святости с помощью того желания, которое поднимается наверх, и с помощью этого дыма, и сжигаемых сальников, для того чтобы были они устранены из святости, и это повеление", т.е. ситра ахра, "находится в их распоряжении, для того чтобы отделить ее от святости посредством этого жертвоприношения. Но ведь сказано: "Повели сынам Исраэля", как же можно истолковывать, что это – повеление ситры ахра? И отвечает: "И здесь", объяснение этого, "что" ситра ахра "находится в их владении, и всё то время, пока Исраэль выполняют желание их Господина, не может ситра ахра властвовать над ними"».

16) «"А это изречение"», – «повели Аарону»¹⁵, – «"призвано показать, как украсить этот святой руах (дух) высоко-высоко, и как отделить руах (дух) нечистоты и опустить его низко-низко; это", т.е. Исраэль, – "в желании и в молитве, а это", т.е. коэны, – "в действии жертвоприношения, каждый – как подобает ему"».

17) «"Этот отрывок наставляет их, как написано: "Повели Аарону и его сыновьям, говоря"¹⁵. "Повели"¹⁵ – это идолопоклонство, дух нечистоты. "Говоря"¹⁵ – это жена, называемая трепетом пред Творцом", т.е. Малхут. "Потому что здесь написано: "Говоря"¹⁵, и там написано: "Говоря: "Если муж отошлет

---

¹³ Тора, Ваикра, 26:31. «И предам города ваши разрушению, и опустошу святилища ваши, и не стану обонять запах благоухания жертв ваших».
¹⁴ См. выше, п. 6.
¹⁵ Тора, Ваикра, 6:2. «Повели Аарону и его сыновьям, говоря: "Вот закон о жертве всесожжения. Это всесожжение на огне, на жертвеннике всю ночь до утра, и огонь жертвенника будет гореть в нем"».

жену свою..."¹⁶», как там «говоря»¹⁶ указывает на жену, так и «говоря»¹⁵ здесь – это жена. «"И мы это уже объясняли. И поэтому всё сказано" в этом изречении, – то есть, украсить Малхут и опустить ситру ахра. "И коэн должен исправить всё, в понятии: "Человека и скотину"⁷».

---

[16] Пророки, Йермияу, 3:1. «Говоря: "Если муж отошлет жену свою, и она уйдет от него, и выйдет за другого, разве он возвратится к ней снова? Не осквернится ли (этим) совершенно вся земля та?! А ты прелюбодействовала со многими любовниками, и возвращаешься ко Мне?" – сказал Творец».

ГЛАВА ЦАВ

Вот закон о жертве всесожжения

18) «"Счастлива участь праведников в этом мире и в мире будущем, знающих пути Торы и идущих благодаря ей путем истины. О них написано: "Творцом над собой жить будут"[17]. Кто они "над собой"[17]? – это пути Торы. "Жить будут"[17] – смогут существовать в этом мире и в мире будущем"».

19) «"Смотри, написано: "Вот закон о жертве всесожжения"[18]. Сказал рабби Хия: "Это изречение я объяснял таким образом. "Вот закон"[18] – это Кнессет Исраэль", Малхут. "О жертве всесожжения (олá עוֹלָה)"[18], поскольку поднимается (олá עוֹלָה) и украшается высоко-высоко, чтобы соединиться как подобает, – до того места, которое называется святая святых"», и это Бина.

20) «"Другое объяснение. "Вот закон"[18] – это Кнессет Исраэль", Малхут. "О жертве всесожжения (олá עוֹלָה)"[18] – это дурная мысль, которая поднимается (олá עוֹלָה) над мыслью человека, чтобы увести его с пути истины. Она жертва всесожжения (олá עוֹלָה) – та, что поднимается (олá עוֹלָה) и возводит обвинения на человека; и надо сжечь ее в огне, чтобы не дать места для обвинений"».

21) «"И поэтому: "На огне, на жертвеннике всю ночь"[18]. Что представляет собой "ночь"? Это Кнессет Исраэль", Малхут, "и она "зот (вот)"[18], приходящая, "чтобы очистить человека от этого желания. "На огне"[18] – потому что река Динур (досл. огненная) – это место для сожжения всех тех, что не являются существующими", – т.е. ситра ахра. "Ибо проводят их через этот сжигающий огонь, и устраняют их власть из мира. И чтобы не властвовала, должна быть "на огне жертвенника всю ночь"[18], и тогда она смиряется и не властвует"».

22) «"И потому, когда эта", ситра ахра, "смиряется, поднимается Кнессет Исраэль", Малхут, "являющаяся духом святости, поскольку поднимается и украшается наверху. Ведь ее подъем происходит в момент смирения этой иной силы, и она отделяется от нее. И поэтому нужно принесение жертвы, чтобы отделить

---

[17] Пророки, Йешаяу, 38:16. «Творцом над собой жить будут, и во всем этом жизнь духа моего; Ты исцелишь меня и оживишь меня».
[18] Тора, Ваикра, 6:2. «Повели Аарону и его сыновьям, говоря: "Вот закон о жертве всесожжения. Это всесожжение на огне, на жертвеннике всю ночь до утра, и огонь жертвенника будет гореть в нем"».

эту сторону", ситру ахра, "от духа святости", Малхут, "и дать ей часть,[19] чтобы дух святости поднялся наверх"».

23) «Рабби Аба провозгласил: "И огонь на жертвеннике будет гореть в нем, не должен погаснуть, и будет разжигать на нем коэн дрова каждое утро"[20]. Спрашивает: "И огонь на жертвеннике должен гореть в нем"[20], – почему? "И будет разжигать на нем коэн дрова каждое утро"[20], – почему? И коэн, почему" должен разжигать дрова на огне? "И мы ведь учили, что огонь в любом месте – это суд, а коэн исходит от правой стороны, и он далек от суда, поскольку коэн никогда не призывается к суду, а здесь он должен разжечь суд в мире", т.е. должен разжечь дрова, как написано: "И будет разжигать на нем коэн"[20]».

24) И отвечает: «"Но мы так учили. Человек, который собирается прегрешить пред Господином своим, сжигает себя в пламени злого начала, а злое начало исходит от духа нечистоты, и дух нечистоты, таким образом, пребывает в нем. А иногда известно, что жертвоприношение его исходит от этой стороны", т.е. козы,[21] "когда нужно возложить на жертвенник подобного ему", грешнику, "и не исчезает и не устраняется этот дух нечистоты, как у человека, который грешит, так и у той стороны, от которой он исходит, но только в огне жертвенника. И этот огонь устраняет дух нечистоты и нечисть из мира, и коэн сосредоточен на этом – установить огонь, чтобы устранил он нечисть из мира"». Поэтому нужен коэн, чтобы это сделать, ибо он – от правой, а правая устраняет левую.

25) «"И поэтому надо, чтобы не гасили его никогда", но огонь всегда должен гореть в нем, "чтобы не ослабевала сила и мощь в нем, и чтобы смог сокрушить силу другой, злой мощи, (устранив ее) из мира. И поэтому: "Не должен погаснуть, и будет разжигать на нем коэн дрова каждое утро"[20], – в то время, когда властвует его сторона", потому что утром властвует

---

[19] См. Зоар, главу Пкудей, п. 333. «И так поступали Исраэль, зная эту тайну. Когда они начинали освящаться высшей святостью в День искупления, они следили за тем, чтобы сразу же дать его часть этому месту, и дать ему часть среди них для того, чтобы не пребывал над ними обвинитель и не явился напомнить о грехах Исраэля...»

[20] Тора, Ваикра, 6:5. «И огонь на жертвеннике будет гореть в нем, не должен погаснуть, и будет разжигать на нем коэн дрова каждое утро и возлагать на него жертву всесожжения, и воскурять на нем туки мирных жертвоприношений».

[21] См. Зоар, главу Ваикра, пп. 441-442.

правая сторона "и пробуждается в мире, чтобы наполнить мир благоуханием", с помощью поддержания огня на жертвеннике. "И смирятся суды, и не будут пробуждаться в мире. Об этом мы учили, что есть огонь, пожирающий огонь, ибо высший огонь", огонь Малхут, "пожирает другой огонь – огонь жертвенника пожирает другой огонь, другой стороны. Поэтому огонь этот не погаснет никогда, и коэн поддерживает его каждый день"».

(Раайа меэмана)

26) «"Заповедь – совершать всесожжение жертвы по закону ее. И о ней сказано: "Вот закон о жертве всесожжения"[18]. Пять видов огня опускались на жертву:

1. Огонь пожирающий и не поглощающий.
2. Огонь поглощающий и не пожирающий.
3. Огонь пожирающий и поглощающий.
4. Огонь, пожирающий влажное и сухое.
5. Огонь, который не пожирает и не поглощает.

Им соответствуют:

1. "Вот закон о жертве всесожжения"[18].
2. "Это всесожжение на огне"[18].
3. "На жертвеннике"[18].
4. "Всю ночь"[18].
5. "И огонь жертвенника будет гореть в нем"[18]».

Объяснение. Пять судов называются пятью огнями. Три – они в ХАГАТ, что выше хазе, исходящие от трех посевов, называемых холам, шурук, хирик.[22] И два – они от хазе и ниже: один – в Нецах и Ход и Есод (НЕХИ), исходящий из экрана, что в точке хазе, второй – в Малхут. И вот суды, которые в трех линиях ХАГАТ, что выше хазе, являются свойством огня, который не сжигает, а пожирает, – т.е. притягивает хасадим. Но два огня, что от хазе и ниже, они сжигают внешних. И известно, что притяжение хасадим называется едой, а притяжение Хохмы, что в левой линии, называется питьем.[23]

---

[22] См. Зоар, главу Берешит, часть 1, п. 9. «Высшая точка, Арих Анпин, посеяла внутри чертога ИШСУТ три точки: холам, шурук, хирик...»

[23] См. Зоар, главу Ваикра, п. 38. «"Смотри, об этих высших", Абе ве-Име, "написано о них: "Еда", а не питье..."»

И это означает сказанное им: «Огонь пожирающий и не поглощающий» – т.е. суды, что в правой линии, исходящие от точки холам. И он «пожирающий» – т.е. притягивающий мохин де-хасадим, «и не поглощающий» – т.е. не притягивающий Хохму.

«Огонь поглощающий и не пожирающий» – т.е. суды, что в левой линии, исходящие от точки шурук. И он «поглощающий» – т.е. притягивающий мохин Хохмы, «и не пожирающий» – т.е. не притягивающий хасадим, потому что левая – это Хохма без хасадим.

«Огонь пожирающий и поглощающий» – т.е. суды, что в средней линии, исходящие от точки хирик. И он «пожирающий» – т.е. притягивающий хасадим, а также «поглощающий» – т.е. притягивающий также и Хохму, поскольку состоит из двух линий, правой и левой, и есть в нем достоинства обеих. И до сих пор говорилось о (видах огня) выше хазе.

Но ниже хазе есть «огонь, пожирающий влажное и сухое», – т.е. суды, что в НЕХИ, исходящие от экрана в хазе, и он (огонь) пожирает и сжигает клипот, находящиеся в правой, и они – «влажные», т.е. имеется в них «влажность» света, и пожирает и сжигает клипот, находящиеся в левой, которые совершенно «сухие».

И есть «огонь, который не пожирает и не поглощает», – т.е. суды, что в Малхут, которые не притягивают никакого света, ни Хохмы, ни хасадим, так как у Малхут, самой по себе, нет никакого света, а только то, что дает ей Зеир Анпин.

И им соответствуют пять частей изречения «Вот закон»[18]:

«Вот закон о жертве всесожжения»[18] – это правая линия, Хесед, соответствующая первому огню.

«Это всесожжение на огне»[18] – левая линия, Гвура, соответствующая второму огню. Поэтому упомянут здесь огонь.

«На жертвеннике» – средняя линия, Тиферет, которая над жертвенником, потому что жертвенник – это Малхут, «на жертвеннике»[18], т.е. над жертвенником, – это Тиферет. И это соответствует третьему огню.

«Всю ночь»[18] – это экран, который правит от хазе и ниже, относящийся к Малхут, называемой «ночь», и он соответствует четвертому огню.

«И огонь жертвенника будет гореть в нем»[18] – это суд самой Малхут, называемой жертвенником, и он соответствует пятому огню.

27) «"И объяснили авторы Мишны, что жертва всесожжения (олá עוֹלָה) полностью поднимается (олá עוֹלָה) к возвышенному, и это Бина, хэй (ה)", первая хэй (ה) де-АВАЯ (הויה). И она называется так, поскольку это "пять (хэй) ее образов", т.е. пять вышеуказанных огней, нисходящих к ЗОН от Бины. "Йуд (י) – это единственная дочь", бат-аин, Малхут, о которой сказано: "А образ славы Творца – как огонь пожирающий"[24]. Но Малхут в собственном свойстве, это огонь, который не пожирает и не поглощает, как мы уже говорили, однако "вав (ו)", т.е. Тиферет, средняя линия, которая пожирает и поглощает, "это – свет бат-аин", а когда Малхут получает от вав (ו), также "и она – огонь, поглощающий все воды Торы, и пожирающий все жертвы, которые в молитве". То есть она получает от вав (ו) все три огня де-ХАГАТ, включенные в него. И также получает от четвертого огня, включенного в НЕХИ этой вав (ו) от хазе и ниже. И поэтому "она пожирает влажное и сухое", как и четвертый огонь. И объясняет, что "она извлекает простые изречения Торы, которые как сухие дрова", и извлекает "тайны Торы, которые как влажные дрова". Иначе говоря, благодаря тому, что она сжигает клипот, что в левой, являющиеся сухими, извлекаются простые изречения Торы, а благодаря тому, что она сжигает клипот, что в правой, являющиеся влажными, извлекаются тайны Торы, "и это – огонь, пожирающий и влажное и сухое"».

28) «"И еще" следует пояснить: "Пожирающий влажное" – "все жертвы, принесенные посредством молитвы"», в свойстве: «И восполним быков (словами) уст наших»[25], «"за исполнительные заповеди. И "пожирающий сухое" – т.е. все жертвы, которые были принесены в молитве за запретительные заповеди, и это" то, за что наказывают четырьмя видами смертной казни:

---

[24] Тора, Шмот, 24:17. «А образ славы Творца – как огонь пожирающий на вершине горы пред глазами сынов Исраэля».

[25] Пророки, Ошеа, 14:3. «Возьмите с собою слова и возвратитесь к Творцу, скажите Ему: "Прости все прегрешения и прими хорошее". И восполним быков (словами) уст наших».

"побиение камнями, сжигание в огне, отрубание головы, удушение". И это жертвы, "которые за исполнительные заповеди и за запретительные заповеди. Это те жертвы Шхины", которые называются "молитва", приносимые "за исполнительные заповеди и за запретительные заповеди. И соответственно этим пяти образам", нисходящим от Бины, как мы уже объясняли, "установили пять молитв в День искупления. А соответственно бат-аин", т.е. Малхут, как уже говорилось, и это "йуд (י) – это десять дней раскаяния, а хэй (ה)", первая хэй (ה) де-АВАЯ (הויה), "соответствует свету бат-аин", нисходящему к ней от вав (ו), как уже объяснялось. "Пять видов воздержания в День искупления", когда не едят и не пьют, – "это соответствует последней хэй (ה)"» де-АВАЯ (הויה), т.е. Малхут в ее собственном свойстве, которая не пожирает и не поглощает, как мы уже говорили.

ГЛАВА ЦАВ

Жертва всесожжения, грехоочистительная и повинная

29) «"Заповедь, следующая за этой – приношение грехоочистительной жертвы в установленном порядке. Танаим (мудрецы Мишны) и амораим (мудрецы Гмары), вы, исходящие со стороны свойств Творца, трудившиеся много, чтобы очистить дочь мою, Алахý", т.е. Малхут, "от клипот великого сброда, т.е. плохих вопросов, на которые нет ответа и объяснения, и о них сказано: "Искривленное нельзя выправить, а недостающее нельзя исчислить"[26], но сказано о них в Алахе, как о неразрешимых, и любой неразрешимый вопрос относительно запретов решается в сторону ограничения. И это "тику (תֵּיקוּ неразрешимый вопрос)" без нун (ן)", и это указывает на то, "что нет у него исправления (тикýн תִּקוּן). Недостает нун (ן), являющейся будущим миром", т.е. Бины, у которой есть пятьдесят (нун) врат, "так как "тику (תֵּיקוּ неразрешимый вопрос)" в будущем мире – это "штикá (שְׁתִיקָה молчание)", как например: "Молчи, так было задумано"». Объяснение. Исправлением этому является молчание, как Творец сказал Моше: «Молчи, так было задумано»[27]. И это – неразрешимый вопрос (тику תֵּיקוּ), который в будущем мире, т.е. с нун (ן), представляет собой исправление (тикун תִּקוּן).

30) «"А есть вопросы, являющиеся облачениями Алахи", т.е. облачениями Малхут, "о которых сказано: "Золотые обрамления". Как сказано: "Вся слава дочери царской – внутри, в золотых обрамлениях – одежда ее"[28]». Ибо вопросы – это свойство судов, считающихся оттисками так же, как и обрамления, и они стали облачением для Малхут. То есть, те самые суды, которые приводят к раскрытию Хохмы,[29] и поэтому это свойство «золотые обрамления», ибо золото указывает на раскрытие Хохмы, происходящее от левой (линии). «"А вы", амораим, "постановляете об облачении обрамленийи в разных постановлениях суда, а затем исправляете и отвечаете на них разными путями"».

---

[26] Писания, Коэлет, 1:15. «Искривленное нельзя выправить, а недостающее нельзя исчислить».

[27] Вавилонский Талмуд, трактат Минхот, лист 29:2.

[28] Писания, Псалмы, 45:14. «Вся слава дочери царской – внутри, в золотых обрамлениях – одежда ее».

[29] См. Зоар, главу Пкудей, п. 376.

31) «"И если недостает какой-то части из Мишны, как объяснялось, этого недостает из Мишны, вы исправляете ее"», – т.е. в тех местах, где говорится в Гмаре: «Здесь недостает части, и поэтому считается так-то»[30], «"и это недостающее, которое можно исчислить. Но если придет глупец и станет хулить мастера, который кроит эти облачения, говоря: "Разве может быть недостающее в Торе"», чтобы говорить о Мишне: «Здесь недостает части»? «"Ведь написано: "Тора Творца совершенна"[31] – совершенна во всех частях тела (гуф), представляющих собой двести сорок восемь (РАМАХ) исполнительных заповедей. И сказано: "Вся ты прекрасна, возлюбленная моя, и нет в тебе изъяна"[32]. Ведь совершенна она в облачениях своих – как же может быть недостаток в Мишне?"»

32) И отвечает: «"Вы скажите ему: "Ищи внимательно и найдешь" недостающую "часть, то есть найдешь ты ее, включенную в другие постановления и законы". Иначе говоря, таков путь Торы: бедна она в этом месте, но богата – в другом. "Ведь мастера отличает то, что выкраивает он облачения, деля их на множество частей, и недостающее в одном месте дополняет от другого. А ученик, не умеющий соединять Алаху из этих кусков", находящихся в другом месте, – "у него меняются местами отрывки и вопросы, и не находит им объяснения. Пока не явится мастер и не разрешит все их сомнения. В это время Алаха, т.е. дочь", Малхут, "поднимается пред Царем, совершенная всем – телом, облачениями и украшениями. И осуществляется в ней: "И увижу ее, чтобы вспомнить вечный союз"[33]. А иногда у мастера появляется сведущий ученик, который будет послан к ним для их исправления"», и это Элияу, как нам еще предстоит выяснить.

33) «Встали все и сказали: "Великий пастырь, ты, безусловно, и есть мастер. Ведь сказано о тебе: "Моше получил Тору с

---

[30] См. Вавилонский Талмуд, трактат Хагига, лист 7:2.
[31] Писания, Псалмы, 19:8. «Тора Творца совершенна, оживляет душу, свидетельство Творца верно, умудряет простака».
[32] Писания, Песнь песней, 4:7. «Вся ты прекрасна, возлюбленная моя, и нет в тебе изъяна».
[33] Тора, Берешит, 9:16. «И будет радуга в облаке, и увижу ее, чтобы вспомнить вечный союз между Творцом и всякой живой душой во плоти, которая на земле».

Синая"³⁴. А оттуда и далее – все твои ученики, от Йеошуа и до окончания всех поколений. Это то, что изучается – "и передал ее Йеошуа, а Йеошуа – старейшинам, а старейшины – пророкам"³⁴, до окончания всех их. Твой ученик, достигший умения, упомянутый выше, кто он? Ведь мы видим, что сказано: "Все будет забыто до прихода Элияу"³⁵. Таким образом, Элияу является твоим сведущим учеником"».

34) Ответил им: «"Именно так и есть", что Элияу – "он ученик-товарищ, и о нем сказано: "(Пинхас, сын Эльазара), сына Аарона-коэна"³⁶». Это подобно тому, кто говорит: «Пинхас – это Элияу». «"И это, как сказано об Аароне: "Он тебе будет устами"³⁷. И так же здесь, потомок его", Элияу, "будет моими устами, – т.е. он исправит устную Тору. Ибо так же, как я был вначале "тяжел на уста и тяжел на язык"³⁸, таким же возродит меня Творец" в момент конечного исправления, "тяжелым на уста – в устной Торе, тяжелым на язык – в письменной Торе, ибо те, кто не постиг Меня, не смогут сказать, что "другой Он"», т.е. как сказано: «Должны будут мертвые встать в пороках своих, дабы не сказали: "Другой Он"». «"И Элияу, он будет мне устами, – придет, чтобы исправить все эти сомнения и объяснить их"».

35) «"В это время" сказано: "Вот (зот) закон (тора) о жертве всесожжения"¹⁸ – т.е. "дочь", Малхут, называемая зот (זאת), и называемая Торой, как уже говорилось, "которая была подавлена и унижена в изгнании, "жертва всесожжения (ола)"¹⁸ – поднимается (ола) на все высшие ступени. Это означает: "Многие дочери проявили доблесть, но ты превзошла всех"³⁹.

---

³⁴ Мишна, раздел Незикин, трактат Авот, часть 1, мишна (закон) 1. «Моше получил Тору с Синая, и передал ее Йеошуа, а Йеошуа – старейшинам, а старейшины – пророкам, а пророки передали ее членам Великого собрания».

³⁵ Вавилонский Талмуд, трактат Бава меция, лист 37:1.

³⁶ Тора, Бемидбар, 25:10-11. «И обратился Творец к Моше, говоря: "Пинхас, сын Эльазара, сына Аарона-коэна, отвратил гнев Мой от сынов Исраэля, возревновав за Меня среди них, и не истребил Я сынов Исраэля в ревности Моей"».

³⁷ Тора, Шмот, 4:16. «И будет он говорить вместо тебя народу, и будет так: он тебе будет устами, а ты будешь ему вместо Всесильного».

³⁸ Тора, Шмот, 4:10. «И сказал Моше Творцу: "Умоляю, Господин мой! Я человек не речистый ни со вчерашнего, ни с третьего дня, ни с тех пор, как Ты говоришь с Твоим рабом, ибо тяжел на уста и тяжел на язык я"».

³⁹ Писания, Притчи, 31:29. «Многие дочери проявили доблесть, но ты превзошла всех».

Жертва всесожжения, грехоочистительная и повинная — ГЛАВА ЦАВ

И подъем ее будет к Абе, т.е. к правой, и это Хесед. И о нем сказано: "Желающий обрести мудрость – пусть направится на юг"[40] – т.е. Хесед, который находится на юге, оттуда Хохма, ибо в гадлуте ХАГАТ Зеир Анпина становятся ХАБАД, и получается, что Хесед Зеир Анпина становится Хохмой, и это Аба. И поэтому с юга, от Хеседа, – "оттуда мудрость (хохма חָכְמָה)", состоящая из букв "сила (ко́ах כ"ח) МА (מ"ה)», Зеир Анпина, т.е. АВАЯ (הויה) с наполнением алеф (א), в гематрии МА (מ"ה 45). И Хесед, который становится Хохмой, является силой его.

36) «Сказал один тана (мудрец Мишны): "Конечно, поэтому сказано о тебе: "Направлял Он десницу Моше дланью великолепия Своего"[41]. Поскольку твоя Алаха", называемая дланью великолепия (тиферет), "не будет у тебя совершенства иначе, как в ней. Ибо, когда ты станешь совершенным в ней", в Малхут, "сказано о тебе: "Устами к устам говорю Я ему, и явственно, а не загадками"[42]. "Явственно" – как невеста, освобождающаяся от облачений своих и соединяющаяся с мужем своим сближением плоти, своими двумястами сорока восемью органами, не прикрывая ни одного из них. И это означает "явственно (бе-маръэ בְּמַרְאֶה)", которое составляет в гематрии РАМАХ (רמ"ח 248)"».

Объяснение. Выяснилось выше,[43] что все вопросы, представляющие собой суды, – они в облачениях Малхут, называемых золотыми обрамлениями. Ибо в час, когда она раскрывает Хохму, что в левой линии, и она от Бины, которая вернулась в Хохму, она облекается в эти облачения, чтобы внешние не могли питаться от нее.[44] Но в час, когда она соединяется с правой, т.е. с Хохмой, что в правой линии, и это Хесед, который стал Хохмой, и это Аба, как мы уже говорили, в тайне сказанного: «Направлял Он десницу Моше дланью великолепия

---

[40] Вавилонский Талмуд, трактат Бава батра, лист 25:2.
[41] Пророки, Йешаяу, 63:12. «Направлял Он десницу Моше дланью великолепия Своего, рассек воды перед ними, чтобы сделать Себе имя вечное».
[42] Тора, Бемидбар, 12:6-8. «И сказал Он: "Слушайте слова Мои: если и есть у вас пророк, то Я, Творец, в видении открываюсь ему, во сне говорю Я с ним. Не так с рабом Моим Моше – во всем Моем доме доверенный он, устами к устам говорю Я ему, и явственно, а не загадками, и облик Творца он зрит. Почему же не убоялись вы говорить против раба Моего, против Моше?"»
[43] См. выше, п. 15.
[44] См. Зоар, главу Пкудей, п. 376.

Своего»⁴¹, тогда она освобождается от всех этих облачений, ибо раскрытие света хасадим не требует никакого облачения, поскольку там нет удержания у внешних. А свет Хохмы, что в правой линии, т.е. (свет) высших Абы ве-Имы, – это свет хасадим,⁴⁵ называемых «авира дахья (чистый воздух)».

И это смысл сказанного: «Освобождающаяся от облачений своих и соединяющаяся с мужем своим» – т.е. в час, когда она в правой (стороне) Моше, и нет страха внешних, она соединяется с Моше, то есть с Зеир Анпином, мужем своим, называемым Моше, без всяких облачений, «сближением плоти, своими двумястами сорока восемью органами» – т.е. в раскрытии ее хасадим, называемых двумястами сорока восемью органами, которые соответствуют двумстам сорока восьми (РАМАХ) исполнительным заповедям, и это хасадим. А триста шестьдесят пять сухожилий соответствуют тремстам шестидесяти пяти (ШАСА) запретительным заповедям, представляющим собой гвурот от левой линии. И это смысл сказанного: «"Явственно (бе-маръэ בְּמַרְאֶה)", которое составляет в гематрии РАМАХ (רמ"ח 248)», – показать, что это раскрытие облика (маръэ מַרְאֶה) Хохмы, что в правой линии, и это свойство «двести сорок восемь органов», т.е. хасадим.

37) «Сказал великий светоч (т.е. рабби Шимон): "Вначале явился тебе этот облик, и сказано о нем "явственно"⁴², т.е. Малхут, "которая является для тебя большим обликом в терновнике, и упоминается там терновник пять раз"», соответственно пяти свойствам КАХАБ ТУМ, находящимся в ее облачениях, исходящих от левой, и это внутренний смысл сказанного: «В пламени огня из куста терновника»⁴⁶. «"А сейчас раскрылся тебе этот облик в двухстах сорока восьми исполнительных заповедях", т.е. в хасадим,⁴⁷ "приводимых в пяти книгах Торы", т.е. в пяти свойствах КАХАБ ТУМ Зеир Анпина, называемого Торой. "А не загадками"⁴² – это ее облачения", исходящие из левой линии,⁴⁸ с помощью которых видели все пророки. Ибо

---

⁴⁵ См. Зоар, главу Берешит, часть 1, п. 308. «Теперь выясняется различие между зивугом высшего мира Бины и зивугом нижнего мира Бины. И говорится, что высший мир опускается в нижний мир, чтобы создать...»
⁴⁶ Тора, Шмот, 3:2. «И явился ему ангел Творца в пламени огня из куста терновника. И увидел он – вот терновник горит огнем, но терновник не сгорает».
⁴⁷ См. п. 36.
⁴⁸ См. выше, п. 30.

не таков путь невесты", Малхут, – "раскрываться сближением плоти", т.е. без облачений, исходящих от левой, "но только своему жениху"», т.е. Моше. И он смотрел в светящее зеркало, от свойства хасадим Зеир Анпина. Но все остальные пророки смотрели в зеркало, которое не светит, т.е. на облачения ее, которые называются загадками, а также золотыми обрамлениями,[48] и не видели ее без этих облачений.

38) «"В это время воплотилось в них", в Зеир Анпине, называемом Моше, и в Малхут, сказанное: "И были они оба наги, Адам и жена его, и не стыдились"[49], – подобно Адаму и жене его" до грехопадения. "Ибо уже было устранено смешение зла, и это великий сброд, и это плохой вопрос", т.е. плохие суды, "из мира. И это нагота Творца и Шхины Его", и это "нагота Исраэля, и тем более это твоя нагота, верный пастырь", и это нагота "Алахи твоей", Малхут, "из-за которой необходимо скрывать тайны Торы, как уже объясняли: "Слава Творца – таить дело"[50] – пока не устранит его из мира. И нет царей иных, кроме Исраэля, как сказано: "Весь Исраэль – они сыны царские"[51], и в это время", в конце исправления, сказано: "А слава царей"[50] – т.е. Исраэля, "исследовать дело"[50]. Сказал верный пастырь", т.е. Моше, рабби Шимону: "Благословен ты для Атика Йомина", т.е. Кетера, "ибо оттуда ты как ветвь, произрастающая из дерева, так и души – это ветви, (исходящие) из него"».

39) «Сказал им верный пастырь: "Танаим и амораим, конечно же, всесожжение, грехоочистительная и повинная жертвы – это три заповеди, которые являются тремя основными (досл. праотцами)", т.е. ХАГАТ, "мирные жертвы – это царица", т.е. Малхут, и это "часть тела" Зеир Анпина, т.е. десятая его сфира, "являющаяся восполнением любого органа" Зеир Анпина. Ибо Малхут была отнята от Зеир Анпина и построена как полный парцуф, и получается, что Зеир Анпину недостает сфиры Малхут. И так же, как ему недостает Малхут в общем, так же ему недостает ее в любой его части, – т.е. каждая его частная сфира состоит из девяти сфирот, а не десяти. Поэтому, когда Малхут восходит и соединяется с Зеир Анпином, она восполняет

---

[49] Тора, Берешит, 2:25. «И были они оба наги, Адам и жена его, и не стыдились».
[50] Писания, Притчи, 25:2. «Слава Творца – таить дело, а слава царей – исследовать дело».
[51] Вавилонский Талмуд, трактат Шаббат, лист 128:1.

все части его до десяти сфирот, т.е. восполнениями каждого его органа. "Подобно первому дню праздника"», когда совершает восхождение с жертвой всесожжения, и с помощью этого восходит Малхут и восполняет каждый орган Зеир Анпина до десяти сфирот.

40) «"Кто не праздновал первый день праздника", т.е. не совершивший восхождения с жертвой всесожжения и праздничными жертвоприношениями, чтобы соединить Малхут с Зеир Анпином, – после того как прошел праздник, а он не принес, – "сказано о нем: "Искривленное нельзя выправить, а недостающее нельзя исчислить"[26].[52] И это – грехоочистительное жертвоприношение", т.е. грех, "задерживающий жертвоприношение всесожжения". Ибо, не взойдя с жертвой всесожжения, он задержал подъем Малхут к Зеир Анпину, что и называется жертвой всесожжения. "Грех – это захар, а грехоочистительная жертва – нуква", и у обоих один смысл. "А иногда смягчается (закон о) грехоочистительной жертве", т.е. грехе, "и она отделяется от жертвы всесожжения", т.е. не препятствует больше подъему Малхут, – "посредством того козла, о котором сказано: "Одного козла в очистительную жертву"[53]» – то есть, если приносит грехоочистительную жертву. Объяснение. Жертва всесожжения – это правая линия, хасадим, посредством которых Малхут поднимается к Зеир Анпину и Бине. А грехоочистительная жертва, т.е. грехи, усиливают левую линию над правой, и они гасят друг друга, и Малхут не может подняться к Зеир Анпину. Посредством же грехоочистительной жертвы исправляется левая линия, чтобы включиться в правую, и Малхут может подняться к Зеир Анпину.

41) «"Грех, за который приносится зависимая повинная жертва, включен в них обоих, подобно тому, кто держится за одного и другого, и он завис между ними посередине", т.е. наносит ущерб средней линии, которая включает правую и левую. "Подобно тому, как всё пребывает в зависимости до тех пор, пока не придет Элияу и не отделит ее", Малхут, "оттуда", от клипот. И будет это в конце исправления. "Так и зависимая

---

[52] См. Вавилонский Талмуд, трактат Хагига, лист 9:1.
[53] Тора, Бемидбар, 15:24. «Если по недосмотру общества совершилось это по ошибке, то принесет всё общество одного молодого быка во всесожжение, в благоухание, приятное Творцу, и хлебное приношение при нем и возлияние при нем по установлению, и одного козла в очистительную жертву».

повинная жертва держится за них обеих", нанося ущерб правой и левой линиям, "пока не дают ей", ситре ахра, "ее пищу и подкуп", посредством зависимой повинной жертвы, которую он приносит.⁵⁴ "И тогда отделяется оттуда" ситра ахра, "и части невесты" – т.е. две линии Малхут, правая и левая, "сближаются друг с другом. Ибо таковы повинные жертвы и грехи – они как плевра, облегающая легкие", как оболочка, связывающая края (букв. крылья) легких друг с другом. "И они не позволяют Малхут взлететь и подняться наверх", к Зеир Анпину, "к веянию духа святости"».

42) «"Ягненок предназначен для всесожжения, как написано: "Где же ягненок для жертвы всесожжения?"⁵⁵ И сказано о нем: "Ягненок без порока, самец"⁵⁶, подобно тому, как ты говоришь: "Человек беспорочный"», что означает – совершенный, также и «ягненок без порока»⁵⁶ означает – совершенный, поскольку является жертвой всесожжения, и это в правой линии. «"Таким образом, следует спросить: "Ведь ягненок – для правой линии, а козел – для левой?" То есть: "Одного козла (досл. козла от коз) в очистительную жертву"⁵³. Где козы (изи́м עִזִּים) указывают на сильные (ази́м עַזִּים) суды в левой линии.⁵⁷ "Есть козел, и есть козел: один козел – Творцу, а другой – Азазелю, то есть, как написано: "И возложит Аарон на обоих козлов жребии: один жребий – Творцу, и один жребий – Азазелю"⁵⁸. И в связи с этим козлом (саи́р שָׂעִיר) сказано об Эсаве: "Человек волосатый (иш саир אִישׁ שָׂעִיר)"⁵⁹, и это" свойство "печень", которая забирает и извлекает все шлаки из крови", и это – сыпь, "нарывы, лишай и разновидности проказы. То есть,

---

⁵⁴ См. Зоар, главу Ноах, п. 104. «И тогда Исраэль внизу приносят в жертву козла на новомесячье...»

⁵⁵ Тора, Берешит, 22:7. «И сказал Ицхак Аврааму, отцу своему, и сказал: "Отец мой!" И сказал он: "Вот я, сын мой!" И сказал он: "Вот огонь и дрова, – где же ягненок для жертвы всесожжения?"»

⁵⁶ Тора, Шмот, 12:5-6. «Ягненок без порока, самец, не достигший года, да будет у вас – из овец или из коз берите. И да будет он храним вами до четырнадцатого дня этого месяца, и пусть зарежет его все собрание общины Исраэля в сумерки».

⁵⁷ См. Зоар, главу Ваикра, п. 429. «"Смотри, коза для жертвы, почему? Ведь сказал рабби Шимон: "Коза, имя ее является причиной того, чтобы учиться от имени ее, что это дурная сторона и дурной вид", – потому что коза (эз עֵז) указывает на сильные (ази́м עַזִּים) и суровые суды...»

⁵⁸ Тора, Ваикра, 16:8. «И возложит Аарон на обоих козлов жребии: один жребий – Творцу, и один жребий – Азазелю».

⁵⁹ Тора, Берешит, 27:11. «И сказал Яаков Ривке, матери своей: "Ведь Эсав, брат мой, человек волосатый, я же человек гладкий"».

как написано: "И понесет козел на себе все провинности их в землю скалистую"⁶⁰». «Провинности их (авонота́м עֲוֹנֹתָם)»⁶⁰ – это буквы слов «"провинности невинного (авоно́т там עֲוֹנוֹת תָּם)", и это сердце", называемое невинным. "И тогда отделяется от того, чтобы примешиваться к сердцу", т.е. Малхут, "и оно смягчается, а он", Азазель, "отягощен этими грехами", которые несет на себе; "а не легок, чтобы смог подняться к Яакову, человеку невинному"», т.е. к Зеир Анпину. И верный пастырь еще не высказал своего вопроса, потому что хотел, чтобы они задали вопрос. «Возрадовались авторы Мишны и главы собраний, которые спустились вместе с танаим и амораим».

43) «Встал один из них, сказал: "Верный пастырь, позволь мне спросить, после того, как я удостоился услышать эти драгоценные слова из уст твоих, ибо эта Тора, исходящая из уст твоих, "она дороже жемчуга, и ничто из желаемого тобою не сравнится с нею"⁶¹. Вот о козле для Азазеля, ты хорошо сказал", что он в левой линии. "А зависимая повинная жертва – она в каком месте?"»

44) «Сказал ему: "Благословен ты, сын мой. Хорошо ты спросил. Однако, как в срединный столп включены правая и левая линии, Хесед и Гвура, подобно телу, которое находится между двумя руками человека, или подобно орлу, обладающему двумя крыльями, чтобы с помощью них летать. Ибо лик орла – это средняя линия, что в четырех созданиях,⁶² включающая правую и левую. И подобно голубке", то есть Малхут, называемой в Песни песней голубкой, "обладающей двумя крыльями, и она уподобляется Торе, а ее крылья – исполнительным заповедям", т.е. правой линии и хасадим, "на которых она поднимается и взлетает вверх", к Зеир Анпину. "Так запретительные заповеди", т.е. левая линия и суды, – "это ее ловушки, так же как у птиц, пойманных в силки. Все ее ловушки, препятствующие ей взлететь", вверх, к Зеир Анпину и Бине, "и называются прилипанием", т.е. плевра, обволакивающая края (букв. крылья) легких, "оболочка, препятствующая краям легких раздуваться"».

---

⁶⁰ Тора, Ваикра, 16:22. «И понесет на себе козел все провинности их в землю скалистую; и он отошлет козла в пустыню».
⁶¹ Писания, Притчи, 3:15. «Она дороже жемчуга, и ничто из желаемого тобою не сравнится с нею».
⁶² См. Пророки, Йехезкель, 1.

45) «"Такова повинная жертва. Ибо Исраэль поддерживаются крыльями Шхины, т.е. созданиями, несущими престол". А грехоочистительная жертва удерживает, "чтобы не поднялась с их помощью" Малхут "благодаря заслугам Исраэля к Творцу", т.е. к Зеир Анпину, "ибо их грехоочистительные жертвы удерживают ее и отягощают крылья. А повинная жертва – это мать великого сброда, это оболочка, охватывающая престол, на котором царица", а не только с крыльями, как грехоочистительная жертва, "и она не оставляет ее, чтобы подняться из изгнания. А заслуги", достигаемые Исраэлем, "включаются в нее, чтобы поднять ее" из изгнания, и поэтому "она остается в воздухе, как оболочка, зависшая в воздухе". И воздух – "это срединный столп", т.е. она, словно оболочка, зависла в средней линии, т.е. Зеир Анпине, из-за повинной жертвы, и не может соединиться с ним иначе, как путем принесения повинной жертвы.[63] Поэтому называется зависимой повинной жертвой, из-за ее зависания в воздухе. "И так повинная жертва зависит от праведника", т.е. Есода Зеир Анпина, где она наносит ущерб, и там исправляет повинная жертва, "которая находится между небом", Зеир Анпином, "и землей"», Малхут, т.е. зависла между Зеир Анпином и Малхут, и поэтому называется зависимой повинной жертвой.

И вот выяснилось, что место грехоочистительной жертвы – в левой линии, и она наносит ущерб крыльям Шхины, которыми являются те создания, что несут престол, т.е. Малхут, но не самому престолу. Но место повинной жертвы – в средней линии, в Тиферет или Есоде, и она наносит ущерб самому престолу.

46) «"Грехоочистительная жертва – это придаток печени, поскольку она отягощает" Малхут "грехоочистительными жертвами вследствие скверны прегрешений Исраэля, – как печень, которая отягощает шлаками, т.е. кровью, кровеносные сосуды сердца, так и эти грехоочистительные жертвы отягощают крылья Шхины, т.е. исполнительные заповеди, подобные крыльям голубки.[64] Запретительные заповеди отягощают исполнительные, как мы сказали", то есть, "когда грехи Исраэля больше, чем заслуги, тогда сказано в Торе, что это тело (гуф)", т.е. Зеир

---

[63] См. выше, п. 41.
[64] См. выше, п. 44.

Анпин, называемый гуф, "и истина будет сброшена наземь"[65]. И Малхут "кричит: "Отдал меня Господин мой в руки, из которых мне не подняться"[66]. "Пала, не встанет вновь"[67]».

47) "И поэтому установили танаим и амораим молитвы вместо жертвоприношений, чтобы избавить" Малхут "от грехоочистительных и повинных жертв. И потому установили они утреннюю молитву (шахари́т) в качестве жертвоприношения на заре, послеполуденную молитву (минха́) в качестве предвечернего жертвоприношения, и вечернюю молитву (арви́т) в качестве органов и сальников, которые пожирались на жертвеннике всю ночь. И три праотца, установившие три молитвы, соответствуют строению (меркаве), с которым они связаны, т.е. ХАГАТ, как мы объясняли, что праотцы, они и есть строение (меркава). И это "лик льва – справа"[68]», т.е. Хесед, и лик быка, т.е. Гвура, и лик орла, т.е. Тиферет. Им и соответствуют три молитвы.

(До сих пор Раайа меэмана)

---

[65] Писания, Даниэль, 8:12. «И будет преступно послано войско на (отмену) ежедневной жертвы, и истина будет сброшена наземь, и преуспеет оно в деяниях своих».

[66] Писания, Мегилат Эйха, 1:14. «Готово в Его руке ярмо из грехов моих, сплелись они, поднялись мне на шею, ослабили мою силу; отдал меня Господин мой в руки, из которых мне не подняться».

[67] Пророки, Амос, 5:2. «Пала, не встанет вновь дева Исраэля; повержена она на землю свою, некому поднять ее».

[68] Пророки, Йехезкель, 1:10. «И образ их ликов – лик человека, и лик льва – справа у (всех) четырех, и лик быка – слева у (всех) четырех, и лик орла у (всех) четырех».

ГЛАВА ЦАВ

Огонь постоянный будет гореть на жертвеннике

48) «"Огонь постоянный будет гореть на жертвеннике, не угаснет"[69]. Рабби Хия провозгласил: "И сказал Ицхак Аврааму, отцу своему, и сказал: "Отец мой!" И сказал он: "Вот я, сын мой!" И сказал он: "Вот огонь"[70]. Три раза "и сказал", относящихся к Ицхаку, и один раз "и сказал", относящееся к Аврааму, – почему это так сказано?" И отвечает: "В соответствии трем дням начала творения были три "и сказал" Ицхака, а "и сказал" Авраама соответствует четвертому" дню начала творения. "Как написано: "Вот я, сын мой!"[70]» И то, что не сказано: «И сказал Авраам: "Вот я, сын мой!"» – указывает, что «"находясь в затруднительном положении, сказал ему: "Вот я". И это соответствует изречению: "Да будут светила на своде небесном"[71]. Ведь и там "светила (меорот מְאֹרֹת)" написано – без вав (ו)"», что указывает на жалобу луны, которая была там.[72]

49) «"И если скажешь: "И сказал", "и сказал", приведенных в этой главе, – "их больше", почему же я поясняю только четыре "и сказал"?" И отвечает: "Однако"» эти другие «и сказал», приводимые в этой главе, «"они были скрыты в мысли", – т.е. они от правой (линии), исходящей от высших Абы ве-Имы, называемых мыслью. И они скрыты, т.е. это хасадим, укрытые от Хохмы. "А эти"» четыре «и сказал», которые я объясняю, «"они раскрываются" в Хохме "из (состояния) тьмы". То есть, раскрытие Хохмы левой линии, которая раскрывается только лишь с тьмой и судами, исходящими оттуда.[73] "И сказал Ицхак Аврааму"[70] – соответствует сказанному: "И сказал Всесильный: "Да будет свет!" И был свет"[74]. "И сказал: "Отец мой!"[70] –

---

[69] Тора, Ваикра, 6:6. «Огонь постоянный будет гореть на жертвеннике, не угаснет».

[70] Тора, Берешит, 22:7. «И сказал Ицхак Аврааму, отцу своему, и сказал: "Отец мой!" И сказал он: "Вот я, сын мой!" И сказал он: "Вот огонь и дрова, – где же ягненок для жертвы всесожжения?"»

[71] Тора, Берешит, 1:14-15. «И сказал Всесильный: "Да будут светила на своде небесном, чтобы отделять день от ночи; и будут они для знамений и времен, и для дней и лет. И будут они светилами на своде небесном, чтобы светить над землей". И было так».

[72] См. Зоар, главу Берешит, часть 1, пп. 110-115.

[73] См. Зоар, главу Пкудей, п. 376.

[74] Тора, Берешит, 1:3. «И сказал Всесильный: "Да будет свет!" И был свет».

соответствует сказанному: "И сказал Всесильный: "Да будет небосвод посреди вод, и будет он отделять воды от вод"[75]. "И сказал он: "Вот огонь"[70] – соответствует сказанному: "И сказал Всесильный: "Да соберутся воды"[76]. "И сказал он: "Вот я!" – соответствует сказанному: "И сказал Всесильный: "Да будут светила"[71]».

Объяснение. «И сказал» – это язык отдачи. «И сказал Ицхак Аврааму»[70] – это включение Ицхака, являющегося левой линией и раскрытием Хохмы, в Авраама, являющегося правой линией и хасадим. И это тайна: «Да будет свет»[74], что в первый день начала творения, как объяснялось: «Свет первого дня... был со стороны огня... и послужил он не созданию воды, а созданию света, который со стороны огня, т.е. второго дня»[77]. То есть, о включении левой, первого дня, во второй день, в правую линию, сказано: «Да будет свет»[74] – в первый день. Таким образом: «И сказал Ицхак Аврааму»[70], что является включением левой в правую, соответствует изречению: «"Да будет свет!" И был свет»[74], относящемуся к первому дню начала творения.

«И сказал: "Отец мой"»[70] – это разделение, ибо он познал правую линию как свой корень и как высшие воды, а он сам – порождение и ветвь правой линии, т.е. нижние воды. И, в таком случае, это соответствует изречению: «И сказал Всесильный: "Да будет небосвод посреди вод, и будет он отделять воды от вод"»[75].

«И сказал он: "Вот огонь и дрова"»[70] – это раскрытие судов, что в левой линии, называемых «огонь и дрова», и это соответствует изречению: «И покажется суша»[76], относящемуся к третьему дню. Ибо из-за раскрытия судов левой линии стала Малхут свойством «суша», т.е. не могла произвести плодов.[78] И получается, что: «И сказал он: "Вот огонь и дрова"»[70] соответствует изречению: «И покажется суша»[76].

---

[75] Тора, Берешит, 1:6-7. «И сказал Всесильный: "Да будет небосвод посреди вод, и будет он отделять воды от вод". И создал Всесильный небосвод, и отделил воды под небосводом от вод, которые над ним. И было так».

[76] Тора, Берешит, 1:9. «И сказал Всесильный: "Да соберутся воды под небесами в одно место, и покажется суша!" И было так».

[77] См. Зоар, главу Трума, пп. 427-428.

[78] См. «Предисловие книги Зоар», п. 206.

«И сказал он: "Вот я"»[70], где не упоминается имя Авраам, Хесед, тогда как ему следовало сказать: «И сказал Авраам: "Вот я, сын мой"», – указывает на то, что левая властвовала тогда без правой, Авраама. И это соответствует изречению: «Да будут светила (меорот מְאֹרֹת)»[71], без вав (ו), т.е. хасадим, потому что левая властвовала тогда без правой, и поэтому жаловалась луна, которой недоставало хасадим, исходящих только от правой.[79] Таким образом: «И сказал он: "Вот я, сын мой"»[70] соответствует изречению: «Да будут светила»[71], относящемуся к четвертому дню.

(Раайа меэмана)

50) «"И еще. "Огонь постоянный будет гореть на жертвеннике, не угаснет"[69]. Это Тора", называемая огнем, "о которой сказано: "Ведь таково слово Мое, как огонь, – сказал Творец"[80], – т.е. она должна постоянно светить на жертвеннике, Малхут. "Не угаснет"[69], конечно", ибо огонь Торы не угаснет, "поскольку нарушение не гасит огня Торы. Но нарушение гасит заповедь, и тот, кто совершает нарушение, гасит заповедь, называемую свечой, так он гасит свечу тела своего", т.е. душу, называемую свечой, "о которой сказано: "Душа человека – свеча Творца"[81]. Это является угасанием, так как тело остается во мраке. И всякий, кто приводит" своими поступками "к удалению Шхины со своего места, он приводит к угасанию и погружению во мрак этого места. И нарушение – это тьма, "и рабыня, наследующая госпоже своей"[82]». Ибо нарушение, являющееся служанкой и тьмой, наследует место госпожи ее, Шхины, которая удалилась со своего места.

---

[79] См. Зоар, главу Берешит, часть 1, п. 113, со слов: «В состоянии "два великих светила", то есть в то время, когда Нуква была на равной ступени с Зеир Анпином, она находилась в свойстве "ахораим (обратная сторона)", поскольку, хотя и была такой же большой, как и Зеир Анпин, т.е. был у нее свет Хохма, все же Хохма не светила в ней из-за отсутствия света хасадим...»

[80] Пророки, Йермияу, 23:29. «Ведь таково слово Мое, как огонь, – сказал Творец, – и как молот расколет оно скалу».

[81] Писания, Притчи, 20:27. «Душа человека – свеча Творца, исследующая все тайники утробы».

[82] Писания, Притчи, 30:21-23. «Под тремя трясется земля, четырех она (уже) не может носить: раба, когда он делается царем, и негодяя, когда он досыта ест хлеб, ненавистную (женщину), вышедшую замуж, и рабыню, наследующую госпоже своей».

51) «"А вознесение заповеди со стороны земного народа", у которого нет Торы, – "для него" нарушение "погашает заповедь, чтобы выполнить через него сказанное: "А нечестивые во тьме погибнут"[83]. Но для соблюдающих Тору, нет у нее", у этой заповеди, "угасания в них вовеки, так как они светят этой заповеди многочисленными тайнами Торы. Поскольку свет называется тайной (раз)", так как ор (אור свет) в гематрии раз (207 ר"ז), и это указывает, что тайны Торы являются светами. "И заповеди Торы, соблюдаемые мудрецами, считаются у них, как Тора, ибо "ночью и днем не угаснет"[84] над ними. Ведь они выполняют в ней: "И размышляй о ней днем и ночью"[85]».

---

[83] Пророки, Шмуэль 1, 2:9. «Стопы благочестивых Своих охраняет Он, а нечестивые во тьме погибнут, ибо не силою крепок человек».

[84] Пророки, Йешаяу, 34:10. «Ночью и днем не угаснет, вечно восходить будет дым ее; из рода в род пустой будет, во веки веков никто не пройдет по ней».

[85] Пророки, Йеошуа, 1:8. «Да не отходит эта книга Торы от уст твоих, и размышляй о ней днем и ночью, чтобы в точности исполнять все написанное в ней, тогда удачлив будешь на пути твоем и преуспеешь».

Дым разжигаемого огня

52) «"Дым, поднимающийся из уст их", обладающих Торой, "в речениях Торы", – он как дым разжигаемого на жертвеннике огня", т.е. Малхут, называемая разжигаемым огнем, "поскольку ее подготавливали в определенном порядке и вводили к мужу ее", Зеир Анпину. "Как: "Когда будешь возжигать лампады"[86], где говорится о подъеме Малхут, что и является лампадами по отношению к Зеир Анпину, "и сказано о них: "Чтобы возжигалась лампада постоянно"[87], т.е. Малхут, называемую лампадой. И это – в дыме разжигаемого огня внешнего жертвенника, где дымом называется Малхут. "И в дыме разжигаемого огня и облаке воскурения", т.е. на внутреннем жертвеннике, "где Тора", Зеир Анпин, – "это дым ее, пробудится" Зеир Анпин "от сердца", Бины, и поднимется "к Хохме, и это – как мозг", ибо мозг и сердце – это Хохма и Бина, и дым разжигаемого огня внутреннего жертвенника, Зеир Анпина, поднимется к ним в МАН, и соединит Хохму и Бину друг с другом. "Подобно облаку, когда пробуждение облака происходит от сердца. И это смысл слов: "И пар поднимался с земли"[88], – т.е. Зеир Анпин, называемый паром, и это дым, поднимется от Бины, т.е. от высшей земли. "А затем сказано: "И орошал всю поверхность земли"[88]», – ибо после того, как Зеир Анпин поднялся в МАН и получил наполнение от Хохмы и Бины, он орошает всю поверхность земли, т.е. Малхут.

53) И поясняет свои слова: «"Так пробуждается дым от Бины, который в сердце, как объяснялось о нем: "Сердце понимает", и поднимается к Хохме, которая как мозг. И что такое дым? Это средняя линия", Зеир Анпин, поднимается и объединяет Хохму и Бину, и становится у них свойством "Даат". И это означает: "Сердце понимает разум (даат)"», так как от сердца, Бины, восходит разум (даат), т.е. средняя линия, соединяющая Хохму и Бину.

---

[86] Тора, Бемидбар, 8:2. «Говори Аарону, и скажешь ему: "Когда будешь возжигать лампады, с лицевой стороны светильника должны светить эти семь лампад"».

[87] Тора, Шмот, 27:20. «И ты повели сынам Исраэля, чтобы они взяли тебе елея чистого, битого, для освещения, чтобы возжигалась лампада постоянно».

[88] Тора, Берешит, 2:6. «И пар поднимался с земли и орошал всю поверхность земли».

54) «"После того, как опускается дым", и это Зеир Анпин и Даат, "из Хохмы в Бину, когда это – слева, а это – справа", т.е. Бина находится слева от Зеир Анпина, а Хохма – справа, "он опускается, наполненный" благом "Абы ве-Имы", т.е. Хохмы и Бины, "наполненный" благом "йуд-хэй (יה)", чтобы сжечь дрова, и это ученики мудрецов, которые со стороны Древа жизни", т.е. Зеир Анпина. И поэтому называются деревьями, "поскольку это части тела (гуф), где находится хэй (ה)" от "деревьев (а-эцим העצים)", т.е. части Малхут, называемой телом (гуф) и называемой хэй (ה), поскольку души учеников мудрецов – это порождения Зеир Анпина и Малхут. "Конечно", имеется в виду "сжечь их в пламени Торы, о которой сказано: "Ведь таково слово Мое, как огонь, – сказал Творец"[89]. И в пламени свечи – заповедь в любви"», т.е. в пламени огня – любовь заповеди.

55) «"Заповедь – приносить каждый день постоянные жертвы, а затем разжигать огонь, это означает: "Огонь постоянный будет гореть на жертвеннике, не угаснет"[90]. А затем – убирание пепла с жертвенника (трума́т а-де́шен). А затем – жертвоприношения клятвенные и добровольные. Танаим и амораим (учат, что) все эти виды постоянных жертв (тмиди́м) являются свойствами Творца", т.е. сфирот, "которые должны пребывать в покое. И хотя все сфирот являются одним целым, все же каждая сфира назначена над субботами, датами и праздниками", т.е. в каждую субботу и праздник преобладает другая сфира. "И то свойство, которое преобладает в это время, – все сфирот включаются в него", потому что каждая сфира включает в себя все десять сфирот, "и все они называются по имени той сфиры, которая преобладает: в Хеседе – хасадим, в Гвуре – гвурот". Если преобладающая сфира – Хесед, все десять сфирот, включенные в нее, называются хасадим. А если преобладающая сфира – Гвура, все десять сфирот, что в ней, называются гвурот. "И так – в каждом свойстве"», которое преобладает.

---

[89] Пророки, Йермияу, 23:29. «Ведь таково слово Мое, как огонь, – сказал Творец, – и как молот расколет оно скалу».

[90] Тора, Ваикра, 6:6. «Огонь постоянный будет гореть на жертвеннике, не угаснет».

ГЛАВА ЦАВ

Прекращение работы

56) «"И есть прекращение работы" в субботу и праздники, для каждого – согласно его свойству. "Как вола принято впрягать в ярмо, а на осла навьючивать поклажу, так и" те, кто возложил на себя "ярмо небесного правления (малхут), как тфилин", – они в субботу и праздники освобождены от этого, "так и ярмо правления (малхут) идолопоклонства", – у всех, "в соответствии с их деяниями, есть в эти дни прекращение работы и покой. Ибо на того, кто не занят Торой и заповедями, возлагается бремя правления (малхут) идолопоклонства. А у того, кто занят Торой и заповедями, есть бремя небесного правления (малхут), т.е. последней хэй (ה)" де-АВАЯ (הויה), "называемой небесной Малхут"».

57) «"Конечно, она – бремя заповеди, ибо ею созданы все существа, что в небе и на земле", – так как вся действительность, имеющаяся в трех мирах БЕА, произошла от Малхут. "Это означает: "Вот порождения неба и земли при сотворении их (бе-ибарам בהבראם)"[91], и это буквы "бе-хэй браáм (בה' בראם) при помощи хэй (ה) сотворил их)". И когда наступает суббота и праздники, нисходит Бина, т.е. йуд-хэй-вав (יהו)", и это ХАБАД Бины, "к хэй (ה), небесной Малхут", и тогда это – "дополнительная душа (нешама), и она", Бина, "высечена (харýт חרות) на скрижалях"[92], скрижали – это Малхут, а нисхождение Бины в нее порождает в ней свободу (херýт חרות) от всех клипот. И она – "Я (анохи אנכי)", упомянутое при выходе из Египта"», т.е. как написано: «Я – Творец Всесильный твой, который вывел тебя из земли египетской»[93] – т.е. Бина «"распростерла крылья над дочерью", Малхут, "и над станами ее, и воцарился у них покой. И тогда говорится о станах Сама и змея: "И увидят все народы земли, что имя Творца наречено над тобою, и устрашатся тебя"[94]. Имя Творца – знак тфилина, но "знак тфилина, и знак субботы, и знак праздника, и знак союза – все они равны"»,

---

[91] Тора, Берешит, 2:4. «Вот порождения неба и земли при сотворении их, в день созидания Творцом Всесильным земли и неба».
[92] Тора, Шмот, 32:16. «А скрижали, они деяние Всесильного; и письмо, оно письмо Всесильного, высечено на скрижалях».
[93] Тора, Шмот, 20:2. «Я – Творец Всесильный твой, который вывел тебя из земли египетской, из дома рабства».
[94] Тора, Дварим, 28:10. «И увидят все народы земли, что имя Творца наречено над тобою, и устрашатся тебя».

ГЛАВА ЦАВ Прекращение работы

и обо всех них сказано: «И увидят все народы земли, что имя Творца наречено над тобою»[94].

58) «"А есть знак имени Шадай, и это" ангел "Матат", называемый "раб". И разные рабы исходят от него, которые поставлены над теми, кто выполняет заповеди ради получения вознаграждения", а "Матат и его станы поставлены над ними. О них сказано: "Чтобы отдохнул вол твой, и осел твой"[95], и раб твой, и рабыня твоя. Но те, кто выполняет заповеди не ради получения вознаграждения, они сыновья Царя и Царицы", т.е. Зеир Анпина и Малхут. "А в будние дни они – короны и венцы на головах этих рабов", упомянутых выше, "и о них сказано: "А кто пользуется короной, исчезнет"[96] – т.е. пользующийся своими сыновьями, о которых говорится выше, чтобы увенчать ими рабов, исчезает и устраняется из мира. "А посторонний, кто приблизится"[97] к ним", к сыновьям, "умрет"[97], так как" они (сыновья), в будние дни, "называются субботами относительно рабов"».

---

[95] Тора, Шмот, 23:12. «Шесть дней занимайся трудом своим, а в день седьмой пребывай в покое, чтобы отдохнул вол твой, и осел твой, и отдохнул сын рабыни твоей, и пришелец».

[96] Мишна, раздел Незикин, трактат Авот, часть 1, мишна (закон) 13. «Он (Гилель) говорил: "Влекущийся за именем – имя свое погубит; кто не прибавляет – теряет; кто не учится – обречен на смерть; а кто пользуется короной – исчезнет"».

[97] Тора, Бемидбар, 18:7. «Ты же и сыны твои с тобою, вы соблюдайте священнослужение ваше во всем, что касается жертвенника и того, что внутри, за завесою, и служите; вам даю Я в дар службу священства, а посторонний, кто приблизится, умрет».

НАРАН будней и НАРАН субботы

59) «"И поэтому говорят в послеполуденной молитве (мусаф) Начала года: "Будь они как сыновья, будь они как рабы". "Будь они как сыновья" – как сказано о них: "Сыны вы Творцу Всесильному вашему"[98]. "Будь они как рабы", как написано: "Ибо Мне сыны Исраэля рабы"[99], а не остальные народы. Но те грешники, которые не занимаются Торой и заповедями, и не возложили на себя бремя Торы и бремя тфилина, и остальных заповедей, – они являются рабами народов мира, порабощающих их, подобно тому, как: "Рабами были мы у Фараона в Египте"[100]».

60) «"А если соблюдают субботы и праздники, сказано о них: "И вывел нас Творец из Египта"[100]. И осуществится в них: "Чтобы отдохнул вол твой, и осел твой"[95], т.е. они – "осел в Торе и заповедях, "и отдохнул сын рабыни твоей"[95] и скот твой. Простолюдин зовется скотом, и после того, как введет себя под" свойство "человека в Торе, осуществится в нем сказанное: "Человека и скотину спасаешь Ты, Творец"[101]. То есть, "если он конь, на котором восседает его Господин, то конь терпит Его, и не лягает Господина своего"». Таким он должен быть – как конь под учеником мудреца.

61) «"В чем заключается это терпение – когда простолюдин" должен терпеть "ученика мудреца? И оно в том, что ученик мудреца, он как день субботний, т.е. он должен" быть как тот, "у кого нет ничего своего", ибо будние дни подготавливают к субботе, а в субботу – нет ничего. "И если простолюдин терпит его насколько способен (совель ото бе-каспо оплачивает его?), и ведет себя с ним, выполняя волю его, чтобы служить ему и соблюдать заповеди согласно воле его, осуществится в нем: "Человека и скотину спасаешь Ты, Творец"[101]. Он спасет его от подкупа и грабежа, и спасет его от ангела смерти, чтобы

---

[98] Тора, Дварим, 14:1. «Сыны вы Творцу Всесильному вашему. Не делайте на себе надрезов и не делайте плеши меж ваших глаз по умершему».

[99] Тора, Ваикра, 25:55. «Ибо Мне сыны Исраэля рабы. Мои рабы они, которых Я вывел из земли Египта. Я – Творец Всесильный ваш».

[100] Тора, Дварим, 6:20-21. «Когда спросит тебя сын твой в будущем, говоря: "Что это за свидетельства, и установления, и законы, которые повелел вам Творец Всесильный наш?" – Скажи сыну твоему: "Рабами были мы у Фараона в Египте, и вывел нас Творец из Египта рукою крепкою"».

[101] Писания, Псалмы, 36:7. «Справедливость Твоя как высочайшие горы; правосудие Твое – бездна великая! Человека и скотину спасаешь Ты, Творец!»

не властвовал над ним, и (не) зарезал его своим непригодным ножом, а всё, что зарезано этим непригодным ножом, – трефное, как сказано об этом: "Псу бросайте его"[102] – т.е. Саму"», называемому псом.

62) «"А душа (нефеш) ученика мудреца называется "царица-суббота", и она является дополнительной душой (нефеш) субботы, и наслаждение ее – это живая душа (нешама) и дух (руах) разума, которые являются дополнительной душой (нешама) души всего живого и дополнительным духом (руах), сверх нешама-руах-нефеш, являющихся рабами, правящими в теле в будние дни. Дополнительная душа (нешама) – это свойство Кетер (корона) над рош (головой) праведника, и это день субботы", т.е. Зеир Анпин, называемый днем субботы, а Кетер его – от Абы ве-Имы. "И этой дополнительной душой (нешама) будет прославлять Творца (Ко יה), т.е. Абу ве-Иму, о которых сказано: "Глаз, который не видел иных божеств, но лишь Тебя"[103], поскольку они являются строением (меркава) для Причины причин", т.е. Арих Анпина, "который укрыт, и глаз не способен уловить Его. И поэтому "глаз не видел"[103]» также Абу ве-Иму, которые являются Его строением (меркава), от которых нисходит дополнительная душа (нешама) субботы, и они являются Кетером Зеир Анпина.

63) «"Дополнительный дух (руах) – это река, вытекающая из Эдена", т.е. "от сына Абы ве-Имы", Зеир Анпина, называемого сыном йуд-хэй (יה), так как он был создан от йуд-хэй (יה), и это Аба ве-Има. "И протяженность ее – пятьсот лет", т.е. пять сфирот ХАГАТ Нецах Ход, нисходящих к нему от Бины, сфирот которой исчисляются сотнями, и поэтому они – пятьсот лет. "И приходит к шестой" сфире, "и это – праведник", Есод, "чтобы орошать сад, и это дополнительная нефеш, Малхут"».

64) «"Душа (нешама), властвующая в будни над рабом Творца, она – от трона величия", т.е. мира Брия, называемого троном величия. "Как объясняли авторы Мишны, что все души устанавливаются под троном величия. А дух (руах), властвующий в будние дни над рабом Творца, он – от раба Царя,

---

[102] Тора, Шмот, 22:30. «И людьми святыми будьте Мне; и мяса в поле растерзанного не ешьте, псу бросайте его».
[103] Пророки, Йешаяу, 64:3. «И никогда не слышали, не внимали; глаз, который не видел иных божеств, но лишь Тебя, даст Он уповающему на Него».

Матата", что в мире Ецира, "и он включает в себя шесть разделов Мишны", то есть шесть его сфирот ХАГАТ НЕХИ, в которых он второй (мишнэ) относительно Зеир Анпина, "и это шесть ступеней трона", потому что ХАГАТ НЕХИ мира Ецира являются шестью ступенями к миру Брия, называемому троном. "А нефеш, которая властвует в будние дни, она – от трона суда", т.е. от мира Асия, "от Сандальфона", и это свойство "синий (цвет нити) в цицит", и это скрытый смысл: "Словно изделие из сапфирового камня"[104]. И это говорится об Асия. "Но дочь Царя – это разумная душа (нефеш)" ученика мудреца, "что в Песах", это тайна "ночь хранимых"[105], "оберегаемая маца", т.е. она исходит от Малхут, называемой в Песах ночью хранимых и оберегаемой мацой, вследствие множества ее достоинств. "А руах, оберегаемый соответственно ей", являющийся свойством дня, "это день праздника, и это день субботы. И это – "помни и храни"». Руах – свойство «помни», т.е. Зеир Анпин, день субботы. А нефеш – свойство «храни», т.е. Малхут, называемая «ночь хранимых» и «ночь субботы». «"Поскольку она" – нефеш "Ацилут от Малхут"».

65) «"И так они, ученики мудрецов, которые между ними, между Царем и Царицей", нефеш которых – от Малхут Ацилута, а руах – от Зеир Анпина Ацилута, как уже говорилось, "они называются субботами и праздниками, и нет у них ничего своего", подобно субботам и праздникам, "потому что не совершают работу, как остальные рабы", являющиеся порождениями трех миров БЕА, т.е. "будней. Вознаграждение их в этом мире и в мире будущем, для того чтобы насладить их всеми видами еды и питья, и оказать им честь одеждами, красивыми как суббота, о которой сказано: "Окажите ей честь чистыми одеждами"[106], – всё, что делает человек в честь суббот и праздников, нужно делать им"».

66) «"А тот, кто нарушает субботу, должен быть предан побиению камнями. И так каждый, кто пользуется ее короной, исчезнет. И каждый, кто пользуется тем, кто изменяет законы, –

---

[104] Тора, Шмот, 24:10. «И увидели они Всесильного Исраэля, и под ногами Его словно изделие из сапфирового камня и как небесная суть по чистоте».

[105] Тора, Шмот, 12:42. «Это – ночь (лейль) хранимых для Творца, чтобы вывести их из земли египетской. Это – та самая ночь (лайла) для Творца хранимых, для всех сынов Исраэля в поколения».

[106] Вавилонский Талмуд, трактат Шаббат, лист 119:1.

нарушает Тору Его. И, тем более, позорящий Его – он словно позорит субботы и праздники. И установили мудрецы Мишны, что каждый, кто позорит праздники, он как вероотступник"».

67) «"И так же, как все принадлежности Храма называются святостью, так же все те, кто служат ученикам мудрецов, называются святостью. А ученики рава, соответствующие органам тела" рава, "называются святая святых. И тайна этого, что указано им: "И будет завеса отделять вам святилище от святая святых"[107]. А Матат: ты и станы твои – надо приносить их в жертву пред Творцом каждую ночь"».

68) «"Действие", которое необходимо произвести, "чтобы принять на себя бремя небесной Малхут, это – принятие на себя страданий бедности", тогда как "для ученика мудреца – это смерть для его животного тела. Ведь питание Торы – это питание нешама-руах-нефеш разума, и это – коэн, леви и исраэль. Коэн – в нем йуд (י), и это Хохма, разумеется. Леви – в нем хэй (ה), и это Твуна. Исраэль – в нем Даат, и это вав (ו). Дополнительная нефеш – это последняя хэй (ה)" имени АВАЯ (הויה), т.е. Малхут, включающая "двести сорок восемь (РАМАХ) исполнительных заповедей и триста шестьдесят пять (ШАСА) запретительных.[108] А Тора – это человек (адам)",[109] и это Зеир Анпин, "как написано: "Вот учение (тора) – человек (адам)"[110], и он включает в себя непроизносимое имя йуд-хэй-вав-хэй (יו״ד ה״א וא״ו ה״א)", т.е. четыре буквы АВАЯ (הויה) с наполнением алеф (א). "И это – Тора, являющаяся питанием для человека в четырех его ликах", то есть: лик льва, лик быка, лик орла и лик человека, и это ХУГ ТУМ, поскольку лик человека включает все четыре лика. И это соответствует "питанию животного" тела, представляющего собой четыре вида: "хлеб, вино, мясо и все виды плодов. "Одно против другого создал Всесильный"[111]».

---

[107] Тора, Шмот, 26:33. «И повесь завесу разделительную под крючками (соединяющими полотнища), и внеси туда, за разделительную завесу, ковчег свидетельства, и будет завеса отделять вам святилище от святая святых».

[108] См. выше, п. 46.

[109] См. выше, п. 59.

[110] Тора, Бемидбар, 19:14. «Вот учение – человек, если умрет в шатре, то всякий, кто войдет в шатер, и всё, что в шатре, нечисто будет семь дней».

[111] Писания, Коэлет, 7:14. «В день благоволения – радуйся, а в день бедствия – узри, ведь одно против другого создал Всесильный с тем, чтобы ничего не искать человеку после Него».

Ибо хлеб соответствует лику льва, т.е. Хеседу; вино соответствует лику быка, т.е. Гвуре; мясо соответствует лику орла, т.е. Тиферет; и разные виды плодов соответствует лику человека, т.е. Малхут.

69) «"И человек должен приносить жертву каждую ночь, жертву этих животных нефеш-руах-нешама (НАРАН) пред Творцом. И должен исповедаться в разного вида исповедях, и вознести их в мысли своей во время произнесения Шма, чтобы предоставить их в качестве жертвы пред Творцом", т.е. чтобы намеревался "извлечь руах (дух) свой, пульсирующий в кровеносных сосудах сердца, а нефеш пусть намеревается предать сожжению, и зарезанию, и закланию, как это делали коэны при заклании. Как сказано: "Надсечет ему голову с затылка, но не отделит"[112] – и это удушение". И здесь есть три вида предания смерти: сожжение, и зарезание, являющееся отрубанием головы, и заклание, являющееся удушением. "И три эти смерти – они как желчь красная", и как желчь "зеленая", и как желчь "черная, которые в печени, желчном пузыре и селезенке. И они как три клипы ореха"».

Объяснение. Ибо четыре вида желчи соответствуют ХУБ ТУМ, и также – легкие, печень, желчный пузырь и селезенка. А также – четыре клипы ореха. И говорит, что три вида смерти, – сожжение, отрубание головы и удушение, – они соответствуют трем видам желчи, и это Бина, Тиферет и Малхут. Красная соответствует Бине, зеленая – Зеир Анпину, а черная – Малхут. И также смерть через сожжение соответствует тому, что испортил в Хохме, смерть через отрубание головы соответствует тому, что испортил в Зеир Анпине, и смерть через удушение соответствует тому, что испортил в Малхут, а смерть через побиение камнями выяснится сразу после этого.

70) «"Но прежде этого должен установить подобие каменного жертвенника", то есть "намереваться сделать из него побиение камнями", иначе говоря, должен принять на себя смерть через побиение камнями. "И это белая желчь", соответствующая

---

[112] Тора, Ваикра, 5:7-8. «Если же не хватит у него денег на овцу, то пусть принесет за грех свой в повинную жертву Творцу двух диких голубей или двух молодых домашних голубей: одного в грехоочистительную жертву, а другого – в жертву всесожжения. И отдаст их коэну, и тот принесет в жертву первым того, который предназначен в грехоочистительную жертву: надсечет ему голову с затылка, но не отделит».

Хохме, "преобладающая в краях легких", которые тоже соответствуют Хохме, как уже объяснялось в предыдущем пункте, т.е. "в этих оболочках", т.е. клипот, которые связывают края (досл. крылья) легких друг с другом, и они не могут наполняться воздухом. "И эти животные", т.е. животные свойства нефеш-руах-нешама, "улавливаются там. И тогда опускается синий огонь" от Малхут "и уничтожает их. И становятся" его животные НАРАН свойством "чистые звери и животные, и птицы, для принесения их в жертву Творцу и установления имени Его над ними. В это время осуществится в них: "А вы, слитые с Творцом Всесильным вашим, – живы"[113]. И будут подобны коню, на котором восседает Господин его", т.е. будут меркавой (колесницей) Творцу. Это означает: "Ведь воссел Ты на коней Своих, на колесницы Свои спасительные"[114]. И в это время: "Человека и скотину спасаешь Ты, Творец"[101]», – т.е. это НАРАН разума, называемые «человек», и животные НАРАН, называемые «скотина».

71) «"Смотри, он" должен рассматривать себя, как "противостоящий по важности всем постигшим Тору. Так он должен расценивать себя со стороны Торы", т.е. со стороны НАРАН (нефеш-руах-нешама) разума. "А со стороны частей тела", со стороны животных НАРАН – "должен видеть себя противостоящим по важности всем народам земли. Как постановили мудрецы Мишны: "Всегда должен человек рассматривать себя так, будто весь мир зависит от него". Поэтому "он должен намереваться в своих нефеш-руах-нешама сделать их жертвоприношениями со всеми жителями мира. А Творец присоединит хорошую мысль к действию. И этим "человека и скотину спасаешь Ты, Творец"[101], как мы уже сказали". Встали к нему все танаим и амораим, и воскликнули все в один голос: "Ты – верный пастырь, ибо есть у тебя право делать все это. Ведь ты противостоишь по важности всему Исраэлю. И поэтому послал тебя Творец (быть) среди них"».

(До сих пор Раайа меэмана)

---

[113] Тора, Дварим, 4:4. «А вы, слитые с Творцом Всесильным вашим, – живы все вы ныне».

[114] Пророки, Хавакук, 3:8. «Разве на реки разгневался Творец, разве на реки (обращен) гнев Твой, на море – ярость Твоя? Ведь воссел Ты на коней Своих, на колесницы Свои спасительные».

Огонь Ицхака

(Тосефта)

72) «"Вот закон о жертве всесожжения"[115]. Сказал рабби Хия: "Это изречение мы объясняли следующим образом. "Вот (зот) закон"[115] – это Кнессет Исраэль. "О жертве всесожжения (олá עוֹלָה)"[115] – это дурная мысль, поднимающаяся (олá עוֹלָה) в желании человека, чтобы увести его с пути истины. "Это всесожжение (олá עוֹלָה)"[115] – именно она (жертва) поднимается (олá עוֹלָה) и возводит обвинения на человека. И надо сжечь ее в огне, чтобы не дать ей права обвинять. И поэтому: "На жертвеннике всю ночь"[115]. Что представляет собой "ночь"? – Это Кнессет Исраэль", которая называется в начале этого изречения "зот", для того чтобы очистить человека от этого желания"».

73) «"На огне"[115], т.е. в реке Динур, "потому что река Динур (досл. огненная) – это место для сожжения всех тех, кто не является таким, как должен быть. И проводят их через тот сжигающий огонь, устраняя их правление из мира. И чтобы оно не властвовало, должно быть "на огне всю ночь"[115], и оно смиряется и не властвует"». (До сих пор Тосефта).

74) «"Написано: "И вот, Творец проходит, и сильный и могучий ветер, разбивающий горы ... Не в ветре Творец"[116]. "Сильный ветер"[116], то есть, "как мы уже говорили",[117] что это ураганный ветер (руах сеара), всегда находящийся перед всем и оберегающий святость подобно оболочке (клипе), оберегающей мозг.[117] "И написано: "Не в ветре Творец. А после ветра – шум"[116]. Что такое шум? – Это "как написано: "И понес меня ветер, и услышал я позади себя голос, шум мощный: "Благословенна слава Творца с места Его"[118]. Таким образом, этот шум приходит после ветра"», как шум Элияу, и здесь выясняется, что

---

[115] Тора, Ваикра, 6:2. «Повели Аарону и его сыновьям, говоря: "Вот закон о жертве всесожжения. Это всесожжение на огне, на жертвеннике всю ночь до утра, и огонь жертвенника будет гореть в нем"».

[116] Пророки, Мелахим 1, 19:11-12. «И сказал: "Выйди и стань на горе пред Творцом". И вот, Творец проходит, и сильный и могучий ветер, разбивающий горы и сокрушающий скалы перед Творцом. Не в ветре Творец. А после ветра – шум. Не в шуме Творец. А после шума – огонь. Не в огне Творец. А после огня – голос тонкой тишины».

[117] См. Зоар, главу Ваякель, п. 162.

[118] Пророки, Йехезкель, 3:12. «И понес меня ветер, и услышал я позади себя голос, шум мощный: "Благословенна слава Творца с места Его!"»

ГЛАВА ЦАВ   Огонь Ицхака

этот шум из-за того, что говорят: «Благословенна слава Творца с места Его»[118]. «"А после шума – огонь"[116]. Что такое огонь? – "Это как написано: "Река Динур (огненная) вытекает и протекает перед ним"[119]». И это тот огонь, который видел Элияу.

75) «Рабби Ицхак сказал, (что огонь, который видел Элияу): "Это как написано: "И образ этих существ – с виду они как языки пылающего огня, наподобие факелов; он (огонь) блуждает меж этих существ, и сияние у огня, и молния исходит из огня"[120]. Это огонь, который видел Элияу. А эти живые существа являются строением (меркава) Малхут. И это как написано: "А после огня – голос тонкой тишины"[116]. "Голос" – это голос Аарона", т.е. Малхут, "и это тишина, так как нет у нее ничего своего, а сама она – тишина". Поскольку у Малхут нет ничего своего, а всё ей дает Зеир Анпин. "И когда собираются над ней" сфирот Зеир Анпина, чтобы передать ей, "она слышна во всех мирах", – т.е. все миры БЕА получают от нее, "и все содрогаются от нее. Почему она называется тонкой тишиной?" Ведь достаточно было назвать ее голосом тишины? Это "потому, что она" тоньше и "меньше всех"» сфирот Ацилута.

76) «Сказал рабби Хия: "Огонь постоянный будет гореть на жертвеннике, не угаснет"[121], – это огонь Ицхака. Как написано: "Вот огонь и дрова"[122] – это суды, исходящие от левой линии до включения ее в правую линию, "т.е. "огонь постоянный"[121], который пребывает всегда" в Малхут, чтобы ей получать хасадим от Зеир Анпина. "И дрова"[122], – это дрова Авраама, т.е. хасадим, исходящие от правой линии, как сказано: "И будет разжигать на нем коэн дрова каждое утро"[123]». А коэн – это обладающий свойством Хесед.

---

[119] Писания, Даниэль, 7:10. «Огненная река вытекает и протекает перед ним, тысячи тысяч служат ему, и десять тысяч десятков тысяч стоят перед ним; суд сел, и книги открылись».

[120] Пророки, Йехезкель, 1:13. «И образ этих существ – с виду они как языки пылающего огня, наподобие факелов; он (огонь) блуждает меж этих существ, и сияние у огня, и молния исходит из огня».

[121] Тора, Ваикра, 6:6. «Огонь постоянный будет гореть на жертвеннике, не угаснет».

[122] Тора, Берешит, 22:7. «И сказал Ицхак Аврааму, отцу своему, и сказал: "Отец мой!" И сказал он: "Вот я, сын мой!" И сказал он: "Вот огонь и дрова, – где же ягненок для жертвы всесожжения?"»

[123] Тора, Ваикра, 6:5. «И огонь на жертвеннике будет гореть в нем, не должен погаснуть, и будет разжигать на нем коэн дрова каждое утро и возлагать на него жертву всесожжения, и воскурять на нем туки мирных жертвоприношений».

77) «"Мы учили, что от огня Ицхака", который является судом левой линии Зеир Анпина, "нисходит и достигает этого жертвенника", Малхут. "И выходит один язык пламени к восточной стороне, и один язык пламени – к западной стороне, и один язык пламени – к северной стороне, и один язык пламени – к южной стороне", и это ХУГ ТУМ, "к четырем рогам жертвенника, и коэн возвращает его к четырем рогам"».

Объяснение. Пламя приходит от севера, являющегося левой линией, т.е. от огня Ицхака, и в таком случае оно должно было достигнуть только северной стороны жертвенника, однако коэн, свойство Хесед, т.е. правая линия, принимает это пламя, исходящее из левой, и включается в него, а оно – в него, с помощью средней линии, свойства Исраэль, и также сам жертвенник, т.е. Малхут, принимающая его (пламя), включает его в себя. И поэтому включилось это пламя во все три линии, т.е. юг-север-восток, и в Малхут. И поэтому достигло (пламя), благодаря коэну, четырех рогов жертвенника. И это смысл сказанного: «И коэн возвращает его к четырем рогам».

78) «"У жертвенника есть одно подножие", т.е. ступень, на которой стоят коэны при несении службы жертвенника, "и в нем есть известные уровни", т.е. в нем есть ХАГАТ НЕХИМ, "и его нижний уровень", т.е. Малхут в нем, "достигает высшей бездны, опускаясь в нее", т.е. в Бину клипы, "из одного отверстия", т.е. одного отверстия в пространстве, доходящего от него до самой бездны. "И в час, когда эти языки пламени достигают четырех рогов" жертвенника, "пробуждается одна из этих искр огня и опускается через то отверстие в эту высшую бездну"». И от этой искры клипа получает силу наказывать грешников.

79) «"И в этом месте, на подножии, есть воинства, воинства, произносящие громким голосом свыше: "Свят", и они – от правой линии, Хесед. "А с другой стороны произносят: "Свят" мелодичным голосом свыше", и они – от левой линии, Гвуры. "А с другой стороны – другие воинства, которые произносят: "Свят", и они – от средней линии, Тиферет. "И так – у четырех рогов (жертвенника)"» этого подножия, и в каждом роге находится три вышеуказанных подразделения, трижды произносящие: «Свят». И они соответствуют двенадцати диагональным сочетаниям, и это четыре свойства ХУГ ТУМ, в каждом из которых три линии, итого – двенадцать. «"Шесть сотен тысяч десятков

тысяч воинств"». «Шесть» – это ХАГАТ НЕХИ. А свечение Бины – это «сотни», а от Хохмы – это «тысячи», а от Кетера – это «десятки тысяч». А от свойства Есода – это «воинства». Иначе говоря, над ними – свечение ГАР. «"Находятся в каждом из рогов (жертвенника)" этого подножия, "и над ними – один правитель, и все они облечены в эфод", – в одежды священнослужения, "и стоят на подножии для проведения работы с жертвенником", т.е. с Малхут, "в соответствии нижним"», находящимся в Храме.

80) «"В одном месте", напротив подножия, "находятся шумящие волны моря"», т.е. как сказано: «И поднялся ураганный ветер (руах сеара), вздымая волны его»[124], и это, как сказано выше: «А после ветра – шум»[116],[125] «"и нисходят по известным ступеням, и там произносят воинства мелодичным голосом: "Благословенна слава Творца с места Его"[118]». И это внутренний смысл сказанного: «И услышал я позади себя голос, шум мощный: "Благословенна слава Творца с места Его"[118]», ибо они стоят напротив воинств, о которых говорилось выше, стоящих на подножии жертвенника и трижды произносящих: «Свят, свят, свят».[126] И это смыл слов: «И напротив них восславляют и говорят: "Благословенна слава Творца с места Его"»[127]. «"И все они восславляют в песнопении, не умолкая ни днем, ни ночью, и все они произносят порядок прославления мелодичным голосом"».

81) «"В другом месте находятся воинства, воинства, стоящие в страхе, в трепете, в дрожи, как сказано: "И высоки они и трепетны"[128]». И говорящие «свят» соответствуют Хеседу, правой линии. А говорящие «благословен» соответствуют Гвуре, левой линии. А те, что здесь, соответствуют Тиферет, средней линии. И поэтому нет в них (ничего) нового, ибо всё новое – в правой и левой (линиях), а средняя линия ничего не добавляет к ним, а только включает их обе в себя. «"И все они смотрят" – т.е. получают свое наполнение, "в направлении высшего жертвенника"», – т.е. Малхут.

---

[124] Писания, Псалмы, 107:25. «И сказал Он, и поднялся ураганный ветер, вздымая волны его».
[125] См. выше, п. 74.
[126] См. выше, п. 79.
[127] При произнесении молитвы «кдуша».
[128] Пророки, Йехезкель, 1:18. «И обратные стороны у них, и высоки они и трепетны, и обратные стороны их полны глаз у всех четырех».

Огонь Ицхака   ГЛАВА ЦАВ

82) «"А в час, когда приходит огонь Ицхака", судов левой линии, "на жертвенник, множество искр пламени поднимается и опускается в каждой стороне, и воспламеняются от них множество исполинов мира, обладающих могучей силой. Если бы коэн не стоял на жертвеннике и не приводил в порядок горящие дрова,[129] не мог бы мир устоять против них. От языков этого пламени и искр, выходящих из них, воспламеняются обратные стороны этих существ, как сказано: "И образ этих существ, с виду они как языки пылающего огня, наподобие факелов"[130]».

83) «"От правой стороны этих существ пробуждается один ветер (руах) свыше", от Хеседа Зеир Анпина, "и, раздувая этот огонь", исходящий от животных, пребывает в нем, "и воспламеняется и наполняется благоуханием, и горит и затихает в этом драгоценном сиянии, и светит множествам воинств, находящимся с правой стороны. С левой стороны" этих существ, "пробуждается другой сильный ветер (руах)", от Гвуры Зеир Анпина, "сокрушающий скалы, и раздувает этот огонь" существ, "становясь всё более сильным и мощным. Тогда облачается в него", в этот огонь, "ветер, который от левой стороны" Зеир Анпина, "и светит множествам воинств, стоящим в этой стороне", в левой стороне этих живых существ. "А также четырем сторонам" ХУГ ТУМ, "четырем станам", исходящим от четырех сторон ХУГ ТУМ Зеир Анпина; четыре стороны к четырем станам, что в ХУГ ТУМ этих существ. "И все они наполняются благоуханием в тот момент, когда коэн восходит к жертвеннику"».

---

[129] См. выше, п. 76.
[130] Пророки, Йехезкель, 1:13. «И образ этих существ, с виду они как языки пылающего огня, наподобие факелов; он (огонь) блуждает меж этих существ, и сияние у огня, и молния исходит из огня».

ГЛАВА ЦАВ

Два жертвенника

84) «Сказал рабби Аба: "Два жертвенника находятся внизу, и два жертвенника – наверху". Два жертвенника, что наверху. "Один – самый внутренний из всех, на котором совершается воскурение внутреннее и тонкое, и это – связь веры. И коэн, высший над всеми, соединяет это воскурение со связью веры. И этот (жертвенник) называется золотым жертвенником, и отсюда производится воскурение и соединение связи веры" со связью всего "в единую связь. И еще один – это другой жертвенник, называемый медным жертвенником, и он находится снаружи. И Михаэль, великий правитель, воскуряет на нем благовонную жертву Творцу". И два жертвенника "внизу", в Храме, – "золотой жертвенник и медный жертвенник. На одном приносили жертву воскурения, а на другом сжигали сальники и особые органы (эмури́м[131])"».

Объяснение. Три парцуфа есть в Малхут, которые облачены друг в друга. Парцуф ХАБАД – самый внутренний из всех, на него облачается парцуф ХАГАТ, а на него облачается парцуф НЕХИ. И они делятся на внутренний и внешний. Парцуф ХАБАД – внутренний, а два парцуфа ХАГАТ НЕХИ – внешние. А воскурение – это Бина.

И это означает сказанное: «Один – самый внутренний из всех», т.е. один жертвенник – это внутренний парцуф Малхут, т.е. ХАБАД, самый внутренний из всех ее трех парцуфов. «На котором совершается воскурение внутреннее и тонкое» – т.е. указывающее на Бину, которое является слишком тонким, чтобы постичь его, и это создает связь веры, Малхут, с воскурением, Биной. И это означает: «Связь веры», и объясняет: «Коэн, высший над всеми», т.е. Хохма, называемая великим коэном, «соединяет это воскурение со связью веры», т.е. Хохма связывает это воскурение, Бину, с жертвенником, являющимся внутренней Малхут, потому что Бина называется золотом, и по имени этого воскурения, что в Малхут, т.е. Бины, она называется золотым жертвенником. И это означает: «И отсюда производится воскурение и соединение связи веры в единую связь». Ибо благодаря этой связи Бины с Малхут связываются все сфирот в единую связь, т.е. все они соединяются друг с другом.

---

[131] Эмурим – части жертв, которые сжигались на жертвеннике: две почки, перепонка с печени и курдюк.

«И еще один – это другой жертвенник, называемый медным жертвенником, и он находится снаружи», – т.е. жертвенник, который в свойстве ее ВАК, и они в двух внешних парцуфах ХАГАТ НЕХИ, как мы уже говорили. «И Михаэль, великий правитель, воскуряет на нем благовонную жертву Творцу» – т.е. жертву душ праведников.[132]

85) «"И поэтому написано: "Елей и воскурение возрадуют сердце"[133]. И не сказано: "Елей и сальники с особыми органами (эмурим) возрадуют", хотя они" тоже "смягчают гнев суда", как и елей и воскурение. "Однако" есть разница, ибо "елей и воскурение", указывающие на единство Хохмы и Бины, – так как елей это Хохма, а воскурение это Бина, – "являются радостью всего, а не со стороны гнева суда"», поскольку в них самих нет никакого суда вообще. Тогда как о сальниках и особых органах (эмурим), благодаря которым образуется единство Зеир Анпина и Малхут, не сказано: «Возрадуют сердце», потому что есть в них основание для судов. «"И это жертвенник, являющийся внутренним, когда тонкое воскурение, самое тонкое из всего", т.е. Бина, которая непостижима из-за своей утонченности, "находится в связи веры", т.е. связывается с Малхут, называемой вера, "оно называется голосом тонкой тишины, ибо это внутренний жертвенник, связанный связью веры"».

86) «"Другой жертвенник называется внешним жертвенником. Внутренний (жертвенник) называется жертвенником Творца. Другой жертвенник называется медным жертвенником. Как сказано: "Медный жертвенник, который пред Творцом, был слишком мал, чтобы вместить всесожжения"[134]. Рабби Йоси говорит", что это изучается "из того, что написано: "И

---

[132] См. Зоар, главу Лех леха, п. 84. «Этот жертвенник, Шхину, Он сделал там вначале, когда был сотворен высший мир, скрытый от всех миров. И ангел Михаэль, великий первосвященник, стоит и приносит на нем жертвы от душ праведников...»

[133] Писания, Притчи, 27:9. «Елей и воскурение возрадуют сердце, но сладость друга – в душевном совете».

[134] Пророки, Мелахим 1, 8:64. «В тот же день освятил царь внутреннюю часть двора, который пред храмом Творца, потому что принес там всесожжение, и хлебное приношение, и тук мирных жертв, ибо медный жертвенник, который пред Творцом, был слишком мал, чтобы вместить всесожжения, и хлебные приношения, и тук мирных жертв».

ГЛАВА ЦАВ   Два жертвенника

всесожжение на жертвенник Твой (мизбехэха מִזְבְּחֶךָ)"¹³⁵, где буква хэт (ח) с огласовкой сэгол, что указывает на множественное число, то есть их – "два"». И написано: «Возле жертвенников твоих, Властелин воинств»¹³⁶ – т.е. возле двух.

87) «Рабби Аха сказал (рабби Аха противоречит рабби Абе и рабби Йоси, и считает, что есть тут всего лишь один жертвенник, который иногда называется внутренним, а иногда – внешним, как нам предстоит выяснить, и говорит): "Написано: "И построил Моше жертвенник"¹³⁷ – в соответствии внутреннему построил его. И поэтому он называется "Творец – чудо мое"¹³⁷, поскольку внутренний жертвенник называется жертвенником Творца. "Чудо мое"¹³⁷ – так как запечатлел" и исправил "запись святого знака союза. Ибо в час, когда пришел Амалек, чтобы уничтожить эту запись святости", т.е. знак обрезания, "в Исраэле, этот жертвенник", Малхут, "восстал против него, чтобы совершить то самое возмездие за святой союз. И поэтому называется" Малхут "меч, мстящий за нарушение союза"¹³⁸. И она", Малхут, "исправила для Исраэля эту святую запись, и Моше построил в соответствии этому жертвенник, назвав его: "Творец – чудо мое"¹³⁷, и это внутренний жертвенник", называемый "голос тонкой тишины"¹¹⁶».

88) «"А об этом", о внутреннем жертвеннике, сказано: "Огонь постоянный будет гореть на жертвеннике"¹³⁹, и это огонь, пребывающий постоянно. И что он собой представляет? Это огонь Ицхака", т.е. суды левой линии, которые пребывают постоянно. "И тогда имя" жертвенника "Адни", то есть в свойстве суда, и тогда он называется внешним жертвенником. "А когда разжигает на нем коэн эти дрова", т.е. хасадим, в которые облачается левая линия, "имя" жертвенника "подслащается, и называют

---

¹³⁵ Тора, Дварим, 33:10. «Учат законам Твоим Яакова и учению Твоему Исраэль; возлагают воскурение пред Тобой и всесожжение на жертвенник Твой».

¹³⁶ Писания. Псалмы, 84:4. «И птица находит дом, и ласточка – гнездо себе, куда кладет птенцов своих возле жертвенников Твоих, Властелин воинств, Царь и Всесильный мой».

¹³⁷ Тора, Шмот, 17:15. «И построил Моше жертвенник, и нарек ему имя "Творец – чудо мое"».

¹³⁸ Тора, Ваикра, 26:25. «И наведу на вас меч, мстящий за нарушение союза, и будете собираться в города ваши, но наведу Я на вас язву, и будете преданы в руки врага».

¹³⁹ Тора, Ваикра, 6:6. «Огонь постоянный будет гореть на жертвеннике, не угаснет».

его именем милосердия, АВАЯ, и называют его этим именем"», т.е. «жертвенник Творца», и тогда это внутренний жертвенник. «"И иногда этот жертвенник пребывает в таком виде", – т.е. в свойстве суда, и это внешний жертвенник, "а иногда – в таком виде"», – в свойстве милосердия, и это внутренний жертвенник. И они не являются двумя жертвенниками, отделенными друг от друга. «Рабби Шимон сказал: "Их было два", т.е. два отдельных жертвенника, т.е. он считает так же, как рабби Аба и рабби Йоси. "И внутренний стоит над тем жертвенником, который снаружи". Иначе говоря, они облачаются друг в друга. Ибо внутренний парцуф Малхут облачен во внешний парцуф,[140] "и" внешний "питается от внутреннего, и они связаны друг с другом"».

89) «Рабби Хизкия провозгласил: "Праведен Творец на всех путях Своих и милостив во всех деяниях Своих"[141]. "Праведен Творец на всех путях Своих"[141], – мы ведь учили, насколько люди должны быть внимательными к славе Господина их, и тогда они не отклонятся в сторону от путей своих. Ибо каждый день суд нависает над миром, потому что мир сотворен в суде и стоит на суде"».

90) «"И поэтому человек должен остерегаться прегрешений своих, ведь не знает он времени, когда суд пребывает над ним. Сидит он в доме своем – пребывает над ним суд. Выходит он из дома наружу – пребывает над ним суд, и не знает, вернется он домой или нет", – т.е. может умереть и не вернуться домой. "Выходит в путь – тем более", т.е. должен опасаться того, что не вернется домой. "Ибо тогда суд выступает перед ним, как сказано: "Справедливость перед ним пойдет"[142]. Поэтому человек должен заранее попросить милосердия у Царя, чтобы спастись от суда в час, когда он пребывает в мире. Ибо каждый день пребывает суд в мире. Это означает сказанное: "И Творец гневается каждый день"[143]».

---

[140] См. выше, п. 84.
[141] Писания, Псалмы, 145:17. «Праведен Творец на всех путях Своих и милостив во всех деяниях Своих».
[142] Писания, Псалмы, 85:14. «Справедливость перед ним пойдет и направит в пути стопы его».
[143] Писания, Псалмы, 7:12. «Творец – судья справедливый, и Творец гневается (на нечестивых) каждый день».

ГЛАВА ЦАВ

Имя Эль

91) «"Теперь следует спросить. Мы ведь учили, и указывали товарищи, что имя Эль в любом месте означает милость (хесед), как сказано: "Творец (Эль) Великий"[144], и это свечение высшей Хохмы", так как Хесед во время гадлута Зеир Анпина поднимается и становится высшей Хохмой, "а ты говоришь: "И Творец (Эль) гневается каждый день"[143], – т.е. Писание оставляет все имена", которые указывают на милость (хесед), "и берется за это", за суд. "В таком случае, слова эти неверны. И кроме этого, ведь сказано: "Эль-Гибо́р (Творец Могучий)"[145]. И непонятно, "отнести" имя "Эль к суду, или отнести" имя "Эль к милосердию?"»

92) И отвечает: «"Но я слышал так: "Грешники обращают милосердие в суд, ибо нет у тебя во всех высших сфирот святого Царя такого, чтобы милосердие не было включено в суд, а суд – в милосердие. И грешники обращают милосердие в суд"». И потому, несмотря на то, что имя Эль – это милость (хесед), грешники обращают его в суд.

93) «Сказал ему рабби Йегуда: "Твое объяснение правильное относительно того, что написано: "Эль-Гибо́р (Творец Могучий)"[145], – что для грешников Он превращается в суд. "Однако" изречение: "И Творец (Эль) гневается каждый день"[143], что" ты о нем скажешь, дескать "Он изо дня в день пребывает в суде, и когда жители мира праведники, и когда – нет?" Не смог он» объяснить это. «Подошли, спросили рабби Шимона. Сказал им: "Конечно, "Творец (Эль) гневается каждый день"[143], и уже объяснили товарищи, что иногда" имя Эль – "это суд, а иногда – это милосердие. Если жители мира достойны, то пребывает" имя Эль, "и это милость (хесед). А если недостойны, то пребывает и называется Могучий (Гибор). И на том стоит каждый день"». Иначе говоря, есть достойные и недостойные, и поэтому для недостойных: «И Творец (Эль) гневается каждый день»[143].

---

[144] Тора, Дварим, 10:17. «Ибо Творец Всесильный ваш – Он Сильный над сильными и Господин над господами, Творец (досл. Всевышний) Великий, Могучий и Грозный, который лицеприятствовать не будет и мзды не возьмет».

[145] Пророки, Йешаяу, 9:5. «Родился у нас мальчик, сын дан нам; власть на плечах его, и наречено ему имя Пэле-Йоэц-Эль-Гибор-Ави-Ад-Сар-Шалом».

94) «"Однако, лучшее объяснение, что Эль в любом месте – это свечение высшей Хохмы", т.е. Хесед.¹⁴⁶ "И пребывает в существовании Своем каждый день, как написано: "Милость Творца (Эль) весь день!"¹⁴⁷ И если бы это" имя "Эль не пробуждалось в мире, мир не смог бы простоять даже одного часа перед тяжкими судами, пробуждающимися в мире каждый день. Это означает: "Вот порождения неба и земли при сотворении их (бе-ибарам בהבראם)"¹⁴⁸. Читай не "при сотворении их (бе-ибарам בהבראם)"¹⁴⁸, а "при Аврааме (бе-Авраам באברהם)", т.е. Хеседе, "потому что на пробуждении Авраама стоят" небо и земля. "И когда пробудился в мире Авраам", т.е. свойство Хесед, "все суды, пребывающие каждый день, он выдворяет наружу, и они не стоят перед ним"».

95) «"Разгневанный или гневающийся каждый день", – не написано, а "гневается"¹⁴³, поскольку каждый день, когда есть суд, он выдворяет его наружу, и он стоит и улучшает мир, и это означает: "Днем явит Творец милость Свою"¹⁴⁹. И если бы не это, не смог бы мир простоять даже одного мгновения. А потому всё стоит и существует благодаря Аврааму"», т.е. Хеседу.

96) «"И то, что написано: "Эль-Гибо́р (Творец Могучий)"¹⁴⁵ – не" означает, что имя "Эль могучее, но это изречение является намеком, указывающим на праотцев", т.е. ХАГАТ, "и намеком, указывающим на высшую святую веру", т.е. Бину, "как написано: "Пэле-Йоэц-Эль-Гибор-Ави-Ад-Сар-Шалом"¹⁴⁵. "Пэле (Чудо – פלא)"¹⁴⁵ – это высшая Хохма, которая чудесна и укрыта от всего, как сказано: "Если скрыто будет от тебя дело"¹⁵⁰. То есть чудо означает скрытие. "Йоэ́ц (Советник יועץ)"¹⁴⁵ – это высшая река, которая исходит и вытекает, и не иссякает", т.е. Бина. "И она советник во всем, и орошающая всё". Поскольку все мохин ЗОН и БЕА выходят из Бины. "Эль"¹⁴⁵ – это Авраам, как мы объясняли "Творец (Эль) Великий"¹⁴⁴, что это Хесед.

---

¹⁴⁶ См. выше, п. 91.
¹⁴⁷ Писания, Псалмы, 52:3. «Что похваляешься злодейством, храбрец? Милость Творца весь день!»
¹⁴⁸ Тора, Берешит, 2:4. «Вот порождения неба и земли при сотворении их, в день созидания Творцом Всесильным земли и неба».
¹⁴⁹ Писания, Псалмы, 42:9. «Днем явит Творец милость Свою, а ночью – песнь Его со мною, молитва к Создателю жизни моей».
¹⁵⁰ Тора, Дварим, 17:8. «Если скрыто будет от тебя дело, как рассудить между кровью и кровью, между тяжбой и тяжбой и между язвой и язвой, – вещами спорными в твоих воротах, то встань и взойди на место, которое изберет Творец Всесильный твой».

"Гибор (Могучий גִּבּוֹר)"¹⁴⁵ – это Ицхак, и не написано: "а-Гибор (הַגִּבּוֹר)"», т.е. не написано: «Эль а-Гибор (אֵל הַגִּבּוֹר), как написано: «Творец Великий (а-Эль а-Гадоль הָאֵל הַגָּדוֹל)»¹⁴⁴, но написано: «Эль-Гибор (אֵל גִּבּוֹר)»¹⁴⁵, то есть Гибор не указывает на Эль, но это отдельное имя, и это Ицхак, т.е. свойство Гвура. «"Ави-Ад (Отец навеки אֲבִי עַד)"¹⁴⁵ – это Яаков, который держится за эту сторону", правую, "и за эту сторону", левую, "и пребывает в совершенном существовании"». Ибо «Ави-Ад (Отец навеки)»¹⁴⁵ означает совершенство. «"Сар-Шалом (Властитель мира שַׂר שָׁלוֹם)"¹⁴⁵ – это праведник", т.е. Есод, "благополучие мира, благополучие дома, благополучие Царицы"».

97) «Подошли рабби Хизкия и рабби Йегуда и поцеловали руки его. Заплакали и сказали: "Счастлива наша доля, потому что спросили мы это. Счастливо поколение, в котором ты пребываешь!"»

ГЛАВА ЦАВ

Зэ зот

98) «Сказал рабби Шимон: "Написано: "Это (зэ) жертва Аарона и сыновей его, которую они должны приносить Творцу"[151]. Смотри, грешники мира приводят к тому, что Творец удаляется от Кнессет Исраэль. И это означает: "Коварный человек сеет раздор, а ропщущий отвергает господина"[152]. Кто такой "господин (алу́ф)"? – Это Творец. Как сказано: "Ты господин юности моей!"[153] И они отлучают эту (зот)", т.е. Малхут, "от этого (зэ)", т.е. Зеир Анпина, "являющегося миром в доме", т.е. Есодом, "а они – единое соединение"».

99) «"Пришел праведный Аарон и его сыновья, и с их помощью сблизились они оба, и совершил зивуг этот (зэ)", т.е. Зеир Анпин, "с этой (зот)", с Малхут. "И это смысл сказанного: "С этой (бе-зот באת) должен входить Аарон в святилище"[154]. "Это (зэ) жертва Аарона и сыновей его"[151]. И они вызывают зивуг святого высшего Царя", Зеир Анпина, "с Царицей", Малхут. "И благодаря им благословляются высшие и низшие, и пребывают благословения во всех мирах, и пребывает всё в единстве, без разделения"».

100) «"И если скажешь: "Почему не написано: "Эта жертва", то есть, чтобы "приблизить эту (зот)", Малхут, "к месту ее"», Зеир Анпину? И почему написано: «Это жертва»[151], что указывает на Зеир Анпина? Ведь мы должны приблизить Малхут к Зеир Анпину, а не наоборот? И отвечает: «"Но это не так", поскольку в час, когда коэн приносит жертву снизу, "ведь коэн свыше", т.е. сфира Хесед, "начинает приносить соединение Кнессет Исраэль", т.е. Малхут, "пока не приходит к этому зэ", Зеир Анпину, "чтобы соединить его с зот", Малхут, "и сблизить их вместе". Иначе говоря, так же как коэн внизу приближает Малхут к Зеир Анпину, так же коэн, что наверху, приближает

---

[151] Тора, Ваикра, 6:13. «Это жертва Аарона и сыновей его, которую они должны приносить Творцу в день своего помазания: десятую часть эфы тонкой муки, хлебное приношение постоянное, половина его утром и половина его вечером».

[152] Писания, Притчи, 16:28. «Коварный человек сеет раздор, а ропщущий отвергает господина».

[153] Пророки, Йермияу, 3:4. « Разве не обращалась ты ко Мне только что: "Отец мой, Ты господин юности моей!"»

[154] Тора, Ваикра, 16:3. «С этим (досл. с этой) должен входить Аарон в святилище: с молодым тельцом в очистительную жертву и с овном во всесожжение».

Зеир Анпина к Малхут. "И потому коэн восполняет жертву и приближает зивуг. Счастлива их доля в этом мире и в мире будущем"».

Цион и Йерушалаим

101) «Рабби Хия и рабби Йоси шли из Уши в Тверию. Сказал рабби Хия: "Ибо избрал Творец Цион, возжелал в обитель Себе. "Вот (место) покоя Моего вовеки, здесь обитать буду, потому что Я возжелал ее"[155]. Спрашивает: "Иногда все товарищи называют его так", именем Цион, на языке "захар (в мужском роде), потому что Цион", т.е. Есод Малхут, – "это милосердие. Почему же здесь Писание называет его" на языке "некева (в женском роде)"», как сказано: «Возжелал в обитель Себе»[155], а также: «Потому что Я возжелал ее»[155]? Объяснение. Потому что есть внутреннее и внешнее в Есоде Малхут. Внутреннее, являющееся милосердием, называется Цион, а внешнее, являющееся судом, называется Йерушалаим.

102) «Сказал рабби Йоси: "Так я слышал от праведного светоча: "В час зивуга" Зеир Анпина и Малхут, "они совершают зивуг вместе, и это чтобы показать, что когда нуква включается" в Зеир Анпина "в едином включении, называется нуква по имени захара, ибо тогда пребывают благословения Малхут, и нет в ней разобщения вовсе"». Объяснение. Потому что Малхут является нуквой из-за того, что она лишена совершенства, а лишенная совершенства называется некевой. Но во время зивуга с Зеир Анпином она наполнена благословениями и всем совершенством, и потому считается свойством захар. Поэтому и сказано: «В обитель (мошáв) Себе»[155], и не сказано: «В обитель (мошавá)», в женском роде. Поскольку «в обитель (мошав – м.р.) Себе»[155] – указывает на время зивуга, и тогда она захар. «"И написано: "Ибо избрал Творец Цион (бе-Цион)"[155], именно "бе-Цион"[155], что означает – внутри Циона (бе-тох Цион), то есть "того, кто есть внутри нее, кто пребывает в ней", т.е. внутренний Есод Малхут. "И потому не написано: "ле-Цион", что означало бы ее внешнюю часть. И поэтому "всё едино, и когда называет это именем захара, и когда называет это именем некевы, ибо все это – одно целое, и на одной ступени они стоят"». Вот почему Писание называет его один раз в мужском роде: «В обитель (мошав – м.р.) Себе»[155], а другой раз – в женском роде, то есть: «Потому что Я возжелал ее»[155].

---

[155] Писания, Псалмы, 132:13-14. «Ибо избрал Творец Цион, возжелал его (досл. её) в обитель Себе. "Вот (место) покоя Моего вовеки, здесь обитать буду, потому что Я возжелал его (досл. её)"».

103) «"Поэтому сказано: "А о Ционе будет сказано, что человек и человек родится в нем"[156]». Дважды «человек». «"Один" человек – "это суд, а другой – милосердие". То есть, в Есоде Малхут, называющемся Цион, есть два свойства – суд и милосердие, однако суд, что в ней, называется Йерушалаим. "Но когда соединяются" Зеир Анпин и Малхут "вместе в едином зивуге, тогда называется" Есод Малхут только именем "Цион. О Ционе и Йерушалаиме известно", что Цион – это внутренняя часть Есода Малхут, а Йерушалаим – это внешняя часть Есода Малхут. "И получается, что они зависят друг от друга"».

---

[156] Писания, Псалмы, 87:5. «А о Ционе будет сказано, что каждый (досл. человек и человек) родится в нем, и Он, Всевышний, укрепит его».

Действием снизу вызывается действие наверху

104) «Провозгласил рабби Йоси и сказал: "Написано: "Освящайтесь и будете святы"[157]. Тот, кто освящает себя снизу, того освящают свыше. Тот, кто оскверняет себя снизу, того оскверняют свыше". Спрашивает: "Освящают его свыше – это правильно, поскольку означает, что святость Господина его пребывает над ним. Но оскверняют его, – из какого места" его оскверняют? "И если скажешь: "Свыше", – разве есть скверна наверху?"»

105) «Сказал рабби Хия: "То есть, как мы учили, что посредством действия внизу пробуждается действие наверху. Если действие внизу – оно в святости, то пробуждается святость свыше и приходит, и пребывает" над человеком, "и он освящается ею. Но если он оскверняет себя снизу, то пробуждается дух скверны свыше, и приходит, и пребывает над ним, и он оскверняется им. Ибо от действия" человека "это зависит"».

106) «"Ведь нет у тебя добра и зла, святости и скверны, у которых не было бы основы и корня наверху, и действием внизу вызывается действие наверху, – то, что зависит от действия, пробуждается наверху и становится действием. А то, что зависит от речи, – это посредством речи. Ибо когда произнесена речь" внизу, "пробуждается так наверху"».

107) «"И если скажешь: "Что значит, что речь пробуждается" наверху? И отвечает: "Однако, так написано: "И изречения слова"[158] – эта речь вызывает другую речь наверху, которая называется словом", т.е. Малхут, как сказано: "Слово Творца,

---

[157] Тора, Ваикра, 20:7. «Освящайтесь и будете святы, ибо Я Творец Всесильный ваш».
[158] Пророки, Йешаяу, 58:13-14. «Если удержишь в субботу ногу свою, удержишься от исполнения дел твоих в святой день Мой, и назовешь субботу отрадой, святыню Творца – почитаемой, и почтишь ее, (удерживаясь) от привычных занятий своих, отыскивания дел себе, и изречения слова, тогда наслаждаться будешь в Творце, и Я возведу тебя на высоты земли, и питать буду тебя наследием Яакова, отца твоего, потому что уста Творца изрекли это».

которое было"[159]. "Слово же Творца было редко"[160]. "Словом Творца небеса сотворены"[161]. И все они указывают на Малхут, называемую словом. "Поскольку мы учили, что эта речь" человека "поднимается и пробивает небосводы, пока не поднимается на свое место и не пробуждает то, что пробуждает: если она добрая – добро, а если злая – зло". Иначе говоря, или он пробуждает Малхут святости, чтобы воздействовала на него, или пробуждает Малхут скверны, чтобы воздействовала на него. "И потому написано: "Берегись всего дурного"[162]».

И выяснилось, что и действие, и речь, которые человек совершает и произносит внизу, – если они являются заповедями, он привлекает святость свыше, т.е. от Малхут, а если они являются прегрешениями, он привлекает скверну свыше. А различие между действием и речью в том, что посредством заповедей, зависящих от действия, он пробуждает и привлекает от внешней части Малхут, где находится свойство действия, а посредством заповедей, зависящих от речи, он пробуждает и привлекает от внутренней части Малхут, где находится свойство речи.

---

[159] Пророки, Ошеа, 1:1. «Слово Творца, которое было к Ошее, сыну Беери, во дни Уззийа, Йотама, Ахаза, Йехизкия, царей Иудеи, и во дни Яровама, сына Йоаша, царя Исраэльского».

[160] Пророки, Шмуэль 1, 3:1. «А отрок Шмуэль служил Творцу при Эли; слово же Творца было редко в те дни, видение было не часто».

[161] Писания, Псалмы, 33:6. «Словом Творца небеса сотворены, и дуновением уст Его – все воинство их».

[162] Тора, Дварим, 23:10. «Когда выступишь станом против врагов твоих, берегись всего дурного».

ГЛАВА ЦАВ

Четыре вида растений и Ошана Раба

108) «"Четыре вида растений упоминаются в (заповеди о) лулаве, и их семь", – т.е. три миртовых ветви (ада́с), две ивовые ветви (араво́т), нераскрывшаяся пальмовая ветвь (лула́в), цитрусовый плод (этро́г). "И если скажешь, что это семь видов, это не так, но это четыре вида, и они подразделяются на три других", потому что адас подразделяется на три, а аравот – на два, и добавилось два к адас, и один – к аравот, и поэтому их семь. "И благодаря действию их", т.е. встряхиванию их во имя заповеди, "пробуждаются семь других наверху", – т.е. семь сфирот ХАГАТ НЕХИМ. Три миртовых ветви (адас) соответствуют ХАГАТ. Две ивовые ветви (арава) соответствуют Нецаху и Ходу. Пальмовая ветвь (лулав) соответствует Есоду. Цитрусовый плод (этрог) соответствует Малхут. "Для того чтобы улучшить мир в разных свойствах"» – получаемых от этих семи сфирот.

109) «"Кнессет Исраэль", т.е. Малхут, "хотя она и относится к совокупности" семи сфирот, "благословляется она от всех шести" сфирот, что выше нее, т.е. ХАГАТ НЕХИ, "и от глубокой реки, из которой выходит источник, и воды его никогда не прекращают нисходить к ним" – к шести сфирот ХАГАТ НЕХИ, "и она питает дочь" – Малхут. "Ведь поскольку она дочь ее, высшего мира", Бины, "и нижнего мира", Зеир Анпина, "она благословляется от них в этом пробуждении. Ибо в час, когда Кнессет Исраэль благословляется от них, благословляются все миры", получающие от нее. "И поэтому обходят жертвенник, как мы учили"», в семь дней Суккот, ибо жертвенник соответствует Малхут, получающей от Бины и от Зеир Анпина, и посредством этих семи обходов наполняют ее семью сфирот.

110) «"И еще. Ибо этим пробуждением", от (совершения заповеди) нетила четырьмя видами растений, "благословляются все шесть" сфирот ХАГАТ НЕХИ "водой" – т.е. обилием, "чтобы быть наполненными им. И все они черпают из источника реки, которая глубже всего", т.е. Бины, "чтобы ниспослать миру. И поэтому все", четыре вида, "должны быть (свежими и) влажными, а не сухими", – ибо влага указывает на то, что они наполнены обилием, "чтобы нести благословения в мир. Ибо эти деревья", мирт, ива и пальма, "все они всегда наполнены (живительной) влагой, и у них всегда есть листья" на дереве, как летом, так и зимой, "и время их радости – в это время"», семи дней Суккот.

111) «"И мы учили в книге рава Амнуна Савы, что та сила, которая назначена над этими деревьями", четырех видов, "каждое из них принимает благословения высшей радости только в это время. И радость всех наверху, и радость этих деревьев внизу, – вся она в это время", дней Суккот. "И пробуждение их зависит от этих святостей Царя", т.е. от (выполнения заповеди) нетилат лулав Исраэлем, "и когда Исраэль берут их, всё пробуждается в это время, и мир", Малхут, "благословляется, чтобы излить благословения" этому "миру"».

112) «Написано: "Голос Творца – над водами. Всевышний славы гремит"[163]. Сказал рабби Йоси: "Это Авраам", т.е. свойство Хесед. "Голос Творца – в силе"[163] – это Ицхак", Гвура. "Голос Творца – в великолепии"[163] – Яаков", Тиферет. "Голос Творца сокрушает кедры"[163] – это Нецах. "Голос Творца высекает пламя огня"[164] – Ход. "Голос Творца сотрясает пустыню"[164] – праведник, Есод. "Голос Творца приводит в смятение ланей"[164] – это праведность", Малхут. "И все они растут у моря" – Бины, "и орошаются водой" – т.е. благом Бины, "чтобы расти. И это означает: "И река вытекает из Эдена, чтобы орошать сад"[165]. И все они пробуждают благословения в мире от той живительной влаги, которая орошает всё"».

113) «"Смотри, эти семь голосов", т.е. ХАГАТ НЕХИМ, "зависят от речений уст во все дни года, но теперь", в семь дней Суккот, "зависят лишь от действия, и нам нужно действие, а не речь. Поскольку в это время", семи дней Суккот, "Он благословляет на весь год"».

Объяснение. Заповеди, зависящие от речи, притягивают внутреннее свойство, т.е. хасадим, но они не притягивают свечения Хохмы от левой линии, поскольку это внешнее свойство. А заповеди, зависящие от действия, притягивают внешнее свойство, т.е. свечение Хохмы от левой линии, которое является

---

[163] Писания, Псалмы, 29:3-5. «Голос Творца – над водами, Всевышний славы гремит, Творец – над водами многими! Голос Творца – в силе, голос Творца – в великолепии! Голос Творца сокрушает кедры, сокрушает Творец кедры Леванона».

[164] Писания, Псалмы, 29:7-9. «Голос Творца высекает пламя огня. Голос Творца сотрясает пустыню, сотрясает Творец пустыню Кадеш! Голос Творца приводит в смятение ланей и обнажает леса; и в храме Его все гласит: "Слава!"»

[165] Тора, Берешит, 2:10. «И река вытекает из Эдена, чтобы орошать сад, и оттуда разделяется и образует четыре главных реки».

мохин де-ВАК и внешним свойством. И в семь дней Суккот нам необходимо исправить внешнее свойство – привлечение Хохмы от левой линии, и поэтому нам нужны исполнительные заповеди, способные это вызвать. И это смысл сказанного: «Но теперь зависят лишь от действия, и нам нужно действие», чтобы притянуть исправление внешнего свойства, т.е. свечения Хохмы, которое (исходит) от левой линии, «а не речь», потому что речь притягивает только внутреннее свойство, т.е. хасадим, которые мы притягиваем во все дни года. И это смысл сказанного: «Семь голосов зависят от речений уст в остальные дни года» – и не требуют действия. И это: «Поскольку в это время», семи дней Суккот, «Он благословляет на весь год», ибо после того, как мы притянули свечение Хохмы левой линии в семь дней Суккот, к ХАГАТ НЕХИМ, этого достаточно на все дни года, – так что хасадим, которые мы притягиваем с помощью заповедей, зависящих от речи, во все дни года, благословляются свечением Хохмы от семи дней Суккот, и становятся благодаря этому открытыми хасадим, и в заповедях, зависящих от действия, больше не нуждаются для этого, а (нуждаются в них) для других целей, как выяснится на своем месте.

114) «"В седьмой день праздника", т.е. в Ошана Раба, – "окончание суда над миром, и постановления судов выходят из дома Царя, и гвурот пробуждаются и завершаются в этот день. И ветви речной ивы зависят от них", от этих гвурот. "И надо пробудить гвурот для воды, и обойти семь раз", соответственно ХАГАТ НЕХИМ, "жертвенник", который соответствует Малхут, "чтобы напоить жертвенник водами Ицхака", т.е. свечением Хохмы, что в левой линии, называемом Ицхаком, "чтобы воды наполнили колодец Ицхака", т.е. Малхут, называемую так в час, когда она получает от левой. "И когда он наполняется, весь мир благословляется водой"».

Объяснение. Все три книги раскрываются в Рош а-шана (Начале года),[166] – законченных праведников, законченных грешников и средних. Законченные праведники тут же на месте записываются на жизнь. Законченные грешники тут же на месте записываются на смерть. А средние зависимы и пребывают (в ожидании суда) до Дня искупления.[167] Таким образом, не говорится о законченных праведниках или законченных

---

[166] См. Зоар, главу Эмор, п. 203.
[167] Вавилонский Талмуд, трактат Рош а-шана, лист 16:2.

грешниках, ибо их суд завершился в первый день Начала года. И всё говорится только о средних, которые зависимы и ждут до Дня искупления, – если они совершают возвращение, то заверяются печатью «на жизнь», а грешники, которые не совершают возвращение, заверяются печатью «на смерть».

И внутренний смысл искупления грехов в День искупления – это привлечение свечения Хохмы посредством подъема Малхут в Бину, потому что нет иного искупления прегрешений, но только с помощью раскрытия света Хохмы, света жизни. И поэтому средние, совершившие возвращение, удостаиваются тогда искупления грехов и заверения печатью «на жизнь», однако этим всё не завершается окончательно, так как свет Хохмы не светит без хасадим, а время притяжения хасадим для облачения Хохмы – в семь дней Суккот. И получается, что в седьмой день, Ошана Раба, заканчивается облачение Хохмы в хасадим, и тогда завершается печать «на жизнь», образовавшаяся в День искупления.

И таким же образом для тех, кто не совершил возвращения, и были заверены печатью «на смерть» в День искупления, еще окончательно не завершена эта печать, так как есть у них время совершить возвращение до седьмого дня Суккот, поскольку до этого времени еще притягивается Хохма,[168] и если совершат возвращение, будут искуплены их грехи с ее помощью, и удостоятся света жизни. И поэтому считается день Ошана Раба днем передачи постановлений судов ангелам – либо «на жизнь», либо «на смерть», ибо после того, как были переданы решения судов судебным исполнителям, уже не возвращают их. И это потому, что после дня Ошана Раба нет больше привлечения Хохмы.[168]

И это смысл сказанного: «В седьмой день праздника – окончание суда», – поскольку затем уже нет больше привлечения Хохмы, и поэтому «постановления судов выходят из дома Царя», т.е. передаются судебным исполнителям, и их больше не возвращают. «И гвурот пробуждаются и завершаются в этот день» – потому что гвурот, являющиеся привлечением Хохмы, заканчиваются в этот день, и после этого Хохма не притягивается,[168] и оставшееся выяснилось.

---

[168] См. выше, п. 113.

Четыре вида растений и Ошана Раба   ГЛАВА ЦАВ

115) «"И в этот день", Ошана Раба, "нужны гвурот для" притягивания "воды", – т.е. свечение Хохмы, как мы уже говорили, которое притягивается лишь вместе с гвурот (преодолениями) и диним (судами),[169] "и завершить их затем, поскольку в этот день завершается суд", и они не должны больше притягивать свечение Хохмы, нисходящее с судом.[170] "И поэтому нужно ударять" ивовыми ветвями "оземь, и завершить их", т.е. свечение их, "чтобы они не пребывали. Ибо в этот день есть пробуждение" Хохмы "и завершение" Хохмы, "и поэтому с помощью ветвей речной ивы", указывающих на Нецах и Ход, в которых раскрывается Хохма посредством судов, "мы производим пробуждение и завершение"».

Объяснение. Почва – это последнее свойство, содержащееся в Малхут. И когда ударяют ивовыми ветвями по почве, притягивается свечение Хохмы вместе с судами в последнее свойство Малхут, и там (происходит) завершение свечения. И смысл того, что Хохма проявляется не иначе как с помощью ивовых ветвей, т.е. Нецах и Ход, потому что от хазе и выше – это ГАР де-гуф, а Нецах и Ход, от хазе и ниже, – это ВАК де-гуф. И поскольку ГАР Хохмы укрыты и не проявляются, но только ВАК Хохмы, поэтому место их – в ВАК де-гуф, т.е. Нецахе и Ходе. И это – ветви речных ив.

116) «Сказал рабби Хия: "Конечно же, это так, и это правильно, и ветвями речных ив" они называются "потому, что со стороны реки", т.е. Бины, "выходят гвурот", – т.е. свечение Хохмы с судами, что в них. "И в этот день они пробуждаются и завершаются. Об этом дне написано: "И вернулся Ицхак и откопал колодцы воды"[171]. "Колодцы (беро́т בְּאֵרֹת)"[171] – написано без вав (ו)", поскольку это указывает на Малхут, называемую колодцем. "И вернулся"[171], – что значит: "И вернулся"[171]? Однако, в первый день месяца, т.е. в Рош а-шана (Начале года), было начало суда во всем мире, и Ицхак", левая линия, "взошел на трон суда, чтобы судить мир. В этот день", в Ошана Раба, "и вернулся Ицхак"[171], чтобы пробудить суды и завершить эти суды. "И откопал колодцы воды"[171] – то есть, "чтобы излить

---

[169] См. Зоар, главу Пкудей, п. 376.
[170] См. выше, п. 114.
[171] Тора, Берешит, 26:18. «И вернулся Ицхак и откопал колодцы воды, которые выкопали во дни Авраама, отца его, и которые завалили плиштим после смерти Авраама».

гвурот для Кнессет Исраэль", Малхут, называемой колодцем, "дабы пробудить воды", свечение Хохмы, "поскольку воды благодаря гвурот нисходят в мир"», иначе говоря, свечение Хохмы притягивается лишь только с судами вместе.

Объяснение. В Рош а-шана начали раскрываться суды левой линии, поскольку Малхут была тогда в состоянии «два больших светила» и облачала левую линию Бины. А во время трубления в шофар уменьшилась левая линия с помощью средней линии, посредством двух действий: вначале посредством свойства манулы, которая окончательно уменьшает ее, а затем посредством мифтехи, которая делает ее способной получить ВАК Хохмы. И в День искупления, благодаря подъему Малхут в Бину, раскрывается в ней ВАК Хохмы, благодаря пяти видам воздержания, которые она получила от левой линии Бины. А после Дня искупления начали раскрываться хасадим для облачения полученной Хохмы, без которых эта Хохма не светит. И нисходит исправление Хохмы с помощью хасадим посредством обхода жертвенника до дня Ошана Раба, являющегося свойством Малхут, так как семь дней Суккот – это ХАГАТ НЕХИМ. И поэтому надо снова пробудить Хохму в исправлениях хасадим посредством обхода жертвенника, чтобы исправить ею седьмой день и вообще завершить привлечение Хохмы, – ведь когда она пришла в Малхут, не нужно больше привлекать ее. И это смысл сказанного: «В этот день "и вернулся Ицхак"[171], чтобы пробудить суды и завершить эти суды», поскольку не нужно больше привлекать.

117) «"И поскольку эти гвурот нисходят только с облаками", т.е. судами, "а в облачный день не облачается в них дух столпов мира, но" так должно быть, "поскольку мир нуждается в них. И в чем причина, – так как мир сотворен в суде", т.е. в Рош а-шана, как мы уже отмечали в предыдущем пункте, и потому эти суды должны раскрываться всегда с водой, т.е. со свечением Хохмы, чтобы грешники не удерживались в левой линии, и не вернули суды Рош а-шана.[169] "И всё должно быть так. Поэтому всё зависит от действия. И потому коэн, благодаря тому действию и исправлению, которое он совершает внизу", т.е. действию жертвоприношения, "пробуждаются высшие и нижние, чтобы исправить их, и исправляются с помощью него"». И так же с помощью действия с четырьмя видами растений, и ивовых ветвей в Ошана Раба, исправляется Хохма посредством судов, которые раскрываются с ней, чтобы не было в ней удержания грешникам.

118) «Сказал рабби Йоси: "Вот мы учили, что ива (арава) похожа на губы в этот день, – и что это?" Сказал рабби Хия: "Несмотря на то, что это лишь толкование, так оно и есть. Ибо в этот день" всё "зависит от губ, так как в этот день Царь повелевает передать постановления суда правителю, и суды завершаются, и злословие прекращается в мире. В первый день этого месяца – начало суда, а завершение – в этот день"».

Объяснение. В первый день этого месяца включается Малхут в левую линию Бины, т.е. в Ицхака. «И Ицхак взошел на трон суда, чтобы судить мир»[172]. И с помощью трубления в шофар пробудилась средняя линия, чтобы произвести зивуг на экран де-хирик для уменьшения левой линии, сначала – в мануле, а затем – в мифтехе.[173] Это означает, что Малхут поднялась в Бину, и Бина вернулась в состояние ВАК без рош.[173] И вот, с одной стороны, тем самым было произведено исправление подчинения этих судов левой линии и подготовки ее для соединения с правой. Однако, с другой стороны, суды катнута удерживались в Бине из-за подъема Малхут в нее. И из-за этого вышли внешние (качества), чтобы злословить на Бину, говоря, что есть в ней недостаток, для того чтобы удерживаться в ней в месте этого недостатка, как это свойственно им. Поэтому была потребность закрыть рот внешним, чтобы не злословили на Бину. И это было сделано в День искупления и в семь дней Суккот, когда Малхут снова опустилась из Бины, и Бина снова получила свои ГАР в виде ВАК Хохмы. И это означает сказанное: «И злословие прекращается в мире», т.е. в день Ошана Раба закончилось возвращение ВАК Хохмы в Бину, как и до этого, и закрылись рты внешних, чтобы не злословиить на Бину. А после того, как прекратилось злословие, нет необходимости притягивать Хохму, приносящую с собой суды. И это означает сказанное: «В этот день Царь повелевает передать постановления суда правителю, и суды завершаются», – ибо после того, как прекратилось злословие, нет больше необходимости раскрытия Хохмы. И выяснилось выше, что посредством заповедей, зависящих от действия, т.е. нетилат лулав и аравот (ивовых ветвей), притягивается Хохма, а посредством заповедей,

---

[172] См. выше, п. 116.
[173] См. Зоар, главу Лех леха, п. 22, со слов: «Экран де-хирик, на который выходит средняя линия, происходит от свойства суда, имеющегося в Малхут, которое не подслащается милосердием Бины и называется "манула"...»

зависящих от речи – от губ (сфата́им), притягивают хасадим.¹⁷⁴ И это означает сказанное: «Ива (арава) похожа на губы в этот день... ибо в этот день зависит от губ», потому что с помощью аравы мы пробуждаем Хохму с гвурот и завершаем ее, чтобы отныне и далее не притягивать больше, но только хасадим от заповедей, зависящих от губ, как мы уже сказали. И поэтому есть намек на это, – что листья ивы напоминают губы.

119) «"Смотри, в этот день народы-идолопоклонники завершают и заканчивают свои благословения, и пребывают в суде. А Исраэль в этот день заканчивают свои суды, и пребывают в благословениях. Ибо в другой день", т.е. в Шмини Ацерет,¹⁷⁵ "им предстоит веселиться с Царем, принять от Него благословения за все дни года, и в этой радости с Царем не пребывает никто, кроме Исраэля. И тот, кто сидит с Царем и принимает только Его, просит всё, что хочет, и" Царь "дает ему. И поэтому Исраэль начинают" получать благословения, "а народы-идолопоклонники заканчивают" свои благословения. "И поэтому написано: "Я возлюбил вас, – сказал Творец"¹⁷⁶"».

Объяснение. Народы мира удерживаются в левой линии, от которой исходит свечение Хохмы, и не могут получать от правой линии, т.е. хасадим, поскольку корень их – в левой. Поэтому в семь дней Суккот, когда Хохма нисходит в них из левой линии, посредством выполнения заповедей, как мы уже сказали, народы мира получают тогда свои благословения. И это те семьдесят быков, которых мы приносим в жертву в семь дней праздника, соответственно семидесяти народам, от которых они получают питание. Получается, что в седьмой день, после ударов ивовыми ветвями (оземь), когда уже прекратилось притяжение Хохмы, прекратились благословения у народов, ибо им не от чего питаться. И это означает сказанное: «В этот день народы-идолопоклонники завершают и заканчивают свои благословения», – поскольку уже прекращается в этот день притягивание Хохмы, которая является всеми их благословениями, «и пребывают в суде», – потому что не могут питаться хасадим от правой. И они опустошены.

---

¹⁷⁴ См. выше, п. 111.
¹⁷⁵ Шмини Ацерет – восьмой, завершающий день праздника Суккот.
¹⁷⁶ Пророки, Малахи, 1:1-2. «Пророческое слово Творца к Исраэлю через Малахи: "Я возлюбил вас, – сказал Творец, – а вы говорите: "В чем (явил) Ты любовь к нам?" Разве не брат Эсав Яакову, – слово Творца! Но возлюбил Я Яакова"».

Однако Исраэль, поскольку слиты со средней линией, откуда приходят хасадим, и весь корень их находится там, – получается, что Хохма, приходящая в семь дней праздника из левой линии, поскольку она притягивается только лишь с судами, то после окончания свечения Хохмы, заканчиваются и суды вместе с ней. И это означает сказанное: «А Исраэль в этот день заканчивают свои суды», поскольку не притягивают больше свечение Хохмы, «и пребывают в благословениях», т.е. в хасадим, исходящих от средней линии, которая является их корнем. «Ибо в другой день им предстоит веселиться с Царем, принять от Него благословения за все дни года», так как от зивуга Зеир Анпина и Малхут, происходящего в Шмини Ацерет, исходят к Исраэлю благословения, т.е. хасадим, на весь год. И это смысл сказанного: «И в этой радости с Царем не пребывает никто, кроме Исраэля», потому что состояние радости от получения хасадим не может получить ни один народ, а только один Исраэль. Получается, что нет тогда иного народа Царя, но только лишь Исраэль. «И поэтому Исраэль начинают, а народы-идолопоклонники заканчивают», – так как свечение левой (линии), относящееся к корню этих народов, закончилось, и им не от чего больше получать питание, а свечение средней линии, относящееся к корню Исраэля, начинается в Шмини Ацерет и продолжается весь год, и это свечение хасадим.

120) «Сказал ему: "Однако мы видим Эсава, пребывающего в спокойствии, в царстве (малхут), в высших больших городах, и властвующего над миром. А ты говоришь: "И сделал его горы пустошью"[177]. Сказал ему: "Так это в любом месте, когда святой Царь выносит приговор, и осуществляет этот приговор с помощью Своих постановлений судов, и Писание свидетельствует о том, как это происходит", хотя судебное постановление в действительности еще не вышло. "И поэтому сказано: "И сделал его горы пустошью"[177], – ибо Я уже вынес Свое судебное решение", и это осуществится в свое время. "И так же всё хорошее, что Он постановил об Исраэле", осуществится в свое время, "как написано: "Я, Творец, сказал и сделал"[178]».

---

[177] Пророки, Малахи, 1:3. «А Эсава возненавидел Я, и сделал его горы пустошью, а удел его – шакалам пустыни».

[178] Пророки, Йехезкель, 17:24. «И узнают все деревья полевые, что Я, Творец, принизил дерево высокое, возвысил малое дерево, иссушил дерево сочное и сделал цветущим дерево сухое: Я, Творец, сказал и сделал!»

ГЛАВА ЦАВ

Три ступени над жертвоприношением

121) «"А вот (зот) закон о повинной жертве"[179]. "А вот (зот) закон о хлебном приношении"[180]. "А вот (зот) закон о мирной жертве"[181]. "Вот (зот) закон о грехоочистительной жертве"[182]. Рабби Ицхак сказал: "Ведь это объяснялось. Как внизу" – зот, "она во всём, так и вверху" – зот, "она во всём". Потому что зот, Малхут, включает в себя все света, которые от нее и выше, и она получает в себя их все. И также внизу – она дает наполнение всем мирам, которые от нее и ниже, и включает их все в себя. И поэтому имя зот приводится во всех видах жертвоприношения, поскольку включает их все в себя. "И тот, кто занимается Торой, берет ее", Малхут, "в свой удел полностью, и соединяется со всеми ее свойствами", которые мы уже называли, т.е. повинная жертва, хлебное приношение, мирная жертва, грехоочистительная жертва. "И поэтому он больше не должен приносить жертву за себя. И мы это уже учили"».

122) «Рабби Ицхак провозгласил: "Коэны не говорили: "Где Творец?", и обладающие Торой не знали Меня, а пастыри грешили против Меня"[183]. "Коэны"[183] – это те коэны, которые исполняли должность великого коэна, и приносили святое в жертву в своем месте, и приводили к единству всего этого в надлежащем виде. "Обладающие Торой"[183], кто они, "обладающие Торой", – ведь коэны не являются обладающими Торой?" И отвечает: "Но это левиты, обладающие кинорами[184], которые исходят со стороны Торы. И Тора давалась с их стороны", т.е.

---

[179] Тора, Ваикра, 7:1. «А вот закон о повинной жертве. Она – святая святых».

[180] Тора, Ваикра, 6:7. «А вот закон о хлебном приношении. Один из сыновей Аарона должен поднести его к передней стороне жертвенника, стоящего перед Шатром откровения, где является Творец».

[181] Тора, Ваикра, 7:11. «А вот закон о мирной жертве, приносимой Творцу».

[182] Тора, Ваикра, 6:18. «Скажи Аарону и сыновьям его следующее: "Вот закон о грехоочистительной жертве. Грехоочистительная жертва должна быть зарезана пред Творцом на том же месте, где режут жертвы всесожжения. Святая святых она"».

[183] Пророки, Йермияу, 2:8. «Коэны не говорили: "Где Творец?", и обладающие Торой не знали Меня, а пастыри грешили против Меня, и пророки пророчествовали именем Баала и за бесплодными (за идолами) следовали».

[184] Кинор – один из музыкальных инструментов, на которых играли левиты во время пения в Храме.

левой стороны, Гвуры,[185] "и они ответственны за воспевание прославлений святого Царя, чтобы соединить Его в полном единстве, как подобает. "И пастыри грешили против Меня" – это те правители народов, которые направляли народ подобно пастуху, направляющему свое стадо"».

123) «"И это те три ступени", три линии, правая-левая-средняя, "которые всегда должны находиться над жертвоприношениями для того, чтобы найти благоволение наверху и внизу, и чтобы находились благословения во всех мирах. Коэн, совершая жертвоприношения, стремится соединить святое имя надлежащим образом и пробудить свою сторону", т.е. правую сторону, Хесед. "А левиты стремятся воспеванием пробудить свою сторону", т.е. левую сторону, Гвуру, "и включиться в сторону коэна. А Исраэль", т.е. пастыри, являющиеся средней линией, Тиферет, "направляют сердце и желание к полному возвращению, и склоняются пред святым Царем, который принимает это все, и искупаются прегрешения их, и радость пребывает в высших и нижних"».

---

[185] См. Зоар, главу Берешит, часть 2, п. 203.

ГЛАВА ЦАВ

Прикрывает водами верхние чертоги Свои

124) «Рабби Йегуда провозгласил: "Прикрывает водами верхние чертоги Свои"[186]. Когда Творец создавал мир, Он извлек его из вод, и расположил его на водах. Что Он сделал? Разделил воды на две" половины, "половина внизу и половина наверху, и совершил с ними действия. Из той половины, что внизу, создал и установил этот мир, и расположил его на этой половине, и установил мир над ней. Это означает: "Ибо Он на морях основал ее"[187]. А другую половину поднял наверх и покрыл ею высшие перекрытия. Это смысл сказанного: "Прикрывает водами верхние чертоги Свои"[186]».

125) «"И создал свод между двумя этими половинами, это означает сказанное: "Да будет небосвод посреди вод"[188]. И на них установил и выстроил высших святых ангелов, из духа, утвержденного устами Его, как сказано: "Духом уст Его – всё воинство их"[189]».

126) «"Посредством этих" ангелов "Он установил порядок воспевания славы Его днем. И они смешиваются с языками огня. И эти отряды воинств возносят песнь днем, прославления утром и воспевания вечером. Когда же наступает ночь, все они прекращают возносить песнь". Однако другие ангелы возносят песнь ночью, ибо те, что днем, не возносят воспевания ночью.[190] "Выше них есть огненные отряды, стоящие в сильном пламени, и чуют огонь пожирающий и возвращаются на свое место"».

127) «"И случается в другой стороне", т.е. клипот, "что бездны поднимаются друг над другом, и есть высшая бездна",

---

[186] Писания, Псалмы, 104:3. «Прикрывает водами верхние чертоги Свои, тучи делает колесницей Себе, шествует на крыльях ветра».
[187] Писания, Псалмы, 24:1-2. «Давидов псалом. Творцу земля и (все) наполняющее ее, вселенная и живущие в ней, ибо Он на морях основал ее и на реках утвердил ее».
[188] Тора, Берешит, 1:6-7. «И сказал Всесильный: "Да будет небосвод посреди вод, и будет он отделять воды от вод". И создал Всесильный небосвод, и отделил воды под небосводом от вод, которые над ним. И было так».
[189] Писания, Псалмы, 33:6. «Словом Творца созданы небеса, и дуновением (досл. духом) уст Его – всё воинство их».
[190] См. Зоар, главу Трума, п. 93.

которая является Биной клипот, "и есть нижняя бездна", являющаяся Малхут клипот, "и во всех них пребывают обвинители со стороны сурового суда. И есть внутри свойства нижней бездны сполохи, сжигающие искры огня, назначенные над судами мира, чтобы сжигать грешников огнем, нисходящим от реки Динур (огненной). И все они – огонь, и вид их – пылающий огонь, и стоят они между высшими и нижними"».

128) «"И когда поднимается дым жертвенника, уходят и исчезают" эти ангелы-губители, о которых говорилось выше, "из нижней ступени", т.е. из нижней бездны, "стоящие, чтобы уничтожать и губить, и эта утечка сильного огня из реки Динур, могучей и возвышенной, возвращается на свое место. И все", т.е. все внешние, "наслаждаются дымом этого жертвенника, так как он установлен в соответствии высшему жертвеннику, и потому они наслаждаются им. И они приближаются к этому" дыму. И это дым органов и сальников, сжигаемых ночью, от которых питаются внешние.[191] "И другой дым поднимается, и мы уже объясняли",[191] что это дым, который поднимается от жертв днем, то есть к святости. "Ибо каждого" этот дым питает, как святость, так и ситру ахра, "и он – желание всего, восходящее наверх", поскольку "это – доставление наслаждения святому Царю"».

---

[191] См. Зоар, главу Трума, п.277. «"Органы и жир, сжигаемые ночью" на жертвеннике, "чтобы питать" их дымом "другие виды", т.е. ситру ахра, "не означает, что вошли в землю (Исраэль)", чтобы питаться дымом, "и не для того, чтобы привлечь их в эту землю, а" наоборот, "чтобы не властвовала ситра ахра на этой земле, и чтобы не стремились они войти туда..."»

ГЛАВА ЦАВ

Огонь жертвенника набрасывается как лев

129) «"Мы же учили, что на жертвеннике поднимается и проявляется Уриэль, в образе сильного льва, набрасывающегося на свою добычу. И видя это, коэны и Исраэль радовались, так как знали, что" их жертва "принята с благоволением святым Царем. И другой высший святой огонь нисходил" сверху, т.е. ангел Уриэль, "соответственно нижнему огню", разжигаемому на жертвеннике, "при этом человек испытывал возрастающий трепет пред своим Господином и совершал полное возвращение"».

130) «"Это подобно царю, которому" народ "послал подарок, который понравился ему. Сказал он своему рабу: "Пойди и возьми этот подарок, который мне принесли". Так и Творец сказал ангелу Уриэлю: "Пойди и прими подарок, который Мои сыновья принесли в жертву предо Мной". Сколько же радости пребывало во всем, и какое наслаждение пребывало во всем в час, когда коэн, левит и тот, кто принес жертву, стремились совершить жертвоприношение как подобает, в полном единстве"».

131) «"Смотри, написано: "И вышел огонь от Творца, и поглотил на жертвеннике всесожжение"[192]. Этот огонь – "это Уриэль, нисходивший, подобно пылающему огню, пока не спускался к жертвеннику, чтобы принять подарок", т.е. жертву. "И выглядел он как большой лев, набрасывающийся на жертву"».

132) «"Когда же Исраэль не были достойны, или тот, кто приносил жертву, приносил ее не должным образом, и не принималась его жертва, (тогда) было видно, что дым не поднимается прямо. И поднимался один дух из расщелины" клипот "на севере и приходил к жертвеннику, и был виден образ одного наглого пса, набрасывающегося на жертву. Тогда знали, что эта жертва не принята и не угодна"».

133) «"Как в примере с царем, которому послали подарок. Увидел царь, что тот не пригоден для того, чтобы быть подношением ему, и сказал: "Уберите этот подарок и отдайте его

---

[192] Тора, Ваикра, 9:24. «И вышел огонь от Творца, и поглотил на жертвеннике всесожжение и жир, и видел весь народ, и возликовали они и пали ниц».

псу, ибо не пригоден он, чтобы быть подношением мне". Так и в час, когда приносится жертва, которая не принимается и неугодна, отдается эта жертва псу. И потому был виден образ пса над жертвенником"».

ГЛАВА ЦАВ

Сжигание жертвы посвящения

134) «"Смотри, написано: "И вышел огонь от Творца, и поглотил на жертвеннике всесожжение"[192]. Сказал рабби Йегуда: "Это Уриэль, который выглядел, как пламя огня на жертвеннике. Как мы учили, что он набрасывался на жертву. И тогда всё наполнялось радостью, так как она была принята с благоволением. Как сказано: "И явилась слава Творца всему народу"[193]. И если бы" в этот день "не было заблуждения", приведшего к смерти "сыновей Аарона, то со дня египетского исхода не было бы наслаждения, подобного этому, наверху и внизу"».

(Раайа меэмана)

135) «"Эта заповедь – сжигать жертвы посвящения в огне, а затем: "А оставшееся от мяса жертвы на третий день в огне сожжено будет"[194]. Танаим и амораим (говорят): "В тайнах Торы есть посвящение, и есть посвящения, и есть посвящение посвящений". Спрашивает: "Какое удовольствие Творцу от посвящений, которые сожжены?" Если скажешь: "Ради Ицхака, – ведь в час, когда Исраэль в беде, поднимается пред Ним прах Ицхака", и поэтому нужно сжечь жертву до состояния праха, чтобы напомнить о заслугах его, – "и если им полагается сожжение, то они будут спасены ради него. Но это приводится только как толкование. И если скажешь: "Ради сыновей Аарона, которые подобны сожжению жертв посвящения, как написано о них: "И вышел огонь от Творца, и поглотил их, и умерли они"[195]. Их смерть – это искупление Исраэлю, так же, как и сжигание жертв посвящения. И это тоже лишь толкование"».

136) «"Но есть три вида огня у свечи: белый огонь, черный огонь и синий огонь, соответствующие Торе, Пророкам и Писаниям, и соответствующие коэну, леви, исраэлю. Синий (огонь) – это Шхина, которая близка к нам", так как пребывает над нижними. "И она удерживается в этих нитях, являющихся крыльями заповеди, о которых сказано: "Делайте себе кисти

---

[193] Тора, Ваикра, 9:23. «И вошел Моше и Аарон в Шатер собрания; и вышли они, и благословили народ. И явилась слава Творца всему народу».
[194] Тора, Ваикра, 7:17. «А оставшееся от мяса жертвы на третий день в огне сожжено будет».
[195] Тора, Ваикра. 10:2. «И вышел огонь от Творца, и поглотил их, и умерли они пред Творцом».

(цицит)"¹⁹⁶, и этот синий (цвет), являющийся Шхиной, – это суд, который поглощает жертвы и всесожжения"».

Пояснение сказанного. Нефеш-руах-нешама человека называются посвящениями. Нефеш называется посвящением, руах – посвящениями, а нешама – посвящением посвящений. И это смысл сказанного: «Эта заповедь – сжигать жертвы посвящения... В тайнах Торы есть посвящение, и есть посвящения, и есть посвящение посвящений», т.е. в тайнах Торы раскрывается смысл сжигания жертв посвящений, в сжигании нефеш-руах-нешама человека, что и является посвящением посвящений и т.д. пред Творцом. И спрашивает: «Какое удовольствие Творцу от посвящений, которые сожжены?» – то есть, что это за удовольствие, которое есть у Творца от сжигания душ (нешамот), называемых жертвами посвящений? И объясняет: «Но есть три вида огня у свечи: белый огонь, черный огонь и синий огонь», и три этих вида огня «соответствуют Торе, Пророкам и Писаниям». Белый огонь соответствует Торе, и это Тиферет. Черный огонь соответствует Пророкам, и это Нецах и Ход. А синий огонь соответствует Писаниям, и это Малхут. И они «соответствуют коэну, леви, исраэлю», т.е. трем линиям, правой-левой-средней. И получается, что Тора соответствует коэну, правой линии. Пророки соответствуют леви, т.е. левой линии. А Писания соответствуют исраэлю, средней линии. И необходимо это понять, ведь Тора, Пророки, Писания – это Тиферет, Нецах и Ход, и Малхут, находящиеся друг под другом. Как же можно сравнивать их с коэном, леви, исраэлем, представляющими собой три линии, где правая находится против левой, а средняя – между ними, и все являются одной ступенью?

И дело в том, что это подобно Абе ве-Име, ИШСУТ и ЗОН, которые тоже являются тремя ступенями, одна под другой, и вместе с тем, они становятся тремя линиями на одной ступени. Ведь в то время, когда Аба ве-Има поднимают свои Бину и ТУМ, вместе с ними поднимается также и нижняя ступень, и это ИШСУТ, слитые с этими Биной и ТУМ.¹⁹⁷ И эти ИШСУТ, под-

---

¹⁹⁶ Тора, Бемидбар, 15:38. «Говори сынам Исраэля, чтобы делали они кисти на краях одежды своей, во всех поколениях, и вставляли в края одежды синюю нить».

¹⁹⁷ См. «Предисловие книги Зоар», п. 17, со слов: «И это означает: "Мать (има) одалживает свои одежды дочери и венчает ее своими украшениями..."»

нимающиеся в Абу ве-Иму, становятся тогда левой линией для Абы ве-Имы, а затем Бина и ТУМ де-ИШСУТ, поднимающиеся в ИШСУТ, они тоже поднимают уже вместе с собой свою нижнюю ступень, т.е. ЗОН, в место ИШСУТ, которое теперь в Абе ве-Име. И становятся теперь все три ступени, которые были вначале одна ниже другой, тремя линиями на одной ступени, где Аба ве-Има – правая линия, ИШСУТ – левая линия, а ЗОН – средняя линия. И точно так же стали Тора, Пророки и Писания тремя линиями. Ибо в то время, когда (свойства) Тиферет, то есть Тора, подняли свои Бину и ТУМ, поднялись вместе с ними также их нижняя ступень, то есть Нецах и Ход, называемые Пророки, в место Тиферет, и стали его левой линией. А в то время, когда эти Нецах и Ход подняли свои Бину и ТУМ, поднялась с ними также и Малхут в Нецах и Ход, которые теперь в Тиферет. И получается, что все трое теперь находятся в месте Тиферет и стали тремя линиями, где Тиферет – правая линия, Нецах и Ход – левая линия, а Малхут – средняя линия. Однако здесь следует знать правило, что нет Малхут без Есода, и поэтому, несмотря на то, что Писания это Малхут, эта Малхут включает также и Есод таким образом, что Есод и Малхут становятся средней линией для Тиферет и Нецах-Ход, так же как ЗОН, которые стали средней линией для Абы ве-Имы и ИШСУТ. И чтобы пояснить это, уточняет Раайа меэмана, говоря, что три огня, белый-черный-синий, хотя и находятся один под другим, как Тора-Пророки-Писания, всё же они три линии, как коэн-леви-исраэль.

И вот свет свечи в совокупности своей – это свет Малхут, ибо Малхут называется свечой. Но так же как мы говорим о Зеир Анпине, что он включает все три линии Бины, по той причине, что «Трое выходят благодаря одному, один находится в трех»[198], так же и Малхут после того, как стала средней линией между Торой и Пророками, т.е. правой и левой, ведь эта Малхут тоже включает их. И белый огонь – это правая линия, черный огонь – левая линия, синий огонь – средняя линия. Но синий цвет, являющийся сутью самой Малхут, которая стала средней линией, включает в себя также и Есод, как мы уже сказали, и Есод, включенный в нее, – это правая в синем, а сама Малхут – левая. И в этом отношении, хотя мы и говорим, что синий – это средняя

---

[198] См. «Предисловие книги Зоар», п. 363. «Трое выходят благодаря одному, один находится в трех, входит между двумя, двое питают одного, и один питает многие стороны...»

Сжигание жертвы посвящения ГЛАВА ЦАВ

линия, всё же это левая линия, поскольку включает в себя правую и левую, где правая – Есод, а сущность Малхут, представляющей собой синий цвет, – это левая, как уже выяснилось.

И это смысл сказанного: «И она удерживается в этих нитях, являющихся крыльями заповеди», ибо белый цвет, содержащийся в цицит, – это правая линия, а синий цвет в цицит – это левая линия. И известно, что не может левая включиться в правую, чтобы могла светить, иначе как с помощью экрана де-хирик, содержащегося в ней и уменьшающего ее.[199] И это – фитиль, и грубая материя, в которой удерживается синий свет свечи.[200] И он говорит, что крылья заповеди, т.е. края талита, – это фитиль, и грубая материя, в которой удерживается синий цвет, что в цицит, т.е. экран де-хирик, «о которых сказано: "Делайте себе кисти (цицит)"[196]». И с помощью этого края удерживаются белый и синий цвета друг в друге, и раскрывается свет цицит. И это означает сказанное: «И этот синий (цвет), являющийся Шхиной, – это суд, который поглощает жертвы и всесожжения», – то есть, кроме того, что синий цвет удерживается в фитиле, экране де-хирик, и сжигает его, он сжигает также жертвоприношения и всесожжения, т.е. души (нешамот).

Объяснение. Он упомянул две заповеди при сжигании жертв посвящения, и это – сжечь жертвы посвящения на жертвеннике, и сжечь оставшееся от этого до третьего дня. И эти два вида сжигания имеют место также в душах (нешамот). Сжигание оставшегося указывает на суды, которые называются манула и мифтеха, и они являются свойствами экрана де-хирик. И они также поднимаются из-за прегрешений нижних и прилепляются к Малхут, т.е. к синему цвету, и тогда синий (огонь) сжигает их и устраняет их. И это – сожжение оставшегося. И есть также сожжение жертв посвящения на жертвеннике, т.е. сожжение душ (нешамот), когда ангел Михаэль стоит, возлагая их на высший жертвенник. И эти два вида сожжения он далее объясняет нам.

---

[199] См. Зоар, главу Лех леха, п. 22, со слов: «Экран де-хирик, на который выходит средняя линия, происходит от свойства суда, имеющегося в Малхут, которое не подслащается милосердием Бины и называется "манула"...»

[200] См. Зоар, главу Берешит, часть 2, п. 253. «Синий свет включается в две стороны, наверху – в белый свет, внизу – в грубую материю, находящуюся под ним, в фитиль, исправленный для него, чтобы светить, удерживаясь в нем...»

ГЛАВА ЦАВ — Сжигание жертвы посвящения

137) «"Если" эта Малхут, т.е. синий (огонь), "находит людей, и они – сухие дрова, как сухие фитили без масла, т.е. Торы и милосердия (рахамим)", эта Малхут, "она является сожжением для них, и сжигает их. И поскольку простолюдины – это животные, как мы уже объясняли, что они – пресмыкающиеся, этот синий (огонь), т.е." имя "Адни", Малхут, "сжигает их, потому что приближаются к ней с мерзостью, т.е. злым началом, и посторонним. Это смысл сказанного: "А посторонний, который приблизится, смерти предан будет"[201]».

138) «"Если совершают возвращение перед смертью своей, когда ангел Михаэль предает их закланию, и это – великий коэн, и это – лев, пожирающий жертвы, он накидывается на них, чтобы принести их в жертву пред Творцом"».

139) «"И прежде, чем выходит душа его, он совершает многочисленные признания, а когда выходит его душа, он намеревался завершить имя", т.е. восполнить единство Малхут, называемой имя, единством "Шма Исраэль", т.е. единством Зеир Анпина, "и Благословенно имя (величия царства Его вовеки)", т.е. единством Малхут, "чтобы принести душу свою в жертву имени АВАЯ. И он должен был сделать признание Творцу, чтобы принял и приблизил хэй (ה), сжигающую и пожирающую", т.е. Малхут, "к имени Его" АВАЯ, "и произвести возвращение хэй (ה) к йуд-хэй-вав (יהו) ЭКЕ (אהיה), и они в числовом значении мем-бет (42)". Иначе говоря, вернуть хэй (ה) к йуд-хэй-вав (יהו), и будет высшее единство в Бине, АВАЯ (הויה) ЭКЕ (אהיה), где АВАЯ (הויה) – это Хохма, а ЭКЕ (אהיה) – это Бина. Ибо прежде, чем завершается единство, Малхут "называется Адни (אדני)", и в них – буквы дин (דין суд), чтобы указать "на то, что суд – это суд Малхут"», и единство АВАЯ ЭКЕ (הויה אהיה) несовершенно.

140) «"И должен намереваться с помощью проявленного имени йуд (יוד) хэй (הא) вав (ואו) хэй (הא)", АВАЯ (הויה) с наполнением алеф (אלף), т.е. Зеир Анпин, "соединиться в едином сердце", т.е. в Малхут, называемой сердцем. "И в нем" он должен удерживать намерение, когда "выводит дух (руах) его. А в нефеш его принимает на себя смерть и мучения. А в нешама его совершает многочисленные признания и раскаивается"».

---

[201] Тора, Бемидбар, 3:10. «И Аарону и сыновьям его поручи соблюдать их священнослужение; а посторонний, который приблизится, смерти предан будет».

141) И объясняет свои слова: «"В нефеш он принимает на себя смерть, отсечение головы и сожжение. И если приговаривается решением суда к четырем видам смерти, – побиению камнями, сожжению, отсечению головы и удушению, – он принимает их на свою нефеш, от Адни. А в своей нешама совершает многочисленные признания, и совершает возвращение к имени ЭКЕ (אהיה)", Бине, "и включается в два имени АВАЯ (הויה) АВАЯ (הויה)"». Ибо Хохма называется АВАЯ, как объяснялось выше, в единстве АВАЯ ЭКЕ, и также Зеир Анпин называется АВАЯ. А Бина получает от Хохмы и передает Зеир Анпину, и она расположена, таким образом, между ними обоими.

142) «"И должен мысленно намереваться извлечь признание из уст своих, и принять на себя смерть в едином сердце", т.е. соединить Малхут, называемую сердцем, в единстве с единым АВАЯ, "и это проявленное имя, в виде йуд (יוד) хэй (הה) вав (ואו) хэй (הא)", т.е. АВАЯ (הויה) с наполнением алеф (אלף), и это Зеир Анпин, "в котором коэны склоняются, преклоняют колена и падают ниц, и говорят: "Благословенно имя величия царства Его вовеки". "Величие (кавод כָּבוֹד)" в числовом значении ל"ב (32)", и это Малхут, называемая сердцем (лев לב). "И с помощью него намеревался завершить имя"» – то есть завершить единство Малхут с АВАЯ.

143) «"И (объясняют) танаим и амораим: "Если скажете, откуда знает простолюдин" все эти намерения? И отвечает: "Конечно же, простолюдин – он как вол, или ягненок, или коза, или горлица, или голубь", приносимые на жертвенник, – "так же как животные не знают Торы, т.е. имени АВАЯ, так же и простолюдин не знает. Но Михаэль, великий коэн, совершает всесожжение и приношение жертвы пред Творцом, находясь в намерении относительно проявленного имени при подъеме духа его, чтобы дух этот вышел в едином сердце" и во всех этих намерениях, о которых сказано выше, "как дух человека поднимается каждую ночь"», т.е. поднимается в МАН к Малхут.

144) «"И поэтому объяснили мудрецы: "Приди к возвращению за день до своей смерти"[202], потому что человек должен совершать возвращение каждый день, и вручить свой дух Ему,

---

[202] Вавилонский Талмуд, трактат Шаббат, лист 153:1.

чтобы вышел при произнесении: "Един (эхад אֶחָד). Это означает сказанное: "Вручаю дух мой на хранение Тебе"²⁰³».

Пояснение сказанного. Выше выяснилось,²⁰⁴ что Раайа меэмана поясняет нам два вида сожжения. Первое – сожжение оставшегося, и это точка манулы, т.е. Малхут свойства суда, которая поднимается и раскрывается в подслащенной Малхут, вследствие прегрешений нижних, в виде: «Если не удостоился – то стало злом».²⁰⁵ И тогда синий (огонь), т.е. Малхут, содержащаяся в ней, сжигает их. И это означает сказанное: «Если находит людей, и они – сухие дрова, как сухие фитили без масла, т.е. Торы и милосердия»²⁰⁶, – т.е. простолюдин, грешащий во все дни свои, пока не раскроются над ним в корне его, что в Малхут, суды Малхут свойства суда, и она без милосердия, т.е. не подслащена в Бине, являющейся свойством милосердия, «она является сожжением для них, и сжигает их», – т.е. она сжигает эту нефеш. «И поскольку простолюдины – это животные», иначе говоря, есть у них НАРАН со стороны чистых животных, и они очень низкие, поэтому «синий (огонь), т.е. Адни, сжигает их», поскольку прилепилось к ним свойство сурового суда манулы, называемое злым началом, т.е. ангел смерти, являющийся злым началом. И поэтому сказано о нем: «А посторонний, который приблизится, смерти предан будет»²⁰¹. Однако только нефеш грешника получает ущерб и предается сожжению. Но руах и нешама его вообще не получают ущерба, а только уходят к своему корню. И дело в том, что ущерб точки манулы, идущий от первого сокращения, затрагивает одну лишь Малхут, но вовсе не девять первых (сфирот), и поскольку корень руах и нешама – от Бины и Зеир Анпина, поэтому этот ущерб нисколько не затрагивает их, но они уходят из-за ущербного кли, и поднимаются к своему корню. Однако нефеш, исходящая из самой Малхут, она получает ущерб и сжигается. И это сожжение называется сожжением оставшегося.²⁰⁷

А теперь поясняет второй вид сожжения посвящений, и это – сожжение душ.²⁰⁷ Иначе говоря, тот грешник, который

---

²⁰³ Писания, Псалмы, 31:6. «Вручаю дух мой на хранение Тебе, Ты избавлял меня, Творец, Бог истины».
²⁰⁴ См. выше, п. 136, со слов: «Объяснение. Он упомянул две заповеди при сжигании жертв посвящения...»
²⁰⁵ См. Зоар, главу Ваеце, п. 23.
²⁰⁶ См. выше, п. 137.
²⁰⁷ См. выше, п.136.

раскрыл в корне своей души (нешама) свойство суда манулы, т.е. ангела смерти, так как от нее исходит смерть,[208] если совершает возвращение в момент своей смерти, и принимает на себя смерть и отсечение головы, и сожжение, чтобы доставить наслаждение Творцу, тогда после смерти подслащают ему свойство суда манулы свойством милосердия, т.е. Биной. И известно, что в этом подъеме есть катнут и гадлут, потому что вначале, когда Малхут поднимается в Бину, уходят ГАР из Бины, и она остается в ВАК без рош, а после нее уменьшаются все ступени.[209] И вследствие того, что подслащают ему свойство суда свойством милосердия, когда Малхут его корневого свойства поднимается в Бину, что в его корне, уменьшаются руах и нешама до состояния ВАК без рош. Но до сих пор они были полными, так как свойство суда манулы не затрагивает девять первых сфирот, к которым относятся руах и нешама, как мы уже объясняли. И удаление рош от руах и нешама называется отсечением головы, потому что отсечение головы отделяет голову от тела. И тот человек, который совершил возвращение в час смерти своей, удостаивается подслащения свойства суда милосердием, но только в состоянии катнута, определяемого как отсечение головы.

И это смысл сказанного: «Если совершают возвращение перед смертью своей, когда ангел Михаэль предает их закланию, и это – великий коэн, и это – лев, пожирающий жертвы», потому что ангел Михаэль – это Хесед, исходящий от правой линии, от точки холам, в которой находится свойство суда, подслащенного в Бине, в свойстве милосердия,[210] и этот получивший подслащение суд – это свойство «лев, пожирающий жертвы». И потому избран этот ангел для подслащения его свойства суда свойством милосердия, сокращающим у нешама и руах, которые были полными, свойство рош, и это называется отсечением головы, как мы уже сказали. И поэтому говорит: «Когда ангел Михаэль предает их закланию» – т.е. удаляет у них свойство рош, их ГАР. Однако этот катнут, определяемый как заклание, приводит затем к гадлуту, когда Малхут выходит из Бины и возвращается на свое место, и тогда снова раскрываются ГАР

---

[208] См. Зоар, главу Ваеце, п. 27, со слов: «И это означает сказанное: "Глупец идет за ней"...»
[209] См. Зоар, главу Берешит, часть 1, п. 2, со слов: «Пояснение сказанного...»
[210] См. Зоар, главу Берешит, часть 1, п. 9. «Высшая точка, Арих Анпин, посеяла внутри чертога ИШСУТ три точки: холам, шурук, хирик...»

на всех ступенях. И благодаря этому снова происходит зивуг Творца и Шхины Его, (исходящий) от корня его души. И это означает: «Чтобы принести их в жертву пред Творцом», ибо это заклание определяется как принесение их в жертву пред Творцом, и этим они вызывают зивуг Творца и Шхины Его, что и называется жертвоприношением. И поэтому считается, что ангел Михаэль совершает жертвоприношение душ на жертвенник, свойство Малхут, и (огонь) сжигает их, подобно льву, пожирающему жертвы, т.е. подслащенный суд Бины, который в свойстве точки холам, благодаря чему производится заклание и сожжение ГАР этих душ на жертвеннике, и они становятся МАН для ЗОН. То есть они становятся причиной того, что Малхут снова получит свои ГАР во время гадлута и соединится с Зеир Анпином, что и является жертвоприношением.

Но поскольку совершил возвращение лишь в момент своей смерти, сможет получить после своей смерти только лишь катнут, о котором говорилось выше. И вместе с тем, очень велика его заслуга, ибо, если совершит повторный кругооборот, и удостоится заниматься Торой и служением, тогда привлечет гадлут, и приведет к зивугу Зеир Анпина с Малхут, как сказано выше.[211] И это смысл сказанного: «А когда выходит его душа, он намеревался завершить имя "Шма Исраэль" и "Благословенно имя величия царства Его вовеки"». Ибо должен быть в намерении, что благодаря принесению в жертву своей души, он удостоится довершить единство «Шма Исраэль», т.е. Зеир Анпина, и «Благословенно имя величия царства Его вовеки», т.е. Малхут, и это произойдет после того, как совершит повторный кругооборот.

Однако тут есть два вида единства, так как со стороны его души (нешама), корень которой находится в Бине, называется это полное единство именем АВАЯ ЭКЕ (הויה אהיה), где АВАЯ (הויה) – это Хохма, а ЭКЕ (אהיה) – это Бина. Но сейчас, во время катнута, считается, что отсутствует последняя хэй (ה) у АВАЯ (הויה), и в нем есть только йуд-хэй-вав (יהו), указывающее, что это ВАК и недостает ГАР. И это смысл сказанного: «И он должен был сделать признание Творцу, чтобы принял и приблизил хэй (ה), сжигающую и пожирающую, к имени Его, и произвести возвращение хэй (ה) к йуд-хэй-вав (יהו) ЭКЕ (אהיה)»,[212] – т.е. дол-

---

[211] См. выше, п. 140.
[212] См. выше, п. 139.

Сжигание жертвы посвящения ГЛАВА ЦАВ

жен быть в намерении удостоиться гадлута и довершить имя, иначе говоря, приблизить Малхут, последнюю хэй (ה), к имени йуд-хэй-вав (יהו) ЭКЕ (אהיה), и будет полное единство в Бине – АВАЯ ЭКЕ (הויה אהיה). А со стороны его духа (руах), корень которого в Зеир Анпине, считается полным единством гадлута имя АВАЯ (הויה) с наполнением алеф (א), и это Зеир Анпин с совершенной Малхут, находящейся в единстве «Благословенно имя величия царства Его вовеки». И об этом говорит: «И должен намереваться с помощью проявленного имени йуд (יוד) хэй (הא) вав (ואו) хэй (הא) соединиться в едином сердце. И в нем выводит дух (руах) его»[211], т.е. при выходе духа (руах) его, корень которого в Зеир Анпине, должен намереваться достичь гадлута, и тогда будет единство, в АВАЯ (הויה) с наполнением алеф (א), и в едином сердце, – т.е. Малхут, называемая сердцем, будет в свойстве «единое имя Его». И как он говорит: «И это проявленное имя... в котором коэны склоняются, преклоняют колена... и говорят: "Благословенно имя величия царства Его вовеки". "Величие (кавод כָּבוֹד)" в числовом значении ל״ב (32), и с помощью него намеревался завершить имя»[213], – иначе говоря, намеревался удостоиться гадлута и завершить имя в качестве единства АВАЯ (הויה) с наполнением алеф (א), т.е. Зеир Анпина, и единства «Благословенно имя величия царства Его вовеки», т.е. Малхут. А нефеш его сливается с самой Малхут, которая сжигает ее и отменяет суды, что в ней.

И это смысл сказанного: «В нефеш он принимает на себя смерть, отсечение головы и сожжение»[214], поскольку смерть – для гуф (тела). Заклание – для нешама (души) и руах (духа), когда Михаэль лишает их рош, оставляя ВАК без рош, что считается закланием, как мы уже говорили. Сожжение – для нефеш, которая сливается с Малхут и сгорает в синем (огне), содержащемся в ней, пока она не становится пригодной для этого исправления – подслащения Малхут в Бине, с помощью Михаэля. А иногда, когда прегрешения его многочисленны, его нефеш должна принять на себя четыре смерти по приговору суда от Малхут, на которые указывает отрывок: «Земля же была пуста и хаотична, и тьма... и дух»[215], где «пуста»[215] – это

---

[213] См. выше, п. 142.
[214] См. выше, п. 141.
[215] Тора, Берешит, 1:2-3. «Земля же была пуста и хаотична, и тьма над бездною, и дух Всесильного витал над водою. И сказал Всесильный: "Да будет свет". И был свет».

удушение, «и хаотична»²¹⁵ – побиение камнями, «и тьма»²¹⁵ – сожжение, «и дух»²¹⁵ – отсечение головы.²¹⁶

И это процесс развития и исправления – от первого сокращения, свойства суда, ко второму сокращению, свойству милосердия, где «пуста и хаотична»²¹⁵ – это первое сокращение и экран в нем, «и тьма... и дух»²¹⁵ – это второе сокращение и его экран.²¹⁷ И поэтому, когда грешник принимает на себя четыре вида смерти, вынесенные судом, до своей смерти, это помогает ему тем, что свойство суда первого сокращения, которое раскрыл он в своих прегрешениях, уйдет от него, и будет исправлено свойством милосердия, установившимся во втором сокращении, с помощью ангела Михаэля, как мы уже говорили. И это означает сказанное: «И если приговаривается решением суда к четырем видам смерти..., он принимает их на свою нефеш, от Адни»²¹⁸ – то есть это поможет ему тем, что Михаэль принесет его душу (нешама) в жертву пред Творцом, как мы уже говорили.

145) «"А если он ученик мудрого, сказано о нем: "Праведный знает свою животную душу (нефеш)"²¹⁹, ибо нет мудреца, как коэн", т.е. Хесед, "как мы объясняли: "Желающий обрести мудрость (хохма) – обратится к югу"²²⁰, – то есть, чтобы прилепился к Хеседу, к югу. И это по той причине, что Хесед Зеир Анпина в гадлуте становится Хохмой. "А если он ученик мудрого, ему необходимо, чтобы было у него благочестие (хесед), и вместе с йуд (י), которая является мудростью (хохма)" в нем, "он – благочестив (хасид). Тот же, в ком нет мудрости (хохма), тот не благочестив (хасид). И поэтому сказано: "А простолюдин не может быть благочестив (хасид)"²²¹. А если есть в нем" пер-

---

²¹⁶ См. «Предисловие книги Зоар», пп. 196-197. «"Пуста" – это удушение...»
²¹⁷ См. Зоар, главу Берешит, часть 1, п. 17.
²¹⁸ См. выше, п. 141.
²¹⁹ Писания, Притчи, 12:10. «Праведный знает свою животную душу, а милосердие нечестивых – жестоко».
²²⁰ Вавилонский Талмуд, трактат Бава батра, лист 25:2. «Сказал рабби Ицхак: "Желающий обрести мудрость – обратится к югу, а (желающий) обрести богатство – к северу. И признак тебе: стол – на севере, а светильник – на юге"».
²²¹ Мишна, раздел Моэд, трактат Авот, мишна (закон) 5. «Он (Гилель) говорил: "Невежда не боится греха, а простолюдин не может быть благочестив. И не может стеснительный учиться, а нетерпеливый – обучать. Не всякий, кто преуспевает в торговле, преуспеет в мудрости. И там, где нет людей, старайся быть человеком"».

вая "хэй (ה)", Бина, то есть "пять²²² книг Торы, которые даны ему от левой, называется стойким в Торе и боящимся греха", т.е. удостаивается свойства Гвуры (стойкости, мужества). И есть в нем Хесед, так как он благочестив (хасид). И есть у него Гвура, поскольку оттуда дается Тора, и это йуд-хэй (י״ה), так как в гадлуте становятся Хесед и Гвура Зеир Анпина Хохмой и Биной. "А если он невежда", т.е. нет в нем Торы, "сказано о нем: "Невежда не боится греха"²²¹».

146) «"А тот, кто удостоился Тиферет, т.е. вав (ו)", ибо тот, кто удостаивается Хеседа и Гвуры, удостаивается также и Тиферет, поскольку Тиферет – это совокупность Хеседа и Гвуры, "и он мудрец, понимающий в Торе и боящийся греха", – т.е. Хесед и Гвура, которых он удостоился, становятся Хохмой (мудростью) и Биной (пониманием), и он мудрец, понимающий. "Он наследует свою Малхут" де-Тиферет, "то есть последнюю хэй (ה)" имени АВАЯ (הויה), и удостаивается ее, "если выполняет заповедь Царя", поскольку Малхут называется заповедью Царя. И получается, что он удостаивается всех четырех букв йуд (י) хэй (ה) вав (ו) хэй (ה), т.е. Хохмы, Бины, Тиферет и Малхут. "После того как удостоился имени АВАЯ, он удостаивается проявленного имени, которое называется Адам", т.е. АВАЯ (הויה) с наполнением алеф (א), в гематрии Адам (אדם 45), "в таком виде йуд-хэй-вав-хэй (יו״ד הֵ״א וָא״ו הֵ״א)", указывающее на Зеир Анпин, который в гадлуте. "В это время он властвует над телом, то есть он совмещает животную нефеш с животным руахом. Ибо занятие мирской суетой – в животной нефеш, а" животный "руах говорит о мирской суете. А" животная "нешама – та, в которой всевозможные раздумья и мысли о мирской суете. И ученик мудреца властвует над ними"», – т.е. над телом и над животными НАРАН.

147) «"Это означает сказанное: "И властвовать будут они над рыбой морской и над птицей небесной, и над скотом, и над всею землей"²²³», где «рыба морская»²²³ – указывает на нешама, «птица небесная»²²³ – на руах, «скот»²²³ – на нефеш. «"А что такое "и над всею землей"²²³? – это гуф, являющийся малым миром. И они испытывают страх пред" учеником мудреца,

---

²²² Буква хэй (ה) имеет числовое значение «пять».

²²³ Тора, Берешит, 1:26. «И сказал Всесильный: "Сделаем Адама в образе Нашем, по подобию Нашему! И властвовать будут они над рыбой морской и над птицей небесной, и над скотом, и над всею землей, и над всем ползучим, что ползает по земле"».

который властвует над ними, "как сказано: "И боязнь и страх пред вами"²²⁴. С правой стороны", Хеседа, "он властвует над ними. О нем", о Хеседе, сказано: "Будут властвовать"²²³. Как сказано: "И будет властвовать он от моря до моря"²²⁵ – говорится о власти. И с левой стороны", т.е. Гвуры, "они испытывают страх пред ним, это означает: "И боязнь и страх пред вами"²²⁴. И о нем сказано: "Праведный знает свою животную душу (нефеш)"²¹⁹» – т.е. властвует над своей животной душой.

148) «"И после того, как он стал праведником", Творец "не дает ему награды за заповеди, и нет у него награды в этом мире, и нет питания" для тела и НАРАН "животных его, "а бедный считается мертвым"²²⁶. И над всем этим он постоянно пребывает со Шхиной"».

149) «"Ибо Творец Всесильный твой – Он огонь пожирающий"²²⁷. Этот огонь", т.е. Шхина, "нуждается в Нем, чтобы Он всегда находился с ним, и нельзя его погасить, и он пожирает все жертвы", т.е. "молитвы и слова Торы. Ибо она, Шхина, – пропитание Его", Зеир Анпина. "И в чем" она считается пропитанием Его? "В молитвах" Исраэля, которые она получает. "Это как написано: "Открой мне, сестра моя, подруга моя"²²⁸ – открой мне в молитве. О ней сказано: "Господин мой, открой уста мои"²²⁹ – ибо она "сестра моя, подруга моя"²²⁸. И не только подруга моя (רַעְיָתִי), но и пропитание мое"», т.е. от слова «пастбище (рэия́ רְעִיָה)», так же как «Творец – пастырь мой (рои́ רֹעִי)»²³⁰. «"Ибо в ней святые сыновья", Исраэль, "устанавливают виды питания в жертвоприношениях Царя", Зеир Анпина, "в разных видах питания, в хлебе Торы"».

---

²²⁴ Тора, Берешит, 9:2. «И боязнь и страх пред вами будет на всяком звере земли и на всякой птице небесной, на всем, что движется на земле, и на всех рыбах морских; в ваши руки отданы они».

²²⁵ Писания, Псалмы, 72:8. «И будет властвовать он от моря до моря и от реки до пределов земли».

²²⁶ См. Вавилонский Талмуд, трактат Недарим, лист 64:2.

²²⁷ Тора, Дварим, 4:24. «Ибо Творец Всесильный твой – Он огонь пожирающий, Владыка ревностный».

²²⁸ Писания, Песнь песней, 5:2. «Я сплю, но бодрствует сердце мое. Голос! Стучится друг мой: "Открой мне, сестра моя, подруга моя, голубка моя, чистая моя, ибо голова моя росою полна, кудри мои – каплями (росы) ночной"».

²²⁹ Писания, Псалмы, 51:17. «Господин мой, открой уста мои, и язык мой возвестит хвалу Тебе!»

²³⁰ Писания, Псалмы, 23:1. «Псалом Давида. Творец – пастырь мой, не будет у меня нужды».

Сжигание жертвы посвящения ГЛАВА ЦАВ

150) «"Как сказано о ней: "Идите, ешьте хлеб мой и пейте вино, мною растворенное"[231]. "Хлеб мой"[231] – от правой (стороны)", со стороны Хеседа. И "вино"[231] – это вино Торы, от левой (стороны)", со стороны Гвуры. "Растворенное"[231] водой", т.е. правая (сторона), "а вино письменной Торы и устной Торы", т.е. левая (сторона), "от среднего столпа", Тиферет, "включающего обе", т.е. включающего правую и левую (стороны), Хесед и Гвуру. "С мясом" – т.е. мясом жертвы посвящения, в разных видах жертвоприношений", и это Малхут, о которой сказали мудрецы Мишны: "О мясе, опускающемся с небес, идет речь"[232]. Что значит "с небес"[232]? – средний столп", т.е. Зеир Анпин, называемый небесами. "И о ней сказано", т.е. Зеир Анпин, называемый Адам, сказал о ней: "Плоть от плоти моей"[233]».

151) «"И это мясо жертвы посвящения", т.е. Малхут, "пылающей в разных видах пламени со стороны Гвуры, в любви мужа ее", Зеир Анпина, "сгорает в любви, любви возглашения Шма, в любви единства, которая ни ночью, ни днем не погаснет. Заклинаю вас: "Не давайте покоя Ему"[234], Творцу", пока не "будет Он в пламени любви единства Своего при возглашении Шма, чтобы осуществить с помощью Него: "Огонь постоянный будет гореть на жертвеннике, не угаснет"[235]».

Пояснение сказанного. Всё то время, пока человек не удостоился полного возвращения, не достиг мохин де-ГАР, считает его Раайа меэмана простолюдином, и зовется учеником мудреца лишь после того, как удостоился мохин де-ГАР от АВАЯ (הויה) с наполнением алеф (א), т.е. ГАР Зеир Анпина, когда Хесед, что в нем, поднимается к свойству Хохмы, а Гвура – к свойству Бины, как говорилось выше: «Рош Царя устанавливается на Хеседе и Гвуре»[236]. И это сказанное им: «А если он уче-

---

[231] Писания, Притчи, 9:5. «Идите, ешьте хлеб мой и пейте вино, мною растворенное».

[232] См. Вавилонский Талмуд, трактат Санедрин, лист 59:2.

[233] Тора, Берешит, 2:23. «И сказал Адам: "Эта на сей раз – кость от костей моих и плоть от плоти моей. Эта наречена будет женой (иша), ибо от мужа (иш) взята она"».

[234] Пророки, Йешаяу, 62:6-7. «На стенах твоих, Йерушалаим, Я поставил стражей, весь день и всю ночь, всегда, не будут молчать они. Напоминающие о Творце – не успокаивайтесь! И не давайте покоя Ему, пока не утвердит и не сделает Йерушалаим славой на земле».

[235] Тора, Ваикра, 6:6. «Огонь постоянный будет гореть на жертвеннике, не угаснет».

[236] См. Зоар, главу Мишпатим, п. 520.

ник мудрого, ему необходимо, чтобы было у него благочестие (хесед)»[237], т.е. чтобы удостоился вначале состояния ВАК, когда, относительно правой линии, ступень его – это ступень Хесед, «и вместе с йуд (י), которая является мудростью (хохма), он – благочестив (хасид)», т.е. удостоится затем также и ГАР, когда Хесед поднимается, чтобы быть Хохмой, и получается, что есть у него Хесед, а также Хохма, и это йуд (י), находящаяся внутри Хеседа, и тогда он – благочестив (хасид). «Тот же, в ком нет мудрости (хохма), тот не благочестив (хасид). И поэтому сказано: "А простолюдин не может быть благочестив (хасид)"», – ибо недостает ему йуд (י) внутри Хеседа, т.е. Хохмы. И поэтому он считается простолюдином. «А если есть в нем хэй (ה)... называется стойким в Торе и боящимся греха», и это в отношении левой линии, ибо при достижении мохин де-ВАК, когда ступень его – это ступень Гвуры, он называется стойким (гибор) в Торе. А если удостоился затем ГАР левой линии, когда его свойство Гвура поднимается, чтобы стать Биной, первой хэй (ה) де-АВАЯ (הויה), т.е. свечением Хохмы, исходящим от левой (линии) Бины, он называется боящимся греха. И это из-за того, что свечение Хохмы притягивается от левой линии Бины только с раскрытием суровых судов над грешниками, притягивавшими Хохму сверху вниз.[238] И это для того, чтобы внушить трепет и страх тем, кто хочет притягивать Хохму сверху вниз. Таким образом, человек, который удостоился свечения Хохмы левой линии, является боящимся греха, т.е. он боится грешить и притягивать Хохму сверху вниз. И это является корнем запрета всех трехсот шестидесяти пяти (ШАСА) запретительных заповедей.

И нужно знать здесь различие между Хохмой, которая в правой линии, т.е. Хеседом, поднявшимся в Хохму, и свечением Хохмы, что в левой линии, т.е. Гвурой, поднявшейся в Бину. Ибо Хохма правой линии является свойством высших Абы ве-Имы, которые сами являются хасадим, укрытыми от Хохмы. И называются они Хохмой по двум причинам:

1. Потому, что они облачаются на скрытую Хохму Арих Анпина.

2. В то время, когда раскрывается свечение Хохмы в ИШСУТ, они получают это свечение от Абы ве-Имы, облачающихся на скрытую Хохму, и получается, что Аба ве-Има – суть Хохмы,

---

[237] См. выше, п. 145.
[238] См. Зоар, главу Пкудей, п. 376, и главу Цав, п.114.

а ИШСУТ получают только свечение. Но и тогда, несмотря на то, что Аба ве-Има дают свечение Хохмы ИШСУТу, это только в виде передачи от скрытой Хохмы ИШСУТу, но в самих Абу ве-Иму эта Хохма не облачается, и они всегда в свойстве укрытых хасадим. И это означает, что йуд (י) никогда не выходит из воздуха (авир אויר) Абы ве-Имы,[239] но ИШСУТ являются источником свечения Хохмы, поскольку в них йуд (י) выходит из воздуха (авир אויר), т.е. свойства хасадим, и становятся светом (ор אור), т.е. свойством Хохма. Однако ту Хохму, что раскрывается в ИШСУТ, они получают от высших Абы ве-Имы. И в любом месте, где упоминается Хохма правой линии, это свойство высших Абы ве-Имы. А свойство Хохмы, что в левой линии, это свойство ИШСУТ, считающихся Биной, которая всего лишь снова стала Хохмой, но не сама Хохма, по причине, указанной выше. И везде помни это правило, потому что невозможно всегда упоминать о нем.

И это смысл сказанного. «А если он невежда, сказано о нем: "Невежда не боится греха"[221]»[237], ибо пока он еще не удостоился ГАР левой линии, т.е. свечения Хохмы, что в левой линии, раскрывающегося вместе с суровыми судами над грешащими нечестивцами, нет в нем страха прегрешить. Поскольку страх перед прегрешениями приходит только вследствие созерцания судов, раскрывающихся над грешниками, во время раскрытия свечения Хохмы, как мы уже объясняли.

И говорит: «В это время он властвует над телом, то есть он совмещает животную нефеш с животным руахом»[240], – ибо в тот момент, когда он удостаивается достичь ГАР, и есть у него нефеш-руах-нешама (НАРАН) от свойства АВАЯ (הויה) с наполнением алеф (א), тогда эти НАРАН облачаются в животные НАРАН этого человека и в его животный гуф. И с помощью этого облачения склоняются животные НАРАН перед духовными НАРАН, и духовные НАРАН властвуют над гуфом и над животными НАРАН, и превращают их в святость. И это смысл сказанного им: «Праведный знает свою животную душу (нефеш)»[219] – т.е. властвует над своей животной душой (нефеш).

Однако необходимо знать различие между гуфом и животными его НАРАН и между духовными святыми НАРАН. И это потому, что НАРАН святости нисходят от АВАЯ (הויה) с наполнением

---

[239] См. Зоар, главу Берешит, часть 1, п. 308.
[240] См. выше, п. 146.

алеф (א), т.е. средней линии Зеир Анпина, объединяющей правую и левую друг с другом так, что правая притягивается сверху вниз, а свечение Хохмы, что в левой, будет светить только снизу вверх.[241] И гуф и животные НАРАН человека исходят от клипы Нóга, состоящей из смешения добра и зла. Иначе говоря, есть в них от свойства добра, исходящего из единства средней линии с духовными НАРАН, и есть в них от свойства зла, т.е. ситры ахра и всех клипот, не желающих исправления средней линии, а слитых только с левой линией, и всё их желание – притянуть свечение Хохмы, что в левой, сверху вниз, и нарушить единство средней линии. И поскольку это зло клипы Нога смешано с гуфом и животными НАРАН человека, они не могут исправиться в течение шести тысяч лет, поэтому вынужден человек умирать. Поскольку исправляются они только с помощью притягивания Хохмы сверху вниз, которое будет в конце исправления, и тогда сказано: «Уничтожит Он смерть навеки»[242]. А до тех пор считается, что нет питания для них, т.е. достойного существования для них.

И в то время, когда человек достигает духовных ГАР от АВАЯ (הויה) с наполнением алеф (א), тогда склоняется зло, содержащееся в Нога, которое смешано с гуф и животными НАРАН человека, перед свойством добра, которое в их Нога, и тогда облачаются духовные НАРАН человека внутрь его животных НАРАН и гуф, которые уже склоняются перед добром в них, и они – целиком добро, хотя и не получают своего питания, достойного их, поскольку склоняются и отменяют себя перед добром.

И это смысл сказанного: «И властвовать будут они над рыбой морской и над птицей небесной, и над скотом»[223], которые являются его животными НАРАН, «"и над всею землей"[223] – это гуф, являющийся малым миром».[243] Ибо они склоняются перед добром, имеющимся в клипе Нога, и перед духовными НАРАН, которые облачены в них. И это смысл сказанного: «И после того,

---

[241] См. Зоар, главу Берешит, часть 1, п. 50. «Разногласие, которое было исправлено согласно высшему подобию, – это то, которое поднимается и не опускается, и осуществляется прямым путем...»

[242] Пророки, Йешаяу, 25:8. «Уничтожит Он смерть навеки, и утрет Творец Всемогущий слезы со всех лиц, и позор народа Своего устранит Он на всей земле, – ибо (так) сказал Творец».

[243] См. выше, п. 147.

как он стал праведником»²⁴⁴, т.е. слившимся со средней линией и притягивающим свечение Хохмы, что в левой, только снизу вверх, Творец «не дает ему награды за заповеди, и нет у него награды в этом мире, и нет питания», поскольку гуф и животные НАРАН питаются только сверху вниз, как и зло, что в Нога, находящееся у них в смешении, и поскольку он праведник, разумеется, что он не притягивает для них ничего. «"А бедный считается мертвым"²²⁶. И над всем этим он пребывает в постоянстве со Шхиной. "Ибо Творец Всесильный твой – Он огонь пожирающий"²²⁷», ибо после того, как праведник возложил на себя обязательство – не давать питания телу (гуф) и животным НАРАН, которые находятся в свойстве «бедный считается мертвым»²²⁶, он удостаивается пребывания Шхины в постоянстве, и Шхина сжигает свойства зла, которые в их клипе Нога, пока они не станут достойными окончательного исправления.

И знай, что Раайа меэмана указывает нам в этой статье, что грешник не исправляется, пока не пройдут по нему три кругооборота. И это скрытый смысл сказанного: «Вот, всё это сделает Творец дважды, трижды с человеком»²⁴⁵.

Первый кругооборот – в простолюдине, когда удостаивается, несмотря ни на что, совершить возвращение до своей смерти.²⁴⁶ И тогда удостаивается подслащения келим, чтобы были пригодны для получения светов нефеш-руах-нешама.

Второй кругооборот – после того, как у него уже есть келим, пригодные для нефеш-руах-нешама, проходит кругооборот и совершает возвращение при жизни, удостаиваясь получения светов де-ВАК, и это нефеш-руах, уровень которых Хесед и Гвура.²⁴⁷

Третий кругооборот – когда проходит кругооборот и совершает полное возвращение как подобает, и тогда удостаивается того, что Хесед и Гвура поднимаются в свойство Хохмы и Бины, и тогда удостаивается свойства нешама.²⁴⁷

---

²⁴⁴ См. выше, п. 148.
²⁴⁵ Писания, Иов, 33:28-29. «Спасет Он душу его, чтоб не сошла в могилу, и жизнь его увидит свет. Вот, все это делает Творец дважды, трижды с человеком».
²⁴⁶ См. выше, п. 138 и п. 144.
²⁴⁷ См. выше, п. 145.

И эти два последних кругооборота могут прийти за один раз, как их вместе приводит Раайа меэмана, а иногда – друг за другом. И поэтому написано: «Дважды, трижды с человеком»[245]. Но это не означает, что он обязательно совершит возвращение в любом кругообороте, но может пройти даже сто кругооборотов, пока не удостоится первого кругооборота, то есть совершит возвращение до своей смерти, и все они считаются лишь одним кругооборотом. И также может совершить много кругооборотов, пока не удостоится получения нефеш-руах. И все они считаются вторым кругооборотом. И то же самое с третьим кругооборотом.

(До сих пор Раайа меэмана)

ГЛАВА ЦАВ

Елей воскурения

152) «"Смотри, несмотря на то, что сыновья Аарона погибли в тот час", и не спасло их величие дня, "это было справедливым во многих отношениях. Во-первых, это не было временем принесения жертвы воскурения, потому что жертва воскурения приносится лишь в известное время", утром и вечером. "Как написано: "И будет Аарон воскурять на нем благовония каждое утро"[248]. И когда? "После очищения светильников будет он совершать воскурение"[248] – для того, чтобы елей и благовония были вместе. И написано: "И когда будет зажигать Аарон лампады в сумерки, должен он воскурять его"[248]».

153) «"И в это время", утром и вечером, "приносится" жертва воскурения, "а не в другое время. Кроме того времени, когда мор пребывает в мире", и тогда она приносится также и не в свое время. "Так и было, как написано: "И сказал Моше Аарону: "Возьми совок и положи в него огня с жертвенника"[249]. А сыновья Аарона не совершили жертвоприношения в час, когда елей и воскурения находятся вместе", т.е. утром или вечером, что указывает на единство Хохмы и Бины, ибо елей – это Хохма, а воскурение – это Бина. "И потому умерли"».

154) «"И еще. Они поторопили час" принесения жертвы воскурения "при жизни отца, когда не позволено приносить жертву воскурения ни одному человеку при жизни его, как объясняется далее.[250] "И, кроме того, они не были женаты и были ущербны. Ибо тот, кто не женат, он ущербен и недостоин того, чтобы благословения в мире пребывали с помощью него, ибо благословения не пребывают над ним. И уж тем более", не притягиваются "с помощью него к другим. И еще, мы ведь учили, что они были пьяны от вина, и поэтому: "И вышел огонь от Творца

---

[248] Тора, Шмот, 30:7-8. «И будет Аарон воскурять на нем благовония каждое утро – после очищения светильника будет он совершать воскурение. И когда будет зажигать Аарон лампады в сумерки, должен он воскурять его: постоянное воскурение пред Творцом в поколения ваши».

[249] Тора, Бемидбар, 17:11. «И сказал Моше Аарону: "Возьми совок и положи в него огня с жертвенника, и положи курения, и неси скорее к общине, и искупи их, ибо изливается гнев Творца, начался мор"».

[250] См. Зоар, главу Ахарей мот, п. 68.

и уничтожил их"²⁵¹. Ибо воскурение – оно самое заветное из всех" жертвоприношений, "и оно – радость высших и нижних. И написано: "Елей и воскурение возрадуют сердце"²⁵²».

---

[251] Тора, Ваикра, 10:1-2. «И взяли сыны Аарона, Надав и Авиу, каждый свой совок, и положили в них огня, и возложили на него курений, и воскурили пред Творцом огонь чуждый, какого Он не велел им. И вышел огонь от Творца и уничтожил их, и они умерли пред Творцом».

[252] Писания, Притчи, 27:9. «Елей и воскурение возрадуют сердце, но сладость друга – в душевном совете».

Два огня

(Раайа меэмана)

155) «"Болезнью проказы наказывается лишь тот, кто был зачат во время истечения", т.е. мать забеременела им в дни своей нечистоты. "Ибо пять видов крови содержатся в крови нечистоты, которые оскверняют, и все они – кровь нечистая. И есть пять видов крови, которые являются чистыми. И тот, кто нарушает запрет о них, он словно нарушает десять речений, являющихся совокупностью всех шестисот тринадцати заповедей"».

156) Клипа, называемая «"служанка", т.е. злое начало, – она полна пороков. И поэтому: "Никто, у кого есть порок, не приблизится"[253]. И поэтому коэн не должен приближаться к тому, в ком есть какой-либо порок из всех имеющихся в мире пороков, потому что о Царице", Малхут, "сказано: "Вся ты прекрасна, подруга моя, и нет порока в тебе"[254]. И, таким образом, не должен приближаться к ней тот, в ком есть порок. И также не должен приближаться к ней посторонний, "а посторонний (досл. чужой), который приблизится, смерти предан будет"[255]. То есть, это незаконнорожденный (мамзéр (מַמְזֵר)", и это буквы "чужой порок (мум зар (מוּם זָר)", т.е. захар и некева клипот. "Порок" – это некева, "чужой" – захар. И поэтому заповедал (Творец): "И к жене во время отстранения в нечистоте ее не приближайся"[256]. А о тех, кто приблизились к ней", о Надаве и Авиу, "написано: "И воскурили пред Творцом огонь чуждый"[251], о котором Он не заповедал им, "и вышел огонь от Творца и уничтожил их, и они умерли"[251]».

157) «"И жертвоприношение букв", т.е. единство букв Имени, – "это йуд (י) в мужчине, хэй (ה) в женщине", т.е. в Абе ве-Име, "вав (ו) в сыне, женихе", Зеир Анпине, "хэй (ה) в

---

[253] Тора, Ваикра, 21:18. «Никто, у кого есть порок, не приблизится: ни слепой, ни хромой, ни плосконосый, ни уродливый».
[254] Писания, Песнь песней, 4:7. «Вся ты прекрасна, подруга моя, и нет порока в тебе».
[255] Тора, Бемидбар, 3:10. «И Аарону и сыновьям его поручи соблюдать их священнослужение; а посторонний, который приблизится, смерти предан будет».
[256] Тора, Ваикра, 18:19. «И к жене во время отстранения в нечистоте ее не приближайся, чтобы открыть наготу ее».

ГЛАВА ЦАВ   Два огня

невесте", Малхут. "Счастлив тот, кто соединяет и приносит в жертву буквы имени АВАЯ (הויה), в себе и в жене своей", что соответствует йуд-хэй (יה), "и в сыне своем, и в дочери своей", что соответствует вав-хэй (וה), "в святости и благословении, в чистоте, в скромности и стыдливости, и во всех хороших свойствах, описанных мудрецами Мишны"».

158) «"И разогреваются святыми огнями мужа и жены", т.е. йуд-хэй (יה), как мы уже сказали, "и это поднимающийся огонь и опускающийся огонь", так как огонь некевы поднимается снизу вверх, а огонь захара опускается сверху вниз, "святой огонь от дров жертвенника, и это дрова святости, святые органы, и нисходит возвышенный огонь, и это святая святых. И об этих двух огнях сказал пророк: "Огнями славьте Творца"[257], и это огни Шхины, о которой сказано: "Ибо Творец Всесильный твой – Он огонь пожирающий"[258]».

159) И Раайа меэмана поясняет его слова, и говорит, что эти два огня, «"это высший огонь – престол милосердия, и нижний огонь – престол суда, представляющие собой Бину", свойство милосердия, "и Малхут" – свойство суда. "Малхут – это поднимающийся огонь", снизу вверх, "Бина – опускающийся огонь", сверху вниз. "АВАЯ (הויה), и это срединный столп", Тиферет, "включен в обоих". Поэтому высший огонь – это "йуд-хэй-вав (יהו)", где йуд-хэй (יה) – это "Бина", а вав (ו) – Тиферет, включенный в нее. А нижний огонь, т.е. нижняя "хэй (ה) – Малхут"».

160) «"Тиферет, когда включен в них", в два этих огня, Бину и Малхут, "пребывает над ним Хохма (חָכְמָה), в которой" буквы "коах (כֹּחַ сила) МА (מַ״ה мем-хэй). МА (מַ״ה мем-хэй) – это йуд-хэй-вав-хэй (יוֹ״ד הֵ״א וָא״ו הֵ״א)", в гематрии мем-хэй (מ״ה 45). "Сила (כֹּ״חַ 28) его" – это наполнение АВАЯ (הויה) с наполнением алеф (א): "йуд-вав-далет (יוֹ״ד וָא״ו דָּלֶ״ת) хэй-алеф (הֵ״א אָלֶ״ף) вав-алеф-вав (וָא״ו אָלֶ״ף וָא״ו) хэй-алеф (הֵ״א אָלֶ״ף)". И вместе с четырьмя буквами АВАЯ (הויה) простыми, без наполнения, это всего мем-бет (מ״ב 42). То есть, четыре буквы АВАЯ (הויה) без наполнения, десять букв АВАЯ (הויה) с наполнением, и двадцать восемь букв АВАЯ (הויה) с

---

[257] Пророки, Йешаяу, 24:15. «Поэтому огнями славьте Творца, на островах морских – имя Творца, Всесильного Исраэля».
[258] Тора, Дварим, 4:24. «Ибо Творец Всесильный твой – Он огонь пожирающий, Владыка ревностный».

наполнением наполнения. "И все эти сорок две буквы находятся в человеке и в жене его, и в сыновьях его", и это четыре буквы АВАЯ (הויה),²⁵⁹ и это с наполнением и с наполнением наполнения – сорок две буквы, "и поэтому человек является совершенным только с сыном и дочерью"».

161) «"И тот, у кого нет сына, т.е. вав (ו)" де-АВАЯ (הויה), "уходит от него йуд (י)" де-АВАЯ (הויה). "А тот, у кого нет дочери", последней "хэй (ה)" де-АВАЯ (הויה), "уходит от него верхняя хэй (ה), т.е. мать его супруги. Ибо эти буквы не пребывают друг без друга. Поэтому в муже и жене, сыне и дочери, когда стали как подобает, – пребывает над ними АВАЯ (הויה), и называются: "Сыны вы Творцу Всесильному вашему"²⁶⁰».

(До сих пор Раайа меэмана)

---

²⁵⁹ См. выше, п. 157.
²⁶⁰ Тора, Дварим, 14:1. «Сыны вы Творцу Всесильному вашему, не делайте на себе надрезов и не делайте плеши между глазами вашими по умершему».

ГЛАВА ЦАВ

Вот помазание Аарона

162) «"Вот (зот) помазание Аарона и помазание его сыновей"[261]. Рабби Йоси сказал: "Зот", т.е. Малхут, – "это помазание Аарона, ибо Аарон помазан" от Хохмы, "и принес от высшего елея помазания свыше", т.е. Хохмы, "и простер его вниз", к Малхут, "и благодаря Аарону была помазана" Малхут "от святого помазания, дабы благословиться. Поэтому сказано: "Вот (зот) помазание Аарона и помазание его сыновей"[261]».

163) «Рабби Йегуда провозгласил: "И сказал ей Элиша: "Что мне сделать для тебя? Скажи мне, что есть у тебя в доме?"[262] Отсюда мы учили, что не может пребывать благословение, когда стол пуст, и над чем-то пустым. "И она сказала: "Нет у рабы твоей в доме ничего, кроме кувшинчика масла"[262]. Сказал ей" Элиша: "Конечно же, это чудесная помощь" – то, что есть у тебя масло, которое указывает на Хохму, "и, разумеется, на своем месте оно", в месте Хохмы, "и оттуда нисходят благословения и пребывают" внизу. Что написано: "Они подносили ей (сосуды), а она наливала"[263]. Сказано "просто: "А она наливала"[263]», – т.е. не упомянут тот, кто наливал, поскольку это указывает на Хохму.

164) «Рабби Йоси сказал: "И перестало (литься) масло"[264]. То есть, "как объясняли сказанное: "На склоне плодородном (досл. дающем масло)"[265]», где «склон (керен)»[265] означает Малхут, а «масло»[265] – Хохма. «"И написано: "Маслом изольется имя твое"[266], что означает, что масло, т.е. Хохма, передает имени Твоему, т.е. Малхут. "Показать, что от масла", Хохмы,

---

[261] Тора, Ваикра, 7:35. «Вот помазание Аарона и помазание его сыновей от огнепалимых жертв Творцу, в день, когда приблизил их совершать священнослужение Творцу».

[262] Пророки, Мелахим 2, 4:2. «И сказал ей Элиша: "Что мне сделать для тебя? Скажи мне, что есть у тебя в доме?" И сказала она: "Нет у рабы твоей в доме ничего, кроме кувшинчика масла"».

[263] Пророки, Мелахим 2, 4:5. «И ушла она от него, и заперла дверь за собою и за сыновьями своими – они подносили ей, а она наливала».

[264] Пророки, Мелахим 2, 4:6. «И было, когда наполнены были сосуды, она сказала сыну своему: "Подай мне еще сосуд". Но он сказал ей: "Нет больше сосудов". И перестало (литься) масло».

[265] Пророки, Йешаяу, 5:1. «Воспою Другу моему песнь Любимого моего о винограднике Его. Виноградник был у Друга моего на склоне плодородном».

[266] Писания, Песнь песней, 1:3. «На запах умащений твоих добрых маслом изольется имя твое; оттого тебя девушки любят».

"нисходят благословения с помощью коэна, и коэн притягивает его вниз и производит помазание этой "зот", Малхут. "Это смысл сказанного: "Вот (зот) помазание Аарона и помазание его сыновей"[261]», означает, что «зот», Малхут, она помазана Аароном, который притянул масло от Хохмы. «"И написано: "Подобно это доброму маслу на голове, стекающему на бороду, бороду Аарона"[267], – ведь это масло нисходит на голову Аарону, которая притягивает его к Малхут. "И мы же это учили"».

---

[267] Писания, Псалмы, 133:2. «Подобно это доброму маслу на голове, стекающему на бороду, бороду Аарона, стекающему на край одежды его».

ГЛАВА ЦАВ

Ибо с Тобой источник жизни

165) «"Возьми Аарона и сыновей его с ним, и одежды"²⁶⁸. Провозгласил рабби Хия: "Ибо с Тобой источник жизни, в свете Твоем увидим свет"²⁶⁹. "Ибо с Тобой источник жизни"²⁶⁹ – это высшее масло, истекающее и никогда не прекращающееся, которое содержится в Хохме, высшей надо всем. Это означает: "Ибо с Тобой"²⁶⁹, поскольку он пребывает с Тобой в любви, которая надо всем, и не расстается с Тобой никогда. "Источник жизни"²⁶⁹, т.е. Бина, потому что Хохма и Бина слиты вместе в зивуге, который не прекращается никогда. И называется Бина источником жизни, "так как она – источник и родник этой жизни", т.е. наполнения Хохмы, называемого жизнью, "чтобы черпать жизнь" от Хохмы "для высшего Древа", Зеир Анпина, "и зажигать свечи Малхут. И потому это Древо", т.е. Зеир Анпин, "называется Древом жизни, так как оно посажено и укрепляется корнями в этом источнике жизни"», Бине.

166) «"И поэтому: "В свете Твоем увидим свет"²⁶⁹. "В свете Твоем"²⁶⁹ – это свет, укрытый для праведников на грядущее будущее, как написано: "И увидел Всесильный свет, что хорош"²⁷⁰. И от этого света будут", – облачаются эти НАРАН в животные НАРАН человека, – "Исраэль светить для будущего мира"».

167) «"Другое объяснение. "Ибо с Тобой источник жизни"²⁶⁹ – это Творец, высшее Древо", Зеир Анпин, "посреди сада", Малхут, "включающее все стороны", т.е. включающее правую и левую (стороны). "И какова причина? Это потому, что содержится в нем этот источник жизни", Бина, "венчающий его высшими украшениями вокруг этого сада", поскольку сад, Малхут, облачает Зеир Анпин и окружает его, и тогда Зеир Анпин получает мохин де-ГАР, т.е. украшения, от Бины. И она "как мать, венчающая сына своего за всё. Это смысл сказанного: "Выйдите и посмотрите, дочери Циона, на царя Шломо в венце,

---

²⁶⁸ Тора, Ваикра, 8:1-3. «И сказал Творец Моше так: "Возьми Аарона и сыновей его с ним, и одежды, и елей помазания, и тельца очистительной жертвы, и двух овнов, и корзину опресноков, и собери всю общину ко входу в Шатер собрания"».

²⁶⁹ Писания, Псалмы, 36:10. «Ибо с Тобой источник жизни, в свете Твоем увидим свет».

²⁷⁰ Тора, Берешит, 1:4. «И увидел Всесильный свет, что хорош, и разделил Всесильный между светом и тьмой».

которым украсила его мать"²⁷¹. И об этом сказано: "Ибо с Тобой источник жизни, в свете Твоем увидим свет"²⁶⁹».

168) «Рабби Ицхак сказал: "Ибо с Тобой источник жизни"²⁶⁹ – это великий коэн наверху", т.е. Хесед Зеир Анпина, "и в соответствии с ним – великий коэн внизу", в этом мире. "И потому коэн", т.е. Хесед, "привлекает высший святой елей помазания", т.е. Хохму, "вниз", к Малхут, "и зажигает свечи, что наверху", т.е. семь сфирот ХАГАТ НЕХИМ. "Ибо великий коэн", Хесед, "обладает совершенством семи высших дней", т.е. ХАГАТ НЕХИМ, "чтобы украситься над всеми"» сфирот. Поскольку Хесед содержит в себе все семь сфирот.

169) «"Соответственно" тому, что наверху, "есть семь дней посвящения у коэна внизу", в этом мире, "чтобы всё было по высшему подобию. И потому они называются днями посвящения", что означает – "днями восполнения, чтобы восполнился коэн", соответствующий Хеседу, "оставшимися другими днями" семи сфирот, "чтобы восполнить семь" сфирот "вместе". И потому "называются они днями посвящения – так как оставшиеся другие" сфирот "объединились в нем". Спрашивает: "Что это значит?" И отвечает, что это означает, "что если коэн пробудился" к отдаче, "пробуждаются с ним также оставшиеся другие"» сфирот к отдаче, поскольку соединились с ним вместе.

170) «"Поэтому написано: "И из входа Шатра собрания не выходите семь дней, до исполнения дней посвящения вашего"²⁷², – семь дней, безусловно", чтобы восполнить семь сфирот. "Тогда украшается коэн внизу полностью по высшему подобию, чтобы в час, когда пробудится коэн внизу, пробудилось с его помощью всё наверху", все семь сфирот, "и будут пребывать благословения наверху и внизу"».

171) «Рабби Аба сказал: "В чем заключается изменение, что Моше", т.е. Тиферет, "помазал Аарона?" – т.е. Хесед, который выше Тиферет. И отвечает: "Однако это потому, что он порождение того места, которое является источником жизни",

---

²⁷¹ Писания, Песнь песней, 3:11. «Выйдите и посмотрите, дочери Циона, на царя Шломо в венце, которым украсила его мать в день свадьбы его и в день радости сердца его».

²⁷² Тора, Ваикра, 8:33. «И из входа Шатра собрания не выходите семь дней, до исполнения дней посвящения вашего, ибо семь дней совершается посвящение ваше».

т.е. Бины. "И написано: "Направлял Он десницу Моше мышцей великолепия (тиферет) Своего"[273]. И Моше служил все эти семь дней посвящения, чтобы всё пребывало с Аароном"».

Объяснение. Моше – сын Бины, и это Даат, т.е. Тиферет, который поднялся и согласовал две линии Бины между собой, и стал там свойством Даат, и соединил их друг с другом, и стал им светить. И потому, когда «трое вышли благодаря одному», – т.е. вышли три линии в Бине, ХАБАД, «один находится в трех», – т.е. вышли три линии, и распространились также в Тиферет, и это ХАГАТ.[274] Таким образом, Моше, являющийся сыном Бины, то есть Даат, – он выше Хеседа, потому что Хесед – это его распространение, называемое десницей Моше, то есть его правая линия. Как написано: «Направлял Он десницу Моше»[273]. И потому служил Моше во время семи дней посвящения, чтобы пребывали семь сфирот от Даат над Аароном.

172) «Рабби Хизкия сидел перед рабби Эльазаром. Спросил его: "Сколько светов было создано, прежде чем был сотворен мир?" Сказал ему: "Семь. И это: свет Торы, свет ада, свет Эденского сада, свет престола славы, свет Храма, свет возвращения и свет Машиаха". И это – семь сфирот творения ХАГАТ НЕХИМ. "Семь светов и свечей", т.е. семь сфирот, "соединились в нем, в Аароне, и он зажег эти свечи" и привлек (свет) от семи свечей "свыше" к семи свечам "внизу"».

---

[273] Пророки, Йешаяу, 63:12. «Направлял Он десницу Моше мышцей великолепия Своего, рассек воды перед ними, чтобы сделать Себе имя вечное».
[274] См. Зоар, главу Берешит, часть 1, п. 363. «Трое выходят благодаря одному, один находится в трех, входит между двумя, двое питают одного, и один питает многие стороны ...»

ГЛАВА ЦАВ

Всё произошло из праха

173) «Рабби Эльазар провозгласил: "Всё произошло из праха, и всё возвратится в прах"[275]. Мы же учили: "Всё произошло из праха"[275], и даже солнечный круг. Что такое прах? Это тот" прах, "что находится под святым престолом славы"», Биной.

Объяснение. У рабби Эльазара возник вопрос: «То, что мы учили: "Всё произошло из праха"[275], т.е. Малхут, и даже солнечный круг, указывающий на Тиферет. Но ведь, наоборот, Малхут происходит от Тиферет?» И на это отвечает, что имеется в виду Малхут в Бине, которая над Тиферет, и от нее произошло всё, и даже солнечный круг, т.е. Тиферет.

174) «"Приводится в книге рабби Йеса Савы: "Всё произошло из праха"[275], то есть "место, собирающее всё", и это Малхут, – "учит тому, что вышли тропы в эту сторону и в эту сторону", направо и налево, "и собрались, чтобы светить" во всех сторонах, "подобно тому праху, который разбрасывают во все стороны. И поэтому "всё произошло из праха, и всё возвратится в прах"[275], конечно"». Но согласно тому, что прах означает Малхут, непонятно сказанное рабби Эльазаром, что прах означает – прах, который под святым престолом славы, т.е. Малхут, что в Бине.

175) И отвечает: «"Однако "из праха" означает – из праха, "который в святом Храме", т.е. Малхут, как сказал рабби Йеса Сава. "И этот прах – он от высшего праха", от Бины, как сказано: "И прах золотой у него "[276], т.е. Бина. "Ибо так же как есть действие внизу", в Малхут, "подобно этому есть также и наверху", в Бине. "И мы объясняли, что прах" означает – "прах Храма, так как этот мир", Малхут, "сотворен свойством хэй (ה)", Биной. "И потому даже солнечный круг" произошел из праха. "Как сказано: "Вот порождения неба и земли при сотворении их (бе-ибарам בְּהִבָּרְאָם)"[277], что означает – "при помощи хэй (ה) сотворил их (бе-хэй браа́м בְּה׳ בְּרָאָם)", значит, и небеса, т.е. солнечный круг, были сотворены при помощи хэй (ה). "И

---

[275] Писания, Коэлет, 3:20. «Все идет в одно место; все произошло из праха, и все возвратится в прах».
[276] Писания, Иов, 28:6. «Место сапфира – камни ее; и прах золотой у него».
[277] Тора, Берешит, 2:4. «Вот порождения неба и земли при сотворении их, в день созидания Творцом Всесильным земли и неба».

потому "всё произошло из праха"²⁷⁵. Что такое прах? Это тот, что находится под святым престолом славы"», Биной.

Объяснение. Рабби Эльазар объясняет свои слова, что они не противоречат сказанному рабби Йесой Сава, ибо то, что сказал рабби Йеса, что прах – это Малхут, т.е. Малхут, подслащенная в Бине, называемая прахом Храма. И известно, что в момент, когда Малхут поднялась, чтобы подсластиться в Бине, и приняла Малхут форму Бины, обе они включились друг в друга. И так же как Малхут приняла форму Бины, так и Бина приняла форму Малхут. И это смысл сказанного: «И этот прах – он от высшего праха», т.е. этот прах принял свою форму от высшего праха, Бины, «ибо так же как есть действие внизу», так же как есть действие взаимовключения Малхут в Бину внизу, в Малхут, то есть, что она приняла форму Бины, «подобно этому есть также и наверху», так же есть действие взаимовключения наверху, в Бине, подобное ему, когда и Бина приняла форму Малхут. И действие взаимовключения как в Малхут, так и в Бине, называется прахом. И поэтому: «И мы объясняли, что прах» означает – «прах Храма», что означает – действие взаимовключения Малхут и Бины друг в друга, и это смысл слов: «Так как этот мир сотворен свойством хэй (ה)», т.е. имеется в виду взаимовключение Малхут в Бину, называемое хэй (ה), откуда был сотворен мир. Ибо если бы не было этого действия, мир не смог бы существовать.²⁷⁸ И это означает: «При помощи хэй (ה) сотворил их (бе-хэй браа́м (בְּהֵ֣ בְּרָאָ֑ם))», – поскольку даже Тиферет, подразумеваемый под солнечным кругом, образовался от этого действия взаимовключения. Ведь «что такое прах? Это тот, что находится под святым престолом славы», т.е. под Биной, называемой престолом для Хохмы. Таким образом, рабби Йеса тоже считал, что это Бина, но сказал что это Малхут потому, что имел в виду, главным образом, действие этого взаимовключения, которое в Малхут от Бины. И это хэй (ה) де-ибара́м (הִבָּרְאָם), корнем которого является Бина.

176) "Написано: "Вся ты прекрасна, подруга моя, и нет порока в тебе"²⁷⁹. "Вся ты прекрасна, подруга моя"²⁷⁹ – это Кнессет Исраэль", Малхут. "И нет порока в тебе"²⁷⁹ – это

---

²⁷⁸ См. Зоар, главу Берешит, часть 1, п. 3, со слов: «В свойстве суда, т.е. в свойстве Малхут мира АК, прежде чем она подсластилась в Бине, в свойстве милосердия, мир не мог существовать...»

²⁷⁹ Писания, Песнь песней, 4:7. «Вся ты прекрасна, подруга моя, и нет порока в тебе».

Синедрион, соответствующие семидесяти двум именам" в Малхут.[280] И основные в них – семьдесят, называемые семьюдесятью членами Синедриона, и (еще) два свидетеля. "И они соответствуют семидесяти душам, которые сошли с Яаковом, и Творец над всеми". Итого семьдесят два. "И поэтому не проверяют" пороки "от Синедриона и выше"».

177) «"Мы учили. Написано: "И вы будете Мне царством священнослужителей и святым народом"[281]. Что значит: "Царством священнослужителей"[281]? Это как сказано: "Вот (зот) помазание Аарона и помазание его сыновей"[282], и это означает, что зот, т.е. Малхут, была помазана Аароном.[283] "Ибо когда благословилась Кнессет Исраэль", т.е. Малхут, "посредством священнослужителей, тогда она зовется по их имени, это смысл слов: "Царством священнослужителей"[281]».

178) «Рабби Шимон сказал: "Смотри, Она зовется не правлением священнослужителей, а царством, так как священнослужители", являющиеся свойством Хесед, "поставили ее на царство" посредством притягивания к ней хасадим, и Хохма в ней облачается в хасадим, и тогда она светит и властвует. "И они сделали ее Госпожой (гвура) над всеми. Однако она не называется правлением священнослужителей. Поскольку" по своему свойству исходит "от небес", Зеир Анпина, "она называется правлением (малхут)", то есть "правлением (малхут) небес, безусловно, а здесь она называется царством, так как священнослужители поставили ее на царство и соединили ее с Царем", Зеир Анпином. "И тогда", когда соединилась с Зеир Анпином, "она стала царством над всеми сокровищами Царя, царством над всем оружием Царя, царством в высших и в низших, царством над всем миром"».

---

[280] См. Зоар, главу Ваера, п. 269.
[281] Тора, Шмот, 19:6. «"И вы будете Мне царством священнослужителей и святым народом". Вот слова, которые ты скажешь сынам Исраэля».
[282] Тора, Ваикра, 7:35. «Вот помазание Аарона и помазание его сыновей от огнепалимых жертв Творцу, в день, когда приблизил их совершать священнослужение Творцу».
[283] См. выше, п. 162.

ГЛАВА ЦАВ

А свод Свой основал на земле

179) «Рабби Йоси сказал: "Написано: "А свод Свой основал на земле"[284]. "А свод Свой"[284] – когда Царь, Зеир Анпин, сочетается в зивуге соответственно ей", соответственно Малхут, которая называется землей, "во всех этих святых украшениях, в едином соединении", т.е. когда три Его мохин, ХАБАД, называемые украшениями, сводятся вместе, в три линии, "тогда написано: "А свод Свой"[284]». И смысл сказанного, что «свод Свой»[284], т.е. три Его мохин, «основал на земле»[284] – Он передает Малхут, называемой земля.

180) «Рабби Ицхак сказал: "А свод Свой"[284] – это, как ты говоришь: "И возьмите пучок иссопа"[285]. Спрашивает: "Что это значит?" И отвечает: "Ибо, когда соединяются" Зеир Анпин и Малхут "вместе, и Малхут благословляется" от трех линий Зеир Анпина, "тогда она правит над всеми", иначе говоря, когда три линии Зеир Анпина облачаются в нее, и она управляет ими, "и она светит наверху и внизу. И всё это в час, когда коэн совершает службу и приносит жертвоприношение, и воскуряет благовония. И намеревается при помощи слов принести всё в жертву в полном единстве. Тогда написано: "А свод Свой основал на земле"[284]».

Объяснение. Рабби Ицхак противоречит рабби Йоси, который объяснил, что «свод Свой»[284] указывает на мохин Зеир Анпина, которые наполняют Малхут, называемую землей. А он говорит, что «свод Свой»[284] указывает на свод, который установился в самой Малхут. Так же как в сказанном: «И возьмите пучок иссопа»[285], т.е. пучок берется в руку, так же «свод Свой основал на земле»[284] означает, что Зеир Анпин берет свод своих трех линий и основывает их в Малхут.

181) «Рабби Йоси сказал: "Когда Аарон", свойство правой линии, Хесед Зеир Анпина, "выдвигается" для того, чтобы передать Малхут, "все выдвигаются с ним", т.е. все три линии, "пока не благословляется Кнессет Исраэль" от трех этих линий, "и

---

[284] Пророки, Амос, 9:6. «Выстроил Он в небесах верхнюю (обитель) Свою, а свод Свой основал на земле; призывает Он воды морские, и заливают они лик земли; Творец имя Его».

[285] Тора, Шмот, 12:22. «И возьмите пучок иссопа, и обмакните в кровь, которая в сосуде, и приложите к притолоке и к обоим косякам кровь, которая в сосуде, а сами не выходите никто за дверь своего дома до утра».

благословляются высшие", сфирот Зеир Анпина, "и нижние", сфирот Малхут. "Тогда написано: "Благословен Творец с Циона, обитающий в Йерушалаиме. Алелуйа"[286] – т.е. Зеир Анпин, называемый АВАЯ, благословляется с Циона, от Есода Малхут. "И благословенно имя славы Его вовек, и наполнится славой Его вся земля. Амен и амен"[287]». То есть имя славы Его, Малхут, благословляется от Зеир Анпина.

Объяснение. Рабби Йоси подтверждает то, что сказал выше,[288] что «свод Свой»[284] указывает на мохин Зеир Анпина, светящие в Малхут. И добавляет, что Писание указывает нам, что свод Зеир Анпина, т.е. три его линии, благословляются полностью, чтобы светить также и свечением Хохмы, только лишь в час, когда «основал на земле»[284], то есть передает их Есоду Малхут, называемому Цион. Как сказано: «Благословен Творец с Циона»[286]. Ибо, когда три линии Зеир Анпина не светят в Малхут, у него есть лишь хасадим, укрытые от Хохмы. И на это указывает нам Писание: «А свод Свой»[284] – чтобы она светила в совершенстве, «основал на земле»[284].

---

[286] Писания, Псалмы, 135:21. «Благословен Творец с Циона, обитающий в Йерушалаиме. Алелуйа».
[287] Писания, Псалмы, 72:19. «И благословенно имя славы Его вовек, и наполнится славой Его вся земля. Амен и амен».
[288] См. выше, п. 179.

ГЛАВА ЦАВ

И вложил Я слова Мои в уста твои

182) «Рабби Эльазар шел из Каппадокии в Луд. И были с ним рабби Йоси и рабби Хизкия. Провозгласил рабби Эльазар и сказал: "И вложу Я слова Мои в уста твои, и в тени руки Своей укрою тебя"[289]. Мы учили: каждый человек, занимающийся Торой, губы которого произносят Тору, – Творец укрывает его, и Шхина простирает над ним свои крылья. Это означает: "И вложу Я слова Мои в уста твои, и в тени руки Своей укрою тебя"[289]. И, к тому же, он воздвигает мир, и Творец радуется с ним, как в тот день, когда основал небо и землю. И это то, чем Писание заканчивает: "Устроить небеса и основать землю, и сказать Циону: "Ты – народ Мой"[289]».

183) «"Отсюда мы учили, что Исраэль называются именем Цион, как написано: "И сказать Циону: "Ты – народ Мой"[289]. И мы видели, что Кнессет Исраэль называются именем Цион, как написано: "Цион искупится правосудием, а раскаявшиеся его – праведностью"[290]».

---

[289] Пророки, Йешаяу, 51:16. «И вложу Я слова Мои в уста твои, и в тени руки Своей укрою тебя, чтобы устроить небеса и основать землю, и сказать Циону: "Ты – народ Мой!"»
[290] Пророки, Йешаяу, 1:27. «Цион искупится правосудием, а раскаявшиеся его – праведностью».

ГЛАВА ЦАВ

Какая связь между Торой и Пророками

184) «Еще провозгласил и сказал: "Упрочь свидетельство, запечатлей Тору в учениках Моих"[291]. "Упрочь свидетельство"[291] – это свидетельство Давида", т.е. Малхут. "Как написано: "Свидетельство Мое, которому Я научу их"[292]. "Упрочь"[291] означает – "связь. Подобно тому, кто укрепляет связь в одном месте"», и «упрочь свидетельство»[291] означает – Малхут, укрепленная связью. «"Запечатлей Тору в учениках Моих"[291]. "Запечатлей Тору"[291] означает – "печать Торы", т.е. Зеир Анпин, "когда всё изобилие и величие притягиваются сверху. Где она, печать Его?" – т.е. завершение. "Она – "в учениках Моих"[291], т.е. Нецахе и Ходе, называемых учениками Творца. "Ибо там собираются величие и умащение между двумя столпами", Нецах и Ход, "чтобы пребывать там, ибо они являются местом всего величия и умащения, изливающегося свыше", из Тиферет, называемой Торой, "чтобы наполнить им уста Есода, и излить его этому свидетельству", Малхут. "И тогда всё связывается в единую верную связь"». И будет значение сказанного таким: «Упрочь свидетельство»[291], связь Малхут, посредством того, что «запечатлей Тору в учениках Моих»[291] – когда изобилие Торы запечатлевается, т.е. довершается, в Нецахе и Ходе, а от них – в Есоде. И тогда связывается Малхут с Есодом, для того чтобы получить это изобилие, и всё становится единой связью.

185) «"Смотри. Какая связь между теми, кто занимается Торой, и верными пророками?" Она в том, что "те, кто занимается Торой, в любое время важнее, чем пророки. И почему? Потому что они стоят на более высокой ступени, чем пророки, ибо те, кто занимается Торой, стоят наверху, в месте, называемом Тора", и это Зеир Анпин, "и это является осуществлением всей веры", т.е. Малхут, у которой нет ничего, но лишь то, что дает ей Зеир Анпин. "А пророки стоят внизу", т.е. ниже хазе Зеир Анпина, "в месте, называемом Нецах и Ход. И поэтому те, кто занимается Торой, важнее пророков, и они выше их. Ибо одни стоят наверху, а другие – внизу. А те, кто произносит слова в духе святости, стоят ниже всех"». Ибо дух святости исходит от Малхут, которая ниже всех.

---

[291] Пророки, Йешаяу, 8:16. «Упрочь свидетельство, запечатлей Тору в учениках Моих».

[292] Писания, Псалмы, 132:12. «Если соблюдать будут сыновья твои союз Мой и Тору Мою (досл. свидетельство Мое), которой Я научу их, то и сыновья их во веки веков сидеть будут на престоле твоем».

ГЛАВА ЦАВ

Запах

186) «"Счастливы те, кто занимается Торой, так как (находятся) они на более высокой ступени, чем все. Тому, кто занимается Торой, не нужно ни жертвоприношений, ни всесожжений. Ибо Тора лучше всего, и она – связь веры всего", т.е. связь Малхут. "И поэтому сказано: "Пути ее – пути приятные, и все стези ее – мир"[293]. И сказано: "Велико благополучие любящих Тору Твою, и нет у них препятствий"[294]».

187) «Пока они шли, встретили одного человека, который подходил, и три ветви мирта в руке его. Приблизились к нему. Сказали ему: "Зачем тебе это?" Сказал: "Для того, чтобы дать облегчение пропадающей"», – т.е. дополнительной душе (нешама), исчезающей из нефеш человека на исходе субботы. «Сказал рабби Эльазар: "Ты правильно сказал. Но зачем тебе три?"» – достаточно было бы одной ветви мирта. «Сказал ему: "Одна – для Авраама, одна – для Ицхака и одна – для Яакова", – т.е. три линии, Хесед-Гвура-Тиферет. "И я связал их вместе, и вдыхал их запах, поскольку написано: "На запах умащений твоих добрых маслом изольется имя твое"[295]. Ибо этим запахом поддерживается нефеш в слабости своей, и поддерживается этой верой", т.е. Малхут. "И исходят благословения сверху и снизу"». Объяснение. Ибо запах указывает на свечение Хохмы, раскрывающееся в Малхут. И оно исходит от трех линий Зеир Анпина, на которые указывают три ветви мирта. И поэтому, когда вдыхают запах этих миртовых ветвей, требуется намерение притянуть свечение Хохмы от них к Малхут. «Сказал рабби Эльазар: "Счастлива участь Исраэля в этом мире и в мире будущем"».

188) «"Смотри, мир может держаться лишь на этом запахе, и от этого запаха", который обоняют внизу, "познается другой запах", наверху, т.е. свечение Хохмы. "Ибо в час исхода субботы дополнительная нефеш", которую человек приобретает в субботу, "уходит, и остаются нефеш и руах человека разделенными и печальными, приходит этот запах", который

---

[293] Писания, Притчи, 3:17. «Пути ее – пути приятные, и все стези ее – мир».
[294] Писания, Псалмы, 119:165. «Велико благополучие любящих Тору Твою, и нет у них препятствий».
[295] Писания, Песнь песней, 1:3. «На запах умащений твоих добрых маслом изольется имя твое; оттого тебя девушки любят».

привлекают с помощью запаха миртовых ветвей, "и" нефеш и руах "сближаются благодаря ему друг с другом, и радуются"».

189) «"И поэтому руах" человека "должен вслед за руахом", что наверху, т.е. Зеир Анпином, "принять этот запах", т.е. свечение Хохмы, "поскольку, когда принимается запах, сближаются" руах и нефеш верхние, т.е. ЗОН, а также руах и нефеш человека, "друг с другом, и радуются. Подобно этому запах жертвоприношения, когда с помощью этого запаха сближаются все вместе", т.е. все сфирот Зеир Анпина, "и воспламеняются" от них "свечи", т.е. сфирот Малхут, "и радуются"».

190) «"Смотри. Две свечи, одна – наверху, другая – внизу. Если человек зажигает ту свечу, что внизу, и гасит ту свечу, что наверху, то дым, который поднимается от нижней свечи, зажигает верхнюю свечу.²⁹⁶ Так дым жертвоприношения, этот дым, который поднимается" над жертвой, вызывает притяжение свечения Хохмы наверху, "и зажигает высшие свечи", т.е. Зеир Анпин и Малхут, "и они зажигаются вместе, и сближаются все" сфирот "вместе благодаря этому запаху, и потому это "благоухание, приятное Творцу". И это уже объяснялось"».

191) «"И поэтому запах жертвоприношения является поддержкой всего и поддержкой мира, и приносится в жертву коэном, сближающим всё. И поэтому во время дней посвящения", соответствующих семи сфирот ХАГАТ НЕХИМ, "они восполняются с его помощью, для того чтобы всем им благословиться посредством служения его, и радость и благословения будут пребывать наверху и внизу"».

192) «"Написано: "Творец, Ты – Всесильный мой, превознесу Тебя, восхвалю имя Твое, ибо Ты совершил чудо, (дав) советы издалека верно, истинно"²⁹⁷. Это изречение объяснялось. "Творец, Ты – Всесильный мой"²⁹⁷ – т.е. человек должен благодарить святое Имя и восхвалять Его за всё. От какого места хвала его? Это как уже объяснялось. А здесь – это из глубины всего", т.е.

---

²⁹⁶ См. Зоар, главу Ноах, п. 241. «И именно так, как это (происходит) внизу, так же пробуждается любовь наверху. Два светильника: когда гаснет свет светильника, который наверху, то дымом, поднимающимся от нижнего, зажигается светильник наверху...»

²⁹⁷ Пророки, Йешаяу, 25:1 . «Творец, Ты – Всесильный мой, превознесу Тебя, восхвалю имя Твое, ибо Ты совершил чудо, (дав) советы издалека верно, истинно».

Кетера, "как написано: "Ибо Ты совершил чудо"²⁹⁷. "Чудо"²⁹⁷ означает, "как написано: "И наречено ему имя Пэле (чудо)"²⁹⁸, и это Кетер. "И мы уже учили" это, "советы издалека"²⁹⁷ – это как ты говоришь: "Пэле-Йоэц (досл. Чудо-Советник)"²⁹⁸, т.е. Бина, называемая советом. "Издалека"²⁹⁷ – как сказано: "Издалека Творец являлся мне"²⁹⁹. И сказано: "Издалека приносит хлеб свой"³⁰⁰», что означает – Хохма, и «советы»²⁹⁷, т.е. Бину, получает от нее.

---

[298] Пророки, Йешаяу, 9:5. «Ибо родился у нас мальчик, сын дан нам; власть на плече хегo, и наречено ему имя Пэле-Йоэц-Эль-Гибор-Авиад-Сар-Шалом».

[299] Пророки, Йермияу, 31:2. «Издалека Творец являлся мне: "Любовью вечной возлюбил Я тебя, и потому привлек Я тебя милостью!"»

[300] Писания, Притчи, 31:14. «Она подобна кораблям купеческим – издалека приносит хлеб свой».

Вера ночью

193) «"Верно, истинно"²⁹⁷, это как сказано: "Всевышний верен, и нет несправедливости"³⁰¹. Вера – она ночью", т.е. Малхут, которая называется ночью, называется также и верой, "как сказано: "И о вере Твоей – по ночам"³⁰². И написано: "Обновляются они каждое утро – велика вера Твоя"³⁰³, т.е. Малхут. "И в будущем Творец очистит Исраэль от прегрешений их, как написано: "И омою вас водою чистою, и очиститесь вы от всей скверны вашей, и от всех идолов ваших очищу Я вас"³⁰⁴. Благословен Творец вовеки, амен и амен"».

---

[301] Тора, Дварим, 32:4. «Он твердыня, совершенно деяние Его, ибо все пути Его праведны; Всевышний верен, и нет несправедливости, праведен и справедлив Он».

[302] Писания, Псалмы, 92:3. «Возвещать утром о милости Твоей, и о вере Твоей – по ночам».

[303] Писания, Мегилат Эйха, 3:22-23. «Что милости Творца не истощились, что милосердие Его не иссякло. Обновляются они каждое утро – велика вера Твоя».

[304] Пророки, Йехезкель, 36:25. «И омою вас водою чистою, и очиститесь вы от всей скверны вашей, и от всех идолов ваших очищу Я вас».

Глава Шмини

ГЛАВА ШМИНИ

Торой создан человек

1) «"И было, на восьмой день"[1]. Рабби Ицхак провозгласил: "При всеобщем ликовании утренних звезд вострубили все сыны Всесильного"[2]. Счастливы Исраэль, ибо Творец дал им святую Тору, которая является всеобщей радостью, радостью Творца, и местом путешествия Его. Как написано: "И была радостью каждый день"[3]. И вся Тора – это одно святое имя Творца. И Торой был создан мир. Как сказано: "И была я у Него питомицей"[3], читай не "питомицей (амо́н אָמוֹן)"[3], а "мастером (ума́н אֻמָּן)"», т.е. была его мастерским инструментом для создания мира.

2) «"И с помощью Торы был создан человек. Это смысл изречения: "И сказал Всесильный: "Сделаем человека"[4], т.е. написано во множественном числе. "Сказал Творец Торе: "Я желаю создать человека". Сказала Ему: "Человеку этому предстоит согрешить и прогневить Тебя. Если не сдержишь Свой гнев к нему, как будет он жить в мире?" Сказал ей: "Я и ты произведем его на свет. Ведь недаром Я называюсь терпеливым"».

3) «Рабби Хия сказал: "Письменная Тора", Зеир Анпин, "и устная Тора", Малхут, "содеяли человека в мире. Это смысл изречения: "Сделаем Адама (человека) в образе Нашем, по подобию Нашему"[4]», – т.е. написано во множественном числе. «Рабби Йоси сказал: "Отсюда" следует, "что уже сделали его. Сделали его, конечно", т.е. во множественном числе. "И это образ (целем) и подобие (дмут)", вдвоем создавшие человека. "Образ (целем) – в захаре", и это Зеир Анпин, называемый целем, "подобие (дмут) – в нукве"», т.е. Малхут, называемой дмут. И смысл слова «целем» выяснялся.[5] А Малхут называется

---

[1] Тора, Ваикра, 9:1. «И было, на восьмой день призвал Моше Аарона и его сыновей, и старейшин Исраэля».

[2] Писания, Иов, 38:7. «При всеобщем ликовании утренних звезд вострубили все сыны Всесильного».

[3] Писания, Притчи, 8:30. «И была я у Него питомицей, и была радостью каждый день, веселясь пред Ним все время».

[4] Тора, Берешит, 1:26. «И сказал Всесильный: "Сделаем Адама (человека) в образе Нашем, по подобию Нашему. И властвовать будут они над рыбой морской и над птицей небесной, и над скотом, и над всею землей, и над всем ползучим, что ползает по земле"».

[5] См. «Предисловие книги Зоар», п. 237, со слов: «Как сказано: "И создал Всесильный человека в образе Его". Понятие ЦЕЛЕМ (образ) нужно объяснять очень долго, но выясним его здесь в необходимой мере, для того чтобы понять все, что последует после этого…»

подобием (дмут), от слова «дмама (безмолвие)», ибо нет у нее самой ничего, кроме того, что она получает от Зеир Анпина. И душа Адама родилась от зивуга Зеир Анпина и Малхут, и потому сказано: «В образе Нашем, по подобию Нашему»[4]. «"И потому начало Торы – это "бет (т.е. два)", поскольку она указывает на Зеир Анпин и Малхут, "и это уже объяснялось"».

4) «Рабби Ицхак сказал: "Почему бет (ב) открыта" с одной стороны "и закрыта" с другой стороны? И отвечает: "Но в час, когда человек приходит соединиться с Торой, она открыта, чтобы принять его и взаимодействовать с ним. А в час, когда человек закрывает глаза, (отстраняясь) от нее, и уходит на другой путь, то и она закрыта с другой стороны", как буква бет (ב). "Как сказано: "Если на день ты оставишь Меня, оставлю Я тебя на два", и не найдет он входа, пока вновь не соединится с Торой напрямую и не будет отходить от нее. И потому Тора начинает" созывать "людей, и возглашает и призывает их: "К вам, люди, взываю"[6]. И написано: "С возвышений слышимых взывает она, при входах во врата, в городе говорит она речи свои"[7]».

5) «Рабби Йегуда сказал: "Бет (ב) имеет форму двух горизонтальных линий и одной" линии, "их соединяющей. Что это значит? Но одна" горизонтальная линия – наверх "к небесам", т.е. к Зеир Анпину, "другая" горизонтальная линия – вниз "к земле", т.е. к Малхут, "и Творец", т.е. Есод, "включен" в них "и принимает их"».

6) «Рабби Эльазар сказал: "Это три высших святых света", т.е. три линии, "соединенные вместе, и они – совокупность Торы, и они открывают входы для всех, открывают входы" и передают (свет) "вере", Малхут, "и они – дом для всех. И называются они домом потому, что эти три" линии в бет (ב), указывающие на три линии Зеир Анпина, "являются домом. И поэтому начало Торы – это бет (ב), так как это – Тора, и это – исцеление мира"».

7) «"Поэтому тот, кто занимается Торой, как будто занимается святым именем. И мы учили, что вся Тора – это одно

---

[6] Писания, Притчи, 8:4. «К вам, люди, взываю, и голос мой к сынам человеческим!»

[7] Писания, Притчи, 1:21. «С возвышений слышимых взывает она, при входах во врата, в городе говорит она речи свои».

высшее святое имя. И поскольку она – святое имя, она начинается с бет (ב), являющейся совокупностью святого имени"», т.е. трех вав (ו) в тайне: «И двинулся (ва-иса́ וַיִּסַּע)»⁸, «И вошел (ва-яво́ וַיָּבֹא)»⁹, «И простер (ва-ет וַיֵּט)»¹⁰, которые являются тремя линиями Зеир Анпина,¹¹ «"и это три связи", влияющие "на веру"», Малхут.

8) «"Смотри, все те, кто занимается Торой, соединяются с Творцом и украшаются венцами Торы, и любимы вверху и внизу, и Творец протягивает им Свою десницу", т.е. Хесед. "И тем более те, кто занимается Торой еще и ночью, установившие, что они взаимодействуют со Шхиной и соединяются вместе. И когда наступает утро, Творец венчает их одной нитью милости (хесед), чтобы были они известны среди высших и среди нижних"».

9) «"И все эти утренние звезды в час, когда Кнессет Исраэль", Малхут, "и все те, кто занимается Торой, приходят, чтобы предстать пред Царем", Зеир Анпином, "все они воспевают вместе. Как сказано: "При всеобщем ликовании утренних звезд вострубили все сыны Всесильного"². Что значит "вострубили"²? Это как сказано: "Сокрушена будет земля"¹². То есть, говорится о разбиении. Поскольку эти суды", называемые сынами Всесильного, "разбиваются. И все они разбиваются перед наступлением утра, в момент, когда пробуждается утро в мире", т.е. свечение Хеседа Зеир Анпина. "Как сказано: "И встал Авраам рано утром"¹³. А Авраам – это Хесед. "И поэтому: "Вострубили все сыны Всесильного"²».

---

⁸ Тора, Шмот, 14:19. «И двинулся ангел Всесильного, шедший перед станом Исраэля, и пошел позади них. И двинулся облачный столп, (шедший) перед ними, и встал позади них».

⁹ Тора, Шмот, 14:20. «И вошел он между станом Египта и станом Исраэля, и было облако и мрак, и осветил ночь, и не приближался один к другому всю ночь».

¹⁰ Тора, Шмот, 14:21. «И простер Моше руку свою на море, и гнал Творец море сильным восточным ветром всю ночь, и сделал море сушей, и расступились воды».

¹¹ См. Зоар, главу Бешалах, п. 173.

¹² Пророки, Йешаяу, 24:19. «Сокрушена будет земля, разбита будет земля вдребезги, содрогнется земля».

¹³ Тора, Берешит, 22:3. «И встал Авраам рано утром, и оседлал осла своего, и взял с собой двух отроков своих и сына своего Ицхака, и наколол дров для жертвы всесожжения, и встал, и пошел на место, о котором сказал ему Всесильный».

ГЛАВА ШМИНИ

Цион и Йерушалаим

10) «Рабби Эльазар находился в пути, встретил рабби Пинхаса бен Яира, который приближался, и осел его кричал. Сказал рабби Пинхас: "По радостному крику осла, я вижу, что новые лица находятся здесь". Когда вышел с обратной стороны горы, увидел рабби Эльазара, который подходил, сказал: "Безусловно, сбылся радостный возглас"» осла. «Спустился к нему рабби Эльазар и поцеловал его. Сказал ему: "Если приятно тебе" соединиться со мной "на одном пути, пойдем и соединимся вместе. А если нет, то выбери свой путь и иди". Сказал ему: "Конечно, я шел в противоположную тебе сторону, но поскольку встретил тебя, пойду за тобой и соединимся вместе"».

11) «Провозгласил рабби Пинхас и сказал: "Благословит тебя Творец с Циона и увидишь благополучие Йерушалаима"[14]. Спрашивает: "Благословит тебя Творец с Циона"[14] – что означает "с Циона"[14]?" И отвечает: "Поскольку оттуда", с Циона, который является Есодом Малхут, "выходят благословения для всех. Это смысл сказанного: "Ибо оттуда заповедал Творец благословение, жизнь навеки"[15]. И поэтому "благословит тебя Творец с Циона"[14], потому что оттуда выходят благословения для всех. "И увидишь благополучие Йерушалаима"[14], – когда Цион", т.е. Есод Малхут, "наполнился благословениями, тогда благословляется Йерушалаим", Малхут, "и пребывает в нем милосердие, а когда благословляется Йерушалаим, благословляется весь народ"».

12) «"Во все дни жизни твоей"[14], – чтобы не была видна радуга при жизни твоей, как отцу твоему", рабби Шимону бен Йохаю, в дни которого не раскрылась радуга.[16] Ибо радуга указывает на суды. "И об этом" сказано: "И увидишь благополучие Йерушалаима во все дни жизни твоей"[14], – то есть, чтобы во все дни жизни своей ты видел благополучие Малхут, и не было

---

[14] Писания, Псалмы, 128:5. «Благословит тебя Творец с Циона и увидишь благополучие Йерушалаима во все дни жизни твоей».

[15] Писания, Псалмы, 133:3. «Подобно росе хермонской, стекающей на горы Циона, ибо оттуда заповедал Творец благословение, жизнь навеки».

[16] См. Зоар, главу Ваикра, п. 239. «Отсюда признак преданного праведника, в дни которого не раскрылась радуга, и в его дни мир не нуждался в этом знаке...»

в ней судов. "И увидишь сыновей у сыновей твоих"[17], которые будут "боящимися греха, святыми приверженцами. Тогда "мир над Исраэлем"[17]. Что значит "мир над Исраэлем"[17]? Но это подобно тому, кто провозглашает мир над головой царя, чтобы не было недостатка ни в чем, так же "мир над Исраэлем"[17]», т.е. над рош Зеир Анпина, который называется Исраэлем в тот момент, когда есть у него ГАР, т.е. рош. Ибо Исраэль (יִשְׂרָאֵל) – это буквы «ли рош (לִי רֹאשׁ у меня рош)». А мир над рош Зеир Анпина – «"все время, пока пребывают праведники в мире"».

13) «Провозгласил рабби Эльазар и сказал: "Венец стариков – сыновья сыновей, и слава детей – отцы их"[18]. "Сыновья"[18] – мы уже учили", что это ХАГАТ Зеир Анпина, являющиеся сыновьями для Хохмы и Бины, "сыновья сыновей"[18] – это остальные сфирот Царя", т.е. НЕХИ, "как сказано: "И все сыновья твои – ученики Творца"[19], что указывает на НЕХИ. "И написано: Дорогие сыны Циона"[20], т.е. НЕХИ Зеир Анпина, соединяющиеся с Ционом, т.е. Есодом Малхут. "Как ты говоришь: "И слава детей – отцы их"[18], то есть "сыновья", ХАГАТ, "украшаются только в отцах", т.е. в Хохме и Бине, считающихся отцами для ХАГАТ. "Отсюда мы учили, что сыновья", ХАГАТ, "не украшаются и не напоены живительной влагой ручья", Бины, "но лишь в то время, когда отцы", Хохма и Бина, "украшаются и благословляются" от Кетера. "Это смысл сказанного: "И слава детей – отцы их"[18]».

---

[17] Писания, Псалмы, 128:6. «И увидишь сыновей у сыновей твоих. Мир над Исраэлем».
[18] Писания, Притчи, 17:6. «Венец стариков – сыновья сыновей, и слава детей – отцы их».
[19] Пророки, Йешаяу, 54:13. «И все сыновья твои – ученики Творца, и велико благополучие сынов твоих».
[20] Писания, Мегилат Эйха, 4:2. «Дорогие сыны Циона, которых мерили на вес золота, – о, как уподобились они глиняным кувшинам, поделкам гончара!»

ГЛАВА ШМИНИ

Сколько посланцев есть у Творца

14) «Пока они шли, наступило время молитвы, сошли и стали молиться. Пока молились, обвился и свернулся один змей вокруг ног осла рабби Пинхаса. Испугался» осёл «и прокричал два раза. После того как закончили молитву, сказал рабби Пинхас: "Конечно, это страдание для моего животного", и это произошло потому, что "сегодня я начал слишком рано", и губы мои "произносили Тору", а осёл "перенес меня в место, где находится грязь". И потому "теперь его мучают". Встали и увидели змея, обвившего ногу осла. Сказал рабби Пинхас: "Змей, змей, иди и вяжи свои узлы на склоне норы" твоей. "Тут же оторвался змей от ноги осла и упал, (разбившись) на мелкие кусочки"».

15) «Сказал рабби Эльазар: "Почему же Творец так взыскателен к праведникам?" Сказал ему: "Конечно же, Творец взыскателен к праведникам и оберегает их, поскольку хочет добавить им святость к святости их. А теперь, этот осёл, поскольку не уберег он святости моей", потому "огорчен. А этот змей был посланцем, и сколько посланцев есть у Творца, и через всех них Он осуществляет Свое послание, и даже через зверей полевых. Это смысл сказанного: "И напущу на вас зверя полевого, и лишит он вас детей"[21]. И даже при помощи идолопоклонников, это означает: "Поднимет Творец против тебя народ издалека, с края земли"[22]».

16) «Сказал рабби Эльазар, (спрашивая): "Разве через Исраэль" Творец тоже "осуществляет Свое послание?" Сказал ему: "Да, как грешник через праведника. Но грешник через Исраэль – это другой грешник, не осуществляет Он через него послание, кроме того времени, когда тот не собирался направлять на него. Это смысл сказанного: "А если он не имел целью, но Всесильный подвел ему под руку"[23]. "А если он не имел целью"[23] – именно так, "что не" намеревался он "убивать его, только: "Но

---

[21] Тора, Ваикра, 26:22. «И напущу на вас зверя полевого, и он лишит вас детей и истребит ваш скот, и умалит вас; и опустеют ваши дороги».

[22] Тора, Дварим, 28:49. «Поднимет Творец против тебя народ издалека, с края земли, как налетает орел, – народ, языка которого ты не поймешь».

[23] Тора, Шмот, 21:12-13. «Тот, кто ударит человека, и он умрет, смерти предан будет. А если он не имел целью, но Всесильный подвел ему под руку, то назначу тебе место, куда ему бежать».

Всесильный подвел ему под руку"[23], чтобы наказать обоих"», – убивающего и убитого.

17) «Сказал рабби Эльазар: "Каким образом Творец осуществляет Свое послание через тех, о которых говорилось раньше, и через идолопоклонников?" Сказал ему: "Отец твой не говорил тебе это?" Сказал ему: "Я еще не спрашивал его"».

18) «Провозгласил и сказал: "И Он успокоит, и кто обвинит Его?"[24] "И Он успокоит"[24] – в то время, когда Творец дает тишину и покой человеку, кто тот, у кого есть право вредить Ему и обвинять Его? "И скрывает Он лик Свой, и кто увидит Его?"[24], – и в то время, когда Он скрывает глаза, не наблюдая за ним, кто же будет наблюдать за ним, чтобы оберегать его и обеспечивать его охрану?" И тогда приходят эти посланцы и вредят ему. "И путь Творца в этом: "Он над народами и всеми людьми вместе"[24], – т.е. будь это весь мир или один народ, или только один человек"».

19) И объясняет его слова: «"Смотри, когда действия людей внизу хорошие, пробуждается на них свыше десница Творца. Тогда пробуждается множество любящих, множество хранителей мира, множество хранителей человека, справа и слева", чтобы оберегать его, как со стороны Хеседа, так и со стороны Гвуры, чтобы охранять его, "и тогда подчиняется левая (сторона), и не может властвовать. А в то время, когда действия людей внизу не хорошие, пробуждается на них левая сторона", т.е. суды, "и все те, кто исходит от левой стороны. Все они пробуждаются, и все становятся посланниками, чтобы приносить зло людям. Ибо те, кто преступили слова Торы, все они записаны пред ними, и узнаваемы теми, кто пробуждается с левой стороны"».

20) «"И поэтому эти звери и идолопоклонники, и все те, кто исходит от левой стороны, – все они называются посланниками для тех, кто записан" пред ними, как было сказано, "и они пробуждаются по отношению к ним. А Исраэль, даже если действия их не хорошие, все они исходят от правой стороны. И поскольку принижается правая (сторона) из-за" плохих

---

[24] Писания, Иов, 34:29. «И Он успокоит, и кто обвинит Его? И скрывает Он лик Свой, и кто увидит Его? И Он над народами и всеми людьми вместе».

"поступков" тех, кто записан пред ними, поэтому "властвует над ними левая (сторона) и все те, кто исходит от левой стороны, и потому это послание (осуществляется) через этих зверей и идолопоклонников, и всех подобных им, которые с левой стороны, а не через Исраэль, который даже будучи грешником, исходит от правой стороны"». И эта сторона принижается из-за их действий.

21) «"А грешник Исраэля, который пал через другого грешника Исраэля", – это только "в то время, когда" этот грешник "не намеревался" убивать его, и тогда это не в силу послания, а "из-за того, что были наказаны оба и получили наказание, чтобы очистить их". Сказал рабби Эльазар: "Откуда нам это известно?" Сказал ему: "Они в правой (стороне) и не прилеплялись к левой, и не перемешивались с ней никогда", поскольку оба они исраэлиты, и потому не может он быть посланцем левой (стороны), чтобы наказывать кого-то. "И потому", когда исраэлиты-грешники намереваются убить, они "устраняются"» из мира.

22) «Сказал рабби Эльазар: "Откуда нам это известно", что когда исраэлиты-грешники намереваются убить, они устраняются из мира? Сказал ему: "Смотри, из (рассказа с) наложницей в Гиве. Ведь, несмотря на то, что" жители Гивы "были грешниками, не захотел Творец, чтобы пробудились", чтобы наказывать других грешников из сынов Исраэля, и потому умирали они всякий раз, когда умирали", в первых сражениях, "пока все грешники, которые пробудились, чтобы наказать их, не умерли и не исчезли, и остались самые праведные, которые это сделали путем истины. И хотя они праведники, в тот момент, когда миры равны как один, когда нижний мир" ведет себя "в подобии высшему миру, дано это только тем, кому дано", т.е. только тем, кто исходит от левой (стороны), и это звери и идолопоклонники. Ибо когда нижний мир ведет себя подобно высшему, ветви правой (стороны) не могут быть посланцами для дел левой, убивать и наказывать. Поскольку наверху не поменяются эти вещи никогда. "А в то время" сражений из-за наложницы в Гиве, "миры не были равны друг другу"», один в подобии другому, и потому праведники могли наказывать и убивать, несмотря на то, что не будет такого наверху.

23) «"Поэтому грешники Исраэля не являются для других грешников посланцами Царя, ведь они не исходят от левой стороны. Как в притче о людях, которые согрешили пред царем. Напустился надзиратель на них, чтобы схватить и наказать их, – тех, кто согрешил пред царем. Выступил мудрец из жителей того города и смешался с сынами надзирателя", которые являются помощниками надзирателя. "Поднял надзиратель глаза и увидел его. Сказал ему: "Кто пустил тебя к нам? И не из тех ли ты, которые согрешили перед царем, будешь ты наказан первым". Схватили его и казнили"».

24) «"Так Исраэль исходят от правой стороны, и не прилеплялись к левой и не смешивались с ней никогда. А когда" грешники "приводят своими грехами к принижению правой (стороны), пробуждается левая, и все те, кто исходит от этой стороны", чтобы наказать их, – "если выступает один из Исраэля", т.е. от правой стороны, "чтобы смешаться с ними, узнают его, и говорят ему: "Разве ты не из тех, кто исходит от правой стороны, которая унижена из-за преступлений грешников? И не из тех ли ты, кто согрешил перед царем. Кто пустил тебя к нам?" И выходит, что он наказывается первым. А царь Шломо гневался на них, говоря: "Когда человек властвует над человеком, во вред ему"[25]. "Во вред ему"[25], несомненно, поскольку он не посланец Царя, и не исходит от той стороны"», левой.

25) «Сказал рабби Эльазар: "Конечно же, это так. Ведь мы учили, что есть правая и есть левая", т.е. "милосердие и суд. Исраэль (относятся) к правой, а народы-идолопоклонники – к левой. Исраэль, даже если они грешники и унижены, – они в правой (стороне), и не прилепляются к левой и не смешиваются с ней никогда. Поэтому написано: "Спаси десницей Твоей и ответь мне"[26], ибо когда возносится правая, Исраэль, слитые с ней, поднимаются и украшаются ею. Тогда подчиняется левая сторона, и все, кто исходит от этой стороны. Это смысл сказанного: "Десница Твоя, Творец, сокрушит врага"[27]».

---

[25] Писания, Коэлет, 8:9. «Все это видал я, принимая к сердцу своему все дела, что делаются под солнцем, когда человек властвует над человеком, во вред ему».
[26] Писания, Псалмы, 60:7. «Чтобы избавлены были любимые Тобой, спаси десницей Твоей и ответь мне».
[27] Тора, Шмот, 15:6. «Десница Твоя, Творец, величественна силой. Десница Твоя, Творец, сокрушит врага».

ГЛАВА ШМИНИ

И было на восьмой день

26) «Провозгласил рабби Эльазар и сказал: "И было, на восьмой день призвал Моше Аарона и его сыновей, и старейшин Исраэля"[28]. Спрашивает: "И было, на восьмой день"[28], – что представляет собой восьмой день?" Однако написано: "Ибо семь дней совершается посвящение ваше"[29]. "Ибо семь"[29], – следовало сказать: "Ибо в семь", или: "семь дней совершается посвящение ваше", что значит: "Ибо семь дней совершается"[29]?»

27) «"Но счастливы коэны, которые украшаются венцами святого Царя", Зеир Анпина, а венцы Его – это света Бины. "И помазаны они святым елеем помазания, и благодаря этому пробуждается высший елей", т.е. изобилие Хохмы, которая в Бине, "напаивающее все семь" сфирот ХАГАТ НЕХИМ, "которые помазываются тем же святым помазанием", что в Бине. "И все эти семь свечей", т.е. семь сфирот, "зажигаются от него, а святое помазание", т.е. Бина, "это совокупность всех семи"». И потому сказано о них: «Семь дней совершается»[29], т.е. «семь дней»[29], и это семь сфирот, включенные в Бину, они совершат посвящение ваше от елея помазания посредством того, что будут давать наполнение через семь сфирот Зеир Анпина. «"И все они", все семь сфирот Зеир Анпина, "включены в него"», – в Бину.

28) «"И мы учили, что их только шесть дней", ХАГАТ НЕХИ, "включенных в это", в Бину, "а она", Бина, "является совокупностью их всех", и потому считается днем сама по себе. "И потому" написано: "Семь дней совершается"[29], т.е. ХАГАТ НЕХИ Зеир Анпина вместе с Биной, "ибо от него зависят", поскольку ХАГАТ НЕХИ Зеир Анпина зависят от Бины, и поэтому она исчисляется с ними. "И потому называется Кнессет Исраэль", Малхут, "Бат Шева (дочь семи). Это потому, что она состоит из шести других"» сфирот. И в таком случае она должна была называться Бат Шеш (дочь шести), но со своим собственным свойством она – семь. И здесь тоже, поскольку Бина состоит из

---

[28] Тора, Ваикра, 9:1. «И было, на восьмой день призвал Моше Аарона и его сыновей, и старейшин Исраэля».

[29] Тора, Ваикра, 8:33. «И из входа Шатра собрания не выходите семь дней до исполнения дней посвящения вашего, ибо семь дней совершается посвящение ваше».

шести других, она считается днем сама по себе, чтобы исчисляться вместе с ними, и это семь дней.

29) «"После того, как этот "семь", т.е. Бина с шестью днями, включенными в нее, "восполнил коэнов и увенчал их, и помазал их всем, когда пришли к Кнессет Исраэль", Малхут, "и она – восьмой" день, после них, семи дней, т.е. Бины ХАГАТ НЕХИ, "было заповедано Аарону принести в жертву тельца, ибо он детеныш коровы", которая указывает на Малхут, "за тот самый грех другого тельца, совершенный Аароном, и согрешил в отношении коровы", в отношении Малхут, "которая является восьмой", для этих семи дней, "и она называется "мирные, верные Исраэлю"[30]. И тогда "является коэн совершенным во всем – в восьми видах одеяний славы, совершенным во всех сфирот, совершенным наверху, совершенным внизу"».

30) «"И во всем нужно показать действие" внизу. "И поэтому произошло с Аароном действие внизу", – т.е. семь дней, которые он не выходил из Скинии, и принесение жертвы на восьмой день, "чтобы пробудил так наверху, и находилось бы всё в одном виде, и тогда благословляются все миры, и благословения пребывают благодаря коэну. И здесь восполняется коэн всем" совершенством, "как подобает"».

31) «"Почему тельца?" Это как написано: "Молодого тельца в грехоочистительную жертву"[31], что означает – "из-за того греха, который совершил он раньше", т.е. тельца. "И овна во всесожжение"[31], спрашивает: "Что означает", что принес в жертву "овна?" И отвечает: "Из-за овна Ицхака", т.е. овна, которого пожертвовал Авраам вместо Ицхака, что является подслащением Ицхака, и это жертва всесожжения без порока, и этот овен был пригоден, чтобы пожертвовать и восполнить всё", т.е. подсластить левую (сторону) и восполнить ее, "и это место", т.е. Малхут, "со стороны Ицхака оно черпает". Ибо Малхут строится от левой стороны, Ицхака, и потому нужно восполнять ее оттуда. "И овен этот приносится в жертву всесожжения из-за овна Ицхака, поскольку жертва всесожжения поднимается наверх",

---

[30] Пророки, Шмуэль 2, 20:19. «Я из мирных, верных Исраэлю. Ты хочешь разрушить один из материнских городов в Исраэле, – зачем губить тебе наследие Творца?»

[31] Тора, Ваикра, 9:2. «И сказал он Аарону: "Возьми себе молодого тельца в грехоочистительную жертву и овна во всесожжение, беспорочных, и принеси пред Творцом"».

в Бину, "чтобы увенчать ее", Малхут, "совершенством. Телец и овен. Телец – для нее, как мы уже сказали", то есть, чтобы исправить ущерб, причиненный Малхут изготовлением тельца.³² "Овен – чтобы восполнить ее совершенством Ицхака, как подобает"». Ибо сам Ицхак – это левая сторона, свойство быка, а овен – это его подслащение и совершенство.

32) «"И Исраэль, которые согрешили" вместе "с коэном в этом", в грехе тельца, "приносят в жертву подобно этому, как написано: "И быка и овна в мирную жертву, чтобы зарезать пред Творцом"³³. Бык – за то, что согрешили", в отношении тельца, т.е. для исправления ущерба. "А овен – восполнить это место", Малхут, "совершенством Ицхака"». Как объяснялось в предыдущем пункте.

33) Спрашивает: «"В чем отличие, что о коэне написано: "Тельца в грехоочистительную жертву"³¹, а об Исраэле не написано: "Быка в грехоочистительную жертву"?" И отвечает: "Но Исраэль получили наказание сначала, и поскольку получали наказания в разных местах", т.е. в разных видах, через сыновей Леви и напоение (водой), и т.д., "поэтому Творец не хотел напоминать им грех их, как вначале, и потому не написано здесь: "В грехоочистительную жертву", а "в мирную жертву"³³, чтобы указать на мир, что Творец в мире с Исраэлем относительно этого"».

34) «"Но Аарон, который не получил наказание" за грех тельца "благодаря молитве Моше, как написано: "И на Аарона прогневался Творец"³⁴, и написано: "И молился я также за Аарона в ту пору"³⁴, и до сих пор грех не был искуплен", поэтому "написано: "Молодого тельца в грехоочистительную жертву"³¹. "В грехоочистительную жертву"³¹, разумеется, – чтобы искупился его грех и очистился, и был восполнен окончательно"».

35) «"И в этот день завершились высшие и нижние, и был совершенным во всем, радостью внизу и наверху. И если бы не было помехи сыновей Аарона в этот день, то со дня, когда

---

³² См. выше, п. 29.
³³ Тора, Ваикра, 9:4. «И быка и овна в мирную жертву, чтобы зарезать пред Творцом, и хлебное приношение, смешанное с елеем, – ибо сегодня Творец явит Себя вам».
³⁴ Тора, Дварим, 9:20. «И на Аарона прогневался Творец очень, (и вознамерился) уничтожить его. И молился я также за Аарона в ту пору».

вышли Исраэль из моря, не было радости высших и нижних, как в тот день. В этот день был устранен тот самый грех", тельца, "из этого мира, и были коэны и Исраэль очищенными от него. В тот день были устранены все те обвинители, что наверху, которые ходили и кружили вокруг Исраэля, и не было их в ту пору"».

36) «"Пока не настал час, и не взяли Надав и Авиу и не испортили общей радости, и возникла досада в мире. Как сказано: "И явила себя слава Творца (всему) народу"[35]. Сразу же: "И взяли двое сынов Аарона, Надав и Авиу, каждый свой совок"[36]».

37) «"Мы учили: в тот день была радость Кнессет Исраэль", Малхут, "от соединения связью веры со всеми святыми связями", т.е. со всеми сфирот Зеир Анпина. "Ибо воскурение соединяет всё воедино, и потому называется "кторет (связывание)". А они, Надав и Авиу, взяли и соединили всех этих других", что от ситры ахра, "вместе. И вынудили ее", Малхут, "расположиться снаружи, ибо не соединили ее с ними", со сфирот Зеир Анпина. "И присоединили другое" вместо Малхут. "И потому предостерег Он потом коэнов, как написано: "С этим (бе-зот) должен входить Аарон в Святилище"»[37], то есть, чтобы присоединил Малхут, называемую «зот».

38/1) «"Разными способами они портили радость Кнессет Исраэль:

Во-первых, тем, что не женились, и были недостойны того, чтобы совершать жертвоприношения, и чтобы через них благословлялись миры.

---

[35] Тора, Ваикра, 9:23. «И вошел Моше с Аароном в Шатер собрания; и вышли они, и благословили народ. И явила себя слава Творца всему народу».

[36] Тора, Ваикра, 10:1. «И взяли сыны Аарона, Надав и Авиу, каждый свой совок, и положили на них огонь, и возложили на него курение; и поднесли они пред Творцом чуждый огонь, чего Он не велел им».

[37] Тора, Ваикра, 16:3. «С этим (досл. с этой) должен входить Аарон в Святилище: с молодым тельцом в очистительную жертву и с овном во всесожжение».

Во-вторых, тем, что время было непригодно" для приношения воскурения, ибо это не было во время зажигания светильников и очищения светильников, как мы уже объясняли.[38]

"В-третьих, тем, что поторопились" наследовать первосвященство при жизни отца.[38]

"В-четвертых, еще прежде этого", до того как возложили воскурение, "был вынесен их приговор", как написано: "И поднесли они пред Творцом чуждый огонь"[36]. Разумеется, другая сущность", т.е. ситра ахра, "ввязалась в эту связь, и они вынудили Кнессет Исраэль", Малхут, "располагаться снаружи"».

38/2) «Сказал ему рабби Пинхас: "Не говори, что они поместили ее снаружи, а что Кнессет Исраэль не была соединена ими", с Зеир Анпином, – "поскольку в любом месте, где нет захара и нуквы, Кнессет Исраэль вообще не пребывает среди них. Поэтому предостерег Он коэнов, как написано: "С этой (зот) должен входить Аарон в Святилище"[37], – чтобы были захар и нуква", ибо иначе не будет пребывать зот, Малхут. "И потому коэн не должен входить в Святилище, пока не женится, чтобы мог содействовать связи Кнессет Исраэль. Ибо тот, кто не женился, вынуждает Кнессет Исраэль находиться снаружи, и она не соединяется с ним. И потому произошла у них сумятица в тот день"».

39) «"И было, на восьмой день"[28]. Рабби Йоси провозгласил и сказал: "Как роза среди шипов, так возлюбленная моя среди дев"[39]. "Как роза среди шипов"[39] – это Кнессет Исраэль. И Творец восхваляет Кнессет Исраэль, и любовь Творца направлена к ней, чтобы слиться с ней. И поэтому тот, кто женился, должен восхвалять Творца и восхвалять Кнессет Исраэль. Поскольку мы учили, во всем", в любой заповеди, "нужно показать" любовь "в действии, как человек прилепляется к своей супруге, и любовь его направлена к ней, ибо когда он приходит к служению пред святым Царем, он возбуждает другой зивуг", высший. "Ведь любовь Творца в том, чтобы слиться с Кнессет

---

[38] См. Зоар, главу Цав, п. 152. «"Смотри, несмотря на то, что сыновья Аарона погибли в тот час", и не спасло их величие дня, "это было справедливым во многих отношениях..."»

[39] Писания, Песнь песней, 2:2. «Как роза среди шипов, так возлюбленная моя среди дев».

Исраэль, и того, кто вызывает это, – Творец благословляет его, и Кнессет Исраэль благословляет его. И мы это уже учили"».

40) «"И потому хвала, которую Творец воздает Кнессет Исраэль", Малхут, "это – "как роза"[39], которая "среди шипов"[39], т.е. она лучше всего и превосходит всё, так и Кнессет Исраэль среди остальных станов, поскольку она поднимается и украшается над всеми ними. И это "роза среди шипов"[39] и этрог среди шипов". Ибо роза и этрог – это имена Малхут, которая находится среди шипов. "Для того чтобы показать превосходство Кнессет Исраэль над всеми ними"».

Объяснение. Келим де-ахораим Малхут упали в мир Брия, где у внешних (свойств) есть удержание в ней. И в это время она среди шипов. А в гадлуте, когда она в зивуге с Зеир Анпином, она поднимает эти свои келим де-ахораим из мира Брия и из внешних (свойств), и они становятся келим для света Хохмы, потому что свет Хохмы принимается только в эти келим де-ахораим.[40] И получается, что они возносятся над всеми. И это возвеличивает ее «как розу среди шипов»[39]. И также этрог находится среди шипов, ибо всё величие она берет оттуда.

41) «"Смотри, Кнессет Исраэль благословляется коэном, и Исраэль благословляются коэном. А коэн благословляется высшим коэном", т.е. Хеседом Зеир Анпина. "Это смысл сказанного: "И возложат имя Мое на сынов Исраэля, и Я благословлю их"[41]».

42) «"Написано: "Помни милосердие Твое, Творец, и милости Твои, ибо вечны они"[42]. "Помни милосердие Твое"[42] – это Яаков. "И милости Твои"[42] – это Авраам. "Ибо вечны (досл. из мира) они"[42] – что из мира взял их Творец и поднял их наверх, и сделал из них святое строение (мерkava), чтобы защищать мир. И поскольку они из мира, Он помнит их, чтобы защищать

---

[40] См. «Предисловие книги Зоар», п. 5, со слов: «И сказано: "А если бы они не показались к этому времени, то не могли бы остаться в мире". Дело в том, что Нуква вначале была создана в свойстве "два великих светила", и находилась на равной ступени с Зеир Анпином, однако пребывала в ахораим (обратной стороне) Зеир Анпина...»

[41] Тора, Бемидбар, 6:27. «И возложат имя Мое на сынов Исраэля, и Я благословлю их».

[42] Писания, Псалмы, 25:6. «Помни милосердие Твое, Творец, и милости Твои, ибо вечны они».

мир и милосердно относиться к нему. Подобно этому берет Творец праведников из мира и поднимает их наверх, чтобы защитить мир"».

43) «"И если скажешь: "Ицхак почему не упомянут тут?" И отвечает: "Но он остался, чтобы воздать тем, кто притесняет его сыновей. Это означает: "Пробуди мощь (гвуру) Твою"[43]. И написано: "Творец как всемогущий (гибор) выйдет, как муж сражений, пробудит ревность"[44]. И это Ицхак, который не упомянут здесь"». Поскольку Ицхак – это свойство Гвуры, заслуга которого сохранена на день возмездия. «Рабби Хия сказал: "Помни милосердие Твое, Творец, и милости Твои"[42] – это Яаков и Авраам, которые нужны, чтобы защитить нас. Но Ицхак находится только для того, чтобы вести войны", что противоположно милосердию и милости. "И потому он не нужен у них"», чтобы не возбуждать суд.

44) «"Другое объяснение "Ибо вечны (досл. из мира) они"[42]. Поскольку, когда Он создавал мир, Он взял Ицхака и создал мир", т.е. создал мир в свойстве суда, "увидел Он, что не может пребывать только суд, взял Авраама", Хесед, "и возвел с его помощью мир. Это означает сказанное: "Вот порождения неба и земли при сотворении их"[45]. Читай не "при сотворении их (бе-ибарам בהבראם)"[45], а "при Аврааме (бе-Авраам באברהם)". Увидел Он, что нужна бо́льшая поддержка, взял Яакова", свойство милосердия, "и соединил с Ицхаком", судом, "и воплотил мир. Как сказано: "В день созидания Творцом (АВАЯ) Всесильным (Элоким) земли и неба"[45], где АВАЯ – это свойство милосердия, а Элоким – свойство суда. "И потому с помощью Авраама и Яакова был возведен мир. И потому "написано: "Ибо вечны (досл. из мира) они"[42]».

45) «Рабби Йегуда провозгласил: "И было, на восьмой день"[28], – после того как был восполнен Аарон этими семью днями", т.е. Биной, ХАГАТ НЕХИ,[46] "и украсился ими", тогда

---

[43] Писания, Псалмы, 80:3. «Пред Эфраимом и Биньямином и Менаше пробуди мощь Твою и приди на помощь нам!»

[44] Пророки, Йешаяу, 42:13. «Творец как всемогущий выйдет, как муж сражений, пробудит ревность, возликует и поднимет клич, побеждая врагов Своих».

[45] Тора, Берешит, 2:4. «Вот порождения неба и земли при сотворении их, в день созидания Творцом Всесильным земли и неба».

[46] См. выше, п. 28.

"восьмой день", Малхут, "должен восполниться от семи (дней) посвящения через коэна. И потому работа в восьмой (день) – чтобы украситься от семи", т.е. Бины, ХАГАТ и НЕХИ, "и чтобы исправился коэн за" грех тельца, "который совершил вначале"».

46) «"Это смысл сказанного: "И сказал он Аарону: "Возьми себе молодого тельца (досл. тельца, детеныша быка)"[31]. И объяснялось ведь, что телец, – он, безусловно, чтобы искупить этого тельца", в отношении которого согрешил, "как написано: "И сделал это тельцом литым"[47]. "Детеныша быка"[31], а не детеныша коровы. Но поскольку он должен быть исправлен у коровы", указывающей на Малхут, так как ущерб в ней вследствие изготовления тельца, поэтому "он не годится, чтобы от нее же приносить жертву ей самой"». И поэтому не сказано: «Детеныша коровы». «"Ибо тот, кто посылает подарок царю, – видано ли такое, чтобы взял его из царского дома и вручил царю? Но должен быть из другого дома, а не из царского". Рабби Йоси сказал: "Ведь из того, что принадлежит человеку, ради него самого не годится" жертвовать. Поскольку согрешил в отношении тельца и приносит в жертву тельца, а должен был принести в жертву от другого вида. И противоречит словам рабби Йегуды. "Сказал рабби Йегуда: "Поэтому именно "детеныша быка"[31], а не детеныша коровы"».

Объяснение. Бык (бакáр בָּקָר) указывает на быка (шор שׁוֹר), свойство Гвуры Зеир Анпина. А корова указывает на Малхут. И Малхут тоже включает три лика: лик льва, лик быка, лик орла. И если бы было написано: «Телец, детеныш коровы», это указывало бы (на состояние) перед тем, как бык включен в корову. А это невозможно, поскольку ущерб в Малхут должен быть исправлен из другого места. И это то, что рабби Йегуда ответил рабби Йоси: «Именно "детеныша быка"[31]», потому что «телец, детеныш быка»[31], указывает на лик быка, что в Зеир Анпине, из которого привлекают исправление к Малхут, и поэтому это не от принадлежащего кому-то для него же, а из другого места, «а не детеныша коровы», – который бы указывал на быка (шор שׁוֹר), который в Малхут, как мы уже сказали.

---

[47] Тора, Шмот, 32:4. «И взял он из их рук и увязал это в платок, и сделал это тельцом литым. И сказали они: "Вот (досл. эти) твои божества, Исраэль, которые вывели тебя из земли египетской"».

47) «"В грехоочистительную жертву"³¹, чтобы очистить за тот грех, в котором согрешил через него. "И овна во всесожжение, беспорочных"³¹. Спрашивает: "Говорит: "Беспорочных"³¹, "беспорочного", – следовало сказать? Если скажешь, что это указывает на тельца и овна", поэтому множественное число, "это не так, потому что оба они не приносятся во всесожжение, – ведь написано: "Во всесожжение, беспорочных"³¹, а телец" не приносится во всесожжение, а приносится "в грехоочистительную жертву"³¹. В таком случае, что значит "беспорочных"³¹, сказанное об овне?"»

48) И отвечает: «"Однако овна Ицхака" нужно "принести в жертву корове, и о нем дважды упомянуто в Писании. Первый раз, как написано: "И поднял Авраам глаза свои и увидел: и вот овен"⁴⁸, и это – один. И еще раз: "И пошел Авраам и взял овна"⁴⁸, итого – два". И сказано о них: "И вознес он его во всесожжение"⁴⁸. И поэтому" сказано: "Овна во всесожжение, беспорочных"³¹, – два овна", т.е. во множественном числе, "потому что их два. И поэтому Гвурот, – мы учили. И от них делятся на много других"».

Объяснение. Ты уже знаешь, что внутренний смысл связывания Ицхака (для жертвоприношения) – это уменьшение ГАР левой линии, чтобы объединиться с правой линией, называемой Авраам,⁴⁹ а здесь он разъясняет это еще подробнее. Ибо известно, что два действия происходят в экране де-хирик, который в средней линии, когда он собирается объединить левую и правую (линии) вместе:

1. Вначале раскрывает экран свойства суда первого сокращения, и тогда опустошается вся левая линия от своих светов.

2. А затем, во втором действии, прячет свойство суда и поднимает Малхут в Бину, и она подслащается там свойством милосердия,⁵⁰ так как с помощью этого экрана притягивает

---

⁴⁸ Тора, Берешит, 22:13. «И поднял Авраам глаза свои и увидел: и вот овен запутался в зарослях рогами своими. И пошел Авраам и взял овна, и вознес он его во всесожжение вместо сына своего».

⁴⁹ См. Зоар, главу Ваикра, п. 304. «"В этот день увенчивается Ицхак", Гвура и левая линия, "и он – глава праотцев..."»

⁵⁰ См. Зоар, главу Лех леха, п. 22, со слов: «Экран де-хирик, на который выходит средняя линия, происходит от свойства суда, имеющегося в Малхут, которое не подслащается милосердием Бины и называется "манула"...»

вначале катнут Бины, а затем с помощью высшего свечения опускает Малхут из Бины, и раскрывается гадлут Бины, и тогда снова достигает левая линия состояния ВАК де-ГАР и объединяется с правой, и это состояние ГАР де-паним.

И это смысл того, что вначале было сказано средней линией, т.е. Зеир Анпином, Аврааму, который является свойством Хесед и правой линией, чтобы зарезал он сына своего Ицхака, т.е. в силу первого действия экрана де-хирик, который в средней линии, что является раскрытием свойства суда, изгоняющего все света из левой линии, и это называется зарезанием. А затем было сказано ему: «Не простирай руки твоей к отроку»[51] – то есть скрытие свойства суда. А затем сказано: «И увидел»[48] Авраам: «и вот овен запутался в зарослях рогами своими»[48], – т.е. увидел, как Малхут поднялась и запуталась в Бине, что является вторым действием экрана де-хирик. И благодаря этому видению был притянут катнут от Бины, как мы уже говорили. А затем благодаря высшему свечению опускается Малхут из Бины, и раскрывается гадлут от Бины,[52] и это смысл сказанного: «И взял овна, и вознес он его во всесожжение вместо сына своего»[48], Ицхака. Ибо тогда исправился сын его, Ицхак, благодаря гадлуту от Бины. Таким образом, два раза «овен», о котором написано здесь, это два подслащения: одно – для катнута, а другое – для гадлута.

И это смысл сказанного им: «И о нем дважды упомянуто в Писании», один раз – для катнута, другой – для гадлута, как мы уже сказали, «и поэтому: "Овна во всесожжение, беспорочных"[31] – два овна», ибо в тот момент, когда приносит овна во всесожжение, должен он иметь в виду два свойства овна во всесожжение, упомянутых в жертвоприношении Ицхака. И о них сказано «беспорочных»[31], во множественном числе. И это смысл сказанного: «И поэтому Гвурот, – мы учили», поскольку есть два вида Гвурот: одна – катнута, когда у левой линии, т.е. Гвуры, есть лишь ВАК без рош; а другая – у гадлута, и тогда есть у левой линии ВАК Хохмы. «И от них делятся на много других», т.е. эти две Гвуры делятся на много свойств.

---

[51] Тора, Берешит, 22:12. «И сказал: "Не простирай руки твоей к отроку, и не делай ему ничего. Ибо теперь знаю, что ты боишься Всесильного, и не сокрыл ты сына твоего, единственного твоего, от Меня"».

[52] См. Зоар, главу Берешит, часть 1, п. 366, со слов: «Поскольку все воды, т.е. все эти ступени, включены в этот высший небосвод...»

49) «"И сынам Исраэля говори так: "Возьмите козла в грехоочистительную жертву"[53]. Спрашивает: "Тельца в грехоочистительную жертву", – надо было сказать, как у коэна?" И отвечает: "Однако Исраэль уже получили наказания, и потому не сказано о них: "Тельца в грехоочистительную жертву", а "тельца во всесожжение"[53]. В чем причина", что им нужен был телец для всесожжения? "Ибо все, кто согрешил в отношении него", тельца, "как в речи, так и в действии, так и в поклонении, получили наказание. И даже те, кто не поклонялся по-настоящему, а возникло у них желание сердца поклоняться ему, тоже были наказаны, как сказано: "И дал пить сынам Исраэля"[54], – и отсюда вышло наказание тем, у кого возникло желание поклоняться ему. "Но все те, кто поднял желание в себе не поклоняться ему, и лишь как бы желание они подняли от него, очистились здесь", в приношении тельца во всесожжение. "И потому приносят его во всесожжение, а не в грехоочистительную жертву"». Поскольку всесожжение приносится за сомнения сердца.

50) Спрашивает: «"Однако, "возьмите козла в грехоочистительную жертву"[53], – почему?" Поскольку согрешили лишь в сомнениях сердца, и достаточно всесожжения. И отвечает: "Это потому, что жертвовали они раньше козлам, царящим на горах высоких. И это (означает) – "в грехоочистительную жертву", так как им нужна была" грехоочистительная жертва, "чтобы очиститься от этого греха. И мало того, еще и для новомесячья они нуждались"» в грехоочистительной жертве, ибо тогда было новомесячье месяца нисана. А в новомесячье приносят грехоочистительную жертву.

51) «"И быка и овна в мирную жертву"[55]. Написано: "бык (шор שׁוֹר), а не бык (пар פַּר), так как бык (шор שׁוֹר) совершенен", поскольку указывает на лик быка от левой стороны, т.е. свойства Гвуры Зеир Анпина, однако бык (пар פַּר) и корова (пара́ פָרָה) указывают на захара и некеву, которые в свойстве

---

[53] Тора, Ваикра, 9:3. «И сынам Исраэля говори так: "Возьмите козла в грехоочистительную жертву, и тельца и ягненка, до года без порока, во всесожжение"».
[54] Тора, Шмот, 32:20. «И взял он тельца, которого они сделали, и пережег его в огне, и стер его в прах, и рассеял по воде, и дал пить сынам Исраэля (эту воду)».
[55] Тора, Ваикра, 9:4. «И быка и овна в мирную жертву, чтобы зарезать пред Творцом, и хлебное приношение, смешанное с елеем, – ибо сегодня Творец явит Себя вам».

И было на восьмой день | ГЛАВА ШМИНИ

левой стороны Малхут, а она (левая сторона) не совершенна. И потому бык "призван показать мир (шалом)" в Малхут, ибо от Гвуры Зеир Анпина, т.е. быка (шор שׁוֹר), подслащается Гвура Малхут, т.е. бык (пар פַּר) и корова (пара́ פָּרָה), "это означает: "В мирную жертву (ли-шлами́м לִשְׁלָמִים)"[55]. Рабби Йоси говорит: "Бык и овен исходят от левой стороны" Зеир Анпина; "бык (шор שׁוֹר) – от левой стороны, как написано: "И лик быка – слева"[56], овен – из-за овна Ицхака", который от левой стороны. "И приносятся в мирную жертву, чтобы восполнить ими Кнессет Исраэль", Малхут. "И поэтому: "Быка и овна в мирную жертву"[55]». И они не расходятся во мнениях, но рабби Йоси разъясняет больше.

52) «Сказал рабби Йегуда: "Все это потому, что Кнессет Исраэль", Малхут, "украшается и благословляется коэном, в дни посвящения. И этот день", восьмой, "был радостью всего: радостью Кнессет Исраэль в Творце, радостью высших и нижних. И так же как восполняется коэн внизу, как бы восполняется коэн наверху", т.е. Хесед Зеир Анпина. "За исключением Надава и Авиу, которые создали препятствие между Царицей и Царем. И поэтому: "И вышел огонь от Творца и пожрал их"[57]».

53) «"И сказал Моше Эльазару и Итамару: "Волосы на головах ваших не отращивайте, ... ибо елей помазания Творца на вас"[58]. Рабби Аба сказал: "Мы ведь учили, что действием внизу пробуждаются действия наверху. И в этом действии внизу нужно выглядеть подобным действию наверху"».

54) «"Смотри, вся радость наверху зависит от того святого елея", т.е. Хохмы, "откуда исходят радость и благословения всем светильникам, и высший коэн", Хесед, "венчается изобилием елея", нисходящим от Хохмы, "и поэтому коэн, к

---

[56] Пророки, Йехезкель, 1:10. «И образ их ликов – лик человека, и лик льва – справа у (всех) четырех, и лик быка – слева у (всех) четырех, и лик орла у (всех) четырех».

[57] Тора, Ваикра, 10:2. «И вышел огонь от Творца, и пожрал их, и умерли они пред Творцом».

[58] Тора, Ваикра, 10:6-7. «И сказал Моше Аарону, и Эльазару, и Итамару, сыновьям его: "Волосы на головах ваших не отращивайте и одежд ваших не разрывайте, дабы не умерли вы и не прогневался Он на всю общину. Братья же ваши, весь дом Исраэля, пусть оплакивают сожженных, которых сжег Творец. И от входа в Шатер собрания не отходите, чтобы не умереть вам; ибо елей помазания Творца на вас". И поступили они по слову Моше».

которому нисходит елей помазания, подобно высшему, должен показывать радость и свечение лика, и не должно быть видно недостатка (ни) в голове его, и ни в одеянии его, но должен быть абсолютно совершенным, подобно высшему, и не будет видно в нем никакого изъяна, чтобы не стало изъяна в другом месте"», наверху.

55) «"Смотри, если бы Эльазар и Итамар явились в тот час с изъяном, в одеянии или в голове, не спаслись бы они в тот момент", когда погибли Надав и Авиу. "Ибо время было подходящим для свершения суда. И потому мы учили, что в то время, когда в мире пребывает эпидемия, человек не должен побуждать себя ни к чему в мире, чтобы не" произвести впечатления, от которого "возбудились бы против него" требующие суда. "Но только если он побуждает себя к чему-то хорошему, и может отсрочить время" суда. "Ибо в то время и в тот час, когда суд пребывает в мире, того, кто столкнется с ним, забирают его, и уйдет он из мира. И потому: "Чтобы не умереть вам"[58]. Написано: "Братья же ваши, весь дом Исраэля, пусть оплакивают сожженных"[58], – поскольку они не исходят со стороны коэнов, и не" возникает опасения, что "пострадают"». Потому им позволено пробудиться и оплакивать сожженных. Но не коэнам, над которыми тогда господствовал суд.

И взял Аарон Элишеву

56) «Рабби Эльазар провозгласил: "И взял Аарон Элишеву"[59]. "И взял Аарон"[59] – все было как полагается, все было подобно высшему. Смотри, предназначена была Бат-Шева", Малхут, "Давиду со дня, когда был сотворен мир. Предназначена была Элишева", Малхут, "Аарону со дня, когда был сотворен мир"».

57) Спрашивает: «"Что отличает одну от другой?" Поскольку обе они – Малхут, "в чем разница между Бат-Шевой и Элишевой? И отвечает: "Всё это – одно целое", – что обе они Малхут, "но там – это для суда, здесь – для милосердия. Когда соединилась с Давидом, она" в свойстве "суд", чтобы вести войны и проливать кровь. Здесь, с Аароном, – она для мира, для радости, для свечения лика, чтобы благословиться" от него. "И потому называется там Бат-Шевой, а здесь – Элишевой. Элишева соединилась с милостью (хесед)". Ибо это буквы Эли (мой Творец) Шева (семи), а Эль (Творец) – это Хесед. "Бат-Шева – для суда, чтобы унаследовать царство (малхут) и укрепиться"».

58) «Сказал рабби Шимон: "Это то, что мы учили: "Глас шофара"[60] – он прекрасен, и это Яаков, который возник в мысли", т.е. в Хохме, "вместе с праотцами", в совокупности ХАГАТ, "и вышли они вместе из шофара", т.е. из Бины, высшей Имы. "Ибо как шофар", в который трубят, "и он выводит воду и ветер, и огонь вместе, и звук образовывается из них, так высшая Има", называемая шофаром, "вывел отцов", ХАГАТ, "в одном звуке", т.е. в средней линии, Тиферет. "И из этой мысли возникли они вместе в одном звуке, и звук тот называется звуком шофара, и это Яаков", средняя линия, "включающий в себя этих праотцев", т.е. ХАГАТ, "вместе", ибо средняя линия включает в себя все три линии "и называется голосом"».[61]

---

[59] Тора, Шмот, 6:23. «И взял Аарон Элишеву, дочь Аминадава, сестру Нахшона, себе в жены, и она родила ему Надава и Авиу, Эльазара и Итамара».

[60] Тора, Шмот, 19:19. «И глас шофара становился все сильнее. Моше говорил, а Всесильный отвечал ему голосом».

[61] См. «Предисловие книги Зоар», п. 239, со слов: «И поэтому сказано: "Это открытие, произведенное буквой "йуд ׳" в чертоге, необходимо для того, чтобы услышать в нем голос, выходящий из шофара, потому что этот шофар закрыт со всех сторон"...»

59) «"И это два голоса", один – манулы, а другой – мифтехи.[62] "Ибо из голоса" манулы "выходит голос" мифтехи.[63] "Но один голос – это тот, что называется гласом шофара", т.е. голос мифтехи, который является подслащением Малхут в Бине, называемым шофаром. "И отсюда выходят остальные голоса из шофара", в зивуге мысли, Хохмы с Биной. "И это семь голосов", т.е. ХАГАТ НЕХИМ Зеир Анпина, "которые выходят благодаря зивугу мысли с шофаром", т.е. Хохмы и Бины. "И этот шофар", т.е. Бина, "напаивает и наполняет сначала праотцев", ХАГАТ, "а затем сыновей", НЕХИМ. "И это уже объяснялось"».

60) «"Смотри, "и взял Аарон Элишеву"[59], Малхут, – "то есть, чтобы ублажать ее и радовать, и соединить ее со святым Царем", Зеир Анпином, "в совершенном зивуге, чтобы пребывали благословения во всех мирах благодаря Аарону. Для этого коэн должен быть в свечении лика, в радости, подобной высшей, потому что благодаря ему пребывают благословения и радость. И поэтому отдалялись от него суд и боль, и печаль, чтобы он не получил вреда от того места, с которым соединился", т.е. Малхут, "и потому: "Братья же ваши, весь дом Исраэля, пусть оплакивают сожженных"[58], а не коэн. О них написано: "Благослови, Творец, силу его и к деянию рук его благоволи"[64]».

---

[62] См. Зоар, главу Ваикра, п. 309.
[63] См. Зоар, главу Лех леха, п. 22, со слов: «Экран де-хирик, на который выходит средняя линия, происходит от свойства суда, имеющегося в Малхут, которое не подслащается милосердием Бины и называется "манула"...»
[64] Тора, Дварим, 33:11. «Благослови, Творец, силу его и к деянию рук его благоволи. Порази в чресла восставших против него и ненавистников его, чтобы им не подняться».

ГЛАВА ШМИНИ

Вина и хмельного не пей

61) «"Вина и хмельного не пей"⁶⁵. Сказал рабби Йегуда: "Мы слышим из этой главы, что Надав и Авиу были пьяными от вина, после того, как Он предупредил их, коэнов, об этом". Провозгласил рабби Хия: "И вино, веселящее сердце человека"⁶⁶. Спрашивает: "Если коэн должен радоваться и пребывать в свечении лика больше, чем все, почему запрещено ему вино, ведь в нем находится радость, и свечение лика находится в нем?"»

62) И отвечает: «"Но начало вина – радость, а конец его – печаль". А коэн должен быть всегда в радости. "И еще, вино исходит от стороны левитов, от места, в котором пребывает вино", от левой (стороны), "ибо Тора и вино Торы – со стороны Гвуры. А сторона коэнов – это вода прозрачная и светящаяся"», т.е. Хесед.

63) «Сказал рабби Йоси: "Все сопровождает одно другое, и все состоит одно из другого", т.е. левая сторона включает правую, а правая – левую, "и поэтому вино", которое от левой стороны, "начинается с радости, поскольку включает воду", которая от правой стороны, "а потом возвращается на свое место", к левой стороне, "и становится печальным, и сердитым, и вершащим суд"», как присуще левой стороне.

64) «Сказал рабби Аба: "Из одного места исходят вино и масло с водой. Воду и масло, которые справа, берут коэны и наследуют их, и масло более всего", т.е. Хохму, "поскольку это радость в начале и в конце", а не как вино, которое в конце – печаль. "Как написано: "Подобно это доброму маслу на голове, стекающему на бороду, бороду Аарона"⁶⁷. А вино, которое в левой стороне, наследуют левиты, чтобы возвышать голос и воспевать, а не молчать. Ибо вино не молчит никогда. А масло, оно всегда тихое"».

---

⁶⁵ Тора, Ваикра, 10:8-9. «И говорил Творец Аарону, так: "Вина и хмельного не пей ни ты, ни сыновья твои с тобою при входе вашем в Шатер собрания, чтобы вы не умерли, – закон вечный для поколений ваших"».
⁶⁶ Писания, Псалмы, 104:15. «И вино, веселящее сердце человека, для просветления лика от елея, и хлеб, укрепляющий сердце человека». (См. Зоар, главу Ваехи, п. 633).
⁶⁷ Писания, Псалмы, 133:2. «Подобно это доброму маслу на голове, стекающему на бороду, бороду Аарона, стекающему на край одежды его».

ГЛАВА ШМИНИ   Вина и хмельного не пей

65) Спрашивает: «"В чем разница между тем и другим", между маслом и вином. И отвечает: "Однако масло, которое в скрытии и всегда тихое, исходит со стороны мысли", то есть Хохмы, "и оно тихое всегда, и оно не слышно, и оно в скрытии", подобно мысли, не обнаруживающей себя. И потому" масло – "оно справа. А вино, которое для того чтобы возвысить голос, и оно не умолкает никогда", ибо пьяный от вина не может молчать, – "оно исходит со стороны Имы", т.е. с левой стороны Бины, "и наследуют" его "левиты", которые "в левой стороне, поскольку они должны воспевать и возвышать голос, и находятся в свойстве суда. И потому написано: "И по слову их будет (выясняться) любая тяжба и любая язва"[68]». И хотя это сказано о коэнах, однако написано там: «Коэны, потомки Леви»[68], и это указывает на то, что поскольку они потомки Леви, будут (выясняться) по слову их всякая тяжба и всякая язва.

66) «"Поэтому коэну, когда он входит в Храм, чтобы совершать службу, нельзя ему пить вино, ибо действия его в скрытии, и в скрытии приходит он и направляет" единения, "и соединяет в зивуге того, кого соединяет", т.е. ЗОН, "и притягивает благословения во все миры, и всё это в скрытии, поскольку все действия его – в тайне". И потому нельзя пить "вино, которое раскрывает тайну"», ведь когда «входит вино, выходит тайна»[69], «"и которое во всех делах его должно возвышать голос"».

Объяснение. Масло исходит от Хохмы, и оно с правой стороны, и это свойство Абы ве-Имы, которые всегда с укрытыми хасадим, и это означает, что масло, оно в скрытии и в тайне, т.е. не раскрывается в свечении Хохмы, и оттуда исходят коэны. А вино – это свойство левой стороны Бины, которая вновь стала Хохмой, т.е. свечение Хохмы, раскрывающее хасадим и оглашающее их снаружи. И это означает, что вино раскрывает тайну. И это означает, что оно для того, чтобы возвысить голос, потому что голос – это хасадим, а вино раскрывает хасадим, и раскрытие снаружи считается возвышением голоса. И потому коэну, все действия которого в скрытии и в тайне, поскольку исходит от Хохмы и Хеседа, который полностью правая

---

[68] Тора, Дварим, 21:5. «И подойдут коэны, потомки Леви, ибо их избрал Творец Всесильный твой служить Ему и благословлять именем Творца, и по их слову будет (выясняться) любая тяжба и любая язва».

[69] См. Вавилонский Талмуд, трактат Санедрин, лист 38:1.

(сторона) и укрытые хасадим, – ему нельзя пить вино, ибо он должен быть подобен своему корню наверху.

67) «Рабби Йегуда и рабби Ицхак находились в пути из Бейт Меронии в Ципори, и был с ними один ребенок с ослом, несущим вино, приправленное медом. Сказал рабби Йегуда: "Скажем слово Торы, и пойдем"».

68) «Провозгласил рабби Ицхак и сказал: "А нёбо твое, как хорошее вино, направлено прямо к возлюбленному моему"[70]. "А нёбо твое, как хорошее вино"[70] – это вино Торы, и оно хорошее, потому что другое вино", ситры ахра, "не хорошее, а вино Торы хорошо для всех, хорошо для этого мира и хорошо для будущего мира. И это вино, которое более всего приятно Творцу. И благодаря этому, кто напаивает себя от вина Торы, пробудится для будущего мира и удостоится возрождения" мертвых, "когда поднимет Творец праведников". Сказал рабби Йегуда: "Заставляет говорить уста спящих"[70]. Мы ведь учили, что даже в том мире удостоится говорить о Торе, это смысл сказанного: "Заставляет говорить уста спящих"[70]».

69) «Сказал тот ребенок: "Если бы было написано: "А нёбо твое от хорошего вина", мы могли бы так сказать", что это означает – от вина Торы, "но написано: "Как хорошее вино"[70], а не "от вина". Посмотрели на него. Рабби Йегуда сказал: "Сын мой, скажи слово свое, ибо хорошо ты сказал"».

70) «Сказал: "Я слышал, что тот, кто занимается Торой и прилепился к ней, и это слово Торы слышно из уст его, и произносит его не тихо, а возвышает через него голос свой, ибо так следует возвышать голос в Торе, потому что написано: "С возвышений слышимых взывает она"[71], чтобы возвысить ликование Торы, а не тихо, – оно "как хорошее вино"[70], т.е. "как хорошее вино, которое не молчит, и ему предстоит возвысить голос, когда выйдет из этого мира. "Направлено прямо к возлюбленному моему"[70] – что не отклонится" тогда "вправо или влево, и не будет того, кто задержал бы его. "Заставляет

---

[70] Писания, Песнь песней, 7:10. «А нёбо твое, как хорошее вино, направлено прямо к возлюбленному моему, заставляет говорить уста спящих».
[71] Писания, Притчи, 1:21. «С возвышений слышимых взывает она, при входах во врата, в городе говорит она речи свои».

говорить уста спящих"⁷⁰ – что даже в том мире уста его произносят Тору"».

71) «"Еще я слышал. "А нёбо твое, как хорошее вино"⁷⁰, – это изречение сказано о Кнессет Исраэль", Малхут, "и сказано как восхваление. В таком случае, кто он, восхваляющий ее этим? Если Творец" восхваляет ее, что означает: "Направлено прямо к возлюбленному моему"⁷⁰? "Направлено ко Мне" – следовало сказать"».

72) «"Но, разумеется, это Творец восхваляет Кнессет Исраэль – так же как она восхваляет Его, как написано: "Нёбо его – сладость"⁷², так же Творец восхваляет Кнессет Исраэль: "А нёбо твое, как хорошее вино"⁷⁰. Хорошее вино – это хранимое вино", т.е. свечение Хохмы, которая в Бине. "Направлено к возлюбленному моему"⁷⁰ – это Ицхак, левая линия Зеир Анпина, называемый возлюбленным с рождения.⁷³ "Прямо"⁷⁰, это как ты говоришь: "Ты утвердил прямоту"⁷⁴, т.е. Хесед и Гвуру, "то есть, чтобы включить левую (линию)", Гвуру, "в правую", Хесед, – "и это "прямота"⁷⁴. И для радости этого хорошего вина включается левая (линия) в правую, и все радуются, ибо все пробуждаются в радости и благословениях, и все миры пребывают в радости и пробуждаются для передачи благословений вниз"».

73) «Подошли рабби Йегуда и рабби Ицхак и поцеловали его в голову, и радовались с ним. Спросили его: "Как имя твое?" Сказал им: "Йеса". Сказали: "Будешь" большой, как "рабби Йеса, и будешь" при жизни "пребывать в мире больше, чем рабби Йеса, наш товарищ, который (безвременно) ушел от нас". Спросили его: "А кто отец твой?" Сказал им: "Он ушел из мира, и он обучал меня каждый день трем речениям Торы, а ночью – трем речениям мудрости, что в Агаде. И тому, что я сказал, я научился у моего отца. А теперь я проживаю с одним человеком, и он отстраняет меня от Торы, и я хожу каждый день на работу. И каждый день я повторяю то, что слышал от отца своего"».

---

⁷² Писания, Песнь песней, 5:16. «Нёбо его – сладость, и весь он – желанный! Таков возлюбленный мой и таков друг мой, дочери Йерушалаима».
⁷³ См. Вавилонский Талмуд, трактат Шаббат, лист 137:2.
⁷⁴ Писания, Псалмы, 99:4. «И могущество Царя в любви его к правосудию. Ты утвердил прямоту, правосудие и справедливость в Яакове Ты явил».

74) «Спросили его: "Человек этот знает Тору?" Сказал им: "Нет, он стар и не умеет благословлять Творца, и есть у него сыновья и он не отправляет их в дом учения". Сказал рабби Йегуда: "Если бы так не было, я бы вошел в эту деревню, чтобы сказать о тебе" хорошее человеку, который держит тебя, "теперь же", поскольку он такой, как ты рассказал, "нельзя нам видеть лица его. Отправь этого осла, а сам иди к нам". Спросили его: "Кто твой отец?" Сказал: "Рабби Зеэйра деревни Рамин"».

75) «Услышал рабби Йегуда и заплакал. Сказал: "Я был в его доме, и научился у него трем вещам в отношении чаши благословения, и научился у него в отношении действия начала творения двум"» вещам. «Сказал рабби Ицхак: "А что, если мы от этого ребенка, сына его, научились, – от него самого, тем более?" Пошли, держа его за руку. Увидели одно поле и сели там. Сказали ему: "Расскажи нам что-нибудь одно из того, что учил с тобой отец твой о действии начала творения"».

ГЛАВА ШМИНИ

И сотворил Всесильный чудовищ

76) «Провозгласил и сказал: "И сотворил Всесильный чудовищ огромных"[75]. "И сотворил Всесильный (Элоким)"[75] – всякое место суда называется Элоким. И то высшее место", Бина, "являющееся местом, откуда исходят" суды, "так называет ее здесь" – Элоким. "И несмотря на то, что" Бина – "это милосердие, от нее исходят суды и от нее они зависят"». Потому она называется Элоким.

77) «"Чудовищ огромных"[75] – это праотцы", ХАГАТ, "они насыщаются влагой сначала", от Бины, "и пускают корни", чтобы отдавать "всем". "И всякую душу существа ползающего"[75]. "И всякую душу существа (нефеш хая)"[75] – это душа (нефеш)" Адама Ришона, "которую эта высшая земля", Малхут, "породила от этого существа (хая)", высшего "над всем", т.е. Бины. "Как написано: "Да извлечет земля душу живую (нефеш хая)"[76], и это душа (нефеш) Адама Ришона, которую он притягивал в себя. "Ползающего"[75] – это существо (хая)", т.е. Бина, "которое расползается" и несет благо "по всем горам", т.е. ХАГАТ, "наверху и внизу"», Зеир Анпину и Малхут. И смысл сказанного: «Да извлечет земля»[76], т.е. Малхут, душу (нефеш) Адама Ришона от «существа ползающего»[75], т.е. Бины. «Которыми воскишела вода»[75], т.е. хасадим "той высшей реки", Бины, "которая исходит и вытекает из Эдена", Хохмы, "и орошает то дерево", Зеир Анпин, "которое пустило свои корни над всем, и в котором есть пища для всего"».

78) «"Другое объяснение. "Существа ползающего"[75] – это царь Давид"[75], Малхут, "о котором написано: "Не умру, но жив буду"[77]. "И всякую птицу крылатую по виду ее"[75] – это все святые ангелы, пребывающие для того, чтобы освящать имя своего Господина каждый день. Как написано о них: "Шесть

---

[75] Тора, Берешит, 1:21. «И сотворил Всесильный чудовищ огромных и всякую душу существа ползающего, которыми воскишела вода, по роду их, и всякую птицу крылатую по виду ее. И увидел Всесильный, что хорошо».

[76] Тора, Берешит, 1:24. «И сказал Всесильный: "Да извлечет земля душу живую по виду его: скот, и ползучее, и животное земное по виду его". И было так».

[77] Писания, Псалмы, 118:17. «Не умру, но жив буду и расскажу о деяниях Творца».

крыльев, шесть крыльев у каждого"[78]. И от этого вида летают по миру, исполняя желание своего Господина", с посланием Его, "каждый как подобает". Сказал рабби Йегуда: "Конечно, не подобает этому ребенку так много знать, но я вижу по нему, что он поднимется в высшее место"».

79) «Сказал рабби Ицхак: "Конечно, "существо ползающее"[75] – это существо высшее над всеми", Бина, "ибо другое", Малхут, "Писание называет землей. Как написано: "А птицы пусть размножаются на земле"[79], – "на земле"[79], конечно", т.е. в Малхут, "а не в воде", которая является свойством хасадим Бины. "Ибо та река", т.е. Бина, "исходит и вытекает, и орошает без разделения, до того места, которое называется "земля", т.е. Малхут. "А оттуда" и ниже "написано: "И оттуда разделяется"[80], то есть это уже миры разделения. "А птицы"[79], то есть ангелы, которые от мира разделения, – птицы эти связаны с этой землей", Малхут, "и насыщаются влагой от нее. И это смысл сказанного: "А птицы пусть размножаются на земле"[79]. Встали и пошли. Сказал рабби Йегуда: "Возьмем этого ребенка с нами, и пусть каждый скажет слово Торы"».

---

[78] Пророки, Йешаяу, 6:2. «Пред Ним стоят серафимы; шесть крыльев, шесть крыльев у каждого: двумя прикрывает он лицо свое и двумя прикрывает он ноги свои, и двумя летает».

[79] Тора, Берешит, 1:22. «И благословил их Всесильный, сказав: "Плодитесь и размножайтесь, и наполняйте воду в морях, а птицы пусть размножаются на земле"».

[80] Тора, Берешит, 2:10. «Река вытекает из Эдена, чтобы орошать сад, и оттуда разделяется и образует четыре главных реки».

ГЛАВА ШМИНИ

Кубки вина и яблоки

80) «Провозгласил рабби Йегуда и сказал: "Поддержите меня кубками вина, обложите меня яблоками"[81]. Это изречение мы учили, и оно прекрасно. Но Кнессет Исраэль произносит это в изгнании. "Поддержите меня"[81] – что значит "поддержите"[81]?" И отвечает: "Однако того, кто упал, нужно поддержать. Это означает сказанное: "Поддерживает Творец всех падающих"[82]. И поэтому, Кнессет Исраэль", Малхут, "которая упала, как написано: "Пала, не встанет вновь"[83], – нужно поддержать ее. И поэтому она сказала: "Поддержите меня"[81]. Кому сказала? Исраэлю, сыновьям своим, которые в изгнании вместе с ней"».

81) «"И чем" поддерживают падающую Малхут? "Кубками вина"[81] – это праотцы, которые первыми наполняются тем хорошим хранимым вином", свечением Хохмы от левой линии Бины, которое принимается сначала в ХАГАТ, называемые праотцами, и когда они получают хранимое вино, они называются "кубками вина"[81]. "А когда они наполняются, то благословения пребывают в ней", в Малхут, "благодаря одной ступени, и это праведник", т.е. Есод, который получает от праотцев и передает Малхут. "И тот, кто умеет соединять святое имя", т.е. Малхут, с Зеир Анпином, чтобы она получила от этих кубков вина, "несмотря на то, что благословения не пребывают в мире", поскольку она всё еще в изгнании, – "он", Есод, "поддерживающий и дающий опору Кнессет Исраэль в изгнании"». И потому сказала: «Поддержите меня кубками вина»[81].

82) «"Обложите меня яблоками"[81] – все это одно целое"», поскольку «яблоки» и «кубки вина» – оба (понятия) являются свойством «праотцы», «"как мы уже сказали", которые передают наполнение Есоду, а Есод – Малхут. "Однако" разница между ними – "тайна эта: кубок впускает вино, яблоко – выпускает вино и направляет желание. И поэтому" сказано: "Кубки вина" и "яблоки", "кубки вина" – чтобы напоить вином, "яблоки" – направить желание, чтобы не повредило вино. И всё это почему? "Ибо больна любовью я"[81], в изгнании. И тот, кто соединяет

---

[81] Писания, Песнь песней, 2:5. «Поддержите меня кубками вина, обложите меня яблоками, ибо больна любовью я».
[82] Писания, Псалмы, 145:14. «Поддерживает Творец всех падающих и выпрямляет всех согбенных».
[83] Пророки, Амос, 5:2. «Пала, не встанет вновь дева Исраэля; повержена она на землю свою, некому поднять ее».

святое имя, должен соединить суд с милосердием, включить их (друг в друга) как подобает, улучшить и исправить всё как подобает, и это (означает) – поддерживает Кнессет Исраэль в изгнании"».

Объяснение. Праотцы, т.е. ХАГАТ Зеир Анпина, называются яблоками, потому что Зеир Анпин называется яблоней, как сказано: «Как яблоня меж лесных деревьев»[84]. Однако яблоками они называются со стороны хасадим, поскольку они под властью правой стороны ХАГАТ, и это смысл сказанного: «В тени его сидела я»[84]. А кубками вина они называются со стороны власти левой стороны ХАГАТ, которая получает хранимое вино, т.е. свечение Хохмы, от левой стороны Бины. И это смысл сказанного: «"Кубки вина" – чтобы напоить вином» – т.е. в то время, когда ХАГАТ Зеир Анпина под властью левой стороны, и тогда они получают вино, и они – келим для получения вина, называемые «кубки вина». «"Яблоки" – направить желание, чтобы не повредило вино», – ибо когда притягивается свечение левой без включения в правую, притягиваются суды от левой стороны, и они наносят вред, и поэтому нужны яблоки, которые являются свечением хасадим, и тогда «кубки вина» не наносят вреда. И это смысл сказанного: «И тот, кто соединяет святое имя, должен соединить суд с милосердием», – т.е. «кубки вина», являющиеся судами, с «яблоками», являющимися милосердием.

---

[84] Писания, Песнь песней, 2:3. «Как яблоня меж лесных деревьев, так любимый мой среди юношей. В тени его сидела я и наслаждалась, и плод его сладок нёбу моему».

ГЛАВА ШМИНИ

Хранимое вино

83) «Рабби Ицхак провозгласил: "Которые туки их жертв ели, пили вино их возлияния"[85]. Счастливы Исраэль, ибо святы они, и Творец желает освятить их. Смотри, Исраэль, которые святы, – вся вечная жизнь, которую они наследуют, целиком зависит от того будущего мира", Бины, "поскольку он – жизнь всех, наверху и внизу, и это место, где находится хранимое вино", т.е. в ее левой линии, "и оттуда", от Бины, "исходят жизнь и святость для всех. А вино Исраэля" внизу свято "из-за вина другого Исраэля", наверху, т.е. Зеир Анпина, получающего хранимое вино от Бины, как мы уже сказали, "и одно зависит от другого", т.е. нижнее вино связано и направлено в соответствии с высшим вином. "Ибо Исраэль наверху", Зеир Анпин, "получает в нем", в этом вине, "жизнь", т.е. свечение Хохмы, называемое живым, "и поэтому называется Древом жизни – Древом от того места, что называется жизнью, и оттуда исходит жизнь. И потому благословение Творцу произносится на вино, ибо вино Исраэля внизу, оно как то"» высшее вино.

84) «"Идолопоклонник, который нечист, и тот, кто приблизится к нему, станет нечист, если приблизится" и коснется "вина Исраэля, станет нечистым" вино, "и запрещено" пить его. "Тем более само вино, которое он производит", нечисто. Ибо вино их от свойства ситры ахра, поскольку они притягивают опьяняющее вино, что означает притяжение свечения Хохмы от левой линии сверху вниз, которое является очень большой скверной, питающей клипот, и она называется отходами золота.[86] Тогда как хранимое вино, являющееся вином высшего Исраэля, Зеир Анпина, притягивается снизу вверх.[86] "И потому не говори, что только это", т.е. вино Исраэля внизу подобно тому, что наверху, "а всё, что делают Исраэль внизу, всё это подобно высшему примеру, и тем более вино, находящееся в высшем месте, подобно хранимому вину"».

85) «"Поэтому Исраэль пьют вино Исраэля, изготовленное как положено в святости, подобно Исраэлю наверху", Зеир

---

[85] Тора, Дварим, 32:36-38. «Когда судить будет Творец народ Свой и о рабах Своих решит на иное, когда увидит, что крепнет рука (вражеская) и нет спасенного и укрепленного. И скажет: "Где их божества, твердыня, на которую полагались, которые туки их жертв ели, пили вино их возлияния? Пусть встанут они и помогут вам, пусть будет над вами их сень!"»
[86] См. Зоар, главу Пкудей, п. 75.

Анпину, "который пьет и пускает корни, и благословляется тем высшим святым вином", которое притягивается от Бины снизу вверх.[87] "И не пьют вина, которое сделано в скверне и от стороны скверны,[87] потому что в нем содержится дух скверны, и тот, кто пьет его, оскверняется дух его, и сам он оскверняется, и он не со стороны Исраэля, и нет у него доли в мире будущем. Ибо будущий мир", Бина, – "там хранимое вино"», которое притягивается снизу вверх.[87]

86) «"И потому святые Исраэль должны это соблюдать более всего, так как оно связано с местом будущего мира, как мы уже сказали, и потому вином благословляется Творец более всего, поскольку оно радует левую линию" Зеир Анпина, с помощью хранимого вина, которое он притягивает к себе от Бины, "и в радости своей оно входит в правую линию" Зеир Анпина, и хасадим, которые в правой, включают в себя свечение Хохмы, что в левой. "И когда всё становится правой линией" в Зеир Анпине, т.е. правая одерживает верх в нем, "тогда святое имя", Малхут, оно "в радости, и благословения пребывают во всех мирах. И с помощью действия внизу", когда пьют вино, "пробуждается действие наверху"», когда свечение Хохмы, называемое хранимым вином, притягивается от Бины к левой линии Зеир Анпина, в тайне сказанного: «Пейте до упоения, любимые!»[88] «"И поэтому подготавливают вино внизу, в соответствии с высшим"» вином.

87) «"И поскольку это" вино, "хранимое наверху", в Бине, "нужно хранить его внизу" от чужого прикосновения, "и все хранение его – это святость для Исраэля, а кто портит его внизу в стороне скверны, осквернится он в этом мире, и нет у него доли в будущем мире", Бине, ибо там "место, в котором находится это хранимое вино. И поскольку он не хранил вина" внизу, "оно не сохраняется для будущего мира. Он осквернил его", это вино, "и осквернят его в том мире, и не будет у него доли в том вине будущего мира. Счастливы Исраэль, освящающие себя высшей святостью, и хранящие то, что должно быть хранимо, и освящающие Царя в этом высшем хранении. Счастливы они в этом мире и в мире будущем"».

---

[87] См. предыдущий пункт.
[88] Писания, Песнь песней, 5:1. «Пришел я в сад мой, сестра моя, невеста, набрал я мирры с бальзамом моим; отведал я соты мои с медом, пил я вино мое с молоком. Ешьте, друзья! Пейте до упоения, любимые!»

ГЛАВА ШМИНИ

А владелец приношений

88) «Провозгласил тот ребенок и сказал: "Царь правосудием утверждает землю, а владелец приношений разоряет ее"[89]. Кто такой "царь"? Это Творец. "Правосудием"[89] – это Яаков, являющийся совокупностью праотцев", – средней линией, включающей Хесед и Гвуру, т.е. Авраама и Ицхака. Ибо в средней линии "утверждает"[89] и поддерживает "землю"[89], Малхут. "А владелец приношений"[89] – написано "приношений (трумáт (תְּרוּמַת)" без вав (ו), которая является средней линией, называемой правосудием, а приношение (трума תְּרוּמָה) – это Малхут, "как сказано: "И вот (зот) приношение"[90], т.е. Малхут, называемая зот. "А владелец приношений"[89] – это Эсав, который спрашивал о приношениях и десятинах каждый день и ничего не делал". Он спрашивал отца, как выделяют десятину с соломы и с соли, и не выделял десятины даже с того, что обязательно облагается десятиной. "И" он "владелец приношений"[89], который не является правосудием", как Яаков, являющийся средней линией, но он только от свойства левой линии, которая не включается в правую. "Поскольку такое приношение", Малхут, оно с его стороны – "устранение милосердия", т.е. только со стороны суда, и это левая линия без правой. "И потому" Малхут "не приходит в правосудии"», включающем правую и левую, и поэтому «разоряет ее»[89]. «Как написано: "Но есть гибнущие без правосудия"[91], поскольку это суд без милосердия. "И поэтому "владелец приношений разоряет ее"[89]».

89) «"И если скажешь: "Ведь царь Давид был владельцем приношения?", поскольку царь Давид был основой (меркава) Малхут с ее левой стороны.[92] И отвечает: "Но (он был) в милосердии", т.е. не только (был основой) для Малхут левой линии, как Эсав, но левой линии Малхут, облаченной в милосердие. "И не только это, ведь сказано: "Неизменные милости (хасадим)

---

[89] Писания, Притчи, 29:4. «Царь правосудием устраивает землю, а владелец приношений разоряет ее».

[90] Тора, Шмот, 25:3-4. «И вот приношение, которое должны вы брать от них: золото и серебро, и медь, и синету, и пурпур, и багряницу и виссон, и козий волос».

[91] Писания, Притчи, 13:23. «Много хлеба на ниве бедных, но есть гибнущие без правосудия».

[92] См. Зоар, главу Берешит, часть 1, п. 117.

Давиду"[93]. То есть, "так же как был соединен с этим", с Малхут левой линии, "был соединен и с этим"», с хасадим.

90) «"Смотри, все свои дни царь Давид старался, чтобы это приношение", Малхут, "соединилось с правосудием", Зеир Анпином, являющимся средней линией, "и чтобы совершили зивуг вместе. Пришел Шломо и соединил их в зивуге вместе, и пребывала луна", Малхут, "в полноте своей. И пребывала земля", Малхут, "в существовании. Пришел Цидкияу и разделил их, и осталась земля", Малхут, "без правосудия", Зеир Анпина, "и стала ущербна луна и разрушилась земля. Тогда было сказано: "А владелец приношений разоряет ее"[89]». И это Цидкияу.

---

[93] Пророки, Йешаяу, 55:3. «Преклоните ухо ваше и идите ко Мне, слушайте, и жива будет душа ваша, и Я заключу с вами союз вечный – неизменные милости Давиду».

ГЛАВА ШМИНИ

Масло и вино

91) «"Смотри, масло – это для коэнов", правой стороны. "Вино – для левитов", левой, "не потому что им нужно" пить "вино, но оно приходит" и притягивается "к их стороне от хранимого вина", т.е. изобилия Хохмы, имеющегося в левой линии Бины, как мы уже сказали, "чтобы соединить всё вместе и радовать все миры, чтобы правая и левая (стороны) были полностью включены друг в друга, чтобы пребывало в них дружелюбие всех и любовь людей веры"». Ибо в результате включения правой и левой (сторон) друг в друга завершаются все ступени.

92) «"Тот, чье желание сливается с этим", с включением правой и левой (сторон), "он совершенен в этом мире и в будущем мире, и будет все свои дни сливаться с возвращением", т.е. Биной, "местом, где находятся вино и масло", являющиеся единством правой и левой (сторон). "И тогда не будет он неотступно тянуться к этому миру, ни к богатству, ни к страсти его. А царь Шломо вскричал на это, сказав: "Любящий веселье – человек нужды, любящий вино и тук (досл. масло) не разбогатеет"[94] – в этом мире, ибо другое богатство уготовано ему, чтобы была у него доля в нем, и чтобы была у него доля в будущем мире, который является местом, где находятся вино и масло, в этом мире и в мире будущем. И тот, кто любит это место, не нуждается в богатстве и не гонится за ним. Счастливы праведники, усердствующие в высшем богатстве каждый день. Как написано: "Не сравнимы с ним ни золото, ни стекло, и не выменять его за сосуд из червонного злата"[95]. Это в этом мире. А после этого", в будущем мире: "Чтобы дать сущее в наследство любящим Меня, и сокровищницы их наполню"[96]».

---

[94] Писания, Притчи, 21:17. «Любящий веселье – человек нужды, любящий вино и тук не разбогатеет».
[95] Писания, Иов, 28:17. «Не сравнимы с ним ни золото, ни стекло, и не выменять его за сосуд из червонного злата».
[96] Писания, Притчи, 8:21. «Чтобы дать сущее во владение любящим Меня, и сокровищницы их наполню».

ГЛАВА ШМИНИ

Письменная Тора и устная Тора

93) «Еще провозгласил, сказав: "И сказал Творец Моше: "Взойди ко Мне на гору и будь там. И Я дам тебе скрижали каменные и Тору, и заповедь, которые Я написал для обучения им"[97]. "И Тору"[97] – это письменная Тора", т.е. Зеир Анпин. "И заповедь"[97] – это устная Тора", Малхут. "Для обучения им (ле-оротáм לְהֹרֹתָם)"[97] написано без вав (ו), и это как ты говоришь: "И в покой родительницы моей (орати́ הוֹרָתִי)"[98].[99] И здесь нужно рассмотреть – для родителей кого? Если скажешь, что для родителей Исраэля"», и это ЗОН, поскольку Исраэль – их сыновья, как сказано: «Сыны вы Творцу Всесильному вашему»[100], «"это не так, ибо Исраэль не упоминаются в этом изречении, чтобы сказать о них: "Для родителей их" просто (без уточнения). Но это для родителей "Торы и заповеди"[97]. И кто они? Это хранимое вино", т.е. Бина, которая является матерью ЗОН, называемых Торой и заповедью. "Поскольку все написание высшей книги", т.е. Хохмы, которая называется высшей книгой, "находится там", в Бине. Ибо высшая книга, т.е. Хохма, скрыта, и начало ее раскрытия, определяемое как письмо, в Бине, "и оттуда", из Бины, "исходит Тора", письменная, т.е. Зеир Анпин, "и потому мы называем" Зеир Анпин "письменной Торой", ибо Зеир Анпин был создан и вышел из письма, т.е. Бины. "И это: "Которые Я написал для родителей их"[97], "для родителей их"[97], конечно"», т.е. Хохмы и Бины, являющихся книгой и письмом, и они – родители Зеир Анпина.

94) «"Устная Тора", Малхут, – "это другая Тора, которая пребывает" и существует "над устами. Что представляют собой уста (пэ)? Это Даат", т.е. Зеир Анпин, согласующий между собой Хохму и Бину, "являющийся устами книги и письма", т.е. Хохмы и Бины, потому что Даат, Зеир Анпин, согласовывает и раскрывает Хохму и Бину, т.е. книгу и письмо, подобно устам человека, раскрывающим скрытое в его мысли. "И эта Тора – это

---

[97] Тора, Шмот, 24:12. «И сказал Творец Моше: "Взойди ко Мне на гору и будь там. И Я дам тебе скрижали каменные и Тору, и заповедь, которые Я написал для обучения им"».

[98] Писания, Песнь песней, 3:4. «Едва я их миновала, как нашла я того, кого любит душа моя; ухватилась за него я, и не отпустила его, пока не привела его в дом матери моей и в покой родительницы моей».

[99] Иначе говоря, "Для обучения им (ле-оротáм לְהֹרֹתָם)"[96] можно прочитать как: "Для родителей их (ле-оротáм לְהֹרֹתָם)".

[100] Тора, Дварим, 14:1. «Сыны вы Творцу Всесильному вашему. Не делайте на себе надрезов и не делайте плеши меж ваших глаз по умершему».

другая Тора", отличающаяся от письменной Торы, "и называется она устной Торой, поскольку установлена" и существует "на тех устах, что называются письменной Торой", т.е. Зеир Анпине, ибо Малхут установлена и существует от Зеир Анпина, как известно. И потому называется устной Торой. "И поэтому вознесся Моше во всём надо всеми остальными верными пророками, как написано: "И Я дам тебе"[97], "тебе"[97] – именно так"», не включая других пророков. Поскольку Моше – основа (меркава) для Даат, от которого (выходит) устная Тора.

ГЛАВА ШМИНИ

И утвердится милостью престол его

95) «"Написано: "Удали примеси от серебра, и выйдет у плавильщика сосуд. Удали нечестивого от царя, и утвердится милостью престол его"[101].[102] Смотри, в час, когда умножаются грешники в мире, устанавливается престол святого Царя", т.е. Малхут, "в суде, и насыщается судом, и пламя его сжигает мир. А в час, когда исчезнут грешники из мира, тогда: "И утвердится милостью престол его"[101] – милостью, а не судом". Спрашивает: "Что это значит?"» – то есть, какой смысл того, что «утвердится милостью престол его»[101], а не судом.

96) И отвечает: «"Это значит, что нижний мир", Малхут, "зависит от высшего мира", Зеир Анпина, "а высший мир" воздействует на нижний мир "согласно путям нижнего мира". И потому "и утвердится милостью престол его"[101], иначе говоря, тот, кто хочет благословить Его и исправить престол Его", т.е. нижний мир, должен исправить его "милостью (хесед), а не судом". Еще раз спрашивает: "Что это значит?" – Какой смысл того, что должен исправить его милостью (хесед)? И отвечает: "Когда коэн входит в Храм", Малхут, "должен входить с Хеседом, т.е. водой, а не входить с вином, которое пил, т.е. Гвурой, – пусть входит с водой, но не входит с вином"».

Объяснение. Теперь он раскрыл свое намерение, что милость (хесед) и суд, когда говорится об (изречении): «И утвердится милостью (хесед) престол его»[101], – это вода и вино, что означает хасадим и свечение Хохмы. А смысл сказанного: «Удали нечестивого от царя»[101] следующий: с помощью притяжения вина, т.е. свечения Хохмы, которая притягивается через суды, устраняющие грешников из мира, – с помощью этого «удали нечестивого от царя»[101]. А после того как устранились грешники, нет более необходимости притягивать свойство «вино», а только хасадим, т.е. свойство «вода». И это смысл сказанного: «А в час, когда исчезнут грешники из мира», т.е. когда уже притянули свойство «вино», чтобы уничтожить грешников и ситру ахра, «тогда: "И утвердится милостью (хесед) престол его"[101]»,

---

[101] Писания, Притчи, 25:4-5. «Удали примеси из серебра, и выйдет у плавильщика сосуд. Удали нечестивого от царя, и утвердится правдою престол его».

[102] Видимо, так было написано в их книгах, а не: «И утвердится правдою престол его», как в наших книгах (замечание Бааль Сулама).

поскольку больше не надо притягивать свойство «вино», а только «воду», т.е. Хесед.[103]

97) «Подошли рабби Йегуда и рабби Ицхак и поцеловали голову его. И с этого дня он больше не отлучался от рабби Йегуды, а когда поступил в дом учения, вставал перед ним рабби Йегуда, говоря: "Я научился у него чему-то, и должен относиться с почтением к нему". Затем он был принят в среду товарищей, и они звали его "рабби Йеса – молот, крушащий скалы, и высекающий пламя во всех сторонах". А рабби Эльазар провозглашал о нем: "Прежде чем Я создал тебя во чреве, Я знал тебя"[104]».

---

[103] См. также Зоар, главу Цав, п. 116. Там он говорит подобное этому по поводу Ошана Раба.
[104] Пророки, Йермияу, 1:5. «Прежде чем Я создал тебя во чреве, Я знал тебя, и прежде чем ты вышел из утробы, Я посвятил тебя, пророком народов Я поставил тебя».

Вот существо живое

98) «И говорил Творец Моше и Аарону сказать им: "Говорите сынам Исраэля так: "Вот существо живое (хая́), какое вы можете есть из всего скота, что на земле"[105]. Спрашивает: "В чем отличие", что написано "здесь: "Аарону"[105]?" И отвечает: "Но это потому, что ему предстоит всегда различать между нечистым и чистым. Как написано: "Чтобы различать между нечистым и чистым"[106]».

Объяснение. Поскольку Аарон – это Хесед, а свечение Хохмы – это свойство хая. И вся разница между нечистым существом и чистым – только лишь в Хеседе. Ибо нечистые держатся за левую линию, отделенную от правой, Хохму без хасадим, от которой исходят тогда всё затмение и все суды. А чистые держатся за левую линию, включенную в правую, когда Хохма облачена в Хесед, и от нее исходят все благословения и вся святость. И сказанное: «Вот существо живое (хая)» – это свечение Хохмы, которое называется светом хая, когда вся разница между чистым существом и нечистым – лишь в Хеседе, являющимся свойством Аарона, поэтому было сказано содержание этого действия Моше и Аарону.

99) «Рабби Аба провозгласил и сказал: "Кто человек, желающий жизни?"[107] Что такое жизнь? Но это та жизнь, которая называется будущим миром", т.е. Бина, "и там находится жизнь. И поэтому мы учили: Древо жизни – это дерево", т.е. Зеир Анпин, "из этой жизни", являющей собой свет Бины, т.е. "дерево, посаженное в эту жизнь. И об этом написано: "Кто человек, желающий жизни"[107]».

100) «"Любящий дни, чтобы видеть добро"[107]. Спрашивает: "Что такое "дни"[107]?" И отвечает: "Но они являются именем святого Царя"», т.е. Малхут, которая называется «имя», «"и

---

[105] Тора, Ваикра, 11:1-2. «И говорил Творец Моше и Аарону сказать им: "Говорите сынам Исраэля так: "Вот существо живое, какое вы можете есть из всего скота, что на земле"».
[106] Тора, Ваикра, 11:47. «Чтобы различить между нечистым и чистым, между животным, которое едят, и животным, которого есть не должно».
[107] Писания, Псалмы, 34:12-15. «Придите, сыновья, слушайте меня, трепету Творца научу я вас. Кто человек, желающий жизни? – Любящий дни, чтобы видеть добро! Стереги язык свой от зла и уста свои – от лживых слов. Уклоняйся от зла и делай добро, ищи мира и стремись к нему».

она включена в эти высшие дни"», ХАГАТ НЕХИ Зеир Анпина, и принимает их. И о них сказано: «Любящий дни»[107], «"которые называются "как дни неба над землей"[108]. "Дни неба"[108], конечно", – т.е. ХАГАТ НЕХИ Зеир Анпина, называемые днями, "над землей"[108], разумеется", – принимаемые в Малхут, называемую землей. "И тот, кто желает высшей жизни, чтобы была у него доля в ней", т.е. в свете Бины, получаемом в Древе жизни, Зеир Анпине, "и тот, кто желает высших дней", т.е. ХАГАТ НЕХИ Зеир Анпина, получаемых в Малхут, "чтобы слиться с ними и любить их, должен оберегать уста свои, от всего должен оберегать уста свои и язык свой, должен оберегать уста свои от еды и питья, которые оскверняют душу и отдаляют человека от этой жизни" Бины, что в Зеир Анпине, называемом языком, "и от этих дней" Зеир Анпина, что в Малхут, называемой устами. "И должен оберегать язык свой от злословящих речей, чтобы не оскверниться ими, и должен отдаляться от них, чтобы не было у него доли в них"».

101) «"Смотри, "уста и язык" – так называется высшее место", где Малхут называется устами (пэ), а Зеир Анпин называется языком (лашо́н). "И поэтому, нельзя человеку портить уста свои и язык свой", поскольку портит высшие уста и язык. "И тем более (нельзя) осквернять душу свою и" всё "тело свое, поскольку оскверняется в другом мире наверху. И мы это уже объясняли"».

102) «"Вот существо живое (хая́), какое вы можете есть из всего скота"[105]. Спрашивает: "В этом изречении начало не конец, и конец не начало, – вначале сказано: "Вот существо живое (хая́)"[105], а затем: "Из всего скота"[105]?" И отвечает: "Но Творец сказал: "До тех пор, пока Исраэль оберегают души свои и тела свои, чтобы не осквернить их, конечно: "Вот (зот) существо живое (хая́), какое вы можете есть"[105], чтобы пребывать в высшей святости и сливаться с Моим именем"», т.е. Малхут, которая называется «зот» и называется «хая». «"Благодаря выбору той скотины, которую Я выбрал для вас, чтобы вы ели, не осквернитесь вы ими и будете соединены с именем Моим"», с Малхут. И объяснение сказанного: «Вот существо живое (зот хая́)» будет таким: вы будете соединены с Малхут, называемой

---

[108] Тора, Дварим, 11:21. «Дабы продлились дни ваши и дни сынов ваших на земле, которую Творец поклялся отцам вашим дать им, – как дни неба над землей».

«зот хая», когда будете есть из всего скота, если будете есть чистый скот, который Я выбрал для вас.

103) «"Но всё время, пока не оберегают себя и тела свои от еды и питья, они будут связаны с другим местом, нечистым, оскверняясь ими. И потому написано: "Вот существо живое, какое вы можете есть из всего"[105], "из всего (ми-коль)"[105], конечно, так как это свойство святого имени, чтобы слиться с ним"». Поскольку «из всего (ми-коль)»[105] указывает на Есод, называемый «коль», от которого – тайна слияния с именем Его. В тайне сказанного: «Ибо всё (коль) на небе и на земле»[109], потому что Есод соединяет Зеир Анпин и Малхут, которые называются «небо» и «земля». «"Из всего скота, что на земле"[105] означает: когда употребление в пищу скота будет в чистоте и не осквернит вас", тогда "будет у вас доля в имени Моём"», которое называется «всё (коль)», «"чтобы слиться с ним"».

104) «"Еще. "Вот существо живое (хая́), какое вы можете есть"[105]. Потому что о Фараоне сказано: "Из этого (бе-зот) узнаешь, что Я Творец"[110], что означает: "вот "зот", Малхут, "пред тобой, чтобы отмстить тебе. Так же и здесь: "Вот (зот) существо живое, которое вы можете есть из всего скота"[105], – вот "зот" пред вами, чтобы отмстить вам, если оскверните вы душу вашу. И в чем причина", что Малхут особенно накажет их? "Поскольку души (нефашот)" людей "происходят от нее". Ибо нефеш происходит от Малхут, а руах – от Зеир Анпина, как известно. "И если вы оскверните ту" душу (нефеш), "которая принадлежит ей, вот "зот", Малхут, "пред вами. Если во благо, она стоит для вас", чтобы вы слились с ней, и будет вам всё благо. "И если во зло, она стоит для вас"», чтобы наказать вас.

105) «Сказал рабби Эльазар: "Это животное, которое вы можете есть из всего скота"[105], – из всех тех, кто держится за эту" чистую "сторону, разрешается вам есть, а всех тех, кто не исходит от этой стороны, запрещено вам есть. Ибо есть животные, исходящие от этой стороны", чистой, "а есть – исходящие от другой стороны, нечистой. И признак их, как написано: "Всё

---

[109] Писания, Диврей а-ямим 1, 29:11. «Тебе, Творец, величие и могущество, и великолепие, и вечность, и красота, ибо всё на небе и на земле – Тебе! Тебе царство, и превознесен Ты над всеми!»

[110] Тора, Шмот, 7:17. «Так сказал Творец: "Из этого узнаешь, что Я Творец". Вот я ударю посохом, который в моей руке, по воде, которая в реке, и (вода) превратится в кровь».

раздваивающее копыто"[111]. И мы учили, что все они записаны, и Писание записывает их всех. И поэтому всякий, кто ест из тех, что исходят от этой нечистой стороны, оскверняется ими, и оскверняет свою душу, исходящую от чистой стороны"».

106) «Сказал рабби Шимон: "Это является общим правилом, ибо так же как есть десять сфирот веры наверху, так же есть десять сфирот нечистого колдовства внизу, и всё, что есть на земле, одни из них включены в эту сторону, а другие включены в другую сторону"». И Писание разрешило нам тех животных, которые включаются в десять сфирот святости, и запретило нам всех животных, которые включаются в сторону десяти сфирот скверны.

107) «"А если скажешь ты: "Коза эта, над которой пребывает дух скверны", нам же разрешено есть ее? И отвечает: "Это неверно, ведь если бы дух скверны пребывал над ней, запрещено было бы нам есть ее, но духи скверны проходят внутри их и видны пред ними", однако "не пребывают, чтобы вселиться в них, поскольку, когда они приходят, чтобы вселиться в них, другой дух", с чистой стороны, "проходит над ними, и" духи скверны "покидают их. И потому они лишь видны пред ними, чтобы обвинять изнутри них" людей, "но не властвуют над ними самими, и потому нам разрешено есть их"».

108) «"Смотри, когда приходят" духи скверны, "чтобы властвовать над ними, проходит один дух" с чистой стороны, "и они возносят глаза и видят свои решимот", которые с чистой стороны, "и отделяются от них, но те всё еще видны пред ними". И потому "они не запрещены нам в еду"».

109) «"И в скоте, и в животных, и в птице, и в рыбе морской – во всех них они видны, правая и левая стороны. И каждый, кто исходит от правой стороны, разрешен нам в еду, а все те, что исходят от левой стороны, всех их запрещено нам есть, поскольку ступень всех их – в скверне, и все они нечисты, и дух нечистоты находится в них и живет в них. И потому святой дух Исраэля не смешается с ними, и не осквернится ими, чтобы" Исраэль "были святы и были узнаваемы наверху и внизу. Счастлива доля Исраэля, ибо святой Царь возжелал их и

---

[111] Тора, Ваикра, 11:3. «Всё раздваивающее копыто и расщепляющее копыто, отрыгивающее жвачку, из скота – его можете есть».

110) «"Смотри, написано: "Исраэль, в котором Я прославлюсь"[112]. И если Творец прославляется в них, в Исраэле, как они могут оскверниться и прилепиться к нечистой стороне? И поэтому написано: "И освятите себя, и будете святы, ибо свят Я"[113], и "не оскверняйте ваши души"[113]. Тот, кто (создан) по образу Царя, не должен оставлять путей Царя. И потому записал Творец в Исраэле всех тех, кто исходит от этой стороны, и всех тех, кто исходит от другой стороны. Счастлива доля Исраэля, о которых написано: "Все видящие их признают их, ибо они семя, которое благословил Творец"[114], – благословил Творец по-настоящему, благословил Творец во всем"».

111) «"И смотри, всякий, кто ест из этих запрещенных видов еды, привязывается к другой стороне и оскверняет свою душу и тело, и дух скверны пребывает над ним, и показывает он себя, что нет у него доли в высшем Властителе, и не исходит он от Его стороны, и не слит он с Ним. Если выходит он так из этого мира, хватаются за него все те, кто держится за нечистую сторону, и оскверняют его, и судят его, как человека отвратительного для своего Господина, отвратительного в этом мире и отвратительного в будущем мире"».

---

[112] Пророки, Йешаяу, 49:3. «И сказал мне: "Ты раб Мой, Исраэль, в котором Я прославлюсь"».

[113] Тора, Ваикра, 11:43-44. «Не оскверняйте ваши души всяким существом кишащим, и не оскверняйтесь ими, ибо будете осквернены из-за них. Ибо Я Творец Всесильный ваш, и освятите себя, и будете святы, ибо свят Я, и не оскверняйте души ваши всяким существом, копошащимся на земле».

[114] Пророки, Йешаяу, 61:9. «И известно будет среди племен семя их, и потомки их – между народами, все видящие их признают их, ибо они семя, которое благословил Творец».

ГЛАВА ШМИНИ

Ибо будете осквернены из-за них

112) «"И об этом сказано: "Ибо будете осквернены (ве-нитме́тем וְנִטְמֵתֶם) из-за них"[115]. Без алеф (א)", чтобы показать, "что не существует излечения от скверны, что в нем, и не выйдет он из нечистоты своей никогда. Горе им, и горе душам их, ибо не соединятся они с вечной жизнью никогда, ибо осквернились. Горе телу их. О них написано: "Ибо червь их не умрет, и будут они мерзостью для всякой плоти"[116]. Что значит "мерзостью"? Зловонием. И кто привел их к этому? Та сторона, к которой они прилепились"».

113) «"Исраэль исходят от правой стороны, если они привязываются к левой стороне, то они наносят ущерб этой стороне", правой, "и наносят ущерб своему телу, и наносят ущерб душе своей, они ущербны в этом мире и ущербны в будущем мире. Тем более, тот, кто соединяется с нечистой стороной", которая исходит от левой стороны, и она полностью ущербна, "ведь все это держится друг за друга", нечистая сторона и левая сторона держатся друг за друга, т.е. левая верхняя сторона, которая находится в разрыве с правой, и оттуда исходит скверна. "И написано: "Ибо народ святой ты у Творца Всесильного твоего"[117]».

114) «Рабби Йоси провозгласил и сказал: "Все труды человека – для рта его"[118]. Всмотрелся я в речения царя Шломо, и все они охвачены высшей мудростью". И то, что написано: "Все труды человека – для рта его"[118], – ведь это изречение, в час, когда судят человека в том мире, написано, что всякий суд и всё, что он терпит в том мире, когда воздают ему вечное возмездие, всё это "для рта его"[118], – из-за рта его, потому что не оберегал он его, и осквернил свою душу, и не прилепился к стороне жизни, к правой стороне. "И также душа не наполнится"[118]

---

[115] Тора, Ваикра, 11:43. «Не оскверняйте ваши души всяким существом кишащим, и не оскверняйтесь ими, ибо будете осквернены из-за них».
[116] Пророки, Йешаяу, 66:24. «И выйдут и увидят трупы людей, отступивших от Меня, ибо червь их не умрет и огонь их не погаснет, и будут они мерзостью для всякой плоти».
[117] Тора, Дварим, 14:2. «Ибо народ святой ты у Творца Всесильного твоего, и тебя избрал Творец, чтобы ты был Ему избранным из всех народов, которые на земле».
[118] Писания, Коэлет, 6:7. «Все труды человека – для рта его, и также душа не наполнится».

– т.е. не завершится суд ее никогда во веки веков. Другое объяснение. "Не наполнится"[118], – что не будет восполнена никогда, чтобы подняться на свое место, ибо осквернилась и прилепилась к другой стороне"».

115) «Рабби Ицхак сказал: "Всякий, осквернившийся ими, как будто поклонялся идолам, и это отвратительно Творцу. И сказано: "Не ешь ничего отвратительного"[119]. Тот, кто поклоняется идолам, уходит от стороны жизни, уходит из-под власти святости и входит под другую власть, и также тот, кто осквернился этими видами еды, уходит от стороны жизни, и уходит из-под власти святости и входит под другую власть. И мало того – он оскверняется в этом мире и в будущем мире. И потому: "Ибо будете осквернены (ве-нитмéтем וְנִטְמֵתֶם) из-за них"[115] написано без алеф (א)"».

116) «"И написано: "И не оскверните ваших душ скотом и птицей, и всем, чем кишит земля, которых Я выделил вам как нечистое"[120]. Что значит "как нечистое"[120]? – Чтобы осквернять ими народы, поклоняющиеся идолам. Ибо нечисты они, и происходят от нечистой стороны, а каждый прилепляется к месту своему"». Исраэль – к тем, кто исходит от стороны святости, а народы, поклоняющиеся идолам, – к тем, кто исходит от стороны скверны.

117) «Рабби Эльазар сидел перед рабби Шимоном, отцом своим. Сказал ему: "То, что мы учили, что в будущем Творец должен очистить Исраэль. Чем"» Он очистит их? «Сказал ему: "Чем написано: "И окроплю вас водою чистою, и очиститесь вы"[121]. Это воды Хеседа, облачающие и включающие в себя свечение левой (линии), и оттуда исходит чистота. И когда очищаются, они освящаются", поскольку прилепляются к святости Зеир Анпина, в котором мохин Абы ве-Имы, называемые святостью. "И Исраэль, когда прилепляются к Творцу, называются святостью. Как написано: "Исраэль – святыня Творцу,

---

[119] Тора, Дварим, 14:3. «Не ешь ничего отвратительного».
[120] Тора Ваикра, 20:25. «И различайте между скотом чистым и нечистым, и между птицей нечистой и чистой, и не оскверните ваших душ скотом и птицей, и всем, чем кишит земля, которых Я выделил вам как нечистое».
[121] Пророки, Йехезкель, 36:25. «И окроплю вас водою чистою, и очиститесь вы от всей скверны вашей, и от всех идолов ваших очищу вас».

начаток урожая Его"¹²². И написано: "И людьми святости будете для Меня"¹²³. Счастливы Исраэль, ибо Творец говорит о них: "И будьте (мне) святы, ибо свят Я, Творец"¹²⁴. Поскольку сказано: "И к Нему прилепись"¹²⁵, и сказано: "Не сделал Он такого никакому народу, и законов (Его) не знают они. Алелуйа"¹²⁶».

---

[122] Пророки, Йермияу, 2:3. «Исраэль – святыня Творцу, начаток урожая Его. Все поедающие его будут осуждены; бедствие придет на них, – сказал Творец».

[123] Тора, Шмот, 22:30. «И людьми святости будете для Меня, и растерзанного в поле мяса не ешьте, псу бросайте его».

[124] Тора, Ваикра, 20:26. «И будьте Мне святы, ибо свят Я, Творец. И Я выделил вас из (среды) народов, чтобы (вам) быть Моими.».

[125] Тора, Дварим, 10:20. «Творца Всесильного твоего бойся, Ему служи, и к Нему прилепись, и Его именем клянись».

[126] Писания, Псалмы, 147:19-20. «Изрекает Он слово Свое Яакову, уставы Свои и законы Свои – Исраэлю. Не сделал Он такого никакому народу, и законов (Его) не знают они. Алелуйа».

ГЛАВА ШМИНИ

Рыбам и кузнечикам не требуется зарезание
(Раайа меэмана)

118) «"Рыбам и кузнечикам не требуется зарезание, но их сбор делает их позволенными (в пищу). Так же и главам собрания не требуется умерщвление" в час их смерти, как людям, которые умерщвляются мечом ангела смерти, "а говорится о них: "И скончался он и приобщился к своему народу"[127]. Ибо приобщаются они без умерщвления, которое увечит умершего. Так же как рыба морская – жизнь их в море, так же ученики мудрецов, авторы Мишны, – жизнь их в Торе, и если расстаются с Торой, тотчас умирают. Мудрецы (танаим) Мишны вырастают в Торе, как рыба морская" в море. "А если те, кто на суше, входят в воду, и не умеют плавать, они умирают. Но человек (адам), т.е. постигшие каббалу, он выше всех, и сказано о нем: "И властвовать будут они над рыбой морской и над птицей небесной"[128]», и это авторы Мишны.

119) «"Ибо эти авторы Мишны – это чудовища, т.е. большое чудовище, "змей ползающий (нахаш бариах)"[129], соответствующий "среднему засову (бариах), внутри брусьев"[130], свойству Тиферет. "А когда между чудовищами, авторами Мишны, есть спор, и они противоречат друг другу, проглатывает" один "другого; если это малый ученик, который не достиг преподавания, но поучает", он "достоин смерти. А если они равны друг другу, и есть между ними спор и несогласие, сказано о них" в конце:

---

[127] Тора, Берешит, 49:33. «И закончил Яаков завещать сыновьям своим, и подобрал он ноги свои на ложе. И скончался он и приобщился к своему народу».

[128] Тора, Берешит, 1:26. «И сказал Всесильный: "Сделаем Адама в образе Нашем, по подобию Нашему! И властвовать будут они над рыбой морской и над птицей небесной, и над скотом, и над всею землей, и над всем ползучим, что ползает по земле"».

[129] Пророки, Йешаяу, 27:1. «В тот день накажет Творец мечом Своим тяжелым, и большим, и крепким левиатана, змея ползающего (бариах), и левиатана, змея извивающегося (акальтон), и убьет чудовище, которое в море».

[130] Тора, Шмот, 26:28. «А средний засов, внутри брусьев, проходит от края до края».

"Ваев в Суфе (эт ваéв бе-суфá אֶת וָהֵב בְּסוּפָה)"[131]. И мы объясняли: "Любовь в конце (аавá бе-софá אַהֲבָה בְּסוֹפָה)"[132]».

(До сих пор Раайа меэмана)

---

[131] Тора, Бемидбар, 21:14. «Поэтому сказано в книге войн Творца: Ваев в Суфе и потоки Арнона». (Выражение, означающее примирение сторон в талмудическом споре, когда каждый остается при своем мнении, но побеждает любовь).
[132] См. Вавилонский Талмуд, трактат Кидушин, лист 30:2.

Глава Тазриа

ГЛАВА ТАЗРИА

О ложе моем по ночам

1) «"И говорил Творец Моше: "Если женщина зачнет (тазриа) и родит мальчика"¹. Рабби Эльазар провозгласил: "О ложе моем по ночам просила я того, кого любит душа моя"². Спрашивает: "Говорит: "О ложе моем"², следовало сказать: "На ложе моем", что значит: "О ложе моем"²?" И отвечает: "Но Кнессет Исраэль говорила пред Творцом и спрашивала у Него об изгнании, так как живет она среди прочих народов с сыновьями своими и лежит во прахе. И о том, что она лежит на другой, нечистой земле, сказала: "О ложе моем я спрашиваю, ибо лежу я в изгнании", а изгнание называется ночами. "И потому "просила я того, кого любит душа моя"², чтобы вывел меня из него"».

2) «"Искала его и не нашла"². Ибо не принято у Него сходиться со мной иначе, как только в Его чертоге", но не в изгнании. "Звала я его, но он мне не ответил"³. Ибо жила я среди других народов, и гласа Его они не слышат, но только сыновья Его. Как написано: "Чтобы слышал народ голос Всесильного"⁴».

3) «Рабби Ицхак сказал: "О ложе моем по ночам"². Сказала Кнессет Исраэль", Шхина: "О ложе моем негодовала я пред Ним", т.е. прося у Него, "чтобы сошелся со мной, дабы порадовать меня", от левой линии, "и благословить меня", от правой линии, "в совершенной радости", от средней линии. "Ведь мы так учили, что от зивуга Царя", Зеир Анпина, "с Кнессет Исраэль, многие праведники получают в наследие святое владение", т.е. высшие мохин, "и множество благословений пребывает в мире"».

---

¹ Тора, Ваикра, 12:1-2. «И говорил Творец Моше: "Говори сынам Исраэля: если женщина зачнет и родит мальчика, и нечиста она будет семь дней, как в дни отлучения ее по обычной болезненности ее будет она нечиста"».

² Писания, Песнь песней, 3:1. «На ложе моем (досл. о ложе моем) по ночам просила я того, кого любит душа моя. Искала его и не нашла».

³ Писания, Песнь песней, 5:6. «Отворила я другу моему, а друг мой ускользнул, сокрылся. Души во мне не стало, когда он говорил! Искала я его, но его не находила я, звала я его, но он мне не ответил».

⁴ Тора, Дварим, 4:32-33. «Ибо спроси о временах прежних, что были до тебя, с того дня, когда сотворил Всесильный человека на земле, и от края неба до края неба, – было ли что-либо, подобное этому великому делу, или слыхано ли подобное этому: чтобы слышал народ голос Всесильного, доносящийся из огня, как слышал ты, и остался жив?»

ГЛАВА ТАЗРИА

Жену доблестную кто найдет?

4) «Рабби Аба шел из деревни Кания в пещеру Луда, и были с ним рабби Йоси и рабби Хия. Сказал рабби Йоси: "Написано: "Жена доблестная – венец мужу своему, а позорная – как гниль в костях его"[5]. "Жена доблестная"[5] – это Кнессет Исраэль", Шхина. "А позорная – как гниль в костях его"[5] – это народы-идолопоклонники, которых Творец не может терпеть в мире, как сказано: "И возгнушался Я ими"[6]. Они как колючки и чертополох, которые досаждают человеку, и не может он терпеть их". Сказал рабби Аба: "Конечно, это так. "Жена доблестная"[5] – это Кнессет Исраэль, и она госпожа над множеством воинств и многочисленными станами" ангелов, "находящимися в мире"», т.е. всеми обитателями миров БЕА, исходящими от нее. И «жена доблестная» означает – госпожа и господин. «Венец мужу своему»[5] – это как говорится: "Венец великолепия"». Ибо великолепие (тиферет) – это муж Шхины. «Пока шли, сказал рабби Аба: "Каждый пусть скажет слово о Кнессет Исраэль"».

5) «Рабби Аба провозгласил и сказал: "Жену доблестную кто найдет?"[7] – это Кнессет Исраэль, являющаяся "женой доблестной"[7], как мы уже сказали. "Кто найдет?" Это как сказано: "Тот, кто найдет вас на исходе дней", что означает – кто постигнет вас. Так же и здесь: "Кто найдет?"[7] означает – "кто удостоится" и постигнет ее, "чтобы пребывать в ней в совершенстве и быть с ней всегда?"»

6) «"Далека от жемчугов продажа ее"[7]. Спрашивает, говоря: "Продажа ее"[7], следовало сказать: "Цена ее"?"» – то есть, что купить ее труднее, чем жемчуга́. Что значит сказанное им: «Продажа ее»[7]? И отвечает: «"Однако всех тех, кто не сливается с ней в совершенстве и не преданы ей полностью, она продает их и предает их в руки других народов, как ты говоришь: "И оставили сыны Исраэля Творца, "и Он предал их в руки Сисры"[8]. И тогда

---

[5] Писания, Притчи, 12:4. «Жена доблестная – венец мужу своему, а позорная – как гниль в костях его».

[6] Тора, Ваикра, 20:23. «И не ходите по обычаям народа, который Я изгоняю от вас; они все это делали, и возгнушался Я ими».

[7] Писания, Притчи, 31:10. «Жену доблестную кто найдет? Выше жемчугов цена ее (досл. далека от жемчугов продажа ее)».

[8] Пророки, Шмуэль 1, 12:9. «Но те забыли Творца Всесильного своего, и Он предал их в руки Сисры, военачальника Хацорского, и в руки плиштим, и в руки царя Моавитского; и они воевали с ними».

все они далеки от этих высших святых жемчугов", представляющих собой тайны и внутреннюю суть Торы, "и не будет у них доли в них. Это означает: "Далека от жемчугов продажа ее"[7]».

7) «Рабби Хия провозгласил изречение, следующее после этого, и сказал: "Уверено в ней сердце мужа ее, и не останется без добычи"[9]. "Уверено в ней сердце мужа ее"[9] – это Творец", т.е. Зеир Анпин, "и поэтому Он поставил ее над миром, чтобы был под ее управлением. Всё свое оружие Он передал в ее руки, и всех тех, кто ведет войну. А потому: "И не останется без добычи"[9]». Объяснение. Все силы, чтобы вести войну и покорять нечистую сторону, отдал Он в ее руки. И благодаря этому она извлекает святые искры, упавшие из-за греха к внешним (свойствам), и возвращает их в святость. И эти святые искры называются добычей, завоеванными трофеями.

8) «Рабби Йоси провозгласил изречение, следующее после этого, и сказал: "Воздает ему добром, а не злом, все дни жизни своей"[10]. "Воздает ему добром"[10] – т.е. "дает благо миру и дает благо чертогу Царя и обитателям чертога Его. "А не злом"[10] – это надо было сказать, "потому что написано: "И Древо познания добра и зла"[11]», так как Малхут называется Древом познания добра и зла, поскольку если удостоился – оно добро, а если не удостоился – зло.[12] И потому говорится: «А не злом»[10]. «"Когда оно – добро", а не зло? – "В то время, когда дни небес", то есть сфирот Зеир Анпина, "светят на нее и соединяются в зивуге с ней как подобает". И дни небес – "это дни ее жизни, так как Древо жизни", Зеир Анпин, "посылает ей жизнь", мохин от Бины, "и светит ей. И в то время "воздает ему добром, а не злом"[10]. Сказал рабби Аба: "Это верно. И все эти изречения были сказаны о Кнессет Исраэль"».

---

[9] Писания, Притчи, 31:11. «Уверено в ней сердце мужа ее, и не останется без добычи».

[10] Писания, Притчи, 31:12. «Воздает ему добром, а не злом, все дни жизни своей».

[11] Тора, Берешит, 2:9. «И произрастил Творец Всесильный из земли всякое дерево, прелестное на вид и приятное на вкус, и Древо жизни посреди сада, и Древо познания добра и зла».

[12] См. «Предисловие книги Зоар», п. 123. «Малхут – это Древо познания добра и зла, если удостоился человек – стало добром, а если не удостоился – то злом».

ГЛАВА ТАЗРИА

Женщина, зачавшая первой, рождает мальчика

9) «"Если женщина зачнет"[13]. Мы учили, что женщина, зачавшая первой, рождает мальчика". Сказал рабби Аха: "Это то, что мы учили, что Творец выносит решение о капле (семени), мальчик это или девочка. А ты говоришь: "Женщина, зачавшая первой, рождает мальчика"». В таком случае, не требуется решение Творца? «Сказал рабби Йоси: "Конечно же, Творец различает между мужской каплей (захар) и женской (некева), и поскольку различил по ней, вынес решение о ней, будет ли это мальчик (захар) или девочка (некева)"».

Объяснение. Три участника в человеке: Творец, отец и мать. Отец дает белое (лаван), что в нем, мать дает красное (адом), что в нем, а Творец дает душу. И если капля – захар (мужская), Творец дает душу захара, а если – некева (женская), Творец дает душу некевы. И получается, вследствие того, что женщина зачала первой, капля еще не была в итоге захаром, если Творец не послал в нее душу захара. И это различие, которое определяет Творец в отношении капли, – достойна ли она души захара или некевы, – считается решением Творца. И если бы Он не различил этого и не послал душу захара, капля не завершилась бы, чтобы стать захаром. Таким образом, два этих изречения не противоречат друг другу.

10) «Сказал рабби Аха: "И родит мальчика"[13]. Но разве потому, что она зачинает первой, рождает, что Писание говорит: "Если зачнет ... и родит"[13]?" Разве не от беременности это зависит? "И это изречение надо было бы сказать: "Если женщина забеременеет и родит мальчика", что значит: "Если зачнет ... и родит"[13]?" Сказал рабби Йоси: "Женщина, с того дня, как" зачала и "забеременела, до того дня, когда она рожает, ни о чем не говорит, кроме как о плоде своем – будет ли мальчик (захар). И потому говорит" Писание: "Если женщина зачнет и родит мальчика"[13]».

---

[13] Тора, Ваикра, 12:1-2. «И говорил Творец Моше: "Говори сынам Исраэля: если женщина зачнет и родит мальчика, то будет она нечиста семь дней, как в дни отлучения ее по обычной болезненности ее будет она нечиста"».

11) «"Если женщина зачнет"[13]. Рабби Хизкия провозгласил: "Как многочисленны деяния Твои, Творец"[14]. Насколько же многочисленны деяния святого Царя в мире. Как, например, человек, который взял в руки несколько видов семян и посеял их одновременно, а затем прорастает каждый вид сам по себе. Так Творец вершит деяния Свои в мудрости, и в мудрости берет все вместе и сеет их, а затем прорастает каждый (вид) в свое время, как сказано: "Все их в мудрости содеял Ты"[14]».

12) «Сказал рабби Аба: "Как многочисленны деяния Твои, Творец"[14]. Насколько же многочисленны деяния святого Царя. И все они", вся действительность в мирах, "сокрыты в мудрости. И это означает: "Все их в мудрости содеял Ты"[14]. Все они включены в мудрость и не выходят наружу иначе, как по известным тропам", представляющим собой тридцать два пути мудрости, "к Бине. И оттуда", из Бины, "всё вершится и исправляется. Это означает: "И разумом утверждается"[15]. И потому сказано: "Все их в мудрости содеял Ты"[14], с пониманием (бина)"», – с помощью Бины.

---

[14] Писания, Псалмы, 104:24. «Как многочисленны деяния Твои, Творец! Все их в мудрости содеял Ты, полна земля созданиями Твоими».
[15] Писания, Притчи, 24:3. «Мудростью устраивается дом и разумом утверждается».

ГЛАВА ТАЗРИА

Полна земля созданиями Твоими

13) «"Полна земля созданиями Твоими"[14]. "Земля"[14] – это Кнессет Исраэль", Малхут. "И оттуда", от Бины, "она наполняется всем. Как сказано: "Все реки текут в море"[16]. "Созданиями Твоими"[14], т.е. она", Малхут, "произвела их потом, это смысл сказанного: "Вот порождения неба и земли при сотворении их (бе-ибарам בהבראם)"[17], т.е. "при помощи хэй (ה) сотворил их (бе-хэй браам בְּהֵ בְּרָאָם)", и это – Малхут, последняя хэй (ה) де-АВАЯ (הויה). "Поэтому: "Полна земля созданиями Твоими"[14]».

14) «"Смотри, в час, когда человек готов освятиться и произвести зивуг со своей нуквой в своем святом желании, тогда пробуждается над ним дух святости, состоящий из захара и некевы", поскольку родился и произошел от Зеир Анпина и Малхут, являющихся захаром и некевой (ЗОН).[18] "И Творец подает знак одному посланнику, ответственному за зарождение людей, и передает ему тот дух, и извещает его, в какое место принести его. И это смысл изречения: "И ночь, говоря: "Зачат муж"[19]. То есть "ночь", Малхут, "сказала этому управляющему: "Зачат муж от такого-то" – чтобы тот донес туда этот дух. И Творец велит ему, этому духу, всё, что велит", заклиная его быть праведником.[20] "И это уже объяснялось"».

---

16 Писания, Коэлет, 1:7. «Все реки текут в море, но море не переполняется; к месту, куда реки текут, туда вновь приходят они».
17 Тора, Берешит, 2:4. «Вот порождения неба и земли при сотворении их, в день созидания Творцом Всесильным земли и неба».
18 См. далее, п. 22.
19 Писания, Иов, 3:3. «Да сгинет день, когда родился я, и ночь, говоря: "Зачат муж"!»
20 См. Вавилонский Талмуд, трактат Нида, лист 30:2.

ГЛАВА ТАЗРИА

Только по образу должен ходить человек

15) «"Тогда опускается этот дух, и один образ с ним, тот образ (целем), который находится в высшей форме", называемый образом Элоким. "По этому образу он сотворен, и в этом образе он ходит в этом мире, это смысл сказанного: "Только по образу должен ходить человек"[21]. Пока этот образ находится с ним, человек существует в этом мире". Если же образ уходит от него, он умирает.[22] "И оба" образа – "они те, что соединяются вместе, и царь Шломо предупредил людей, сказав: "Пока не повеял день и не побежали тени (образы)"[23] – два"».

16) «"В колдовской книге Ашмедая я нашел, что тот, кто хочет совершать колдовства с левой стороны и прилепляться к ним, должен встать в свете свечи или в том месте, где видны его тени", т.е. в свете луны, "и произнести те слова, которые установлены для этих колдовских заклинаний, и призвать их, эти стороны скверны, их именами скверны, и вызвать свои образы к тем" именам скверны, "которые призвал. И сказать, что он по своему желанию устанавливается для них", в их владении "и в их распоряжении". И тогда "выходит этот человек из владения своего Господина, и залог своего Господина", т.е. душу, данную ему в залог от Господина его, он "отдает стороне скверны"».

17) «"Вследствие тех колдовских заклинаний, которые он произнес, призвав их к своим образам, показываются два духа и устанавливаются в этих его образах", чтобы быть "в обличье человека, и извещают его в известные времена о вещах, несущих ему вред, и вещах, несущих ему пользу. И эти два духа, которые вообще не были включены в тело", т.е. Он не успел сделать им тела́ до того, как освятилась суббота,[24] "теперь

---

[21] Писания, Псалмы, 39:7. «Только по образу должен ходить человек, но лишь к суете стремление его, копит и не знает, кто заберет это».

[22] См. Зоар, главу Ваикра, п. 210.

[23] Писания, Песнь песней, 2:17. «Пока не повеял день и не побежали тени, обернись, будь подобен газели или молодому оленю на расселинах гор (досл. на горах разделения)».

[24] См. «Предисловие книги Зоар», п. 248. «После того, как освятился этот день, осталось сотворить духов, для которых не было создано тело (гуф). Разве не мог Творец подождать с освящением этого дня, пока не будут созданы тела для этих духов? ...»

включились в те образы", которые дал им этот человек, "и устанавливаются в них, и извещают человека о вещах, несущих ему вред. Это и означает, что он вышел из владения своего Господина, и залог Его", т.е. душу, "дал стороне скверны"».

18) «"Нельзя человеку бросать домашнюю утварь или другие подобные вещи" в гневе своем, "передавая их в руки ситры ахра.[25] "И не следует" так поступать, "поскольку многие следователи по суду и законам готовы принять это дело. И с этого времени не пребывают над ним благословения, так как это от ситры ахра. Тем более, если кто-то призывает по своему желанию на это высшее благо", т.е. на свой образ, "другой (образ) и ситру ахра. И это, из-за того, что он призвал их" к своим образам, "произошло"».

19) «"Когда дни человека близятся к уходу из этого мира, тот высший образ, что дали ему, – приходит тот дурной дух, что прилеплялся к нему каждый день, и забирает у него этот образ, и устанавливается в нем и уходит. И" этот образ "не вернется к человеку никогда. Тогда познает" человек, "что он отвержен всеми"».

20) «"Смотри, в час, когда душа нисходит, чтобы ввели ее в этот мир, она нисходит" сначала "в земной Эденский сад и видит славу духа праведников, стоящих рядами. А затем отправляется в преисподнюю и видит грешников, кричащих: "Горе! Горе!", и никто не сжалится над ними. И обо всем они дают ей свидетельство", т.е. грешники свидетельствуют о том, как наказывают их за каждый грех, а праведники свидетельствуют о добром вознаграждении, которое получают за каждую заповедь. "И этот святой образ стоит над ней, пока она не выходит в этот мир"».

21) «"Когда она выходит в мир, встречается ей тот образ, и присоединяется к ней, и растет с ней, как сказано: "Только по образу должен ходить человек"[21]. И к этому образу присоединяются дни человека и зависят от него", и если он уходит,

---

[25] См. Зоар, главу Пкудей, п. 851. «"Поскольку всякая сторона покоя – от правой стороны и от стороны веры, а всякая сторона гнева – от другой стороны, плохой и скверной, и поэтому тот, кто собственноручно бросает что-нибудь в гневе, все эти", что с плохой стороны, "берут то, что брошено, и поднимают наверх, и это приносится в жертву той стороне ..."»

человек покидает этот мир.²² "И это смысл сказанного: "Ибо вчерашние мы и не ведаем, что тень – дни наши на земле"²⁶. "Что тень – дни наши"²⁶, конечно", – то есть, что дни наши зависят от этой тени. "И с того дня, как женщина беременеет, до того дня, когда она рожает, не знают люди деяний Творца, сколь велики и как высоки они. Это смысл сказанного: "Как многочисленны деяния Твои, Творец"²⁷».

---

[26] Писания, Иов, 8:9. «Ибо вчерашние мы и не ведаем, что тень – дни наши на земле».

[27] Писания, Псалмы, 104:24. «Как многочисленны деяния Твои, Творец! Все их в мудрости содеял Ты, полна земля созданиями Твоими».

ГЛАВА ТАЗРИА

И родит мальчика

22) «"Смотри, все духи в мире состоят из захара и некевы. И когда они выходят" в этот мир, "выходят захар и некева, а затем разделяются, согласно своему пути", дух захара облачается в захара (мальчика), а дух некевы – в некеву (девочку). А затем, "если человек удостаивается, совершают зивуг вместе, т.е. пара его, и соединяются в едином зивуге, всем – духом и телом. Как написано: "Да произведет земля существо живое по виду его"[28]. Что значит "по виду его"[28] – это тот самый дух человека, который выходит со своей парой, похожей на него"».

23) Спрашивает: «"И что такое "земля"[28]», о которой сказано: «Да произведет земля»[28]? Это «"как сказано: "Образовался в чреве земли"[29], т.е. Малхут. "И мы это уже объясняли. "Да произведет земля"[28], конечно", т.е. Малхут, "так как от нее происходит "существо живое"[28]. Как мы объясняли, что это дух Адама Ришона", который произошел и родился от Малхут, называемой землей. "То есть, как написано: "Но от плода дерева, которое внутри сада"[30]. "От плода дерева"[30] – это Творец", т.е. Зеир Анпин, называемый Древом жизни, и плод его – это дух Адама Ришона, "которое внутри сада"[30] – которое внутри женщины, мы учили", что это Малхут, называемая женщиной и называемая садом. Ибо дух Адама Ришона произошел от зивуга Зеир Анпина и Малхут. "То есть: "Если женщина зачнет и родит мальчика"[31]», где «женщина»[31] – это Малхут, рождающая души, как мы уже сказали. И «"написано"»: «И родит мальчика (захар)»[31], и «"не включены захар и некева,[32] как происходит в мире", где души рождаются захаром и некевой. "Поскольку они", нижние своими грехами, "приводят ее", Малхут, "к тому, что" души "не соединяются", захар и некева, "как они нисходят свыше, парами"», – захар и некева. И поэтому написано:

---

[28] Тора, Берешит, 1:24. «И сказал Всесильный: "Да произведет земля существо живое по виду его: скот и ползучее, и животное земное по виду его". И было так».

[29] Писания, Псалмы, 139:15. «Не была сокрыта от Тебя сущность моя, когда я создавался в сокрытии, образовался в чреве земли».

[30] Тора, Берешит, 3:3. «Но от плода дерева, которое внутри сада, – сказал Всесильный, – не ешьте от него и не прикасайтесь к нему, чтобы не умереть».

[31] Тора, Ваикра, 12:1-2. «И говорил Творец Моше: "Говори сынам Исраэля: если женщина зачнет и родит мальчика, то будет она нечиста семь дней, как в дни отлучения ее по обычной болезненности ее будет она нечиста"».

[32] См. выше, п. 14.

«И родит мальчика»³¹ – так как этому миру раскрывается лишь захар, который не включен в некеву.

24) «"Поскольку Адам Ришон и жена его", Хава, "согрешили пред Творцом, и потому разделяются" захар и некева, "когда выходят свыше", в этот мир, и душа захара рождается сама по себе, а душа некевы – сама по себе, "пока не возникает желание пред Творцом, если удостоился человек, дают ему его пару", т.е. душу некевы, которая была соединена с ним наверху, "а если нет, отделяют ее от него и дают ее другому, и" тогда "рождают они сыновей, которые не такие, как подобает. И потому написано: "Не будет дух Мой судить человека"³³. Что значит "дух Мой"³³? "Дух его", – надо было сказать", т.е. дух человека. "Но это два духа, которые выходят парами"», ибо не читай «дух Мой (рухи רוּחִי)»³³ с буквой хэт (ח), огласованной хириком (ִ), а патахом (ַ), что означает множественное число. И говорит Писание, «"что не будут судить вместе", так как выходят отдельно друг от друга. "И потому написано: "И родит мальчика (захар)"³¹, а не общность захара и некевы" вместе, "как принято в мире" наверху, "ибо они были причиной (этого)"».

25) «Рабби Эльазар сказал: "Это не так"», что «и родит мальчика»³¹ означает, что рождается от Малхут в этом мире захар без некевы, «"ведь все приходят захаром и некевой, включенными вместе, а затем разделяются"³⁴ и входят в захара отдельно и в некеву отдельно. "Но все же: "И родит мальчика (захар)"³¹, – то есть, захар и некева включены вместе с правой стороны, являющейся свойством захар. "А если родит девочку (некева)"³⁵ означает, что включены вместе некева и захар с левой стороны", являющейся свойством некева, "и левая сторона максимально властвует над правой, и захар правой стороны покоряется и не властвует. И тогда этот захар, который выходит из нуквы", т.е. Малхут, "из левой ее стороны, все пути его, как некевы", и потому зовется некевой. "Однако захар, выходящий из правой стороны" Малхут, "он властвует, а некева, выходящая с ним, покоряется, так как левая сторона не властвует. И потому написано о нем: "И родит мальчика (захар)"³¹».

---

33 Тора, Берешит, 6:3. «И сказал Творец: "Не будет дух Мой судить человека вечно, ведь к тому же он – плоть; пусть будут дни его сто двадцать лет"».
34 См. Зоар, главу Пкудей, п. 497.
35 Тора, Ваикра, 12:5. «А если родит девочку, то нечиста будет две недели, как во время своего отстранения, и шестьдесят шесть дней должна оставаться в крови очищения».

ГЛАВА ТАЗРИА

Тридцать три дня пускай остается в крови очищения

26) «"И множество тысяч и десятков тысяч" душ (нешамо́т) "выходят все сразу в мир. И с того дня, как вывела их, они не называются душами (нефашо́т)", чтобы получать свое свечение от Малхут, "пока не вселятся в тело. И сколько это? Тридцать три дня. То есть, как написано: "Тридцать дней и три дня"[36]. А до тех пор тело несовершенно, пока душа (нефеш) не вселится и не облачится в него. "И нечиста она будет семь дней", т.е. душа, "поскольку все семь дней не входит дух (рухо́т) в нее", в Малхут, "чтобы связаться с ней. И все эти семь дней дух ходит по телу, чтобы найти свое место" и вселиться в него. И тогда написано: "И пробудет семь дней под матерью своей"[37]», Малхут, – т.е. он находится под ней и не может привязаться к ней.

27) «"А на восьмой день возвращаются дух и тело, чтобы представиться пред Царицей и связаться с ней, и с захаром", Зеир Анпином, "телом и духом. "И тридцать дней и три дня пускай остается в крови очищения"[36] – это для того, "чтобы дух вселился в тело". Спрашивает: "А что дают три дня?" И отвечает: "Но это три дня после обрезания, когда ребенок страдает от боли обрезания, а жилище духа не пребывает в теле, как в остальные дни. И потому: "И тридцать дней и три дня пускай остается в крови очищения"[36]».

Объяснение. Выяснилось выше, что лань не может родить душу, но лишь с помощью «змея, кусающего в наготу ее».[38] И

---

[36] Тора, Ваикра, 12:1-4. «И говорил Творец Моше: "Говори сынам Исраэля: если женщина зачнет и родит мальчика, и нечиста она будет семь дней, как в дни отлучения ее по обычной болезненности ее будет она нечиста, и в день восьмой пусть обрежут его крайнюю плоть, и тридцать дней и три дня пускай остается в крови очищения, ни к чему священному не должна прикасаться и в Святилище не входить, пока не исполнятся дни очищения ее"».

[37] Тора, Ваикра, 22:27. «Когда родится теленок, или ягненок, или козленок, и пробудет семь дней под матерью своей, то с восьмого дня и далее благоугоден будет для огнепалимой жертвы Творцу».

[38] См. Зоар, главу Мишпатим, п. 322, со слов: «Внутренний смысл сказанного. Это то, что было сказано рабби Шимоном раньше. И он говорит: "Есть одна лань на земле...", т.е. Нуква Зеир Анпина, "и когда должна родить, она закрыта со всех сторон"...»

поэтому осквернилась душа из-за укусов его.[39] И это смысл сказанного: «"И нечиста она будет семь дней"[36], поскольку все семь дней не входит дух (рухо́т) в нее», так как укус зме́я и его нечистота пробуждают свойство точки меры суда, не соединенной с Биной, называемой манула. И из-за этого не может дух, т.е. свет, облачиться в тело, т.е. кли. И должен дух подняться обратно к Малхут, подслащенной в Бине, называемой мифтеха, и связаться с ней, тогда и он получает подслащение от включения Малхут в Бину и может облачиться в тело. И это смысл сказанного: «И нечиста она будет семь дней»[36], то есть это семь сфирот ХАГАТ НЕХИМ, по которым Малхут должна подняться из свойства Малхут к Бине, чтобы подсластиться в Бине. Но прежде, чем она пришла в Бину, являющуюся восьмым днем, «не входит дух (рухо́т) в нее, чтобы связаться с ней». Однако этот подъем Малхут в Бину нужен не для нее самой, а для очищения души (нешама) от укуса змея в наготу ее в час рождения ее. И это смысл сказанного: «А на восьмой день возвращаются дух и тело, чтобы представиться пред Царицей и связаться с ней», – ибо после того как душа получила подслащение от Бины, она становится достойна связаться с Малхут, которая исправлена в свойстве мифтеха. И дух может облачиться в тело. И то, что называет ее духом (руах), а не душой (нешама), это потому, что на восьмой день, когда получает подслащение от Бины, вследствие подъема Малхут в Бину, нет у нее больше свойства ГАР, т.е. нешамы, но только лишь катнут, называемый руах.

И для того чтобы получить свойство нешама, она должна пребывать тридцать три дня в крови очищения. Объяснение. Потому что кровь означает – суды, раскрывающиеся от экрана катнута и препятствующие ГАР. И есть чистая кровь и нечистая кровь, так как это два вида экрана: экран манулы – от первого сокращения, и экран мифтехи – от второго сокращения.[40] И суды экрана манулы называются нечистой кровью, так как пока есть хотя бы малейшая мера их нечистоты в душе, не достойна

---

[39] См. Зоар, главу Мишпатим, п. 323. «"И всё это" присасывание змея "происходит вследствие того, что..."»

[40] См. Зоар, главу Лех леха, п. 22, со слов: «Экран де-хирик, на который выходит средняя линия, происходит от свойства суда, имеющегося в Малхут, которое не подслащается милосердием Бины и называется "манула"...»

она никакого света.[41] И это смысл сказанного: «И нечиста она будет семь дней»[36]. А суды, исходящие от экрана мифтехи, называются чистой кровью, так как они достойны получать свет. Однако ей нужно время, чтобы Малхут связалась с ХАГАТ Зеир Анпина, от которых она получает ГАР. И это смысл сказанного: «"И тридцать дней и три дня пускай остается в крови очищения"[36], чтобы дух вселился в тело», – т.е. она должна задержаться в катнуте, подслащенном в Бине и называющемся чистой кровью, на тридцать дней, чтобы руах получил свойство своих ГАР, и тогда он поселяется в теле. Но в таком случае достаточно было бы тридцати дней в соответствии с тремя сфирот ХАГАТ Зеир Анпина, каждая из которых состоит из десяти, «а что дают три дня?» И отвечает: «Но это три дня после обрезания, когда ребенок страдает от боли обрезания, а жилище духа не пребывает в теле, как в остальные дни», поскольку после обрезания нужно три дня, чтобы излечить его, и это три линии состояния катнут, при получении которых излечивается обрезание. И Малхут сможет подняться, чтобы связаться с тремя линиями гадлута, представляющими собой тридцать дней.

28) Спрашивает: «"Вначале говорит: "Кровь очищения"[36], а затем: "Дни очищения"[36]?" И отвечает: "В крови очищения"[36] – это кровь обрезания, кровь после крови, идущей у ребенка. И Творец оберегает эту кровь все эти дни. Это означает сказанное: "Пускай остается в крови очищения"[36]. Просто очищение (таара́ טָהֳרָה)", без точки (мапи́к) в букве хэй (ה), и она не произносится при чтении, и это указывает на то, что "не упоминается последняя хэй (ה)" имени АВАЯ (הויה), т.е. Малхут. И это – "чтобы ты не сказал", что речь идет "об очищении Царицы", т.е. Малхут, называемой матерью души, "а просто об очищении", так как "просто кровь очищения и есть эта чистая кровь"», потому что говорится только о душе, которая от нее рождается. И все подъемы, и установление связи, о которых говорится в отношении Малхут, обусловлены тем, что Малхут – это корень этой души.

Объяснение. Кровь обрезания, которая в восьмой день – это корень чистой крови, исходящий от экрана мифтехи, а кровь, исходящая в течение тридцати трех дней, исходит от чистой

---

[41] См. Зоар, главу Берешит, часть 1, п. 3, со слов: «В свойстве суда, т.е. в свойстве Малхут мира АК, прежде чем она подсластилась в Бине, в свойстве милосердия, мир не мог существовать...»

крови обрезания. И это смысл сказанного: «"В крови очищения"[36] – это кровь обрезания», являющаяся корнем чистой крови. «Кровь после крови» – а кровь, показывающаяся в течение тридцати трех дней, она от свойства «кровь обрезания», которая является чистой кровью, т.е. от экрана мифтехи. Ибо если бы не было этих судов катнута, ей невозможно бы было получить когда-либо свойство ГАР.[41] И потому должен Творец оберегать ее, чтобы подготовить ее к получению ГАР.

29) «"Ни к чему священному не должна прикасаться"[36]. Смотри, каждый день Кнессет Исраэль", Малхут, "берет из Царского дома пищу для душ (рухот) людей и питает их в святости, кроме тех" душ (рухот), которые в свойстве тридцати трех дней очищения. "Пока эти души (рухот) не вселяются в тело после тридцати трех дней, она присматривает за ними каждый день, поскольку тогда эти души (рухот) связываются с телом, как у остальных жителей мира. Как она", Малхут, "пребывает лишь в совершенном месте, так и все ее действия в таком же виде" по отношению к душам (рухот) людей, "пока они не восполнятся. Это смысл сказанного: "Ни к чему священному не должна прикасаться"[36], что означает – "присматривать за душами"». Иначе говоря, она не прикасается к святости, чтобы получать пищу от святого, т.е. Зеир Анпина, для душ (рухот).

ГЛАВА ТАЗРИА

А если родит девочку

30) «"А если родит девочку"⁴², – то есть, "как я объяснил", это из-за того, "что левая сторона обладала большей властью, и правая покорилась ей. И поэтому всё удвоилось: отдалилась нуква", Малхут, "от захара", Зеир Анпина, и это для того "чтобы связался дух", облачившись "в тело, потому что левая линия не вселяется в тело так же, как правая, поскольку пребывает в большей силе"» гвурот (преодолений).

Объяснение. В правой линии, являющейся свойством захар, надо было подсластить только суды Нуквы, т.е. нечистую и чистую кровь, как мы уже объясняли. Но в некеве, когда левая линия пересиливает в ней, нужно исправить также суды левой линии, которые являются судами захара, и потому всё удвоилось. Ибо нечистота длится две недели, в соответствии с судами захара и судами нуквы. И также дней очищения шестьдесят шесть: тридцать три – соответственно судам захара, и тридцать три – соответственно судам нуквы.

---

⁴² См. Тора, Ваикра, 12:5. «А если родит девочку, то нечиста две недели, как во время своего отлучения, и шестьдесят шесть дней должна оставаться в крови очищения».

ГЛАВА ТАЗРИА

Обрезание и крайняя плоть
(Раайа меэмана)

31) «"А в день восьмой пусть обрежут его крайнюю плоть"[43]. Эта заповедь – делать на восьмой день обрезание, относящееся к святому союзу. И это высшая тайна, как написано: "Тайна Творца – для боящихся Его, и союз Свой Он объявляет им"[44]. Кому?" Он объявляет тайну, т.е. союз, – "этим боящимся, которые являются боящимися греха. Ибо тайну святого союза не подобает раскрывать никому, кроме них. И тайну святого союза мы ведь объясняли и изучали во многих местах"».

32) «"И эта тайна, – "на восьмой день", – обязательна для мира, для всего святого народа. Как написано: "И в день восьмой пусть обрежут его крайнюю плоть"[43]. "Восьмой день" – это знак святого союза", т.е. сфира Есод, "являющийся восьмым для всех ступеней", – если будешь считать ступени от Хохмы и вниз, то Есод окажется восьмой ступенью. А Кетер – это Бесконечность, которая не относится к счету. "Обрезание, относящееся к этому союзу, нужно для удаления этой крайней плоти", свойства нечистого змея, "от союза", от святого Есода. "И нет противоречия в том, что иногда говорится, что восьмой день – это Бина, т.е. снизу вверх, а иногда говорится, что восьмой день – это Есод, т.е. сверху вниз. И это по причине обратного порядка, существующего между келим и светами. Ибо в свете – нижний входит первым, и начинаются они снизу, а в келим – высшие завершаются первыми, и начинаются они сверху вниз"».

33) «"Ибо в то время, когда собирается святой народ, чтобы удалить эту крайнюю плоть от союза, Творец собирает всё Своё окружение, и раскрывается, чтобы удалить, конечно, эту крайнюю плоть наверху от знака святого союза", Есода. "Ибо все действия, которые Исраэль совершают внизу, пробуждают действие наверху. И" потому "отторгается в это время крайняя плоть", т.е. нечистый змей, "от всего святого народа наверху. И для этой крайней плоти подготавливают один сосуд (кли) с прахом, чтобы поместить эту крайнюю плоть в него. И это

---

[43] Тора, Ваикра, 12:3. «И в день восьмой пусть обрежут его крайнюю плоть».
[44] Писания, Псалмы, 25:14. «Тайна Творца – для боящихся Его, и союз Свой Он объявляет им».

внутренний смысл сказанного: "А змей – прах пища его"⁴⁵, "и прах будешь есть все дни жизни твоей"⁴⁶».

34) «"Отсюда" следует, "что не должен человек пренебрежительно вести себя с этим местом", т.е. с крайней плотью, "хотя и удаляют ее от союза. И место ее, после того как была удалена от этого союза, – во прахе. Ведь после того как этот змей был удален от человека, Творец дал ему жилище во прахе, как написано: "И прах будешь есть все дни жизни твоей"⁴⁶. И поскольку Творец, удалив его от человека, поместил его жилище во прахе и подготовил его, точно так же, когда мы удаляем крайнюю плоть, нам нужно подготовить для нее прах, дабы в нем было жилище ее"».

35) «"Каждый человек должен принести того сына в жертву Творцу, с радостью и по желанию сердца, чтобы ввести его под крылья Шхины. И считается пред Творцом, что это совершенная жертва, чтобы быть принятой благожелательно"».

36) «"И эта жертва подобна жертвоприношению животного, поскольку эта на восьмой день и эта на восьмой день, как сказано: "То с восьмого дня и далее благоугоден будет"⁴⁷, потому что прошла у него одна суббота". Ведь на восемь дней обязательно выпадает одна суббота. "Поскольку прошла у него одна суббота, то благоугоден будет этот для жертвы", т.е. животное, "и этот для жертвы", т.е. ребенок, которому делается обрезание. "Почему? Это потому, что прилепился и выпал на эту субботу", т.е. Малхут, "святой союз", Есод. Иначе говоря, в субботу Есод пребывает во всем своем совершенстве, и потому получает от него ребенок свечение для исправления своего святого союза. А также животное благоугодно для жертвы, так как эта жертва объединяет Есод и Малхут, а потому должно оно получить исправление от совершенного Есода в субботний день. "И поэтому, всё вершится в высшей тайне"». (До сих пор Раайа меэмана)

---

[45] Пророки, Йешаяу, 65:25. «Волк и ягненок будут пастись вместе, и лев, как вол, есть будет солому, а змей – прах пища его; не будут они причинять зла и не будут губить на всей горе святой Моей, – сказал Творец».

[46] Тора, Берешит, 3:14. «И сказал Творец Всесильный змею: "За то, что ты сделал это, проклят ты более всякого скота и всякого зверя полевого! На чреве твоем передвигаться будешь, и прах будешь есть все дни жизни твоей"».

[47] Тора, Ваикра, 22:27. «Когда родится теленок, или ягненок, или козленок, и пробудет семь дней под матерью своей, то с восьмого дня и далее благоугоден будет для огнепалимой жертвы Творцу».

Нет твердыни, как Всесильный наш

37) «"Если женщина зачнет и родит мальчика"[48]. Рабби Йегуда провозгласил: "Нет святого, как Творец, ибо нет (другого) без Тебя, и нет твердыни, как Всесильный наш"[49], – это изречение непонятно. Ведь написано: "Нет святого, как Творец"[49] – это значит, что есть другой святой", так или иначе, немного хуже Творца, поскольку написано: "Как Творец"[49]. И также: "Нет твердыни, как Всесильный наш"[49] – это значит, что есть другая твердыня"», но она немного хуже Творца.

38) И отвечает: «"Но, конечно же, "нет святого, как Творец"[49]. Ибо есть много святых, есть святые наверху", т.е. ангелы, "как написано: "И по речению святых запрошено"[50], и также "Исраэль – они святы, как написано: "Святы будьте"[51]. И все они святы, но не так святы, как Творец. Что это значит? Потому что написано: "Ибо нет (другого) без Тебя"[49]. Что значит: "Ибо нет (другого) без Тебя"[49]? Но святость Творца – она без их святости", ангелов и Исраэля, "ибо не нужна Ему их святость. Однако они без Тебя не святы, и это потому, что "нет (другого) без Тебя"[49], – их святости нет без Тебя"».

39) «"И нет твердыни, как Всесильный наш"[49] означает, как уже объяснялось, что Творец создает форму внутри формы", – т.е. форму плода внутри формы его матери, "и исправляет ее, и вдыхает в нее дух жизни, и выводит ее в атмосферу (досл. воздух) мира. Другое объяснение. "Нет твердыни, как Всесильный наш"[49]. Что есть твердыня, и она" только "называется твердыней, как написано: "Смотрите на скалу, из которой

---

[48] Тора, Ваикра, 12:1-2. «И говорил Творец Моше: "Говори сынам Исраэля: если женщина зачнет и родит мальчика, и нечиста она будет семь дней, как в дни отлучения ее по обычной болезненности ее будет она нечиста"».

[49] Пророки, Шмуэль 1, 2:2. «Нет святого, как Творец, ибо нет (другого) без Тебя, и нет твердыни, как Всесильный наш».

[50] Писания, Даниэль, 4:14. «Дело это ведется по решению ангелов-разрушителей и по речению святых запрошено, чтобы знали все живые, что Всевышний властвует над царством людским. И кому пожелает Он, тому отдаст его, и самого низкого может поставить над ним».

[51] Тора, Ваикра, 19:1-2. «И говорил Творец Моше так: "Говори всей общине сынов Исраэля и скажи им – святы будьте, ибо свят Я, Творец Всесильный ваш"».

высечены вы"⁵². "И ударь по скале"⁵³. "Вот Я стану пред тобой там, на скале"⁵³. И все они называются твердыней (досл. скалой), "и нет твердыни, как Всесильный наш"⁴⁹, у которого есть власть и царство над всем"».

---

[52] Пророки, Йешаяу, 51:1. «Слушайте Меня, следующие за правдой, ищущие Творца! Смотрите на скалу, из которой высечены вы, и в глубину рва, из которого извлечены вы».

[53] Тора, Шмот, 17:6. «"Вот Я стану пред тобой там, на скале в Хорэве; и ударь по скале, и потечет из нее вода, и будет пить народ". И сделал так Моше на глазах у старейшин Исраэля».

ГЛАВА ТАЗРИА

Одна звезда, трижды ударившая по другой звезде

40) «Рабби Хия и рабби Аха сидели однажды ночью перед рабби Абой. Встали в полночь, чтобы заниматься Торой. Выходя наружу, увидели одну звезду, которая трижды ударила по другой звезде и перекрыла свет ее. Тем временем услышали два голоса с двух сторон: один голос в северной стороне наверху и один голос внизу. И этот голос», что внизу, «возглашает и говорит: "Входите и собирайтесь на своем месте, так как теперь установилась охрана нуквы", т.е. Малхут, "ибо Творец входит, чтобы гулять по саду, радоваться с праведниками, что в саду". Прошел этот голос и умолк».

Объяснение. Ночь делится на четыре части: Хесед и Гвура, Тиферет и Малхут. И в первой половине ночи властвуют две линии: Хесед и Гвура, что в Малхут. А в полночь начинает властвовать Тиферет, т.е. средняя линия, чтобы согласовать и объединить две линии: Хесед и Гвуру, что в Малхут.[54] И это означает, что Творец, т.е. Тиферет, средняя линия, входит в Эденский сад, т.е. Малхут, и объединяет в ней правую и левую линии. И известно, что для того, чтобы объединить правую и левую линии, обязана средняя линия притянуть экран де-хирик в двух его свойствах, мифтеха и манула, без которых левая линия не подчиняется, чтобы объединиться с правой,[55] и этот экран уменьшает ГАР левой линии и перекрывает его.

И это смысл сказанного: «Встали в полночь ... увидели одну звезду, которая трижды ударила по другой звезде и перекрыла свет ее». «Одна звезда» – это средняя линия, «которая ударила по другой звезде», т.е. по левой линии, «и перекрыла свет ее», т.е. перекрыла свет ее ГАР. «Трижды», т.е. произвела единство трех линий, соединяющихся в одну.

---

[54] См. Зоар, главу Ваякель, п. 15, со слов: «И выяснилось, что относительно существования ночи, т.е. парцуфа Малхут, в ней есть четыре сфиры ХУГ ТУМ, и она делится в точке полуночи, т.е. в момент начала свечения сфиры Тиферет, средней линии. И это означает, что Творец входит в Эденский сад...»

[55] См. Зоар, главу Лех леха, п. 22, со слов: «Экран де-хирик, на который выходит средняя линия, происходит от свойства суда, имеющегося в Малхут, которое не подслащается милосердием Бины и называется "манула"...»

И эти два действия в мифтехе и мануле, осуществляемые экраном де-хирик,[55] называются двумя голосами. И это смысл сказанного: «Тем временем услышали два голоса с двух сторон», – т.е. два действия в средней линии, «один голос в северной стороне наверху», – и это голос мифтехи, т.е. подслащенный в Бине, «и один голос внизу», – и это голос манулы, голос нижней Малхут, которая не подсластилась в Бине. «И этот голос», манулы, который является первым действием средней линии, и это основная сила, уменьшающая левую линию, «возглашает и говорит: "Входите и собирайтесь на своем месте"», т.е. тем, кто прилеплен к левой линии и хочет притягивать от ГАР левой линии, говорит им этот голос манулы, чтобы они собрались и вернулись на свое место, в тайне: «Если устремляется сердце твое снова назад»[56], так как «установилась охрана нуквы», ибо установилась охрана Малхут. Поскольку до полуночи не было охраны для левой линии Малхут, и грешники могли питаться от левой линии, но теперь, в полночь, когда уже властвует средняя линия, и раскрыла манулу, уменьшающую левую линию и перекрывающую ее, есть охрана, чтобы грешники не могли больше питаться от левой линии, которая в Малхут. И это смысл сказанного: «Творец», т.е. средняя линия, «входит, чтобы гулять по саду», Малхут, – т.е. она раскрывает этот голос манулы. «Прошел этот голос и умолк», – т.е. после того как он провозгласил это воззвание, и все увидели, что перекрылась левая линия, тогда умолк, т.е. скрылся, чтобы мог властвовать голос с северной стороны. И это – второе действие в экране де-хирик, исходящее от Малхут, подслащенной в Бине, т.е. свойства мифтеха, для того чтобы он мог снова притянуть ВАК де-ГАР левой линии.[55] А если бы не умолк голос манулы, не мог бы властвовать голос мифтехи, и не было бы никакой возможности притянуть свойство ГАР.

41/1) «"Вернулись рабби Аха и рабби Хия" домой "и сказали: "Вот, конечно же, время благоволения, и это пробуждение Кнессет Исраэль соединиться со святым Царем"», т.е. Зеир Анпином, средней линией. «Сказал рабби Аха: "Разумеется, что не соединилась Кнессет Исраэль с Творцом иначе как из воспевания, из своей хвалы Ему"».

---

[56] Сефер Ецира, глава 1, п. 7.

Объяснение. Выше он говорит: «Выходя наружу, увидели...»⁵⁷, и это означает, что до полуночи, когда время власти левой линии, ее свечение считается внешним. И это значит, что еще прежде, чем вышли наружу, – прежде, чем получили внешнее свечение от левой линии, уже видели, как «одна звезда трижды ударила...», т.е. настала точка полуночи и засветила средняя линия благодаря двум своим действиям, и соединила левую линию с правой, и тогда их свечение считается внутренним. И это смысл сказанного здесь: «Вернулись рабби Аха и рабби Хия», – т.е. не вышли наружу получить свечение от левой линии, а вернулись к внутреннему, домой, так как уже объединились правая и левая линии с помощью средней линии, и их свечение считается внутренним. И это смысл сказанного: «Не соединилась Кнессет Исраэль с Творцом иначе как из воспевания, из своей хвалы Ему», ибо во время власти левой линии, что в Малхут, т.е. до точки полуночи, Малхут, основа строения которой происходит от левой линии, хотя она и представляет собой тьму без хасадим средней линии, все равно она отдалена от Тиферет, средней линии, склоняющейся к хасадим и к правой линии, как левая линия до согласования средней линией.⁵⁸ А в полночь, когда пришел Творец и соединил левую линию с правой двумя Своими действиями, тогда познала Малхут славу Творца, т.е. средней линии, в силу совершенства единения правой и левой линий. И тогда соединилась она с Творцом.

41/2) «"Пока не настает утро, и Царь не простирает ей нить милости (хесед)", и тогда Хохма, что в ней, облачается в Хесед и становится совершенной, "и скрытый смысл этого, как сказано: "И царь простер Эстер золотой скипетр, что в руке его"⁵⁹. Царь – это Зеир Анпин, Эстер – это Малхут, а золотой скипетр – это нить Хеседа, которая при облачении в нее Хохмы, что в Малхут, называется золотым скипетром. "И не говори, что только ей протягивает Царь" золотой скипетр, "но ей и всем тем, кто соединяется с нею. Давайте соединимся вместе". Сели"».

---

⁵⁷ См. выше, п. 40.
⁵⁸ См. Зоар, главу Берешит, часть 1, п. 44, со слов: «А правая линия является совершенством всего, потому что все сфирот получают от нее жизненные силы...»
⁵⁹ Писания, Мегилат Эстер, 5:2. «И было: когда увидал царь царицу Эстер, стоявшую во дворе, снискала она милость в глазах его, и царь простер Эстер золотой скипетр, что в руке его, и приблизилась Эстер, и коснулась конца скипетра».

ГЛАВА ТАЗРИА

И взял одну из его сторон

42) «Провозгласил рабби Аха и сказал: "И сказал Творец Всесильный: "Нехорошо человеку быть одному"[60]. Спрашивает: "Почему Писание провозгласило так?" И отвечает: "Но мы учили, что поэтому не сказано, "что хорошо" о втором дне, поскольку человек должен будет разделиться", потому что отделится от него сторона для строения Нуквы. Объяснение. Второй день – это Гвура и левая линия,[61] а восполнение левой линии происходит только в Малхут, выстраивающейся от него, и поскольку Адам, Зеир Анпин, был один, и еще не была отрезана от него Малхут, "и написано: "Нехорошо человеку (адам) быть одному"[60]», поэтому не сказано, «что хорошо» о втором дне. Ибо пока Малхут не была отрезана от Зеир Анпина и не выстроилась в самостоятельный парцуф, не восполнилась левая линия Зеир Анпина, являющаяся вторым днем. И сказано о нем: «Нехорошо...»[60].

43) Спрашивает: «"Но разве он был один? Ведь написано: "Мужчиной и женщиной сотворил Он их"[62]. Как мы знаем, Адам Ришон был сотворен двупарцуфным", т.е. два парцуфа, захар и некева, слитые друг с другом с обратной стороны (ахораим), "а ты говоришь: "Нехорошо человеку быть одному"[60]. И отвечает: "Однако он не прилагал стараний относительно своей нуквы, и она не была ему "помощью против него"[60], так как была на стороне его, и были они слиты вместе с обратных своих сторон (ахораим), и потому был Адам (человек) один"».

44) «"Сделаю ему помощь против него"[60]. Что значит: "Против него"[60]?" И отвечает, что означает – "пред лицом, чтобы соединились друг с другом лицом к лицу. Что сделал Творец? Разделил его и взял от него некеву. Это означает: "И взял одну

---

[60] Тора, Берешит, 2:18. «И сказал Творец Всесильный: "Нехорошо человеку быть одному. Сделаю ему помощь против него"».

[61] См. Зоар, главу Берешит, часть 1, п. 44, со слов: «Когда пробудилась власть левой линии, возникло расхождение между ней и правой линией, из-за которого разгорелся огонь гнева, и от этого разделения берет начало и зарождается преисподняя ...»

[62] Тора, Берешит, 5:2. «Мужчиной и женщиной сотворил Он их и благословил их, и нарек им имя Адам в день сотворения их».

из его сторон"⁶³. Что такое "одну"? Это его нуква, как сказано: "Одна она, голубка моя, чистая моя"⁶⁴. "И привел ее к Адаму"⁶³ – т.е. сделал ее невестой, и привел ее, чтобы была она пред лицом его, и светили они лицом к лицу. Пока нуква прилеплялась к его стороне, был человек один, а затем поднялись оба", и совершили зивуг, "и встали всемером вместе"», Каин со своей близняшкой, Эвель с двумя близняшками – это пять, а вместе с Адамом и Хавой – семь.

45) «"Смотри, в час, когда" Хава "была присоединена к Адаму, Творец благословил их. Это смысл сказанного: "И благословил их Всесильный"⁶⁵ – подобно кантору, благословляющему невесту семью благословениями. Отсюда мы учили, что жених и невеста, благословленные семью благословениями, соединяются вместе по высшему подобию"», так же как Малхут благословляется семью благословениями от ХАГАТ НЕХИМ Зеир Анпина.

46) «"И поэтому тот, кто желает соединиться с чужой женой, делает ущербным зивуг. Ибо зивуг Кнессет Исраэль – он только с Творцом", как "в то время, когда Он в милосердии", так "и в то время, когда Он в суде. Смотри, тот, кто соединяется с чужой женой, он словно изменяет Творцу и Кнессет Исраэль, и потому Творец не искупает его раскаянием, и раскаяние задерживается для него, пока не уйдет он из мира. Это смысл сказанного: "Не будет прощен вам грех этот, пока не умрете"⁶⁶. И когда" искупается ему? – "В час, когда вступает с раскаянием в тот мир, и надлежит ему получить наказание"» там, и тогда искуплено ему.

---

⁶³ Тора, Берешит, 2:21-22. «И навел Творец Всесильный на Адама крепкий сон, и он уснул. И взял Он одну из его сторон, и закрыл плотью место ее. И отстроил Творец Всесильный ту сторону, которую взял у Адама, чтобы быть ему женой, и привел ее к Адаму».

⁶⁴ Писания, Песнь песней, 6:9. «Одна она, голубка моя, чистая моя, одна она у матери своей, избранная – у родительницы своей. Увидели ее девицы – и признали, царицы и наложницы – и восхвалили ее».

⁶⁵ Тора, Берешит, 1:28. «И благословил их Всесильный, и сказал им Всесильный: "Плодитесь и размножайтесь, и наполняйте землю, и овладейте ею, и владычествуйте над рыбами морскими и над птицами небесными, и над всяким животным, пресмыкающимся на земле"».

⁶⁶ Пророки, Йешаяу, 22:14. «И открыто было слуху моему Властелином воинств: "Не будет прощен вам грех этот, пока не умрете", – сказал Творец, Властелин воинств».

47) «Сказал рабби Эльазар: "Тот, кто изменяет Кнессет Исраэль", т.е. желает соединиться с чужой женой, "не принимается" через него "раскаяние, пока не осуждается в аду. Тем более, если человек изменяет Кнессет Исраэль и Творцу. И тем более, если он утруждает Творца созданием формы незаконнорожденного в чужой жене и изменяет Царю публично, открыто"».

Грабящий отца и мать

48) «Рабби Хия провозгласил и сказал: "Грабящий отца своего и мать свою..."[67] "Отец его" – это Творец, "мать его" – это Кнессет Исраэль. Что значит "грабящий"? Это как сказано: "Награбленное у бедняка – в ваших домах"[68]. И что это такое", грабеж? "Тот, кто вожделеет другую женщину, не свою супругу"».

49) «"Там мы учили: "Всякий, наслаждающийся этим миром без благословения, словно грабит Творца и Кнессет Исраэль"[69], как написано: "Грабящий отца своего и мать свою, и говорящий: "(Это) не грех", – товарищ губителю"[67]. "Всякий, наслаждающийся этим миром" – обобщение это"», – то, что говорит: «Всякий, наслаждающийся»[69], – «"это женщина. Ибо тот, кто прилепляется к женщине, чтобы насладиться от нее, хотя она и свободна, и наслаждается от нее без благословения", т.е. без семи благословений, которыми благословляют невесту, "словно грабит Творца и Кнессет Исраэль. В чем причина? В том, что их зивуг, – он в семи благословениях", а наслаждающийся без семи благословений наносит ущерб семи высшим благословениям. "И если так со свободной, тем более о том, кто прилепляется к чужой жене, пребывающей в зивуге в семи благословениях" с помощью своего мужа, "по высшему подобию, и говорить нечего"».

50) «"Товарищ губителю"[67] – это Яровам, как уже объяснялось.[70] "И говорящий: "(Это) не грех", т.е. говорит: "Ведь она свободна, почему же нельзя?" Тем самым он грабит отца своего и мать свою. Более того, он – "товарищ губителю"[67]. Кто такой "губитель"? Это тот, кто наносит ущерб высшим форме и исправлению. И тем более, если человек вожделеет жену товарища, чтобы прилепиться к ней, он наносит еще больший ущерб. И поэтому он становится ущербным навсегда. "Губителю"[67] – ибо наносит ущерб наверху, и наносит ущерб внизу, и наносит ущерб своей душе, ведь написано: "Губителю"[67], и написано: "Губит душу свою, кто делает это"[71]».

---

[67] Писания, Притчи, 28:24. «Грабящий отца своего и мать свою, и говорящий: "(Это) не грех", – товарищ губителю».
[68] Пророки, Йешаяу, 3:14. «Творец явится на суд со старейшинами народа Своего и с главами его: "Это вы разорили виноградник; награбленное у бедняка – в ваших домах"».
[69] См. Вавилонский Талмуд, трактат Брахот, лист 35:1.
[70] См. Вавилонский Талмуд, трактат Брахот, лист 35:2.
[71] Писания, Притчи, 6:32. «Кто же прелюбодействует с женщиною, тот лишен ума; губит душу свою, кто делает это».

ГЛАВА ТАЗРИА

Отпусти меня, ибо взошла заря

51) «Рабби Аба провозгласил, сказав: "И сказал: "Отпусти меня, ибо взошла заря"[72]. "И сказал: "Отпусти меня"[72] – разве он был пленником в руках Яакова?" И отвечает: "Счастливы праведники, чьей честью дорожит Творец, и не оставляет их никогда. Это означает сказанное: "Вовеки не даст пошатнуться праведнику"[73]. Спрашивает: "Но написано ведь: "И вывихнул бедренный сустав Яакова"[74]?»

52) И отвечает: «"Однако ангел взял свое. И мы учили, что написано: "А он ночевал ту ночь в стане"[75], и написано: "И взял их, и перевел через поток"[76]. Спрашивает: "Почему решил Яаков перевести их через поток ночью?" И отвечает: "Но он увидел обвинителя, идущего меж его станов. Сказал Яаков: "Переведу их на другую сторону реки – может, не будет смятения"».

53) Спрашивает: «"Что же он увидел?" И говорит: "Увидел пылающее огненное пламя, витающее меж его станов. Сказал Яаков: "Лучше забрать их отсюда" к реке, "и река проляжет между ними, и не возникнет смятения". Ибо вредители не переходят реки. "Сразу же: "И взял их, и перевел через поток"[76], "и остался Яаков один"[77]. И поскольку Яаков помешал ему навредить станам, потому: «И затронул сустав бедра его и вывихнул бедренный сустав Яакова»[74], потому что забрал у него свое. «"Отсюда мы учили, что тот, кто находится ночью один дома, или днем в обособленном доме, и тем более, ночью" в обособленном доме. "Что такое обособленный дом?" То есть, "когда он обособлен и отделен от остальных домов. Или тот, кто идет один ночью, – может получить повреждение"».

---

[72] Тора, Берешит, 32:27. «И сказал: "Отпусти меня, ибо взошла заря", но он сказал: "Не отпущу тебя, только если благословил ты меня"».

[73] Писания, Псалмы, 55:23. «Возложи на Творца бремя твое, и Он поддержит тебя, вовеки не даст пошатнуться праведнику».

[74] Тора, Берешит, 32:26. «И увидел он, что не может одолеть его, и затронул сустав бедра его и вывихнул бедренный сустав Яакова, когда боролся с ним».

[75] Тора, Берешит, 32:22. «И отправился дар впереди его; а он ночевал ту ночь в стане».

[76] Тора, Берешит, 32:24. «И взял их, и перевел через поток, и перевел то, что у него».

[77] Тора, Берешит, 32:25. «И остался Яаков один, и боролся с ним человек до восхода зари».

54) «"Смотри: "И остался Яаков один"⁷⁷, тогда: "И боролся с ним человек"⁷⁷. Мы учили", этот ангел – "со стороны суда он пришел, и власть его – на стороне ночи. Что значит – на стороне ночи?" То есть, он назначен, "чтобы вводить" Исраэль "в изгнание", т.е. в состояние ночи и тьмы. "Когда взошел свет, ослабла его сила, и одолела ее сила Яакова. Ибо исходит со стороны ночи, и поэтому в то время, когда была ночь, Яаков не мог с ним справиться. А когда взошел свет, укрепилась сила Яакова, и он держал его и одолел его". Тогда "увидел его Яаков, что это ангел"».

55) «"Сказал ему" ангел: "Отпусти меня, ибо не могу я справиться с тобой". В чем причина того, что не мог с ним справиться? Потому что взошел свет, и сокрушилась сила его. Как написано: "При всеобщем ликовании утренних звезд восклицали все сыны Всесильного"⁷⁸. Что значит "восклицали"⁷⁸? То есть, "что были сокрушены все те, что со стороны суда"». «Восклицали (ва-йариу וַיָּרִיעוּ)»⁷⁸ означает, что были сокрушены, как в сказанном: «Крахом сокрушена (роа итроаа רֹעָה הִתְרֹעֲעָה) земля»⁷⁹. «Сыны Всесильного (Элоким)»⁷⁸ – те, что исходят со стороны суда, называемого Элоким. «"Тогда укрепился Яаков и держал его"».

56) «"Сказал ему: "Отпусти меня, ибо взошла заря"⁷², то есть "пришло время собраться и вознести хвалу Творцу. "Но он сказал: "Не отпущу тебя, только если благословил ты меня"⁷². Спрашивает: "Если благословишь ты меня", – следовало сказать, что значит "если благословил ты меня"⁷²?" – т.е. в прошедшем времени. И отвечает: "Но (этим) сказал ему Яаков: "Разумеется, отец мой благословил меня теми благословениями, которыми хотел благословить Эсава, и я страшусь тебя из-за этих благословений: знаешь ли ты о них? А если нет, то, возможно, станешь обвинителем мне за них?"»

57) «"Тотчас сказал ему: "И сказал: "Не Яаков отныне наречется имя твое"⁸⁰. Спрашивает: "Что он сказал ему?" И отвечает: "Но он (этим) сказал ему следующее: "Не обманом и не

---

⁷⁸ Писания, Иов, 38:7. «При всеобщем ликовании утренних звезд восклицали все сыны Всесильного».
⁷⁹ Пророки, Йешаяу, 24:19.
⁸⁰ Тора, Берешит, 32:29. «И сказал он: "Не Яаков отныне будет имя твое, а Исраэль, ибо ты боролся с ангелом и с людьми, и победил».

хитростью достиг ты этих благословений", поэтому "не будет больше нарекаться имя твое Яаков"», т.е. как сказал Эсав: «Что он обхитрил (ва-йеакве́ни וַֽיַּעְקְבֵ֙נִי֙) меня дважды»[81], «"поскольку это не было хитростью, "а Исраэль"[80], "Исраэль" – т.е. Зеир Анпин, "от которого исходят благословения. Конечно, я признаю за тобой", что это твои благословения, "ибо ты держишься за него, и потому я и все прочие станы ангелов признаём их, что благословения эти – твои"».

58) «"Ибо ты боролся с ангелом и с людьми, и одолел"[80]. "С ангелом (элоким)"[80], – т.е. "со всеми теми, кто исходит со стороны сурового суда. И с людьми"[80] – это Эсав и его станы. "И одолел"[80] – ты одолел их, а они не одолели тебя. И не оставил его Яаков, пока тот не признался ему в этих благословениях, как сказано: "И благословил он его там"[82]».

59) «"Смотри, в час, когда свет" Бины "восходит, покоряются все эти обладатели судов, и нет их, и Кнессет Исраэль соединяется с Творцом. И этот час – это время благоволения для всех, и Царь протягивает ей", Малхут, "и всем тем, кто находится с ней, скипетр – нить милости, дабы пребывали в совершенстве со святым Царем. И мы уже это учили"».

60) «"Смотри, в час, когда Творец находится" вместе "с Кнессет Исраэль", Малхут, "каждый раз, когда Он находится с ней, и она первая пробуждает желание к Нему и привлекает Его к себе с большой любовью и стремлением, тогда наполняется" Малхут "от правой стороны", т.е. хасадим свойства захар, "и многие станы ангелов находятся в правой стороне во всех мирах. А когда Творец первый пробуждает любовь и желание, а" Малхут "пробуждается потом, но не в то время, когда пробудился Творец, тогда всё пребывает в свойстве некевы", Малхут, "и пробуждается левая сторона, и многие станы стоят и пробуждаются в левой стороне во всех мирах. Подобно этому

---

[81] Тора, Берешит, 27:36. «И сказал он: "Потому ли нарек ему имя Яаков (יעקב), что он обхитрил (יעקבני) меня дважды: мое первородство взял и вот ныне взял мое благословение!" И сказал: "Неужели ты не оставил мне благословения?"»

[82] Тора, Берешит, 32:30. «И спросил Яаков, сказав: "Назови же имя твое". И сказал тот: "Зачем спрашиваешь о моем имени?" И благословил он его там».

написано: "Если женщина зачнет и родит мальчика"[83], то есть, если женщина зачинает первой, она порождает мальчика. "В чем причина? Мы учили", это потому, "что нижний мир представляет собой подобие высшего, и одно подобно другому"». И так же как наверху, если Малхут первой пробуждает желание, она наполняется от правой стороны, т.е. свойства захар, так же и внизу.

61) «"И поэтому Творец определяет – желанию захара или некевы находиться" первым "в мире", в Малхут, и тогда пробуждается также женщина внизу, чтобы зачать первой, и родит мальчика. Ибо всё обуславливается наверху, а не внизу. "И во всем нужно человеку, чтобы его желание соединилось с высшим, с Творцом, чтобы пребывало желание" первым "в мире", в Малхут, и тогда его жена тоже зачнет первой и родит мальчика. "Счастлив удел праведников, умеющих присоединять свое желание к святому Царю. О них написано: "А вы, прилепившиеся к Творцу Всесильному вашему, – живы все вы ныне"[84]».

---

[83] Тора, Ваикра, 12:1-2. «И говорил Творец Моше: "Говори сынам Исраэля: если женщина зачнет и родит мальчика, и нечиста она будет семь дней, как в дни отлучения ее по обычной болезненности ее будет она нечиста"».

[84] Тора, Дварим, 4:4. «А вы, прилепившиеся к Творцу Всесильному вашему, – живы все вы ныне».

ГЛАВА ТАЗРИА

Не смотрите на меня, что я смугла

62) «"Человек, на коже плоти которого появится опухоль, или лишай, или пятно"[85]. Рабби Йегуда провозгласил и сказал: "Не смотрите на меня, что я смугла, ибо опалило меня солнце"[86]. Мы это изречение учили. Но в час, когда луна", т.е. Малхут "укрывается в изгнании, говорит она: "Не смотрите на меня"[86]. Не то чтобы она велит не смотреть на нее, но, поскольку видит страсть Исраэля к ней, увидеть свет ее, говорит она: "Не смотрите на меня"[86], – ибо не сможете вы увидеть меня, не смотрите на меня, конечно. И по какой причине? Потому что "я смугла"[86], из-за того, что я во тьме"».

63) Спрашивает: «"Что значит "смугла"[86], "черна", – следовало сказать?" И отвечает: "Но это две тьмы. Одна, "ибо опалило меня солнце"[86], – т.е. "ушло от меня солнце", Зеир Анпин, "(перестав) светить на меня и смотреть на меня. А другая, – что "сыновья матери моей иссушили меня, поставили меня стеречь"[86]».

64) Спрашивает: «"Ибо опалило меня (ше-шезафа́тни (שֶׁשְׁזָפַתְנִי))"[86], "опалило меня (шезафа́тни (שְׁזָפַתְנִי))", – следовало сказать?" И отвечает: "Но намекнул, что это указывает на шесть (шеш (שש))"», так как «ше-шезафа́тни (שֶׁשְׁזָפַתְנִי)» раскладывается на «шеш зафа́тни (שש זפתני)» – «шестью осмолило меня». «"Ибо в то время, когда светит солнце", Зеир Анпин, – "светит шестью светами", т.е. шестью сфирот ХАГАТ НЕХИ. "А когда уходит, уходят и все эти шесть светов. "Сыновья матери моей"[86] – это те, которые исходят со стороны сурового суда", наказывать за грехи. "Иссушили меня"[86] – это "как сказано: "Высохло горло мое"[87]. Это смысл слов: "В шею гонят нас"[88]. Ибо когда пришли Исраэль в изгнание, руки их были связаны

---

[85] Тора, Ваикра, 13:1-2. «И говорил Творец, обращаясь к Моше и Аарону, так: "Человек, на коже плоти которого появится опухоль, или лишай, или пятно, и станет это на коже плоти его язвой проказы, и будет приведен к Аарону-коэну или к одному из его сыновей, коэнов"».

[86] Писания, Песнь песней, 1:6. «Не смотрите на меня, что я смугла, ибо опалило меня солнце. Сыновья матери моей иссушили меня, поставили меня стеречь виноградники, а своего виноградника я не устерегла».

[87] Писания, Псалмы, 69:4. «Устал я, взывая, высохло горло мое, угасли глаза мои в ожидании Творца».

[88] Писания, Мегилат Эйха, 5:5. «В шею гонят нас, утомились мы, а отдохнуть не дают».

сзади, и жернова были на шее у них, и не могли они открыть рта"», т.е. как сказано: «Иссушили меня»[86].

65) «"Поставили меня стеречь виноградники"[86] – т.е. "ходить в изгнании и беречь остальные народы ради Исраэля", которые среди них в изгнании. "А своего виноградника я не устерегла"[86] – так как не могу я беречь их как вначале. Вначале берегла я свой виноградник", т.е. Исраэль, "и от него оберегались остальные виноградники", т.е. народы. "А теперь я стерегу остальные виноградники ради своего, дабы оберегался он среди них"».

ГЛАВА ТАЗРИА

Творцу земля и всё наполняющее ее

66) «Рабби Хия и рабби Йоси находились в пути. Когда подошли к одному полю, увидели дерево афарсемон[89] по пути, с правой стороны. Сказал рабби Йоси: "Пелена дыма в глазах наших, нет у нас права смотреть на то, что радует", как афарсемон, "со дня разрушения Храма"».

67) «Провозгласил и сказал: "Творцу земля и всё наполняющее ее"[90], мир и все обитающие в нем"[90]. Спрашивает: "Если сказано: "Творцу земля и всё наполняющее ее"[90], зачем" повторяться: "Мир и все обитающие в нем"[90], разве мир – это не земля?" И отвечает: "Но так он говорит: "Творцу земля и всё наполняющее ее"[90] – это святая земля, которая называется землей жизни. "Мир и все обитающие в нем"[90] – это остальные зе́мли, как сказано: "И Он будет судить мир по справедливости"[91]. Поскольку мир зависит от справедливости. И все это – единое целое"».

68) «Рабби Хия сказал: "Творцу земля и всё наполняющее ее"[90]. "Земля"[90], известно", что это Малхут, "и всё наполняющее ее"[90] – что это?" И отвечает: "А это – души праведников", которые в Малхут. "Мир и все обитающие в нем"[90], "мир"[90] – это земля внизу", в этом мире, "и все обитающие в нем"[90] – это люди". Сказал рабби Йоси: "Если так", что земля означает – Малхут, "как мы объясним: "Ибо Он на морях основал ее и на реках утвердил ее"[90]?" Сказал ему: "Разумеется, это так, поскольку она – земля жизни", т.е. Малхут, "на морях основал ее и на реках утвердил ее"[90]. Ибо все они", все мохин, "выходят из высшей реки, происходящей и вытекающей из Эдена", т.е. Бины, "и" Малхут "исправляется ими, чтобы увенчаться святым Царем и питать миры"».

---

[89] Хурма.
[90] Писания, Псалмы, 24:1-2. «Псалом Давиду. Творцу земля и всё наполняющее ее, мир и все обитающие в нем. Ибо Он на морях основал ее и на реках утвердил ее».
[91] Писания, Псалмы, 9:9. «И Он будет судить мир по справедливости, совершит суд над народами по правде».

69) «"Кто взойдет на гору Творца?"⁹² "Тот, у кого чисты руки и непорочно сердце, кто не склонял к суете души моей"⁹². Спрашивает: "Души своей"⁹² написано"», а читается «души моей»⁹². «"Что значит "души моей"⁹², "души своей"⁹², о которых говорит Писание? И отвечает: "Но все это – одно целое, как сказано: "Клянется Творец душой Своей"⁹³, "который по сердцу Моему и по душе Моей поступать будет"⁹⁴. И эта душа Его – это Малхут. "И царь Давид объединился с этим сердцем и с этой душой", т.е. с Малхут. "И поэтому говорит: "Кто не склонял к суете души своей"».

---

⁹² Писания, Псалмы, 24:3-4. «Кто взойдет на гору Творца, и кто встанет в месте святости Его? Тот, у кого чисты руки и непорочно сердце, кто не склонял к суете души моей и не клялся ложно».

⁹³ Пророки, Амос, 6:8. «Клянется Владыка Творец душой Своей: "Слово Творца, Властелина воинств: "Гнушаюсь Я высокомерия Яакова и ненавижу дворцы его, и предам Я (врагу) город со всем, что есть в нем"».

⁹⁴ Пророки, Шмуэль 1, 2:35. «И поставлю Себе коэна верного, который по сердцу Моему и по душе Моей поступать будет; и устрою ему дом прочный, и будет он ходить пред помазанником Моим во все дни».

ГЛАВА ТАЗРИА

Страдания любви

70) «Пока шли, встретили одного человека, и лицо его сплошь покрыто язвами. И стоял он под одним деревом. Посмотрели на него, и увидели лицо его, красное от язв. Сказал ему рабби Хия: "Кто ты?" Сказал ему: "Иудей я". Сказал рабби Йоси: "Грешник он, ведь иначе не запечатлелись бы на его лице эти дурные язвы, и они не называются страданиями любви". Сказал рабби Хия: "Безусловно, так оно и есть, ибо страдания любви, они укрыты от людей"».

71) «"Смотри, что написано: "Человек, на коже плоти которого появится опухоль, или лишай, или пятно"[95]. Тут ведь три вида, и все они называются язвой проказы, это означает сказанное: "И станет это на коже плоти его язвой проказы"[95]. Что такое "язва проказы"? Это скрытие ее", т.е. как перевод этого, и это указывает на то, что она скрыта, "что скрыта она во всем", то есть, что эта язва укрыта и скрыта от взгляда смотрящего. "И написано" об этом: "И будет приведен к Аарону-коэну"[95]. Однако о" язвах, "видимых снаружи, написано: "И осмотрит его коэн, и признает его нечистым"[96]. Ведь, разумеется, те, что видны людям снаружи, исходят от стороны скверны, и это не страдания любви"».

72) «Сказал рабби Йоси: "Откуда нам это известно?" Сказал рабби Хия: "Лучше открытое наставление, чем скрытая любовь"[97], и это значит, что лучше открытое наставление, "но если наставление проистекает из любви, то оно скрыто от людей. Подобно этому, человек, наставляющий друга с любовью, должен скрыть свои слова от людей, чтобы другу не было стыдно перед ними. Если же слова его открыты перед людьми, то они не от любви"».

---

[95] Тора, Ваикра, 13:2. «Человек, на коже плоти которого появится опухоль, или лишай, или пятно, и станет это на коже плоти его язвой проказы, и будет приведен к Аарону-коэну или к одному из его сыновей, коэнов».

[96] Тора, Ваикра, 13:3. «И осмотрит коэн язву на коже плоти, и волос на язве стал белым, и на вид язва глубже, чем кожа его плоти, – язва проказы это. И осмотрит его коэн, и признает его нечистым».

[97] Писания, Притчи, 27:5. «Лучше открытое наставление, чем скрытая любовь».

73) «"Так же и Творец, когда Он наставляет человека, Он наставляет его с любовью во всем. Сначала Он наносит ему удар по телу изнутри. Если раскаялся с помощью него – хорошо, а если нет, Он наносит ему удар под облачения его. И это называется страданиями любви, если раскаялся с помощью этого – хорошо, а если нет, Он бьет его открыто, по лицу, перед всеми, чтобы смотрели на него и знали, что он грешник и не любим Господином его"».

74) «Сказал им тот человек: "Наверняка вы сговорились прийти ко мне", чтобы посрамить меня. "Вы не иначе, как из тех, что сидят в доме рабби Шимона бен Йохая и не боятся ничего. Если" придут "сыновья мои, что следуют за мной, они вас приструнят, – почему вы говорите открыто?" Ведь вы должны бояться моих сыновей. "Сказали ему: "Такова Тора, как написано: "На главных шумных (местах) взывает она, при входах во врата, в городе говорит она речи свои"[98]. И что же, если в речениях Торы мы испугаемся тебя, ведь тогда мы посрамимся пред Творцом. И мало того, Тора еще требует ясности", т.е. говорить открыто. "Провозгласил тот человек и сказал: "Кто Творец, как Ты, прощает грех"[99]. Поднял руки и заплакал. Тем временем пришли его сыновья. Сказал младший сын: "Здесь – помощь небес"» отцу моему.

---

[98] Писания, Притчи, 1:21. «На главных шумных (местах) взывает она, при входах во врата, в городе говорит она речи свои».

[99] Пророки, Миха, 7:18. «Кто Творец, как Ты, прощает грех и проявляет снисходительность к вине остатка наследия Своего, не держит вечно гнева Своего, ибо склонен к милости Он».

ГЛАВА ТАЗРИА

Бывает, праведник погибает в праведности своей

75) «Провозгласил и сказал: "Всё видел я в дни суеты моей: бывает, праведник погибает в праведности своей, а бывает, нечестивец продлевает (дни) во зле своем"[100]. Это изречение я учил у рабби Дустая Савы, который говорил это от имени рабби Йеса Савы. "Всё видел я в дни суеты моей"[100]. Спрашивает: "Но царь Шломо, который был мудрее всех, как же он сказал такое, что видел всё в то время, когда ходил во мраке мира?" То есть в дни суеты своей. "Ведь всякий, кто действует во мраке мира, – не видит ничего и не знает ничего?"»

76) И отвечает: «"Но мы так учили, что в дни царя Шломо луна находилась в полноте своей, и Шломо набирался мудрости от всех жителей мира, и тогда видел всё и знал всё. И что он видел? Видел всё"», т.е. Есод, называемый «всё», «"поскольку не отходил от луны", Малхут, "а ей светило солнце. Это смысл сказанного: "Всё видел я в дни суеты моей"[100]. Что такое "суета моя (эвли́ הֶבְלִי)"? Это луна", Малхут, "которая состоит из всего: из воды", Хеседа, "из огня", Гвуры, "и ветра", Тиферет, "вместе, как пар (эвель הֶבֶל), выходящий изо рта и состоящий из всего"» – из воды, ветра и огня.

77) «"И он видел всё", т.е. Есод, "в этой суете", т.е. в Малхут, "в которую был включен. "Бывает, праведник погибает в праведности своей"[100]. Смотри, в то время, когда многочисленны праведники в мире, это всё", т.е. Есод, "не отделяется от луны", от Малхут, "никогда. И это всё берет всю тучность и мощь, и радость наверху, и наполняется и радуется, и возвышается, чтобы произвести зивуг с луной. И он приобретает" всё это "для нее"».

78) «"А в час, когда нечестивцы многочисленны в мире и луна померкла, тогда "праведник", Есод, "погибает в праведности своей"[100]. "Праведник погиб", – не сказано, а "праведник погибает"[100]. И это потому, "что он не виден в луне", т.е. не дает ей (наполнения), "и не берет тучность, мощь и радость, чтобы

---

[100] Писания, Коэлет, 7:15. «Всё я видел в дни суеты моей: бывает, праведник погибает в праведности своей, а бывает, нечестивец продлевает (дни) во зле своем».

наполнять ее и соединяться с нею. И потому "праведник погибает (досл. теряет)"[100] всё это "в праведности своей"[100], т.е. в луне, и из-за луны, которой нет, чтобы соединиться с ним, он теряет и не черпает радость" наверху, "как он это делал. И тогда вся левая сторона пробуждается, и нечестивцы спокойно продлевают свой век в мире. Это смысл сказанного: "А бывает, нечестивец продлевает (дни) во зле своем"[100]. Что значит "во зле своем"[100]? Это в той стороне" зла, "к которой он прилепился"».

79) «"Еще, – "бывает, праведник погибает в праведности своей"[100]. Ибо когда нечестивцы многочисленны в мире, и нависает суд, "праведник погибает в праведности своей"[100], т.е. обвиняется за их грехи, как отец мой, который был обвинен за грехи жителей его города, – все они были дерзки, а он не предостерегал их, никогда не стыдил их и удерживал нас, чтобы мы не гневались на нечестивцев. И он говорил нам: "(Псалом) Давида: "Не соревнуйся со злоумышленниками, не завидуй творящим несправедливость"[101]. Сказал отец его: "Безусловно, Творец наказал меня за это, ибо было в моей власти дать им отпор, но не делал я этого, и не стыдил их ни тайно, ни открыто"».

---

[101] Писания, Псалмы, 37:1. «(Псалом) Давида. Не соревнуйся со злоумышленниками, не завидуй творящим несправедливость».

ГЛАВА ТАЗРИА

И вдохнул в ноздри его дыхание жизни

80) «"Еще провозгласил его второй сын и сказал: "И создал Творец Всесильный человека прахом с земли"[102]. "И создал Творец Всесильный"[102]» – «и создал (ва-ййцер וַיִּיצֶר)» написано «"с двумя йуд (י)", это указывает на то, что человек был создан "с двумя началами, с добрым началом и злым началом. Одно", доброе начало, "соответствует воде. А другое", злое начало, "соответствует огню. "Творец Всесильный (АВАЯ Элоким)"[102] – это полное имя. "Человека (эт а-адам)"[102] – включает захара и нукву", потому что эт указывает на нукву. "Прахом с земли"[102] – это прах святой земли, откуда он был создан, и это место Храма"».

Объяснение. «Прах» – это Малхут. «Земля (адама́)» – Бина, и это тайна слов «земля Эдом», т.е. Адам Ришон был создан из Малхут, подслащенной в Бине. Это означает сказанное: «И это место Храма», потому что прах Храма – это свойство Малхут, подслащенной в Бине.

81) «"И вдохнул в ноздри его дыхание (нешама) жизни"[102]. Это святая душа (нешама), которая происходит от той жизни, что наверху", от Бины. "И стал человек существом живым (нефеш хая)"[102]. Т.е. человек состоял из святой нефеш этой высшей хая", Бины, "которую извлекла земля", Малхут. "Да извлечет земля существо живое (нефеш хая)"[103] – нефеш этой высшей хая"», Бины.

82) «"Смотри, всё то время, пока святая душа (нешама) прилеплена к человеку, он любим своим Господином. Сколько стражей охраняют его со всех сторон, записан он на добро, вверху и внизу, и святая Шхина пребывает над ним"».

83) «"А когда он отклоняет пути свои, Шхина уходит от него, и святая душа (нешама) не прилепляется к нему, и со стороны

---

[102] Тора, Берешит, 2:7. «И создал Творец Всесильный человека прахом с земли, и вдохнул в ноздри его дыхание жизни, и стал человек существом живым».

[103] Тора, Берешит, 1:24. «И сказал Всесильный: "Да извлечет земля существо живое по виду его: скот и ползучее, и животное земное по виду его". И было так».

злого могучего змея пробуждается другой дух, который непрестанно кружит по миру, и он бывает лишь в месте, откуда ушла высшая святость". И он пребывает над человеком. "И тогда оскверняется человек и становится ущербным в плоти своей во всём, и в чертах лица своего"».

84) «"И смотри, поскольку эта нефеш хая – святая и высшая", т.е. от Бины, "когда святая земля", т.е. Малхут, "притягивает ее и включается в нее, тогда называют ее нешама". Поскольку свет Бины называется нешама. "И она – та, что поднимается наверх и говорит пред святым Царем, и входит во все врата, и никто не препятствует ей, и потому называется она "ру́ха мемале́ла"», в переводе «говорящий дух (руах)», «"ибо все остальные души (нефашо́т)", которые не от Бины, – "нет у них позволения говорить пред Царем, кроме этой"», которая от Бины.

85) «"И потому Тора возглашает, говоря: "Береги язык свой от зла"[104]. И сказано: "Кто хранит уста свои и язык свой"[105]. Ведь если его губы и язык злословят, эти слова поднимаются наверх, и в час, когда поднимаются, все они возглашают, говоря: "Разойдитесь вокруг злоречия такого-то, дайте место пройти могучему змею". Тогда выходит из него святая душа (нешама), и уходит она и не может говорить. Как сказано: "Онемел я, притих, перестал говорить о добре"[106]».

86) «"И эта душа (нешама) поднимается в позоре, в горе, от всего. И не дают ей места, как вначале. И об этом написано: "Кто хранит уста свои и язык свой, тот хранит от бед душу свою (нефеш)"[105]. "Душу свою"[105], конечно, – та, что говорила, стала молчащей из-за злоречий", которые произнесла. "И тогда появляется змей. Ибо всё возвращается на свое место", к своему началу, – как прежде, чем он удостоился души (нешама). "И когда злоречие поднимается известными путями и пребывает перед могучим змеем, сколько духов пробуждается в мире, и" нечистый "дух опускается от этой стороны", (стороны) змея, "и обнаруживает, что этот человек пробудил его злоречием, и он (человек) обнаруживает, что святой говорящий дух забран

---

[104] Писания, Псалмы, 34:14. «Береги язык свой от зла и уста свои – от лживых слов».
[105] Писания, Притчи, 21:23. «Кто хранит уста свои и язык свой, тот хранит от бед душу свою».
[106] Писания, Псалмы, 39:3. «Онемел я, притих, перестал говорить о добре, и всколыхнулась боль моя».

у него. Тогда пребывает над ним" нечистый "дух и оскверняет его, и тогда он – прокаженный"».

87) «"Подобно наказанию человека за злоречие, наказание за добрую речь, которая выпала на долю человека, и он мог произнести ее, но не произнес. Поскольку он нанес ущерб этому говорящему духу, ибо тот установился, чтобы говорить наверху и говорить внизу, и всё в святости. Тем более, если народ идет кривым путем, и он может говорить с ними, и наставлять их, а он молчит и не говорит. Как я сказал", что о нем сказано: "Онемел я, притих, перестал говорить о добре, и всколыхнулась боль моя"106. Всколыхнулась от язв скверны. И это означает сказанное, что царь Давид был наказан этим", проказой, "и" Творец "отвернулся от него. Как написано", что просил он: "Обратись ко мне и помилуй меня"107, откуда следует, что отвернул Он лик Свой от него. "Что значит "обратись ко мне"107? Это как сказано: "И обратился Аарон"108», – как там с проказой, так и здесь с проказой. «Низошли рабби Хия и рабби Йоси и поцеловали его. Возгласил рабби Хия о них: "Путь праведных как светило лучезарное, светящее все сильнее, до полного дня"109».

---

[107] Писания, Псалмы, 25:16. «Обратись ко мне и помилуй меня, ибо одинок и смирен я».

[108] Тора, Бемидбар, 12:10. «И облако отошло от шатра, и вот Мирьям покрыта проказой, как снегом. И обратился Аарон к Мирьям, и вот она покрыта проказой».

[109] Писания, Притчи, 4:18. «Путь праведных как светило лучезарное, светящее все сильнее, до полного дня».

ГЛАВА ТАЗРИА

Язва проказы

88) «"Если язва проказы будет на человеке, то будет приведен он к коэну"[110]. Сказал рабби Йоси: "Язва эта, все цвета ее, – указывали о ней товарищи, и коэн понимал в них, чтобы отделять чистое от нечистого, и знал: это те, которые являются страданиями любви, или те, которые находятся в том, кто отвратителен Господину своему, и он далек от Него. Ибо согласно путям человека вызывается эта язва в мире"».

89) «"Написано: "Не склоняй сердце мое к злодеянию, к совершению дел беззаконных"[111]. Отсюда мы учили, что тем путем, которым человек желает идти, ведут его". Сказал рабби Ицхак: "Это изречение непонятно. Неужели Творец склоняет человека идти греховным путем и совершать дурные дела"», что говорит он: «Не склоняй сердце мое к злодеянию»[111]? «"В таком случае нет суда ни в этом мире, ни в будущем мире. И Тора неисправна, поскольку написано в ней: "Если будешь слушать"[112] и "если не будешь слушать"[113]», – из этого следует, что всё зависит от человека.

90) И отвечает: «"Но Давид предостерег свое сердце"», говоря: «Не склоняй сердце мое к злодеянию»[111], «"чтобы оно вело его путем истины, как сказано: "И возрождай в сердце своем"[114]. "И возрождай"[114] – что нужно возвращаться к сердцу раз, два раза, три раза, чтобы вести его" путем истины "и предостерегать его. И так сказал он ему: "Сердце мое, не склоняй к злодеянию", ибо злодеяние вызвало язву в мире, и суд пребывает в мире, т.е. язва проказы"».

---

[110] Тора, Ваикра, 13:9. «Если язва проказы будет на человеке, то будет приведен он к коэну».

[111] Писания, Псалмы, 141:4. «Не склоняй сердце мое к злодеянию, к совершению дел беззаконных с людьми, творящими несправедливость, и да не вкушу от сладостей их».

[112] Тора, Дварим, 28:1. «И будет: если будешь слушать гласа Творца Всесильного твоего, чтобы соблюдать, исполнять все Его заповеди, которые я заповедую тебе сегодня, то поставит тебя Творец Всесильный твой превыше всех народов земли».

[113] Тора, Дварим, 28:15. «И будет: если не будешь слушать гласа Творца Всесильного твоего, чтобы соблюдать, исполнять все Его заповеди и Его законы, которые я заповедую тебе сегодня, то сбудутся над тобой все проклятия эти и настигнут тебя».

[114] Тора, Дварим, 4:39. «Познай же сегодня и возрождай в сердце своем, что Творец – Он Всесильный на небе вверху и на земле внизу, нет другого».

ГЛАВА ТАЗРИА   Язва проказы

91) «"Язва проказы", ведь уже поясняли товарищи, но "проказа" означает "как перевод ее". Сказал рабби Йегуда: "Что значит "как перевод ее"? Это закрытие ее, потому что закрывает высшие света и не открывает. И когда он закрывает и не открывает, называется язвой". Рабби Йоси сказал: "Когда отцы", ХАГАТ, "не получают питания", т.е. не получают свет, "и тем более сыновья", НЕХИ. "То есть, как написано: "Если язва проказы будет на человеке"[110], действительно, "на человеке (адам)"[110], т.е. на Зеир Анпине, представляющем собой АВАЯ (הויה) с наполнением алеф (א), в гематрии Адам (אדם 54). "И отсюда нисходит к тому, к кому нисходит", т.е. к нижнему человеку, который это вызвал, и закрывает свет его. "И пребывает проказа на всем от этого закрытия"» светов.

92) «Сказал рабби Ицхак: "Конечно, это тайна того, о чем написано: "Презрел Он Святилище Свое"[115], – что закрылись света Святилища, т.е. Малхут. "Какова причина этого? Потому что жители мира вызвали это" своими грехами. "Как написано: "Святилище Творца осквернил он"[116]. "Осквернил"[116], на самом деле". Сказал рабби Эльазар: "Осквернил"[116] – потому что ушел тот, кто ушел", т.е. Зеир Анпин, "и могучий змей господствует и извергает скверну, и оскверняет того, кого оскверняет. И всё это из-за прегрешений мира"».

---

[115] Писания, Мегилат Эйха, 2:7. «Забросил Владыка жертвенник Свой, презрел Он Святилище Свое, предал в руки врага стены чертогов его. Подняли они крик в доме Творца, как в день праздника».

[116] Тора, Бемидбар, 19:20. «А тот, кто нечист будет и не очистит себя, искоренится та душа из среды общества, ибо Святилище Творца осквернил он, водою кропильной его не кропили, нечист он».

ГЛАВА ТАЗРИА

Поела и обтерла рот свой

93) «"Мы учили, когда" первородный "змей начинает раскрываться, уходят опоры", т.е. Нецах и Ход, "и строения", т.е. мохин, "и отнимаются" у Малхут. "И приходит могучий змей и извергает скверну. И тогда получается, что Святилище осквернено. Что представляет собой Святилище? Это как мы учили: "И Я наложу язву проказы на дом (на) земле владения вашего"[117]. И написано: "Змей же был хитрее всех зверей полевых, которых создал Творец Всесильный; и сказал он жене"[118]. Именно "жене"[118], ибо место Святилища соединяется в ней", т.е. в Малхут, "то есть: "Святилище Творца осквернил он"[116], из-за грехов его, поскольку" из-за грехов его "раскрылся могучий змей"».

94) «"Что такое "грехи его"? Это злословие, ибо из-за злословия появился" первородный "змей как наверху, так и внизу, как написано: "И наслал Творец на народ ядовитых (а-срафи́м הַשְּׂרָפִים) змей"[119]. "Язвящих (а-сорфи́м הַשּׂוֹרְפִים)" или "язвимых (а-сруфи́м הַשְּׂרוּפִים)" не написано, а "ядовитых (а-срафи́м הַשְּׂרָפִים)". Кто такие "срафим"[119]?» И отвечает, что это указывает на первородного змея, и то, что говорит «змеи» – во множественном числе, это «"как написано: "Головы змей"[120] – двух, ибо один удерживается наверху, а другой удерживается внизу", в этом мире. "И написано: "Серафимы (срафи́м שְׂרָפִים) стоят над Ним"[121], "над Ним"[121], безусловно", т.е. "как сказано: "Чтобы предстать пред Творцом"[122]», что означает «напротив Творца», ибо «сыны Всесильного (Элоким)»[122] – это суды, а «Творец (АВАЯ)»[122] – это милосердие, и также здесь «над Ним»[121] – это как напротив Него. «"И тогда это закрытие во всём", т.е.

---

[117] Тора, Ваикра, 14:34. «Когда придете на землю Кнаан, которую Я даю вам во владение, и Я наложу язву проказы на дом (на) земле владения вашего».

[118] Тора, Берешит, 3:1. «Змей же был хитрее всех зверей полевых, которых создал Творец Всесильный; и сказал он жене: "Хотя и сказал Всесильный: не ешьте ни от какого дерева этого сада"».

[119] Тора, Бемидбар, 21:6. «И наслал Творец на народ ядовитых змей, и они кусали народ, и умерло много народа из Исраэля».

[120] Писания, Псалмы, 74:13. «Раздробил Ты море мощью Своей, разбил головы змей на воде».

[121] Пророки, Йешаяу, 6:2. «Серафимы стоят над Ним; шесть крыльев, шесть крыльев у каждого: двумя прикрывает он лицо свое и двумя прикрывает он ноги свои, и двумя летает».

[122] Писания, Иов, 1:6. «И был день, когда пришли сыны Всесильного, чтобы предстать пред Творцом, и пришел также Сатан среди них».

закрылись все света, "и нет того, кто откроет". И тогда приходит змей и привносит скверну в корень души (нешама) грешника, который в Малхут, что определяется как прелюбодеяние. "И поэтому написано: "Таков путь жены прелюбодейной: поела и обтерла рот свой, и говорит: "Не сделала я худого"[123]. Что значит "прелюбодейной"[123]? То есть, "действительно прелюбодейной, конечно", и об этом сказано: "Поела и обтерла рот свой, и говорит: "Не сделала я худого"[123]».

95) «Сказал рабби Хия: "В желании всего", т.е. в желании высшего, "змей находится внизу лишь потому, что он находится наверху. И наверху он находится лишь тогда, когда он находится внизу в грехах мира. Как мы учили, что всё зависит: это от этого, а это от этого"».

Пояснение статьи. Ты уже узнал, что есть две точки в Малхут. Одна – это точка Малхут первого сокращения, которая не подсластилась в Бине, являющейся свойством милосердия, и в этом отношении она не достойна получать никакой свет, ибо сила экрана и сокращения пребывает над ней. А вторая точка – это точка Малхут, которая подсластилась в свойстве милосердия, в Бине. И все света, которые Малхут получает, они в свойстве второй точки.[124] И поэтому первая точка спрятана внутри нее, и лишь вторая точка открыта и господствует в ней, и потому она достойна получать высшие света. И по этой причине Малхут называется Древом познания добра и зла. Ведь если человек удостаивается, она – добро. Ибо первая точка скрыта, и только вторая точка властвует, и тогда есть в Малхут всё благо, и нижний получает от нее. Если не удостоился, поскольку он грешник, тогда есть сила у змея раскрыть первую точку в Малхут, которая не соединялась с Биной, тогда она – зло, ибо уходят от нее все света, поскольку раскрылось, что сила сокращения довлеет над ней.[125] И это смысл сказанного: «У входа грех лежит»[126]. Ибо грешник дает силу ситре ахра притяги-

---

[123] Писания, Притчи, 30:20. «Таков путь жены прелюбодейной: поела и обтерла рот свой, и говорит: "Не сделала я худого"».

[124] См. Зоар, главу Берешит, часть 1, п. 3, со слов: «В свойстве суда, т.е. в свойстве Малхут мира АК, прежде чем она подсластилась в Бине, в свойстве милосердия, мир не мог существовать...»

[125] См. «Предисловие книги Зоар», п. 123, и Зоар, главу Ваеце, п. 23.

[126] Тора, Берешит, 4:6-7. «И сказал Творец Каину: "Отчего досадно тебе, и отчего поникло лицо твое? Ведь если станешь лучше, прощен будешь, а если не станешь лучше, то у входа грех лежит, и к тебе влечение его, но ты будешь господствовать над ним"».

вать от левой (стороны) сверху вниз, как сделал Каин. Тогда змей, который называется «грех», лежащий у входа в Малхут, раскрывает первую точку, спрятанную в Малхут, и все света уходят от корня души грешащего человека, которая в Малхут, в свойстве: не удостоился – то зло. А после этого змей еще больше усиливается и исторгает скверну, т.е. наносит ущерб и изгоняет света, даже и из Бины де-Малхут. Поскольку после того, как соединилась Малхут с Биной, Бина приняла форму Малхут, и потому после того, как стала ущербной Малхут из-за раскрытия сокращения, которое над ней, стала ущербной также и Бина, что в Малхут, так как есть у нее форма Малхут. Так, что вначале становится ущербной только одна Малхут в силу раскрытия того, что она Малхут свойства суда. А затем становится ущербной также и Бина, что в Малхут, из-за того, что есть у нее форма Малхут вследствие включения второй точки. И он говорит здесь, что это два змея, ибо тот, что раскрывает точку первого сокращения, который делает ущербной только лишь Малхут, но вовсе не девять первых сфирот, не может после этого нанести ущерб Бине. Однако пробуждается другой змей, который поднимается и удерживается в Бине, из-за того, что есть у нее форма Малхут вследствие взаимного включения.

И это смысл сказанного им: «Когда змей начинает раскрываться», т.е. когда грешащий вызывает раскрытие змея в тайне сказанного: «У входа грех лежит»[126], так как змей обретает силу из-за его греха раскрыть точку первого сокращения, которая упрятана, «уходят опоры и строения и отнимаются», т.е. уходят келим де-НЕХИ Бины, находящиеся в Малхут, в которые Малхут получает все свои света, и эти келим де-НЕХИ она получила от Бины благодаря присоединению свойства милосердия, в тайне: «Мать (има) одалживает свои одежды дочери»[127], когда эти келим называются опорами, а все света, которые в келим, называются строениями, и они уходят вместе с ними, потому что испортилось взаимное включение, которое в ней от Бины, вследствие раскрытия точки Малхут первого сокращения, которая вообще не взаимодействует с Биной. И после того как уже ушли все света из-за раскрытия первой точки, в которой удерживается змей, тогда: «И приходит могучий змей и извергает скверну. И тогда получается, что Святилище

---

[127] См. «Предисловие книги Зоар», п. 17, со слов: «И это означает: "Мать (има) одалживает свои одежды дочери и венчает ее своими украшениями"...»

осквернено», т.е. приходит второй змей и привносит скверну в Бину де-Малхут, которая называется Святилищем, и тогда оскверняется Святилище. И потому называет он второго змея «могучий змей», поскольку тот поднялся и удерживается не в своем месте, т.е. в Бине, которая целиком милосердие, и нет в ней вообще свойства суда. Однако он обладает силой удерживаться в ней, поскольку она взаимодействовала с Малхут, чтобы подсластить ее.

И это смысл сказанного: «"И сказал он жене"[118]. Именно "жене"[118]», т.е. Малхут, называемой женой. И поскольку «место Святилища соединяется в ней», т.е. келим Бины, которая является местом Святилища, включились в Малхут из-за соединения Малхут с Биной, как мы уже сказали, «то есть: "Святилище Творца осквернил он"[116]», ибо змей привнес скверну в Бину де-Малхут, называемую Святилищем Творца, поскольку из-за включения Малхут в Бину, Бина приняла форму Малхут, и была сила у змея привнести в нее скверну, как мы уже говорили. «Из-за грехов его, поскольку раскрылся могучий змей», – т.е. раскрылся второй змей, называемый могучим змеем, который поднимается и удерживается в Бине, как мы уже отмечали. Ибо злословящий и приписывающий изъяны своему ближнему, которых нет у него, придает силы второму змею извергать скверну и наносить ущерб Бине де-Малхут, несмотря на то, что она свободна от любого сокращения и суда. Но поскольку второй змей может действовать только вследствие предварительного нанесения ущерба в Малхут первым змеем, поэтому получается, что он наносит ущерб «как наверху, так и внизу», как Бине – через второго змея, так и Малхут – через первого змея. Ибо для того чтобы дать силу второму змею, пробуждается обязательно первый змей. И он приводит доказательство, что есть два змея, из Писания: «И наслал Творец на народ ядовитых змей»[119], где говорит «змей» – во множественном числе. «Как написано: "Головы змей"[120] – двух», поскольку написано: «змей»[120], т.е. во множественном числе. «"Язвящих (а-сорфи́м הַשּׂוֹרְפִים)" или "язвимых (а-сруфи́м הַשְּׂרוּפִים)" не написано, а "ядовитых (а-срафи́м הַשְּׂרָפִים)". Кто такие "срафим"[119]? И написано: "Серафимы (срафим) стоят над Ним"», т.е. не ошибись, думая, что ядовитые змеи – это змеи материальные, поэтому написано: «Срафим»[119], по правилу аналогии,[128] где учит нас: «срафим»[119], «срафим»[121], приводя аналогию из сказанного: «Серафимы (срафим) стоят над Ним»[121]. И поэтому сказано здесь «ядовитые (срафим)»[119], а не «язвящие (сорфим)». «"Над Ним"[121], безусловно», т.е. напротив Него, «как сказано: "Чтобы предстать пред Творцом"[122]», что означает, что «сыны Всесильного (Элоким)»[122], являющиеся судами, предстали пред Творцом (АВАЯ), являющимся милосердием, и также в изречении: «Серафимы (срафим) стоят над Ним»[121], они напротив Творца, то есть они те змеи, которые упоминаются выше. И это смысл сказанного: «И тогда это закрытие во всём, и нет того, кто откроет», то есть, что закрылись все света, так как в любом месте, где раскрылась точка первого сокращения, закрываются все света, и нет того, кто их откроет. Ибо в Малхут первого сокращения раскаяние не помогает, но только в Малхут второго сокращения.[129]

И это означает: «И поэтому», – для того чтобы помогло раскаяние, «написано: "Таков путь жены прелюбодейной"[123] ... Что значит "прелюбодейной"[123]? – Действительно прелюбодейной», ибо суть раскрытия точки первого сокращения змеем и его удержание в ней, изгоняющее света святости, определяется как то, что змей действительно является прелюбодейной женой. «Конечно, "поела и обтерла рот свой, и говорит"[123]». Объяснение. Поскольку здесь непонятно: после того, как первый змей раскрыл точку первого сокращения, которая не соединена с Биной, и из-за этого пропало у нее включение свойства милосердия, Бины, в таком случае, поскольку прекратилось ее включение в Бину, больше нет у Бины формы Малхут, и в таком случае, как может второй змей привнести скверну в Бину, из-за того, что есть у нее форма Малхут? Ведь одно противоречит другому? И потому приводит изречение: «Таков путь жены прелюбодейной»[123], т.е. первого змея, «поела и обтерла рот свой»[123], – после того как нанес ущерб Малхут, и ушли ее света из-за нарушения включения свойства милосердия, он обтирает и утирает свой рот, как будто ничего не сделал, и говорит: «Не

---

[128] «Правило аналогии (на иврите: гзера шава)» – одно из тринадцати правил трактовки текстов Торы с целью вывода закона. Оно гласит: если в двух местах Торы мы находим одинаковые слова или выражения, то закон, данный в одном из этих мест, распространяется и на другое. Это правило не может применяться произвольно для любых одинаковых слов или выражений, но только там, где это делается согласно традиции.

[129] См. Зоар, главу Ваикра, п. 256.

делал я худого»[123], для того чтобы оставалась форма включения Малхут в Бину, как и до порчи змеем, и сможет второй змей удерживаться в Бине из-за того, что у нее есть форма Малхут.

Но на самом деле этот подъем змея, чтобы удерживаться в Бине, является западней для змея, как уже объяснялось.[130] Ибо теперь, когда он удерживается в Бине, и змей сам устранил ущерб Малхут первого сокращения, и установился ущерб от греха в свойстве Малхут второго сокращения, появилась возможность устранить ущерб с помощью раскаяния, поскольку благодаря раскаянию нисходит свечение от АБ САГ де-АК, и опускает Малхут из Бины, и Бина очищается от скверны змея. Тогда как, если бы он не удерживался в Бине, то оставался бы ущерб от первого змея, т.е. раскрытие точки Малхут первого сокращения, так как сила сокращения довлеет над Малхут, которая не достойна получать свет. И с этой точки зрения не может быть раскаяния, так как раскаяние не отменит первого сокращения и экрана, препятствующего получению Малхут высшего света. Ведь относительно того, что второй змей удерживается в Бине, это удержание было дано ему специально для того, чтобы помогло раскаяние. И это только западня для змея.

И это смысл сказанного: «В желании всего», т.е. в желании высшего, «находится внизу лишь потому, что он находится наверху», поскольку из-за того, что есть удержание змея наверху, которое делает грешника способным совершить раскаяние, поэтому есть удержание змея внизу, чтобы раскрыть первое сокращение в Малхут, как уже говорилось. И нет боязни, что там не поможет раскаяние, и ущерб останется навечно, ведь нет никакого сомнения в том, что змей поднимется и будет удерживаться наверху в Бине, и он сам устранит ущерб первого сокращения, как говорилось выше, в тайне сказанного: «Поела и обтерла рот свой, и говорит: "Не сделала я худого"»[123]. И тогда поможет раскаяние. Также нет опасения, что не поднимется змей, чтобы удерживаться в Бине. Ибо так заложено в природе змея – стремиться всегда удерживаться в более высоком месте, и если открывается ему возможность удерживаться в Бине, несомненно, что он будет удерживаться в ней. «И наверху он находится лишь тогда, когда он находится внизу», – ведь если бы змей не раскрыл сначала ущерб от первого сокращения, который есть в Малхут, чтобы не получала

---

[130] См. Зоар, главу Ваера, п. 112.

свет, не мог бы второй змей удерживаться в Бине и нанести ей ущерб из-за того, что есть у нее форма Малхут, в то время как в самой Малхут не раскрылся ущерб. «Как мы учили, что всё зависит: это от этого, а это от этого», ведь если бы не было удержания змея наверху, дающего возможность раскаяния и исправления ущерба, не дали бы свыше возможность удерживаться змею внизу в Малхут. А если бы не было сначала удержания змея внизу, не представилось бы никакой возможности удержания змея наверху в Бине. Поскольку это зависит от этого, а это от этого.

ГЛАВА ТАЗРИА

Есть преимущество у мудрости перед глупостью

96) «"А если у человека вылезли волосы на голове"¹³¹. Рабби Хия провозгласил и сказал: "И увидел я, что есть преимущество у мудрости перед глупостью"¹³². В скольких местах вчитывался я в речения царя Шломо, глядя на его великую мудрость, и он укрыл свои слова внутри, в святом чертоге. В это изречение следует всмотреться. Почему он сказал: "И увидел я"¹³², – разве остальные жители мира не знают и не видят этого? Ведь даже тот, кто не ведал мудрости в своей жизни и не вглядывался в нее, знает это: "Что есть преимущество у мудрости перед глупостью, подобно преимуществу света перед тьмой"¹³², а он восхваляет себя и говорит: "Увидел я"¹³²».

97) «"Но мы так учили: кто мудр, как Шломо, который называется семью ступенями мудрости, по высшему подобию", т.е. соответственно ХАГАТ НЕХИМ де-Малхут, и это нижняя Хохма (мудрость), являющаяся ступенью Шломо. "Поскольку шесть дней наверху", ХАГАТ НЕХИ Зеир Анпина, "и седьмой – высший над ними", Бина. "Шесть дней внизу", в Малхут, ХАГАТ НЕХИ, "и седьмой над ними", Бина. "Шесть ступеней к престолу" Шломо, "и он – на престоле, как написано: "И воссел Шломо на престоле Творца царем"¹³³. Семь кетеров, у дней", т.е. ХАГАТ НЕХИМ, "есть наверху, и также, соответственно им, семь имен у Шломо", как мы сказали, "чтобы показать в них святую мудрость. И потому называется он семью именами: Шломо, Йедидья, Агур, Бен-Якэ, Лемуэль, Итиэль, Коэлет"».

98) «"И сказал семь сует"», то есть: «Суета сует, – сказал Коэлет, – суета сует, всё суета»¹³⁴. Здесь есть трижды «суета» и дважды «сует», т.е. их четыре, а вместе – семь. «"И то, что видел он, не видел другой человек, и когда он собрал мудрость

---

¹³¹ Тора, Ваикра, 13:40. «А если у человека вылезли волосы на голове, то это плешивый, он чист».

¹³² Писания, Коэлет, 2:13. «И увидел я, что есть преимущество у мудрости перед глупостью, подобно преимуществу света перед тьмой».

¹³³ Писания, Диврей а-ямим 1, 29:23. «И воссел Шломо на престоле Творца царем вместо Давида, отца своего, и был удачлив, и слушался его весь Исраэль».

¹³⁴ Писания, Коэлет, 1:2. «Суета сует, – сказал Коэлет, – суета сует, всё суета».

и взошел на ступень мудрости (хохма) – называется Коэлет. И семь сует перечислил он в соответствии с семью сфирот наверху, и из каждой суеты (лепета) создается голос, и мир поддерживается только суетой". Объяснение. Семь сует – это семь нижних сфирот ИШСУТ, и основа их – левая линия ИШСУТ, когда до согласования средней линии, объединяющей правую и левую, свечение левой линии является суетой, тяжким недугом[135] и сокрушением духа[136]. А после соединения при помощи средней линии это – семь сует (лепетов), от которых создается Зеир Анпин, называемый голосом, и ими поддерживается мир.

99) «"И мы учили от имени рабби Шимона, что суета (лепет)", т.е. левая линия, как мы говорили в предыдущем пункте, "извлекает голос благодаря духу и воде, что в нем", т.е. благодаря включению правой линии, называемой водою, и средней линии, называемой духом. "И нет голоса без лепета. И мы учили, что благодаря семи лепетам", т.е. ХАГАТ НЕХИМ де-ИШСУТ, "поддерживаются высшие", т.е. ЗОН, "и нижние", т.е. обитатели БЕА. "И учил рабби Ицхак: "Смотри, лепетом поддерживается мир, ведь если бы лепет не выходил из уст человека, он не смог бы просуществовать даже один час"».

100) «"Подобно этому", что человек не может существовать без лепета уст, "сказал Шломо: "Слова его, благодаря которым существует мир". И сказал, что благодаря этому лепету существует мир. И этот лепет, благодаря которому существует мир, происходит от высших лепетов. Это означает: "Суета сует"[134], т.е. суета (лепет) от высших лепетов. И все его речения были такими. О высших лепетах написано: "Но всем, исходящим из уст Творца, живет человек"[137]. Что значит "исходящее из уст Творца"[137] – это высшие лепеты"», семь нижних сфирот ИШСУТ.[138]

---

[135] Писания, Коэлет, 6:2. «Человека, которого Всесильный наделил богатством, имуществом и почетом, и нет недостатка душе его ни в чем, чего бы не пожелала; но не дал ему Всесильный власти пользоваться этим, ибо чужой человек поглотит все; это – суета и тяжкий недуг».

[136] Писания, Коэлет, 1:14. «Я видел все дела, содеянные под солнцем, и вот все суета и сокрушение духа».

[137] Тора, Дварим, 8:3. «И смирял Он тебя, и испытывал тебя голодом, и кормил тебя маном, которого не знал ты и не знали отцы твои, дабы показать тебе, что не одним лишь хлебом живет человек, но всем, исходящим из уст Творца, живет человек».

[138] См. выше, п. 98.

101) «"И мы учили: "И увидел я, что есть преимущество у мудрости перед глупостью (досл. из глупости)"[132]. Именно из глупости раскрывается польза мудрости. Ведь если бы не было глупости в мире, то была бы неведома мудрость со словами ее. И мы учили, что долг человека, изучающего мудрость, – поучиться немного у глупости и познать ее, так как благодаря ей раскрывается польза мудрости, подобно тому, как проявляется польза света из тьмы, и если бы не тьма, был бы неведом свет, и не раскрылась бы в мире польза от него"».

102) «"Мы учили, что есть преимущество у мудрости", т.е. "просто мудрости", которая включает как высшую мудрость, так и мудрость, которая в этом мире. "Ибо сказал рабби Шимон рабби Абе: "Смотри, тайна этого: высшая мудрость не светит и не озаряется светом, но только из-за глупости, которая пробуждается из другого места. И если бы не эта" глупость, "не было бы света и большого дополнительного возвышения, и не проявилась бы польза мудрости. И из-за этой глупости засветила" мудрость "сильнее, и ей светят сильнее. Это смысл сказанного: "Есть преимущество у мудрости"[132], просто у мудрости", как наверху, так и внизу, "из глупости"[132], просто глупости", как наверху, так и внизу. "Ибо так это внизу: если бы не было глупости в мире, то не было бы и мудрости в мире"».

103) «"И поэтому рав Амнуна Сава, когда учились у него товарищи тайнам мудрости, выстраивал перед ними части с неразумными речами, дабы пришла польза мудрости благодаря им. Это смысл сказанного: "Крупица глупости дороже мудрости и славы"[139], поскольку" глупость – "это исправление мудрости и ценность ее. И потому написано: "И сердце мое ведет себя мудро, придерживаясь глупости"[140]».

104) «Рабби Йоси сказал: "Дороже мудрости и славы"[139], т.е. ценность мудрости и красота ее, и ценность высшей славы", т.е. Малхут, – "что это? Это крупица глупости. Ибо крупица глупости показывает и раскрывает ценность мудрости и высшей славы лучше всех путей мира"».

---

[139] Писания, Коэлет, 10:1. «От мертвой мухи воняет и бродит елей умащения; крупица глупости дороже мудрости и славы».

[140] Писания, Коэлет, 2:3. «Пытался я в сердце своем увлечь плоть свою вином, и сердце мое ведет себя мудро, придерживаясь глупости, пока не увижу, как лучше поступать сынам человеческим под небесами за считанные дни их жизни».

105) «"Подобно преимуществу света перед тьмой (досл. из тьмы)"¹³² – так как польза света не проявляется иначе, как из тьмы. Что является исправлением белого? – Черное, потому что без черного не было бы постигнуто белое, и из-за того, что есть черное, возвышается белое и возвеличивается". Сказал рабби Ицхак: "Как, например, сладкое и горькое, – ведь человек не знает вкуса сладости, пока не отведал горечи. Что же делает вкус сладким? Отсюда ясно, что горечь". Потому что, если вещи противоположны друг другу, то одна раскрывает другую, и так происходит между белым и черным, между светом и тьмой, между больным и здоровым. И если бы не было в мире больного, то не было бы никакого понятия, кто называется здоровым. "То есть, как написано: "Ведь одно против другого создал Всесильный"¹⁴¹, и написано: "Хорошо, если ты придерживаешься одного, но и не сторонишься другого"¹⁴²».

Пояснение статьи. Он спросил,¹⁴³ что нам хочет сказать царь Шломо в изречении: «Увидел я, что есть преимущество у мудрости перед глупостью, подобно преимуществу света перед тьмой»¹³², – ведь кто же этого не знает? И для того чтобы объяснить это, он привел разъяснение семи сует, о которых сказал в Коэлет. В суете есть два состояния. Первое, когда она в левой линии без единения с правой, и хотя в ней светит при этом ГАР Хохмы, все равно эта суета считается суетой и тяжким недугом, суетой и сокрушением духа. Ведь поскольку она отделена сама по себе, без правой линии, то является Хохмой без хасадим, и тогда она – тьма, а не свет. Более того, оттуда привлекаются суровые суды. И потому она является суетой и тяжким недугом. Второе состояние, когда она соединена с правой линией посредством средней линии, согласующей правую и левую между собой, где правая линия, являющаяся свойством хасадим, будет светить сверху вниз, а левая, являющаяся свойством Хохмы, будет светить снизу вверх,¹⁴⁴ и это ВАК Хохмы, и тогда Хохма левой линии облачается в хасадим, которые в

---

¹⁴¹ Писания, Коэлет, 7:14. «В день благоволения – радуйся, а в день бедствия – узри, ведь одно против другого создал Всесильный с тем, чтобы ничего не искать человеку после Него».

¹⁴² Писания, Коэлет, 7:18. «Хорошо, если ты придерживаешься одного, но и не сторонишься другого, ибо боящийся Всесильного справится со всем».

¹⁴³ См. выше, п. 96.

¹⁴⁴ См. Зоар, главу Берешит, часть 1, п. 50. «Разногласие, которое было исправлено согласно высшему подобию, – это то, которое поднимается и не опускается, и осуществляется прямым путем...»

правой. И вот отсюда выходят все мохин де-ЗОН и БЕА, и все миры поддерживаются этой суетой.[145] «Суета (лепет) извлекает голос», и это мохин Зеир Анпина, «при помощи духа и воды», – благодаря включению в среднюю линию, т.е. дух (руах), и в правую линию, т.е. воду. «И мы учили, что благодаря семи лепетам», т.е. семи сфирот ИШСУТ, каждая из которых включает свойства лепета, духа и воды, «поддерживаются высшие и нижние». Ибо все мохин высших, т.е. ЗОН, и нижних, т.е. трех миров БЕА, исходят от этих лепетов. И отсюда выяснилось, что, несмотря на то, что когда левая линия одна, у нее есть ГАР де-ГАР, она не светит тогда вовсе, а наоборот, является суетой и тяжким недугом. А в час, когда она объединяется с правой, хотя и уменьшается из-за этого до ВАК Хохмы и ей недостает ГАР Хохмы, все миры поддерживаются ею. Смотри выше все продолжение.

И это смысл сказанного: «Увидел я, что есть преимущество у мудрости перед глупостью, подобно преимуществу света перед тьмой»[132]. По трем признакам похожи мудрость и глупость на свет и тьму:

1. Так же как если бы не было тьмы, не было бы никакого преимущества в свете, и не было бы вообще никакого понятия, чтобы называть его этим именем, так же если бы не глупость, не было бы никакого преимущества у мудрости, чтобы нам называть ее этим именем, а наоборот, мы называли бы ее суетой и тяжким недугом.

2. Хотя без тьмы у нас не было бы никакого понятия о свете, это не значит, что свет не был бы без нее подлинной реальностью, однако у нас он не был бы понятием самим по себе, чтобы определить его по имени. Так же и мудрость: хотя без глупости она была бы непостижима, это не значит, что тогда она не существовала бы вообще. Наоборот, тогда была бы мудрость, которая совершенно лишена глупости, ибо тогда светят ГАР Хохмы. Но при этом она не постигалась бы, чтобы определить ее именем мудрость.

3. Так же как в месте, где нет света, там тьма, так же в месте, где нет мудрости, там глупость.

И с помощью этого нам станет понятной вся статья. Ведь мы говорили выше, что прежде чем левая линия объединяется с правой, есть у нее ГАР Хохмы, но они не светят, и они в свойстве «суета и тяжкий недуг». И только потом, когда

---

[145] Как поясняет выше рабби Шимон, в п. 99.

объединяется с правой линией посредством средней линии, она восполняется, и все мохин, что в мирах, исходят от нее, но она теряет ГАР Хохмы вследствие согласования средней линии, поскольку правая линия будет светить сверху вниз, а левая, т.е. Хохма, будет светить снизу вверх, и свечение сверху вниз – это свечение ВАК Хохмы, которому недостает ГАР. И выяснилось выше, в третьем сравнении мудрости со светом, что в том месте, где недостает мудрости, там пребывает глупость, и так же как в месте, где нет света, там пребывает тьма. Получается теперь, после объединения левой линии с правой, что в левой линии есть глупость, т.е. в месте недостатка ГАР. И выходит, что до объединения с правой линией, хотя она и не светила, все же реальность Хохмы, которая была в левой линии, как мы объясняли во втором сравнении, эта реальность была без всякой глупости, поскольку тогда левая линия пребывала в ГАР Хохмы. Тогда как теперь, когда недостает ГАР Хохмы, в соответствии с этим появляется глупость. И пойми это как следует.

И это означает сказанное: «Именно из глупости раскрывается польза мудрости. Ведь если бы не было глупости в мире, то была бы неведома мудрость со словами ее»[146], потому что недостаток ГАР Хохмы, образовавшийся после объединения правой и левой линий, определяется как глупость. Однако из этой глупости раскрылось мирам свечение Хохмы, поскольку до объединения, когда оно было без глупости, Хохма была тьмой и не светила, но теперь Хохма светит во всем совершенстве благодаря глупости, т.е. благодаря тому, что уменьшилась на ГАР, и может объединиться с хасадим, которые в правой. Таким образом, глупость, т.е. недостаток ГАР, раскрывает ВАК Хохмы, чтобы светила она во всем совершенстве. И если бы не было глупости, не открывалась бы мудрость.

И это смысл сказанного: «Тайна этого: высшая мудрость не светит и не озаряется светом, но только из-за глупости, которая пробуждается из другого места»[147]. Поскольку если бы не пробудилась глупость из другого места, т.е. вследствие сокращения ГАР, а остались бы ГАР Хохмы в левой линии, и она не объединилась бы с правой, тогда ведь не светит Хохма, и она – тьма. И это означает сказанное: «И если бы не эта (глупость), не было бы света и большого дополнительного возвышения,

---

[146] См. выше, п. 101.
[147] См. выше, п. 102.

и не проявилась бы польза мудрости», т.е. не раскрылись бы все эти большие мохин мирам. И это означает: «Долг человека, изучающего мудрость»[146], т.е. является обязательным для человека, привлекающего высшую мудрость, «поучиться немного у глупости и познать ее», т.е. протянуть руку, чтобы притянуть от ГАР Хохмы, и хотя раскрывается глупость в месте недостатка мудрости, именно соответственно этому можно говорить о мудрости из этой глупости. Иначе говоря, мудрость, которую постигает, – она в силу этой глупости, которой он касается, как мы уже говорили, и поэтому она не считается по-настоящему глупостью, а «крупицей глупости», которой достаточно, чтобы изучить и познать мудрость, которая светит. И это смысл сказанного: «И поэтому рав Амнуна Сава, когда учились у него товарищи тайнам мудрости»[148], т.е. учились у него тому, как привлекать Хохму (мудрость), которая светит, «выстраивал перед ними части с неразумными речами, дабы пришла польза мудрости благодаря им», т.е. устраивал им так, чтобы они не притягивали Хохму в частях ГАР Хохмы, и тогда в этих частях раскрывалась глупость, и он учил их тому, что от этой глупости будет польза для Хохмы, которая светит, как мы уже говорили. «Это смысл сказанного: "Крупица глупости дороже мудрости и славы"[139]». Ибо до тех пор, пока светили ГАР Хохмы, и не было крупицы глупости, Хохма была суетой и сокрушением духа, без мудрости и без славы, а теперь, после того как объединилась левая линия с правой, хотя и есть крупица глупости вследствие недостатка ГАР Хохмы, ведь благодаря этому она светит во всей красе и великолепии, и обретающий ее удостаивается мудрости и славы. «И потому написано: "И сердце мое ведет себя мудро"[140]»[148], т.е. в ВАК Хохмы, «"придерживаясь глупости[140]"», то есть, чтобы не притягивать ГАР Хохмы. И это означает: «"Хорошо, если ты придерживаешься одного"[142]»[149], т.е. мудрости (хохма), «"но и не сторонишься другого"[142]», т.е. придерживаешься также и глупости недостатка ГАР Хохмы.

---

[148] См. выше, п. 103.
[149] См. выше, п. 105.

ГЛАВА ТАЗРИА

Человек, муж

106) «"Мы учили, именами скольких ступеней называется человек: адам, гевер (мужчина), энош (человек), иш (муж). Самый возвышенный из всех – адам. Сказано: "И сотворил Всесильный человека (адама) в образе Его"[150], а также: "Ибо по образу Всесильного создал Он человека (адама)"[151]. И не написано: "гевер (мужчина)", "энош (человек)", "иш (муж)". Сказал рабби Йегуда: "В таком случае, ведь написано: "Человек (адам) из вас, который принесет жертву Творцу"[152]. Кто должен приносить жертву?" То есть, только "тот, кто согрешил", а это низкая ступень, "и вместе с тем написано: "Человек (адам)"[152]?»

107) «Сказал рабби Ицхак: "Смотри, существование мира, высших и нижних, – это жертвоприношение, т.е. умиротворение Творца. Кто же достоин приносить пред Ним это умиротворение? Говорит ведь, что это человек (адам), который дороже всех"», т.е. он дороже, чем гевер, энош, иш. «Сказал ему: "В таком случае, написано ведь: "Человек (адам), на коже плоти которого появится ... и станет это на коже плоти его язвой проказы"[153]», и вместе с тем зовется адам. «Сказал ему: "Поэтому, Творец должен очистить его более кого-либо" другого, "ибо тот, кто находится на ступени над всеми", т.е. тот, кто называется адам, "не останется как есть"», без очищения.

108) «"И потому написано о человеке (адам): "Будет он приведен к коэну"[154]. "Придет" к коэну, – "не написано, а "будет приведен"[154], и это указывает на то, "что каждый, кто видит его, обязан привести его к коэну, для того чтобы святой образ человека (адам) не оставался в таком виде. И написано: "Если

---

[150] Тора, Берешит, 1:27. «И сотворил Всесильный человека в образе Его, в образе Всесильного сотворил Он его; мужчиной и женщиной сотворил Он их».

[151] Тора, Берешит, 9:6. «Кто прольет кровь человека, того кровь прольется человеком, ибо по образу Всесильного создал Он человека».

[152] Тора, Ваикра, 1:2. «Говори сынам Исраэля и скажи им: "Человек из вас, который принесет жертву Творцу, – из скота, из крупного и из мелкого, приносите жертву вашу"».

[153] Тора, Ваикра, 13:2. «Человек, на коже плоти которого появится опухоль, или лишай, или пятно, и станет это на коже плоти его язвой проказы, и будет приведен к Аарону-коэну или к одному из его сыновей, коэнов».

[154] Тора, Ваикра, 13:9. «Если язва проказы будет на человеке, то будет он приведен к коэну».

у мужчины (иш) или женщины (иша) будет язва"¹⁵⁵, "Если у мужчины или женщины будут на коже их плоти пятна"¹⁵⁶. И не написано о них: "Будут приведены"». Только о человеке (адам) сказано «будет приведен» – вследствие его важности.

109) «Сказал ему: "Ведь написано: "А этот муж (иш), Моше"¹⁵⁷, "Ибо этот муж (иш), Моше"¹⁵⁸. Почему он не зовется адам?" Сказал ему: "Потому что зовется рабом Царя, как написано: "Не так раб Мой, Моше"¹⁵⁹, "Моше, раб Мой"¹⁶⁰. В этом значении "называется также мужем (иш) по отношению к высшему Адаму", Зеир Анпину, АВАЯ (הויה) с наполнением алеф (א), в гематрии Адам (אד״ם 45). "В таком случае, ведь написано: "Творец – муж (иш) битвы"¹⁶¹, и не написано "адам". Сказал ему: "Тайна Творца – для боящихся Его"¹⁶². Сказал ему: "В таком случае, я полностью нахожусь среди вас", т.е. он из боящихся Творца, "и в этом месте я не удостоился"» понять.

110) «Сказал ему: "Иди к рабби Абе, потому что я учился у него при условии не раскрывать". Пошел к рабби Абе. Нашел его, когда он объяснял, говоря: "Когда называется совершенством всего? В час, когда Творец восседает на престоле", Малхут, "а прежде, чем восседает на престоле", т.е. прежде, чем соединяется с Малхут, "не пребывает совершенство. Как написано: "И над образом престола – образ, подобный человеку

---

¹⁵⁵ Тора, Ваикра, 13:29. «Если у мужчины или женщины будет язва на голове или в бороде».
¹⁵⁶ Тора, Ваикра, 13:38. «Если у мужчины или у женщины будут на коже их плоти пятна, пятна белые».
¹⁵⁷ Тора, Бемидбар, 12:3. «А этот муж, Моше, был очень скромен, более всех людей, что на земле».
¹⁵⁸ Тора, Шмот, 32:1. «И увидел народ, что медлит Моше спуститься с горы, и собрался народ против Аарона, и сказали ему: "Встань, сделай нам божества, которые пойдут перед нами; ибо этот муж, Моше, который вывел нас из земли Египта, не знаем мы, что стало с ним"».
¹⁵⁹ Тора, Бемидбар, 12:6-7. «И сказал Он: "Слушайте слова Мои: если и есть у вас пророк, то Я, Творец, в видении открываюсь ему, во сне говорю Я с ним. Не так раб Мой, Моше, – во всем Моем доме доверенный он"».
¹⁶⁰ Пророки, Йеошуа, 1:2. «Моше, раб Мой, умер; встань же теперь, перейди через этот Ярден, ты и весь народ этот, в землю, которую Я даю им, сынам Исраэля».
¹⁶¹ Тора, Шмот, 15:3. «Творец – муж битвы, Творец – имя Его».
¹⁶² Писания, Псалмы, 25:14. «Тайна Творца – для боящихся Его, и союз Свой Он объявляет им».

(адаму), на нем сверху"¹⁶³, и из того, что здесь написано "адам", в час, когда сидит на престоле, "следует", что он в совершенстве потому, "что" имя адам – "это общее"», (которое состоит) из четырех ликов, имеющихся в строении (меркава), как написано: «И образ их ликов – лик человека (адам)»¹⁶⁴, «"и это – совершенство всего". Сказал ему рабби Йегуда: "Благословен милосердный, что нашел я тебя за этим". Сказал ему: "В таком случае, ведь написано: "Творец – муж (иш) битвы"¹⁶¹, и не написано: "адам"?" Сказал ему: "Ты хорошо спросил"».

111) «"Смотри, там", на море, "не было совершенства всего", поскольку свершил Он суд над Египтом, "и потому написано: "Муж (иш)"¹⁶¹. Но здесь", когда восседает на престоле, "это – совершенство всего и включение всего, и потому называется "человек (адам)"¹⁶³».

112) «Еще сказал ему: "Ведь написано: "Человека (адама) и скотину"¹⁶⁵, но не сказано: "Мужа (иш) и скотину"», хотя здесь малая ступень – ведь сравнивает его со скотиной. «Сказал ему: "И не"» написано «муж», «"но ведь написано: "Ни на человека, ни на скот"¹⁶⁶. Но то, что написано: "Человека (адам) и скотину"¹⁶⁵, – это так же, как написано: "От кедра, что на Леваноне, до эзова, вырастающего из стены"¹⁶⁷. Ибо таков принцип Писания: охватить высшего из всех и самого низкого среди всех. Так же и здесь: высший среди всех – это человек (адам), а самый низкий среди всех – это скот"».

---

[163] Пророки, Йехезкель, 1:26. «Над сводом же, который над головами их, словно образ сапфирового камня, в виде престола, и над образом престола – образ, подобный человеку, на нем сверху».

[164] Пророки, Йехезкель, 1:10. «И образ их ликов – лик человека, и лик льва – справа у (всех) четырех, и лик быка – слева у (всех) четырех, и лик орла у (всех) четырех».

[165] Писания, Псалмы, 36:7. «Справедливость Твоя как высочайшие горы; правосудие Твое – бездна великая! Человека и скотину спасаешь Ты, Творец!»

[166] Тора, Шмот, 11:6-7. «И будет великий вопль по всей земле Египта, подобного которому не было и подобного которому не будет более. А у всех сынов Исраэля не оскалится пес ни на человека, ни на скот; чтобы вы знали, что Творец делает различие между Египтом и Исраэлем».

[167] Пророки, Мелахим 1, 5:13-14. «И говорил он о деревьях: от кедра, что на Леваноне, до эзова, вырастающего из стены; и говорил о животных, и о птицах, и о пресмыкающихся, и о рыбах. И приходили от всех народов послушать мудрость Шломо, от всех царей земных, которые слышали о мудрости его».

113) «Сказал ему: "Но ведь написано: "И человека (адам) не было, чтобы обрабатывать землю"[168]». И какова важность здесь упоминания слова «адам»? «Сказал ему: "Смотри, всё, что есть в мире, было ни для кого иного, как для человека (адам), и всё существует для него". Поэтому "не показывались они в мире, и всё задерживалось, пока не пришел тот, кто зовется человек (адам). И это смысл сказанного: "Никакого же кустарника полевого прежде не было на земле"[168]. "Прежде"[168] означает "еще не", поскольку высший образ", называющийся адам, "не проявился. Это означает: "И человека (адам) не было, чтобы обрабатывать землю"[168]. Иначе говоря, всё задерживалось ради того образа, пока он не проявился. И потому не был сотворен этот образ", адам, "но лишь в подобающем ему виде, как сказано: "И создал Творец Всесильный человека (адам)"[169] – с полным именем, как мы учили", поскольку имя Адам – "это совершенство всего и общность всего"».

114) «"Мы учили, что в шестой день был сотворен Адам (человек)", который является строением (меркава) для высшего Адама, Зеир Анпина, "в час, когда довершился престол", Малхут. "И называется престолом, как написано: "Шесть ступеней к престолу", ХАГАТ НЕХИ Малхут, называемой престолом, "и поэтому Адам был сотворен в шестой день", когда уже обрели совершенство шесть сфирот ХАГАТ НЕХИ, "и он", высший Адам, "достоин воссесть на престол. И мы учили, что когда был сотворен Адам, исправилось всё, и всё, что наверху", т.е. Зеир Анпин и Малхут, "и внизу, – всё включилось в Адама"».

Объяснение. Прежде чем был сотворен Адам Ришон, находились Зеир Анпин и Малхут ахор бе-ахор без соединения. А в шестой день, когда довершились ВАК и родился Адам, он своими действиями привел к тому, что Зеир Анпин и Малхут вернулись к состоянию паним бе-паним и соединились. И это смысл сказанного: «И поэтому Адам был сотворен в шестой день», после того, как довершились ВАК Зеир Анпина, и тогда «достоин» Зеир Анпин «воссесть на престол», и тогда можно

---

[168] Тора, Берешит, 2:5. «Никакого же кустарника полевого прежде не было на земле, и никакая трава полевая прежде не росла: ибо дождя не посылал Творец Всесильный на землю, и человека не было, чтобы обрабатывать землю».

[169] Тора, Берешит, 2:7. «И создал Творец Всесильный человека прахом с земли, и вдохнул в ноздри его дыхание жизни, и стал человек существом живым».

Адаму вернуть Зеир Анпин и Малхут паним бе-паним, и они соединились, что было невозможным до шестого дня, когда еще не восполнились сами ВАК, ни в Зеир Анпине, ни в Малхут.

115) «"Мы учили, – сказал рабби Йоси, – написано: "И образ их ликов – лик человека (адам)"[170], т.е. лик человека (адам) является включением всего, "и все три" лика, лев-бык-орел, "включены в этот образ лика"» человека (адам). «Сказал рабби Йегуда: "Но ведь написано: "И лик льва – справа у (всех) четырех, и лик быка – слева у (всех) четырех"[170]». Ведь есть также образы льва и быка? «Сказал ему: "Все они были ликом человека (адам), и в этом образе человека (адам) проявляются все цвета и все образы. Как мы учили: лик его – лик орла, не то, что он – орел, но он виден в образе человека", образ орла, но основа его – образ человека, "так как" лик человека "включает все цвета и все образы"».

116) «Сказал рабби Ицхак: "Смотри, всё, что под властью человека (адам), называется "муж (иш)", ибо устанавливается в виде человека (адам) от другой ступени, которая была в нем вначале", т.е. ступени ВАК, которая была у Адама, прежде чем он обрел ГАР. "Ибо мы учили о высшей тайне в Сифра ди-цниута: когда был создан Адам, он спустился в высшем святом образе, и низошли вместе с ним два духа с двух сторон, с правой и с левой", и они – "общность Адама, и дух правой стороны называется святой душой, как написано: "И вдохнул в ноздри его дыхание (досл. душу) жизни"[169]. А дух левой стороны называется живым существом (нефеш хая), и он все время опускался сверху вниз"[171], в Эденский сад. "И" душа, которая справа, "не поладила с другой"», которая слева. То есть согрешил он в отношении Древа познания и отделил правую сторону от левой.

117) «"А когда зашла суббота, и Адам уже согрешил, из левого духа образовались создания, распространяющиеся по миру,

---

[170] Пророки, Йехезкель, 1:10. «И образ их ликов – лик человека, и лик льва – справа у (всех) четырех, и лик быка – слева у (всех) четырех, и лик орла у (всех) четырех».

[171] См. Зоар, главу Трума, Сифра ди-цниута, п. 51. «"Когда спустился человек, что внизу, в высшей форме", т.е. в образе и подобии, "два духа были с двух сторон" его. "Ибо человек (адам) включает правую и левую стороны. К правой относится святая душа (нешама), к левой – живое существо (нефеш хая)"».

тела которых не были завершены", т.е. демоны, "и они соединились с этим телом Адама, с захаром (мужским свойством) и с некевой (женским)", т.е. Хавой, "и произвели порождения в мире. И эти называются язвами людей. Мы учили", что есть "высшие духи – от тех", кто произошёл от левого духа Адама Ришона, "которые не прилепляются внизу", к этому миру, "и висят в воздухе, и слышат то, что слышат свыше. И от них ведают другие" духи, "которые внизу"», в этом мире, показывающиеся людям во снах и извещающие их.[172]

118) «"Мы изучали, что от твёрдой искры исходят триста двадцать пять искр, которые запечатлеваются и соединяются вместе со стороны Гвуры и называются гвурот. И они сплачиваются вместе и становятся одним целым. И когда входят они в тело", т.е. в Зеир Анпин, называемый гуф (тело), "он называется "муж (иш)". И это то, что мы учили", что есть "муж (иш) чистый и прямодушный, муж (иш) праведный", но "муж, который здесь, – это "муж битвы"[161]», то есть: «Творец – муж (иш) битвы»[161]. «"Ибо весь Он поднимается в суде, и всё едино". Сказал рабби Йегуда: "Почему"» всё едино, ведь муж чистый и прямодушный – это милосердие, а муж брани – это свойство суда? «Не было у него», что ему ответить. «Пришли и спросили у рабби Шимона. Сказал им: "Ещё (одно) противоречие. Мы ведь учили, написано: "Эта наречена будет женой (иша), ибо от мужа (иш) взята она"[173]. И мы учили кто такой муж (иш), – это милость (хесед). А здесь вы сказали, что он является судом"».

Пояснение сказанного. Он говорит здесь об исправлении парцуфа катнут Зеир Анпина. И известно, что все парцуфы в мирах выяснились и образовались из келим и искр семи мелахим мира Некудим, которые разбились. И есть в них в общем триста двадцать свойств, называющихся тремястами двадцатью искрами, как это подробно выяснилось выше.[174] И также любая малая часть, которая выясняется из них, включает все, и число её – тоже триста двадцать искр. И поскольку разбиение произошло из-за Малхут свойства суда, которая смешалась с ними, поэтому считается, что Малхут свойства суда господствует

---

[172] См. Зоар, главу Ваикра, п. 431.
[173] Тора, Берешит, 2:23. «И сказал человек (адам): "Эта на сей раз – кость от костей моих и плоть от плоти моей. Эта наречена будет женой (иша), ибо от мужа (иш) взята она"».
[174] См. Зоар, главу Ваякель, п. 492.

над всеми ними. И для исправления их, чтобы были достойны получить свет, нужно подсластить эту Малхут в Бине, являющейся свойством милосердия. И потому притягиваются к ним пять искр от ХАГАТ Нецах Ход, что в Бине, которые являются свойством катнута Бины, чтобы стали достойны затем получить и гадлут от Бины, и с их помощью исправляют парцуф катнут Зеир Анпина. И известно, что каждый нижний парцуф исправляется в высшем по сравнению с ним парцуфе. И получается, что эти триста двадцать искр Зеир Анпина исправились в Бине.

И это означает сказанное им: «От твердой искры», т.е. сил суда в Бине, «исходят триста двадцать пять искр», и это триста двадцать искр Зеир Анпина, поднявшиеся к Бине вследствие разбиения семи мелахим, и пять искр самой Бины, исправляющие эти триста двадцать искр. И все они «со стороны Гвуры и называются гвурот. И они сплачиваются вместе и становятся одним целым», т.е. триста двадцать искр и пять искр сплачиваются вместе и становятся одним целым, то есть все они получают только подслащенную силу суда Бины, а силы Малхут свойства суда поглощаются силами Малхут, подслащенной в Бине. «И когда входят они в тело (гуф)», т.е. когда входят в Зеир Анпин, они исправляются в нем в свойстве гуф без рош. И тогда «он называется "муж (иш)"», т.е. свойство катнут Зеир Анпина называется именем «муж (иш)».

ГЛАВА ТАЗРИА

Свят – чист

119) «"Но мы так учили, что всё это оценивается равнозначно, и всё является одним целым", то есть муж (иш) – это милосердие (хесед), а также суд, "поскольку из-за того, что суды нижних объединяются и соединяются с волосами его, он называется суровым судом. А когда исчезают у него волосы головы, он умащается благовониями, и суды нижних не происходят. И поэтому называется чистым, поскольку не бывает чистого, но только когда выходит из стороны скверны. И когда выходит из стороны скверны, называется чистым. Как написано: "Кто станет чистым от нечистого?"[175] От нечистого, конечно. И здесь написано: "Человек, у которого вылезли волосы на голове, это плешивый, он чист"[176]».

120) «"И смотри, в голове (рош) этого мужа (иш) – твердая искра, и поэтому череп (гульголет) головы красный, как роза. И волосы красные внутри этой красноты" черепа. "И зависят от него нижние сфирот, которые внизу, пробуждающие суды в мире. А когда выпадают у него волосы, и он лысеет, всё умащается от высшего Хеседа", то есть свечение Хохмы в нем умащается высшим Хеседом, "и называется чистым, по имени его"».

121) «Сказал рабби Йегуда: "Если называется по имени его, должен был бы называться святым, а не чистым". Сказал ему: "Это не так, потому что святым называется лишь тогда, когда волосы свисают с его головы, поскольку святость зависит от волос, как написано: "Быть ему святым, должны расти свободно волосы на голове его"[177]. И этот", муж (иш), "называется чистым со стороны тех, кто зависит от него внизу", являющихся внешними, нечистыми, которые исчезли с исчезновением его волос, "и поэтому выпали у него волосы, и стал чист"».

Пояснение сказанного. Волосы головы (рош), о которых говорится здесь, означают суды, убавляющие света де-рош от парцуфа и устанавливающие его в свойстве ВАК без рош. Поскольку ты уже узнал, что пять искр, дополнительных к

---

[175] Писания, Иов, 14:4. «Кто станет чистым от нечистого? – Ни один!»
[176] Тора, Ваикра, 13:40. «Человек, у которого вылезли волосы на голове, это плешивый, он чист».
[177] Тора, Бемидбар, 6:5. «Во все дни обета его бритва да не коснется головы его, до исполнения дней, на которые он посвятил себя Творцу, быть ему святым, должны расти свободно волосы на голове его».

тремстам двадцати искрам, о которых говорилось выше, это пять свойств от ХАГАТ Нецах Ход Бины, от состояния ее катнута, а катнут ее наступает при вхождении йуд (י) в свет (ор אור) её ГАР, и они становятся воздухом (авир אויר), то есть ВАК.[178] И от этой йуд (י), устраняющей ГАР, исходят волосы головы (сеарот рош) катнута. Поскольку волосы (сеаро́т שְׂעָרוֹת) – они как бури (сеаро́т סְעָרוֹת), т.е. суды, и в них удерживаются внешние, обычно удерживающиеся в месте недостатка, имеющегося в святости.

И это означает сказанное им: «Поскольку из-за того, что суды нижних объединяются и соединяются с волосами его, он называется суровым судом»[179], ибо хотя муж (иш) – это Хесед, то есть у него есть ступень хасадим первой стадии, ВАК, вместе с тем выходят у него сеарот рош (волосы головы) в силу этой йуд (י), которая входит в свет (ор אור) и уменьшает его до ВАК, которому недостает ГАР, и в этих сеарот (волосах) удерживаются внешние внизу. И из-за удержания внешних, это называется суровым судом. «А когда исчезают у него волосы головы, он умащается благовониями, и суды нижних не происходят», т.е. в час, когда йуд (י) снова выходит из воздуха (авир אויר), и воздух (авир אויר) снова стал светом (ор אור), т.е. вернулись ГАР,[180] тогда «исчезают у него волосы головы». Ибо вследствие того, что ушла йуд (י) из воздуха (авир אויר), а она являлась корнем для них, ушли вместе с ней все ветви ее, и удержание внешних, происходившее внизу, было устранено. «И поэтому называется чистым, поскольку не бывает чистого, но только когда выходит из стороны скверны», – ведь поскольку исчезли волосы, устранилось удержание нечистых внешних, которые содержались в волосах. И получается, что он вышел и совершенно отделился от нечистоты. Поэтому называется чистым, «поскольку нет чистого, но только когда выходит из стороны скверны», «и здесь написано: "Человек, у которого вылезли волосы на голове, это плешивый, он чист"[176]», ибо после того, как исчезли волосы у человека, отстало от него удержание нечистоты внешних. И поэтому «он чист»[176].

---

[178] См. Зоар, главу Берешит, часть 1, п. 32, со слов: «Вначале разделила десять сфирот Абы ве-Имы и извлекла из утаенного в ней одну скрытую точку...»
[179] См. выше, п. 119.
[180] См. Зоар, главу Берешит, часть 1, п. 33. «Когда от Арих Анпина есть первая точка, йуд (י), его свет (ор אור) раскрывается над ней...»

И это сказанное им: «В голове (рош) этого мужа (иш) – твердая искра»[181]. «В голове (рош) этого мужа (иш)", т.е. парцуфа катнут Зеир Анпина, есть «твердая искра», т.е. сила суда катнута Бины, и это йуд (י), которая вошла в свет (ор אור) рош, и он стал ВАК, называемый воздухом (авир אויר), как мы уже сказали. «И поэтому череп (гульголет) головы красный», потому что красный цвет – от Бины, и поскольку есть в нем катнут Бины, потому цвет черепа (гульголет) красный, а также «и волосы красные внутри этой красноты», в то же время, если катнут приходит от силы Малхут, которая не подслащена Биной, тогда волосы (сеарот) – черного цвета. Это учит нас тому, что хотя у Зеир Анпина сеарот черные, как написано: «Кудри его – вьются, черны, как ворон»[182], – это когда он в мохин гадлута. Но когда он еще в катнуте, сеарот его – красные. А когда он достигает ГАР катнута, и это опускание йуд (י) из воздуха (авир אויר), как мы же сказали, у него полностью пропадают эти сеарот. Но когда он достигает мохин гадлута, и при этом скрывается Малхут, неподслащенная в Бине, в его ГАР,[183] от которой происходит черный цвет, тогда вырастают у него волосы снова, и волосы его «черны, как ворон»[182].

И знай, хотя мы и сказали здесь, что эти сеарот произрастают от свойства «воздух (авир אויר)», т.е. от йуд (י), которая вошла в свет (ор אור), и он стал воздухом (авир אויר), как мы уже объясняли, и поэтому удерживаются внешние, которые нечисты, в сеарот. Вместе с тем есть «чистый воздух», когда никакое удержание внешних не исходит от него, т.е. в высших Абе ве-Име, исправленных от трех первых сфирот (ГАР) Бины Арих Анпина, в которых йуд (י) никогда не выходит из воздуха (авир אויר).[184] И вместе с тем считается этот воздух (авир אויר) у них чистым воздухом (авира дахья), и это потому, что уменьшение это, происходящее из-за йуд (י), вошедшего в воздух (авир אויר), является только уменьшением от получения Хохмы. Но так как Аба ве-Има не получают Хохму никогда, поскольку находятся в

---

[181] См. п. 120.

[182] Писания, Песнь песней, 5:11. «Голова его – чистое золото; кудри его – вьются, черны, как ворон».

[183] См. «Предисловие книги Зоар», статью «Манула и мифтеха», п. 41, со слов: «И мы уже знаем, что Атик установился во втором сокращении, т.е. поднял нижнюю хэй (ה) в свои никвей эйнаим, чтобы создать парцуф Арих Анпин...»

[184] См. Зоар, главу Берешит, часть 1, п. 308. «Теперь выясняется различие между зивугом высшего мира Бины и зивугом нижнего мира Бины. И говорится, что высший мир опускается в нижний мир...»

свойстве, как написано: «Ибо желает милости (хесед) Он»[185], – а не Хохму, поэтому это уменьшение вовсе не считается у них недостатком, и их хасадим находятся в полном совершенстве, и нет в них места для удержания внешних, и считаются они завершенными ГАР. И более того, они еще важнее, чем Хохма, поскольку от них передается Хохма всем парцуфам, хотя сами они – только хасадим, без Хохмы, как известно.

И всё это – только в высших Абе ве-Име, но не так в Зеир Анпине, всей сутью которого являются хасадим в свечении Хохмы.[186] Получается, что вхождение йуд (י) в свет (אור), уменьшающее в нем Хохму, считается у него недостатком, и поэтому внешние удерживаются в сеарот, произрастающих от этой йуд (י), поскольку им присуще удерживаться в любом месте, где есть недостаток. И поэтому этот воздух Зеир Анпина не является чистым воздухом, как воздух Абы ве-Имы, ведь в нем есть удержание для внешних, которые нечисты, и только в то время, когда исчезают у него эти сеарот, он называется чистым.

И выяснилось, что всё это – в ВАК и ГАР катнута Зеир Анпина, когда в состоянии ВАК растут у него красные сеарот (волосы), а в состоянии ГАР катнута исчезают у него, и он чист. А затем, вследствие подъема МАН от нижних, поднимается Зеир Анпин в состояние мохин де-гадлут, и поднимается и облачает высших Абу ве-Иму. И известно, что нижний, поднимающийся к высшему, становится как он. И поэтому считается тогда, что и в нем йуд (י) не выходит из воздуха, как и у Абы ве-Имы. И от этой йуд (י) исходит экран, притягивающий хасадим Абы ве-Имы, являющиеся чистым воздухом (авира дахья). И также исходят от него сеарот рош. И когда Зеир Анпин получает этот «чистый воздух» от Абы ве-Имы, он называется святым, как Аба ве-Има.

И это смысл сказанного: «Потому что святым называется лишь тогда, когда волосы свисают с его головы, поскольку святость зависит от волос», поскольку святость нисходит к Зеир Анпину от высших Абы ве-Имы, после того как он поднимается и облачает их, и тогда присутствует йуд (י) в воздухе его, как

---

[185] Пророки, Миха, 7:18. «Кто Творец, как Ты, прощает грех и не вменяет в вину преступления остатку наследия Своего, не держит вечно гнева Своего, ибо желает милости Он».

[186] См. «Учение десяти сфирот», часть 1, п. 3, Ор пними, п. 50, со слов: «И причина обязательности четырех этих ступеней...»

у Абы ве-Имы, и поэтому есть у него сеарот. А если нет у него сеарот, то значит, что он не облачает высших Абу ве-Иму, и в таком случае он не свят, ведь святость зависит от сеарот. И он приводит в подтверждение сказанное о принесшем обет: «Быть ему святым, должны расти свободно волосы на голове его»[177]. Ибо давший обет принимает на себя святость высших Абы ве-Имы для того, чтобы вызвать на себя чистый воздух. Именно поэтому и отдаляется от вина, от (всего) пьянящего и от винограда, которые являются свойством левой линии и привлечением Хохмы, которым нет никакого места в высших Абе ве-Име, так как йуд (י) у них не выходит из воздуха, и эта йуд (י) является корнем сеарот (волос), поэтому дающий обет тоже должен растить свои волосы.

Однако у самих Абы ве-Имы нет сеарот вообще, так как сеарот исходят вследствие нехватки Хохмы, а у них это вовсе не считается нехваткой, потому что для себя не получают Хохмы никогда, как мы уже сказали. Но не так у Зеир Анпина, поскольку он действительно нуждается в свечении Хохмы, однако после того, как получил свечение Хохмы, и исчезли сеарот его катнута, он может отказаться от Хохмы и быть, как Аба ве-Има, в укрытых хасадим, и удерживать йуд (י) в его воздухе (авир), как и они. Но поскольку в корне своем он нуждается в Хохме, вызывает у него эта йуд (י) в воздухе, уменьшающая Хохму, рост сеарот (волос). И в этом есть отличие между ним и Абой ве-Имой. А также у дающего обет, исходящего от Зеир Анпина, есть у него тоже сеарот от того же йуд (י), что в воздухе Абы ве-Имы, но, в конце концов, поскольку сеарот приходят от йуд (י), что в воздухе Абы ве-Имы, они показывают на «чистый воздух», который он получает от Абы ве-Имы, откуда исходит святость. И это смысл слов: «Быть ему святым, должны расти свободно волосы на голове его»[177]. И выяснилось большое расстояние между святым и чистым, потому что чистый – вся чистота его приходит вследствие выпадения волос, а святой – вся святость его приходит вследствие роста волос.

122) «"И смотри, каждый, кто исходит со стороны суда и суды удерживаются в нем, не очищается, пока не исчезнут у него волосы (сеарот), а когда исчезают у него волосы (сеарот), он очищается. И если скажешь, что человек (адам)", – то есть Зеир Анпин в мохин гадлута, у которого есть АВАЯ (הויה) с наполнением алеф (א), в гематрии Адам (אדם 45), – что нужно

у него тоже устранить сеарот, "это не так. Ибо он – совершенство всего, и милосердие пребывает в нем. И потому это не так, ибо все праведницы и праведники", т.е. высшие Аба ве-Има, "объединяются в нем". Поэтому, наоборот, отращивание волос (сеарот) – вся его красота, так как они исходят от чистого воздуха (авира дахья), который он получает от высших Абы ве-Имы. "Но этот", который называется "муж (иш)", а не человек (адам), т.е. Зеир Анпин в состоянии катнут и ВАК без ГАР, тогда "он является судом, и суды удерживаются в нем", т.е. в его сеарот, потому "не умащается благовониями, пока не исчезнут у него сеарот"».

123) «"Смотри, ведь левиты, исходящие со стороны суда, не очищаются, пока не устраняются у них сеарот. Как написано: "Так поступи с ними, чтобы очистить их: ... пусть проведут бритвой по всему телу"[187]. А чтобы левиты умастились еще больше, должен коэн, исходящий со стороны высшего Хеседа, вознести их, как написано: "И вознесет Аарон левитов возношением пред Творцом"[188], чтобы включить свечение Хохмы, которое у них, в хасадим коэна, "как это у мужа (иш) наверху", т.е. Зеир Анпина в малом состоянии, и это после того, как удалены его сеарот посредством свечения Хохмы, которое получил.[189] "А когда он хочет еще больше умаститься, раскрывается в нем высший Хесед", облачающий Хохму, "и умащается, и" также "умащает того", Хесед, "внизу"» – у левитов.

124) «"И этот муж (иш) – он включен в совокупность человек (адам)", т.е. они являются двумя парцуфами одного парцуфа – Зеир Анпина, поскольку муж (иш) – это парцуф катнута в нем, а человек (адам) – это парцуф гадлута в нем. И они облачены друг в друга: человек (адам) в мужа (иш). "И когда Творец желает вести войну, с помощью этого" парцуфа "мужа (иш) Он ведет с ними войну, как написано: "Творец – муж (иш) битвы"[190], т.е. действительно с помощью этого мужа (иш). Но не ведет с ними войну, пока не устраняет у себя волосы

---

[187] Тора, Бемидбар, 8:7. «И так поступи с ними, чтобы очистить их: окропи их водой грехоочистительной, и пусть они проведут бритвой по всему телу своему, и вымоют одежды свои, и очистятся они».

[188] Тора, Бемидбар, 8:11. «И вознесет Аарон левитов возношением пред Творцом, из сынов Исраэля, дабы были они для исполнения служения Творцу».

[189] См. п. 121, со слов: «Пояснение сказанного...»

[190] Тора, Шмот, 15:3. «Творец – муж битвы, Творец – имя Его».

головы, чтобы отошли от своей зависимости" и удержания, "и сокрушили все эти кетеры" внешних, зависящие и "удерживающиеся в сеарот" Зеир Анпина, который в свойстве муж (иш). "Это смысл сказанного: "В тот день обреет Творец... по ту сторону реки царя Ашшура, голову и волосы ног, и снимет она даже бороду"[191]». Иными словами, чтобы сбросить царя Ашшура, обреет Он все высшие сеарот, в которых они удерживаются.

125) «"Мы учили: "И так поступи с ними, чтобы очистить их"[187]. Что значит "и так"[187]?" – То есть "по высшему подобию"», как в парцуфе «муж (иш)» Зеир Анпина, «"окропи их водой грехоочистительной"[187]. То есть "остаток хрустальной росы", – иначе говоря, свечение скрытой Хохмы в Бине, и благодаря этому свечению Бина снова становится Хохмой, и все, кто ниже нее, получают через нее свечение Хохмы, от которого приходит очищение,[192] – "здесь "вода грехоочистительная"[187], которая является остатком росы. На грядущее будущее написано: "И ополосну вас водою чистою"[193]» – т.е. хасадим высших Абы ве-Имы, а также их воздухом (авир), чистым воздухом (авира дахья).[192] «На грядущее будущее» – это указывает на высших Абу ве-Иму. «"И вымоют одежды свои"[187] – по высшему подобию", в Зеир Анпине, "ибо исправление этого мужа (иш) в том, чтобы он был отмыт в высшем Хеседе и очищен от всего"».[194] Так же и здесь: «Вымоют одежды свои»[187] – т.е. в Хеседе, называемом «вода».

126) «"И мы учили: почему написано, что "бритвой"[187], а не "ножницами"?" И отвечает: "Однако, это для того, чтобы волосы (сеарот) были устранены в корне их", так как бритва удаляет волосы под корень. "И отступят от него нижние суды, перестав удерживаться" в его сеарот. "А в то время, когда деяния нижних прямы, в будущем Творец устранит эти сеарот, удалив их, дабы не росли и не множились, как написано: "Муж (иш), у которого вылезли волосы на голове"[195]».

---

[191] Пророки, Йешаяу, 7:20. «В тот день обреет Творец бритвою, нанятой по ту сторону реки, царя Ашшура, голову и волосы ног; и снимет она даже бороду».

[192] См. выше, п. 121.

[193] Пророки, Йехезкель, 36:25. «И ополосну вас водою чистою, и очиститесь вы от всей скверны вашей; и от всех идолов ваших очищу вас».

[194] См. выше, п. 123.

[195] Тора, Ваикра, 13:40. «Человек (досл. муж), у которого вылезли волосы на голове, это плешивый, он чист».

127) «Сказал рабби Ицхак: "Самый большой из всех левитов – это Корах, которого сделал Творец внизу подобным высшему мужу (иш), и назвал его Корахом. Когда" назвал его Корахом (досл. безволосым)? "Это в час, когда ради него удалил волосы у этого мужа (иш)" наверху, "как написано: "(Муж, у которого вылезли волосы на голове), он чист"[195]».

128) «"Когда увидел Корах свою голову без волос и увидел Аарона, наряжающегося в царские украшения, показалось ему это унижением, и завидовал он Аарону. Сказал ему Творец: "Я сделал тебе по высшему подобию, а ты не хочешь подняться к высшим" и включиться в правую линию, как это присуще парцуфам святости.[196] "Спускайся же вниз и живи среди нижних", как написано: "И они сойдут живыми в преисподнюю"[197]. Преисподняя – это ад, где кричат грешники, и нет того, кто бы сжалился над ними. И им предстоит возродиться и подняться" из ада, "в час, когда пробудит Творец народ Свой и оживит их. Сказано: "Творец умерщвляет и оживляет, низводит в преисподнюю и поднимает"[198]».

129) «"А если со стороны лица вылезли волосы на голове его"[199]. Мы учили, что есть лицо, и есть лицо"», т.е. лицо бывает светящимся, как написано: «Да озарит Творец тебя ликом Своим»[200]; и есть мрачное лицо гнева. «"А какое это лицо"» – в изречении: «А если со стороны лица»[199]? «"Это то, что называется лицом гнева, и все, кто зависит от этого сурового лика, – все жестоки, все безжалостны. Когда же исчезают волосы у этого лика, устраняются все эти" внешние, которые зависят от него, "и сокрушаются"».

130) «"Как мы учили, что все те" внешние, "которые зависят от волос головы, являются высшими по отношению к другим, и не столь дерзки, как они. А все те, кто зависит от волос этого"

---

[196] См. Зоар, главу Берешит, часть 1, пп. 47-50.
[197] Тора, Бемидбар, 16:30. «Если же необычайное сотворит Творец, и земля раскроет уста свои и поглотит их и всё, что у них, и они сойдут живыми в преисподнюю, то будете знать вы, что эти люди отвергли Творца».
[198] Пророки, Шмуэль 1, 2:6. «Творец умерщвляет и оживляет, низводит в преисподнюю и поднимает».
[199] Тора, Ваикра, 13:41. «А если со стороны лица вылезли волосы на голове его, это лысый, он чист».
[200] Тора, Бемидбар, 6:25. «Да озарит Творец тебя ликом Своим и помилует тебя».

ГЛАВА ТАЗРИА   Свят – чист

сурового "лика, – все дерзки и жестоки. И потому лицо его пылает, как огонь, из-за твердой искры", что в нем. И об этом написано: "Лик Творца рассеял их"[201], "Лик Творца – против совершающих зло"[202]».

Объяснение. Выше выяснилось отличие свойства «гальгальта» от свойства «лик (паним)», состоящее в том, что гальгальта исправлена в свойстве мем (מ) де-целем (צלם), и нет там места раскрытия Хохмы, но свойство «лик» – это ламед (ל) де-целем (צלם), и в нем раскрывается Хохма.[203] И поэтому в час, когда есть твердая искра в рош, у внешних есть два вида удержания в сеарот рош. Первый вид, когда они удерживаются в них, в состоянии нехватки Хохмы, которая есть в гальгальте. Второй вид, когда удерживаются в них, в состоянии нехватки Хохмы, которая есть в лике. И поскольку, так или иначе, нет раскрытия Хохмы в гальгальте, поэтому там недостача незаметна, и внешние, удерживающиеся с ее стороны, не столь дерзки. И это означает сказанное: «Все те, которые зависят от волос головы», т.е. удерживающиеся в том виде недостатка, который есть в гальгальте, «являются высшими по отношению к другим, и не столь дерзки», поскольку там недостача незаметна, ведь, так или иначе, нет там места раскрытия Хохмы. «А все те, кто зависит от волос этого лика», то есть те, что удерживаются в свойстве нехватки Хохмы, которая есть в лике, – «все дерзки и жестоки», так как нехватка заметна только в свойстве лика, ибо там место раскрытия Хохмы. Это смысл сказанного: «Мудрость (хохма) человека просветляет лик его»[204]. И потому они неистовы и дерзки.

---

[201] Писания, Мегилат Эйха, 4:16. «Лик Творца рассеял их, не будет Он более взирать на них – священников они не почитали и старцев не щадили».

[202] Писания, Псалмы, 34:17. «Лик Творца – против совершающих зло, чтобы истребить из земли память о них».

[203] См. Зоар, главу Трума, Сифра ди-цниута, п. 6. «Скрытие внутри скрытия установилось и встречается в одной гульголет (досл. черепной коробке)", т.е. Кетере Арих Анпина, "наполненной хрустальной росой", т.е. скрытой Хохмой Арих Анпина...»

[204] Писания, Коэлет, 8:1. «Кто подобен мудрецу, и кто разумеет значение вещей? Мудрость человека просветляет лик его и смягчает суровость лица его».

ГЛАВА ТАЗРИА

Красновато-белая язва

131) «Сказал рабби Ицхак: "Что такое "красновато-белая язва"[205]?" И отвечает: "Это именно язва – если белое видно, а красное не проходит. Это смысл слов "красновато-белая"». Ведь оба видны там. «Сказал рабби Йоси: "(Красновато-белая означает), что белое не видно, но только на красном, как белое с красным"» вместе. «Рабби Ицхак сказал», что объяснение, как он сказал раньше, что: «"Хотя белое видно, если красное не уходит оттуда, это язва. Как написано: "Если будут грехи ваши как багрянец, то станут белыми, как снег"[206]. Ибо, когда становится совершенно белой, пребывает милосердие, а суды не пребывают"».

Объяснение. Белое – это милость (хесед), красное – это суд, т.е. как сказано выше: «В голове (рош) этого мужа (иш) – твердая искра, и поэтому череп (гульголет) головы – красный»[207], ведь йуд (י), которая входит в свет (ор אור) и возникает воздух (авир אויר), это твердая искра, вызывающая проявление красного цвета. А если йуд (י) выходит из воздуха (авир אויר), и он снова становится светом (ор אור), уходит у него краснота. И известно, что эта йуд (י), которая вошла в свет, – это экран первой стадии, на который выходит уровень хасадим. И в этом расходятся мнения рабби Ицхака и рабби Йоси, поскольку рабби Ицхак считает, что язва – по причине красноты, которая является судами недостатка Хохмы, и даже если есть хасадим, хасадим не помогают ему очиститься, пока не выйдет йуд (י) из воздуха (авир אויר), и это смысл исчезновения красноты. А рабби Йоси считает, что когда хасадим выходят на экран первой стадии, и это йуд (י), которая вошла в воздух (авир אויר), хасадим так же являются свойством суда, как и причина, их вызывающая. И это то, что сказал рабби Йоси: «Что белое не видно, но только на красном», поскольку уровень хасадим виден только из-за экрана первой стадии, т.е. красного, поэтому также и белое, т.е. Хесед, не важнее его.

---

[205] Тора, Ваикра, 13:42. «Но если будет на плеши или на лысине красновато-белая язва, то это проказа, расцветшая на плеши или на лысине его».

[206] Пророки, Йешаяу, 1:18. «Давайте же рассудимся, – говорит Творец. – Если будут грехи ваши как багрянец, то станут белыми, как снег, а если будут они красны, как кармазин, то станут (белыми), как шерсть».

[207] См. выше, п. 120.

132) «"Рабби Аба учил: "Написано" в одном случае "язва – он", и написано" в другом случае "язва – она", т.е. один раз – в мужском" роде, "а другой раз – в женском". И отвечает: "Но когда нуква", Малхут, "осквернена грехами нижних, написано "язва – она", в женском роде. "А когда захар не очищается из-за грехов нижних", т.е. Зеир Анпин, который находится на ступени иш (муж), "написано "язва – он"», в мужском роде.

133) «"И эти случаи известны коэну – приходят ли суды от этого", Зеир Анпина, "или приходят они от этого", Малхут. "И известны жертвы, которые полагается приносить, как написано: "Самца (захар) без порока"[208], и написано: "Самку (некева) без порока должен принести"[209], поскольку эти случаи известны" коэну, "откуда пришли суды, и откуда пришли грехи, связаны ли они с этим", с захаром, "или с этим", с нуквой. "И поэтому написано" об этих жертвах: "Жертвы Всесильному – дух сокрушенный"[210], для того чтобы исключить остальные жертвы, о которых не написано: "Дух сокрушенный"[210], так как они являются миром в мире и радостью высших и нижних"».

---

[208] Тора, Ваикра, 1:3. «Если всесожжение жертва его, из крупного скота, самца без порока, пусть приносит ее; ко входу в Шатер собрания приведет его по своей воле пред Творцом».

[209] Тора, Ваикра, 4:32. «А если овцу принесет в очистительную жертву за себя, самку без порока должен принести».

[210] Писания, Псалмы, 51:19. «Жертвы Всесильному – дух сокрушенный; сердце сокрушенное и удрученное, Всесильный, не отвергай».

Будет он приведен к коэну

134) «"А если осмотрит его коэн"[211]. Рабби Йоси учил: "Написано: "Слышащий молитву, к Тебе придет всякая плоть"[212]. "Слышащий молитву"[212] – это Творец"», т.е. Зеир Анпин. «Рабби Хизкия сказал: "Слышащий молитву"[212], следовало сказать: "Слышащий молитвы", что такое "Слышащий молитву"[212]?" И отвечает: "Но молитва – это Кнессет Исраэль", Малхут, "и она" называется "молитва", как написано: "А я – молитва"[213]. И Давид сказал это за Кнессет Исраэль, и то, что сказал: "А я – молитва"[213], всё это – одно целое"», потому что Малхут называется «я» и называется «молитва». «"И об этом" сказано: "Слышащий молитву (тфила́)", т.е. Малхут. "И это ручные тфилин (тфила́), о которых написано: "На твоей руке (יָדְךָ)"[214], с хэй (ה)"» на конце, указывающей на Малхут.

135) «"К Тебе придет всякая плоть"[212] – т.е. когда тело пребывает в страдании и в болезнях, и в язвах, как сказано: "И плоть, если будет на ее коже"[215], "язву на коже плоти"[216], "живую плоть"[217], и потому не написано: "К Тебе придет всякий дух", а "придет всякая плоть"[212]. Что значит "к Тебе"[212]? Но это, как мы учили: "То будет он приведен к коэну"[218], – это Творец. Как сказано: "А если осмотрит его коэн"[211], т.е. Творец. "Смотри, в одном месте" написано "Аарон-коэн, а в другом месте – просто коэн", и не написано Аарон, "и это Творец"».

---

[211] Тора, Ваикра, 13:26. «А если осмотрит его коэн, и вот, нет на пятне белых волос, и оно не ниже кожи, и оно потемнело, то пусть уединит его коэн на семь дней».

[212] Писания, Псалмы, 65:3. «Слышащий молитву, к Тебе придет всякая плоть».

[213] Писания, Псалмы, 109:4. «За любовь мою они ненавидят меня, а я – молюсь (досл. а я – молитва)!»

[214] Тора, Шмот, 13:16. «И будет это знаком на твоей руке и налобной повязкой меж глазами твоими, ибо силою руки вывел нас Творец из Египта».

[215] Тора, Ваикра, 13:18. «И плоть, если будет на ее коже нарыв и излечится».

[216] Тора, Ваикра, 13:3. «И осмотрит коэн язву на коже плоти, и волос на язве стал белым, и на вид язва глубже, чем кожа его плоти, – язва проказы это. И осмотрит его коэн, и признает его нечистым».

[217] Тора, Ваикра, 13:15. «И как увидит коэн живое мясо (досл. живую плоть), объявит человека нечистым: живое мясо нечисто – проказа это».

[218] Тора, Ваикра, 13:9. «Если язва проказы будет на человеке, то будет он приведен к коэну».

136) «Сказал рабби Ицхак: "Но ведь написано: "Если язва проказы будет на человеке, то будет он приведен к коэну"²¹⁸, и, в таком случае, это Творец?" Сказал ему: "Да", это Творец, "поскольку от Творца зависит вся чистота и вся святость". Сказал ему: "В таком случае, почему" сказано: "То будет он приведен"²¹⁸? "И будет возведен к коэну", – следовало бы сказать"», поскольку к Творцу совершается подъем, а не приход. «Сказал ему: "Это как сказано: "И будут вложены (ве-увá וְהוּבָא) его шесты в кольца"²¹⁹, и это означает, "что вкладывает одно в другое. Здесь тоже: "То будет он приведен (ве-увá וְהוּבָא)"²¹⁸ означает, "что вводит его к Творцу, который называется коэном, чтобы очистить его, и приведут это пред Ним"».

137) «Сказал рабби Ицхак: "Мы так учили: "Язва проказы"²¹⁸. "Язва"²¹⁸ означает "суровый суд, пребывающий в мире. "Проказа"²¹⁸ означает закрытие, как мы учили, что это закрытие высшего света, закрытие высшего блага, которое не спускается в мир. "Если будет на человеке"²¹⁸. "На человеке"²¹⁸ просто", что указывает как на человека, который наверху, так и на человека, который внизу. "То будет он приведен к коэну"²¹⁸, т.е. "коэн, который внизу, который поставлен, чтобы открывать это закрытие и зажигать свечи", т.е. сфирот, "чтобы благодаря ему были благословения наверху и внизу, и будет устранена и исчезнет эта язва, и над всеми будет покоиться свет милосердия, и поэтому "будет он приведен к коэну"²¹⁸».

138) «Сказал рабби Аба: "Вижу я тех жителей мира, которые не созерцают и не знают величия своего Господина. Сказано об Исраэле: "Который выделил вас из народов"²²⁰, чтобы быть для Меня. И написано: "И освятите себя, и будете святы; ибо (свят) Я – Творец"²²¹. А если они отдаляются" от Творца, "где она, их святость, ведь желание их отдаляется от Него? И Писание возглашает, говоря: "Не будьте, как конь и как мул неразумный"²²². Ибо "чем отличаются люди от коня и от мула?"

---

²¹⁹ Тора, Шмот, 27:7. «И будут вложены его шесты в кольца, и будут шесты по обе стороны жертвенника, когда несут его».

²²⁰ Тора, Ваикра, 20:24. «И сказал Я вам: "Вы овладеете их землей, и Я дам ее вам владеть ею, землей, текущей молоком и медом. Я Творец Всесильный ваш, который выделил вас из народов"».

²²¹ Тора, Ваикра, 20:7. «И освятите себя и будете святы, ибо Я – Творец Всесильный ваш».

²²² Писания, Псалмы, 32:9. «Не будьте, как конь и как мул неразумный, – уздой и удилами нужно обуздывать рот его, чтобы не приблизился к тебе».

Только "святостью своей, чтобы быть совершенными и выделенными из всех"».

139) «"И поэтому зивуг у людей – он в известные времена, чтобы направить их желания на слияние с Творцом. Ведь указали они, что в полночь Творец входит в Эденский сад, чтобы наслаждаться с праведниками, и Кнессет Исраэль", Малхут, "восхваляет Творца. И это время благоволения, чтобы слиться с ними"» – с Творцом и Его Шхиной.

ГЛАВА ТАЗРИА

И будете святы

140) «"И товарищи, занимающиеся Торой, соединяются с Кнессет Исраэль, чтобы восхвалять Творца, и занимаются Торой. А остальным людям в ту пору – это время благоволения, чтобы освятить себя святостью Творца", т.е. в зивуге, "и направить желание на слияние с Ним. А те товарищи, что занимаются Торой, – их зивуг происходит во время другого зивуга", высшего. "Получается, что это от субботы до субботы, чтобы направить желание слиться с Творцом и с Кнессет Исраэль. Ибо это время благоволения, когда благословляются все, и высшие, и нижние"».

141) «"Если люди отдаляются от Творца и поступают, как животные, где святость их, чтобы были они святы? Где святые души, которые притягивают свыше? А царь Шломо воскликнул, сказав: "Но и без разумения (даат) душа не хороша"[223]. Что представляет собой "разумение (даат)"? – Это Творец. "Душа не хороша"[223] – это душа (нефеш), которую они притягивают своими делами. "Не хороша"[223] – поскольку от ситры ахра притягивается к ним душа (нефеш), которая не хороша, так как они не направляют сердце свое на Творца"».

142) «"Тот, кто воспламеняется от злого начала, без желания и намерения сердца к Творцу", ведь "со стороны злого начала притягивается к нему душа (нефеш), которая не хороша, это смысл сказанного: "И без разумения (даат) душа не хороша, и скорый на ногу грешит"[223]. Тот, кто скор на ногу, и откладывает время", т.е. не видит, чтобы было время подходящим для этого, но он "без святого желания, – грешит, так как грешит, несомненно, во всём"».

143) «"И поэтому существуют дурные язвы у людей, которые свидетельствуют своим видом о наглости своей, показывая, что Творец гнушается ими, и Он не благоволит к ним, пока не удостоятся они, и не исправят дела свои, как прежде, и не благословятся. И потому известны язвы коэну – те, что идут со стороны скверны, и те, что идут от ситры ахра"».

---

[223] Писания, Притчи, 19:2. «Но и без разумения душа не хороша, и скорый на ногу грешит».

ГЛАВА ТАЗРИА

Язвы домов

144) «"Подобно этому написано: "Когда придете в землю Кнаан"²²⁴. "И Я наведу язву проказы на дом в земле владения вашего"²²⁴. Спрашивает: "Неужели это достойное вознаграждение – чтобы нашли" язвы в домах "те, что удостоились войти в эту землю?" И отвечает: "Но уже объяснялось, что это для того, чтобы" после того как будут разрушены пораженные дома, "нашли сокровища, которые спрятали кнаанеи в своих домах, и насладились ими Исраэль"».

145) «"Но смотри, счастливы Исраэль, которые прилепились к Творцу, и Творец любит их, как написано: "Я возлюбил вас, – сказал Творец"²²⁵. И в Своей любви Он ввел их в святую землю, чтобы поместить Свою Шхину среди них, и обитать с ними, и чтобы были Исраэль святыми из всех живущих в мире"».

146) «"Смотри, написано: "И все жены, которых вознесло их сердце"²²⁶, – т.е. "в час, когда делали свою работу, они приговаривали: "Это для Святилища, это для Скинии, это для завесы", и так делали все мастера, чтобы пребывала святость благодаря им, и освящалась эта работа. И когда ее приносили на ее место, она возносилась и была в святости"».

147) «"Подобно этому, тот, кто служит идолам или другой стороне, не являющейся святой, когда упоминает это служение, дух скверны покоится на нем, и когда возносится это служение, оно возносится в нечистоте. А кнаанеи были идолопоклонниками, и все вместе были прилеплены к духу скверны в поклонении идолам, и они строили здания для парцуфов и для мерзости нечистой стороны, для идолопоклонства. И когда начинали строить, произносили какое-нибудь слово, и когда оно упоминалось их устами, поднимался над зданием дух скверны. И когда возносилось это служение, возносилось в духе скверны"».

---

²²⁴ Тора, Ваикра, 14:34. «Когда придете в землю Кнаан, которую Я даю вам во владение, и Я наведу язву проказы на дом в земле владения вашего».

²²⁵ Пророки, Малахи, 1:2. «Я возлюбил вас, – сказал Творец. – А вы говорите: "В чем (явил) Ты любовь к нам?" Разве не брат Эсав Яакову, – слово Творца! – Но возлюбил Я Яакова».

²²⁶ Тора, Шмот, 35:26. «И все жены, которых вознесло их сердце в мудрости, пряли козий волос».

148) «"Когда Исраэль вступили на эту землю, хотел Творец очистить для них и освятить для них эту землю, и освободить место для Шхины, чтобы не пребывала Шхина в нечистом месте. И поэтому вследствие этой язвы проказы разрушали здания из дерева и камней, которые были сделаны в нечистоте"».

149) «"Смотри, если бы это действие" разрушения пораженных домов, "было только для того, чтобы найти сокровища, они должны были вернуть потом камни на свои места, как они были, и также" должны были вернуть "землю на свое место. Однако в Писании сказано: "И извлекут камни"[227]. И написано: "И землю другую возьмет"[228], чтобы устранить дух скверны, и будет освобождена, и освятится теперь" земля, "как прежде. И будут пребывать Исраэль в святости и в жилище святом, чтобы пребывала меж ними Шхина"».

---

[227] Тора, Ваикра, 14:40. «И повелит коэн, и извлекут камни, на которых язва, и выбросят за городом в месте нечистом».
[228] Тора, Ваикра, 14:42. «И возьмут другие камни, и вставят их вместо этих камней, и землю другую возьмет, и обмажет дом».

ГЛАВА ТАЗРИА

Строит дом свой неправедно

150) «"И потому тот, кто строит здание, когда начинает строить его, должен изустно упомянуть, что строит его для служения Творцу, ибо сказано: "Горе тому, кто строит дом свой неправедно"[229]. И тогда помощь небес пребывает на нем", на доме его, "и Творец уготавливает над ним святость Свою, и призывает на него мир. И это означает сказанное: "И узнаешь, что благополучен шатер твой, (и будешь присматривать за жилищем твоим, и не согрешишь)"[230]. "И будешь присматривать"[230] означает "следить за речью уст своих, когда он строит", т.е. чтобы произносил он устами, что строит его для служения Творцу, как мы уже сказали. "И тогда написано: "И не согрешишь"[230], а иначе, ведь ситра ахра готова" пребывать "над домом его"».

151) «"Тем более тот, кто строит, но желание его в другом виде, ибо он выделяет свой дом для другой стороны, чтобы оскверниться в ней, – ведь, несомненно, пребывает в нем дух скверны. И человек этот не уходит из этого мира, пока не наказывается в этом доме. И кто живет в нем, может понести ущерб, ибо дух скверны пребывает в этом жилище и вредит тому, кто находится в нем"».

152) «"И если скажешь: каким образом известно", что строящий его притянул туда дух скверны? Иными словами, "понесет ли ущерб в этом доме тот, кто построил его, или его домашние, как телесный ущерб, так и денежный ущерб, и так же понесут (ли) ущерб два" жильца "после него", которые поселятся в нем? "Тогда, конечно, убежит человек в горы, но не будет жить в нем, поселится в земляной пещере, но не будет жить в нем"».

153) «"И поэтому Творец щадит Исраэль, так как они ничего не знают обо всех этих домах", которые нашли на этой земле, – есть ли там дух скверны или нет. "И Творец сказал: "Вы не знаете, Я знаю, и Я отмечу их язвой. Язва живет в доме", и это ситра ахра, "а вот другая язва, сильная, которую послал Я туда, чтобы она вытащила ее и изгнала из мира". И тогда: "И

---

[229] Пророки, Йермияу, 22:13. «Горе тому, кто строит дом свой неправедно и покои свои беззаконием, (заставляет) ближнего своего работать даром и заработка его не отдает ему».

[230] Писания, Иов, 5:24. «И узнаешь, что благополучен шатер твой, и будешь присматривать за жилищем твоим, и не согрешишь».

разрушат дом, его камни, и его дерево"²³¹. Спрашивает: "Если" язва "ушла восвояси" из-за другой язвы, которая изгнала ее, "почему: "И разрушат дом"²³¹, – ведь ситра ахра уже ушла оттуда? И отвечает: "Но все то время, пока это здание будет стоять, оно принадлежит ей", ситре ахра, "и она может вернуться"».

Пояснение сказанного. Строящий дом должен строить его праведно, чтобы он был строением (меркава) Шхины, называемой домом и называемой праведностью, т.е. в свойстве свечения Хохмы, что в ней, как сказано: «Мудростью (бе-хохма) устраивается дом»²³². И это означает сказанное: «Должен изустно упомянуть, что строит его для служения Творцу»²³³, а иначе ситра ахра притягивается к дому, и дух скверны ситры ахра пребывает в нем, и он против святого духа Шхины. И о нем написано: «Строит дом свой неправедно»²²⁹, т.е. без Шхины, называемой праведностью. И разница между ситрой ахра и Шхиной в том, что исправление свечения Хохмы в Малхут, – чтобы оно светило снизу вверх, соответственно согласованию средней линии,²³⁴ а ситра ахра притягивает Хохму сверху вниз и отделяет левую линию от правой. И в этих домах кнаанеев, которые строили свои дома для ситры ахра и поклонения идолам, обитал в них этот дух ситры ахра от левой линии, и поэтому пребывают там суровые суды левой линии, которые наносят вред людям. И это смысл сказанного: «И кто живет в нем, может понести ущерб, ибо дух скверны пребывает в этом жилище и вредит тому, кто находится в нем», т.е. суды левой линии нанесут вред ему.

И известно, что в то время, когда левая линия отделяется от правой, нет способа подчинить ее и вернуть к правой, иначе как посредством пробуждения судов от экрана де-хирик, и это значит – поднять Малхут в место Бины, что удаляет в левой

---

[231] Тора, Ваикра, 14:45. «И разрушат дом, его камни, и его дерево, и всю землю дома, и вынесут за пределы города на место нечистое».

[232] Писания, Притчи, 24:3-4. «Мудростью устраивается дом и разумом утверждается, и знанием покои наполняются, всяким достоянием, драгоценным и приятным».

[233] См. выше, п. 150.

[234] См. Зоар, главу Берешит, часть 1, п. 50. «Разногласие, которое было исправлено согласно высшему подобию, – это то, которое поднимается и не опускается, и осуществляется прямым путем...»

линии ГАР Хохмы.[235] И язвы притягиваются также от этих судов подъема Малхут в место Бины, как выяснилось выше,[236] и это йуд (י), которая вошла в свет (ор אור), и свет уменьшился до воздуха (авир אויר).[236]

И это означает сказанное им: «Творец щадит Исраэль, так как они ничего не знают обо всех этих домах. И Творец сказал: "Вы не знаете, Я знаю, и Я отмечу их язвой. Язва живет в доме, а вот другая язва, сильная, которую послал Я туда"», поскольку язва пробуждения ситры ахра присутствует в доме, т.е. свечения левой линии сверху вниз в отделении от правой, «а это другая язва» – язва, которую Творец посылает в эти дома, происходящие от йуд (י), которая вошла в свет (ор אור), удаляющий в левой линии Хохму. И ситра ахра уходит из дома, поскольку у нее нет больше сил притягивать что-либо от отделенной левой линии. И это смысл сказанного: «Чтобы она вытащила ее и изгнала из мира», ибо после того, как уменьшает левую линию, которая является силой ситры ахра, получается, что она уходит не только из дома, но и из мира, т.е. исчезла она полностью. Однако после того, как язва одолела дух скверны и уничтожила его, – ведь остается эта язва в доме, и некому уничтожить ее. И это означает сказанное: «Но все то время, пока это здание будет стоять, оно принадлежит ей, и она может вернуться».

---

[235] См. Зоар, главу Лех леха, п. 22, со слов: «Экран де-хирик, на который выходит средняя линия, происходит от свойства суда, имеющегося в Малхут, которое не подслащается милосердием Бины и называется "манула"...»

[236] См. выше, п. 131.

ГЛАВА ТАЗРИА

И разрушат дом

154) «"Это в святой земле, а тем более в другой земле, в которой дух скверны находится дольше", в тех домах, "где человек может понести ущерб"» от него. «Сказал рабби Эльазар: "И тем более, если дух скверны, который находится там, зовет себе подобных, другие клипот, чтобы они пребывали там. И даже стук посуды", ведь было принято стучать посудой, чтобы изгнать духов и вредителей из определенного места, "не прогоняют" вредителей "из этого дома. И поэтому Писание возглашает, говоря: "Горе тому, кто строит дом свой неправедно"[229]. Ибо" живущие "в этом доме, наверняка произносят" это изречение "каждый день"».

ГЛАВА ТАЗРИА

Язва и дух скверны, противостоящие друг другу

155) «Рабби Йоси вошел однажды в один дом: дошел до порога дома", и собрался с мыслями, "и вошел внутрь дома. Услышал один голос, сказавший: "Собирайтесь, подходите, ведь тут один из наших недругов, давайте причиним ему вред, прежде чем он уйдет!" Сказали ему: "Мы не сможем причинить" ему вред, "только если бы он жил здесь". Вышел рабби Йоси, испытывая страх. Сказал: "Конечно, тот, кто нарушил сказанное товарищами, подвергает свою жизнь опасности"».

156) «Сказал ему рабби Хия: "Но ведь идолопоклонники и остальные люди живут в этом доме, и они невредимы"», т.е. не несут ущерба. «Сказал ему: "Они исходят от их стороны", и поэтому те не вредят им. "Но тот, кто боится греха, может понести ущерб. И даже они, если продолжают жить в нем, не уйдут с миром". Сказал ему: "Но ведь написано: "Дома их ограждены от страха"[237]. Сказал ему: "То есть", этот дом "был после того, как построил его праведно", но грешники забрали его и поселились в нем. "И это изречение такое: "Дома их ограждены от страха"[237], – другими словами, когда дома их ограждены от страха", так как он был построен праведно, "бич Творца не пребывает над ними"».

157) «"И придет тот, чей дом, и сообщит"[238]. Спрашивает: "Говорит: "И сообщит"[238], следовало сказать: "И скажет", "и расскажет", что значит "и сообщит"[238]?" И отвечает: "Но в любом месте это указывает на слово мудрости (хохма). И уже объяснялось: "Как бы язва видится мне в доме"[238]. Говорит: "Как бы язва"[238], "язва", – следовало сказать?" Говорит: "Видится мне"[238], "есть у меня", – следовало сказать?" Ведь написано: "И Я наведу язву проказы на дом в земле владения вашего"[239], и это значит, "что будет видна всем, почему же" говорит: "Как бы язва видится мне"[238]?»

---

[237] Писания, Иов, 21:9. «Дома их ограждены от страха, и бича Творца нет на них».

[238] Тора, Ваикра, 14:35. «И придет тот, чей дом, и сообщит коэну, говоря: "Как бы язва видится мне в доме"».

[239] Тора, Ваикра, 14:34. «Когда придете в землю Кнаан, которую Я даю вам во владение, и Я наведу язву проказы на дом в земле владения вашего».

158) И отвечает: «"Но в час, когда это", т.е. язва, "входит" в дом, "раскрывается другой", – т.е. дух скверны, который был в доме,[240] "и они воюют друг с другом. И поэтому" сказал: "Видится мне"[238], поскольку видится ему вначале, "что тот, который укрылся", т.е. дух скверны, который был закрыт во время появления язвы, "раскрылся снова. А тот, что раскрылся", т.е. язва, "скрылся. А потом видится ему так, что" раскрылась "эта язва в доме, и скрылся другой", т.е. дух скверны. "И поэтому" написано: "И сообщит коэну"[238], ибо это слово мудрости (хохма)"», так как сообщение указывает на Хохму.

Объяснение. Ибо выяснилось выше,[240] что язва и дух скверны, который пребывает в доме из-за того, что он был построен неправедно, противостоят друг другу: поскольку дух скверны исходит от притягивания свечения Хохмы левой линии сверху вниз, и это свойство ГАР, а язва относится к свойству воздух (авир) катнута, которое уменьшает ГАР левой линии. Изучи там внимательно.[240] И поэтому, когда язва становится видна в доме, сейчас же скрывается дух скверны, поскольку уменьшились ГАР левой линии, и ему не от чего питаться. Однако потом он снова пересиливает язву, и он раскрывается, а язва скрывается и не видна.

И это означает сказанное им: «В час, когда это», – когда язва входит в дом и раскрывается, «раскрывается другой», – другой, т.е. дух скверны, пересиливает ее, и он раскрывается, а язва скрывается, «и они воюют друг с другом», т.е. сражаются друг с другом. И поэтому: «Видится мне»[238], – и поэтому он говорит: «Видится мне»[238], то есть он видел вначале, «что тот, который укрылся, раскрылся», – что дух скверны, который был закрыт во время появления язвы, снова раскрылся, «а тот, что раскрылся, скрылся», – а та язва, которая была раскрыта в доме, скрылась из-за раскрытия духа скверны. «А потом видится ему так, что эта язва в доме», – то есть, что язва снова пересилила дух скверны, и образ язвы видится ему снова в доме, «и скрылся другой», – а дух скверны скрылся и исчез. И это то, о чем говорит Писание: «Как бы язва видится мне в доме»[238], ведь поэтому он говорит: «Как бы язва»[238], а не язва достоверно, потому что видел, как они борются друг с другом, и думал, что возможно, пересилит еще дух скверны, и скроет и заставит исчезнуть язву. И потому говорит: «Видится мне»[238],

---

[240] См. выше, п. 153.

поскольку ему так кажется, что язва одолела дух скверны, и образ ее виден в доме, однако другому, или коэну, возможно, это увидится по-другому. «"И поэтому: "И сообщит коэну"[238], ибо это слово мудрости (хохма)"». Иными словами, говорится о слове мудрости (хохма), ибо язва отменяет и скрывает свечение Хохмы, как мы уже говорили.

159) «"И тогда приходит коэн. И свалят дом, и разрушат его: дерево и камни, и всё. Когда разрушат его и очистят всё, благословятся они, тогда написано: "И дома добрые построишь и поселишься"[241]. То есть те, которые построят праведно, – "они называются добрыми, ибо первые дома не были добрыми, и не являются вообще святостью и чистотой"».

160) «Сказал рабби Йегуда: "В таком случае, на чем мы основываем изречение, в котором написано: "И дома, полные всяким добром, которых ты не наполнял"[242]? И если дух скверны пребывает в них, как же они "полны всяким добром"[242]?" Сказал рабби Эльазар: "Полные всяким добром"[242] – деньгами, серебром и золотом, и всем. Как сказано: "Ибо добро всей земли египетской"[243]. Сказал рабби Йегуда: "Но ведь все дома египтян были полны колдовства и идолопоклонства"», как же говорит Писание: «Ибо добро всей земли египетской»[243]? «"Но из-за богатства земли сказано:"» «Всё добро». «"Так же и здесь, из-за богатства и денег сказано: "Дома, полные всяким добром"[242]».

161) «"Два раза богатство взяли Исраэль: первый раз, когда вышли из египетского изгнания, а второй – когда пришли на эту землю"», т.е. во время разрушения пораженных домов. «Сказал рабби Шимон: "Все это", т.е. язвы домов, "было, безусловно, для того чтобы освятить землю и устранить дух скверны из земли и из Исраэля".[244] И вместе с тем, "когда разрушал дом, он находил в нем деньги, достаточные чтобы отстроить

---

[241] Тора, Дварим, 8:12. «А то, (когда) будешь есть и насытишься, и дома добрые построишь и поселишься».

[242] Тора, Дварим, 6:11. «И дома, полные всяким добром, которых ты не наполнял; и колодцы высеченные, которых ты не высекал; виноградники и оливы, которых ты не насаждал; и ты будешь есть и насыщаться».

[243] Тора, Берешит, 45:20. «И не жалейте вещей ваших, ибо добро всей земли египетской – для вас».

[244] См. выше, п. 149.

его и наполнить свой дом, чтобы не сожалел о доме", который разрушили, "и пребывали в жилище святости"».

162) «"И мужчина или женщина, если будут на коже их плоти пятна, пятна белые"[245]. Рабби Йоси сказал: "Особая строгость (проявлялась) в отношении резкого пятна", о котором изречено триста установленных законов.[246] "Мы учили, что это (определяется) по внешнему виду, и по внешнему виду судят об этих" многочисленных "разновидностях". Сказал рабби Ицхак: "Триста причин есть, (известных) тому, кто изучает резкое пятно. И все их я учил у своего отца, кроме" причины, касающейся "одного" черного "волоса, когда он" все еще "нечист, поскольку это один свидетель. Два" черных волоса – "это два свидетеля, и он чист. И отсюда и далее пусть даже сто" волос – "они как два, а два" волоса – "они как сто, и это я изучил потом", из того, что написано: "Не должен выступать один свидетель против человека, подозреваемого в какой-либо провинности и в каком-либо проступке, ... согласно двум свидетелям или согласно трем свидетелям будет решено дело"[247]».

---

[245] Тора, Ваикра, 13:38-39. «И мужчина или женщина, если будут на коже их плоти пятна, пятна белые, и осмотрит коэн, и вот на коже их плоти пятна тускло-белые – светлый лишай это, расцветший на коже, чист он».

[246] См. Зоар, главу Ваера, п. 36. «Он учил его понятию "большое белоснежное пятно", тремстам установленным законам, и обучил его двумстам шестнадцати смыслам...»

[247] Тора, Дварим, 19:15. «Не должен выступать один свидетель против человека, подозреваемого в какой-либо провинности и в каком-либо проступке, в любом грехе, который он совершит; согласно двум свидетелям или согласно трем свидетелям будет решено дело».

ГЛАВА ТАЗРИА

Белый цвет и красный цвет

163) «Рабби Хизкия сидел перед рабби Шимоном, сказал: "Написано: "Красновато-белая язва"[248]. Ибо тогда это язва, потому что белое", указывающее на Хесед, "неустойчиво в таком виде"», но склоняется к красному, указывающему на суд. «Провозгласил рабби Шимон и сказал: "Написано: "Если будут грехи ваши как багрянец, то станут белыми, как снег"[249]. Счастливы Исраэль, которых Творец пожелал очистить полностью, чтобы не пребывали в суде пред Ним, и судящие не властвовали над ними. Потому что всё следует своему виду, красное" направлено к суду, так как относится "к красному, а белое" направлено к милости (хесед), так как относится "к белому. Правое", являющееся белым, – "к правому", то есть к Хеседу. "Левое", являющееся красным, – "к левому"», то есть к суду.

164) «"Об Эсаве написано: "И вышел первый красный"[250]. И поэтому господствует в нем его вид", т.е. суды, относящиеся к красному цвету. "И если скажешь: ведь "красный" написано об Эсаве, и написано о Давиде: "И привел его, а он румян"[251]?" И отвечает: "Однако этот", Эсав, "был создан из скверны золота", и это суровые суды, "а этот", Давид, "прилепился к сверканию золота", и это левая Бины, называемая золотом, и являющаяся милосердием. "Об Эсаве написано: "Красный, весь как плащ волосатый"[250] – то есть, "что он вышел из отходов, остающихся при плавлении" золота. "А о нем, о Давиде, написано: "С глазами прекрасными, и хорош видом"[251]», что указывает на свечение Хохмы, которое называется глазами и видением, исходящим от левой линии Бины, соединенной с правой, что в ней.

165) «"Смотри, в чем причина" того, что красновато-белая язва является нечистой. "Ибо белый вид – известно", что это Хесед, "и красный вид – известно", что это суд. И поэтому, "если бы был красный" сначала, "и" сейчас "показался на нем

---

[248] Тора, Ваикра, 13:42. «Но если будет на плеши или на лысине красновато-белая язва, то это проказа, расцветшая на плеши или на лысине его».

[249] Пророки, Йешаяу, 1:18. «Давайте же рассудимся, – говорит Творец. – Если будут грехи ваши как багрянец, то станут белыми, как снег, а если будут они красны, как кармазин, то станут (белыми), как шерсть».

[250] Тора, Берешит, 25:25. «И вышел первый красный, весь как плащ волосатый. И нарекли ему имя Эсав».

[251] Пророки, Шмуэль 1, 16:12. «И он послал и привел его, а он румян, с глазами прекрасными, и хорош видом. И сказал Творец: "Встань, помажь его, ибо он это!"»

белый, означает, что чистота зародилась в нем, и он начинает очищаться. А если был белый вначале, и" сейчас "показался на нем красный, означает, что начинает становиться нечистым. И написано: "И признает его коэн нечистым", – потому что зародилось в нем красное", являющееся судом, "чтобы стать нечистым. И коэн знал все эти признаки. А иногда, когда показывался на ней признак чистоты, то закрывал его, чтобы посмотреть, появится ли у него иной признак, и если нет, признавал его чистым, это означает: "И признает его коэн чистым"[252]».

---

[252] Тора, Ваикра, 13:6. «И осмотрит его коэн в седьмой день вторично, и вот язва потемнела и не распространилась язва на коже, и признает его коэн чистым. Это лишай, и пусть омоет одежды свои и будет чист».

Добывает она шерсть и лён

166) «Рабби Ицхак и рабби Йегуда находились в пути. Сказал рабби Йегуда: "Написано: "Пусть же проказа Наамана пристанет к тебе и к потомству твоему навек"[253]. Спрашивает: "Если он прегрешил, почему должны быть поражены сыновья его?" Сказал ему: "Элиша видел больше, чем остальные пророки, видел, что не выйдет из Гейхази достойного потомства, и поэтому проклял всех"».

167) «"И мало того, еще сказал ему: "Я служил высшим служением у Элияу, и удостоился двух частей", т.е. он удостоился духа Элияу вдвойне по сравнению с духом Элияу, "поскольку служил ему правдой. Ты же, грешник, уязвил меня тем, что поклялся во лжи, и вожделел" дара Нааманова, "тем самым нарушив всю Тору. А тот, кто нарушает это, мертв он для мира будущего. Но поскольку работал ты у меня, служба твоя не будет напрасной, и смерть твоя будет в этом мире, а не в мире будущем. А посему: "Пусть же проказа Наамана пристанет к тебе и к потомству твоему"[253]».

168) «Сказал рабби Йоси: "Одежда из шерсти или льна"[254] – почему?"» Ему следовало сказать просто «одежда». «Сказал рабби Ицхак: "(Но это изречение учит нас тому, что эта язва) пребывает во всем и властвует над всем"», поскольку шерсть происходит от Бины, а лен – от Малхут, а язва властвует над обоими. "И есть подобное этому, как написано: "Добывает она шерсть и лен"[255] – означает, что Малхут использует их обоих. И поэтому" также и здесь это учит нас тому, что "власть этой язвы, выходящей из высокого места", т.е. из свойства судов Малхут, что в Бине,[256] "пребывает на всем", то есть "на двух этих видах, на шерсти и льне. И поэтому" говорит Писание: "Это учение о язве проказы на одежде из шерсти или льна"[254]».

---

[253] Пророки, Мелахим 2, 5:27. «Пусть же проказа Наамана пристанет к тебе и к потомству твоему навек. И вышел тот от него (белый) от проказы, как снег».

[254] Тора, Ваикра, 13:59. «Это учение о язве проказы на одежде из шерсти или льна, на основе, или на утке, или на какой-нибудь кожаной вещи для признания их чистыми или нечистыми».

[255] Писания, Притчи, 31:13. «Добывает она шерсть и лён, и с охотою работает своими руками».

[256] См. выше, п. 153.

ГЛАВА ТАЗРИА

Кто строит дом свой неправедно

169) «Рабби Ицхак шел на сбор винограда своего отца. Увидел одного человека, который уклонился» с пути, «с привязанной ношей на его плечах. Сказал ему: "Веревка, украшающая твои плечи, зачем"» тебе? Иначе говоря, зачем ты привязал ношу к своим плечам? «Ничего тот не ответил ему, пошел он за ним, увидел, что тот входит в какую-то пещеру. Вошел за ним. Увидел столб дыма, поднимающийся из-под земли, и тот человек вошел в какую-то расщелину, и скрылся от него. Испугался рабби Ицхак и вышел ко входу пещеры».

170) «Пока он сидел, проходили рабби Йегуда и рабби Хизкия. Увидел он их и приблизился к ним. Рассказал им о случившемся. Сказал ему рабби Йегуда: "Благословен Милосердный за то, что спас тебя! Это пещера прокаженных, из города Сероньи, и все жители этого города – колдуны, и приходят в пустыню к черным змеям, которым по десять лет и больше, чтобы совершать колдовства, и не остерегаются их, и становятся прокаженными. И всевозможные колдовства, которые совершают, – они в этой пещере"».

171) «Пошли. Пока шли, встретили одного человека, который подходил, а его больной сын был связан на осле. Спросили его: "Кто ты?" Сказал им: "Я иудей, а это мой сын, который связан на осле". Спросили его: "Почему он связан?" Сказал им: "Я живу в одной деревне, принадлежащей Риму, и этот сын мой изучал Тору каждый день, и возвращался домой и занимался этими вещами. И три года я жил в этом доме и ничего не видел. И вот однажды вошел мой сын в дом, чтобы повторить эти вещи", которые учил, "и прошел перед ним один дух и нанес ему вред, перекривив его рот и лицо, и руки его перекривились, и он не может говорить. И иду я в пещеру прокаженных Сероньи, может научат меня знахарству"».

172) «Спросил его рабби Йегуда: "Известно ли тебе, чтобы другому человеку был причинен вред в этом доме прежде?" Сказал ему: "Было, что в течении нескольких дней повредился в нем один человек, и говорили, что это болезнь, а некоторые сказали, что это дух, который в доме", навредил ему. "А потом вошли в него несколько человек и не повредились". Сказали (рабби Йегуда и рабби Хизкия): "Это то, что сказали товарищи",

что в доме, который был построен неправедно, пребывает дух скверны, наносящий вред его жильцам.[257] "Горе тем, кто преступает их слова"».

173) «Провозгласил рабби Йегуда и сказал: "Горе тому, кто строит дом свой неправедно"[258]. Ибо в любом месте, где присутствует праведность", т.е. Малхут, "все духи и все вредители мира убегают от нее, и нет их пред ней. И вместе с тем, тот, кто приходит раньше и занимает место, обретает его"». Если святая Малхут первая занимает место, святость обретает его. А если ситра ахра первая на этом месте, обретает его ситра ахра. «Сказал ему рабби Хизкия: "В таком случае, святое имя равноценно духу скверны?"», если ты говоришь, что тот, кто первый, обретает его.

174) «Сказал ему: "Это не так. Но святое имя", т.е. Малхут, "не присутствует в месте скверны. И поэтому, если святое имя занимает место раньше, все духи и все вредители в мире не могут появиться там, тем более приблизиться к нему. А если дух скверны был раньше, он занимает это место, и святое имя не пребывает там, ибо это не его место"».

175) «"А когда опускалась язва проказы" на дом, "очищала она это место и вытаскивала дух скверны из его места.[259] А после этого разрушали дом, дерево и камни, и всё, и строит его, как вначале, на стороне святости, праведно, упоминая святое имя, и привлекает к нему святость.[257] И вместе с тем", должен строить его "на другой земле и должен отдалить дом от его места, от первого фундамента, на две пяди"».

176) «"Сейчас, когда не видно его, и не опускается тот, кто бы боролся с этим духом скверны, чтобы вывести его из места его", ибо сейчас нет язв, "каково исправление" этого дома, в котором дух скверны поселился первым? И отвечает: "Если может" сам "вывести его из дома, хорошо. А если нет, должен построить его, как вначале, из других камней и дерева, и всего,

---

[257] См выше, п. 150.
[258] Пророки, Йермияу, 22:13. «Горе тому, кто строит дом свой неправедно и покои свои беззаконием, (заставляет) ближнего своего работать даром и заработка его не отдает ему».
[259] См. выше, п. 153.

и должен вывести его, и отдалить (дом) от старого места, и построить его ради святого имени"».

177) «"И вместе с тем, дух скверны не выходит из первого места, а святость не пребывает на нечистом месте". Сказал рабби Ицхак: "Зачем же ему так стараться?" – разрушать дом и снова отстраивать его не на старом месте. "В это время", когда нет язв, "написано: "Искривленного нельзя выправить"[260], потому что "со дня разрушения Храма", при котором нет язв, "нет излечения в мире. Поэтому должен человек остерегаться, чтобы уберечься"» от духа скверны, т.е. чтобы больше не жил в этом доме.

178) «Сказали: "Пойдем с этим человеком" в пещеру прокаженных "и увидим". Сказал рабби Ицхак: "Нельзя нам, если бы он шел получить исцеление от человека уважаемого, боящегося греха, как Нааман, который пошел к Элише, мы бы пошли за ним. Теперь же, когда он идет к далеким от мира", ибо они прокаженные и колдуны, "к далеким от Торы, омерзительным во всем, нельзя нам показываться перед ними. Благословен Милосердный, что спас нас от них. И этому человеку нельзя"» получать исцеление от них. «Сказал рабби Йегуда: "Но мы же учили, что во всем исцеляются, кроме как от кумирных деревьев".[261] Сказал ему: "Это является идолопоклонством", и запрещено. "И, кроме того, еще написано: "Да не найдется у тебя никого, кто проводил бы сына своего и дочь свою через огонь ..."[262]. Пошли своим путем"».

179) «Пошел этот человек в ту пещеру, он и сын его, и положил он его в пещере. Пока выходил отец его, чтобы привязать своего осла, вышел столб огня, поразив» его сына «в голову, и убил его. Тем временем вошел его отец и увидел, что он мертв. Взял его и своего осла и пошел себе. После этого, в один из дней, встретил он рабби Ицхака и рабби Йегуду, и рабби Хизкию, которые шли, заплакал перед ними и рассказал им о случившемся. Сказал рабби Ицхак: "Разве не говорил я тебе

---

[260] Писания, Коэлет, 1:15. «Искривленного нельзя выправить, а то, чего не достает, нельзя исчислить».

[261] См. Вавилонский Талмуд, трактат Псахим, лист 25:1.

[262] Тора, Дварим, 18:10-11. «Да не найдется у тебя никого, кто проводил бы сына своего и дочь свою через огонь, мага, чародейств, и гадателя, и колдуна, и заклинателя, и вызывающего духов, и ведуна, и вопрошающего мертвых».

много раз, что нельзя туда ходить?! Благословен Милосердный, ибо все деяния Его – истина, и пути Его – правосудие. Счастливы праведники, идущие путем истины в этом мире и в мире будущем. И о них написано: "А путь праведных – как светило лучезарное"[263]».

180) «Сказал рабби Эльазар: "Во всех делах человека ему нужно, чтобы все они были ради Его святого имени. Что значит – ради Его святого имени? – Чтобы упоминал устами святое имя над всем, что он делает, чтобы всё было служением Ему, и не пребывала над ним ситра ахра, потому что" ситра ахра "всегда уготована для людей, и может пребывать над тем действием, которое он совершает, и поэтому основа или уток становилось нечистым, и дух скверны пребывал над ним. И если с этим так, тот, кто наказывает свои дела ситре ахра", т.е. в клятве и тому подобном, "и не должен был" этого делать, – "тем более" пребывает над ним дух скверны. "И поэтому написано: "Берегись всего дурного"[264]».

---

[263] Писания, Притчи, 4:18. «А путь праведных – как светило лучезарное, светящее все сильнее, до полного дня».
[264] Тора, Дварим, 23:10. «Когда выступишь станом против врагов твоих, то берегись всего дурного».

ГЛАВА ТАЗРИА

Скажи же, что ты сестра моя

181) «Рабби Эльазар шел повидать своего отца, и был с ним рабби Аба. Сказал рабби Аба: "Произнесем речения Торы и пойдем". Провозгласил рабби Эльазар и сказал: "Скажи же, что ты сестра моя"[265]. Это изречение непонятно. Разве Авраам, который был боящимся греха и любимцем Творца, сказал бы так о своей жене, чтобы с ним поступили хорошо?" И отвечает: "Однако Авраам, хотя и боялся греха, не полагался на свои заслуги и не хотел, чтобы Творец убавил его заслуги, а" полагался он "на заслуги своей жены, чтобы заработать благодаря ей деньги остальных народов. Ибо денег удостаивается человек по заслугам своей жены. Это означает сказанное: "Дом и богатство – наследие отцов, а от Творца – разумная жена"[266]. Кто удостаивается разумной жены – удостаивается всего. И написано: "Уверено в ней сердце мужа ее, и не останется без добычи"[267]».

182) «"И Авраам собирался, благодаря ее заслугам, съесть добычу других народов", то есть: «Не останется без добычи». «"И он полагался на ее заслуги, что не смогут они наказать его и насмеяться над ней. И потому не дал" им "ничего тем, что сказал: "Она моя сестра"[268]. Более того, он еще увидел одного ангела, идущего перед нею, и тот сказал Аврааму: "Не бойся за нее, ибо Творец послал меня, дабы извлечь деньги остальных народов и оберечь ее от всего". Поэтому боялся Авраам не за свою жену, а за себя, так как видел ангела не с собою, а со своей женой. Подумал: "Она ведь оберегается, а я не оберегаюсь". И потому сказал: "Скажи же, что ты сестра моя"[265]».

---

[265] См. Тора, Берешит, 12:10-13. «И был голод в той земле. И сошел Аврам в Египет пожить там, потому что тяжел был голод в земле той. И было, когда он близко подошел к Египту, то сказал он Сарай, жене своей: "Вот, я знаю, что ты женщина, прекрасная видом. Когда увидят тебя египтяне, то скажут: "Это жена его", и убьют меня, а тебя оставят в живых. Скажи же, что ты сестра моя, чтобы сделалось мне благо ради тебя, и будет жива душа моя благодаря тебе"».

[266] Писания, Притчи, 19:14. «Дом и богатство – наследие отцов, а от Творца – разумная жена».

[267] Писания, Притчи, 31:11. «Уверено в ней сердце мужа ее, и не останется без добычи».

[268] Тора, Берешит, 12:19. «Почему ты сказал: "Она моя сестра", – и я взял ее себе в жены! А теперь: вот жена твоя, бери и уходи!»

183) «"Чтобы сделалось мне благо"²⁶⁵. Спрашивает: "Чтобы сделали мне благо", – следовало сказать. Ведь написано: "Когда увидят тебя египтяне, то скажут: "Это жена его"²⁶⁵, и поэтому: "Чтобы сделали мне благо", – следовало сказать?" Ответ: "Но "чтобы сделалось мне благо"²⁶⁵ – тем, кто идет пред тобою", т.е. ангелом. "Чтобы сделал мне благо Творец в этом мире богатством. "И будет жива душа моя"²⁶⁵ – в будущем мире. "Благодаря тебе"²⁶⁵ – так как ты не сойдешь с пути истины. Ведь если удостоюсь я благодаря тебе денег в этом мире, а ты сойдешь с пути, то разве не смерть уготована мне в будущем мире? Но ты проследишь, чтобы была жива душа моя в будущем мире благодаря тебе"».

184) «"И поскольку ангел шел перед нею, оберегая ее, что сказано: "И поразил Творец Фараона ... по слову Сарай"²⁶⁹, т.е. согласно сказанному ею, "ибо она говорила ангелу: "Бей!", и он бил. И потому Авраам вовсе не боялся за нее, – ведь она оберегалась. А то, что боялся за себя, – боялся, так как не видел защиты над собою"».

185) «"Смотри, десять раз велела Сара ангелу ударить Фараона, и десятью казнями был он поражен. Ибо Сара подала знак сыновьям своим после себя в Египте"». То есть, что будут поражены египтяне десятью казнями, пока они не будут избавлены из рук их.

186) «Рабби Аба провозгласил: "Как в дни исхода твоего из земли Египта, явлю ему чудеса"²⁷⁰. В будущем Творец явит избавление сыновьям Своим, подобно тем дням, когда послал Творец вывести Исраэль" из Египта, "и явил эти казни в Египте и поразил их за Исраэль. Смотри, в чем различие между этим избавлением", что в конце дней, "и египетским избавлением? Египетское избавление было связано с одним царем и одним царством, а здесь – со всеми царями, что в мире. И тогда будет прославлен Творец во всем мире, и все узнают власть Творца, и все будут поражаться высшими казнями, за всякую вещь вдвое, так как все откажутся от" освобождения "Исраэля"».

---

²⁶⁹ Тора, Берешит, 12:17. «И поразил Творец Фараона и дом его большими язвами по поводу (досл. по слову) Сарай, жены Аврама».
²⁷⁰ Пророки, Миха, 7:15. «Как в дни исхода твоего из земли Египта, явлю ему чудеса».

187) «"И тогда раскроется власть Творца, как написано: "И будет Творец царем на всей земле"[271]. Тогда добровольно вызовутся народы для Исраэля, чтобы привести их к Творцу. Это означает сказанное: "И приведут всех братьев ваших"[272]. Тогда праотцы с радостью восстанут к жизни, чтобы увидеть избавление своих сыновей, как вначале. Это означает сказанное: "Как в дни исхода твоего из земли египетской, явлю ему чудеса"[270]».

(Закончилась глава Тазриа)

---

[271] Пророки, Зехария, 14:9. «И будет Творец царем на всей земле, в тот день будет Творец един и имя Его едино».
[272] Пророки, Йешаяу, 66:20. «И приведут всех братьев ваших от всех народов в дар Творцу на конях, и колесницах, и в повозках, и на мулах, и на верблюдах на гору святую Мою, в Йерушалаим, – сказал Творец, – подобно тому, как сыны Исраэля приносят дар в сосуде чистом в дом Творца».

Глава Мецора

ГЛАВА МЕЦОРА

Дабы знали вы, что есть суд

1) «"И сказал Творец Моше, говоря: "Это будет учением о прокаженном в день очищения его"[1]. Провозгласил рабби Аба: "Побойтесь меча, ибо неистовство грехов – меч, дабы знали вы, что есть суд"[2]. "Что есть суд (шаду́н שָׁדוּן)" читай, "(шади́н שָׁדִין), – написано. Насколько же нужно людям оберегать путь свой и бояться Творца, чтобы не сойти с прямого пути, и не преступить слов Торы, и не отстраниться от нее"».

2) «"Ибо каждый, кто не занимается Торой и не прилагает стараний в ней, – осуждаем он Творцом и далек от Него, и Шхина не пребывает над ним. И эти (ангелы-)хранители, что идут с ним", охраняя его, "уходят от него. Более того, они возглашают перед ним, говоря: "Разойдитесь в стороны от такого-то, который не заботится о славе Господина своего". Горе ему, ибо оставили его высшие и нижние, нет у него доли на пути жизни"».

3) «"Когда же он старателен в работе Господина его и занимается Торой – сколько хранителей наготове для него, чтобы охранять его, и Шхина пребывает над ним, и все они возглашают перед ним, говоря: "Воздайте славу образу Царя, воздайте славу сыну Царя, оберегаем он в этом мире и в мире будущем, счастлив его удел"».

4) «"Смотри, тем злословием, с которым змей обратился к женщине, привел он женщину и человека к тому, что свыше предопределена была смерть им и всему миру. О злословии сказано: "Язык их – меч острый"[3]. И потому: "Побойтесь меча"[2] – т.е. "злословия. "Ибо неистовство грехов – меч"[2]. Что значит: "Ибо неистовство грехов – меч"[2]? Это меч у Творца, как мы учили: меч есть у Творца, которым Он судит нечестивцев. Это смысл сказанного: "Меч у Творца полон крови"[4]. "И меч Мой

---

[1] Тора, Ваикра, 14:1-2. «И сказал Творец Моше, говоря: "Это будет учением о прокаженном в день очищения его: приведен будет он к коэну"».

[2] Писания, Иов, 19:29. «Побойтесь меча, ибо неистовство грехов – меч, дабы знали вы, что есть суд».

[3] Писания, Псалмы, 57:5. «Душа моя среди львов, лежу я (среди) огня пылающего, (среди) сынов человеческих, чьи зубы – копье и стрелы, а язык их – меч острый».

[4] Пророки, Йешаяу, 34:6. «Меч у Творца полон крови, тучнеет от тука, от крови баранов и козлов, от тука с почек баранов, ибо резня у Творца в Боцре, и заклание великое в земле Эдома».

пожирать будет плоть"[5]. И это Малхут со стороны суда, что в ней. И поэтому: "Побойтесь меча, ибо неистовство грехов – меч, дабы знали вы, что есть суд (шаду́н שָׁדוּן)"[2], "(шади́н שָׁדִין), – написано", что означает – "дабы знали вы, что так суждено" – каждый, "у кого меч в языке", кто злословит, "уготован для него меч, истребляющий всё", т.е. Малхут со стороны суда, что в ней. "Это означает сказанное: "Это (зот) будет учением о прокаженном"[1]». То есть Малхут, называемая зот, судит прокаженного за то, что он злословил. Ибо за грех злословия приходят язвы.

---

[5] Тора, Дварим, 32:42. «Опьяню стрелы Мои кровью, и меч Мой пожирать будет плоть за кровь убитых и пленных, за первые бреши, врагом (пробитые)».

ГЛАВА МЕЦОРА

В час, когда стемнеет ночь

5) «Рабби Эльазар провозгласил: "Подобно птицам, попавшимся в силок, – подобно им уловляются сыны человеческие"[6]. Мы ведь учили это изречение. Но смотри, люди не знают, не слышат и не вглядываются в желание их Господина. И вестник призывает перед ними каждый день, и нет того, кто бы услышал его, и нет того, кто бы пробудил дух свой к работе Господина своего"».

6) «"В час, когда стемнеет ночь и преграждаются врата, пробуждается нуква великой бездны, и многочисленные отряды вредителей находятся в мире. Тогда насылает Творец сон на всех людей в мире", и насылает сон "даже на всех тех, в ком есть пробуждение жизни", т.е. на праведников. "И эти" духи "блуждают по миру, извещая людей во сне о вещах, частью ложных, частью истинных. И люди объяты сном"».

7) «"Когда пробуждается северный ветер и разделяется ночь – вспыхивает пламя, ударяя снизу по крыльям петуха, и он взывает. И Творец вступает в Эденский сад, чтобы радоваться с праведниками. И тогда выходит вестник и призывает, и все люди пробуждаются на ложе своем; те, в ком пробуждается жизнь, поднимаются со своего ложа к работе Господина их, и занимаются Торой и восхвалениями Творца до наступления утра"».

8) «"Когда наступает утро, все верховные воинства и станы восхваляют Творца. Это означает сказанное: "При всеобщем ликовании утренних звезд"[7]. Тогда многие врата открываются во всех сторонах. И врата Авраама", Хеседа, "открываются в ней, в Кнессет Исраэль", Малхут, "приглашая всех жителей мира" насладиться свойством хасадим. "Это означает сказанное: "И посадил он тамариск в Беэр-Шеве"[8]», ибо Малхут называется Беэр-Шева, и Авраам посадил в ней дерево Хеседа.

---

[6] Писания, Коэлет, 9:12. «И даже не знает человек своего времени, подобно рыбам, захваченным злой сетью, подобно птицам, попавшимся в силок, – подобно им уловляются сыны человеческие в час беды, которая внезапно их настигнет».

[7] Писания, Иов, 38:7. «При всеобщем ликовании утренних звезд восклицали все сыны Всесильного».

[8] Тора, Берешит, 21:33. «И посадил он тамариск в Беэр-Шеве, и призвал он там имя Творца, Владыки вселенной».

9) «"А тот, кто не пробудил дух свой для работы на своего Господина, с каким лицом предстанет пред Царем, когда Он пробудит его к Себе судом, и закуют его в кандалы", т.е. заключат под стражу, чтобы привести в суд, "и не найдется у него заслуги во спасение? Тогда написано: "Подобно птицам, попавшимся в силок, – подобно им уловляются сыны человеческие"[6]. И прежде чем уходит человек из этого мира, сколькими судами осуждаются душа с телом, прежде чем отделятся друг от друга. И нет того, кто бы присмотрел"» за этим.

ГЛАВА МЕЦОРА

Суды души и тела

10) «"В то время, когда настает час, когда будет отделена" душа от тела, "душа не выходит из тела, пока не раскроется над ним Шхина, и душа, благодаря радости и благосклонности Шхины, выходит ей навстречу из тела. Если человек праведен, он соединяется с ней, скрепляя себя с ней. А если нет, Шхина уходит" от него, "а душа остается, и безутешно скорбит о расставании с телом. Приводят пример: если кот не может оторваться от огня, начни затачивать нож, и он пойдет за тобой"», так как подумает, что ты собираешься резать мясо, и так оторвется от огня. Также и здесь, когда душа не хочет выйти из тела, показывается ей Шхина, и она выходит ей навстречу и расстается с телом.

11) «"А затем оба они осуждаются" ангелом "Ду́мой. Тело приговаривается к могиле, пока не возвращается в прах, а душа приговаривается к адскому пламени разными судами – до срока, установленного ей отбывать наказание. А после того как она отбыла свое наказание и пришло ее время очиститься, тогда она поднимается из ада и обеляется от своих грехов, подобно железу, накаляющемуся добела в огне. И" ангелы "поднимаются с ней, пока она не вступает в нижний Эденский сад, и там омывается водой, и очищается благовониями, имеющимися там. Как сказано: "Окуриваемая миррою и фимиамом"[9]. И находится она там до того срока, который вынесен ей быть в отдалении от места, в котором обитают праведники, в высшем Эденском саду"».

12) «"И когда приходит время, чтобы она поднялась" в высший Эденский сад, "тогда он поднимается с ней, ступень за ступенью, пока она не возносится, как жертва на жертвенник", то есть поднимается в МАН в Малхут, называемую жертвенником. "Это смысл сказанного: "Это будет учением о прокаженном в день очищения его: приведен будет он к коэну"[10], – т.е. к высшему коэну наверху", ангелу Михаэлю.[11] "Это душа, которая не слишком осквернилась в этом мире, – у такой есть

---

[9] Писания, Песнь Песней, 3:6. «Кто она, восходящая из пустыни, как столпы дыма, окуриваемая миррой и фимиамом, от всех порошков торговца?»

[10] Тора, Ваикра, 14:2. «Это будет учением о прокаженном в день очищения его: приведен будет он к коэну».

[11] См. Зоар, главу Цав, п. 136.

возможность исправиться. А если нет", то это: "Искривленного нельзя выправить"[12]».

---

[12] Писания, Коэлет, 1:15. «Искривленного нельзя выправить, а то, чего недостает, нельзя исчислить».

ГЛАВА МЕЦОРА

Тот, кто злословит

13) «"Это будет учением о прокаженном"[10]. Рабби Ицхак провозгласил: "И восходит солнце, и заходит солнце"[13]. Мы учили это изречение, и объясняли его в связи с душой человека: что в час, когда она пребывает с человеком в этом мире, тогда "и восходит солнце"[13]. "И заходит солнце"[13] – в то время, когда человек уходит из этого мира. И если пребывает в раскаянии, тогда: "Устремляется к месту своему, где оно восходит"[13]. Если он праведник", то "как сказано: "А когда зайдет солнце, и он станет чист"[14], т.е. в момент, когда заходит солнце и он уходит из мира, он чист, "тогда может он есть от святынь"[14]».

14) «"Смотри, все грехи мира Творец искупает раскаяньем, кроме злословия, когда порочит имя другого. Ведь объяснялось, что написано: "Это будет учением о прокаженном"[10] – то есть, "это будет учением порочащему (доброе) имя"», ибо слово «прокаженный (мецора מְצֹרָע)» состоит из тех же букв, что и «злословящий (моци ра מוֹצִיא רָע)». «Рабби Хия сказал: "У каждого, кто порочит (доброе) имя, оскверняются все органы, и следует изолировать его, поскольку это злословие поднимается и пробуждает на него дух скверны – и он оскверняется. А приходящего осквернить, самого оскверняют, – словом снизу пробуждается другое слово"».

15) «Провозгласил и сказал: "Как стал блудницей город верный?!"[15] – то есть, как "та, что была верна мужу своему, обратилась в блудницу? "Исполненный правосудия"[15], "правосудие" – это, разумеется, Творец. "Праведность" – это Кнессет Исраэль", Малхут, "и поскольку пробудилось другое слово", т.е. ситра ахра пробудилась из-за греха Исраэля, "ушел Творец, зовущийся правосудием, от нее", от Малхут, зовущейся праведностью, – "и пребывает в ней дух убийц. Это смысл слов: "А ныне – убийцы"[15]. А если Йерушалаим, святой город, такой, остальные люди и подавно. Об этом сказано: "Это будет учением о прокаженном"[10]».

---

[13] Писания, Коэлет, 1:5. «И восходит солнце, и заходит солнце, и устремляется к месту своему, где оно восходит».
[14] Тора, Ваикра, 22:7. «А когда зайдет солнце, и он станет чист, тогда может он есть от святынь, ибо это – хлеб его».
[15] Пророки, Йешаяу, 1:21. «Как стал блудницей город верный, исполненный правосудия?! Праведность обитала в нем, а ныне – убийцы».

ГЛАВА МЕЦОРА

16) «Рабби Йегуда сказал: "Это (зот)"[10], т.е. Малхут, "будет"[10], несомненно, против него, дабы взыскать с него, с порочащего (доброе) имя"», ибо слово «прокаженный (мецора מְצֹרָע)» состоит из тех же букв, что и «злословящий (моци ра מוֹצִיא רָע)». «"В день очищения его: приведен будет он к коэну"[10]. В ком есть злословие – молитва его не входит пред Творцом, ибо пробуждается над ним дух скверны. Когда же раскаивается и принимает на себя раскаянье, сказано: "В день очищения его: приведен будет он к коэну"[10], "и осмотрит коэн"[16]».

---

[16] Тора, Ваикра, 14:3. «И выйдет коэн за пределы стана, и осмотрит коэн, и вот исцелилась язва проказы на прокаженном».

ГЛАВА МЕЦОРА

Две живые птицы

17) «Рабби Ицхак и рабби Йоси находились пред рабби Шимоном. В один из дней сказал он им: "Кедровое дерево – ведь известно", что это Тиферет, "как написано: "От кедра, что на Леваноне"[17]. Ибо у кедрового дерева", Тиферет, "саженцы пускают корни лишь в Леваноне", т.е. в Бине, "и мы это учили". Но "эзов"[17] почему? И что это?"»

18) «Провозгласил и сказал: "И возьмет для очищаемого двух птиц живых, чистых, и кедрового дерева, и червленую нить, и эзов"[18]. Смотри, если человек занимается работой Господина своего и занимается Торой, то Творец пребывает над ним, и Шхина соединяется с ним. Когда же человек желает осквернить себя, Шхина уходит от него, Творец отдаляется от него, и вся сторона святости Господина его отдаляется от него, и дух скверны пребывает над ним и вся сторона скверны. Желает очиститься – помогают ему. А после того как очистился и раскаялся, возвращается к нему то, что ушло от него", Творец и Его Шхина, "и они пребывают над ним"».

19) «"Смотри, написано: "И возьмет для очищаемого двух птиц, живых чистых"[18]. Спрашивает: "После того, как он сказал: "Двух птиц"[18], разве я не знаю, что живых?"». Почему же написано «живых»? И отвечает: «Хотя это уже объяснялось, но живых" означает – "действительно живых. Как написано: "И я увидел этих живых существ"[19], которые "соответствуют тому месту, откуда питаются верные пророки", т.е. Нецах и Ход, называемые нижними существами. "И дерева кедрового"[18] – мы уже учили", что это Тиферет, "и червленую нить"[18] – это красная сторона Гвуры", что в Шхине, "соединившаяся с ним вначале.[20] "Эзов"[18] – это малая вав (ו)", т.е. Есод, "питающий Кнессет Исраэль", Шхину. "Поэтому кедровое дерево и эзов", т.е. Тиферет и Есод, "находятся вместе и считаются единым

---

[17] Пророки, Мелахим 1, 5:13-14. «И говорил он о деревьях: от кедра, что на Леваноне, до эзова, вырастающего из стены; и говорил о животных, и о птицах, и о пресмыкающихся, и о рыбах. И приходили от всех народов послушать мудрость Шломо, от всех царей земных, которые слышали о мудрости его».

[18] Тора, Ваикра, 14:4. «И повелит коэн, и возьмет для очищаемого двух птиц живых, чистых, и дерева кедрового, и червленую нить, и эзов».

[19] Пророки, Йехезкель, 1:15. «И я увидел этих живых существ, и вот одно колесо внизу у этих созданий для четырех ликов его».

[20] См. п. 18.

целым. И потому вав (ו) вав (ו) находятся как одна" в имени АВАЯ, так как вав (ו) произносится как сдвоенная вав (ו"ו), "одна – высшая", Тиферет, "другая – малая", Есод. "И называют ее вав (ו) высшая, вав (ו) нижняя. И все они", – Творец, т.е. Тиферет, и Есод, и Шхина, – "вновь пребывают над ним", как вначале,[20] "поскольку он очистился. И соответственно этим", что вернулись к нему, т.е. Тиферет и Есоду, и Шхине, "они внизу – кедровое дерево, эзов и червленая нить, находящиеся в этом очищении, которые зависят от этих высших"» сфирот.

ГЛАВА МЕЦОРА

Поддерживающие ее счастливы

20) «Рабби Йегуда и рабби Ицхак находились в пути. Сели в поле и вознесли молитву. После того, как завершили свою молитву, встали и пошли. Начал рабби Йегуда провозглашать речения Торы. И сказал: "Древо жизни она для держащихся ее, и поддерживающие ее – счастливы"[21]. Древо жизни – это Тора, высшее дерево, большое и сильное. Тора, почему называется Торой (учением)? Это потому, что она обучает и раскрывает то, что раньше было скрыто и неведомо. Жизнью" она называется "потому, что вся высшая жизнь включена в нее и из нее исходит. "Для держащихся ее"[21] – для тех, кто соединен с ней. Ибо тот, кто соединен с Торой, соединен со всем – соединен наверху и внизу. "И поддерживающие ее – счастливы"[21]. Кто это "поддерживающие ее"[21]? Это те, кто откладывает запас", т.е. дают деньги для товаров, "в карманы ученикам мудрецов", чтобы они торговали с помощью этих денег и были партнерами в прибыли. "Как уже объяснялось"».

21) «"Поддерживающие ее"[21] – удостоившиеся того, чтобы от них произошли" сыновья, достойные стать "верными пророками". Ибо Тора указывает на Тиферет, т.е. тело Зеир Анпина, и Нецах и Ход, пророков, – это ноги, поддерживающие Тиферет, т.е. Тору, подобно ногам тела. И потому поддерживающие Тору удостаиваются сыновей-пророков. "Счастливы"[21], – читай не "счастливы (меушар מְאֻשָּׁר)"[21], а "с головы его (ме-рошо מֵרֹאשׁוֹ)", с теми же буквами, поскольку Нецах и Ход "это поддерживающие Тору", т.е. Зеир Анпин, "с головы до окончания его", подобно ногам, поддерживающим тело с головы до окончания. "С головы его" – это глава всего, которая называется началом (рош), как написано: "Я помазана от начала"[22]. Начало (рош) – это Хохма, являющаяся головой всего тела", т.е. Тиферет. "А тело распространяется до завершения шести окончаний", т.е. ХАГАТ НЕХИ. "Поддерживающие ее"[21] – это как сказано: "Голени его – столбы мраморные"[23], и это Нецах и Ход, "ибо те, кто откладывает запас в карманы учеников мудрецов,

---

[21] Писания, Притчи, 3:18. «Древо жизни она для держащихся ее, и поддерживающие ее – счастливы».

[22] Писания, Притчи, 8:23. «Издревле я помазана от начала, прежде бытия земли».

[23] Писания, Песнь песней, 5:15. «Голени его – столбы мраморные, поставленные на золотых подножиях, вид его – как Леванон, юноша, как кедры».

поддерживают Тору с головы до окончания тела", т.е. Есода. "И вся вера", Малхут, "зависит от него", от тела, т.е. Торы. "И он поддерживается и удостаивается сыновей, которые будут достойны стать верными пророками"».

Помощник царя, помощник царицы

22) «Рабби Ицхак провозгласил: "И воззвал к Моше, и сказал Творец ему из Шатра собрания, говоря"[24]. Спрашивает: "Написано: "И воззвал (ваикра וַיִּקְרָא)"[24] с малой алеф (א), – почему?" И отвечает: "Однако это для того, чтобы показать, кто он тот, что воззвал" к Моше, – "что это тот, кто пребывает в Святилище", т.е. Малхут. "И тогда она пригласила Моше" к себе, "подобно тому, кто приглашает к себе гостя". Написана здесь малая алеф (א), а там" написана "большая алеф (א)", то есть "Адам, Шет, Энош (אָדָם שֵׁת אֱנוֹשׁ)"[25], так как большая алеф (א) – это Бина, "являющаяся совершенством всего"». Малые буквы – в Малхут, большие буквы – в Бине.

23) «"Смотри: что между Моше и Аароном, кто из них высший?" И отвечает: "Однако Моше, он высший", так как "Моше – это помощник царя, а Аарон – помощник царицы. Притча о царе, у которого была высшая царица. Что он сделал? Он дал ей помощника, чтобы тот исправлял ее и следил за тем, что в доме. И потому, когда входил помощник к царю, входил только с царицей, и это означает сказанное: "С этим (бе-зот) будет входить Аарон"[26]» – с Малхут, которая называется зот, поскольку он – ее помощник.

Помощник – значит друг. «У Амнона друг»[27] – переводится как помощник. Как правило, используется это звание при женихе и невесте: помощники жениха, помощники невесты.

24) «"Моше был помощником царя и потому был приглашен" к Малхут "в качестве гостя"», и это тайна: «И воззвал (ваикра וַיִּקְרָא)»[24] с малой алеф (א).[28] «"А затем: "И сказал Творец ему"[24]. Аарон – он помощник царицы", Малхут, "и все слова его были призваны расположить царя к царице, и помирится царь с ней. И поэтому, поскольку он", Аарон, – "помощник царицы", он устанавливает свое проживание с ней, дабы исправлять дом

---

[24] Тора, Ваикра, 1:1. «И воззвал к Моше, и сказал Творец ему из Шатра собрания, говоря».
[25] Писания, Диврей а-ямим 1, 1:1. «Адам, Шет, Энош».
[26] Тора, Ваикра, 16:3. «С этим будет входить Аарон в Святилище: с молодым тельцом в очистительную жертву и с овном во всесожжение».
[27] Пророки, Шмуэль 2, 13:3. «А у Амнона (был) друг по имени Йонадав, сын Шимы, брата Давида, и Йонадав – человек очень хитрый».
[28] См. выше, п. 22.

и всегда следить за тем, что в доме. И поэтому он установился по высшему подобию", как Хесед Зеир Анпина, "и называется великим коэном. Откуда нам это известно? Поскольку написано: "Ты коэн вовеки, – по слову Моему, – (как) Малкицедек"[29]». И это означает, что Хесед – это «коэн вовеки»[29], призванный исправить Малхут, называемую Малкицедек.

25) «"И поэтому всё, что ему было нужно из царского дома, он брал, и никто не мог воспрепятствовать ему. И поэтому он поставлен, чтобы очищать всех тех, кто вступает в дом царицы, дабы не нашелся нечистый среди этих царедворцев. И потому написано: "И возьмет для очищаемого двух птиц"[18]».

---

[29] Писания, Псалмы, 110:4. «Клялся Творец и не раскается: "Ты коэн вовеки, – по слову Моему, – (как) Малкицедек"».

ГЛАВА МЕЦОРА

Если у женщины кровотечение

26) «Рабби Йегуда провозгласил и сказал: "Обитающий в небесах усмехается, Творец насмехается над ними"[30]. "Обитающий в небесах усмехается"[30] – это Ицхак, исходящий со стороны вина, который сначала светит и смеется, а потом гневается и запутывает. Это означает сказанное: "Обитающий в небесах усмехается"[30], и не написано: "Обитатель небес". Ибо «небеса» – это Зеир Анпин, включающий ХАГАТ НЕХИ. Если бы было написано: «Обитатель небес», я сказал бы, что это Зеир Анпин. Однако написано: «Обитающий в небесах», – т.е. одно окончание от небес, т.е. Гвура и свойство Ицхака. «"Усмехается"[30] – т.е. светит и смеется. И потому суд светит и смеется им, грешникам"».

27) «"А затем что написано: "Тогда заговорит Он с ними в гневе Своем и в ярости Своей напугает их"[31]. Ибо таков путь грешников, которым Творец светит в этом мире, прельщая их, подобно вину: сначала светит, а затем гневается и убивает. Творец притягивает к Себе грешников", чтобы раскаялись, "если возвращаются к Нему – хорошо. А если нет – Он искореняет их из будущего мира, и нет у них доли в нем, и искоренятся они отовсюду. Если же приходят очиститься – помогают им, и Творец очищает их и приближает к Себе, и возглашает над ними мир. Это означает сказанное: "Мир, мир далекому и близкому"[32]».

28) «"И женщина, если будет иметь истечение кровью много дней не во время ее отлучения"[33]. Рабби Хия провозгласил и сказал: "Вот наступает день для Творца, и разделена будет добыча твоя в среде твоей"[34]. Это изречение нужно было сказать так: "Вот наступит день", что значит "наступает день"[34]?"

---

[30] Писания, Псалмы, 2:4. «Обитающий в небесах усмехается, Творец насмехается над ними».

[31] Писания, Псалмы, 2:5. «Тогда заговорит Он с ними в гневе Своем и в ярости Своей напугает их».

[32] Пророки, Йешаяу, 57:19. «Сотворю речение уст: "Мир, мир далекому и близкому, – сказал Творец, – и исцелю его"».

[33] Тора, Ваикра, 15:25. «И женщина, если будет иметь истечение кровью много дней не во время ее отлучения или если она будет иметь истечение сверх ее отлучения, то во все дни истечения нечистота ее как во дни ее отлучения будет, нечиста она».

[34] Пророки, Захария, 14:1. «Вот наступает день для Творца, и разделена будет добыча твоя в среде твоей».

И отвечает: "Но он уже наступил, до сотворения мира", т.е. Малхут, от которой исходят все суды. "И это день, в который свершится суд над грешниками. И это день, в который Творец взыщет с тех, кто притеснял Исраэль. День этот наступает и стоит пред Творцом, требуя от Него свершить суд и истребить идолопоклонников, и дана ему власть, как сказано: "И соберу все народы на войну"³⁵».

29) «Рабби Ицхак сказал: "Два дня у Творца, один – тот, что пребывает с Ним", т.е. Гвура, "а другой – тот, что предстает пред Ним", т.е. Малхут. "И с помощью них" обоих "Творец ведет войны со всеми. И когда этот день", Малхут, "приходит, чтобы вести войну, он соединяется с другим днем", Гвурой Зеир Анпина, "и берет оружие" Гвуры Зеир Анпина, "сверх оружия" своего, "ибо (есть) день у Творца воинств на каждого надменного и высокомерного, и на каждого вознесенного и униженного"³⁶».

30) «Рабби Шимон сказал: "И женщина, если будет иметь истечение кровью"³³, т.е. как написано: "Меч у Творца полон крови"³⁷. И это Малхут, называемая мечом и называемая женщиной. "Полон крови"³⁷, конечно", т.е. судов, "как написано: "Если будет иметь истечение кровью много дней"³³. "Не во время ее отлучения"³³, то есть, как написано: "И ускорил Творец это бедствие, и навел его на нас"³⁸. И мы учили, что Творец ускоряет наказания миру", до времени их, "поскольку грешники своими грехами" вызывают "преждевременный приход наказаний в мир"». И это смысл слов: «Не во время ее отлучения»³³. «"Или если она будет иметь истечение сверх ее отлучения"³³. То есть: "То буду еще карать вас"³⁹. Что значит: "То буду еще карать вас"³⁹? То есть: добавлю суд к суду, и

---

³⁵ Пророки, Зехария, 14:2. «И соберу все народы на войну против Йерушалаима, и захвачен будет город, и разграблены будут дома, и обесчещены женщины, и уйдет половина города в изгнание, а остаток народа не будет истреблен в городе».

³⁶ Пророки, Йешаяу, 2:12. «Ибо (есть) день у Творца воинств на каждого надменного и высокомерного, и на каждого вознесенного и униженного».

³⁷ Пророки, Йешаяу, 34:6. «Меч у Творца полон крови, тучнеет от тука, от крови баранов и козлов, от тука с почек баранов, ибо резня у Творца в Боцре, и заклание великое в земле Эдома».

³⁸ Писания, Даниэль, 9:14. «И ускорил Творец это бедствие, и навел его на нас, ибо праведен Творец Всесильный наш во всех деяниях Своих, которые совершил Он, – а мы не внимали голосу Его».

³⁹ Тора, Ваикра, 26:18. «А если при том не послушаете Меня, то буду еще карать вас, семикратно за ваши грехи».

присовокуплю кровь к крови, более того, что есть, посредством: "Меч у Творца полон крови"[37]». То есть, больше судов, чем есть в самой Малхут, и это смысл слов: «Если она будет иметь истечение сверх ее отлучения»[33], когда будут исходить суды более того, что есть во время ее отлучения, которые являются ее собственными судами.

31) «"Написано: "Не буду более проклинать землю за человека"[40]. Что значит: "Не буду более"[40]? Однако" это означает – "не дам больше добавки" судов "этому мечу", т.е. Малхут, "но лишь в таком виде, в каком мир сможет выдержать". Спрашивает: "Ведь написано: "То буду еще"[39], таким образом дает дополнительные суды Малхут? И отвечает: "Но написано: "(То буду еще) карать"[39], а не уничтожать", то есть добавляет в той мере, в какой мир может выдержать. "Это означает сказанное: "Или если она будет иметь истечение сверх ее отлучения"[33]», т.е. будет изливать больше судов, чем есть в ней самой.

32) «"Во все дни истечения нечистота ее"[33]. Что значит: "Во все дни истечения нечистота ее"[33]?" И отвечает: "Однако грешники оскверняют себя своими грехами, и оскверняют" также "другое место, как сказано: "Ибо Святилище Творца осквернил он"[41]. И пробуждается над ними дух скверны. А в грядущем будущем, Творец должен будет очистить Исраэль и устранить этот дух скверны из мира. Как написано: "Больше уже не войдет в тебя необрезанный и нечистый"[42]. И написано: "И дух нечистоты удалю с земли"[43]. "С земли"[43], разумеется"».

---

[40] Тора, Берешит, 8:21. «И обонял Творец благоухание приятное, и сказал Творец в сердце Своем: "Не буду более проклинать землю за человека, ибо помысел сердца человека зол от молодости его, и не буду более поражать все живущее, как Я сделал"».

[41] Тора, Бемидбар, 19:20. «А тот, кто нечист будет и не очистит себя, искоренится та душа из среды общества, ибо Святилище Творца осквернил он, водою кропильной его не кропили, нечист он».

[42] Пророки, Йешаяу, 52:1. «Пробудись, пробудись, облекись силой своей, Цион! Облекись в одежды величия твоего, Йерушалаим, город святой, ибо больше уже не войдет в тебя необрезанный и нечистый».

[43] Пророки, Зехария, 13:2. «И будет в день тот, – слово Творца воинств, – истреблю имена идолов с земли, и не будут они более упомянуты, а также (лже) пророков и дух нечистоты удалю с земли».

ГЛАВА МЕЦОРА

В день благоволения – радуйся

33) «Рабби Хизкия сидел перед рабби Эльазаром. Однажды ночью встали они в полночь заниматься Торой. Провозгласил рабби Эльазар и сказал: "В день благоволения – радуйся"[44], то есть "в то время, когда Творец умножает милость в мире, человек должен пойти на торговую площадь и показаться перед всеми. Ибо когда благоволение Творца пребывает в мире, оно пребывает во всем, и со всеми Он поступает милостиво и умножает ее (милость) в мире. И поэтому человек должен открыто показаться на торговой площади, и оказывать милость, чтобы пребывала на нем другая милость", свыше. "Это смысл сказанного: "В день благоволения – радуйся"[44]. Конечно, "радуйся"[44]».

34) «"А в день бедствия – узри"[44], не написано: "А в день бедствия – терпи лишения"», подобно тому, как написано: «В день благоволения – радуйся»[44], «"но: "В день бедствия – узри"[44]. Поскольку в час, когда суд навис над миром, человек не должен показываться на торговой площади, и находиться один в мире. Поскольку когда суд пребывает в мире, он пребывает над всеми. И тот, кто встречается с ним", с ангелом-губителем, "и оказывается перед ним, приговаривается тем же судом. И тогда написано: "Но некоторые гибнут без правосудия"[45]. Потому что правосудие", т.е. Зеир Анпин, "удалилось от праведности", Малхут, "и они не пребывают друг в друге", чтобы отдавать "миру". И поэтому сказано: "Узри"[44], т.е. "узри и оберегай, следи и наблюдай во всех сторонах. И ты ведь знаешь, что во всех пребывает суд, и не выходи наружу, и не показывайся на торговой площади, для того чтобы" суд "не пребывал над тобой. И в чем причина? Это потому, что "ведь одно против другого создал Всесильный"[44]. И так же как когда благо пребывает над миром, оно пребывает над всеми, так же когда пребывает суд в мире, он пребывает над всеми, и кто встретится с ним", будет "схвачен"».

35) «"Смотри, когда суд пребывает в мире, сколько нависает мечей", т.е. требующих суда, "исходящих от того высшего меча, и возносят голову свою и видят, что высший меч красный", так

---

[44] Писания, Коэлет, 7:14. «В день благоволения – радуйся, а в день бедствия – узри, ведь одно против другого создал Всесильный с тем, чтобы ничего не искать человеку после Него».

[45] Писания, Притчи, 13:23. «Много хлеба на ниве бедных, но некоторые гибнут безвременно (досл. без правосудия)».

как это сторона суда Малхут, "полон крови со всех сторон", т.е. судов, "тогда они исполняют приговоры. И много" разных "мечей пробуждается. Это смысл сказанного: "У каждого меч на бедре его"[46]. И написано: "И меч обнаженный в руке его"[47]. И все они находятся для свершения суда. И тому, кто встретит их, будет нанесен вред. Написано: "Вот обрел Твой раб благоволение в Твоих глазах, и приумножил Ты милость Твою ... (не могу бежать в горы)"[48]. В чем причина" того, что он боялся бежать в горы? "Это потому, что в любом месте, где пребывает суд, он пребывает во всем, как в городе, так и в пустыне, так и вокруг города"».

---

[46] Писания, Песнь песней, 3:8. «Все они препоясаны мечом, обучены битве, у каждого меч на бедре его от страха ночного (досл. по ночам)».

[47] Пророки, Йеошуа, 5:13. «И было, когда был Йеошуа близ Йерихо, поднял глаза и увидел: вот, стоит пред ним человек, и меч обнаженный в руке его. И подошел Йеошуа к нему, и сказал ему: "Наш ли ты или из неприятелей наших?"»

[48] Тора, Берешит, 19:19. «Вот обрел Твой раб благоволение в Твоих глазах, и приумножил Ты милость Твою, что содеял со мною, в живых оставив меня. Я же не могу бежать в горы, как бы меня не настигла беда, и умру я».

ГЛАВА МЕЦОРА

Положи меня как печать на сердце свое

36) «Еще провозгласил и сказал: "Положи меня как печать на сердце свое"[49]. "Положи меня как печать"[49], – Кнессет Исраэль", Малхут, "сказала это Творцу. "Положи меня как печать"[49], – что такое "печать"? Это печать кольца истины. "Как печать на сердце свое"[49], – это печать тфилин, которую человек возлагает на сердце свое. "Как печать – на руку свою"[49], – это слабая рука", т.е. Малхут, "и он возлагает на эту руку. И кто это? – Это Ицхак", левая линия Зеир Анпина. "И Кнессет Исраэль говорит: "Положи меня как печать"[49], – должна была сказать: "Печатью", что значит "как печать"[49]?" И отвечает, что это означает: "Как те головные тфилин", называемые печатью, "от которых приходит восхваление", т.е. мохин, "всему телу. И поэтому тфилин – они на руке и на сердце, и благодаря этому становится человек совершенным по высшему подобию"».

Пояснение сказанного. Мохин Зеир Анпина называются «и́зка да́хья», т.е. «чистое кольцо», и это по имени светов в них, называемых «ави́ра да́хья (чистый воздух)». А мохин де-ИШСУТ называются просто «изка (кольцо)», но в то время, когда светит в них свечение Хохмы, они называются «гушпанка ди-кшот», т.е. «кольцо (печатка) истины», потому что свечение Хохмы, которое в этом кольце, удаляет все клипот, которые лгут от имени Царя, и раскрывается истина. И это смысл слов: «Ты дашь истину Яакову»[50], – что эти мохин раскрываются только с помощью средней линии, называемой Яаков. А со стороны Малхут эти мохин называются «печать» по двум причинам: первая – она последняя из сфирот и подобна печати в конце письма, вторая – поскольку эти мохин раскрываются только в ней и светят от нее и выше, и в этом отношении она является печатью Царя. Подобно царю, сидящему в своем чертоге, и жители страны знают печать его. И когда они видят его печать на указах его, для них это похоже, как будто они видят самого царя. И поэтому эти мохин обычно называются печатью кольца истины, которые включают ИШСУТ и Зеир Анпин, и

---

[49] Писания, Песнь песней, 8:6. «Положи меня как печать на сердце свое, как печать – на руку свою. Ибо сильна, как смерть, любовь, тяжка, как преисподняя, ревность, стрелы ее – стрелы огненные пламени Творца».
[50] Пророки, Миха, 7:20. «Ты дашь истину Яакову, милость Аврааму, о которой клялся Ты отцам нашим с давних времен».

Малхут. Где ИШСУТ – это свойство «кольцо», и Зеир Анпин – это свойство «истина», а Малхут – это свойство «печать». И это смысл сказанного: «Что такое "печать"? Это печать кольца истины», – т.е. мохин свечения Хохмы, включающие ИШСУТ и Зеир Анпин, и Малхут, как уже выяснилось.

И когда Малхут получает эти мохин, она получает их от двух свойств Зеир Анпина: первое – от средней линии, второе – от левой линии. И это смысл сказанного: «Это печать тфилин, которую человек возлагает на сердце свое», – и это соответствует Малхут, которая получает эти мохин от свойства «сердце» Зеир Анпина, т.е. средней линии. «"Как печать – на руку свою"[49], – это слабая рука», т.е. Малхут, «и он возлагает на эту руку». «И кто это? – Это Ицхак», т.е. левая линия Зеир Анпина, от которой получает Малхут, в тайне сказанного: «Его левая рука под моей головой»[51]. И это смысл сказанного: «Как печать"[49] – как те головные тфилин», т.е. мохин де-ГАР Зеир Анпина, называемые головными тфилин, поскольку они первыми получают эти мохин. «От которых приходит восхваление всему телу (гуф)», – т.е. они светят всему гуф Зеир Анпина, т.е. как правой стороне, так и левой. «И поэтому тфилин – они на руке и на сердце», так как она получает от двух свойств гуф Зеир Анпина, от «сердца», являющегося средней линией, и от «руки», являющейся левой линией.

37) «"Ибо сильна, как смерть, любовь"[49]. Спрашивает: "Что значит: "Сильна, как смерть"[49]?" И отвечает: "Однако нет больше в мире ничего настолько тяжелого, как отлучение души от тела" в час смерти, "когда они должны расстаться. Такова любовь Кнессет Исраэль к Творцу, что не расстаются они никогда. И поэтому ручные тфилин", т.е. Малхут, "связываются с рукой", левой линией Зеир Анпина, "чтобы выполнить сказанное: "Его левая рука под моей головой"[51]».

38) «"Тяжка, как преисподняя, ревность"[49], на всех ступенях ада (геенном), нет столь тяжкого" места, "как преисподняя (шеоль), которая нисходит ниже всех ступеней, кроме ступени, называемой "пропасть (авадон)", которая ниже преисподней, "и та и та соединяются вместе. И они тяжелее для грешников, чем все остальные. Так "тяжка, как преисподняя, ревность"[49],

---

[51] Писания, Песнь песней, 2:6. «Его левая рука под моей головой, а правая обнимает меня».

ибо нет ревности иначе, как от любви, и из любви приходит ревность"», поскольку ревнует из-за уменьшения любви. Как в сказанном: «И ревновать будет жену свою»[52]. «"И тот, кто ревнует к тому, кого больше всего любит, тяжело ему, – еще больше, чем на ступени, называемой "преисподняя", которая является самой тяжелой из всех ступеней ада, – расставаться с ним"».

39) «"Стрелы ее – стрелы огненные пламени Творца"[49]. Спрашивает: "И что такое "пламя Творца"[49]?" И отвечает: "Это огонь, выходящий из шофара, который состоит из ветра и воды". То есть свечение Хохмы, выходящее из левой линии, и это огонь, который в Бине, называемой шофаром, и этот огонь, левая линия, состоит также из двух ее линий – из средней линии, называемой ветром, и из правой линии, называемой водой. "И из этого пламени, разгорающегося в Кнессет Исраэль", Малхут, "она сжигает мир пламенем ревности к Творцу, и в час, когда она ревнует к Нему, горе тому, кто встретится с этим пламенем, ибо сжигает их"».

Объяснение. Свечение Хохмы принимается главным образом от левой линии, и хотя оно уже состоит из всех линий, все же в момент появления свечения Хохмы, она раскрывается только на суды,[53] и это смысл слов: «пламя Творца»[49]. И в момент раскрытия судов есть уменьшение любви, и тогда Малхут говорит: «Тяжка, как преисподняя, ревность»[49].

---

[52] Тора, Бемидбар, 5:14. «И найдет на него дух ревности, и ревновать будет жену свою, а она осквернилась; либо найдет на него дух ревности, и ревновать будет жену свою, а она не осквернилась».

[53] См. Зоар, главу Пкудей, п. 376.

ГЛАВА МЕЦОРА

Не смогут погасить любовь

40) «Еще провозгласил и сказал: "Многие воды не смогут погасить"[54]. "Многие воды"[54] – это правая рука", т.е. Хесед, "которой нужно закреплять узел тфилин на левой руке, чтобы исполнить сказанное: "А правая обнимает меня"[51]. Потому что свечение Хохмы, которое в левой линии, светит только при облачении в хасадим, которые в правой. Другое объяснение. "Многие воды"[54] – это высшая река", Бина, "из которой выходят света в каждую сторону", в правую и в левую, "и все они проистекают и выходят из нее. Как написано: "От голосов многих вод"[55], – от этих голосов многих вод", т.е. сфирот Зеир Анпина, семи голосов, "происходящих и нисходящих от нее", от высшей реки, т.е. Бины. "И реки, это как сказано: "Подняли реки голос свой"[56]».

Объяснение. Ибо выяснилось выше,[57] что правая и левая линии находятся в разделении и хотят отменить друг друга. И это то, что написано в первом объяснении: «"Многие воды"[54] – это правая рука», т.е. хасадим, которые в правой линии, усиливающиеся в многочисленных хасадим, и вместе с тем, не могут они погасить любовь, т.е. любовь возлюбленных в левой линии. А в другом объяснении говорит: «"Многие воды" – это высшая река, из которой выходят света в каждую сторону», т.е. светят в каждой стороне, в правой и в левой, но под властью левой, и это – укрытые хасадим, и хотя они в полном совершенстве, не смогут погасить любовь, которая в левой линии, т.е. не смогут воспрепятствовать раскрытию свойства нижней Хохмы в Малхут, которая выходит из левой линии, облаченной в правую. И также реки, т.е. света Зеир Анпина, тоже являющиеся свойством укрытых хасадим, «не зальют ее»[54].

41) «"Если предложит человек все добро дома своего за любовь"[54], которой любит Кнессет Исраэль Творца, "позору

---

[54] Писания, Песнь песней, 8:7. «Многие воды не смогут погасить любовь и реки не зальют ее; если предложит человек все добро дома своего за любовь, позору предадут его».

[55] Писания, Псалмы, 93:4. «От голосов многих вод могучих, от волн морских – могуч в выси Творец».

[56] Писания, Псалмы, 93:3. «Подняли реки, Творец, подняли реки голос свой, поднимают реки шум свой».

[57] См. Зоар, главу Берешит, часть 1, п. 44, со слов: «А правая линия является совершенством всего, потому что все сфирот получают от нее жизненные силы...»

предадут его"⁵⁴. Спрашивает, написано: "Позору предадут его"⁵⁴, "будет предан позору", – следовало сказать, что значит: "Предадут его"⁵⁴?" И отвечает: "Но "если предложит человек (досл. муж)"⁵⁴ – это Творец", т.е. все свечения мохин, что есть у Него, "как сказано: "Всяким достоянием, драгоценным и приятным"⁵⁸. "За любовь"⁵⁴, т.е. за любовь "Кнессет Исраэль к Нему", и это любовь правой, то есть укрытые хасадим, "а не соединиться с ней", т.е. со свойством нижней Хохмы в ней, ибо даст ей не свечение Хохмы, а укрытые хасадим, являющиеся всем достоянием дома Его. Тогда: "Позору предадут его"⁵⁴, все эти отряды и все эти станы свыше", предадут позору "это драгоценное достояние", т.е. хасадим. "Поскольку нет желания ни к чему, но лишь в час, когда Кнессет Исраэль соединяется с Творцом, и украшается Им", когда Он дает ей Хохму, т.е. когда Хохма, что в ней, облачается в хасадим, которые в Нем. "Тогда все эти отряды и все эти станы, и все миры, – все они в радости, в свете и в благословениях, и об этом говорит: "Его левая рука под моей головой"⁵¹, т.е. свечение Хохмы, "а правая обнимает меня"⁵¹», т.е. облачение Хохмы в хасадим.

42/1) «"Тот, кто накладывает тфилин, когда накладывает тфилин руки, должен вытянуть свою левую руку", в которой воздействие Хохмы, как мы уже сказали, "чтобы принять Кнессет Исраэль", Малхут, "и закрепить узел правой" рукой, "дабы заключить ее в объятия" теми хасадим, что в правой, и облачится Хохма в хасадим, "чтобы выполнить то, что написано: "Его левая рука под моей головой, а правая обнимает меня"⁵¹, чтобы человек испытывал трепет, подобный высшему, и увенчался всем", как Хохмой, так и хасадим, "и тогда человек совершенен во всем, в высшей святости. И Творец возглашает о нем: "Исраэль, в котором Я прославлюсь"⁵⁹"».

---

⁵⁸ Писания, Притчи, 24:3-4. «Мудростью устраивается дом и разумом утверждается, и знанием покои наполняются всяким достоянием, драгоценным и приятным».

⁵⁹ Пророки, Йешаяу, 49:3. «И сказал мне: "Ты раб Мой, Исраэль, в котором Я прославлюсь"».

ГЛАВА МЕЦОРА

Тосефта

42/2) «"Позору предадут его"⁵⁴. Что значит: "Позору (боз בוז)"⁵⁴?" То есть аббревиатура боз (בו"ז), и это "день второй (ב) и день шестой (ו), и день седьмой (ז) Суккот, в которые совершали возлияние воды и вина"». И вода – это свойство хасадим, а вино – свойство Хохмы. И смысл сказанного: «Если предложит человек все добро дома своего за любовь»⁵⁴, что это все ступени Зеир Анпина, являющиеся укрытыми хасадим, все же нужно, чтобы «позору (боз בוז) предали его», свечению Хохмы и хасадим, раскрывающимся в день второй (ב), шестой (ו), седьмой (ז) Суккот, которые восполняют его. «"Ибо в семь дней Суккот Исраэль приносили жертвы, семьдесят быков, чтобы совершить искупление за семьдесят" правителей, "ответственных" за семьдесят народов. И это свечение левой линии, так как у этих народов нет иного свечения, чем левое.⁶⁰ И они делали это, "чтобы не остался мир разрушенным от них. И это смысл сказанного: "А в пятнадцатый день ..."⁶¹. "И приносите жертву всесожжения ..."⁶²»

(До сих пор Тосефта)

---

⁶⁰ См. Зоар, главу Цав, п. 119, со слов: «Объяснение. Народы мира удерживаются в левой линии, от которой исходит свечение Хохмы, и не могут получать от правой линии, т.е. хасадим, поскольку корень их – в левой...»

⁶¹ Тора, Бемидбар, 29:12. «А в пятнадцатый день седьмого месяца священное собрание пусть будет у вас, никакой работы не делайте и празднуйте праздник Творцу семь дней».

⁶² Тора, Бемидбар, 29:13. «И приносите жертву всесожжения в благоухание, приятное Творцу, – тринадцать молодых быков, двух баранов, четырнадцать годовалых ягнят, без порока пусть будут».

ГЛАВА МЕЦОРА

Услышь, Творец, праведность

43) «Рабби Хизкия провозгласил и сказал: "Услышь, Творец, праведность"[63]. Насколько желанна Кнессет Исраэль пред Творцом, ведь каждый раз, когда Кнессет Исраэль", Малхут, "предстает пред Ним, Творец готов в соответствии ей. Это означает сказанное: "Услышь, Творец, праведность, внемли крику моему, выслушай молитву мою"[63]. Сказал Давид: "Я соединился с Кнессет Исраэль, – как она находится пред Тобой, и я так же нахожусь". И поэтому: "Услышь, Творец, праведность"[63] вначале", и это Малхут, называемая праведностью, "а затем: "Внемли крику моему, выслушай молитву мою"[63]».

44) «"Не из лживых уст"[63]. Спрашивает: "Что значит: "Не из лживых уст"[63]?" И отвечает: "Но мы так учили. Любая речь в молитве, которую человек произносит устами, поднимается наверх и пересекает небосводы, и входит в место, в которое входит, и там проверяется эта речь, искренняя она или нет. Если эта речь искренняя, вводят ее пред святым Царем, чтобы выполнить Его желание. А если нет, выставляют ее наружу, и пробуждается в этой речи другой дух"» – от ситры ахра.

45) «"И смотри, написано о нем, о Йосефе: "Мучили кандалами ноги его"[64]. До каких пор "мучили кандалами ноги его"[64]? "Пока не пришло слово его – слово Творца очистило его"[65]". Спрашивает: "Пока не пришло слово кого?" И отвечает: Но "пока не пришло слово его"[65], т.е. речь молитвы "Йосефа, и проверяется речь его", искренняя ли она, "это означает: "Слово Творца очистило его"[65], т.е. эта речь была проверена и очищена. "И тогда: "Послал царь и развязал его, властелин народов и освободил его"[66]. Тем временем наступило утро"».

---

[63] Писания, Псалмы, 17:1. «Молитва Давида. Услышь, Творец, праведность, внемли крику моему, выслушай молитву мою – не из лживых уст».

[64] Писания, Псалмы, 105:18. «Мучили кандалами ноги его, железо пронзало душу его».

[65] Писания, Псалмы, 105:19. «Пока не пришло слово его – слово Творца очистило его».

[66] Писания, Псалмы, 105:20. «Послал царь и развязал его, властелин народов и освободил его».

46) «Сказал рабби Эльазар: "Написано: "Да будет душа господина моего увязана в узел жизни"[67]. "Душа господина моего"[67], просто (без уточнения). Это как сказано: "Кто не склонял к суете души (нефеш) своей"[68], то есть Малхут, называемую нефеш, и теперь, "утром, – это время, чтобы установила связь Кнессет Исраэль и соединилась с мужем своим", Зеир Анпином. "Счастливы праведники, которые занимаются Торой ночью, и приходят" утром "к тому, чтобы связаться с Творцом и с Кнессет Исраэль. О них написано: "Возрадуются отец и мать твои, и возликует родительница твоя"[69]».

---

[67] Пророки, Шмуэль 1, 25:29. «И если поднимется человек преследовать тебя и искать души твоей, да будет душа господина моего увязана в узел жизни Творца Всесильного твоего, а души врагов твоих выбросит Он, как из пращи».

[68] Писания, Псалмы 24:3-4. «Кто взойдет на гору Творца, и кто станет в месте Его святом? У кого чисты руки и непорочно сердце, кто не склонял к суете души своей и не клялся ложно».

[69] Писания, Притчи, 23:25. «Возрадуются отец и мать твои, и возликует родительница твоя».

ГЛАВА МЕЦОРА

Пребывают два духа

47) «Сказал рабби Эльазар: "Написано: "И отстраняйте сынов Исраэля от их нечистоты, чтобы не умерли они в нечистоте своей, нечистым делая обиталище Мое, которое в их среде"[70]. "И отстраняйте (ве-изáртем וְהִזַּרְתֶּם)"[70] означает – "как тот чуждый (зар זָר), который отстранен (зар זָר) от всех, и не соединяется с тем, что не принадлежит ему"».

48) И объясняет свои слова: «"И смотри, в час, когда люди оскверняются внизу, оскверняют их во всем, и мы это уже учили. Но в час, когда дух скверны пробуждается внизу", и это из-за привлечения свечения левой линии сверху вниз, "пробуждается чуждый дух, потому что дух скверны внизу пробуждает другой дух", и это суды экрана катнута, называемого язвой и называемого чуждым. "И дано ему право нисходить в мир". Спрашивает: "Что за право" дано ему? И отвечает: "То право святости, которое нисходило" всегда "и не позволяло тому" чуждому духу властвовать, "не присутствует" из-за духа скверны, "и она удаляется, и тогда раскрывается суд", т.е. чуждый дух, "против грешников, и прибавляет суд к суду", ибо получается "тогда, что пребывают два духа в мире: один – дух суда", т.е. чуждый дух, "а другой – дух скверны"».

49) «Сказал рабби Эльазар: "Здесь я должен сказать одну вещь, которой научился от своего отца. Смотри, мы учили тут о язве дома. Ибо когда дух скверны пребывает в доме, а Творец хочет очистить дом, Он насылает язву проказы на дом", чтобы дух этой язвы противостоял и воевал с духом скверны,[71] и эта язва не удаляется из дома" после того, как одолела дух скверны, "и хотя дух скверны удалился из дома, лишь когда разрушат дом и его дерево, и камни, и всё, тогда очищается место"».

50) «"Подобно этому, тот, кто осквернился и пробудил дух скверны, и он пребывает над ним, когда Творец желает пробудить мир, Он пробуждает" против него "дух сильного суда, который находится в мире и пребывает над этим духом скверны, и они воюют друг с другом,[71] пока он не устраняет" дух скверны

---

[70] Тора, Ваикра, 15:31. «И отстраняйте сынов Исраэля от их нечистоты, чтобы не умерли они в нечистоте своей, нечистым делая обиталище Мое, которое в их среде».
[71] См. Зоар, главу Тазриа, п. 153, со слов: «Пояснение сказанного…»

"из мира, и этот дух сильного суда" язвы, который устранил его из мира, "не уходит со своего места, пока не будет разрушено место", т.е. гуф, "органы и кости, и всё. Тогда очищается мир, и духи скверны устраняются, и мир пребывает в чистоте"». Объяснение. Эти два духа, пребывающие в мире из-за того, что люди оскверняются внизу,[72] – это те же два духа, о которых рассказывается в язвах домов,[71] и все, о чем рассказывается там, происходит здесь.

51) «"И поэтому мы учили: собирающегося оскверниться, оскверняют его, разумеется", потому что второй дух скверны устраняет первый дух скверны, как мы уже говорили. "Горе ему, человеку, над которым пребывает дух скверны, и находится с ним в мире, ибо известно, безусловно, что Творец желает искоренить его из мира", и поэтому добавляет ему скверну, как уже говорилось. "Счастливы праведники, так как все они святы и находятся в святости пред святым Царем, и пребывает над ними дух святости в этом мире и в мире будущем". Когда забрезжило утро, встали и пошли"».

---

[72] См. выше, п. 48.

ГЛАВА МЕЦОРА

И встретили его ангелы Всесильного

52) «Пока они шли, провозгласил рабби Эльазар и сказал: "И Яаков пошел своим путем, и встретили его ангелы Всесильного"[73]. "И Яаков пошел своим путем"[73], т.е. "он шел навстречу своему отцу. Смотри, все то время, пока Яаков находился у Лавана, не говорил с ним Творец. И если скажешь: "Но ведь написано: "И сказал Творец Яакову: "Возвратись на землю отцов твоих и на родину твою"[74], то это было в конце, в час, когда он хотел отделиться от Лавана. И когда отделился от него, пришли навстречу ему эти ангелы и сопровождали его в пути"».

53) «"Смотри, написано: "И встретили его"[73], следовало сказать: "И встретил ангелов Всесильного", т.е. Яаков встретил их, "что значит "его"[73]?" И отвечает: "Однако, они пришли, чтобы включиться в него". Спрашивает: "Что значит – включиться в него?" И отвечает: "Но они пришли со стороны Гвуры, так как написано: "Ангелы Всесильного (Элоким)"[73], Гвура называется Элоким, "и увидел" Яаков "с другой стороны ангелов милосердия, и включились в него" ангелы "милосердия и" ангелы "суда"». Потому что Яаков – это свойство средней линии, включающей правую и левую, т.е. милосердие и суд.

54) «"Смотри, вначале" написано: "Стан Всесильного"[75], т.е. один, а затем" написано: "И нарек имя тому месту Маханаим"[75], т.е. два" стана. Но как уже объяснялось в предыдущем пункте, что "один" стан "был со стороны суда, а другой – со стороны милосердия, ангелы – с одной стороны", с правой стороны, "и ангелы – с другой стороны", с левой стороны, а Яаков, являющийся средней линией, включает две эти стороны. "И поэтому написано: "И встретили его"[73]. "Его"[73], именно так", поскольку он является средней линией. "И сказал Яаков, когда увидел их"[75]. Спрашивает: "Когда увидел их (раа́ ота́м רָאָה אוֹתָם)", – следовало сказать, что значит "увидел их (раа́м רָאָם)"[75]? Но он увидел их, включенных вместе", ангелов милосердия и суда", обнимающихся друг с другом и соединяющихся друг с другом, и поэтому написано: "Увидел

---

[73] Тора, Берешит, 32:2. «И Яаков пошел своим путем, и встретили его ангелы Всесильного».
[74] Тора, Берешит, 31:3. «И сказал Творец Яакову: "Возвратись на землю отцов твоих и на родину твою, и Я буду с тобой"».
[75] Тора, Берешит, 32:3. «И сказал Яаков, когда увидел их: "Это – стан Всесильного!". И нарек имя тому месту Маханаим (два стана)».

их (раа́м רָאָם)"⁷⁵, что указывает на их включение вместе. "И все они пришли сопровождать его и спасти его от Эсава"».

ГЛАВА МЕЦОРА

И вышел первый красный

55) «"Написано о нем, об Эсаве: красный"[76]. "И вышел первый"[76], который называется первым, "если скажешь, что Яаков был первой каплей" для зачатия, а Эсав был первым для выхода в пространство (досл. воздух) мира, "это не так, ведь написано: "И вышел первый (а-ришон הָרִאשׁוֹן)"[76], откуда следует, что он первый до этого, т.е. во время зачатия, "но не написано: "И вышел первым (ришон רִאשׁוֹן)", без определяющей хэй (ה), когда можно было бы сказать, что он был только первым для выхода, но не для зачатия. "И поскольку Ицхак исходит со стороны сурового суда", так как является свойством левой линии Зеир Анпина, "вышел Эсав красным", т.е. в "красном" цвете со стороны Гвуры. "А если бы Яаков был первенцем" для зачатия, т.е. первой каплей семени был бы Яаков, "то ведь первая капля выходит такой красной" на вид, а Яаков не был красным. "Но второй каплей был" Яаков, "поэтому не вышел таким", красным, "потому что со стороны милосердия была эта капля" семени, состоящая "из одной стороны и из другой стороны"», т.е. из правой и из левой.

56) «"И капля семени Эсава не была такой, как капля семени Яакова, потому что этот – совершенный, а этот – несовершенный. И в тот час", когда был зачат Эсав, "Ицхак был направлен на окончание сурового суда", то есть на конец левой линии, где начинаются отходы золота, т.е. клипот, "поскольку он произвел со своей стороны", левой, "света, запечатленные в органах его", Эсава, "и поэтому" был "Эсав скверной", то есть "отходами от плавления золота"».[77]

57) «"И поэтому мы учили, что человек должен сосредоточиться в этот час" зивуга, "на желании своего Господина, для того чтобы произошли от него в мире святые сыновья. И если скажешь, что Ицхак не сосредоточивался" на святости, "это не так, но он сосредоточивался на святости, и сосредоточивался на завершении того места" левой линии, и там начинаются клипот, но он является святостью, "и получается, что когда вышла эта первая капля", она была "именно в этом месте, и

---

[76] Тора, Берешит, 25:25. «И вышел первый красный весь, как плащ волосатый. И нарекли ему имя Эсав».
[77] См. Зоар, главу Пкудей, статью «Золото – снизу вверх, а серебро – сверху вниз», пп. 74-75.

поэтому написано: "Весь как плащ волосатый"[76]», то есть это суды, называемые волосами.

58) «"Смотри, Давид", о котором написано, что он румян, "произошел от красоты красного" цвета, т.е. левой линии Бины, светящей в Малхут, "и соединился со святостью своего Господина. И поэтому написано: "А он румян, с глазами прекрасными, и хорош видом"[78]. Тогда как Эсав исходил от скверны золота и начинался в окончании левой линии, как мы уже сказали. "Однако Яаков был первенцем", и первым "по сравнению с Эсавом, не от капли" семени, "но сосредоточение желания" в момент зивуга было "на дереве большом и могучем", т.е. на Зеир Анпине, и это средняя линия, "а Эсав" был от сосредоточения желания "на том месте, которое является окончанием всего", т.е. на месте завершения святости, откуда начинаются клипот, и в этом отношении Яаков является старшим и первым, а Эсав младше его. "И поэтому написано: "Вот, малым сделал Я тебя среди народов, презираем ты весьма"[79]».

59) «"Рабби Йегуда учил так: "Эсав называется первым, как написано: "И вышел первый красный весь"[76]. И Творец называется первым, как написано: "Я – первый"[80], и в будущем предстоит первому получить возмездие от первого", т.е. Творец взыщет с Эсава, "и отстроится" Храм, который называется "первым, как написано: "Первый к Циону: "Вот, вот они", и Йерушалаиму дам Я вестника"[81]».

60) «"Мы учили, что стены Йерушалаима в будущем поднимутся вверх и приблизятся к престолу величия Царя. Это означает сказанное: "В то время Йерушалаим назовут престолом Творца"[82]. Тогда написано: "И будет свет луны как свет солнца,

---

[78] Пророки, Шмуэль 1, 16:12. «И он послал и привел его, а он румян, с глазами прекрасными, и хорош видом. И сказал Творец: "Встань, помажь его, ибо он это!"»

[79] Пророки, Овадия, 1:2. «Вот, малым сделал Я тебя среди народов, презираем ты весьма».

[80] Пророки, Йешаяу, 44:6. «Так сказал Творец, Царь Исраэля и Избавитель его, Творец воинств: "Я – первый и Я – последний, и кроме Меня нет Всесильного"».

[81] Пророки, Йешаяу, 41:27. «Первый к Циону: "Вот, вот они", и Йерушалаиму дам Я вестника».

[82] Пророки, Йермияу, 3:17. «В то время Йерушалаим назовут престолом Творца, и туда, в Йерушалаим, соберутся все народы во имя Творца и не станут более следовать упорству злого сердца своего».

и свет солнца станет семикратным"[83], т.е. свет Малхут, называемой луной, будет большим, как свет Зеир Анпина, называемого солнцем, а свет солнца, т.е. Зеир Анпина, будет в семь раз больше, чем он сейчас. "Тогда: "В тот день будет Творец един и имя Его едино"[84]. Благословен Творец вовеки, амен и амен. Будет царить Творец вечно, амен и амен"».

---

[83] Пророки, Йешаяу, 30:26. «И будет свет луны как свет солнца, и свет солнца станет семикратным, как свет семи дней, в день, когда Творец исцелит народ Свой от бедствия и рану его от удара излечит».

[84] Пророки, Зехария, 14:9. «И будет Творец царем на всей земле, в тот день будет Творец един и имя Его едино».

Тосефта

61) «Рабби Эльазар и рабби Йоси, его тесть, шли из Уши в Луд. Сказал рабби Йоси рабби Эльазару: "Может, ты слышал от своего отца о том, что написано: "И Яаков пошел своим путем"[85]. Сказал ему: "Я не знаю". Пока они шли, подошли к пещере Луда. Услышали голос, который сказал: "Два олененка лани выполнили предо мной желание так, как было удобно мне. И эти были станом святости, который встретил Яаков перед ним". Взволновался рабби Эльазар и встревожился в душе, и сказал: "Владыка мира, таковы пути Его, лучше бы нам не слышать, я слышу и не знаю"».

Пояснение сказанного. Нужно знать, что в любом месте, где в Зоаре пишется о прохождении пути, или просто о том, что шли, это означает прохождение высших ступеней от ступени к ступени. А здесь Тосефта описывает нам прохождение (пути) рабби Эльазаром от ступени ГАР де-руах к ступени мохин де-гадлут. И это смысл сказанного: «Шли из Уши в Луд», потому что Уша указывает на ступень ГАР де-руах в левой линии перед тем, как она соединилась с правой. И по имени судов, которые в свечении левой линии, называется Уша (אוּשָׁא) от слова «огонь (эш אֵשׁ)». А на мохин гадлута указывает имя Луд (לוּד), от слова «порождение (олада́ הוֹלָדָה)», потому что мохин гадлута – это мохин порождения. А рабби Йоси, его тесть, был его помощником в пути. И поэтому спросил его об изречении: «И Яаков пошел своим путем»[85], где выясняется порядок единения правой и левой линий друг с другом, и это мохин гадлута. Ибо «Яаков»[85] – это Зеир Анпин, средняя линия, «пошел своим путем»[85] – то есть соединить правую линию и левую линию друг с другом, и это «путь»[85] средней линии, «и встретили его ангелы Всесильного (Элоким)»[85] – это левая линия, то есть имя Элоким, указывающее на суд. «И нарек имя тому месту Маханаим (два стана)»[86], т.е. притянул ангелов милосердия, свойство правой линии, и включил их друг в друга. Иначе говоря, Маханаим – это два стана вместе.[87] И это смысл слов: «Сказал ему: "Я не знаю"», потому что еще не достиг ступени этого изречения.

---

[85] Тора, Берешит, 32:2. «И Яаков пошел своим путем, и встретили его ангелы Всесильного».
[86] Тора, Берешит, 32:3. «И сказал Яаков, когда увидел их: "Это – стан Всесильного!" И нарек имя тому месту Маханаим (два стана)».
[87] См. выше, п. 53.

И ты уже узнал, что Луд указывает на гадлут, а катнут, предшествующий постижению мохин гадлута, называется по имени «пещера Луда». И это смысл слов: «Подошли к пещере Луда», т.е. пришли к получению катнута, предшествующего гадлуту. «Услышали голос, который сказал: "Два олененка лани выполнили предо мной желание так, как было удобно мне"», потому что «два олененка лани» указывают на два вида судов, отрицающие друг друга, и это суды захара, исходящие от свечения ГАР Хохмы, что в левой линии, и суды нуквы, исходящие от экрана катнута, т.е. от включения Малхут в Бину, и эти суды отвергают и отменяют ГАР левой линии, и вместе с тем сказал этот голос, что два этих олененка «выполнили предо мной желание так, как было удобно мне». То есть Творец говорит, что таков Мой путь и Мое желание, чтобы эти два олененка отвергали друг друга, и поэтому они должны быть приняты тобой. «И эти были станом святости, который встретил Яаков перед ним», т.е. об этих двух оленятах сказано: «И Яаков пошел своим путем, и встретили его ангелы Всесильного»[85]. И это означает сказанное: «Взволновался рабби Эльазар и встревожился в душе», потому что Яаков – это Зеир Анпин, который называется Господином мира, и рабби Эльазар был удивлен, – разве об этих оленятах сказано: «И Яаков пошел своим путем»[85]? «Лучше бы нам не слышать» – ведь лучше бы было, если бы мы не получили этих судов, «я слышу и не знаю», так как они отрицают друг друга.

62) «Произошло с ним чудо, и услышал он тот самый голос, который сказал: "Авраам и Ицхак были", упал он ниц (досл. на лицо свое) и увидел образ своего отца, сказал ему: "Отец, я спросил" о двух оленятах, "и он ответил мне, что Авраам и Ицхак были, что встретили они Яакова, когда он спасался от Лавана". Сказал ему: "Сын мой, убери свое решение, и возьми свое" новое "обращение, – это были уста, произносящие великое. И не только это, но всем праведникам встречаются души праведников, чтобы спасти их. И это высшие святые ангелы"».

Объяснение. «Произошло с ним чудо», т.е. случилось с ним чудо, и раскрылось ему исправление средней линии, и это смысл слов: «И услышал он тот самый голос, который сказал: "Авраам и Ицхак были"», потому что под действием средней линии, олененок судов нуквы, получается, усилил свою правую линию, т.е. свойство Авраам, над левой, и устранил свечение ее и отменил суды ее. А затем опустилась Малхут из экрана Бины, и снова раскрылось свечение Хохмы в левой линии, но уже при включении в правую, которое светит только свойством ВАК Хохмы, т.е. снизу вверх,[88] и это называется, что Ицхак в единстве с Авраамом. И от этого единства правой и левой линий нисходят мохин гадлута, как известно. И это означает: «Упал он на лицо свое», так как вследствие единства Авраама и Ицхака исчезли ГАР Хохмы, и Ицхак сейчас светит только свойством ВАК Хохмы, как мы уже сказали, а ГАР называются паним (лицо), и по причине этого исчезновения, получается, что упал на свое лицо. «И увидел образ своего отца ... Сказал ему: "Сын мой, убери свое решение"», – т.е. сказал ему, чтобы убрал свечение ГАР левой линии по своей доброй воле, то есть твое решение, которое ты принял вследствие свечения хасадим, что в правой линии, «и возьми свое обращение», – т.е. сказал ему, чтобы взял по своей доброй воле новое обращение мохин, приходящих от правой и левой линий, хотя им и недостает ГАР Хохмы. Ибо «это были уста, произносящие великое», – т.е. этот голос, который передал тебе единство, вышел из уст, произносящих великое, иначе говоря, из уст, дающих мохин гадлута, которые важнее этих ГАР Хохмы. И сказал ему: «И не только это», – и не только к тебе приходили эти два голоса, которые ты слышал, чтобы помочь тебе, «но всем праведникам встречаются души праведников, чтобы спасти их», – что всем праведникам встречаются души праведников, помогающие им. «И это высшие святые ангелы», – и эти голоса, которые ты слышал, это высшие святые ангелы.

63) «"И смотри, Ицхак был жив в тот час, но его святая душа была взята к престолу величия его Господина, в час, когда он был связан на жертвеннике, и с того времени глаза его стали плохо видеть. То есть, как написано: "Если бы не ... и Страх Ицхака, который был у меня"[89]».

---

[88] См. Зоар, главу Берешит, часть 1, п. 50. «Разногласие, которое было исправлено согласно высшему подобию, – это то, которое поднимается и не опускается, и осуществляется прямым путем...»

[89] Тора, Берешит, 31:41-42. «Вот, двадцать лет я в доме твоем: служил я тебе четырнадцать лет за двух дочерей твоих и шесть лет за скот твой, но ты переменял мою плату десятки раз. Если бы не Всесильный отца моего, Всесильный Авраама и Страх Ицхака, который был у меня, то отправил бы ты меня теперь ни с чем; горе мое и труд рук моих увидел Всесильный и рассудил вчера».

Объяснение. Ибо понятие «связывание Ицхака» выяснилось выше,[90] и это означает усиление правой линии над левой, называемой Ицхак, в силу экрана де-хирик, и с помощью этого он связал его, чтобы не светил и т.д., пока не принес вместо него в жертву овна, когда он установился в свойстве ВАК Хохмы.[90] Таким образом, вследствие связывания, он потерял ГАР Хохмы. И это означает сказанное: «Его святая душа была взята … когда он был связан на жертвеннике, и с того времени глаза (эйнаим) его стали плохо видеть». Эйнаим – это свойство Хохма, и тогда ослабли его глаза, так как исчезли у него ГАР де-эйнаим, являющиеся ГАР Хохмы, т.е. свойство нешама левой линии. И это смысл сказанного: «И Страх Ицхака, который был у меня»[89], где «Страх Ицхака» – от связывания, оттого что исчезли у него ГАР, и он остался только в ВАК, «который был у меня»[89], – я тоже удостоился его, но не его ГАР, которые исчезают.

И нужно тебе знать, что все, имеющееся в святости, есть также в ситре ахра, в тайне сказанного: «Одно против другого создал Всесильный»[91]. И разница между ступенями святости и теми, что в ситре ахра, в том, что в святости одна ступень приводит к другой ступени, в тайне «поднимают в святости», непрерывно, и идут от победы к победе. И противоположна ситра ахра, поскольку это вся сила ситры ахра, которая удерживается в недостатках, имеющихся у каждой ступени святости, и человек, попадающий в их удел, – они препятствуют ему и отпечатывают тот недостаток, который имеется на ступени, и он не сможет продвигаться от нее дальше.

И с помощью этого поймешь то, что найдешь выше,[92] где приводится почти все, касающееся сказанного тут о ситре ахра, и говорит: «В час, когда дух скверны пробуждается»[92], и это из-за Малхут свечения Хохмы в левой линии сверху вниз, что подобно ступени ГАР де-руах, «пробуждается чуждый дух»[92], т.е. суды экрана катнута, смотри там все продолжение.[92] Таким образом, он называет их оба духами скверны. Но ведь мы сказали, что все ступени, которые есть в святости, есть также в скверне, в тайне сказанного: «Одно против другого создал Всесильный»[91]. Однако в святости он идет от ступени к ступени

---

[90] См. Зоар, главу Ваикра, п. 304.
[91] Писания, Коэлет, 7:14. «В день благоволения – радуйся, а в день бедствия – узри, ведь одно против другого создал Всесильный с тем, чтобы ничего не искать человеку после Него».
[92] См. выше, п. 48.

непрерывно. Тогда как (в) ситре ахра они заражают человека судами и недостатками, которые на каждой ступени, и не позволяют ему освободиться от него, но только с помощью возвращения.

(До сих пор Тосефта)

Закончилась глава Мецора

Международная академия каббалы

https://www.kabbalah.info/rus/

Учебно-образовательный интернет-ресурс – неограниченный источник получения достоверной информации о науке каббала.

Сайт дает доступ к уникальному контенту: библиотеке каббалистических первоисточников, к широкому спектру передач и лекций на телеканале Каббала ТВ, включая прямую трансляцию уроков основателя и главы Международной академии каббалы Михаэля Лайтмана для всех, кто занимается углубленным изучением науки каббала и исследованием каббалистических первоисточников.

Обучающая платформа Международной академии каббалы

https://www.kabacademy.com

Миллионы учеников во всем мире изучают науку каббала. Выберите удобный для вас способ обучения на сайте.

Наша онлайн-платформа позволит вам познакомиться с уникальными каббалистическими источниками, пройти обучение у лучших преподавателей академии, общаться в онлайн-сообществе, получить индивидуальное сопровождение помощника-тьютора.

Интернет-магазин каббалистической книги

Россия, страны СНГ и Балтии:
https://kbooks.ru

Америка, Австралия, Азия
https://www.kabbalahbooks.info

Европа, Африка, Ближний Восток
https://books.kab.co.il/ru/

СЕРИЯ: «ЗОАР ДЛЯ ВСЕХ»

Книга Зоар
Главы Ваикра, Цав, Шмини, Тазриа, Мецора

Под редакцией М. Лайтмана,
основателя и главы
Международной академии каббалы

ISBN 978-5-91072-119-1

Руководители проекта: Б. Белоцерковский, Г. Каплан
Перевод: Г. Каплан, М. Палатник, О. Ицексон
Редактор: А. Ицексон, Г. Каплан
Технический директор: М. Бруштейн
Дизайн и вёрстка: Г. Заави
Корректоры: И. Лупашко, П. Календарев
Выпускающий редактор: С. Добродуб

Посвящается светлой памяти нашего товарища
Леонида Илизарова,
главного организатора перевода Книги Зоар,
желавшего донести всему человечеству
идеи единства и любви к ближнему,
которые несет в себе Книга Зоар.

Выражаем огромную благодарность группе энтузиастов из разных стран мира, выступивших с инициативой сбора средств для реализации этого проекта.

Подписано в печать 16.12.2020. Формат 60х90/16
Бумага офсетная 80 г/м2. Печать офсетная. Печ. л. 33.
Тираж 500 экз.

Отпечатано с электронного оригинал-макета, предоставленного издательством
в АО «Т8 Издательские Технологии»
г. Москва, Волгоградский пр., д. 42, корп.5, «Технополис Москва»
email: infot8@t8print.ru   www.t8print.com

www.ingramcontent.com/pod-product-compliance
Lightning Source LLC
LaVergne TN
LVHW082009090526
838202LV00006B/268